序 一

很高兴为廖雪霞博士这本新书作序。雪霞博士是北京大学法学院国际法学科的青年才俊，为本科生开设"国际公法"大课，也为研究生讲授"海洋法""国际司法判例"等专题课，本书是她在讲授"国际司法判例"基础上的研究成果。"国际司法判例"是我的老师魏敏教授提议开设的一门研究生必修课，长期由我讲授，2021年雪霞博士接手。短短三年多时间，她就将自己的教学和研究成果付梓出版，令人赞叹——她的学术计划性和纪律性堪称年轻一代学者的楷模。我为她的成长感到高兴，觉得有义务对这本书做一点介绍，也想借此机会简单谈谈学习国际法院案例的意义。

本书有三个特点：其一是简明扼要。本书由两个密切相关但又相对独立的部分组成，第一部分是国际法院总论，第二部分是对国际法院2010年至2024年绝大部分诉讼案件和咨询案件的述评，所谓的简明扼要主要体现在第二部分。了解国际法院的都知道，其判决书或咨询意见，动辄几十页甚至上百页，阅读起来非常辛苦而且容易不得要领。作者为了解决这个问题动了心思并付出不少心血，重新加工了每个案例，通过浓缩归纳案件的事实和法律要点并给予言简意赅的评价，使得这些案例阅读起来比较友好。第一部分国际法院总论相比国际法教科书有关内容极度丰富但也称得上简明扼要，有助于短时间内加深对国际法院的理解。

其二是内容新。这也突出体现在本书第二部分。这一部分是国际法院晚近案例之集大成，对于学习、研究这些案例，考察国际法通过国际法院近十来年的发展富有帮助。编写国际法案例是西方国际法学者的传统，中国学者在这方面的成果首推中山大学陈致中、李斐南老师1986年出版的《国际法案例选》。之后国内虽有新的国际法案例书籍面世，但对国际法院晚近所有案例做出全面梳理，本书堪称第一例，它有效弥补了中文世界在此方面之不足。通过本书和之前的国际法案例书籍，可以对国际法院案例有一个全面了解。

实际上，本书第一部分尤其是第三章和第四章也不乏新的内容。作者用了国际法院不少晚近案例来说明国际法院的职权和程序，使得传统议题面貌一新，有助于并且方便对它们的理解。

其三是清晰易懂。国际法院案例使用的语言主要是英文，有关的论述也主要来自外文资料，加上术语众多，将这些案例转换成中文容易晦涩难懂甚至不知所云。本书有效避免了这一毛病，阅读起来十分顺畅，适合作为本科及以上程度学生的国际法教材使用。编写国际法教材特别是案例并不简单。要做到叙事清楚、语言流畅，让学生通过阅读大体理解，不光需要深厚的法律基础和丰富的国际法知识，还需要很好的外文功底和中文文字功夫。记得一位美国法学教授说过，他写作追求的最大目标乃"清晰"（clarity）。此言尤其适用于教材的写作。教材是学习用的，清晰易懂是第一要务，本书做到了。

学习国际法院案例有助于更好地认识国际法、提高运用国际法的能力。国际法不会自动发生效力，它需要人来援引、解释和适用。那么，如何考察这一运作过程呢？学习案例是个好办法。通过鲜活的案例，可以学到国家如何利用程序规则起诉或抗诉，如何选择实体规则为自己进行辩护，还可以学到国际司法机构是如何寻找和适用国际法的。这种将国际法的原则、规则、概念、程序放在具体场景下加以学习的方法，学的是"活"的国际法，是国际法运作的"密码"，有助于比较深入地认识或理解国际法，提高运用国际法的能力。法律诊所和模拟法庭竞赛之所以盛行，道理也是一样，都是为了增加运用法律的能力。国际法是作为应用学科进入法学院的，努力培养学生运用国际法的能力符合这一定位。国际法院是联合国的司法机构，是国际法上的权威机关，学习国际法院案例对于学好国际法非常重要，对于培养国际法人才不可缺少。

学习国际法院案例还有助于了解国际法的发展过程及发展动向。按照《国际法院规约》第 38 条的规定，司法判例仅仅是国际法院适用法律的"补助资料"。另外，该规约第 59 条规定，国际法院判决的效力只及本案，也就是说，判决不构成先例，对之后的案件没有约束力。因此，国际法院的主要任务是确认和适用国际法。但这不等于国际法院没有造法或发展国际法的功能。经验表明，国际法院不仅在实质问题而且在程序问题上，不仅在诉讼案件而且在咨询意见里都尽可能地援引之前的案例，并且通过演绎、类推、选择、弥补空白等方式解释和适用国际法，从而对国际法的逐渐发展做出重要贡献。这就是为什么西方特别是英国国际法学者常常将通过国际法院发展国际法作为讨论的主题，并且将造法视为国际法院固有的本质特征。从造法或发展国际法的角度来看，学习国际法院案例对于学好国际法也十分重要，它有助于把握国际法一些原则、规则和概念的来龙去脉，以及国际法未来发展的方向。

是为序。

李 鸣

北京大学法学院

2024 年 11 月 12 日

序 二

——战后国际秩序的法律基石

各国法学界针对国际法院判例的研究非常多,但通常都以西语,尤其是英语、法语为主。作为基础研究,在相当长一段时间里,我们对国际法院裁决的关注相对较少,虽然学术文章时有发表,但始终缺乏系统性的深入研究。廖雪霞博士著述的《国际法院:司法机制与案例研习》一书详细介绍了联合国国际法院的历史、组织结构和职权,重点研究了 2010 年至 2024 年期间国际法院审理的案件和法院裁决。这对加强国际法院的研究将起到积极的作用。作为国际法院法官,我亲自参与了 2010 年至 2024 年这个阶段所有案件的审理,所以对本专著的出版感到格外高兴,并表示衷心的祝贺。

国际法院是联合国的主要司法机关,是与联合国大会、安理会、托管理事会、经济及社会理事会以及秘书处并列的联合国六大主要机构之一。法院的重要地位体现了战后国际秩序的特点和国际法在国际关系中的重要作用。自 1946 年成立以来,国际法院在和平解决国际争端、促进国际法的传播与发展方面,发挥了独特的作用,做出了积极贡献。

国际法院的职权主要是审理两类法律案件。一是解决国家之间的争端。法院对当事国所提交的争议,根据国际法,作出具有拘束力的裁决,即诉讼案件。二是提供法律咨询意见。国际法院就联合国大会、安理会或其他授权的联合国机构提出的法律问题,提供咨询意见,即咨询案件。迄今为止,国际法院已经受理了近 200 个案件,其中包括 30 个咨询案。根据《联合国宪章》第 94 条的规定,成员国如果将国际争端提交国际法院审理,它们将承担履行国际法院裁决的义务。国际法院裁决对当事国和有关案件具有最终的拘束力。国际法院的咨询意见虽然没有约束力,但国际法院对有关法律问题所发表的意见在国际法上具有权威性,所以受到各国政府和国际组织的高度重视。

国际法院不同于一般的国际司法机构和国内法院。首先,国际法院所审理的诉讼案件都是主权国家之间的争端，也就是说，当事方必须是国家。法院所审理的案件往往关系到有关国家的重大利益，如领土归属，海洋划界，武装冲突，民族纠纷等。有些还牵扯到错综复杂的国际关系，政治敏感性极高。在国际法院的法理中，没有所谓的"政治问题不予受理"一说，国际法院与联合国其他政治机构之间不存在权力制衡的关系。无论是《联合国宪章》还是《国际法院规约》，都没有在这方面限制法院的管辖权。国际法院在美国诉伊朗"在德黑兰的美国外交和领事人员"一案中指出，主权国家之间的法律争端，因其性质而难免带有某种政治背景，而且这种争端很可能只是有关国家之间长期存在的而且更复杂的政治关系的一个方面。国际法院认为，如果因法律争端涉及政治因素而不予受理，国际法院在和平解决国际争端方面的作用将大打折扣。作为联合国的主要司法机关，无论是处理诉讼案，还是咨询案，国际法院的工作都是为了实现《联合国宪章》的目的与宗旨，促进国际和平与安全。

其次，国际法院的管辖权不具有普遍强制性。不同于国内法院，国际法院的管辖权是建立在争端当事双方都自愿接受的基础之上的，即同意原则。根据该原则，未经当事国双方同意将有关争端提交国际法院来解决，国际法院无权对案件进行强制管辖。国际法院在没有确定自己对案件具有管辖权之前，不能对案件的实体法律问题发表意见。诉讼提起后，被告方有权就法院管辖权和案件的可受理性问题提出抗辩，案件的主程序因此而暂时中止，直至国际法院就管辖权和可受理性问题作出决定。如果国际法院决定对有关案件没有管辖权，诉讼到此为止，不再继续。只有在国际法院确定了对有关案件具有管辖权和案件可受理之后，诉讼主程序才可以继续进行。这也就解释了为什么在国际法院的裁决中，有相当一部分裁决涉及管辖权和可受理性问题。多年来，国际法院在这方面积累了丰富的司法实践和判例，对研究第三方争端解决机制的运作和发展提供了很多具有参考价值的法律意见。

管辖权不仅仅是个程序性问题。一国在考虑是否将与他国的国际争端提交国际法院审判时，不但要考虑到争端事项所涉及的国家利益和可能的判决结果，而且还要顾及本国对外关系中的其他重要因素，甚至国内政治因素。因此在判断一国是否同意接受国际法院对争端有关事项的管辖权时，国际法院始终采取审慎的立场，对有关管辖抗辩的争议作出具有说服力的裁决。

国际法院裁决的执行力是人们经常关注的问题。在平等主权国家之间没有强制执行机关，因此国际法院的裁决是不能够强制执行的。根据《联合国宪章》第94条第2款的规定，如果当事一方拒绝执行法院裁决，另一当事方可提请安理会采取必要措施。实践中，这种情况鲜有发生。在绝大部分情况下，国际法院的裁决都受到了当事国的尊重。当然，这并不是说，法院裁决不存在得不到执行的问题。有些案件因涉及领土主权和当事国的重大利益，执行裁决需要时间，包括当事国之间的进一步协商。国际法院的裁决即使没有当即予以执行，但仍然可以为当事国最终解决有关争端提供法律基础。这种积极作用得到了各国政府的普遍认可。

国际法院的咨询意见对国际法的发展常常产生深远的影响。在西南非洲人民为摆脱外来统治、争取民族独立的进程中，国际法院几次对国际法上的民族自决权原则发表咨询意见，不仅极大地推动了西南非洲的独立进程，而且确立了民族自决权原则在国际法上的重要地位。在最近的"1965年查戈斯群岛从毛里求斯分裂的法律后果咨询意见"和"以色列在包括东耶路撒冷在内的巴勒斯坦被占领土上的政策和做法的法律后果咨询意见"中，国际法院就民族自决权原则的性质做了进一步的阐述。

冷战后多年来，国际法院一直在致力于加强和平解决国际争端，推动国际关系法治化方面的作用。近些年，有几个发展动向特别值得关注。

首先，国际法院的临时措施机制不断得到强化。根据《国际法院规约》第41条的规定，国际法院在必要的情况下，有权指令临时措施，以保障当事双方的权利。临时措施作为诉讼程序中的一种附带程序，在相当长一段时间里很少适用，而且裁定内容一般都很简单。在临时措施的法律效力上，国际法院的立场一直是含糊的，直到2001年，在"拉格朗案"的实体判决中，针对美国否认临时措施约束力的主张，国际法院才首次确认临时措施具有法律拘束力，违反临时措施所规定的义务将产生国家责任。近些年来，几乎在每个案件中，当事方都要请求法院指令临时措施。这个附带程序已经从一个简单程序逐步发展成一个快速有效的权利保障机制。国际法院在案件的实体审理阶段，将对当事方是否履行临时措施的义务一并作出裁决。

其次，国际法院在临时措施附带程序下建立了报告制度，旨在进一步强化临时措施的约束力和法院的有效监督。在冈比亚诉缅甸"《防止及惩治灭绝种族罪公约》适用案"中，国际法院指令缅甸每6个月提交一份执行临时措施的报告，并为此设立了专门委员会，负责监督临时措施的执行。除此之外，法院在亚美尼亚诉阿塞拜疆"《消除一切形式种族歧视国际公约》适用案"和南非诉以色列"加沙地带《防止及惩治灭绝种族罪公约》适用案"中也要求阿塞拜疆和以色列提交执行临时措施的报告。在后一案件中，由于以色列在加沙地带的军事行动造成了大规模平民伤亡和极其严重的人道主义危机，南非在数个月内四次请求法院发布临时措施。国际法院在发布的三个临时措施裁定中均要求以色列提交报告。这是前所未有的。

最后，近年国际法院在司法审判上最大的突破是承认了基于维护缔约国共同利益的出诉权（standing），即任何缔约国如果认为另一缔约国违反了有关国际公约的义务（obligations erga omnes partes），都可以追究其国家责任。2009年2月19日，比利时对塞内加尔提起诉讼，要求对方根据国际法上的"或引渡或起诉"的义务，对定居在塞内加尔的前乍得总统哈布雷提起刑事调查和起诉，就其违法犯罪、实施酷刑的行为进行审判，否则将其引渡给比利时。判决中，法院对比利时诉求的可受理性进行了审查，认为任何《禁止酷刑和其他残忍、不人道或有辱人格的待遇或处罚公约》缔约方都可以对另一缔约方违约的行为追究其国家责任，因为这类国际公约所规定的国际义务是对所有缔约国承诺的。在此法理基础上，2019年11月11日，冈比亚指控缅甸迫害罗兴亚人，实施种族灭绝，违反了《防止及惩治灭绝种族罪公约》，在国际法院提起诉讼。2023年6月8日，加拿大和荷兰提起诉讼，指控叙利亚违反《禁止酷刑和其他残忍、不人道或有辱人格的待遇或处罚公约》的义务，在叙利亚实施大规模酷刑。2023年12月29日，南非指控以色列在加沙实施种族灭绝，大规模屠杀巴勒斯坦平民，违反了《防止及惩治灭绝种族罪公约》的义务。2024年3月1日，尼加拉瓜指控德国支持在加沙发生的针对巴勒斯坦人的种族灭绝罪行，在法院提起诉讼。所有这些案件都限于最严重的国际不法行为，即种族灭绝、种族歧视、酷刑等。有关的国际义务既是对全体缔约国作出的承诺，也是国际强行法所确立的国际义务。

上述进展都还有待观察和实践的检验。毫无疑问的是，国际法院在国际事务中的作用正在明显加强，国际社会对国际法院的期待也在上升。国际法院作为联合国的主要司法机关，能否在激烈动荡的国际关系中找准定位，在和平解决国际争端上继续发挥积极的作用，还需要各国的共同努力。

近些年，中国各大法律院校涌现出了一批像廖雪霞博士这样年轻有为的国际法学者，其中多位都曾在国际法院工作和实习过。他们学术基础扎实，国际视野广阔，掌握国际法的前沿动态，对全球治理的各种法律问题充满了研究兴趣，正在成为中国国际法学界一股朝气蓬勃的新生力量。我们完全有理由相信，他们将会不断地推出高质量的国际法学术研究成果，为全球治理贡献中国的智慧和思想。

是为序。

薛捍勤
2024年10月6日于海牙

自 序

我对国际法院的兴趣起源于 2016 年我在日内瓦国际关系及发展高等研究院（以下简称"日内瓦高等研究院"）攻读博士学位时选修的一门课程——"由国际法院案例发展的国际法"（International Law as Developed in the Cases of the International Court of Justice）。自 1931 年赫希·劳特派特（Hersch Lauterpacht）在日内瓦高等研究院做了以"常设国际法院与国际法的发展"为主题的系列讲座以来，从国际法院案例出发探讨国际法的演进与变革一直是该院的常设课程。在我选修的课程中，教授按照国际公法的一般体例，从 80 多个国际法院案例中编选相关内容，并精选 10 个案例重点研读。日内瓦高等研究院的课程设置当然不是特例。应该说，西方国际法研究和教育普遍重视国际法院（以及其他重要的国际司法机构和仲裁庭等）的案例研读，这种传统反映在西方学界长盛不衰的几类出版物上：一是国际法案例汇编，如长期由剑桥大学出版的 *International Law Reports*；二是对国际法院（包括常设国际法院）制度与程序的基础研究，经典的如沙卜泰·罗森（Shabtai Rosenne）所著的四卷本 *The Law and Practice of the International Court, 1920-2005*；三是对国际法院案例的体系性和持续性研究，如休·瑟尔威（Hugh Thirlway）继承杰拉德·菲茨莫里斯（Gerald Fitzmaurice）在《英国国际法年刊》上发表的名为 "The Law and Procedure of the International Court of Justice" 的系列文章，后编纂为两卷本 *The Law and Procedure of the International Court of Justice: Fifty Years of Jurisprudence*。从这一传统不难看出，国际法院在国际法教育和研究中的重要地位。

2021 年起，我有幸接替北京大学法学院李鸣教授为国际公法专业研究生讲授"国际司法判例"课程。这门课自 1996 年起由李鸣教授开设，是国内最早将国际法院案例研习引入国际法教学的课程之一。在这门课上，我们带领学生阅读、讨论并分析国际法院的案例。为保持新鲜感，除了保留某几个经典案例外，我每年会调整课程大纲中至少三分之一的案例，尤其重视引入国际法院的最新案例。同时，为训练同学们的应用能力，我通常采用模拟法庭的方式结课，让同学们代入律师和法官的角色，将案例所学运用在诉状写作和口头辩论中，直观感受何为国际法的论辩性（argumentative）。也是因为我对国际法院案例研究的兴趣，我在给本科生和研究生讲授国际公法基础课时，也习惯于通过案例来解释国际法的内容和国际法的适用。

在教学中，我发现同学们在学习国际法院案例时往往会遭遇"三重陌生"：对法律英语写作的陌生、对国际法特定领域知识的陌生、对国际法院司法制度的陌生。同学们在国际法教材中学习的通常是经过提炼、抽象的知识点，而要真正掌握这些内容，则需要将其还原到它们所在的原始材料中并理解它们的起源、变革、发展和具体运用，这就要求同学们走进案例、探索案例、理解案例。但上述"三重陌生"则成为案例学习的阻碍，同学们在阅读国际法院案例时常常不明就里，极易迷失——能读懂已是不易，何谈融会贯通、举一反三？当然，在这些困难之外，畏难情绪也经常和国际法院案例的篇幅成正比。

然而，能够减轻这些障碍的、简明易读的学习资料，尤其是中文资料十分匮乏。尽管中文国际法案例教材并不少见，但或是更新不勤，或是过于简略，且案例的选编通常以说明实体法内容为目标，较为忽视程序规范，也不太关注不同历史时期不同案例之间的关系。简言之，常见的案例教材选择案例时重视其代表性，但少有将国际法院的司法实践作为"判例法"予以整体性考察的。这无疑是极大的缺憾。国际法院的裁判受其制度和程序的规制，并在长期的司法实践中形成了特定的司法习惯乃至司法传统。此外，国际法院的职权和程序虽然由《国际法院规约》《法院规则》规定，但这些规定通常十分简要，因而绝大多数程序规范都在案例中生长，甚至部分规范几乎完全以案例为载体，如证据规范。若对国际法院司法活动的制度背景和程序规范没有基本的了解，对国际法院百年来积累的司法经验、形成的司法传统缺乏认识，在研习案例时就难以将案例放在法院自身的制度、程序和传统下考察，从而会形成片面且浮于表面的观点。

我对中文世界国际法研究和教学的感受是本书写作主要的契机，也决定了本书的基本结构和写作方式。本书第一部分为国际法院总论，系统探讨法院的历史、组织、职权和程序，并结合国际法院历史上和当下的司法实践，为读者呈现国际法院"程序法"的基本面貌；第二部分收录2010年至2024年的绝大部分诉讼案件判决和全部咨询意见，并按照一定的主题将这些案例进行分类，对这些案例逐一评述，以便读者认识法院的最新实践。我希望本书能为读者学习和研究国际法院的制度与程序提供体系上的参考，也为国际法案例研习的普及提供一种思路。

  本书的诞生得益于许多人的帮助。我最为感谢的是我的硕士导师，中山大学法学院黄瑶教授，她孜孜不倦的教诲和情深意切的鼓励是我完成这本书最大的动力。我同样十分感谢为本书作序的李鸣教授和薛捍勤法官。自我2019年开始在北京大学法学院工作以来，李鸣教授在研究和教学方面给予了我极大的帮助，也是因为李鸣教授的信任，我才能通过"国际司法判例"这门课程积累宝贵的教学和研究经验。在各种场合，薛捍勤法官对中国国际法研究和教学的殷切期盼，对包括我在内的年轻一辈的国际法研究者的鼓励和支持，使我坚持以国际法为志业。在本书研究、写作和出版过程中，北京大学法学院研究生陈庭毓的检索和校对工作，多方面完善了本书的最终呈现，我衷心感谢她的勤勉付出。北京大学出版社的张宁老师为本书的编辑和出版投入了大量的精力，始终专业且耐心地回应我的问题和请求，极大地减轻了我在等待本书出版过程中的焦虑。最后，本书的出版获得了北京大学2024年教材建设项目的支持，在此我表示由衷的感谢。

廖雪霞

北京大学法学院

2025年3月

目 录

第一部分 国际法院总论

第一章 历 史 003
一、从国际仲裁到司法解决 003
 （一）19 世纪的和平运动 003
 （二）国际仲裁实践的成功与局限 004
 （三）1899 年和 1907 年海牙和平会议 005
二、国际联盟与常设国际法院的组建 006
 （一）巴黎和会 007
 （二）法学家委员会的工作 007
 （三）国联理事会和大会对规约草案的审议和通过 008
 （四）《常设国际法院规约》的生效 009
三、联合国和国际法院的创立 010
 （一）第二次世界大战期间各方对战后法院的构想 010
 （二）《敦巴顿橡树园建议案》 011
 （三）联合国法学家委员会和旧金山会议 012
四、在历史浪潮中前行的国际法院 013
 （一）冷战的影响 013
 （二）去殖民化的影响 015
 （三）超越欧洲中心主义 016

第二章 组 织 019
一、基本文件 019
 （一）《联合国宪章》 019
 （二）《国际法院规约》 019

（三）《法院规则》 …………………………………………… 021
　　（四）《实践指引》 …………………………………………… 023
二、法官 …………………………………………………………… 025
　　（一）一般规定 ……………………………………………… 025
　　（二）院长和副院长 ………………………………………… 031
　　（三）专案法官 ……………………………………………… 033
三、分庭 …………………………………………………………… 037
　　（一）分庭的类型 …………………………………………… 037
　　（二）组织与程序 …………………………………………… 041
四、书记官处 ……………………………………………………… 043
　　（一）组成与管理 …………………………………………… 044
　　（二）职能 …………………………………………………… 046

第三章　职　权 …………………………………………………… 048
一、诉讼管辖 ……………………………………………………… 048
　　（一）基本概念与原则 ……………………………………… 048
　　（二）诉诸国际法院的主体资格 …………………………… 058
　　（三）管辖权的来源 ………………………………………… 063
二、咨询管辖 ……………………………………………………… 078
　　（一）咨询意见的功能 ……………………………………… 078
　　（二）咨询管辖权的要件 …………………………………… 082
　　（三）发表咨询意见的司法适当性 ………………………… 087
　　（四）咨询意见的效力 ……………………………………… 092
　　（五）以复核行政法庭判决为目的的咨询意见 …………… 095
三、适用法 ………………………………………………………… 099
　　（一）《规约》第38条的起源与功能 ……………………… 100
　　（二）《规约》第38条第1款所列之适用法 ……………… 103
　　（三）《规约》第38条第1款之外的适用法 ……………… 110
　　（四）《规约》第38条第2款中的公允善良原则 ………… 113
四、裁决 …………………………………………………………… 114

（一）裁决与评议 ……………………………………………… 115
　　（二）判决与命令的效力与履行 ………………………………… 117
　　（三）法官的个别意见 …………………………………………… 121

第四章　程　序 …………………………………………………… 123
一、一般原则 ………………………………………………………… 124
　　（一）当事方平等原则 …………………………………………… 124
　　（二）司法经济原则 ……………………………………………… 126
　　（三）正义司法原则 ……………………………………………… 129
二、诉讼程序 ………………………………………………………… 130
　　（一）诉讼程序的阶段 …………………………………………… 130
　　（二）不到案 ……………………………………………………… 142
　　（三）解释之诉 …………………………………………………… 146
　　（四）复核之诉 …………………………………………………… 152
　　（五）证据与证明 ………………………………………………… 157
三、附带程序 ………………………………………………………… 172
　　（一）临时措施 …………………………………………………… 172
　　（二）初步反对意见 ……………………………………………… 182
　　（三）反诉 ………………………………………………………… 187
　　（四）第三国参与 ………………………………………………… 192
　　（五）终止 ………………………………………………………… 207
四、咨询程序 ………………………………………………………… 209
　　（一）咨询程序的阶段 …………………………………………… 210
　　（二）参照适用诉讼程序规则 …………………………………… 215

第二部分　诉讼案件与咨询意见（2010—2024）述评

第五章　管辖权与可受理性 ……………………………………… 223
导　言 ………………………………………………………………… 223

一、《消除一切形式种族歧视国际公约》适用案
　　（格鲁吉亚诉俄罗斯） ………………………………… 224
　　（一）事实与程序背景 …………………………………… 224
　　（二）双方是否存在与《消歧公约》有关的争端 ………… 226
　　（三）《消歧公约》第22条是否将谈判视为起诉前置程序 … 227
　　（四）评价 ………………………………………………… 229
二、关于就停止核军备竞赛和实行核裁军进行谈判的义务案
　　（马绍尔群岛诉英国；马绍尔群岛诉印度；马绍尔群岛诉
　　巴基斯坦） ……………………………………………… 230
　　（一）事实和程序背景 …………………………………… 230
　　（二）当事国之间是否存在争端 ………………………… 232
　　（三）评价 ………………………………………………… 233
三、《制止向恐怖主义提供资助国际公约》和《消除一切形式种族
　　歧视国际公约》适用案（乌克兰诉俄罗斯） …………… 236
　　（一）事实与程序背景 …………………………………… 236
　　（二）《制止资助恐怖主义公约》相关的管辖权问题 …… 237
　　（三）《消歧公约》相关的管辖权和可受理性问题 ……… 239
　　（四）《制止资助恐怖主义公约》中"资金"一词的解释 … 240
　　（五）评价 ………………………………………………… 241
四、国际民航组织理事会裁定上诉案（巴林、沙特、阿联酋、
　　埃及诉卡塔尔；巴林、埃及、阿联酋诉卡塔尔） ……… 243
　　（一）事实与程序背景 …………………………………… 243
　　（二）国际法院管辖上诉案件的职能与权限 …………… 245
　　（三）国际民航组织理事会裁定是否存在错误 ………… 245
　　（四）评价 ………………………………………………… 248
五、《消除一切形式种族歧视国际公约》适用案
　　（卡塔尔诉阿联酋） ……………………………………… 249
　　（一）事实与程序背景 …………………………………… 249
　　（二）国际法院是否享有属事管辖权 …………………… 250
　　（三）评价 ………………………………………………… 253

六、指控违反 1955 年《友好、经济关系和领事权利条约》案
（伊朗诉美国） ······ 255
 （一）事实与程序背景 ······ 255
 （二）国际法院是否享有属事管辖权 ······ 256
 （三）伊朗是否滥用程序 ······ 257
 （四）基于 1955 年《友好条约》第 20 条的异议 ······ 257
 （五）评价 ······ 258

七、《防止及惩治灭绝种族罪公约》适用案（冈比亚诉缅甸）······ 259
 （一）事实和程序背景 ······ 259
 （二）冈比亚是否为"真正的申请方" ······ 260
 （三）当事方之间是否存在争端 ······ 261
 （四）缅甸对《灭种公约》第 8 条的保留 ······ 262
 （五）冈比亚是否享有诉权 ······ 262
 （六）评价 ······ 263

八、1899 年 10 月 3 日仲裁裁决案（圭亚那诉委内瑞拉）······ 265
 （一）事实与程序背景 ······ 265
 （二）2020 年 12 月 18 日管辖权判决的主要内容 ······ 267
 （三）2023 年 4 月 6 日判决的主要内容 ······ 270
 （四）评价 ······ 271

第六章　国际环境法 ······ 273
导　言 ······ 273

一、乌拉圭河纸浆厂案（阿根廷诉乌拉圭）······ 274
 （一）事实与程序背景 ······ 274
 （二）乌拉圭是否违反《乌拉圭河规约》 ······ 276
 （三）评价 ······ 278

二、南极捕鲸案（澳大利亚诉日本；新西兰参与）······ 279
 （一）事实和程序背景 ······ 279
 （二）管辖权与新西兰的参与 ······ 281
 （三）"出于科学研究目的"的解释 ······ 282

（四）评价 ·· 284

第七章　边界争端 ··· 286
导　言 ··· 286
一、边界争端案（布基纳法索/尼日尔） ····································· 287
　　（一）事实与程序背景 ··· 287
　　（二）国际法院能否将双方合意记录在案 ······························· 288
　　（三）存在争议的边界的界定 ··· 289
　　（四）评价 ·· 290
二、对1962年6月15日"柏威夏寺案"判决的解释请求案
　　（柬埔寨诉泰国） ·· 291
　　（一）事实与程序背景 ··· 291
　　（二）解释请求的管辖权及争议事项的界定 ··························· 292
　　（三）国际法院对1962年判决的解释 ···································· 293
　　（四）评价 ·· 295
三、尼加拉瓜在边界地区开展的某些活动案（哥斯达黎加诉尼
　　加拉瓜）和哥斯达黎加沿圣胡安河修建公路案（尼加拉瓜
　　诉哥斯达黎加） ·· 295
　　（一）事实与程序背景 ··· 295
　　（二）争议领土的主权归属 ··· 298
　　（三）尼加拉瓜的行为是否违反国际法 ·································· 299
　　（四）哥斯达黎加修建公路是否违反国际环境法 ···················· 300
　　（五）评价 ·· 301
四、通向太平洋过境权的协商义务案（玻利维亚诉智利） ············ 302
　　（一）事实与程序背景 ··· 302
　　（二）属事管辖权争议 ·· 303
　　（三）谈判义务的性质 ·· 303
　　（四）智利是否负有谈判义务 ··· 304
　　（五）评价 ·· 306
五、侵害加勒比海主权权利与海洋空间案（尼加拉瓜诉哥伦比亚） ······ 307

（一）事实和程序背景 ·· 307
　　（二）初步反对意见判决的主要内容 ···································· 308
　　（三）属时管辖权问题 ·· 310
　　（四）哥伦比亚是否侵害尼加拉瓜主权权利与海洋空间 ···················· 310
　　（五）哥伦比亚的反诉 ·· 313
　　（六）评价 ··· 314
六、关于锡拉拉河水域地位和使用问题的争端案（智利诉玻利维亚）··· 316
　　（一）事实与程序背景 ·· 316
　　（二）目的落空的诉求与反诉 ··· 317
　　（三）玻利维亚是否违反通知义务 ····································· 319
　　（四）评价 ··· 320

第八章　海洋划界

导　言 ·· 322
一、领土与海洋争端案（尼加拉瓜诉哥伦比亚）······················ 324
　　（一）事实与程序背景 ·· 324
　　（二）初步反对意见判决的主要内容 ···································· 326
　　（三）实体判决的主要内容 ··· 328
　　（四）评价 ··· 331
二、海洋争端案（秘鲁诉智利）·································· 333
　　（一）事实与程序背景 ·· 333
　　（二）海洋边界的存在、性质及范围 ····································· 334
　　（三）剩余海洋边界的划定 ·· 335
　　（四）评价 ··· 336
三、印度洋海洋划界案（索马里诉肯尼亚）························ 338
　　（一）程序与事实背景 ·· 338
　　（二）初步反对意见判决的主要内容 ···································· 338
　　（三）实体判决的主要内容 ··· 340
　　（四）评价 ··· 344

四、加勒比海与太平洋海洋划界案（哥斯达黎加诉尼加拉瓜）和
　　波蒂略岛北部陆地边界案（哥斯达黎加诉尼加拉瓜）……………… 346
　　（一）事实与程序背景……………………………………………… 346
　　（二）波蒂略岛北部的陆地边界…………………………………… 347
　　（三）海洋划界……………………………………………………… 348
　　（四）评价…………………………………………………………… 349
五、尼加拉瓜 200 海里以外大陆架划界问题案（尼加拉瓜诉
　　哥伦比亚）………………………………………………………… 351
　　（一）事实与程序背景……………………………………………… 351
　　（二）初步反对意见判决的主要内容……………………………… 352
　　（三）实体判决的主要内容………………………………………… 354
　　（四）一国 200 海里以外大陆架能否伸入他国 200 海里界限之内 … 355
　　（五）评价…………………………………………………………… 357

第九章　强行法的适用 …………………………………………………… 361
　导　言 ………………………………………………………………… 361
一、有关或起诉或引渡义务的问题案（比利时诉塞内加尔）………… 364
　　（一）事实与程序背景……………………………………………… 364
　　（二）管辖权与诉权………………………………………………… 365
　　（三）塞内加尔是否违反《禁止酷刑公约》的义务……………… 367
　　（四）评价…………………………………………………………… 368
二、国家管辖豁免案（德国诉意大利；希腊参与）…………………… 370
　　（一）事实与程序背景……………………………………………… 370
　　（二）适用法与国家豁免理论的变迁……………………………… 371
　　（三）国家豁免是否及于造成人身财产损害的侵权行为………… 372
　　（四）严重违反国际人道法与国家豁免的关系…………………… 372
　　（五）违反强行法与国家豁免原则的关系………………………… 373
　　（六）评价…………………………………………………………… 374
三、《防止及惩治灭绝种族罪公约》适用案（克罗地亚诉
　　塞尔维亚）………………………………………………………… 376

（一）事实与程序背景 376
　　（二）初步反对意见判决的主要内容 377
　　（三）实体判决的主要内容 380
　　（四）评价 387

第十章　双边条约的解释与适用 390
　导　言 390
　一、1995 年 9 月 13 日《临时协议》的适用案（前南斯拉夫
　　　马其顿共和国诉希腊） 393
　　（一）事实与程序背景 393
　　（二）管辖权问题 394
　　（三）希腊是否违反《临时协议》第 11 条第 1 款 395
　　（四）希腊提出的其他抗辩 396
　　（五）评价 397
　二、某些伊朗资产案（伊朗诉美国） 397
　　（一）事实与程序背景 397
　　（二）初步反对意见判决的主要内容 398
　　（三）实体判决的主要内容 401
　　（四）评价 406

第十一章　外交与领事关系 409
　导　言 409
　一、贾达夫案（印度诉巴基斯坦） 413
　　（一）事实与程序背景 413
　　（二）管辖权与可受理性问题 413
　　（三）《维也纳领事关系公约》在本案中的可适用性 414
　　（四）巴基斯坦是否违反《维也纳领事关系公约》第 36 条 416
　　（五）救济问题 417
　　（六）评价 417
　二、豁免与刑事程序案（赤道几内亚诉法国） 418

（一）事实与程序背景 418
　（二）属事管辖权争议 419
　（三）实体判决的主要内容 421
　（四）评价 422

第十二章　外交保护 424
　导　言 424
　艾哈迈杜·萨迪奥·迪亚洛案［几内亚诉刚果（金）］ 426
　　（一）事实与程序背景 426
　　（二）初步反对意见判决的主要内容 427
　　（三）实体判决的主要内容 429
　　（四）评价 432

第十三章　咨询意见 433
　导　言 433
　一、科索沃单方面宣布独立是否符合国际法咨询意见 434
　　（一）事实与程序背景 434
　　（二）国际法院的管辖权和裁量权 435
　　（三）国际法院对咨询问题的界定 436
　　（四）相关国际法规范及其适用 436
　　（五）评价 437
　二、国际劳工组织行政法庭就针对国际农业发展基金案的指控作出的第2867号判决咨询意见 438
　　（一）事实与程序背景 438
　　（二）国际法院的管辖权与裁量权 439
　　（三）行政法庭的判决是否超出其管辖权范围 441
　　（四）评价 442
　三、1965年查戈斯群岛从毛里求斯分裂的法律后果咨询意见 442
　　（一）事实与程序背景 442
　　（二）咨询管辖权及其行使的适当性 444

（三）民族自决原则及其适用 ………………………………………… 444
  （四）评价 …………………………………………………………… 446
四、以色列在包括东耶路撒冷在内的巴勒斯坦被占领土的政策
　　和做法的法律后果咨询意见 …………………………………… 448
  （一）事实和程序背景 ……………………………………………… 448
  （二）咨询管辖权与咨询请求的范围 ……………………………… 450
  （三）以色列在巴勒斯坦被占领土上的政策和做法的违法性 …… 451
  （四）以色列各项政策和做法对占领合法性的影响 ……………… 452
  （五）以色列违法行为的法律后果 ………………………………… 453
  （六）评价 …………………………………………………………… 454

参考文献 …………………………………………………………………… 457

第一部分

国际法院总论

第一章 历 史

一、从国际仲裁到司法解决

创建一个国际性和常设性的（permanent）司法机构，通过适用国际法来裁决国家间争端，是19世纪思想与实践的产物。从历史的视角看，国际法院及其前身常设国际法院的创立，是19世纪和平运动所追求的目标；19世纪中后期兴起的国际仲裁为司法解决成为国家间争议解决的方式奠定了基础；1899年和1907年两次海牙和平会议虽然未能通过建立国际性司法机构的提案，但开启了最终实现这一目标的进程。

（一）19世纪的和平运动

在19世纪进步主义、理性主义以及基督教精神的影响下，和平运动在19世纪中期的英国和美国兴盛起来，此后在欧洲大陆也有所发展。[1] 和平运动由大量民间团体推动，其间也涌现了许多具有广泛影响力的个体，如美国的威廉·拉德（William Ladd）和伊莱休·布里特（Elihu Burritt），英国的理查德·科布登（Richard Cobden）。和平运动的核心主张是杜绝战争和维持和平，并试图教育公众、影响政客以改变国家诉诸战争的政策取向。为此，提出切实可行的替代战争方案成为和平运动最主要的关切。其时提出的替代方案包括组建万国会议（a congress of nations）、裁军、编纂国际法、国际仲裁的体系化运用等。这些方案在19世纪后期逐渐衍生出更为具体且彼此之间具有一定独立性的运动，如仲裁运动，从而在理念和方法上与早期的和平运动相区别。[2]例如，

---

[1] Christina Phelps, *The Anglo-American Peace Movement in the Mid-Nineteenth Century* (Columbia University Press, 1930) at 12, 50-51.

[2] *Ibid* at 186-187.

19 世纪后期仲裁运动的引领者，1873 年于比利时根特成立的国际法研究院（*institut de droit international*）的创始者由一批国际法学家组成，他们注意到自身与和平运动者们在对国际仲裁的作用与限度、追求和平目标的手段和方法等方面均存在理念上的鸿沟。③

尽管和平运动催生了纷繁多样的和平主张，并最终生发出不同的社会改革运动分支，但 19 世纪和平运动最突出的特征是将国际仲裁以及最终建立常设司法机构视为和平的归宿。④ 这一信念与 19 世纪的国际仲裁实践一道，共同奠定了建立常设司法机构的社会基础。

(二) 国际仲裁实践的成功与局限

仲裁作为解决国家间争议的一种方式，古已有之。1794 年英美签署《杰伊条约》（Jay Treaties）并通过仲裁解决美国独立以来两国之间未决的纷争，让国际仲裁再度在国际事务中发挥积极作用。1871—1872 年英美"亚拉巴马号"仲裁案不仅被视为近代国际仲裁的滥觞和典范⑤，也促进了国际仲裁的普遍运用。19 世纪后期，国家或是通过特别协议或是通过签署一般性仲裁条约的方式将部分国际争端诉诸仲裁。一些多边条约，如 1874 年签署的《关于创立邮政总联盟的条约》，也纳入了将条约争议诉诸仲裁的条款。⑥这一时期产生了诸多诉诸仲裁从而避免国家间冲突加剧的成功实践，如 1899 年英国与委内瑞拉之间关于英属圭亚那领土范围的仲裁、1903 年美国和加拿大关于阿拉斯加领土边界的仲裁等，不仅增强了公众对国际仲裁成为战争替代方案的信心，也鼓舞了此间的和平运动与仲裁运动。

尽管国际仲裁促进国际争端和平解决的作用获得广泛承认，但仲裁的局限性也逐渐引发关注。根据当时通行的定义，仲裁具有三项突出特征，分别是：仲裁基于当事方的自愿与合意、仲裁员由当事方选任、仲裁所依据的规

---

③ Xiaohang Chen, "The Institutionalization of International Law at a Crossroads: Pacifists, Jurists, and the Creation of the ILA and the IDI" (2023) 117 American Journal of International Law Unbound 204 at 207-208.

④ David D. Caron, "War and International Adjudication: Reflections on the 1899 Peace Conference" (2000) 94 The American Journal of International Law 4 at 8.

⑤ 禾木：《国际裁判中的法律争端与政治争端》，载《中外法学》2013 年第 6 期，第 1258 页。

⑥ Manley O. Hudson, *The Permanent Court of International Justice 1920–1942: A Treatise* (The Macmillan Company, 1943) at 1-2.

则由当事方选择。⑦ 实践中，由于诉诸仲裁的自愿性，仲裁协议常常因为一方的推脱而迟迟无法缔结，或者双方无法合意组建仲裁庭，或是难以就仲裁适用的法律规则达成一致，这损害了诉诸仲裁的效率。同时，正如当时剑桥大学国际法"惠威尔讲席教授（Whewell Professor）"亨利·梅恩（Henry Maine）所指出的，国际仲裁欠缺执行机制，在国家不履行裁决时无力保证裁决的效力。另外，仲裁庭缺乏如国内法院所享有的声望，仲裁裁决更注重当下的争端解决而非国际法的体系化发展。⑧ 仲裁的局限及其与司法解决的对比也解释了为何建立一个国际常设司法机构日益被视为实现和平和杜绝战争的重要途径。

（三）1899 年和 1907 年海牙和平会议

1899 年和 1907 年两次海牙和平会议是从国际仲裁向国际常设司法机构迈进的标志性事件。1899 年海牙和平会议设立了三个委员会，分别负责裁军、战争法编纂和和平解决国际争端的谈判。会议缔结了《和平解决国际争端公约》（1899 Convention for the Pacific Settlement of International Disputes）。该公约编纂了当时国际上四种和平解决国际争端的方式，包括斡旋、调解、调查委员会和仲裁，但并未设立任何诉诸仲裁的义务。另外，尽管当时英国、法国、俄国和美国均赞成建立一个常设法院以克服仲裁在组织效率和法律适用上的困难，但因德国的激烈反对而未能通过。⑨ 经与会各国的协商和妥协，会议最终设立了常设仲裁法院（Permanent Court of Arbitration）这一常设政府间组织，以期为缔约国提供仲裁服务。

1907 年第二次海牙和平会议上，英美等国再度提案建立一个常设司法机构，但因法官选任问题激发的重大争议而未获通过。⑩ 第二次海牙和平会议修

---

⑦ Advisory Committee of Jurists, "Memorandum presented by the Legal Section of the Permanent Secretariat of the League of Nations" in *Documents Presented to the Committee Relating to Existing Plans for the Establishment of a Permanent Court of International Justice* (1920) at 113.

⑧ Henry Sumner Maine, *International Law—A Series of Lectures Delivered before the University of Cambridge, 1887* (Henry Holt and Company, 1888) at 213, 219-220.

⑨ Caron, *supra* note 4 at 8.

⑩ 法官选任的争议可总结为大国席位与国家平等原则之间的矛盾。第二次海牙和平会议共有 44 个国家参与，在谈判法院的组建问题时，列强坚持要确保其在法官中的席位，中小国家则以国家平等原则为依据，要求平等地在所有国家之间分配法官席位。

订了1899年《和平解决国际争端公约》，通过了1907年《和平解决国际争端公约》。会议通过了建立国际捕获法庭（International Prize Court）的决定，但在次年的伦敦会议上因各国不能就捕获法庭所应适用的国际法规范形成合意而未能实现。会议还就国家诉诸仲裁的义务及其范围展开谈判，但也因部分国家的坚决抵制而告吹。

虽然两次海牙和平会议未能在组建常设司法机构议题上取得实质性突破，但《和平解决国际争端公约》的签署及修订以及常设仲裁法院的建立将19世纪和平运动的主张和国际仲裁的经验保存下来，也为此后的国际仲裁开启了新的阶段。在这个意义上，第一次世界大战之后组建的常设国际法院（Permanent Court of International Justice）根植于19世纪和平运动与仲裁实践，并继承了1899年和1907年海牙和平会议的精神。这也是为何《常设国际法院规约》第1条如此界定常设国际法院在国际机制中的地位："本法院是1899年和1907年海牙公约组建的仲裁法院以及各国可随时将其争端提交其解决的特别仲裁庭之外的另一个法院。"

二、国际联盟与常设国际法院的组建

第一次世界大战的爆发宣告了海牙和平会议进程在杜绝战争和维护和平这两大宗旨上的失败。因此，各国试图寻找一个战后国际关系全新的起点而不被两次海牙和平会议的议题所局限。[11] 成立一个普遍的国家间组织来保障世界和平的理念首先来自民间团体，如1915年在英国和美国分别成立了国际联盟协会（The League of Nations Society）和执行和平联盟（The League to Enforce Peace）。[12] 美国总统伍德罗·威尔逊（Woodrow Wilson）于1918年1月提出的"十四点原则"中的最后一点——成立一个普遍的国家间组织以保障所有国家的政治独立和领土完整——成为推动国际联盟（以下简称"国联"）的最重要的指导思想。同时，两次海牙和平会议未竟的事业——建立国际性常设司法机构——并没有被搁置。不仅上述建立国联的主张对国际争

---

[11] Hudson, *supra* note 6 at 1-2.

[12] L. Oppenheim, *International Law: A Treatise, Vol. I, Peace*, 5th edition (Longmans, Green and Co., 1937) at 301.

端的仲裁或司法解决均有不同程度的论述，一战期间荷兰、丹麦、瑞典、挪威和瑞士这些中立国也为战后建立常设国际法院提出了详细的建议案。⑬ 因此，一战结束后，常设国际法院的组建就与国联的成立交织在了一起，经历了下述四个阶段：

（一）巴黎和会

组建国联是 1919 年 1 月 18 日召开的巴黎和会的主要目标之一。巴黎和会设立了若干委员会和负责具体事务商讨的特别委员会，其中与起草《国联盟约》（The Covenant of the League of Nations）关系最为密切的是由威尔逊任主席的国联委员会（Commission on the Formation of a League of Nations）。⑭ 在英国提案的基础上，组建一个常设国际法院的提案被纳入英美共同起草和商定的"赫斯特-米勒草案（Hurst-Miller draft）"。1919 年 2 月 3 日，国联委员会第一次会议中，威尔逊将"赫斯特-米勒草案"作为谈判基础，从而保证了组建常设国际法院被列入谈判和缔结《国联盟约》的事项之一。⑮ 国联委员会此后讨论了法院的性质及其管辖的范围，并决定法院将有权审理国家间的争端并发表咨询意见，但有关法院组织的具体事宜则留待国联成立后再另行商议。巴黎和会缔结的《国联盟约》第 14 条规定："理事会应制定常设国际法院的计划并提交联盟成员通过。法院有权审理和裁决当事国提交给它的任何国际性争端。法院还可以就理事会或大会提交给它的任何争端或问题发表咨询意见。"

（二）法学家委员会的工作

依据《国联盟约》第 14 条，1920 年 2 月，国联理事会委派由 10 名法学家组成的法学家委员会（Advisory Committee of Jurists）商讨常设国际法院的规约草案。法学家委员会的人员包括职业外交官、资深政府官员和国际法教授，其部分成员曾作为国家代表或顾问参与 1899 年或 1907 年海牙和平会议，部分成员如荷兰人伯纳德·洛德（Bernard Loder）和日本人安达峰一郎此后被选为常设国际法院的法官。国联副秘书长、意大利国际法学家迪奥尼西

---

⑬ Hudson, *supra* note 6 at 113-114.
⑭ David Hunter Miller, *The Drafting of the Covenant* (G. P. Putnam's Sons, 1928) at 83.
⑮ *Ibid* at 69, 130.

奥·安齐洛蒂（Dionisio Anzilotti，后选为常设国际法院法官）及其助手奥克·哈玛绍（Åke Hammarskjord，后任命为常设国际法院第一任书记官长）协助了法学家委员会的工作。

法学家委员会在荷兰政府的邀请下，于1920年6月16日至7月24日在海牙和平宫商讨常设国际法院的规约草案，共计召开了35次会议。法学家委员会就常设国际法院的性质、组织、管辖权等问题展开研究和讨论。委员会成功解决了部分棘手的问题，例如致使建立法院计划在1907年海牙和平会议破产的法官选任问题。伊莱休·鲁特（Elihu Root）从美国两院制中汲取灵感，提出法官由国联大会和理事会分别选举，在两个机关中均获多数才获选任。这一提案解决了大国坚持自身席位与小国坚持国家平等之间的矛盾。⑯ 除法官选任问题外，法学家委员会争论最多的是常设国际法院的管辖权问题，尤其是法院是否享有强制管辖权。⑰ 1920年7月24日法学家委员会完成了规约草案（draft-scheme），并提交国联理事会审议。

（三）国联理事会和大会对规约草案的审议和通过

国联理事会于1920年8月至11月间对草案进行了审议。理事会对规约草案提出了若干修改意见，并提交国联大会通过。国联大会的第三委员会在1920年11月至12月间完成了对规约草案的修订。其间，大会否定了法学家委员会提交的规约草案中赋予常设国际法院强制管辖权的条款，转而接受了巴西代表劳尔·费尔南德斯（Raoul Fernandes）提出的妥协方案，即后来成为《常设国际法院规约》（Statute of the Permanent Court of International Justice）第36条第2款的任择条款（optional clause）。⑱ 根据任择条款，缔约国可声明接受常设国际法院对法律争端的强制管辖，但强制管辖的对象仅限于同样作出该声明的国家之间。换言之，任择条款创造了一个基于自愿和对等原则的接受法院强制管辖的体系，但并未授予法院一般意义上的强制管辖权。法学

---

⑯ Ole Spiermann, "'Who Attempts too Much Does Nothing Well': The 1920 Advisory Committee of Jurists and the Statute of the Permanent Court of International Justice" (2003) 73 British Yearbook of International Law 187 at 204.

⑰ *Ibid* at 209-210.

⑱ *Ibid* at 249-250.

家委员会提交的规约草案的其他大多数条款的实质内容则都得到了国联大会的同意。1920年12月13日,国联大会以决议的形式通过了《常设国际法院规约》。

(四)《常设国际法院规约》的生效

根据国联大会1920年12月13日的决议,国家还需另行签署和批准《签署议定书》(Protocol of Signature),且《常设国际法院规约》在国联多数会员国批准《签署议定书》后才生效。1920年12月16日,《签署议定书》通过,并开放各国签署。1921年9月1日,国联秘书长通报已有22个国家交存批准文书,达到所需多数,此时《常设国际法院规约》正式生效。关于《常设国际法院规约》生效的特别规定表明,国联的会员国并不当然成为《常设国际法院规约》的当事国——国联与常设国际法院在组织关系上彼此独立。

1921年9月14日,国联举行了第一任常设国际法院法官选举,产生了11名法官和4名副法官(deputy judges)。[19] 中国人王宠惠当选为副法官。1922年1月30日,第一任常设国际法院法官在海牙和平宫召开了制定《法院规则》(Rules of the Court)的预备会,并于同年2月15日举行了首次开庭,选举荷兰人洛德担任院长。这标志着常设国际法院工作的开始。

1922年至1940年间,常设国际法院共审理了29个诉讼案件并发表了27份咨询意见,为适用国际法解决国际争端和平息国际纷争积累了丰富的司法经验。正如19世纪末的和平运动者所预计的,一个常设的、国际性的法院将克服国际仲裁裁决不成体系的问题,形成稳定而可预期的"判例法(jurisprudence)",从而促进国际法的长远发展。常设国际法院审理的一些重要案例,如"马弗若麦迪斯巴勒斯坦特许案"[20] "荷花号案"[21] "东卡累利阿咨询意见"[22] 等,至今仍在国际法院的司法实践中被频繁援引。更为重要的是,常设国际法院的法官作为第一批职业国际法法官,为教义国际法的司法转向发挥

---

[19] 1920年通过的《常设国际法院规约》第3条规定法院由15名法官组成,包括11名法官和4名副法官。副法官制度在1929年《常设国际法院规约》修订后被废除。

[20] *Mavrommatis Palestine Concessions*, PCIJ Series A, No. 2, Judgment of 30 August 1924.

[21] *The Case of the S. S. "Lotus"*, PCIJ Series A, No. 10, Judgment of 7 September 1927.

[22] *Status of Eastern Carelia*, PCIJ Series B, No. 5, Advisory Opinion of 23 July 1923.

了关键的作用。㉓正如常设国际法院的最后一任院长、国际法院第一任院长何塞·古斯塔沃·格雷罗（José Gustavo Guerrero）在 1946 年国际法院首次开庭仪式上的致辞所评价的："在为确保和平解决国际争端而建立的一系列机构中，常设国际法院是连接它们的最重要的一环。"㉔

三、联合国和国际法院的创立

1940 年德国占领荷兰，常设国际法院的工作被迫中断。第二次世界大战在欧洲的爆发标志着国联走向末路。1941 年 8 月 14 日《大西洋宪章》和 1942 年 1 月 1 日《联合国家宣言》的发表着眼于战后的普遍安全体系，并组建一个全新的国家间组织，但未对常设国际法院作出安排。然而，与国联引发的普遍失望不同，常设国际法院的工作和贡献得到了国际社会的广泛承认。因此，战后国际秩序中一个国际法院的存在是毋庸置疑的。二战期间及创建联合国的背景下，关于法院的组建主要聚焦两个问题：第一，该法院与联合国的关系；第二，应延续常设国际法院还是创建一个新的法院。

（一）第二次世界大战期间各方对战后法院的构想

第二次世界大战期间各方对战后法院与一般性国际组织之间的关系、法院的管辖范围等问题的构想并非完全一致，但均认为战后法院应以常设国际法院为参照。1942 年美国国务院设立战后对外关系咨询委员会，其下设的法律问题次级委员会对战后法院的构想有两大特点：第一，次级委员会设想组建一个新的国际法院，作为战后一般性国际组织的机关之一，从而改变国联与常设国际法院在组织上彼此独立的关系；第二，次级委员会以《常设国际法院规约》为基础草拟战后法院的规约。㉕ 这两大特点贯穿了二战期间美国对战后法院的构想，并反映在完成于 1944 年 8 月 15 日的美国关于法院组织的最

㉓ Ole Spiermann, *International Legal Argument in the Permanent Court of International Justice: The Rise of the International Judiciary* (Cambridge University Press, 2005) at 24.

㉔ *International Court of Justice Yearbook (1946-1947)* at 37.

㉕ *Postwar Foreign Policy Preparation: 1939-1945* (Department of State Publication 3580, 1950).

终立场之中。㉖

与美国有所区别，英国更倾向于延续常设国际法院。1943年初，在英国政府的邀请下，11名来自同盟国的专家组成了盟国间非正式专家委员会（Informal Inter-Allied Committee of Experts），以个人身份商讨战后法院的相关问题。1944年2月10日，盟国间非正式专家委员会在伦敦发表了《关于常设国际法院的未来的报告》。㉗ 该报告认为战后的法院不应当再延续常设国际法院与国联之间的有机联系（如法官选举、经费来源等），除非能确保战后的法院成为一般性国际组织机制的一部分，适用于该组织的所有成员。除此之外，报告还对咨询意见程序、法官的资质和选举、创建地区性分庭等问题提出了建议。虽然报告没有对重组常设国际法院或者创立新法院表态，但英国此后的官方立场是重组常设国际法院。报告中的部分建议也被吸纳进英国政府在旧金山会议上的正式提案之中。㉘

除英美外，1942年在美洲国家政府倡议下组成的美洲国家间司法委员会（Inter-American Juridical Committee）发表的报告建议，应在延续常设国际法院的基础上，将战后法院纳入一般性国际组织的架构之中。该报告最突出的特点是呼吁各国接受和平解决争端的国际义务。㉙

（二）《敦巴顿橡树园建议案》

1944年8月21日至10月7日，美国、苏联、英国和中国在美国敦巴顿橡树园展开了非正式对话，交换关于战后建立新的国际组织的意见。1944年10月9日经四大国同意的《关于建立普遍性的国际组织的建议案》（通常称为《敦巴顿橡树园建议案》）为后来旧金山会议缔结《联合国宪章》奠定了

㉖ Ibid at 424.

㉗ Report of the Informal Inter-Allied Committee on the Future of the Permanent Court of International Justice, 10th February 1944 [British Parliamentary Papers, Miscellaneous No. 2 (1944), Cmd. 6531].

㉘ Geoffrey Marston, "The London Committee and the Statute of the International Court of Justice" in Vaughan Lowe & Malgosia Fitzmaurice, eds, Fifty Years of the International Court of Justice (Cambridge University Press, 1996) 40 at 52-53.

㉙ "Preliminary Recommendation on Post-War Problems of the Inter-American Juridical Committee" (1944) 38 American Journal of International Law 11 at 28-29.

基本框架。㉚《敦巴顿橡树园建议案》第 7 章"国际法院（an International Court of Justice）"对战后法院与联合国的关系、法院与常设国际法院的关系作出了决定性的表述，包括：该法院是战后国际组织的主要司法机关；法院的规约应为组织宪章的固有组成部分；法院的规约要么是经修订的《常设国际法院规约》，要么以《常设国际法院规约》为基础拟定新规约；组织的会员国自动成为该法院的成员国。这些反映了大国共识的观点最终都纳入了《联合国宪章》。㉛

（三）联合国法学家委员会和旧金山会议

1945 年 3 月 24 日，美国代表旧金山会议的发起国，邀请参会各国派代表组成联合国法学家委员会，在旧金山会议召开前先行筹备法院规约草案，以便利旧金山会议的讨论。㉜联合国法学家委员会在《敦巴顿橡树园建议案》框定的范围内工作，并于 1944 年 4 月 25 日完成了规约草案。该草案并未对《常设国际法院规约》作实质性修改，仅在技术层面和语言层面将原规约与新组织相适应。并且，联合国法学家委员会认为应当由旧金山会议决定应当延续常设国际法院还是创建新法院。㉝

旧金山会议上，大会设立了关于司法组织的第四委员会，其下属的第一小组在《敦巴顿橡树园建议案》和联合国法学家委员会报告与规约草案基础上，完成了关于法院组建的谈判。第一小组在报告中建议组建一个新的国际法院，原因在于：组建一个新法院更加符合《敦巴顿橡树园建议案》所定调的法院与联合国关系的设想。《常设国际法院规约》的缔约国包括二战中与同盟国作战的敌国，而同盟国中则包括未加入《常设国际法院规约》的国家，因此，修订《常设国际法院规约》使其与联合国相适应将面临政治上和法律上的双重困难。另一方面，创建一个新的法院并不会割裂常设国际法院所积

㉚ "The United Nations Dunbarton Oaks Proposals for a General International Organization: To be the Subject of the United Nations Conference at San Francisco, April 25, 1945", 14 UNCIO, at 453.

㉛ 见《联合国宪章》第 7 条、第 92—96 条。

㉜ Supra note 25 at 425.

㉝ "Report on Draft of Statute of an International Court of Justice referred to in Chapter VII of the Dumbarton Oaks Proposals, submitted by the United Nations Committee of Jurists to the United Nations on International Organization at San Francisco, April 25, 1945", 14 UNCIO, at 822-823.

累的司法经验，因为新法院的规约立足于《常设国际法院规约》，且其中诸多程序规则来源于1899年和1907年两次海牙和会的编纂。[34] 同时，新法院规约将采取各种措施来保证国际法院与常设国际法院的连续性。例如，《国际法院规约》条款编号与《常设国际法院规约》保持一致，从而方便国际法院援引常设国际法院的有关先例。[35]第一小组的建议报告获得了第四委员会的批准，并提交大会通过。1945年6月26日签署的《联合国宪章》第92条规定："国际法院为联合国之主要司法机关，应依所附规约执行其职务。该项规约系以常设国际法院之规约为根据并为本宪章之构成部分。"

1946年4月18日，国联大会第21次会议通过决议解散了常设国际法院。[36] 同一天，国际法院在和平宫举行了首次开庭仪式，标志着国际争端的司法解决走进新的历史阶段。

四、在历史浪潮中前行的国际法院

从历史线索和思想渊源来看，国际法院毫无疑问是常设国际法院的继任者，两者都根植于19世纪末20世纪初"以法律促和平（peace through law）"的理论土壤。然而，与常设国际法院时期相比，国际法院所处的政治和历史环境发生了深刻转变，这致使国际法院不得不在多方面调整其司法政策以适应世界格局的变化。

（一）冷战的影响

联合国和国际法院成立后不久冷战就拉开了帷幕。国际法院虽然没有直接介入美苏争霸和对抗，但冷战及其终结对国际法院也产生了辐射效应。

举例而言，咨询意见程序在此期间发生了堪称革命性的变革。巴黎和会

---

[34] "Report of the Rapporteur of Committee IV/1, June 12, 1945", 13 UNCIO, at 383-384.

[35] "Report on Draft of Statute of an International Court of Justice referred to in Chapter VII of the Dumbarton Oaks Proposals, submitted by the United Nations Committee of Jurists to the United Nations on International Organization at San Francisco, April 25, 1945", 14 UNCIO, at 680.

[36] "Dissolution of the Permanent Court International Justice", League of Nations Official Journal, Special Supplement No. 194, at 100.

期间商谈常设国际法院建立时，咨询意见程序是作为协助国联理事会和大会解决国际争端的辅助程序引入常设国际法院管辖范围的，且常设国际法院实践中，只有国联理事会向法院提出过咨询请求。由于理事会奉行全体一致的表决规则，这保证了即使咨询意见涉及国家间争端，争端当事方也并不反对法院就此发表咨询意见。冷战的爆发直接导致安理会的瘫痪，在此背景下，咨询意见日益成为联合国大会（以下简称"联大"）打破政治僵局的工具。㊲例如，1948年国际法院发表的第一份咨询意见——"接纳一国为联合国会员国的条件咨询意见"——起源于冷战中两大阵营各自利用《联合国宪章》接纳新会员国的程序规则，拒绝对方阵营的国家加入联合国。㊳这一现象在冷战结束后也延续至今。�439咨询意见程序在冷战时期经历的变化突出反映了国际组织内部架构和权力分配对国际法院程序的塑造力。

  冷战的终结让诉诸国际法院的国家范围更加扩展。冷战末期，苏联转变了此前一直抱有的敌视国际法院的态度。1987年，戈尔巴乔夫呼吁联合国大会和安理会更加积极地采用咨询意见程序。㊵之后，苏联撤回了对6份国际人权条约中授予国际法院管辖权的争议解决条款的保留，其中就包括《防止及惩治灭绝种族罪公约》《消除一切形式种族歧视国际公约》。㊶这为后来其他国家运用这些条约中的争议解决条款将俄罗斯诉至国际法院埋下了伏笔。㊷冷战结束后，曾经属于苏联阵营的东欧国家转而接受国际法院的管辖，如1990年

 ㊲ Shabtai Rosenne, *The Law and Practice of the International Court, 1920-1996, Volume I*, 3rd edition (Martinus Nijhoff Publishers, 1997) at 20.

 ㊳ *Admission of a State to the United Nations*, Advisory Opinion, [1948] ICJ Rep 57.

 ㊴ 详见第三章"咨询管辖"相关内容。

 ㊵ Letter of 18 September 1987 from USSR transmitting article by General Secretary Gorbachev entitled "Reality and Safeguards for a Secure World", UN. Doc. A/42/574-S/19143(1987).

 ㊶ "Soviet Union Accepts Compulsory Jurisdiction of ICJ for Six Human Rights Conventions" (1989) 83 American Journal of International Law 457 at 457.

 ㊷ 2008年，格鲁吉亚依据《消除一切形式种族歧视国际公约》将俄罗斯诉至国际法院。See *Application of the International Convention on the Elimination of All Forms of Racial Discrimination (Georgia v Russian Federation)*, Preliminary Objections, [2011] ICJ Rep 70. 2017年和2022年，乌克兰分别依据《消除一切形式种族歧视国际公约》和《防止及惩治灭绝种族罪公约》将俄罗斯诉至国际法院。See *Application of the International Convention for the Suppression of the Financing of Terrorism and of the International Convention on the Elimination of All Forms of Racial Discrimination (Ukraine v Russian Federation)*, *Allegations of Genocide under the Convention on the Prevention and Punishment of the Crime of Genocide (Ukraine v Russian Federation: 32 States intervening)*.

至1993年间波兰、立陶宛、匈牙利、捷克斯洛伐克先后依据《国际法院规约》第36条第2款发表了接受国际法院强制管辖的声明。㊸ 1997年"多瑙河大坝案"即为国际法院审理的第一个苏联阵营的国家之间的纠纷。㊹

(二) 去殖民化的影响

与冷战相比，去殖民化给国际法院带来的影响更为直接而深远。1960年联大通过的第1514号决议《关于准许殖民地国家及民族独立的宣言》标志着去殖民化运动走向高峰。大量亚非拉国家独立并加入联合国，改变了联大由西方国家主导的格局，成为国际社会的新兴力量。然而，国际法院的法官组成尚未反映国际社会基本结构的变化。1966年"西南非洲案（第二阶段）"将这一矛盾以极端的形式表现出来：埃塞俄比亚和利比里亚向国际法院起诉南非持续占领西南非洲违反国联委任统治书，国际法院在1962年"西南非洲案"初步反对意见判决确认有管辖权后，在本应审理实体问题的第二阶段却以两国不具有法律利益（legal interest）因而不具有诉讼资格为由驳回了起诉。这一决定是在平票的情况下，以澳大利亚籍院长珀西·斯宾德爵士（President Sir Percy Spender）的决定票通过的。㊺ 这一判决给国际法院带来几乎毁灭性的打击。不仅在此后长达10年的时间里诉诸法院的争端断崖式地下跌，还直接促使第三世界国家在1973年开始的第三次联合国海洋法会议谈判中力主创设一个新的法庭，也就是后来位于德国汉堡的国际海洋法法庭。㊻ 直到1982年突尼斯和利比亚"大陆架划界案"非洲国家才重返国际法院。㊼ 国际法院在其信誉备受损害之后，也不得不开展一系列"自救"措施，包括1972年和1978年两次修订《法院规则》，并鼓励国家将争端诉至允许当事国选择法官组成的分庭（chambers）。㊽ 1984年美国与加拿大的"缅因湾划界案"是率先

㊸ Robert Y. Jennings, Rosalyn Higgins & Peter Tomka, "General Introduction" in Andreas Zimmermann & Christian J. Tams, eds, *The Statute of the International Court of Justice: A Commentary*, 3rd edition (Oxford University Press, 2019) at 43.

㊹ *Gabčíkovo-Nagymaros Project (Hungary/Slovakia)*, Judgment, [1997] ICJ Rep 7.

㊺ *South West Africa*, Second Phase, Judgment, [1966] ICJ Rep 6, at 51, para. 66.

㊻ Jennings, Higgins & Tomka, *supra* note 43 at 27-28.

㊼ *Continental Shelf (Tunisia/Libyan Arab Jamahiriya)*, Judgment, [1982] ICJ Rep 18.

㊽ Jennings, Higgins & Tomka, *supra* note 43 at 36.

采用分庭的案件㊾，1986 年国际法院分庭成功解决布基纳法索和马里的“边界争端案”也增强了非洲国家对国际法院的信心。㊿ 与此同时，国际法院法官组成的地域分布要求也逐渐与后殖民时期的联合国安理会相一致。(51)

去殖民化在某种程度上也改变了国际法院与大国的关系。国际法院创立之初，安理会五大常任国中的英国、法国、美国均接受《国际法院规约》第 36 条第 2 款规定的任择强制管辖。国际法院受理的第一个诉讼案件是英国提起的“科孚海峡案”。(52) 然而，1974 年“核试验案”后，法国撤回了接受国际法院强制管辖的声明，并且在很长一段时间内拒绝将争端提交国际法院，转而青睐专案仲裁；美国则在 1985 年撤回其接受法院强制管辖的声明。(53) 当前，安理会五个常任理事国中仅英国接受国际法院的强制管辖，且英国接受国际法院管辖的声明附有多项保留。1986 年“在尼加拉瓜和针对尼加拉瓜的军事和准军事活动案”之后，大国更加频繁地以被申请方的身份出现在国际法院的程序之中。换言之，国际法院日益成为小国运用法律程序挑战大国的平台。在 2010 年至 2024 年间提起和审结（包括终止）的案件中，大国为被申请方的案件共计 10 个(54)，大国向国际法院提交的案例则仅有 1 个。(55) 这一现象产生的原因及其影响是值得深究的。

（三）超越欧洲中心主义

第二次世界大战之后的历史浪潮给国际法院提出的关键问题是：法院是

㊾ *Delimitation of the Maritime Boundary in the Gulf of Maine Area (Canada/United States of America)*, Judgment, [1984] ICJ Rep 246, .

㊿ *Frontier Dispute (Burkina Faso/Mali)* [1986] ICJ Rep 554.

(51) Rosenne, *supra* note 37 at 21.

(52) *Corfu Channel case* [1949] ICJ Rep 4.

(53) Jennings, Higgins & Tomka, *supra* note 43 at 32, 39.

(54) 美国被诉的案件有 3 个，分别是：巴勒斯坦提起的“美国大使馆迁往耶路撒冷案”、伊朗提起的“关于违反 1955 年《友好、经济关系和领事权利条约》的指控案”以及“某些伊朗资产案”；法国被诉的案件有 3 个，分别是：刚果共和国起诉的“法国某些刑事诉讼案”、赤道几内亚起诉的“豁免和刑事诉讼案”和“关于返还在刑事程序中没收的财产请求案”；俄罗斯被诉的案件有 3 个，分别是：格鲁吉亚起诉的“《消除一切形式种族歧视国际公约》的适用案”、乌克兰起诉的“《制止向恐怖主义提供资助国际公约》和《消除一切形式种族歧视国际公约》的适用案”和“根据《防止及惩治灭绝种族罪公约》提出的灭绝种族指控案”；英国被诉的案件 1 个，为马绍尔群岛提起的“关于就停止核军备竞赛和实行核裁军进行谈判的义务案”。

(55) 2023 年 7 月 4 日加拿大、瑞典、乌克兰和英国共同提起的针对伊朗的“2020 年 1 月 8 日空难案”。

否以及能否超越其内生的欧洲中心主义。常设国际法院无疑是欧洲法律思想和传统的产物，常设国际法院所服务的对象是欧洲国家，所适用的国际法也主要源自欧洲国家的实践。作为常设国际法院精神与传统的继承者，欧洲中心主义无可避免地写入了国际法院的基因。即使欧洲中心主义是国际法院不可忽视的面向，其对立面——超越欧洲中心主义——对理解国际法院的实践及其所体现的司法政策而言也同等重要。1951年"对《防止及惩治灭绝种族罪公约》保留咨询意见"即是例证。该案中，国际法院没有采纳传统的欧洲国家间通行的保留须经其他缔约国一致同意才有效的规则，而是提出保留的效力取决于该项保留与公约目的与宗旨的相符性，一国提出的保留遭到他国反对并不必然阻止保留国成为条约缔约国。㊱ 这一咨询意见鲜明体现了国际法院在法律适用上拒绝延续常设国际法院的欧洲中心主义的倾向。㊲ 去殖民化浪潮后，超越欧洲中心主义不仅是国际法院的一项选择，更是法院维持其在广大亚非拉国家及人民中的正当性所必须钻研的课题了。在这一意义上，1966年"西南非洲案（第二阶段）"无疑是国际法院的"梦醒时分"。

自1946年至今，国际法院已走过近八十年的岁月，国家向国际法院提交争端的数量经历了最初的稳步提升，到1966年后的停滞，再到1986年后的缓和恢复，最终迎来2000年后的迅猛增长。2003年，国际法院达到了历史的高峰：共计25个待决的诉讼案件和咨询意见。㊳ 截至2024年底，国际法院共有24个待决的案件，实际上超越了2003年的最高纪录，因为后者中有8个案件实为同一争端，即塞尔维亚和黑山诉北约八国"使用武力合法性案"。㊴ 国际法院及其所代表的司法解决已成为国际争端解决版图中最为活跃也最具影响力的部分，也是其实践值得持续关注和深入学习的根本原因。

㊱ *Reservations to the Convention on Genocide*, Advisory Opinion, [1951] ICJ Rep 15, at 24.
㊲ Rosenne, *supra* note 37 at 29.
㊳ Jennings, Higgins & Tomka, *supra* note 43 at 64.
㊴ 因北约轰炸南联盟，1999年南联盟（2003年起为塞尔维亚和黑山）依据《防止及惩治灭绝种族罪公约》向国际法院起诉比利时、加拿大、法国、德国、意大利、荷兰、葡萄牙、西班牙、英国和美国十国违反禁止使用武力原则。因与西班牙和美国之间欠缺管辖权连结，针对这两个国家的申请被移除国际法院案例总表。国际法院最终以缺乏管辖权驳回了这8项起诉。See *Legality of Use of Force (Serbia and Montenegro v Belgium)*, Preliminary Objections, [2004] ICJ Rep 279, at 328, para. 129.

国际政治局面的改变和历史浪潮的推动，让国际法院面临的环境更加复杂、审理的争端类型更加多样、处理的法律问题也更为棘手。回溯国际法院的历史不难发现，创立国际法院及其前身常设国际法院的初衷是以法律促和平，这也成为观察国际法院实践的一个角度——国际法院是否以及在何种程度上实现了这一初衷？历史的视角为我们理解国际法院的功能并评价国际法院的工作提供了重要的线索。

第二章 组 织

关于国际法院组织的规定主要见于《国际法院规约》(Statute of the International Court of Justice) 第一章以及《法院规则》(Rules of the Court)。在讨论相应内容之前,应首先认识规范法院组织和工作的基本文件。

一、基本文件

(一)《联合国宪章》

国际法院是依据《联合国宪章》(以下简称《宪章》)创立的司法机构,因此《宪章》决定了国际法院在联合国体系中的地位及其职权范围。依据《宪章》第7条,国际法院与大会、安理会、经济及社会理事会、托管理事会及秘书处同为联合国的主要机关。《宪章》第92条进一步规定国际法院为联合国的主要司法机关,93条规定联合国各会员国为《国际法院规约》的当然当事国。但是,《宪章》第95条强调国际法院的创立并不妨碍各国将争端提交其他法院解决。这与《宪章》第33条允许国家自行选择和平解决国际争端方式的规定相一致。

作为司法机关,国际法院的主要职权在于裁决国家间争端。此外,《宪章》第96条还授权国际法院发表咨询意见。依据《宪章》第94条,联合国会员国有履行法院判决的义务。若一方不履行,他方可向安理会申诉,且安理会如认为必要时,可建议或决定执行法院判决。因此,理论上安理会可采取措施强制执行国际法院的判决,但这取决于安理会的裁量权。

(二)《国际法院规约》

《国际法院规约》(以下简称《规约》)是规定国际法院组织及其职能的

根本文件，其本质是一项国际条约，并依据《宪章》第 92 条构成《宪章》的组成部分。

1.《规约》的性质

《规约》对其当事国和法院自身均有拘束力。不仅法院在其司法活动中不得背离《规约》的要求，国家也不能以特别协议的方式改变《规约》对其的适用。在这一意义上《规约》具有强制性，因为《规约》属于调整法院司法活动和程序的公法规范，不受当事国意愿的支配。① 这一点在常设国际法院时期便确立下来。1929 年"上萨瓦伊和热克斯自由区案"中，瑞士和德国在特别协议中提请法院在宣判前将评议内容以非官方的形式提前告知双方的代理人，法院则以这将违背《常设国际法院规约》第 54 条第 3 款规定的秘密评议为由驳回了该请求，因为"法院不能基于当事方的提议而背离规约的明文规定"。②

2.《规约》的主要内容

《规约》将《宪章》中简明扼要的条款具体化，从而为国际法院的组织提供了实质内容。《规约》分为五章，共计 70 条。第一章规定法院的组织，包括法官的选举、地位、任期等内容；第二章和第三章分别规定法院的诉讼管辖权和诉讼程序；第四章规定咨询意见及其程序；第五章规定《规约》的修正程序。

3.《规约》的修正

《规约》的主体内容继承自《常设国际法院规约》。规约在常设国际法院时期经历了一次修正。1928 年，在法国的提案下，国联理事会设立了法学家委员会讨论修正规约一事。法学家委员会对《常设国际法院规约》中的 18 个条款提出了修正建议，并建议新增 4 条有关咨询意见程序的内容。1929 年，《常设国际法院规约》缔约国在日内瓦召开会议，通过了《常设国际法院规约》的修正，并于 1929 年 9 月 14 日开放《修正议定书》给缔约国签署和批准。修正后的 1929 年《常设国际法院规约》于 1936 年 2 月 1 日正式生效。③

---

① Robert Kolb, *The International Court of Justice* (Hart, 2013) at 82.
② *Case of the Free Zones of Upper Savoy and the District of Gex*, PCIJ Series A, No. 22, Order of August 19th, 1929, at 12.
③ See Manley O. Hudson, *The Permanent Court of International Justice 1920-1942: A Treatise* (The Macmillan Company, 1943) at 132-140.

与《常设国际法院规约》中未规定修正程序不同,《规约》第 69 条和第 70 条规定《规约》的修正采用《宪章》的修正程序。《宪章》第 108 条规定:"本宪章之修正案经大会会员国三分之二表决并由联合国会员三分之二,包括安全理事会全体常任理事国,各依其宪法程序批准后,对于联合国所有会员国发生效力。"1969 年联大通过第 2520(XXIV)号决议将《规约》的修正程序确认为经"《规约》缔约国三分之二表决和批准",从而保证那些是《规约》缔约国但并非联合国会员国在《规约》修正程序中的参与。④《规约》自 1946 年至今从未修订过,原因不仅在于修正程序的苛刻,也出于保护法院稳定性及连续性的考虑。此外,对于现实中确有必要进行调整的程序规则,可通过国际法院自行修正《法院规则》的方式灵活处理。⑤

4. 非联合国会员国成为《规约》缔约国的条件

为促进和平解决国际争端,《宪章》第 93 条第 2 款允许非联合国会员国成为《规约》缔约国,并由大会经安全理事会之建议就个别情况决定相应的条件。非联合国会员国成为《规约》缔约国是特定历史时期的现象,如瑞士(1946)、列支敦士登(1949)、圣马力诺(1953)、日本(1953)和瑙鲁(1987)在尚未加入联合国时被准许成为《规约》的缔约国。在这些情形下,经安理会建议并由联大决定的条件是一致的,即这些非会员国必须承诺履行《规约》的所有规定,特别承诺履行《宪章》第 94 条的要求,且承担与国际法院有关的经费。相应的,联合国非会员国成为《规约》缔约国后在国际法院的有关事项及程序中也享有和其他会员国一样的平等地位。⑥ 随着这些国家后来加入联合国,这些条件也就不再适用。

(三)《法院规则》

国际法院订立《法院规则》的法律依据是《规约》第 30 条第 1 款:"法院应订立规则,以执行其职务,尤应订立关于程序之规则。"该条源自 1920 年

---

④ "Participation of States which are parties to the Statute of the International Court of Justice, but are not Members of the United Nations, in the procedure for effecting amendments to the Statute", UNGA Resolution 2520 (XXIV), 4 December 1969.

⑤ Kolb, *supra* note 1 at 87.

⑥ *Ibid* at 94–95.

法学家委员会草拟《常设国际法院规约》时达成的共识，即有关程序的具体规则应留待法院自行订定。⑦《规约》作为规范法院组织和职权的根本文件，没有也不能事无巨细地确定程序规则，如程序不同阶段所应遵守的期限、提出管辖权异议的方式及其对诉讼程序的影响、当事国与法院之间的通信等。这些规则由法院自主订立，并根据不同历史时期的需要而修正。

1. 《法院规则》的性质

由于《法院规则》的制定依据为《规约》第30条第1款，应从几方面认识《法院规则》的性质：（1）《法院规则》对缔约国具有拘束力，因为缔约国通过批准《规约》同意授权国际法院制定《法院规则》；⑧（2）《法院规则》在效力等级上从属于《规约》，这意味着与《规约》相冲突的《法院规则》条款应属无效；（3）《法院规则》的范围应以《规约》第30条第1款载明的目的为限，其内容或是出于执行法院职务的需要，或是在性质上属于程序规则。

虽然国际法院可随时决定修正《法院规则》，但修正的内容不具有溯及效力，即不影响正在进行中的案件，除非当事国同意适用新规则。⑨ 同时，《法院规则》中的部分条款承认当事国合意的优先性，即在某些程序问题上准许适用当事国事先约定的规则。举例而言，第46条规定："以特别协议启动的案件，除非法院在查明各方意见后另有决定，否则诉状的数量和顺序应按协议的规定办理。"

2. 《法院规则》的修正

常设国际法院于1922年3月24日首次通过《法院规则》，并将其视为对《常设国际法院规约》中程序规则的补充。⑩ 1922年《法院规则》的重要性对初创时期的常设国际法院而言是不言而喻的，它决定了常设国际法院的司法调性。常设国际法院分别于1925年、1926年和1927年修正《法院规则》，后因1929年《常设国际法院规约》的修正，又于1931年和1936年修正了《法

---

⑦ Hudson, *supra* note 3 at 270.

⑧ Hugh Thirlway, "Article 30" in Andreas Zimmermann & Christian J. Tams, eds, *The Statute of the International Court of Justice: A Commentary*, 3rd edition (Oxford University Press, 2019) 589 at 591.

⑨ Kolb, *supra* note 1 at 101.

⑩ Hudson, *supra* note 3 at 271.

院规则》。⑪ 最后两次修正后的《法院规则》为二战后国际法院订立《法院规则》提供了范本。

国际法院成立后，于1946年5月6日通过《法院规则》。此后，国际法院于1972年对《法院规则》作出了重大修正，并在1978年完成了全面的修正，使1978年版《法院规则》成为全新的规则体系。⑫ 其时促成国际法院修正《法院规则》的主要原因是1966年"西南非洲案（第二阶段）"导致的危机，法院在门庭冷清的历史时期将充沛的精力投入系统性地改良《法院规则》的工作中，以实现简化程序规则和便利国家诉诸国际法院的目的，同时重新架构《法院规则》使其在逻辑上更为通畅。⑬ 1978年修正后的《法院规则》也是现行有效的《法院规则》⑭，此后的数次修正仅针对其中个别条款，而不再是体系性或全局性的修正。

3. 《法院规则》的主要内容

如前所述，《法院规则》是对《规约》程序的细化，以保证司法程序运作的效率和秩序。现行《法院规则》共有109个条款，除序言外分为4个部分。第一部分规定法院组织，包括法官、院长与副院长、分庭以及法院的内部职能相关的内容；第二部分规定了书记官处和书记官长的职务、组织等问题；第三部分规定诉讼程序规则，明确了诉讼程序不同阶段与附带程序的程序规则；第四部分则是关于咨询意见程序的具体规则。

（四）《实践指引》

国际法院于2001年起开始发布《实践指引》（Practice Directions）。⑮ 《实践指引》与《法院规则》一样，其制定依据为《规约》第30条。⑯ 自1990年代末起，诉至国际法院的案件逐步增多，法院的工作压力增大，这导致当

---

⑪ Kolb, *supra* note 1 at 97.
⑫ Thirlway, *supra* note 8 at 592.
⑬ Kolb, *supra* note 1 at 99.
⑭ See Rules of Court (1978), adopted on 14 April 1978 and entered into force on 1 July 1928, available at: https://www.icj-cij.org/index.php/rules，最后访问时间：2024年11月1日。
⑮ Practice Directions, available at: https://www.icj-cij.org/practice-directions，最后访问时间：2024年11月1日。
⑯ Thirlway, *supra* note 8 at 593.

事国等待程序推进的时间越来越长；同时，国家越来越倾向于向法院提交海量的书面文件，或是在诉状和庭审过程中低质量地重复已阐明的观点或无意义地扩大法律问题的覆盖面。因此，国际法院发布《实践指引》意在提高程序效率，减轻对法院司法资源的损耗，使案件审理更为聚焦。

在形式上，《实践指引》的措辞既包括命令式的，如"法院要求（the Court requires）"，也有劝诫式的，如"法院希望（the Court wishes）"或"强烈敦促各方（the parties are strongly urged）"；《实践指引》的发布并不依据特定的概念或规则体系，而是针对国际法院迫切需要提示当事国注意的问题。在内容上，《实践指引》覆盖的问题多样，主要分为几类：（1）提升程序效率的要求。例如，《实践指引三》呼吁当事国尽可能保证诉状的简明，并尽可能减少附件的数量；《实践指引五》呼吁当事国在对方提出初步反对意见后 4 个月内提交书面意见，从而加速初步反对意见程序；《实践指引六》呼吁当事国在口头程序中尽可能围绕诉状阶段尚未充分论证的要点展开辩论。（2）提出职业伦理要求。《实践指引八》指出近期内曾任国际法院法官、专案法官、书记官长、副书记官长或高级官员的人员不宜担任案件一方的代理人、法律顾问或辩护律师。（3）敦促各方履行《规约》和《法院规则》的程序规范。《程序规则九之一》要求当事方保持克制，避免在书面程序结束后再提交新证据；《程序规则九之三》指出当事方在庭审过程中为法官准备的资料夹内不应放入不符合《规约》第 43 条和《法院规则》第 56 条的新证据。[17]

因此，虽然《实践指引》和《法院规则》都注重程序的规范和管理，但《实践指引》更有针对性，更为直接地回应实践中新近产生的问题。这也是为何国际法院采取《实践指引》而非修正《法院规则》的方式来引入这些规则：除了尽可能地保证法院在管理司法程序中享有的灵活度，也避免破坏《法院规则》的体系性。[18]

---

[17] 《法院规则》第 56 条第 1 款规定："在书面程序结束后，除非经对方同意或者符合本条第 3 款的情况，否则不应再向法院提交新证据。"

[18] Kolb, *supra* note 1 at 105.

二、法官

（一）一般规定

国际法院由 15 名法官组成。法官的资质、选举、任期等问题均由《规约》规定，并由《法院规则》补充细则。

1. 法官的资质与法院的代表性

《规约》第 2 条从三个方面界定了法官的资质：（1）独立法官；（2）品格高尚；（3）在本国具有最高司法职位之任命资格或公认为国际法之法学家。法官的独立性和高尚品格是通行于所有法律体系的选任法官的标准，但难免具有一定的主观性；而第三点要求则更加客观，一定程度上属于实质要求。但实践中并不要求国际法院法官候选人具备司法实务经验，甚至并不必然要求候选人具备国际公法的学术或实践背景。[19] 实证地看，国际法院历届法官中有约半数法官为学者、法律专家或大学教授；法律执业者与外交官则各占据约四分之一的比重。[20]

除法官本人的资质外，《规约》对法院组成还提出了整体性的要求。一方面，《规约》第 3 条第 1 款要求法院不得有二人同为一国家之国民；另一方面，《规约》第 9 条还要求"应注意务必使法官全体系能代表世界各大文化及各主要法系"。这一规定继承自《常设国际法院规约》，但对之的理解和执行经历了变化。常设国际法院时期仍盛行文明等级观，法官以欧洲人为主，亚洲国家的法官极少，遑论非洲国家。第二次世界大战之后，尤其是随着去殖民化浪潮的汹涌，对国际法院组成应更加全球化的呼声越来越高。1966 年"西南非洲案（第二阶段）"危机也让革新法院代表性的问题更加迫切。自 1969 年起，国际法院开始参照联合国内部的区域划分来确定法官来源：三名美洲国家法官，包括北美和拉丁美洲；三名非洲国家法官，并确保有一名北非阿拉伯国家法官；三名亚洲国家法官，并确保有一名阿拉伯国家法官；四名西欧国家法官，以及两名东欧国家法官。[21]

---

[19] Hugh Thirlway, *The International Court of Justice* (Oxford University Press, 2016) at 11.

[20] Kolb, *supra* note 1 at 112.

[21] *Ibid* at 114.

区域分配方案基础上，还有一条不成文的习惯做法，即确保安理会五大常任理事国国民的法官席位。换言之，在美洲地区、亚洲地区、西欧地区和东欧地区的候选人中通常要保证美国、中国、法国、英国和俄罗斯（或苏联）的国民获选。但这一习惯做法并非颠扑不破的。㉒

2. 法官的选任

法官的选任要经历提名、竞选和选举三个阶段。《规约》第 4 条和第 5 条规定了法官提名的方式。法官由常设仲裁法院的仲裁员名单中的国家团体（national groups）提名。㉓ 由国家团体而非政府提名国际法院法官候选人的目的在于尽可能排除法官选任过程中的国家中心主义倾向，从而将法官资质作为最重要的考虑因素。㉔ 同时，每一国家团体所提名的候选人人数不得超过四名，且其中属于其本国国籍者不得超过二人。各个国家团体的提名组成了产生国际法院法官的候选人名单。

尽管《规约》试图排除国家间政治对国际法院法官选举的影响，但现实中法官选举仍是高度政治化的事件：不仅候选人本人需要组织和参与竞选活动，扩大影响力，法官的国籍国也需要投入相当的政治和外交资源予以支持。有时，是国家的政治活动而非候选人本人的资质决定了选举结果。

根据《规约》第 8 条和第 10 条，大会及安理会各自独立举行法院法官之选举，且候选人在大会及在安理会均要获得绝对多数票才能当选。㉕"独立举行选举"意味着联大和安理会在各自投票前不应事先获知另一方的投票结果。应当注意，《规约》第 10 条第 2 款明确规定安理会的投票不区分常任和非常任理事国；换言之，国际法院法官选举不适用《宪章》第 27 条第 3 款的"大国一致"规则，只要候选人获得安理会 15 个理事国中的绝对多数（7 票）

㉒ 例如,1966 年至 1984 年间国际法院法官席位中不包括中国籍法官;2017 年选举时英国籍法官未能连任,截至 2023 年底国际法院法官席位中不包括英国籍法官;2023 年国际法院选举时俄罗斯国籍的法官未获连任。

㉓ 缔约国依 1907 年《和平解决国际争端公约》第 44 条可提名最多 4 名仲裁员,缔约国提名的仲裁员均被列入常设仲裁法院保管的仲裁员名单。由一国提名的仲裁员构成该国的国家团体。

㉔ Kolb, *supra* note 1 at 140.

㉕ 该规定中的"绝对多数票"指有资格投票的国家中的绝对多数,而非出席并表决的国家中的绝对多数。*Ibid* at 141.

即可。㉖ 实践中偶尔出现候选人在一个机关获得绝对多数，但未能在另一机关获得绝对多数的情形。若此时尚有法官席位空缺，则需要联大和安理会再次分别投票选举。㉗

法官当选后，依《规约》第 20 条规定，应于就职前在公开法庭郑重宣言本人必当秉公竭诚行使职权。

3. 法官的任期

国际法院法官任期九年，并可连选，且《规约》并未限制法官连选的次数。为避免在选举时一次性替换过多法官，《规约》第 13 条作出了特别规定：第一次选举出的法官中，5 人任期为三年，5 人为六年，5 人任期九年，并由首次选举产生的 15 名法官抽签决定每人的任期。这样处置之后就形成了每三年选举一次，一次选举 5 名法官的交错格局，从而确保此后每次选举时至少三分之二的法官席位都不受影响。这一交错选举方案由 1944 年盟国间非正式专家委员会在其报告提出，意在解决常设国际法院时期每九年一次一般选举破坏法院工作及传统连续性的问题。㉘ 1930 年常设国际法院第二次法官选举产生了 7 名新法官，占据了近乎半数的法官席位。㉙

若法官在任期内因故病逝或辞职，出缺的法官席位应当按照《规约》第 5 条至第 8 条规定的方式进行补选。㉚ 依《规约》第 15 条规定，经补选产生

㉖ 《宪章》第 27 条第 3 款规定，安全理事会对于其他一切事项（指程序事项之外的事项）之决议，应以九理事国之可决票包括全体常任理事国之同意票表决之。

㉗ 2017 年法官选举时，在只有一个席位空缺的情况下，英国籍法官在安理会获得绝对多数而未获得联大的多数，印度籍法官则在联大获得绝对多数而未获得安理会多数。在联大和安理会又各自举行两期选举仍然形成僵局之后，英国撤回该国法官候选人资格，印度籍法官最终获选。See "General Assembly, Security Council fill final vacancy on 'World Court'", available at: https://news.un.org/en/story/2017/11/636752-general-assembly-security-council-fill-final-vacancy-world-court，最后访问时间：2024 年 11 月 1 日。

㉘ *Report of the Informal Inter-Allied Committee on the Future of the Permanent Court of International Justice, 10th February 1944* [British Parliamentary Papers, Miscellaneous No. 2 (1944), Cmd. 6531], para 85.

㉙ See Ole Spiermann, *International Legal Argument in the Permanent Court of International Justice: The Rise of the International Judiciary* (Cambridge University Press, 2005) at 308-315.

㉚ 《规约》第 14 条原文为："凡遇出缺，应照第一次选举时所定之办法补选之，但秘书长应于法官出缺后一个月内，发出第五条规定之邀请书并由安全理事会指定选举日期。"本条前半句所称"第一次选举时所定之办法"系一项笔误，因为无论是《常设国际法院规约》还是《规约》都没有拟定任何关于第一次选举的特别办法。因此，实践中补选仍适用一般选举规则。See Shabtai Rosenne, *The Law and Practice of the International Court, 1920-1996, Volume I*, 3rd edition (Martinus Nijhoff Publishers, 1997) at 378-379.

的法官应任职至其前任法官任期届满时为止，此后该法官仍可竞选连任。虽然《规约》并未规定补选产生的法官必须与前任法官为同一国籍，但实践中却较为常见，特别是当前任法官为安理会常任理事国的国民的时候。㉛

4. 法官的独立性

《规约》为法官履行司法职责提供了若干制度保障，其中最重要的是确保法官的独立性，这与法院的司法属性相一致。《规约》第 16 条要求："一、法官不得行使任何政治或行政职务，或执行任何其他职业性质之职务。二、关于此点，若有疑义，应由法院裁决之。"该条意味着国际法院的法官当选后不得再在政府部门中担任公职或从事公务，如代表国家出席国际会议或缔约谈判、担任行政长官职务或外交职务，因为任何需要接受上级指示或遵从政府政策的工作都具有政治属性，且不以法官个人意见为转移，这与司法独立性相违背。此外，《规约》第 18 条第 1 款规定法官在任期内，"除由其余法官一致认为不复适合必要条件外，不得免职"。这意味着无论是法官的国籍国，还是选举法官的机关（联大和安理会）都无权免去已当选法官的职务；只有在其他法官全体一致认为该法官不再满足履职的必要条件（如因身体健康原因）时才可免职。㉜ 这进一步避免了法官在执行司法职能时受到外界的干扰或压力。其他保证法官独立性的条款还包括：《规约》第 19 条关于法官执行法院职务时享受外交特权和豁免的规定；第 32 条第 5 款规定法官任期内俸给、津贴及酬金不得减少的规定；第 32 条第 7 款支给法官退休金的规定。

5. 与法官履职不相符的事务

除维护法官独立性外，《规约》也禁止或限制法官从事与履职可能产生冲突的事务。上文提及的《规约》第 16 条也应基于这一原则理解。这种冲突不仅是利益冲突，也包括过度占用法官时间精力而影响法官履职的事实上的冲突。需要指出，《规约》并不禁止法官在法院工作之外承担其他工作，只要这

㉛ John Dugard, "Article 14" in Andreas Zimmermann & Christian J. Tams, eds, *The Statute of the International Court of Justice: A Commentary*, 3rd edition (Oxford University Press, 2019) 422 at 425. 即使出缺席位并非源自安理会五大常任理事国的国民，近年来也频繁出现这一现象。2021 年澳大利亚籍法官克劳福德（Judge Crawford）病逝后，其出缺席位补选产生的法官为澳大利亚人希拉里·查尔斯沃斯（Hilary Charlesworth）；2022 年巴西籍法官坎萨多·特林达德（Cançado Trindade）病逝后，补选产生的法官同为巴西人莱昂纳多·内梅夫·考尔德拉·布兰特（Leonardo Nemer Caldeira Brant）。

㉜ 法官免职具体程序由《法院规则》第 6 条详细规定。

些工作不与法官的司法独立性或履职相冲突。如何判断法官可以从事哪些事务存在一定的不确定性，在不同的历史时期也有所差异，这也是为何《规约》第16条第2款将判断法官从事的事务与其司法职能相符性的决定权交予法院。自常设国际法院时期以来，法院在《规约》第16条的解释和适用上积累了一定数量的先例，形成了较为稳定的实践。㉝1995年国际法院院长向联合国秘书处提交的《关于国际法院实践中与司法职能不相符问题的备忘录》对这一实践作了较为系统的总结。㉞备忘录指出，《规约》第16条除禁止法官担任政府公职外，所禁止的"其他职业性质的职务"应作广义解释，不仅包括大学的终身教职，律师事务所或其他提供法律服务的职位，还包括商业性的职务，如企业的管理职位等。但是，有两类事务是允许法官从事的，且自常设国际法院以来在法官实践中较为普遍：一是参与和平解决国际争端的准司法实践，如担任仲裁员或调解员；二是担任学术团体（如国际法研究院）的成员从事学术研究、发表学术讲演或者担任大学的荣誉教授等。

近年来，国际法院法官担任外国投资者与东道国投资仲裁的仲裁员的现象引发了关注和争议。㉟2018年，时任国际法院院长的优素福法官（Judge Yusuf）在向联大作年度报告时，报告了法院为适应日益增加的案件量并规范法官从事仲裁事务的行为准则，包括：原则上法官不参与国际仲裁，特别是不担任投资仲裁或商业仲裁的仲裁员，而仅在特殊情形下参与国家间仲裁；对于担任国家间仲裁员的特殊情形，相关法官要依照法院设立的程序获得预先授权；法官不得接受法院正在审理的案件的当事国的指派。㊱这些新要求均

㉝ See Philippe Couvreur, "Article 16" in Andreas Zimmermann & Christian J. Tams, eds, *The Statute of the International Court of Justice: A Commentary*, 3rd edition (Oxford University Press, 2019) 429 at 435–443.

㉞ 关于该备忘录内容的总结，见联合国秘书长报告："Conditions of Service and Compensation for Officials other than Secretariat Officials: Members of the International Court of Justice", UN Doc. A/C. 5/50/18 (1995), paras. 29–33。

㉟ See Nathalie Bernasconi-Osterwalder, Martin Dietrich Brauch, "Is 'Moonlighting' a Problem? The role of ICJ judges in ISDS", available at: https://www.iisd.org/articles/policy-analysis/moonlighting-problem-role-icj-judges-isds，最后访问时间：2024年11月1日。这份报告的数据指出国际法院法官在其任期内担任仲裁员的案件约占所有已知投资条约案件的10%。

㊱ Speech by H. E. Mr. Abdulqawi A. Yusuf, President of the International Court of Justice, On the Occasion of the Seventy-Third Session of the United Nations General Assembly, 25 October 2018, at 12, available at: https://www.icj-cij.org/sites/default/files/press-releases/0/000-20181025-PRE-02-00-EN.pdf，最后访问时间：2024年11月1日。

以法官独立性、中立性、司法职责的优先性以及法院工作效率为考量。

6. 法官回避规则

若法官参与特定案件的审理会被视为欠缺中立性或独立性，则应当回避。《规约》第 17 条和第 24 条对此作出了规定。

《规约》第 17 条第 2 款要求，"法官曾以当事国一造之代理人、律师、或辅佐人，或以国内法院或国际法院或调查委员会委员，或以其他资格参加案件者，不得参与该案件之裁决。"该条的理论基础是同一人不能既为当事方又为裁决者，这是司法中立的基本要求。㊲ 实践中，凡是在当选法官之前曾以代理人、法律顾问或辩护律师身份参与到特定案件中的人员，在当选法官之后均主动选择了回避该案件的审理。但对于"其他资格参加案件"这一较为模糊的措辞，因涉及一定的裁量权，所以司法实践中的处置方式较为多样。㊳ 无论如何，依据该条第 3 款，关于此条款的疑义由法院裁决。

《规约》第 24 条的规定则更为主观，即若法官本人认为有特别原因不应参与案件裁判时，应通知院长；同理，若院长认为某法官因特别原因不应参与某案时，则应通知该法官。若两者之间存在争议，则由法院决定。该条并未释明何为"特别原因"。理论上，凡属《规约》第 17 条第 2 款规定以外的、但仍可能损害法官中立形象或存在利益冲突的因素，都属于第 24 条的范围。但是，因为第 17 条第 2 款本身的模糊性，这两个条款的适用范围可能有所交叉。㊴ 一个典型的依据《规约》第 24 条回避的例子是"英伊石油公司案"中，曾作为印度政府代表在安理会处置过英国控诉伊朗不履行法院临时措施命令的印度籍法官，在当选后选择回避审理该案。㊵ 除了法官本人或院长可提出回避事宜外，当事国也有权向国际法院的院长提出《规约》第 17 条第 2 款或第 24 条的适用。㊶ 但当事国必须至迟在庭审程序开始前向法院提出可能有损

㊲ Kolb, *supra* note 1 at 135.

㊳ Philippe Couvreur, "Article 17" in Andreas Zimmermann & Christian J. Tams, eds, *The Statute of the International Court of Justice: A Commentary*, 3rd edition (Oxford University Press, 2019) 444 at 454.

㊴ *Ibid* at 453.

㊵ Sir Robert Jennings & Philippe Couvreur, "Article 24" in Andreas Zimmermann & Christian J. Tams, eds, *The Statute of the International Court of Justice: A Commentary*, 3rd edition (Oxford University Press, 2019) 526 at 530.

㊶ 《法院规则》第 34 条第 2 款。

法官中立性或法官与本案存在利益冲突的事实。㊷

属于诉讼当事国国籍的法官无须回避。为了平衡法院席位中有诉讼当事国国籍法官的情况，产生了专案法官（judge *ad hoc*）制度。㊸

（二）院长和副院长

1. 院长和副院长的选举和任期

《规约》第 21 条第 1 款规定："法院应选举院长及副院长，其任期各三年，并得连选。"并且，依据 1978 年《法院规则》，院长和副院长的选举应在每三年举行一次的国际法院法官选举的当天或不久之后进行，这样院长和副院长的任期起始日就与大会和安理会选举产生的法官任期的起始日重合。㊹ 院长和副院长的选举方式为：由法官匿名投票，且获得绝对多数票者当选。㊺

2. 院长和副院长的职责

院长有责任常驻法院所在地，即荷兰海牙。㊻ 同时，院长应主持法院的所有会议，指挥法院的工作并监督其行政管理。㊼ 在院长职位出缺或者在院长不能执行院长职务时，则由副院长行使院长职责；若副院长也不能行使该职责，则由最资深的法官暂行院长职责。㊽ 院长职责中非常重要的一部分是指挥法院的庭审工作，其他职责散见于《法院规则》之中。㊾

为了保证法院工作的连续性，《法院规则》特别考虑到院长的任期在一个案件的审理过程中终止的情况，并规定：在一个案件庭审程序开始时担任院长职务或者行使院长职责的法官应履行该职责，直至案件当前阶段结束。举例而言，假设某个案件中一方提出了初步反对意见（管辖权或可受理性异议），那么在初步反对意见程序的庭审程序开始时担任院长或行使院长职责的

㊷ Couvreur, *supra* note 38 at 450.
㊸ 见下文第三节。
㊹ 见《法院规则》第 10 条。
㊺ 见《法院规则》第 11 条。
㊻ 《规约》第 22 条第 2 款。
㊼ 《法院规则》第 12 条。
㊽ 《法院规则》第 13 条。国际法院法官的资深程度由《法院规则》第 3 条规定，即主要依据当选为国际法院法官的年限来决定不同法官之间的资深程度；同期当选的新法官之间，则由年龄来决定。
㊾ 《规约》第 45 条。

法官，应行使该职责直到初步反对意见判决宣判。若判决为国际法院有管辖权且申请具有可受理性，那么则由新院长主持后续实体阶段的审理工作。

上文关于法官独立性、禁止或限制法官从事与其司法职责不相符事务的规定也同样适用于院长和副院长。在此基础上，若院长为诉讼案件当事国的国民，依据《法院规则》第 32 条，对于该案的审理而言，院长不能行使院长职责，而由副院长代为行使院长职责。例如，在赤道几内亚诉法国"豁免与刑事程序案"的临时措施阶段，因时任院长的亚伯拉罕法官（Judge Abraham）为法国籍，因此由时任副院长的优素福法官代为履行院长职责。[50]

3. 院长的决定票（casting vote）

国际法院的所有决定，无论是判决、咨询意见还是命令（order），都由出席法官过半数票决定。[51] 出席法官既包括经选举当选的 15 名法官，也包括当事方指派的专案法官。当法官投票出现平票时，依《规约》第 55 条第 2 款规定："如投票数相等时，院长或代理院长职务之法官应投决定票。"

由院长投决定票的方式通过一项决定在国际法院的实践中是较为罕见的，且表明法院在该问题上存在无法调和的分歧。这样的决定也极易引发广泛的关注和讨论，或是产生持久的影响。在国际法院的历史上，共有四次行使院长决定票权力的实践，分别是：（1）1966 年"西南非洲案（第二阶段）"[52]；（2）1996 年"使用或威胁使用核武器的合法性咨询意见"[53]；（3）2016 年"尼加拉瓜 200 海里以外尼加拉瓜与哥伦比亚大陆架划界问题"初步反对意见判决[54]；（4）2016 年马绍尔群岛诉英国"关于就停止核军备竞赛和实行核裁

---

[50] *Immunities and Criminal Proceedings (Equatorial Guinea v France)*, Preliminary Objections, ［2018］ICJ Rep 292.

[51] 《规约》第 55 条第 1 款。

[52] *South West Africa*, Second Phase, Judgment, ［1966］ICJ Rep 6, at 51, para. 66.

[53] *Legality of the Threat or Use of Nuclear Weapons*, Advisory Opinion, ［1996］ICJ Rep 226, at 266, para. 105(2)(E).

[54] *Question of the Delimitation of the Continental Shelf between Nicaragua and Colombia beyond 200 Nautical Miles from the Nicaraguan Coast (Nicaragua v Colombia)*, Preliminary Objections, ［2016］ICJ Rep 100, at 139, para. 126.

军进行谈判的义务案”(55)。在常设国际法院 1927 年的“荷花号案”中，关于土耳其就发生在公海的船舶碰撞行使刑事管辖不违反国际法的决定，院长胡伯（President Huber）投出的决定票无疑对国际法的发展具有深远影响。(56)

（三）专案法官

专案法官指专为特定案件的审理由当事国指定的法官。专案法官仅参与该案件的审理工作。专案法官制度存在的目的是平衡法官席位中有当事国国籍法官的情形，其理论基础为国家平等原则。(57) 之所以允许当事国指定专案法官而非要求另一当事国国籍的法官回避，还因为有以下考虑：国家间争端通常十分复杂，并且关涉国家及其人民的切身利益，当事国指定的专案法官往往对该国国情有充分了解，或者具备与该案争端相关的专业知识，从而可以在法官评议过程中向法院提供必要的信息。这对增进国家对国际法院程序公正性的信心十分重要。(58)

1. 专案法官的指定

《规约》第 31 条确定了当事国指定专案法官的情形。一般而言，当事国一方在法官席位中有本国国籍法官而另一方没有时，另一方可指定一名专案法官；若双方在法官席位中均无本国国籍的法官，则双方可各选一名专案法官。在后者情形下，双方也可协议不指定专案法官，如 1962 年“柏威夏寺案”中泰国与柬埔寨均未提名专案法官。(59)

由于专案法官的指定关系到法院的组成，因此，其人选的确定在程序上具有优先性。(60) 当事国应尽快将专案法官人选告知法院，且不应晚于法院确定的提交辩诉状（Counter-Memorial）期限的两个月前。专案法官并不必然是诉

(55) *Obligations concerning Negotiations relating to Cessation of the Nuclear Arms Race and to Nuclear Disarmament (Marshall Islands v United Kingdom)*, Preliminary Objections, [2016] ICJ Rep 833, at 856, para. 59.

(56) *The Case of the SS "Lotus"*, PCIJ Series A No 10, Judgment of 7 September 1927, at 32.

(57) Thirlway, *supra* note 19 at 14.

(58) Kolb, *supra* note 1 at 119.

(59) *Ibid* at 122.

(60) *Legal Consequences for States of the Continued Presence of South Africa in Namibia (South West Africa) notwithstanding Security Council Resolution 276 (1970)*, Advisory Opinion, [1971] ICJ Rep 16, at 25, para. 36.

讼当事国国民。(61)当事国选择非本国国民担任专案法官的情形并不少见。例如，2022 年智利诉玻利维亚“关于锡拉拉河水域地位和使用问题的争端案”中，智利选择的专案法官为德国籍的西玛法官（Judge *ad hoc* Simma），玻利维亚选择的是法国籍的多德法官（Judge *ad hoc* Daudet）。(62)

根据《规约》第 31 条第 6 款，《规约》中关于法官独立性、中立性、不得从事与履行司法职责不相符之事务的规定同样适用于专案法官。这意味着当事方不得选择那些与该案具有利益冲突的人选，何为利益冲突则应以《规约》第 17 条和第 24 条的规定为主要参照。此外，2002 年通过的《实践指引七》提出：“当事方应避免提名法院正在审理的另一案件中担任代理人、律师或辩护人的人，或在提名之日前三年内曾以代理人、律师或辩护人身份行事的人作为专案法官；此外，当事方同样不应指定在法院审理的另一案件中担任专案法官的人担任代理人、律师或辩护人。”这一规定是为了避免专案法官与律师身份的混淆，从而维护法院司法正义的形象。

除了法院全庭审理的诉讼案件以外，由分庭审理的案件也同样允许当事方选择专案法官。例如，1984 年美国和加拿大之间的“缅因湾划界案”中，五人组成的分庭中有两人为美国和加拿大分别选择的专案法官。(63) 同样，在咨询意见程序中，若咨询意见涉及两个或多个国家之间未决的法律问题，则允许所涉国家指定专案法官。(64)这一规则的法律基础是《规约》第 68 条的规定：“法院执行关于咨询意见之职务时，应参照本规约关于诉讼案件各条款之规定，但以法院认为该项条款可以适用之范围为限。”例如，1975 年“西撒哈拉咨询意见”中，因咨询请求涉及西班牙与摩洛哥之间就西撒哈拉领土地位的法律争端，国际法院准许摩洛哥指定了一名专案法官参与咨询意见程序。(65)

2. 多个当事国指定专案法官的问题

当有多个申请方或多个被申请方时，当事国如何指定专案法官才能尽力

---

(61) 《法院规则》第 35 条第 1 款。

(62) *Dispute over the Status and Use of the Waters of the Silala (Chile v Bolivia)*, Judgment, [2022] ICJ Rep 614, para 6.

(63) *Delimitation of the Maritime Boundary in the Gulf of Maine Area (Canada/United States of America)*, Judgment, [1984] ICJ Rep 246, at 252, paras. 3–4.

(64) 《法院规则》第 102 条第 3 款。

(65) *Western Sahara*, Advisory Opinion, [1975] ICJ Rep 12, at 16, para. 9.

实现国家平等原则而又不影响法院组成的平衡？处理这一问题的基本规则是《规约》第31条第5款："如数当事国具有同样利害关系时，在上列各规定适用范围内，只应作为一当事国。关于此点，若有疑义，由法院裁决之。"这一规则表明：（1）具有同样利害关系的当事国只能指定一名专案法官；（2）国际法院对"同样利害关系"的解释有最终决定权。如果国际法院将数个当事国视为具有同样利害关系的一方，则会合并审理案件。(66) 例如，"西南非洲案"中，虽然利比里亚和埃塞俄比亚分别起诉南非并分别提交了诉状，但国际法院判定两国具有同样利害关系，决定两国只能指定一名专案法官，并合并了两案的诉讼程序。(67)

然而，如何识别和确定"具有同样利害关系"并无统一的司法实践，在很大程度上取决于法院对具体案件情形的考量。据研究，国际法院对此有两种解释方式。第一种是形式解释，即只要案件是由不同当事方分别提起的，或是由同一申请方针对多个被申请方提起的，且案件没有合并审理，那么就不视为存在同样利害关系的数个当事方。在案件分别审理的情况下，每个申请方或被申请方都可指定一名专案法官。这一情形一般不会影响法院组成的平衡，因为即使多个当事国都指定了专案法官，但因为案件分别审理，所以这些专案法官的投票并不是累积的。例如，1974年"核试验案"是澳大利亚和新西兰分别针对法国提起的，双方的主张和所针对的事实（法国在南太平洋地区进行大气层核试验）也一致，但并没有合并审理，澳大利亚和新西兰也分别指定了一名专案法官。(68)

但是，形式解释有时可能导致不符合程序正义的结果。例如，在1998年"洛克比空难事件引起的1971年《蒙特利尔公约》的解释和适用问题案"中，利比亚对英国和美国分别提起了诉讼，且对两个被申请方的诉求是一致的，但国际法院并未将英国和美国视为具有同样利害关系的当事国。当时法官席

---

(66) 依据《法院规则》第47条，法院可随时指示合并两个或两个以上案例的诉讼程序。

(67) *South West Africa (Ethiopia v South Africa; Liberia v South Africa)*, Preliminary Objections, [1962] ICJ Rep 319, at 321.

(68) 澳大利亚和新西兰指定的专案法官为同一人，该法官分别参加了两个案件的程序。*Nuclear Tests (Australia v France)* [1974] ICJ Rep 253, at 255, para. 3; *Nuclear Tests (New Zealand v France)* [1974] ICJ Rep 457, at 455, para. 3.

位中有英国籍和美国籍的法官,但英国籍法官依据《规约》第 24 条申请回避。此后英国依据《规约》第 31 条提名了专案法官,也获准许。[69] 这导致在两个案件中,都有英美两国国籍的法官。假设法院认定英美两国具有同样利害关系,那么在英国籍法官回避的情况下,英国就不能再指定专案法官。因此,形式解释较易侵蚀国际法院司法程序中的国家平等原则。[70]

第二种则是采取实质检验的解释,即根据多个当事国的诉求、导致争端的事实等实质要素来界定是否存在同样利害关系。国际法院采取实质判断的实践是 1974 年"渔业管辖案"。联邦德国与英国分别起诉冰岛,两个案件未合并,联邦德国提出指定专案法官。但是,国际法院考虑到法官席位中有英国籍法官,两国应被视为具有同样利害关系的当事方,因而拒绝了联邦德国指定专案法官的请求。[71] 因此,即使两个案件是分别审理的,德国也未能获准指定专案法官。同样,在塞黑诉北约八国的"使用武力合法性案"中,四个被申请方(英国、法国、德国和荷兰)在法官席位中有本国国籍法官,另有三个被申请方(比利时、加拿大和意大利)在临时措施阶段指定了专案法官,但在初步反对意见阶段国际法院决定,考虑到法院席位中有英国等北约国家的法官,因而不允许上述三个被申请方指定的专案法官参与程序。[72] 这一决定与假定法院合并审理这 8 个案件的结果是一致的。

即使实质判断是更优的"具有同样利害关系"的解释方法,但这仍然无法改变在"使用武力合法性案"这样的案件中法官席位中有多名被申请方国籍法官的事实,这一特定情形下法院组成确有失衡。类似的情况也发生在 2016 年的"关于就停止核军备竞赛和实行核裁军进行谈判的义务案"中,马绍尔群岛起诉的英国和印度在法官席位中均有本国国籍法官,可以认为这些

---

[69] *Questions of Interpretation and Application of the 1971 Montreal Convention arising from the Aerial Incident at Lockerbie (Libyan Arab Jamahiriya v United Kingdom)*, Preliminary Objections, [1998] ICJ Rep 9, at 13, para. 9.

[70] Kolb, *supra* note 1 at 128.

[71] *Fisheries Jurisdiction (Federal Republic of Germany v Iceland)*, Judgment, [1973] ICJ Rep 49 at 51, para. 7.

[72] *Legality of Use of Force (Serbia and Montenegro v Belgium)*, Preliminary Objections, [2004] ICJ Rep 279, at 287, para. 18.

国家在本案的实质利益是相同的。[73] 但是，正如学者指出的，这种失衡有时是难以避免的，因为《规约》不要求本国国籍法官回避。若因此允许处于劣势的当事国提名多个专案法官，也同样是难以令人接受的，因为这将违背国际法院的司法属性。[74]

三、分庭

《规约》第26条至29条允许国际法院组建分庭（chambers），以审理特定案件或特别类型的案件。分庭有几大制度性特征：（1）分庭法官人数显著小于国际法院全庭；（2）必须经当事方同意才能将争端提交分庭审理，国际法院无权主动将争端移交分庭；（3）灵活性和简易性是贯穿分庭组织和程序的制度理念，其目的是吸引和鼓励国家将争端诉诸国际法院。下文主要介绍分庭的类型以及分庭的组织和程序。

（一）分庭的类型

《规约》允许国际法院组建三种分庭，分别是：简易程序分庭、特种案件分庭和特定案件分庭。前两者为常设性的，即在争端提交前已被法院所创设，而特定案件分庭是为特定争端的审理而创设的，因此也被称为专案分庭（ad hoc chamber）。

1. 简易程序分庭

简易程序分庭的组建依据是《规约》第29条，并继承自《常设国际法院规约》。1920年法学家委员会深受1907年《和平解决国际争端公约》中仲裁简易程序的影响，因而提议常设国际法院也应纳入简易程序，简易程序分庭应运而生。在常设国际法院的实践中，仅1924年希腊和保加利亚之间的"对

---

[73] 同样被马绍尔群岛起诉的巴基斯坦没有指定专案法官。*Obligations concerning Negotiations relating to Cessation of the Nuclear Arms Race and to Nuclear Disarmament (Marshall Islands v Pakistan)*, Jurisdiction and Admissibility, [2016] ICJ Rep 552, at 556, para. 3.

[74] Kolb, *supra* note 1 at 131.

《讷伊条约》第 179 条之附件第 4 段解释案"⑦ 以及此后两国对 1924 年判决的解释之诉⑦由简易程序分庭审理。审理这两个案件的简易程序分庭均由三名法官组成。国际法院实践中至今没有任何国家将争端诉诸简易程序分庭，原因可能在于国家参与国际法院程序时希望有充分的机会陈述自己的观点和主张，简易程序对其无吸引力；另外，通常国家不愿给人以国家间争端是"简单的"或"不重要的"此类印象。⑦

2. 特种案件分庭

《规约》第 26 条第 1 款允许国际法院随时设立一个或数个分庭，专门处理特定种类的案件，例如劳工案件及过境与交通案件。这一条款改变了《常设国际法院规约》的规定，因为后者仅要求法院就劳工案件和过境与交通案件组建特别分庭，并规定了两个特别分庭的组织方式。⑦《常设国际法院规约》的规定反映了当时国际事务的关注点，尤其是回应彼时刚成立不久的国际劳工组织为潜在劳工争端提供专门的争端解决方式的诉求。⑦但是，常设国际法院时期，没有任何争端提交这两个特种案件分庭。

因此，在 1945 年旧金山会议上，有国家提议在《规约》中删去特种案件分庭的条款，但未获通过。⑧ 最终《规约》给予国际法院设立特种案件分庭的一般性裁量权，允许法院因时制宜地决定特种案件分庭的组建，且未限制特种案件分庭管辖的争端类型。理论上讲，组建特种案件分庭是为了法院更好地审理那些具有一定专业复杂性或技术难度的案件，从而促进国际法院在国际法细分领域内司法经验的积累。《法院规则》要求法院在选举特种案件分庭法官时应"考虑法官可能具有的与组建该分庭所要处理的案件类型有关的特殊知识、专长或以往经验"，也反映了组建特种案件分庭的这一目的。

---

⑦ *Interpretation of Paragraph 4 of the Annex following Article 179 of the Treaty of Neuilly*, PCIJ Series A, No. 3, Judgment of 12 September 1924.

⑦ *Interpretation of Judgment No. 3*, PCIJ Series A, No. 4, Judgment of 26 March 1925.

⑦ Paolo Palchetti, "Article 29" in Andreas Zimmermann & Christian J. Tams, eds, *The Statute of the International Court of Justice: A Commentary*, 3rd edition (Oxford University Press, 2019) 583 at 587.

⑦ 《常设国际法院规约》第 26 条和第 27 条。

⑦ Paolo Palchetti, "Article 26" in Andreas Zimmermann & Christian J. Tams, eds, *The Statute of the International Court of Justice: A Commentary*, 3rd edition (Oxford University Press, 2019) 547 at 562.

⑧ *Ibid* at 563.

1993 年，国际法院设立了环境问题分庭（Chamber for Environmental Matters），但没有任何国家将争端诉诸该分庭。相反，像"多瑙河大坝案"[81]和"纸浆厂案"[82]这样典型的环境争端被提交至国际法院全庭。国际法院于 2006 年起不再为该分庭选举法官，因而实质上解散了该分庭。据学者分析，国家不热衷国际法院特种案件分庭的原因可能是多方面的，包括：（1）国际法院特种案件分庭相较于专业性国际法庭（如国际海洋法法庭）并无专业优势；（2）在诉诸分庭还是诉诸国际法院全庭问题上，国家难以权衡其中利弊；（3）国家间争端往往涉及多种国际法问题，难以简单地界定为某个特定类型的争端。[83]最后一点也是时任国际法院院长的希金斯法官（Judge Higgins）在向联大解释不再选举环境问题分庭法官原因时提及的。希金斯法官指出："国家倾向于在一般国际法视野下理解和适用环境法，而不是将其视为一个特别法门类。"[84]

3. 专案分庭

《规约》第 26 条第 2 款是设立特定案件分庭的法律依据。该条是 1945 年旧金山会议上写入《规约》的新条款，在《常设国际法院规约》中并无对应，其目的是吸引国家将争端诉诸国际法院。[85]但直到 20 世纪 80 年代，国家并未表现出对专案分庭的兴趣。专案分庭制度在 1972 年和 1978 年两次修订《法院规则》时经历了较大变革。为了扭转国际法院受案量在 1966 年"西南非洲案"之后的滑坡，在法官组成和程序上更为灵活的专案分庭成为国际法院"引流"的工具。

相较于另外两类分庭，专案分庭最为突出的特征是在法官组成上受当事国意愿的支配。《规约》第 26 条第 2 款规定："组织此项分庭法官之人数，应由法院得当事国之同意定之。"1978 年修订的《法院规则》第 17 条第 2 款强化了当事国意愿在法院组成上的影响力："当事各方达成协议后，庭长应查明

---

[81] *Gabčíkovo-Nagymaros Project (Hungary/Slovakia)* [1997] ICJ Rep 7.
[82] *Pulp Mills on the River Uruguay (Argentina v Uruguay)* [2010] ICJ Rep 14.
[83] Palchetti, *supra* note 79 at 566-567.
[84] Speech by H. E. Judge Rosalyn Higgins, President of the International Court of Justice, to the General Assembly of the United Nations (26 October 2006), at 6, available at: https://www.icj-cij.org/sites/default/files/press-releases/7/13149.pdf,最后访问时间：2024 年 11 月 1 日。
[85] Kolb, *supra* note 1 at 145.

各方对分庭组成（composition）的意见，并据此向法院提出报告。"这意味着当事国不仅可以决定分庭组成的人数，还可以影响组成专案分庭法官的具体人选。同时，依据《规约》第 31 条第 4 款，在组建专案分庭时不仅应考虑属于当事国本国国籍的法官，在无当事国本国国籍法官时当事国可指定专案法官。因此，理论上一个专案分庭可以由一名国际法院法官和两名当事国指定的专案法官构成。⑧⑥ 1978 年《法院规则》对专案分庭的重塑实质上是对其的"仲裁化"。⑧⑦

1984 年美加"缅因湾海洋划界案"是第一个提交专案分庭审理的案件。该案中，美国和加拿大在一份单独的特别协议中约定，若专案分庭的法官组成不符合两国的意愿，则双方可撤回该案并诉诸仲裁。⑧⑧ 国际法院也尊重了当事国指定分庭法官的意愿，尽管这一决定遭到了部分法官的批评。⑧⑨ 此后，专案分庭审理了下列案件：（1）1986 年布基纳法索和马里"边界争端案"⑨⑩；（2）1989 年美国诉意大利"西西里电子公司案"⑨①；（3）1992 年萨尔瓦多和洪都拉斯"陆地、岛屿和海上边界争端案"⑨②，以及 2003 年对该案判决的复核（revision）之诉⑨③；（4）2005 年贝宁和尼日尔的"边界争端案"⑨④。在这些案件中，尽管对是否应完全依照当事国的意愿选定专案分庭法官以及《法院规则》是否超越了《规约》第 26 条第 2 款的规定存在争议⑨⑤，但国际法院的实

---

⑧⑥ Palchetti, *supra* note 79 at 565.

⑧⑦ Kolb, *supra* note 1 at 151.

⑧⑧ Article 3 of Treaty between the Government of Canada and the Government of the United States of America to Submit to Binding Dispute Settlement the Delimitation of the Maritime Boundary in the Gulf of Maine Area (29 March 1979).

⑧⑨ Dissenting Opinion of Judge Morozov, *Delimitation of the Maritime Boundary in the Gulf of Maine Area*,Constitution of Chamber, Order of 20 January 1982, [1982] ICJ Rep 3, at 11.

⑨⑩ *Frontier Dispute (Burkina Faso/Mali)* [1986] ICJ Rep 554.

⑨① *Elettronica Sicula S. P. A. (ELSI)* [1989] ICJ Rep 15.

⑨② *Land, Island and Maritime Frontier Dispute (El Salvador/Honduras: Nicaragua intervening)* [1992] ICJ Rep 351.

⑨③ *Application for Revision of the Judgment of 11 September 1992 in the Case concerning the Land, Island and Maritime Frontier Dispute (El Salvador/Honduras: Nicaragua intervening) (El Salvador v Honduras)* [2003] ICJ Rep 392.

⑨④ *Frontier Dispute (Burkina Faso/Niger)*, Judgment, [2013] ICJ Rep 44.

⑨⑤ See Shigeru Oda, "Further Thoughts on the Chambers Procedure of the International Court of Justice" (1988) 82 American Journal of International Law 556.

践是一贯的，即查明当事国对专案分庭法官人选的意见并给予其完全的效力。⑯ 2005 年之后，没有国家再将争端诉至国际法院专案分庭。

(二) 组织与程序

1. 分庭与法院的关系

分庭并非国际法院的附属机构，也不是一经设立就脱离法院而独立的组织。法院除了决定分庭法官的组成之外，不能干预分庭如何行使其司法职责。两者在司法职能的行使上具有同等的地位和效力，这是由《规约》第 27 条决定的："任何分庭所为之裁判，应视为法院之裁判。"这不仅承认了分庭判决等同于法院全庭的判决，还意味着分庭判决可依据《宪章》第 94 条执行。实践中，通过专案分庭积累的案件经验被视为国际法院司法实践的组成部分，国际法院在援引先例时也不会区分全庭审理的案件和分庭审理的案件。相反，一些分庭在审理领土争端或海洋划界争端时对相关国际法规则或原则的解释和适用，为后续法院全庭审理相关争端提供了重要的司法经验。⑰

2. 分庭法官的选任

三类分庭的法官选任机制有所差别。就简易程序分庭而言，依据《规约》，国际法院每年应选举 5 名法官组成简易程序分庭，并选举另外 2 名法官作为备选，以便接替分庭中不能出庭的法官。《法院规则》进一步规定国际法院院长和副院长当然属于该分庭的成员。特种案件分庭的法官人数与任期由国际法院设立该分庭时单独予以确定。⑱ 专案分庭法官的选定则主要依据当事国的意愿。

三类分庭法官选任的共同规则由《法院规则》第 18 条确立。分庭法官由法院匿名投票选举，获绝对多数票者当选。⑲ 若选举产生的分庭法官中不包括法院院长和副院长，则由组成分庭的法官匿名投票选举出分庭庭长；若包括现任院长或副院长，则由该院长或副院长担任分庭庭长。分庭庭长在审理案

---

⑯ Palchetti, supra note 79 at 570–571.
⑰ 例如，1984 年"缅因湾海洋划界案"作为第一例划定大陆架和专属经济区单一边界的司法案例，确立了单一海洋边界划定的若干原则。
⑱ 《法院规则》第 16 条。
⑲ 专案分庭法官的选举尽管也是如此进行，但实际上是以当事国意愿为主要考量。

件时行使国际法院院长所具备的与案件审理有关的一切职能，这也是分庭与法院全庭司法职责等同的体现。在1984年"缅因湾海洋划界案"之后的专案分庭实践中，分庭庭长往往也是当时国际法院的院长，这一结构对于协调分庭与法院的工作有积极的意义。[100]

若从法官席位中产生的专案分庭法官在案件审理过程中结束任期，该法官仍应参与该案直至案件审理终结，无论当时案件审理处于何种阶段。[101] 这是分庭法官与法院全庭法官的一项不同之处。

3. 分庭适用的程序规则

依据《法院规则》第90条，分庭适用《法院规则》第一部分至第三部分所列诉讼案件的程序规则。

就管辖权问题而言，三类分庭都须当事国的特别同意才能启用。诉诸常设性分庭需要当事国在提起诉讼的文件中附有诉诸特定分庭的请求，这说明当事国必须在起诉之前就议定诉诸简易程序分庭或特种案件分庭。[102] 而当事国可以在书面程序结束之前的任何时间内提出将案件提交专案分庭。[103] 需注意，当事国将争端提交分庭之后，分庭有权管辖与该争端有关的所有附带程序（incidental proceedings），包括管辖权或可受理性异议、指示临时措施或决定是否允许第三国参与等。[104]

1978年《法院规则》第92条统一规定了适用于三类分庭的书面和庭审程序规则。这些规则集中体现了分庭制度的灵活性和简易性。例如，除非当事国特别要求，否则各当事国仅提交一轮诉状；若当事国同意且获分庭同意，可不进行庭审程序。然而，专案分庭的实践表明，国家不愿放弃提交两轮诉状的机会，且庭审的时长与法院全庭审理的案件庭审时长无异。[105] 可见，国家将争端提交专案分庭并非主要为了程序的简易和迅速。

若当事国在分庭作出判决后又提起解释之诉或复核之诉，则仍由该分庭

---

[100] Kolb, *supra* note 1 at 152.
[101] 《法院规则》第17条第4款。
[102] 《法院规则》第91条第1款。
[103] 《法院规则》第17条第1款。
[104] *Land, Island and Maritime Frontier Dispute (El Salvador/Honduras)*, Application to Intervene, Order of 28 February 1990, [1990] ICJ Rep 3 at 4.
[105] Kolb, *supra* note 1 at 154.

管辖。⑯ 实践中可能产生的问题是国际法院是否应维持最初审理该案的分庭的法官组成。现实中因种种原因可能难以维持原先的分庭法官组成，因此仍然是以当事国的意愿为组建分庭的最终根据。2003 年萨尔瓦多和洪都拉斯"陆地、岛屿和海上边界争端复核案"的分庭是基于当事国的意愿重新组建的，由 3 名国际法院法官和 2 名当事国指定的专案法官组成，其中只有洪都拉斯指定的专案法官参与了 1992 年"陆地、岛屿和海上边界争端案"的审理工作。⑰

分庭制度是基于常设国际法院及国际法院特定历史时期的需要而产生的，且因不同时期的需求经历了制度和实践层面的塑造和改变。当前来看，国际法院分庭并不受国家的青睐，已经在很长的时间内未发挥作用，而同一时期内国际法院全庭受理的案件数量却不断增多。然而，这并不否定分庭制度理念的合理性。例如，以国际法院专案分庭为模板的国际海洋法法庭的专案分庭在海洋划界争端中的实践，证明了专案分庭在第三方争议解决机制中仍占据一席之地。⑱

四、书记官处

国际法院的书记官处（Registry）是专为处理法院事务而设立的机关，既负责法院内部的日常事务，也协助法院司法职能的履行，同时还承担着一定的外交和公共关系职能。可以说，书记官处是维持国际法院正常运作所必需的职能部门。《规约》对书记官处规定仅寥寥数笔，第 21 条第 2 款规定："法院应委派书记官长，并得酌派其他必要之职员。"该条是设立书记官处的法律依据。

---

⑯ 《法院规则》第 100 条第 1 款。
⑰ *Application for Revision of the Judgment of 11 September 1992 in the Case concerning the Land, Island and Maritime Frontier Dispute (El Salvador/Honduras: Nicaragua intervening) (El Salvador v Honduras)* [2003] ICJ Rep 392, at 394-395, paras. 4-5.
⑱ 《国际海洋法法庭规约》第 15 条第 1 款和第 2 款分别规定了法庭设立特种案件分庭和专案分庭的条件。其中，第 2 款明确指出"专案分庭组成应在法庭征得当事方同意后确定"，从而避免了《国际法院规约》中的模糊之处。2017 年加纳和科特迪瓦之间的"大西洋海洋划界案"以及 2023 年毛里求斯诉马尔代夫"印度洋海洋划界案"均由当事国诉至《国际海洋法法庭规约》第 15 条第 2 款设立的专案分庭。

(一) 组成与管理

根据《法院规则》第 28 条第 1 款的规定，书记官处由书记官长、副书记官长和为书记官长有效履职所需的其他工作人员组成。《法院规则》第 26 条详尽地阐明了书记官长（Registrar）的职能，为了实现这些职能，书记官处形成了书记官长和副书记官长领导并负责各项具体事务的业务部门。

1. 书记官长和副书记官长

书记官长是领导和管理书记官处工作的长官，书记官处的职位组成、职务分配以及内部管理规范都由书记官长提议，获法院批准后执行。法院对申请书记官长职位的候选人匿名投票，获得绝对多数票者当选。书记官长任期七年，可连选。[109] 自 1946 年以来国际法院总共任命了 8 名书记官长。[110] 书记官长只有在法院三分之二的法官认为其已永久丧失履职能力或者严重失职的情况下才可免职。[111]

副书记官长的职责是协助书记官长，并且在书记官长缺席或书记官长职位出缺的情况下代为行使书记官长的职责。副书记官长的选任、任期和免职适用与书记官长同样的规则。国际法院在实践中尽量避免出现书记官长和副书记官长同时卸任的情况，从而保证书记官处工作的稳定性和连续性。[112]

《规约》和《法院规则》中并未规定书记官长和副书记官长应当避免从事的与其职务不相符合的事项，但《实践指引八》要求当事国不得任命三年内曾担任书记官长、副书记官长和书记处资深雇员职位者为代理人、法律顾问或辩护律师。

2. 部门组成

书记官处的部门是依据书记官处的职能、在书记官长的建议下由法院设立的。这些部门由书记官长或副书记官长直接领导。目前，书记官处共有 11 个部门和分支，如法律事务部门、语言事务部门、新闻和信息部门、行政与

---

[109] 《法院规则》第 22 条。
[110] "The Registrar", available at: https://www.icj-cij.org/registrar，最后访问时间：2024 年 11 月 1 日。
[111] 《法院规则》第 29 条。
[112] Malcolm N. Shaw, "Article 21" in Andreas Zimmermann & Christian J. Tams, eds, *The Statute of the International Court of Justice: A Commentary*, 3rd edition (Oxford University Press, 2019) 482 at 497.

人事部门、财务部门、档案和图书馆等。⑬当前共有约100名职员在书记官处工作,其中包括长期雇员和临时雇员。这些职员属于联合国雇员,其行政级别与待遇大致参照联合国的雇员体系,但是其任命以及行政管理由书记官长负责,而非受联合国秘书长管理。⑭这是国际法院作为联合国主要司法机关的特别之处。

3. 豁免与外交特权

书记官处工作人员享有豁免与外交特权。在法院所在地荷兰,依据1946年国际法院院长与荷兰外交部的换文,书记官长享有相当于外交使馆馆长的特权与豁免;书记官处其他职员则依其级别享有与对应外交使团随员类似的权利。⑮除此之外,书记官处职员的特权与豁免的主要依据是《宪章》第105条、1946年《联合国特权与豁免公约》和1946年联大第90(Ⅰ)号决议。这些特权与豁免的性质是职务豁免,即为国际法院及其组织实现其职能而赋予其职员在从事公务时享有的豁免与特权。⑯

4. 管理规范

书记官长起草或建议相关内部管理规范,并经国际法院批准而施行。⑰目前用于管理和规范书记官处的文件是:(1)《书记官处指引》⑱,该文件主要规范书记官长和书记官处的职责、书记官处的组织结构及每个部门的人事组成和职责权限等;(2)《书记官处职员规范》⑲,该文件于1979年首次通过,之后经历了数次修订,其主要内容为人事制度。

---

⑬ Article 40 of Staff Regulations for the Registry (16 June 2023), available at: https://www.icj-cij.org/texts-governing-registry; see also "Organizational Chart of the Registry", available at: https://www.icj-cij.org/organizational-chart,最后访问时间:2024年11月1日。

⑭ Thirlway, *supra* note 19 at 21-22.

⑮ Kolb, *supra* note 1 at 158.

⑯ Article 4 of Staff Regulations for the Registry (16 June 2023), available at: https://www.icj-cij.org/texts-governing-registry,最后访问时间:2024年11月1日。

⑰ 《法院规则》第28条。

⑱ Instructions for the Registry (as drawn up by the Registrar and approved by the Court on 20 March 2012), available at: https://www.icj-cij.org/texts-governing-registry,最后访问时间:2024年11月1日。

⑲ Staff Regulations for the Registrar (16 June 2023), available at: https://www.icj-cij.org/texts-governing-registry,最后访问时间:2024年11月1日。

（二）职能

《法院规则》第26条规定了书记官长的职能，依其性质，这些职能可分为三类：(1) 司法职能；(2) 外交与公共关系职能；(3) 行政职能。按规定，国际法院还可在任何时候授予书记官长额外的职能。现实中这些职能主要通过书记官处具体部门的工作而实现。

1. 司法职能

书记官处的司法职能与国际法院本身的司法职能密切相关，主要体现在案件审理的相关工作中，具体包括：(1) 保管国际法院案件总表并负责案件相关资料的汇总和分类；(2) 负责法院和案件当事方或相关方的通讯，如接收当事国提交的诉状和书面文件、向当事国传达和通知法院的决定等；(3) 出席法院或分庭的会议并作会议纪要；(4) 书记官长负责与案件有关的翻译工作，尤其是将当事国提交的文件翻译为法院的两种工作语言；(5) 签署法院的判决、咨询意见等一切决定；(6) 保管国家依据《规约》第36条第2款作出的接受国际法院强制管辖的声明并将核正副本转交相关国家与国际组织；(7) 保管国际法院的印章、图章和档案，包括常设国际法院的档案等。

2. 外交与公共关系职能

书记官长还需要负责国际法院的对外事务，包括：(1) 与法院所在地荷兰政府、联合国其他会员国、国际组织或国际会议之间的沟通工作，尤其是在关系到人员的外交特权、豁免及相关待遇问题时；(2) 出席与对外关系有关的活动并负责联络；(3) 答复与回应公众与法院有关的问询；(4) 信息公开，包括发布与法院活动有关的信息、出版判决等相关资料汇编以及发布新闻，以及向大学、科研机构或学术团体等提供与法院有关的信息；(5) 维护与地方当局和媒体的联系。

3. 行政职能

书记官长工作的另一大组成是行政工作，这些职务主要包括：(1) 书记官处内部的管理工作；(2) 法院财务的管理；(3) 监督和负责与打印、图书馆、翻译以及翻译认证有关的事务。

回顾本章内容，国际法院的组织由《宪章》和《规约》奠定框架，经《法院规则》细化，并通过修订《法院规则》和发布《实践指引》的方式积累实践经验、回应不同历史时期的需要和国际社会对国际法院的诉求。国际法院作为联合国主要的司法机关，其司法职能由法官和分庭履行。书记官长领导的书记官处则是协助国际法院实现其司法职能、管理和维持法院工作的正常进行所必备的职能部门。同时，书记官处的工作也受法院的监督，实际上，除了国际法院院长之外的其他法官也参与到法院的内部管理工作中，如参加法院设立的预算与行政委员会、规则委员会和图书馆委员会。[123]

最后需要指出，国际法院的经费由联大依据《宪章》第17条予以确定。国际法院的经费通常仅占联合国所有经费中不足1%的份额。相较于其他国际性司法机构，国际法院无论是在人员组成还是在经费上，都是极为精简的。[124] 在国际法院受理的争端和咨询意见日益增多的当下，从组织和经费角度检视国际法院的负荷也为分析法院工作的效率提供了一个视角。

---

[123] Robert Y. Jennings, Rosalyn Higgins & Peter Tomka, "General Introduction" in Andreas Zimmermann & Christian J. Tams, eds, *The Statute of the International Court of Justice: A Commentary*, 3rd edition (Oxford University Press, 2019) at 87.

[124] 据2019年的数据，联合国允许国际法院聘用的长期雇员规模为115人，远低于国际刑事法院的972人；国际法院的年度预算约为2300万美元，也远逊于国际刑事法院1亿4700万美元的预算。*Ibid* at 88.

第三章 职 权

国际法院的职权及其行使的条件主要由《宪章》和《规约》规范，这在司法制度的语境下也称之为国际法院的职权（competence）或管辖权（jurisdiction）。① 这些制度性和抽象性的概念和规则在国际法院司法实践中得以阐释和发展，因此案例是理解国际法院职权及其行使最重要的资料。本章将依次讨论国际法院的两大职权，即诉讼管辖和咨询管辖。此外，本章还介绍国际法院的适用法和裁决。

一、诉讼管辖

（一）基本概念与原则

诉讼管辖是国际法院最主要的职权。诉讼管辖的核心概念是管辖权、可受理性（admissibility）以及争端，三者构成国际法院确认并行使其诉讼管辖权的三个要素。同时，还需理解规范国际法院管辖权及其行使的两大基本原则，分别是国家同意原则和法院裁决管辖权原则。

1. 管辖权

在诉讼管辖的语境下，国际法院的管辖权是指法院依据国际法裁判当事方之间争端的权力（power）。② 这一权力来源于《宪章》和《规约》对诉讼管辖权的规定和当事方的同意（consent）。由于《宪章》和《规约》本质上

---

① 此处"管辖权"为广义，指国际法院依《宪章》和《规约》所享有的职权及范围；下文诉讼管辖和咨询管辖相关内容中所称"管辖权"则为狭义，指国际法院行使该项职权的权力来源或必须满足的条件。有关这两个术语在语义上的差异和实践中的意义参见 Hanqin Xue, *Jurisdiction of the International Court of Justice* (Brill Nijhoff, 2017) at 33.

② Hugh Thirlway, *The International Court of Justice* (Oxford University Press, 2016) at 35.

是国家合意缔结的国际条约，可以认为国际法院管辖权的根本来源是国家同意。与国内法院不同，在国际层面，没有任何司法机构享有一般性、普遍性和强制性管辖权。国际法院必须在每个案件中查明赋予其管辖权的法律依据，以及行使管辖权的条件是否满足。

在学理上，可从不同维度界定国际法院的管辖权：（1）属人管辖权（jurisdiction *ratione personae*），即只有满足主体资格的当事方才能将争端提交国际法院；（2）属事管辖权（jurisdiction *ratione materiae*），即争端的主旨事项（subject-matter）必须符合管辖权来源对法院管辖权实质内容或争端范围的限定。例如，依据《防止及惩治灭绝种族罪公约》（以下简称《灭种公约》）第9条提交国际法院的争端必须是"缔约国间关于本公约的解释、适用或实施的争端"，而不能是与该公约的解释、适用或实施无关的争端；（3）属时管辖权（jurisdiction *ratione temporis*），即提交法院的争端必须符合管辖权来源对法院管辖时间范围的要求。例如，1957年《欧洲和平解决国际争端公约》第27条规定该公约不适用于"与本公约在争端各方之间生效前的事实或情况有关的争端"，是典型的限定国际法院管辖时间范围的条款。国际法院的属人管辖权是由《规约》确定的，不以当事方的意志为转移；而属事管辖权和属时管辖权则受国家同意的支配，往往由国家在接受国际法院管辖的法律文件中个别地予以确定。在每一案件中，只有属人、属事和属时管辖权均满足，国际法院才享有对该特定争端的管辖权。

国家可通过不同方式接受国际法院的管辖并限定管辖权的主旨事项范围或时间范围，这些方式被称为管辖权来源（titles of jurisdiction）。正因为国家同意对国际法院管辖范围的决定性影响，国家在诉讼案件中——尤其在当事方单方起诉的情况下——常常对国际法院管辖权的有无、管辖权的具体范围或管辖权来源的有效性产生争议。管辖权争议具有先决性（preliminary），因为国际法院只有先确认管辖权，才能审理和裁判实体问题。③ 当事方提出管辖权异议时，国际法院可酌定暂停实体问题的审理，而首先解决管辖权争议，这一程序被称为初步反对意见（preliminary objections）。④

---

③ *Ahmadou Sadio Diallo (Republic of Guinea v Democratic Republic of the Congo)* [2010] ICJ Rep 639, at 658, para. 44.

④ 见本书第四章第三节。

2. 可受理性

可受理性是与国际法院管辖权的行使（exercise）相关的一个概念，指当事方的具体主张（claims）或申请（application）能否被法院所裁决。⑤ 当事方将争端提交国际法院时会提出若干具体主张，如要求法院宣告他方未能履行国际义务、要求他方停止不法行为或对损害进行赔偿等，因此国际法院裁决争端的结果是支持或驳回当事方的各项主张，并将这些结论写入判决执行条款（operative part, 或称 *dispositif*）从而对当事方产生拘束力。若一项主张或申请不具有可受理性，则国际法院不能审理与该项主张有关的实体问题。因此，可受理性异议与管辖权异议一样具有先决性，必须在裁判实体问题之前处理。

实践中当事方质疑对方主张或申请的可受理性是极为常见的。一项主张不可受理通常是由于该主张存在形式或实质缺陷。⑥ 形式缺陷主要是不符合国际法院程序规范，例如，一项主张未能在《法院规则》要求的时限内提出，不满足法院受理新主张的要件；该主张违反程序原则，如滥用程序（abuse of process）或清白原则（clean hands）。实质缺陷指该主张不符合司法管辖该问题所必需的实质法律要件，这些实质要件的来源是裁判该主张的国际法规范，如一国行使外交保护时是否已经穷尽当地救济。国际法院在克罗地亚诉塞尔维亚"《灭种公约》适用案"中对可受理性的界定和解释是公认的对此问题的权威阐释：

> 【可受理性异议是指】即使存在管辖权，也有法律上的理由要求法院拒绝审理该案，或者——更为常见的——拒绝审理该案中的某项具体主张。这些理由往往具有应在诉讼开始时先予解决（*in limine litis*）的性质，例如（在不审查案件实体问题的情况下）发现该主张未能满足下列规则：未遵守外交保护中与国籍有关的规则；未穷尽当地救济；当事方同意采用另外一种争议解决方式来解决本案争端；或主张的目的已落空

---

⑤ Robert Kolb, *The International Court of Justice* (Hart, 2013) at 201.
⑥ *Ibid* at 201-201.

(mootness)。⑦

管辖权与可受理性是相关但需要区分的两个概念，两者的差异可从几方面理解：（1）管辖权本质上是国际法院行使裁判的权力，可受理性则对应当事方诉求的形式或实质要件；（2）两者分别对应管辖权的存在与管辖权的行使，前者是后者的必要但不充分条件，即在国际法院有管辖权的情况下，仍可出于特定主张或申请不具有可受理性的原因不予审理该项主张或申请；（3）管辖权的来源是国家同意，且国家同意接受国际法院管辖的方式是有限的，而调整可受理性问题的规范是语境化的，当事国通常根据案件的具体情况及所涉及的具体国际法规则提出纷繁多样的可受理性异议。

虽然国际法院承认管辖权与可受理性在概念上的差异，但两者在实践中的界定与区分并不总是清晰的，而是基于司法实用主义予以灵活处理。比如，国际法院自主决定一项初步反对意见为管辖权异议还是可受理性异议，而不受当事方对该项反对意见定性的约束。⑧ 国际法院也不一定遵照先管辖权异议后可受理性异议的顺序审理当事方提出的各项初步反对意见，而是基于实际情况或司法经济的考虑灵活选择回应反对意见的顺序。正如法院多次强调的：“当当事方对法院的管辖权提出多项反对意见时，法院可自由选择其作出管辖权决定的依据，尤其是'那些使其管辖权判决更为直接和确凿的依据'。"⑨除此之外，国际法院也承认当事方的某些反对意见难以被定性为管辖权异议还是可受理性异议，而只是将该问题视为一项需要在裁判实体问题前解决的先决性问题。⑩

---

⑦ *Application of the Convention on the Prevention and Punishment of the Crime of Genocide (Croatia v Serbia)*, Preliminary Objections, ［2008］ICJ Rep 412, at 456, para. 120.

⑧ *Question of the Delimitation of the Continental Shelf between Nicaragua and Colombia beyond 200 Nautical Miles from the Nicaraguan Coast (Nicaragua v Colombia)*, Preliminary Objections, ［2016］ICJ Rep 100, at 123, para. 48.

⑨ See *Legality of Use of Force (Serbia and Montenegro v Belgium)*, Preliminary Objections, ［2004］ICJ Rep 279, at 298, para. 46.

⑩ *Territorial and Maritime Dispute (Nicaragua v Colombia)*, Preliminary Objections, ［2007］ICJ Rep 832, at 851, para. 49.

3. 争端

《规约》第 38 条第 1 款对国际法院的诉讼管辖权是这样规定的："法院对于陈诉各项争端，应依国际法裁判之。"因此，"争端"属于国际法院确立诉讼管辖权必不可少的要素。一方面，争端的存在是管辖权存在的前提条件⑪；另一方面，只有属于国家同意国际法院诉讼管辖范畴的争端才能被诉至法院，这意味着争端的性质和当事方争议事项的范围与国际法院的属事管辖权密切相关。

争端的定义及界定争端的方法由国际法院司法实践积累而成。国际法院将常设国际法院 1924 年"马弗若麦迪斯巴勒斯坦特许案"对争端的定义视为权威定义："争端是两个人之间在法律或事实问题上的分歧，或者法律观点或利益之间的冲突。"⑫ 国际法院在实践中调整了这一定义的具体表述，用"当事方之间"替代了"两个人之间"这一在国际法语境下不甚准确的表达，但保留了前者的核心要素。⑬国际法院对争端的定义较为宽泛，现实中还需要通过当事方具体的权利义务主张将争端具象化。⑭同时，争端存在与否由国际法院客观地判定，而不以当事方的主观意图为转移，因为现实中不乏出现国家否认争端存在的情况。国际法院在 1962 年"西南非洲案"中提出了界定争端的客观方法，也成为此后国际法院长期奉行的标准：

> 仅由诉讼案件的一方声称与另一方存在争端是不够的。一方断言争端存在不足以证明争端的存在，正如一方否认争端的存在也不能证明其不存在一样。同样，仅证明当事方的利益存在冲突也是不够的，必须证明一方的主张受到另一方的积极反对。⑮

---

⑪ *Obligations concerning Negotiations relating to Cessation of the Nuclear Arms Race and to Nuclear Disarmament (Marshall Islands v United Kingdom)*, Preliminary Objections, [2016] ICJ Rep 833, at 849, para. 36.

⑫ *Mavrommatis Palestine Concessions (Greece v United Kingdom)*, PCIJ Series A, No.2, Judgment of 30 August 1924, at 11.

⑬ *East Timor (Portugal v Australia)*, Judgment, [1995] ICJ Rep 90, at 99, para. 22.

⑭ C. Tomuschat, "Article 36" in Andreas Zimmermann & Christian J. Tams, eds, *The Statute of the International Court of Justice: A Commentary*, 3rd edition (Oxford University Press, 2019) 712 at 721.

⑮ *South West Africa (Ethiopia v South Africa; Liberia v South Africa)*, Preliminary Objections, [1962] ICJ Rep 319, at 328.

正因为争端的存在是管辖权存在的必要条件，因此争端在提交法院的时刻必须已经产生；起诉行为本身以及当事方在起诉后的司法程序中的表态或行为都不足以创设争端。⑯ 争端的界定是一项实质事项，而不是形式事项，因此国际法院需要考察事实，从当事方在程序开始前的表态、行为或外交来往等证据中发现是否存在法律观点或利益之间的冲突，以及一方的主张是否遭到另一方积极地反对。⑰ 即使一方对他方的主张不置可否也不意味着争端不存在，因为："在特定情形要求一方答复的情况下，可从一国未答复他国主张这一事实推断出争端存在。"⑱

国际法院的司法实践还明确了与界定争端存在无必然关联的事实情况，包括：（1）国际法不要求当事方在诉诸国际法院之前进行谈判，除非谈判是作为管辖权来源的法律文件所要求的必要程序；（2）正式的外交抗议并非证明争端存在的必要条件，但一方的外交抗议可能是向他方提出具体主张的重要步骤⑲；（3）一方不需要告知他方其向国际法院起诉的意图⑳。

争端的界定及其对管辖权的影响在法院不同时期的实践中有不同程度、不同侧面的体现。在常设国际法院时期和国际法院早期，法院除了重申争端的经典定义外，并未特别涉及争端与管辖权的关系问题。第二次世界大战之前，国际仲裁和通说奉行法律争端与政治争端的区分，常设国际法院也将其诉讼管辖限定于法律争端㉑，但国际法院则超越了这一概念区分，转而强调争端的政治背景或政治意涵并不妨碍其法律属性。㉒ 自 20 世纪 60 年代起，争端是否存在成为部分案例的核心争议，也促使争端的界定成为国际法院程序法的重

---

⑯ *Marshall Islands Case*, supra note 11 at 851, paras. 42-43.

⑰ *Application of the International Convention on the Elimination of All Forms of Racial Discrimination (Georgia v Russian Federation)*, Preliminary Objections, [2011] ICJ Rep 70, at 84, para. 30.

⑱ *Ibid* para. 30.

⑲ *Alleged Violations of Sovereign Rights and Maritime Spaces in the Caribbean Sea (Nicaragua v Colombia)*, Preliminary Objections, [2016] ICJ Rep 3, at 32, para. 72.

⑳ *Land and Maritime Boundary between Cameroon and Nigeria (Cameroon v Nigeria)*, Preliminary Objections, [1998] ICJ Rep 275, at 297, para. 39.

㉑ *Case of the Free Zones of Upper Savoy and the District of Gex*, PCIJ Series A./B., No. 46, Judgment of June 7th 1932, at 161-162.

㉒ 例如，在 1980 年"德黑兰人质案"中，国际法院指出："究其本质，主权国家之间的法律争端很可能产生于政治背景，而且往往只是有关国家之间更广泛和长期的政治争端中的一个因素。然而, (转下页)

要组成内容。例如,1974 年"核试验案"中,国际法院提出:"提交法院的争端在法院作出裁决的时刻必须继续存在。"㉓ 该案中,基于法国单方允诺不再从事大气层核试验这一结论,国际法院认定新西兰和澳大利亚起诉的目的已经实现,争端已经消失,因而法院无须再对两国的申请作出决定。2016 年"关于就停止核军备竞赛和实行核裁军进行谈判的义务案"(以下简称"马绍尔群岛案")中,国际法院以英国不知道或不可能知道马绍尔群岛指控其未履行义务为根据,认定在马绍尔群岛起诉时不存在争端,进而认定法院不享有管辖权。㉔ 近年来,争端的界定与国际法院属事管辖权之间的关系日益成为诉讼案件管辖权争议的焦点,如伊朗诉美国"关于违反 1955 年《友好、经济关系和领事权利条约》的指控案"和"某些伊朗资产案"。在这些案件中,争端是否属于作为管辖权来源的法律文件所调整的对象成为国际法院确立管辖权的关键。

4. 国家同意原则

正如前文所言,国际法院管辖权的根本来源是国家同意。国际法院在"英伊石油公司案"中强调:

> 法院审理案件实体问题的管辖权依据必须来源于《规约》第 36 条确立的规则。这些规则……所依据的原则是法院审理和裁决案件实体问题的管辖权取决于当事方的意愿(will)。除非当事方根据第 36 条赋予法院管辖权,否则法院没有这种管辖权。㉕

这段陈述有两个核心要素:第一,诉讼管辖权的依据是国家同意;第二,国家依据《规约》第 36 条赋予法院管辖权。《规约》第 36 条载明了国家表达其同意的不同方式,这些方式即为管辖权的来源。实践中,国际法院在每一

(接上页) 从来没有人提出过这样的观点:由于提交给法院的法律争端只是政治争端的一个方面,法院就应拒绝裁判。" United States Diplomatic and Consular Staff in Tehran (United States of America v Islamic Republic of Iran) [1980] ICJ Rep 3, at 20, para. 37.

㉓ Nuclear Tests (New Zealand v France) [1974] ICJ Rep 457, at 476, para. 58.

㉔ Marshall Islands Case, supra note 11 at 854, para. 52.

㉕ Anglo-Iranian Oil Co. case, Jurisdiction, [1952] ICJ Rep 93, at 103.

个诉讼案件中都必须查明确有现行有效的管辖权来源。按照 2012 年"国家管辖豁免案"（以下简称"管辖豁免案"）中的论述，法院"必须始终确信其享有管辖权，且必要时法院须自行调查该事项"㉖。这意味着即使在当事方对国际法院管辖权无争议的情况下，查明管辖权来源仍是国际法院审理该案的必要步骤。

在国家同意原则基础上，衍生出了"货币黄金原则（monetary gold principle）"，或称"不可或缺的第三方原则（indispensable third party principle）"。该原则指当不在场的第三国的国家责任构成国际法院审理争端实体问题必须首先裁决的事项时，国际法院不能在未获该第三国同意的情况下审理当前争端。该原则来源于 1954 年"1943 年从罗马运走的货币黄金案"（以下简称"货币黄金案"）：意大利和英国之间对原属阿尔巴尼亚的货币黄金归属存在争议，意大利认为该货币黄金应用于赔偿阿尔巴尼亚在其国内国有化过程中对意大利造成的损失，而英国则认为该货币黄金应用于执行 1949 年"科孚海峡案"判决。意大利依据与英国、法国和美国签署的协议将该争端诉至国际法院，但提出了初步反对意见，称国际法院要裁决阿尔巴尼亚货币黄金的归属必须首先裁决阿尔巴尼亚的国有化行为是否违反国际法并对意大利承担国家责任，但因阿尔巴尼亚未参与本案程序，国际法院无管辖权。国际法院接受了意大利的管辖权异议，并指出："阿尔巴尼亚的法律利益不仅会受本案裁决的影响，而本就构成本案的主旨事项（subject-matter）。《规约》不能被理解为默许法院在阿尔巴尼亚缺席的情形下继续诉讼程序。"㉗ 这就是所谓"货币黄金原则"的基本内涵。

此后，国际法院在 1995 年葡萄牙诉澳大利亚"东帝汶案"中再次适用该原则作为不行使管辖权的依据。葡萄牙诉称澳大利亚与印度尼西亚签署帝汶海海洋资源合作与开发利用协议侵害东帝汶人民的民族自决权以及东帝汶对自然资源的永久主权。国际法院认定，评判澳大利亚行为的合法性必须首先判断印度尼西亚占领东帝汶是否合法，这意味着印度尼西亚的国家责任构成

㉖ *Jurisdictional Immunities of the State (Germany v Italy: Greece intervening)* [2012] ICJ Rep 99, at 118, para. 40.

㉗ *Case of the Monetary Gold Removed from Rome in 1943*, Preliminary Objections, [1954] ICJ Rep 19, at 32.

本案争端的主旨事项。㉘ 在 1992 年瑙鲁诉澳大利亚"瑙鲁磷酸盐地案"中，国际法院对"货币黄金原则"的适用则有所发展：瑙鲁独立前为澳大利亚、英国和新西兰共同管理的委任统治地和托管地，并因三国大肆开采磷酸盐而遭受了严重的环境破坏，瑙鲁为此于 1989 年将澳大利亚诉至国际法院，但澳大利亚援引"货币黄金原则"称国际法院不得在英国和新西兰缺席的情况下管辖本案。国际法院区分了"货币黄金案"与本案的情形，强调在"货币黄金案"中阿尔巴尼亚的责任问题是裁决意大利主张的前提，而在本案中，新西兰和英国的责任问题并非裁决澳大利亚国家责任的前提，尽管两国的责任问题可能受本案判决的影响。㉙ 换言之，"货币黄金原则"适用的条件是第三国的国家责任问题与当前争端的解决不仅有时间上更有逻辑上的先后顺序，这是决定第三国的缺席是否足以阻碍国际法院行使管辖权的关键。

虽然"货币黄金原则"的理论基础是国家同意原则，但依据"货币黄金原则"提出的初步反对意见在性质上属于可受理性异议。国际法院在 2023 年圭亚那诉委内瑞拉"1899 年 10 月 3 日仲裁裁决案"中明确了这一点。法院指出："在驳回未获不可或缺的第三国同意这一反对意见时，法院行事的依据是该项反对意见关乎管辖权的行使，而非管辖权的存在。"㉚ 法院进一步强调："只有对管辖权存在提出的异议才能被定性为管辖权异议。"㉛

国家同意是国际法院诉讼管辖权的基础并不意味着由国家决定特定诉讼案件中管辖权的有无或管辖权的范围。相反，国际法院对于管辖权争议享有最终决定权，这即是下文要讨论的法院裁决管辖权原则的核心要义。

5. 法院裁决管辖权原则

法院裁决管辖权原则（jurisdiction as to jurisdiction, or *Kompetenz-Kompetenz*, or *la compétence de la compétence*）规定在《规约》第 36 条第 6 款中："关于法院有无管辖权之争端，由法院裁决之。"这一原则发端于 19 世纪末期

㉘ *East Timor case, supra* note 13 at 102, para. 28.

㉙ *Certain Phosphate Lands in Nauru (Nauru v Australia)*, Preliminary Objections, [1992] ICJ Rep 240, at 261, para. 55.

㉚ *Arbitral Award of 3 October 1899 (Guyana v Venezuela)*, Preliminary Objections, Judgment of 6 April 2023, para 63.

㉛ *Ibid* para 64.

的国际仲裁实践，其目的是保证国际裁判机制的有效性。18 世纪和 19 世纪为解决国家间争端而设立的委员会或仲裁庭往往由当事国控制，这些机制能否运作取决于当事国的良好意愿和主观意图，国家而不是这些委员会或仲裁庭决定后者的管辖权。即使在签署了仲裁协议的情况下，国家也可拒绝提交仲裁或者在仲裁过程中随时退出。㉜ 直到"亚拉巴马号"仲裁之后，仲裁庭享有决定其管辖权的权力才逐渐广为接受，并经由 1899 年和 1907 年《和平解决国际争端公约》确立为国际仲裁的一般原则。㉝《常设国际法院规约》和《规约》第 36 条第 6 款的规定即为这一原则的延续。正如国际法院在"诺特鲍姆案"中对该原则的经典阐释所明确的：

> 就本法院而言，《规约》第 36 条第 6 款只是纳入了国际仲裁中的一项一般国际法律原则。自"亚拉巴马号"仲裁起，普遍认为在无相反协议的情况下，国际仲裁庭有权决定自身管辖权且为此目的有权解释规范其管辖权的文件……这一为国际仲裁一般国际法所接受的原则对作为联合国主要司法机关的法院而言尤为重要：此时法院已不再是基于当事方特别协议为解决特定争端而设立的仲裁庭，而是一个由国际法律文件事先规范了管辖权及其行使的常设机构。㉞

在国际法院的司法实践中，法院裁决管辖权原则包括两方面的含义：（1）国际法院对任何管辖权争议享有裁决权。《规约》第 36 条第 6 款所指"管辖权争议"不仅包括与审理案件实体问题有关的管辖权争议，还包括一切附带程序（incidental proceedings）的管辖权争议，如法院应否指示临时措施、是否允许第三方参与程序等。㉟（2）国际法院对《规约》以及《法院规则》的条款享有解释权。由于国际法院职权的来源、其行使的范围与条件由《规约》和《法院规则》确定，因此践行法院裁决管辖权原则意味着国际法院有权解释这些基本法律文件，且国际法院的解释为权威解释。

㉜ Kolb, *supra* note 5 at 602.
㉝ 1899 年《和平解决国际争端公约》第 48 条和 1907 年《和平解决国际争端公约》第 73 条。
㉞ *Nottebohm case*, Preliminary Objections, [1953] ICJ Rep 111, at 119.
㉟ 有关附带程序的内容见本书第四章。

就其性质而言，法院裁决管辖权原则对当事国具有强制性，即当事国不能通过协议改变这一条款对其的适用。同时，尽管该原则由《规约》明文规定，但国际法院认为该原则的来源为一般国际法以及国际法院的司法属性。[36] 从功能主义的视角看，创立国际法院的目的是为和平解决国家间争端提供司法解决途径，为实现这一功能，法院必须享有自主裁决其管辖权的权力，该权力来源于法院裁决国家间争端的权力。否则，若国家可单方面决定法院对特定争端管辖权的有无，则会剥夺法院司法解决的职能并消解法院作为司法机构的权威性。法院裁决管辖权原则普遍存在于国际司法机构的规约之中，是国际裁判的基本原则。[37] 例如，《联合国海洋法公约》第288条第4款规定："对于法院或法庭是否具有管辖权如果发生争端，这一问题应由该法院或法庭以裁定解决。"

(二) 诉诸国际法院的主体资格

《规约》限定了有权将争端提交国际法院的主体资格，从国际法院的视角看即为法院的属人管辖权。国际法院在"使用武力合法性案"中对此作出了权威阐述：

> 必须区分与当事方同意有关的管辖权问题和当事方依据《规约》诉诸法院的权利问题，后者与同意原则无关……由于这一问题与当事方的意见或意愿无关，即使当事方就此达成了共同的意见，法院也不必将该意见视为必然正确的观点。因此，无论当事方同意与否，法院调查此事并得出结论的职能对本法院而言是强制性的，且与法院管辖权取决于同意的原则绝无抵触。[38]

这段阐述表明，诉诸国际法院的主体资格问题由法院依职权按《规约》要求客观地判定，且主体资格问题属于当事方同意范围以外的事项，对国际

---

[36] *Nottebohm case*, *supra* note 34 at 120.

[37] Tomuschat, *supra* note 14 at 779.

[38] *Legality of Use of Force (Serbia and Montenegro v Belgium)*, Preliminary Objections, [2004] ICJ Rep 279, at 295, para. 36.

法院的管辖权有根本性和决定性影响。易言之，即使当事方合意将争端诉诸国际法院，若一方不满足《规约》对诉讼程序主体的资格要求，法院亦不能管辖该争端。具体而言，当事方必须同时满足《规约》第34条和第35条规定的主体资格要求，分别是：（1）当事方须为国家；（2）当事方须为《规约》当事国，或满足《规约》所列条件的非《规约》当事国。

1. 当事方须为国家

《规约》第34条第1款规定："在法院得为诉讼当事国者，限于国家。"从中可得出两项结论。第一，所谓"国家"，指符合国际法上通行的国家定义的国际法主体，即满足1933年《蒙得维的亚国家权利及义务公约》第1条所列明的国家资格标准。㊴由于《宪章》第4条将联合国会员国限定为国家，而联合国会员国依据《宪章》第93条是《规约》的当然当事国，因此可以认为凡是被联合国接纳为会员国的主体，均满足"国家"这一主体资格。

第二，个人和国际组织不得成为国际法院诉讼程序的主体，因为两者即使构成国际法的主体，也被《规约》第34条第1款所明确排除。这一结论体现了缔结《常设国际法院规约》时盛行的国家为国际法唯一主体之观念，也反映了第二次世界大战结束后国际组织国际法主体地位尚未明确的时代局限。尽管将国际组织排除在国际法院诉讼程序的主体之外招致了不少批评，㊵但《规约》第34条第2款和第3款为国际组织向国际法院提供情报与信息作出了特别规定。

2. 当事方须为《规约》缔约国

在满足国家资格的基础上，当事方还须满足《规约》第35条对诉诸国际法院主体资格的进一步限定。《规约》第35条第1款规定："法院受理本规约各当事国之诉讼。"符合该条要求的国家有两类： （1）联合国会员国；（2）符合《宪章》第93条所列条件的非联合国会员国。㊶与《规约》第34条一样，第35条具有强制性，不以当事国的意志为转移。国际法院必须先确

㊴ 贾兵兵：《国际公法：和平时期的解释与适用》，清华大学出版社2015年版，第100页。

㊵ Pierre-Marie Dupuy & Cristina Hoss, "Article 34" in Andreas Zimmermann & Christian J. Tams, eds, *The Statute of the International Court of Justice: A Commentary*, 3rd edition (Oxford University Press, 2019) 661 at 673–676.

㊶ 见第二章第一部分第二小节。

定当事国同时满足了第 34 条和第 35 条的规定，再考察当事国是否依据《规约》第 36 条或第 37 条同意国际法院的诉讼管辖。㊷

确定当事国满足《规约》第 35 条主体资格的关键时间点（critical date）是争端提交法院的时刻，即当事国启动诉讼程序的时刻。㊸ 这也是一般情况下国际法院确定管辖权和可受理性问题所要考察的时间节点，在此之后发生的事件——如国家终止接受法院管辖的法律文件——都不影响法院对该争端的管辖权。㊹ 理论上讲，这意味着若当事国在向国际法院提交争端之时并不具备《规约》第 35 条要求的条件，即使在诉讼程序过程中获得了《规约》当事国地位，也不具有溯及效力。这是国际法院在 2004 年 "使用武力合法性案" 中的结论。1990 年代初，随着前南斯拉夫社会主义联邦共和国（以下简称 "前南"）解体，原塞尔维亚和黑山共和国于 1992 年宣布成立南斯拉夫联邦共和国（以下简称 "南联盟"）并继承前南的法律人格，但安理会于 1992 年 9 月 19 日通过第 777 号决议认定南联盟不能自动继承前南在联合国的席位，而应重新申请联合国的会员资格。随后联大也通过了第 47/1 号决议重申了安理会决议的内容。这导致在很长一段时间南联盟与联合国的关系具有高度的不确定性，并成为数个国际法院诉讼程序中的争议事项。㊺ 1999 年南联盟向国际法院提交针对北约八国的 "使用武力合法性案"，控诉这些国家轰炸南联盟违反国际法，作为被申请方的几个国家则援引上述安理会和联大决议，提出南联盟在起诉时不具有联合国会员国身份，并非《规约》当事国，因而无权将该问题诉至国际法院。2000 年 10 月 27 日，南联盟转变立场，申请加入联合国，

㊷ *Legality of Use of Force (Serbia and Montenegro v Belgium)*, Preliminary Objections, [2004] ICJ Rep 279, at 299, para. 46.

㊸ Kolb, *supra* note 5 at 261.

㊹ 国际法院多次重申过判定国际法院管辖权关键时间点的原则。See *Nottebohm case*, *supra* note 34 at 123; *Croatia v Serbia (Preliminary Objections)*, *supra* note 7 at 438, para. 80; *Nicaragua v Colombia II (Preliminary Objections)*, *supra* note 8 at 115, para. 31.

㊺ 涉及南联盟诉诸国际法院主体资格争议的国际法院判决包括：2003 年南联盟诉波斯尼亚和黑塞哥维那 "申请复核 1996 年 7 月 11 日对《灭种公约》适用案所作之初步反对意见判决案"、2004 年南联盟诉北约八国的 "使用武力合法性案"、2007 年波斯尼亚和黑塞哥维那诉塞尔维亚和黑山的 "《灭种公约》适用案" 判决以及 2008 年克罗地亚诉塞尔维亚 "《灭种公约》适用案" 初步反对意见判决。

安理会和联大随后通过了接纳南联盟为联合国会员国的决议。㊻基于这一新发展，国际法院在 2004 年"使用武力合法性案"初步反对意见判决中指出："南联盟加入联合国没有也不可能对前南解体产生溯及效力；2000 年的事件不可能为南联盟的利益而恢复前南联合国会员权利。"㊼据此，国际法院认定 1999 年南联盟起诉时不具有《规约》当事国身份，因而法院无管辖权。㊽这是《规约》第 35 条第 1 款的一次典型适用。

但应注意，国际法院对满足《规约》第 35 条第 1 款条件无溯及力的判断并不是始终如一的。在 1999 年克罗地亚针对南联盟提起的"《灭种公约》适用案"中，国际法院认为虽然原则上应以申请方提交争端的时刻作为判断管辖权有无的时间点，但法院可基于现实和灵活的考虑，在某些情形下允许起诉时尚未满足的条件在之后补足。该案中，国际法院以"最迟在法院就其管辖权问题作出裁决之日，申请方必须有权提起新的诉讼"作为衡量《规约》第 35 条第 1 款的条件是否满足的时间标准，因而未以克罗地亚起诉时南联盟并非联合国会员国为由否认管辖权。㊾

3. 当事方须满足《规约》第 35 条第 2 款所列条件

《规约》第 35 条第 2 款允许非《规约》当事国将争端提交国际法院，并确定了有关条件。该条与第 35 条第 1 款是替代性关系，当事方满足其一即可。

法院受理《规约》当事国以外其他各国诉讼的条件为："除现行条约另有特别规定外，由安全理事会定之，但无论如何，此项条件不得使当事国在法院处于不平等地位。"该条继承自《常设国际法院规约》，其意图在于扩大诉诸国际法院的国家范围，从而便利国际争端的解决。从该条款的文本出发，非《规约》当事国诉诸国际法院的条件或是由"现行条约"特别规定，或是由安理会确定。

国际法院在"使用武力合法性案"中澄清了"现行条约（treaties in

㊻ *Legality of Use of Force (Serbia and Montenegro v Belgium)*, Preliminary Objections, [2004] ICJ Rep 279, at 310, para. 76.

㊼ *Ibid* para. 78.

㊽ *Ibid* at 311, para. 79.

㊾ *Croatia v Serbia (Preliminary Objections)*, *supra* note 7 at 441, para. 85.

force）”的解释问题。国际法院从《常设国际法院规约》的缔约准备工作出发，指出该条所要实现的特定目的为承认第一次世界大战结束后、《常设国际法院规约》生效前部分国家签署条约授予即将创立的常设国际法院以管辖权的这些条款的效力。基于这一历史视角的考察，国际法院认为《规约》第35条第2款所谓的“现行条约”是指《规约》生效（1945年10月24日）时就已经生效的条约，即使这样的条约并不存在。(50) 这一解释否定了将《规约》生效之后才生效的条约（如《灭种公约》）中的管辖权条款视为“现行条约特别规定”的观点。

安理会于1946年10月15日通过了第9号决议，确定了非《规约》当事国诉诸国际法院诉讼程序的条件。(51) 该决议的主要内容为：（1）当事国应事先向书记官长交存声明书，声明该国依照《宪章》《规约》和《法院规则》接受法院的管辖权，并承诺善意遵守法院的裁决，并接受《宪章》第94条规定的义务；（2）当事国可声明接受法院对特定争端的管辖，也可一般性地接受法院的管辖，后者相当于《规约》第36条第2款所称任择强制管辖；(52)（3）与当事国声明有效性或效力相关的所有问题由国际法院裁决。实践中，基于安理会第9号决议声明接受国际法院管辖特定争端的非《规约》当事国包括：1949年“科孚海峡案”中的阿尔巴尼亚和1954年“货币黄金案”中的意大利；曾基于该决议作出一般性声明接受法院管辖的国家有：柬埔寨、意大利、日本、芬兰和联邦德国等(53)。

《规约》第35条第2款有其特殊的历史意义：在第二次世界大战之后的一段时期内，联合国仍具有战胜国同盟国联盟的性质，此时该条为非联合国会员国将争端提交国际法院提供了渠道。随着联合国成为普遍性的国家间

---

(50) *Legality of Use of Force (Serbia and Montenegro v Belgium)*, Preliminary Objections, [2004] ICJ Rep 279, at 324, para. 113.

(51) “Admission of States not parties to the Statute of the Court”, Resolution 9 (1946) of the Security Council of the United Nations, 15 October 1946, available at: https://www.icj-cij.org/other-texts/resolution-9，最后访问时间：2024年11月1日。

(52) 但作出这一一般性接受国际法院管辖声明的非《规约》当事国只有在与《规约》当事国之间有明确协议的情况下，才能援引后者基于《规约》第36条第2款接受国际法院管辖的声明。

(53) “States not parties to the Statute to which the Court may be open”, available at: https://www.icj-cij.org/states-not-parties，最后访问时间：2024年11月1日。

组织，这一条款也就逐渐失去了现实意义。然而，2018年7月4日，巴勒斯坦国向国际法院书记官处交存了依据安理会第9号决议作出的声明，接受国际法院解决1961年《维也纳外交关系公约关于强制解决争端之任择议定书》第1条所涵盖的所有争端的管辖权。[54] 同年9月，巴勒斯坦国向国际法院起诉美国将驻以色列大使馆迁往耶路撒冷违反《维也纳外交关系公约》。[55] 这是近50年来唯一援引《规约》第35条第2款诉诸国际法院的国家实践。

（三）管辖权的来源

管辖权的来源是国际法院判断国家同意及其范围的法律依据，也是在每个诉讼案件中都需要法院查明的事项。《规约》第36条规定了国家接受国际法院诉讼管辖的方式。第1款规定："法院之管辖包括各当事国提交之一切案件，及联合国宪章或现行条约及协约中所特定之一切事件。"第2款是关于《规约》当事国依据自愿和对等原则接受国际法院强制管辖的条款，该条被称为"任择条款"，援引该条款的管辖权被称为"任择强制管辖"。此外，《规约》第37条是衔接国际法院与常设国际法院管辖权的特别规定，即在《规约》当事国之间，凡现行条约中规定将某事项提交常设国际法院者应理解为该项事件应提交国际法院。

基于《规约》第36条的规定，实践中国际法院管辖权的来源可细分为5类，分别是：特别协议（special agreement，或称 *compromis*）、争议解决条约、条约中的管辖权条款（compromissory clause）、任择强制管辖以及应诉管辖（*forum prorogatum*）。下文将分别讨论各个管辖权来源的概念及其适用的关键问题。2010年至2024年间国际法院诉讼案件的管辖权来源情况一览请见表3-1。

1. 特别协议

当国家间产生争端后，可通过签署特别协议的方式将该争端提交国际

---

[54] "States not parties to the Statute to which the Court may be open", available at: https://www.icj-cij.org/states-not-parties，最后访问时间：2024年11月1日。

[55] "Relocation of the United States Embassy to Jerusalem (Palestine v United States of America), Application instituting proceedings filed on 28 September 2018, available at: https://www.icj-cij.org/case/176/institution-proceedings，最后访问时间：2024年11月1日。

法院。这一管辖权来源具有专案性和有限性，即一次性地接受国际法院对特定争端的管辖权。国家通常在特别协议中充分约定与裁决该争端有关的程序或实质事项，包括：(1) 争端的性质与范围；(2) 要求法院裁决的事项，或要求法院不予裁决的事项；(3) 有关的程序事项，如提交争端的具体方式（如由双方共同提交还是允许单方提交）、提交诉状的顺序、专案法官的选择、与证据有关的规则等；(4) 适用法，例如要求法院解释或适用的特定的国际条约；(5) 约定履行国际法院判决的方式和步骤等。

特别协议本质上为国际条约，应以书面缔结，但除此之外国际法对特别协议的形式并无特别要求。实际上，国际法院承认特别协议可以采用灵活的形式。1978年"爱琴海大陆架案"中，对希腊援引为特别协议的土耳其和希腊发表的《1975年5月31日布鲁塞尔联合公报》，国际法院指出："国际法并不排斥联合公报构成将争端提交仲裁或司法解决的国际协议。"[56] 在卡塔尔诉巴林的"领土与海洋争端案"中，国际法院将两国外交部长签署的会议记录（Minutes）视为特别协议，因为会议记录构成创设了权利与义务的国际条约。[57]以条约为形式的特别协议应依据《宪章》第102条在联合国秘书处登记，但不登记或延迟登记本身并不影响特别协议的效力及其对当事方的拘束力。[58]

以特别协议方式赋予国际法院管辖权的案件由于经过了当事方充分的事前协商，因此通常不会产生管辖权异议，但当事方可能会对特别协议中约定的具体内容产生争议，此时应依据《维也纳条约法公约》所编纂的条约解释规则予以解释。国际法院在1985年利比亚和马耳他的"大陆架划界案"中指出："由于法院的管辖权来自双方签署的特别协议，明确法院的任务为何这项问题，应通过解释特别协议来确定双方意图。"[59] 因此，解释特别协议的目的是识别当事方的意图。有时当事方可能因特别协议文本的翻译产生争议。例如，在1982年突尼斯和利比亚"大陆架划界案"中，两国签署的《特别协

---

[56] *Aegean Sea Continental Shelf (Greece v Turkey)* [1978] ICJ Rep 3, at 39, para. 96. 但在该案中国际法院认定《1975年5月31日布鲁塞尔联合公报》并不构成赋予法院管辖权的特别协议。

[57] *Maritime Delimitation and Territorial Questions between Qatar and Bahrain*, Jurisdiction and Admissibility, [1994] ICJ Rep 112, at 122, para. 30.

[58] *Ibid* para. 29.

[59] *Continental Shelf (Libyan Arab Jamahiriya/Malta)* [1985] ICJ Rep 13, at 23, para. 19.

议》的原始文本所用语言为阿拉伯语，两国在将争端提交给国际法院时分别附上了《特别协议》的法语和英语翻译，而这两个译本对《特别协议》第1条第2款的翻译有所差别，因而双方对法院在本案中应裁决的事项产生了争议：利比亚认为法院的管辖权只包括裁决双方划界所适用的划界方法，不包括实际划定大陆架边界，但突尼斯则认为法院应完成划界这一过程。[60]此外，国际法院在解释特别协议时还需要考虑使其与《规约》和《法院规则》相协调，因为当事方不能通过特别协议的方式减损《规约》和《法院规则》中的强制性规范。[61]

实证地看，在常设国际法院和国际法院的历史中，对于以特别协议为管辖权来源的诉讼案件，当事方通常善意履行了法院作出的判决。特别协议的专案性及其对争端范围的规定性为当事方履行国际法院的判决奠定了良好基础。自90年代中后期以来，以特别协议提交国际法院的诉讼案件日趋减少：2000年至2009年间作出判决的诉讼案件，仅3个案件基于特别协议[62]；2010年至2024年间的判决则仅有1个基于特别协议[63]。这反映了近30年来国家单方面诉诸国际法院成为主流趋势。

2. 争议解决条约

争议解决条约是指以促进和平解决国家间争端为目的而缔结的条约，其内容为缔约国所同意的争端解决机制。这类条约往往约定了仲裁、调解和司法解决等多种争议解决方式、适用不同争议解决方式的条件或程序、可提交国际法院诉讼程序的争端类型及诉诸国际法院的条件等。争议解决条约可以是双边的，也可以是多边的；多边的争议解决条约可以是全球性的，如1928年《和平解决国际争端总议定书》（General Act for the Pacific Settlement of International Disputes），也可以是区域性的，如1948年《美洲和平解决公约》（American Treaty on Pacific Settlement，通常称为《波哥大公约》）和1957年《欧洲和平解决国际争端公约》（European Convention for the Peaceful Settlement

---

[60] *Continental Shelf (Tunisia/Libyan Arab Jamahiriya)* [1982] ICJ Rep 18, at 38-40, paras. 25-30.

[61] Kolb, *supra* note 5 at 545.

[62] 分别是：2002年印度尼西亚和马来西亚"关于利吉丹岛和巴西丹岛的主权归属案"、2005年贝宁和尼日尔"边界争端案"和2008年马来西亚与新加坡"白礁岛、中岩礁和南礁的主权归属案"。

[63] 2013年布基纳法索和马里"边界争端案"。

of Disputes)。

当争议解决条约包含赋予国际法院管辖权的内容时，该条约缔约国概括性地接受了国际法院对符合该条约适用范围的争端的强制管辖权。这意味着，争端产生后当事方不需要额外签署特别协议，任何争端当事方可单方面援引该争议解决条约将该争端诉至国际法院。当然，这类条约通常允许缔约国就条约适用的争端范围提出保留，从而排除国际法院对缔约国所保留的争端的管辖。例如，1978 年"爱琴海大陆架案"中，国际法院认定希腊和土耳其之间的大陆架划界争端属于希腊对《和平解决国际争端总议定书》提出的保留事项，继而认定其对该争端无管辖权。[64] 同时，这类条约往往会对国际法院管辖的事项范围或时间范围作出限定，从而限定国际法院属事管辖权或属时管辖权的范围。例如，《欧洲和平解决国际争端公约》第 27 条规定：

> 本公约的条款不适用于：(1) 与本公约在争端各方之间生效之前的事实或情况有关的争端；(2) 涉及根据国际法只属于各国国内管辖范围问题的争端。

此外，争议解决条约通常也规定缔约国废止（denunciation）或退出（withdrawal）条约的条件。例如，《波哥大公约》第 56 条第 1 款规定："本公约无限期有效，但可提前一年通知废止。"只要争端当事方将争端诉诸国际法院时，作为法院管辖权来源的争议解决条约仍对争端当事方有效，此后发生效力的废止条约行为不影响国际法院管辖权的确立。国际法院在 2016 年尼加拉瓜诉哥伦比亚"200 海里以外大陆架划界案"中明确了这一点，这也符合以将争端诉诸国际法院的时刻作为判断国际法院管辖权的关键时间点的一般原则。[65]

3. 条约中的管辖权条款

国家在为具体国际法事项而缔结的双边或多边条约中写入赋予国际法院管辖权的条款，使国际法院就该条约的解释、适用或实施产生的争议享有管辖权。条约中的管辖权条款具有双重功能：其一作为条约履约机制，为缔约

---

[64] *Aegean Sea, supra* note 56 at 37, para. 90.

[65] *Nicaragua v Colombia II (Preliminary Objections), supra* note 8 at 122, para. 46.

国解决与条约履行相关的纠纷提供司法保障；其二则为促进国际争端的和平解决。大量国际条约写入了管辖权条款，典型的双边条约中的管辖权条款有 1955 年美国与伊朗缔结的《友好、经济关系和领事权利条约》（以下简称 1955 年《友好条约》）第 21 条，多边条约中管辖权条款最为知名且近年来在实践中运用最为频繁的是《灭种公约》第 9 条。[66]

通过条约中的管辖权条款将争端提交国际法院是一种有限度的接受国际法院管辖的方式，对国际法院的属人管辖、属时管辖和属事管辖均有所限制。（1）就主体而言，只有该条约的当事国才有权运用管辖权条款；（2）管辖权条款仅在该条约对当事国生效之后才得以适用，而不能对条约生效之前的争端产生溯及效力，其原理为《维也纳条约法公约》第 28 条中规定的条约不溯及既往原则。在 2011 年格鲁吉亚诉俄罗斯"《消除一切形式种族歧视国际公约》适用案"中，国际法院认为，对于该公约在格鲁吉亚和俄罗斯之间生效之前的争端，即使属于与种族歧视有关的争端，国际法院也不能依据该公约管辖权条款对之行使管辖权。[67]（3）国际法院管辖的事项范围不能超越管辖权条款的具体规定。一般而言，管辖权条款或是规定国际法院对该条约的解释、适用或实施产生的争端享有管辖权，或是规定法院对该条约中某些条款的解释和适用导致的争端有管辖权，后者如《维也纳条约法公约》第 66 条第 1 款规定："关于第五十三条或第六十四条之适用或解释之争端之任一当事国得以请求书将争端提请国际法院裁决之，但各当事国同意将争端提交仲裁者不在此限。"因此，当事国依据条约的管辖权条款将争端诉至国际法院时，法院须查明该争端符合管辖权条款的属事管辖要求。为此，国际法院通常要求该争端与条约之间存在合理联系，即当事方的主张需要通过对该条约的解释和适用来裁决。[68]

以条约当事国能否单方面将争端诉诸国际法院为标准，管辖权条款可分为

---

[66] 所有赋予国际法院管辖权的双边或多边条约一览，见国际法院网站：https://www.icj-cij.org/treaties，最后访问时间：2024 年 11 月 1 日。

[67] *Georgia v Russia case (Preliminary Objections)*, supra note 17 at 100, para. 64.

[68] *Military and Paramilitary Activities in and against Nicaragua (Nicaragua v United States of America)*, Jurisdiction and Admissibility, [1984] ICJ Rep 392, at 427, para. 81; *Ambatielos case*, Merits, [1953] ICJ Rep 10, at 18.

三类。(1) 允许当事国单方面起诉。这也是大部分条约管辖权条款的规定。例如，1961年《维也纳外交关系公约关于强制解决争端之任择议定书》第1条、《灭种公约》第9条、《禁止酷刑和其他残忍、不人道或有辱人格的待遇或处罚公约》（以下简称《禁止酷刑公约》）第30条均明文允许争端的任何一方将与该公约有关的争端提交国际法院。(2) 要求每次争端产生后当事国仍须达成特别协议。《南极条约》第11条第2款即为此类典型，该条要求与条约解释或适用有关的争端"在有关争端所有各方都同意时，应提交国际法院解决"。(3) 条约管辖权条款未作明确规定。例如，美伊1955年《友好条约》第21条规定："缔约国之间有关本条约的解释或适用的任何争端，如经外交途径未获满意解决，应提交国际法院，除非缔约国同意以其他和平方式解决。"该条款既没有明文允许单方提交，也未要求经双方同意后提交。学说认为，除非从条约准备文件或其他事实情形中能推论出条约当事国意图为不允许单方提交，否则法院一般会采用允许单方提交之假设。⑥ 国际法院的实践也确认了此时应解释为允许单方提交。1980年"在德黑兰的美国外交和领事人员案"（以下简称"德黑兰人质案"）中，在解释上述条款时，国际法院指出：

> 虽然该条没有明文规定任何一方可通过单方面申请将案件提交法院，但这显然是……当事方的意图。类似条款在双边友好条约或双边建交条约中十分常见，当事国接受这些条款的意图显然是为了确立在未商定采用其他和平解决方式的情况下单方面诉诸法院的权利。⑦

一般而言，条约允许当事国对管辖权条款提出保留，从而排除国际法院对于该条约解释或适用有关争端的管辖。即使在条约对保留未作规定的情况下，国际法院也承认当事国对管辖权条款保留的效力，而不将其视之为与条约目的或宗旨不相符合因而不允许保留的事项。⑦ 2006年"刚果境内的武装

---

⑥ Kolb, *supra* note 5 at 420.
⑦ Tehran Hostages case, *supra* note 22 at 27, para. 52.
⑦ 条约未作特别规定时，《维也纳条约法公约》第19条第3款禁止当事国提出与条约目的及宗旨不相符合的保留。该条款理论发源于国际法院1951年"对《灭种公约》提出的保留咨询意见"中的有关论述。

活动案"中，刚果（金）主张卢旺达对《灭种公约》第9条管辖权条款的保留因与该公约目的和宗旨不符而无效。国际法院驳斥了该观点，并指出对管辖权条款的保留不影响当事国承担该公约项下的实质义务，且法院在2004年"使用武力合法性案"中曾承认美国和西班牙对《灭种公约》第9条保留的效力。⑫

若管辖权条款规定了当事国诉诸国际法院前应满足的条件，则必须满足这些前置条件才能将争端诉诸法院。这些前置条件通常为其他和平解决国际争端的方式，如谈判、调解或仲裁。例如，《消除一切形式种族歧视国际公约》（以下简称《消歧公约》）第22条规定："两个或两个以上缔约国间关于本公约的解释或适用的任何争端，不能以谈判或以本公约所明定的程序解决者，除争端各方商定其他解决方式外，应于争端任何一方请求时提请国际法院裁决。"1971年《制止危害民用航空安全的非法行为公约》（以下简称《蒙特利尔公约》）第14条也是典型的设置了前置条件的管辖权条款："如两个或几个缔约国之间对本公约的解释或应用发生争端而不能以谈判解决时，经其中一方的要求，应交付仲裁。如果在要求仲裁之日起六个月内，当事国对仲裁的组成不能达成协议，任何一方可按照国际法院规约，要求将争端提交国际法院。"⑬ 采取了与该条同样措辞的条约还有：《禁止酷刑公约》⑭《制止向恐怖主义提供资助国际公约》（以下简称《制止资助恐怖主义公约》）⑮《联合国反腐败公约》⑯。这些管辖权条款的适用要求争端产生后，一方须先

---

⑫ *Armed Activities on the Territory of the Congo (New Application: 2002) (Democratic Republic of the Congo v Rwanda)*, Jurisdiction and Admissibility, [2006] ICJ Rep 6, at 32, paras. 67-68.

⑬ 2023年7月4日，加拿大、瑞典、乌克兰和英国作为共同申请方，依据1971年《蒙特利尔公约》第14条将伊朗诉至国际法院。See *Aerial Incident of 8 January 2020 (Canada, Sweden, Ukraine and United Kingdom v Islamic Republic of Iran)*, Joining Application Instituting Proceedings, available at: https://www.icj-cij.org/case/190/institution-proceedings，最后访问时间：2024年11月1日。

⑭ 关于《禁止酷刑公约》管辖权条款的解释和适用，见第二部分比利时诉塞内加尔"或引渡或起诉案"评述。

⑮ 关于《制止资助恐怖主义公约》管辖权条款的适用，见第二部分乌克兰诉俄罗斯"《制止向恐怖主义提供资助国际公约》和《消除一切形式种族歧视国际公约》适用案"评述。

⑯ 2022年9月29日，赤道几内亚依据《联合国反腐败公约》第66条管辖权条款将法国诉至国际法院。See *Request relating to the Return of Property Confiscated in Criminal Proceedings (Equatorial Guinea v France)*, available at: https://www.icj-cij.org/case/184/institution-proceedings，最后访问时间：2024年11月1日。

寻求通过谈判和仲裁解决该争端,只有谈判不能解决或在规定时限内未能达成仲裁协议时,才允许单方面将该争端提交国际法院。应指出,在国际法院早期的司法实践中,法院并未对管辖权条款中的谈判要求设置过高的门槛,只要当事方在争端产生后尝试了谈判途径解决该争端,一旦谈判破裂或陷入僵局,即使未经过长时间谈判,也会视为已满足谈判义务。⑦ 在 2010 年以来的一些案件中,国际法院进一步厘清了作为管辖权前置条件的谈判义务所要满足的条件。2011 年格鲁吉亚诉俄罗斯"《消歧公约》适用案"中,法院指出:"要满足条约管辖权条款所要求的谈判先决条件,这些谈判必须与载有管辖权条款的条约的主旨事项有关。"⑧ 该案中,国际法院以争端产生后格鲁吉亚与俄罗斯尚未就该争端的解决进行谈判为由,认定第 22 条设置的前置条件尚未满足,驳回了格鲁吉亚的申请。⑨

条约管辖权条款的有限性及其对国际法院属事管辖权的限制,近年来日益成为国际法院在特定案件中确立属事管辖权的争议点和难点。这与争端的界定密切相关。⑩ 同时应注意,《灭种公约》第 9 条频繁成为国家将与灭绝种族罪的防止和惩治无甚关联的争端提交国际法院的管辖权条款。2022 年 2 月,乌克兰控告俄罗斯以制止灭种罪行为由对其使用武力违反《灭种公约》,即为策略性利用该条约管辖权条款将与使用武力合法性有关的争端提交国际法院的实例。⑪

在条约管辖权条款中有一类专门约定赋予国际法院以"上诉职能(appellate function)"的管辖权条款,允许条约当事国就国际组织对当事国之间有关该条约解释和适用的争端的决定对国际法院提出"上诉"。1944 年《国际民用航空公约》(以下简称《芝加哥公约》)第 84 条规定:"如两个或两个

---

⑦ Mavrommatis Palestine Concessions, PCIJ Series A, No.2, Judgment of 30 August 1924, at 13; *South West Africa (Ethiopia v South Africa; Liberia v South Africa)*, Preliminary Objections,[1962]ICJ Rep 319, at 345-346.

⑧ *Georgia v Russia case*, Preliminary Objections, *supra* note 17 at 132, para. 158.

⑨ Ibid at 139-140, paras. 182-184.

⑩ 见本章第一部分第一节。

⑪ See Declaration of Judge Xue, *Allegations of Genocide under the Convention on the Prevention and Punishment of the Crime of Genocide (Ukraine v Russian Federation)*, Provisional Measures, Order of 16 March 2022,[2022]ICJ Rep 211, at 239-241.

以上缔约国对本公约及其附件的解释或适用发生争议,而不能协商解决时,经任何与争议有关的一国申请,应由理事会裁决……任何缔约国可以按照第85条,对理事会的裁决向争端他方同意的特设仲裁庭或向常设国际法院上诉(appeal)。"国际法院实践中共有两个案件依据《芝加哥公约》第84条提出,分别是1972年印度诉巴基斯坦"对国际民用航空组织理事会管辖权的上诉案"和2020年沙特、阿联酋、巴林和埃及诉卡塔尔"关于《国际民用航空公约》第84条规定的国际民航组织理事会管辖权的上诉案"。需要注意,虽然《芝加哥公约》第84条采用了"上诉"一词,但该程序不同于国内法中的上诉程序,因为后者建立在存在等级关系的司法体制基础上,但国际法院并非凌驾于其他法院之上的"高级法院"或"最高法院",也并不享有对国际组织行政行为的司法审查权。㊂ 本质上,如《芝加哥公约》第84条所指的"上诉管辖"授予了国际法院对国际民用航空组织理事会裁决争端决定的监督功能。㊃ 这一"上诉"程序中的当事方,仍然是将争端提交国际民用航空组织理事会的争端当事方,且无论在管辖权还是程序问题上,都适用国际法院的诉讼管辖规则,因而与一般诉讼程序无异。㊄

4. 任择强制管辖

《规约》第36条第2款是《常设国际法院规约》创设的专属于该法院的新型管辖权来源,后来为国际法院所承继。该条为缔结《常设国际法院规约》时主张一般性接受国际法院强制管辖的一派与拒绝接受强制管辖的另一派之间的妥协。㊅《规约》第36条第2款规定:

> 本规约各当事国得随时声明关于具有下列性质之一切法律争端,对于接受同样义务之任何其他国家,承认法院之管辖为当然而具有强制性,

---

㊂ Kolb, *supra* note 5 at 864.

㊃ *Appeal relating to the Jurisdiction of the ICAO Council under Article 84 of the Convention on International Civil Aviation (Bahrain, Egypt, Saudi Arabia and United Arab Emirates v Qatar)* [2020] ICJ Rep 81, at 97, para. 36.

㊄ 《法院规则》第87条第1款。

㊅ Ole Spiermann, "'Who Attempts too Much Does Nothing Well': the 1920 Advisory Committee of Jurists and the Statute of the Permanent Court of International Justice" (2003) 73 British Yearbook of International Law 187 at 249–252.

不须另订特别协定：

(1) 条约之解释；

(2) 国际法之任何问题；

(3) 任何事实之存在，如经确定即属违反国际义务者；

(4) 因违反国际义务而应予赔偿之性质及其范围。

本质上，国家依据该条款接受国际法院管辖属于单方声明，其效果是在同样作出这一声明的国家之间创设了接受国际法院强制管辖的义务，并形成一个复杂的基于自愿和对等原则的双边关系网络。[86] 是否接受国际法院的管辖基于国家的自愿，国家可在任何时候作出声明，也可于任何时候撤回该声明；凡依据《规约》第36条第2款作出声明的国家之间，任一当事国可单方面将争端诉诸国际法院，此为国际法院管辖的对等性与强制性。《规约》第36条第3款进一步规定："上述声明，得无条件为之，或以数个或特定之国家间彼此拘束为条件，或以一定之期间为条件。"换言之，该条允许国家在接受国际法院管辖时对该项义务作出主体、时间或争议事项上的限定，从而限制国际法院的属人管辖、属时管辖和属事管辖。

任择强制管辖的核心特征为对等性（reciprocity），这体现在三方面：(1) 只有同样依据《规约》第36条第2款作出声明的国家之间才适用任择强制管辖制度；(2) 在两个作出任择强制管辖声明的争端当事国之间，国际法院的管辖权范围以两个声明重合的部分为限，即只有该特定争端未被任何一方所保留的情况下，国际法院才对该争端有管辖权；(3) 申请方依据两国的声明将某争端提交法院时，被申请方有权援引申请方在其声明中所附保留从而排除国际法院的管辖权。这是国际法院在1957年"某些挪威债券案"中阐明的原则。由于法国将"本质上属于法国所理解的国内管辖范围事项"相关的争端排除在国际法院管辖之外，国际法院认为，比较两国声明所重合的部分并适用《规约》第36条第3款所确立的对等原则，挪威也有权援引该保留排除法院管辖。[87]

---

[86] 截至2023年12月31日，共有74个国家接受国际法院的强制管辖。见国际法院网站：https://www.icj-cij.org/declarations，最后访问时间：2024年11月1日。

[87] *Case of Certain Norwegian Loans (France v Norway)* [1957] ICJ Rep 9, at 23-24.

国家仅在其同意的范围和限度内接受法院的强制管辖，因而可以声明排除任何其不接受法院管辖的争端。常见的保留分为三类：（1）限制属人管辖。某些国家在声明中明确排除与特定国家之间的争端。例如，英国的声明排除了"与现在是或曾经是英联邦成员国的任何其他国家的政府之间的任何争端"[88]。（2）限制属事管辖。国家可以仅接受国际法院对特定主旨事项的争端的管辖，或排除任何类型与性质的争端。通常而言，被国家声明所排除的争端有：争端各方已同意提交其他争议解决方式的争端；依据国际法或依据声明国主观意见属于国内管辖的争端；与使用武力或军事行动有关的争端；与领土或海洋边界有关的争端；与资源利用有关的争端等。[89]（3）限制属时管辖。国家经常在声明中排除国际法院对特定日期之前或之后产生的争端的管辖，或者与特定日期之前的事实或情势有关的争端。

任择强制管辖的单方性意味着国家可于任何时候接受或撤回对法院强制管辖的同意，并可依自身意愿单方面确定接受或排除国际法院强制管辖的争端范围。但是，单方性并不等同于任意性：国家改变或撤回接受强制管辖的声明仍要符合该声明本身的规定，并符合善意原则。举例而言，美国1946年8月14日的声明中规定该声明"有效期为五年，此后直至发出终止本声明的通知后六个月内有效"。1984年4月6日（尼加拉瓜向国际法院起诉前三日），美国发出通知，排除其声明对美国与中美洲国家之间争端的适用，并强调"本限制条款即刻生效"。[90] 国际法院认为，美国原声明中规定的6个月生效期是该声明的重要组成，属于美国修改或终止声明的必备条件，不能被1984年声明所推翻。国际法院指出：

> 声明的单方性并不意味着作出声明的国家可随意修改其庄严承诺的声明内容或范围……实际上，这些属于单方行为的声明创设了一系列与其他国家之间的接受同样强制管辖的双边义务（以附加于声明中的条件、保留和期限限制为限）。在这一义务网络的运行中，善意原则发挥着重要

---

[88] United Kingdom of Great Britain and Northern Ireland, Declaration (22 February 2017), available at: https://www.icj-cij.org/declarations/gb，最后访问时间：2024年11月1日。

[89] See Kolb, *supra* note 5 at 464-469.

[90] *Nicaragua v United States of America*, *supra* note 68 at 398, para. 13.

作用。㉑

《规约》第 36 条第 4 款要求接受法院管辖的声明应交存联合国秘书长，并由秘书长将其副本分送规约各当事国及法院书记官长。除此之外，《规约》未对国家接受国际法院任择强制管辖的形式作出任何限制。㉒ 实践中曾出现争端当事方在其交存的声明副本尚未送达《规约》各当事国时即启动国际法院诉讼程序的情况，就此产生了任择强制管辖声明在争端当事国之间生效时间的争议。"在印度领土上的通行权案"中，葡萄牙于 1955 年 12 月 19 日依据《规约》第 36 条第 2 款作出声明接受国际法院管辖，又于同年 12 月 22 日依据该声明起诉印度（印度于 1940 年 2 月 28 日接受国际法院强制管辖），而印度在收到国际法院书记官处转交的葡萄牙申请书副本时，尚未正式收到葡萄牙向联合国秘书长交存的声明副本。印度称葡萄牙提起诉讼的方式违反了任择强制管辖所要求的平等性与对等性。国际法院则认为，在一国向联合国秘书长交存声明时，即成为任择条款体系的当事国，享有《规约》第 36 条赋予的一切权利与义务。法院指出："当事国之间的契约关系及在此基础上产生的法院强制管辖权，是在'无须订立特别协议'的情况下，通过国家作出声明这一行为而'当然地'确立的。"㉓ 国际法院在 1998 年喀麦隆诉尼日利亚"陆地与领土边界案"初步反对意见判决中重申了这些观点，并强调"如果要求声明须经一段合理时间才生效，则会给任择条款机制的运作引入不确定性"㉔。因此，一国发表接受国际法院管辖声明之时，即与在此之前作出同样声明的国家之间形成了管辖权连结。只要争端诉至国际法院的时刻，争端当事国之间存在有效的接受国际法院强制管辖的声明，法院即可管辖该争端。2023 年 6 月 26 日，伊朗作出接受国际法院强制管辖的声明，并于第二日向国际法院起诉加拿大（加拿大的声明发表于 1994 年 5 月 10 日）采取的一系列立法、

㉑ *Ibid* at 418, paras. 59–60.

㉒ *Case concerning the Temple of Preah Vihear (Cambodia v Thailand)*, Preliminary Objections, [1961] ICJ Rep 17, at 31–32.

㉓ *Case concerning Right of Passage over Indian Territory (Portugal v India)*, Preliminary Objections, [1957] ICJ Rep 125, at 146.

㉔ *Land and Maritime Boundary between Cameroon and Nigeria (Cameroon v Nigeria)*, Preliminary Objections, [1998] ICJ Rep 275, at 295, para. 35.

行政和司法措施侵害伊朗依据习惯国际法享有的管辖豁免以及免于执行的豁免。⑨⑤国际法院的司法实践表明，任择强制管辖机制的运作并不排斥此类"突袭起诉"。实践中，国家为防止此类"突袭起诉"，常见的做法是在其声明中排除那些在提交国际法院时距交存声明不足 12 个月的争端。

《规约》第 36 条第 5 款是一项连接常设国际法院与国际法院的过渡性条款，即在《规约》当事国之间，将曾依据《常设国际法院规约》第 36 条作出的声明（若该声明仍有效）视为接受国际法院管辖的声明。1984 年尼加拉瓜诉美国"在尼加拉瓜和针对尼加拉瓜的军事和准军事活动案"（以下简称"尼加拉瓜案"）的管辖权来源，即为尼加拉瓜 1929 年接受常设国际法院管辖的声明与美国 1946 年接受国际法院管辖的声明。⑨⑥

5. 应诉管辖

应诉管辖原为罗马法上的概念，但其作为一项管辖权来源在常设国际法院和国际法院的司法程序中具有特定含义。应诉管辖是指申请方在诉诸国际法院时，与被申请方之间不存在上述任何一种管辖权来源，而是以被申请方于起诉之后特别地接受国际法院对该案的管辖权而形成的管辖权依据。可以认为应诉管辖是通过被申请方嗣后给予的同意来弥补管辖权来源的欠缺，从而形成争端当事方对国际法院管辖的同意。作为一项极为例外的管辖权来源，应诉管辖具有专案性与非正式性，反映了国际法院确立管辖权的灵活性，即以国家同意的实质存在为核心，而非以国家同意的形式为准据。

常设国际法院和国际法院都曾依据应诉管辖确立过对诉讼案件的管辖权。在《规约》中，应诉管辖的依据为第 36 条第 1 款，即"法院之管辖包括各当事国提交之一切案件"，因为该条并未限制当事国提交争端的形式。⑨⑦ 正如国际法院在 1948 年"科孚海峡案"中所明确的："国际法并不禁止由两项单独的、连续的行为构成对国际法院管辖的接受。"⑨⑧ 1978 年修订的《法院规则》

---

⑨⑤ *Alleged Violations of State Immunities (Islamic Republic of Iran v Canada)*, Application Instituting Proceedings, available at: https://www.icj-cij.org/case/189/institution-proceedings，最后访问时间：2024 年 11 月 1 日。

⑨⑥ *Nicaragua v United States of America*, supra note 68 at 413, para. 47.

⑨⑦ *Certain Questions of Mutual Assistance in Criminal Matters (Djibouti v France)* [2008] ICJ Rep 177, at 203, para. 61.

⑨⑧ *Corfu Channel case*, Preliminary Objections, [1948] ICJ Rep 15, at 28.

第 38 条第 5 款完善了应诉管辖适用的程序。当申请方试图将法院管辖权建立在"被申请方尚未表示或表现的同意"之上时,法院会将该申请书转递被申请方,但除非被申请方接受法院对该争端的管辖,在此之前该争端不被列入法院的案件总表,法院也不会对该案程序采取任何行动。

应诉管辖由"起诉+应诉"两步骤组成,被申请方可通过两种方式完成应诉这一步骤:(1)明示同意。在 2003 年刚果诉法国"法国某些刑事调查案"和 2008 年吉布提诉法国"刑事事项互助的若干问题案"中,申请方起诉时与法国之间没有任何管辖权来源,而法国都在起诉后明确同意了国际法院对该案的管辖。"法国某些刑事调查案"是 1978 年《法院规则》通过后首次申请方以应诉管辖为依据提起的案件,最终以申请方撤诉为终局⑨;而后一案件中国际法院则依据应诉管辖作出了判决⑩。这两个案件是 1978 年至今唯二以应诉管辖为管辖权来源的诉讼案件。(2)通过行为表达同意。典型的以行为接受国际法院管辖的方式为:在申请方起诉后,被申请方不提出管辖权异议,而直接就实体问题提出抗辩。1951 年"阿亚·德拉托雷案"即为以行为表达同意从而构成应诉管辖的案例。⑪

应诉管辖的关键为识别被申请方的同意及其范围。国际法院在实践中采取了较为严苛的标准,即"被申请方的态度必须是不容置疑地表示该国愿意以'自愿且无可争议的'方式接受法院的管辖权"。⑫例如,在波黑诉南联盟"《灭种公约》适用案"中,波黑以南联盟要求法院指示临时措施的范围超越了波黑最初提出的诉求范围为由,主张南联盟以应诉的方式接受了更为广泛的管辖权。法院驳回了这一主张,并强调南联盟始终质疑国际法院的管辖权,其提出临时措施请求的行为不足以形成对国际法院管辖"不容置疑的自愿接受"。⑬

---

⑨ *Certain Criminal Proceedings in France (Republic of the Congo v France)*, available at: https://www.icj-cij.org/case/129,最后访问时间:2024 年 11 月 1 日。

⑩ *Certain Questions of Mutual Assistance in Criminal Matters (Djibouti v France)* [2008] ICJ Rep 177, at 204, para. 63.

⑪ *Haya de la Torre Case* [1951] ICJ Rep 71, at 78.

⑫ *Certain Questions of Mutual Assistance in Criminal Matters (Djibouti v France)* [2008] ICJ Rep 177, at 204, para. 62.

⑬ *Application of the Convention on the Prevention and Punishment of the Crime of Genocide*, Provisional Measures, Order of 13 September 1993, [1993] ICJ Rep 325, at 341, para. 34.

总的来说，应诉管辖仅在极为有限的案例中构成国际法院诉讼管辖权的来源。1946 年至今，在 23 个诉讼程序中申请方完全以应诉管辖为管辖权依据，且仅在上述两个法国为被申请方的案件中国际法院以应诉管辖确立了管辖权。[104] 2014 年，马绍尔群岛针对中国、朝鲜、法国、以色列、俄罗斯和美国违反停止核军备竞赛与核裁军相关义务的申请，即为寄希望于应诉管辖的尝试。[105] 由于应诉管辖完全取决于被申请方的意愿，因此其在实践中的效用较为有限。

表 3-1 2010—2024 年国际法院所作判决的管辖权来源一览[106]

管辖权来源	案例名称
1. 特别协议	• 边界争端案（布基纳法索/马里）
2. 争议解决条约	• 1899 年 10 月 3 日仲裁裁决案（圭亚那诉委内瑞拉） • 领土与海洋争端案（尼加拉瓜诉哥伦比亚） • 国家管辖豁免案（德国诉意大利） • 海洋争端案（秘鲁诉智利） • 尼加拉瓜在边界地区开展的某些活动案（哥斯达黎加诉尼加拉瓜） • 哥斯达黎加沿圣胡安河修建公路案（尼加拉瓜诉哥斯达黎加） • 加勒比海和太平洋划界案（哥斯达黎加诉尼加拉瓜） • 波蒂略岛北部的陆地边界案（哥斯达黎加诉尼加拉瓜） • 通向太平洋过境权的协商义务案（玻利维亚诉智利） • 侵害加勒比海主权权利与海洋空间案（尼加拉瓜诉哥伦比亚） • 关于锡拉拉河水域地位和使用问题的争端案（智利诉玻利维亚） • 尼加拉瓜 200 海里以外大陆架划界问题案（尼加拉瓜诉哥伦比亚）
3. 条约中的管辖权条款	• 《消除一切形式种族歧视国际公约》适用案（格鲁吉亚诉俄罗斯） • 《制止向恐怖主义提供资助国际公约》和《消除一切形式种族歧视国际公约》适用案（乌克兰诉俄罗斯） • 关于 1944 年《国际航空过境协定》第 2 条第 2 节规定的国际民航组织理事会管辖权的上诉（巴林、埃及和阿联酋诉卡塔尔） • 关于《国际民用航空公约》第八十四条规定的国际民航组织理事会管辖权的上诉（巴林、埃及、沙特和阿联酋诉卡塔尔）

---

[104] *International Court of Justice Yearbook (2021-2022)*, at 127.

[105] 这 6 个国家均未接受国际法院对本案的管辖。

[106] 2013 年柬埔寨诉泰国"请求解释 1962 年 6 月 15 日对柏威夏寺（柬埔寨诉泰国）案所作判决"的管辖权来源为《规约》第 60 条，故未列在此表格内。

(续表)

管辖权来源	案例名称
	• 《消除一切形式种族歧视国际公约》适用案（卡塔尔诉阿联酋） • 《防止及惩治灭绝种族罪公约》适用案（冈比亚诉缅甸） • 关于违反 1955 年《友好、经济关系和领事权利条约》的指控案（伊朗诉美国） • 贾达夫案（印度诉巴基斯坦） • 豁免与刑事程序案（赤道几内亚诉法国） • 纸浆厂案（阿根廷诉乌拉圭） • 1995 年 9 月 13 日《临时协议》适用案（北马其顿诉希腊） • 有关或起诉或引渡的问题案（比利时诉塞内加尔） • 《防止及惩治灭绝种族罪公约》适用案（克罗地亚诉塞尔维亚） • 某些伊朗资产案（伊朗诉美国） • 根据《防止及惩治灭绝种族罪公约》提出的灭种指控案（乌克兰诉俄罗斯） • 《消除一切形式种族歧视国际公约》适用案（亚美尼亚诉阿塞拜疆） • 《消除一切形式种族歧视国际公约》适用案（阿塞拜疆诉亚美尼亚）
4. 任择强制管辖	• 关于就停止核军备竞赛和实行核裁军进行谈判的义务案（马绍尔群岛诉英国；马绍尔群岛诉巴基斯坦；马绍尔群岛诉印度） • 艾哈迈杜·萨迪奥·迪亚洛案［几内亚诉刚果（金）］ • 南极捕鲸案（澳大利亚诉日本） • 印度洋海洋划界案（索马里诉肯尼亚）

二、咨询管辖

国际法院除裁决国家间的争端外，还享有发表咨询意见的职权。咨询意见是国际法院对经《宪章》和《规约》授权的联合国机关和其他国际组织机关提出的法律问题发表的司法意见。《宪章》第 96 条以及《规约》第 4 章规定了咨询意见程序的管辖权及程序规范，《法院规则》第 102 条至第 109 条以及《实践指引十二》进一步细化了相应的程序规则。

（一）咨询意见的功能

与以国家为主体的诉讼管辖不同，国际组织的机关是启动咨询意见程序的主体。理解咨询意见这一司法程序的功能，应采取历史的视角，从咨询意见程序引入《常设国际法院规约》之时的职能定位作为考察的起点，这是因为：

常设国际法院是咨询意见程序的开拓者,其实践对咨询意见的司法属性和程序规范等有塑造作用;国际法院虽然继承了咨询管辖职权,但咨询意见程序的功能有所变化,反映了国际法院在以联合国为中心的国际法秩序中的定位。

1. 咨询意见程序的起源及功能定位

赋予常设国际法院发表咨询意见的职权是当时国际法实践中的一次创新。[107]咨询意见程序最初是作为协助国联理事会和大会调停国际争端、解决国家间分歧的辅助程序引入《国联盟约》之中的。[108] 1919年巴黎和会期间,大会设立的国联委员会商讨建立常设国际法院时,英国提出,在诉讼程序之外,应允许法院就理事会和各国代表提交的问题发表建议,因为"这一职能对解决某些争端至关重要"。[109]这一提案获美国总统威尔逊首肯,后经英美联合撰写为约文草案,并由负责约文定稿的起草委员会将该程序命名为"咨询意见"。[110]最终,《国联盟约》第14条除了规定法院有权审理和裁决当事国提交的国际争端外,还允许法院"就理事会或大会提交给它的任何争端或问题发表咨询意见。"此后,虽然国联理事会委派的法学家委员会提交的《常设国际法院规约》草案写入了与咨询意见程序有关的条款,但这些条款未获国联大会通过。[111]常设国际法院建立后,于1922年通过的《法院规则》第71条至第74条初步规范了咨询意见程序提起、受理和审议的相关规则,奠定了咨询意见程序的司法属性。通过常设国际法院的司法实践的积累,1929年修订、1936年生效的《常设国际法院规约》第65条至第68条正式规范了咨询意见的程序规则。

常设国际法院1922年至1935年间共发表了27份咨询意见。其中,除了那些经其他国际组织(如国际劳工组织)请求国联理事会向法院提出的咨询

---

[107] A. Hammarskjöld, "The Early Work of the Permanent Court of International Justice" (1923) 36 Harvard Law Review 704 at 715.

[108] L. Oppenheim, *International Law: A Treaties, Vol. II, Disputes, War and Neutrality*, 5th edition (Longmans, Green and Co., 1935) at 61.

[109] David Hunter Miller, *The Drafting of the Covenant* (G. P. Putnam's Sons, 1928) at 416.

[110] *Ibid* at 405–406.

[111] Manley O. Hudson, *The Permanent Court of International Justice 1920–1942: A Treatise* (The Macmillan Company, 1943) at 483.

请求以外，绝大部分咨询请求都与国家间的具体争议有关。⑫ 并且，法院发表的咨询意见，或是获得争端当事方的采纳与履行，或是构成国联理事会采取后续政治行动以平息国家间纷争的法律依据，因而实际上成了有效的辅助争议解决机制。例如，常设国际法院1923年"Jaworzina咨询意见"涉及波兰与捷克斯洛伐克之间的边界争议，两国都明确同意接受法院的意见。又如，在常设国际法院发表了"波兰的德国定居者咨询意见"后，国联理事会于1923年12月17日通过决议表示波兰须依据法院意见来解决相关问题。⑬

因此，常设国际法院时期的咨询意见的功能主要在于协助国联理事会履行其解决国家间争议的职能，并为无法就仲裁或司法解决方式达成一致的国家提供替代性的争议解决渠道。同时，常设国际法院对国联理事会转交的国际劳工组织、希腊与土耳其混合委员会以及欧洲多瑙河委员会等国际组织提出的法律问题的解答，也促进了其他国际组织的有效运作。⑭

2. 国际法院时期咨询意见的功能转向

正因国联时期咨询意见程序在国际事务中的贡献，二战期间各方在构想战后常设国际法院的重建或创立新的国际法院时，普遍认为应保留咨询意见程序。⑮ 经过1945年旧金山会议的谈判，《宪章》第96条明确了咨询管辖的要件，《规约》第65条则在《常设国际法院规约》基础上增加了第1款，以呼应《宪章》第96条的内容，而《规约》第65条至第68条的其余规则保留了1936年生效的修订后《常设国际法院规约》中的内容。

国际法院时期，咨询意见的功能发生了重要转向，这表现在国际法院发表的咨询意见类型上：（1）与《宪章》条款解释和适用有关的咨询意见。这些意见主要的作用是阐明和澄清《宪章》条款以回应联合国机关开展工作和

---

⑫ *Ibid* at 495.

⑬ *Ibid* at 515–516.

⑭ Pierre d'Argent, "Article 96" in Andreas Zimmermann & Christian J. Tams, eds, *The Statute of the International Court of Justice: A Commentary*, 3rd edition (Oxford University Press, 2019) 269 at 273.

⑮ *Report of the Informal Inter-Allied Committee on the Future of the Permanent Court of International Justice, 10th February 1944* [British Parliamentary Papers, Miscellaneous No. 2 (1944), Cmd. 6531], para 66; "Tentative Proposal for Revision of the Statute of the Permanent Court of International Justice", Appendix 15 of 25 June 1943, in *Postwar Foreign Policy Preparation: 1939–1945* (Department of State Publication 3580, 1950) at 485.

履行其职能时面临的法律问题，如 1948 年"接纳一国为联合国会员国的条件咨询意见"、1949 年"执行联合国职务时所受损害的赔偿咨询意见"和 1962 年"联合国某些经费咨询意见"等；(2) 与一般国际法上的问题有关的咨询意见，如 1996 年"使用或威胁使用核武器的合法性咨询意见"（以下简称"核武器咨询意见"）、2010 年"科索沃单方面宣布独立是否符合国际法咨询意见"（以下简称"科索沃咨询意见"），这两个咨询意见均涉及高度争议性和政治敏感性的国际法问题；(3) 与国家间争端有关的咨询意见，如 2004 年"在被占领巴勒斯坦领土修建隔离墙的法律后果咨询意见"（以下简称"隔离墙咨询意见"）、2019 年"1965 年查戈斯群岛从毛里求斯分裂的法律后果咨询意见"（以下简称"查戈斯咨询意见"）。[116]将这三类咨询意见与常设国际法院时期的实践对比发现：第一类咨询意见未见于常设国际法院的司法实践中，既是因为《国联盟约》当事国明确拒绝授权常设国际法院解释《国联盟约》[117]，也是因为常设国际法院与国联在组织关系上的相对独立。同样，常设国际法院从未对一般性或抽象性的国际法问题发表咨询意见，而是聚焦于具体的国际法问题，这也和提交该法院的咨询请求主要涉及具体的国家间争端或国际法争议有关。至于第三类咨询意见，虽然与常设国际法院时期的主要咨询意见类型重合，但国际法院即使发表了咨询意见，往往未能真正促进争端的解决或平息，这和常设国际法院咨询意见有效促进和协助解决国家间争端的实效形成了鲜明的对比。[118]

国际法院咨询意见的功能转向既是制度使然，也深受政治影响。一方面，国际法院是联合国主要的司法机关，因此国际法院认为发表咨询意见是其参与联合国工作的主要方式，这决定了法院以发表咨询意见为原则，拒绝发表咨询意见为例外。同时，由于国际法院深嵌于联合国的体制内，联合国及国际社会对某些国际法问题的关注及关注焦点的变化，乃至联合国内部不同政治力量的角力和拉锯也会直接作用于国际法院咨询意见程序，这也是为何咨

---

[116] 参见廖雪霞:《国际法院咨询意见作为争端解决替代机制的理论与实践反思》，载《北大国际法与比较法评论》2022 年第 16 卷，第 11-12 页。

[117] Miller, *supra* note 109 at 329-330.

[118] Michla Pomerance, *The Advisory Function of the International Court in the League and UN Eras* (The Johns Hopkins University Press, 1973) at 368.

询意见程序日益被卷入政治进程陷入僵局的议题。[19]另一方面，国联时期，虽然大会和理事会均有权提出咨询请求，但实践中只有理事会向法院提出的咨询意见请求，而且理事会奉行全体一致的议事规则，因此即使在涉及国家间具体争端时，理事会也在获得争端当事方明确同意或在其不反对的情况下才诉诸咨询意见程序。但在国际法院时期，除了1971年"南非不顾安理会第276号决议持续留驻纳米比亚的法律后果咨询意见"（以下简称"纳米比亚咨询意见"）由安理会提起外，其他大部分咨询意见均由联合国大会提出。[20]并且，由于联大采用多数决议事规则，联大提出的咨询请求的类型和所涉及的国际法问题就更为多样，甚至当咨询请求涉及国家间争端时，可不顾当事国反对向国际法院提出咨询请求。[21]

国际法院咨询意见程序功能的转变反映了法院及其所属的政治环境的时代性，这也是学习和理解咨询管辖权时应注意的宏观背景。

（二）咨询管辖权的要件

《宪章》第96条是授予国际法院发表咨询意见职权的条款，因此决定了咨询管辖权的要件。《宪章》第96条规定：

> 一、大会或安全理事会对于任何法律问题得请国际法院发表咨询

---

[19] 2023年3月29日，联大通过第77/276号决议，请求国际法院就国家关于气候变化的法律义务发表咨询意见。该咨询请求由联大以协商一致的方式通过，没有投票过程，但美国、英国、欧盟等主体在决议通过后的解释说明中，表达了对咨询请求问题范围的保留。美国更是明确指出应通过谈判而非咨询意见方式讨论相关议题。General Assembly Seventy-seventh session, 64th plenary meeting, 29 March 2023, New York (UNGA Doc. A/77/PV. 64), at 28, https://www.icj-cij.org/sites/default/files/case-related/187/187-20230630-req-03-00-en.pdf，最后访问时间：2024年11月1日。

[20] 国际法院时期，还有部分咨询意见请求由经联合国大会授权的联合国其他机关和专门机关（如国际劳工组织、世界卫生组织等）依据《联合国宪章》第96条第2款提出。

[21] 例如，涉及英国与毛里求斯之间争端的"1965年查戈斯群岛从毛里求斯分裂的法律后果"咨询请求提出时，联大决议以94票赞同、15票反对和65票弃权通过，英国投反对票。See United Nations Digital Library: https://digitallibrary.un.org/record/1290041? ln=en，最后访问时间：2024年11月1日。2022年12月30日，联大通过第77/247号决议，请求国际法院就以色列在巴勒斯坦被占领土上的政策和实践的法律后果发表咨询意见，该决议以87票支持、26票反对和53票弃权通过，以色列及美国均投了反对票。See United Nations Digital Library: https://digitallibrary.un.org/record/3999158? ln=en，最后访问时间：2024年11月1日。

意见。

二、联合国其他机关及各种专门机关，对于其工作范围内之任何法律问题，得随时以大会之授权，请求国际法院发表咨询意见。

根据此条款，咨询管辖权的确立需要满足下列要件：
1. 提出咨询意见请求的主体

联大、安理会和联合国其他机关以及专门机关有权向国际法院提出咨询请求，但联合国其他机关及专门机关须首先获得联大授权；联大和安理会拥有向法院提出关于任何法律问题的权力，而联合国其他机关及专门机关则只能就"对于其工作范围内之任何法律问题"向法院提出咨询请求。

联大和安理会以决议的方式向国际法院提出咨询请求，因此需要满足《宪章》对两大机关的职权及议事规则的相关要求。就联大而言，除了依据《宪章》第18条第2款属于"重要问题"的事项须经三分之二多数决定外，其他事项获多数同意即可通过。实践中，向国际法院提出咨询请求并未被联大或国际法院视为"重要问题"。例如，1996年"核武器咨询意见"、2004年"隔离墙咨询意见"、2010年"科索沃咨询意见"以及2019年"查戈斯咨询意见"所涉咨询请求提出时，在联大只获得多数同意，而未获得三分之二多数同意。[12]此外，《宪章》第12条限制了联大在安理会执行职务时的权力："当安全理事会对于任何争端或情势，正在执行本宪章所授予该会之职务时，大会非经安全理事会请求，对于该项争端或情势，不得提出任何建议。"在"隔离墙咨询意见"程序中，以色列提出，由于安理会对于中东局势包括巴勒斯坦问题正在行使《宪章》项下职务，因此大会未经安理会同意向国际法院提出咨询请求违反了《宪章》第12条的规定，属于越权无效（ultra vires）的行为，因而法院无管辖权。国际法院未采纳这一意见。国际法院认为，请求国际法院发表咨询意见并不构成大会对争端或局势提出的建议。同时，基于大会和安理会的实践对第12条的演进发展，国际法院指出："大会和安理会日趋平行处理同一事项。通常的情况是，安理会把重点放在这些问题与国际

---

[12] Pierre d'Argent, "Article 65" in Andreas Zimmermann & Christian J. Tams, eds, *The Statute of the International Court of Justice: A Commentary*, 3rd edition (Oxford University Press, 2019) 1783 at 1790.

和平与安全有关的方面，而大会则从更宏观的角度考虑这些问题所涉的人道问题、社会和经济问题等。"⑫因此，当安理会在审议某一争端或局势时，大会就该争端或局势向国际法院提出咨询请求并不超越《宪章》第 12 条对其行使职权的限制。⑫

安理会的议事规则由《宪章》第 27 条确立，与之相关的问题是安理会提出咨询请求的决议是否适用该条第 3 款关于五大常任理事国否决权（veto）的规定。应当认为，向国际法院提出咨询意见请求并非《宪章》第 27 条第 2 款所称"程序事项"，因此应适用第 3 款的议事规则。⑫ 在 1971 年"纳米比亚咨询意见"程序中，南非指出安理会向国际法院提出咨询请求的决议不符合《宪章》第 27 条第 3 款的议事规则，因为有两大常任理事国弃权，因此主张该决议无效。国际法院在该咨询意见中明确了弃权属于第 27 条第 3 款所称的五大常任理事国的同意票（concurring votes），不影响安理会决议的通过。⑫

《宪章》第 96 条第 2 款所称的"联合国其他机关"包括联合国的主要机关，即经济及社会理事会、托管理事会及秘书处，也包括联合国下属机构（subsidiary organs），如联大下设的各类委员会。联合国专门机关共计 17 个，包括世界银行、世界卫生组织、国际农业发展基金会和联合国教科文组织等。⑫联合国其他机关和专门机关须经联大授权，才能向国际法院提出咨询意见请求。联大的授权是概括性的，通常在联合国与该专门机构签署的条约中明确。另外，联大授权这些机关向国际法院提出咨询请求时，也可限制其提出问题的性质和范围。⑫ 曾向国际法院提出咨询请求的联合国其他机关有经济

---

⑫ *Legal Consequences of the Construction of a Wall in the Occupied Palestinian Territory*, Advisory Opinion, [2004] ICJ Rep 136, at 148-149, paras. 25-27.

⑫ 大会和安理会基于《宪章》第 12 条的关系也可能作为影响法院发表咨询意见适当性的因素提出，但实践中同样未获国际法院支持。*Accordance with International Law of the Unilateral Declaration of Independence in Respect of Kosovo*, Advisory Opinion, [2010] ICJ Rep 403, at 418-422, paras. 36-45.

⑫ d'Argent, *supra* note 122 at 1792.

⑫ *Legal Consequences for States of the Continued Presence of South Africa in Namibia (South West Africa) notwithstanding Security Council Resolution 276 (1970)*, Advisory Opinion, [1971] ICJ Rep 16, at 22, paras. 21-22.

⑫ 联合国专门机构一览，见联合国网站：https://www.un.org/zh/about-us/specialized-agencies，最后访问时间：2024 年 11 月 1 日。

⑫ d'Argent, *supra* note 122 at 1794.

及社会理事会[129]；专门机关则包括国际海事组织[130]、世界卫生组织[131]和国际劳工组织等。[132]

2. 法律问题

无论是联大、安理会还是联合国其他机关或专门机关，向国际法院提出的咨询请求必须关涉法律问题。《宪章》或《规约》未定义何为"法律问题"，因此应从国际法院咨询意见实践中总结相关标准及其适用。

国际法院早在1962年"联合国某些经费案"中就强调："国际法院只能就法律问题发表咨询意见。一项问题若非法律问题，法院必须拒绝发表咨询意见——在这一问题上法院无裁量权可言。"[133]国际法院在界定"法律问题"时并未设置过高的门槛，而是奉行法律形式主义。法院认为，只要咨询请求问题以法律形式提出（framed in terms of law）、能够基于法律规则回答即为法律问题。[134]司法实践中，国际法院从未接受国家对咨询请求所涉问题法律属性的质疑。

在这一标准之下，有三类问题当然地属于"法律问题"：（1）条约解释问题。国际法院在受理的第一个咨询意见程序——1948年"接纳一国为联合国会员国的条件咨询意见"（以下简称"入联条件咨询意见"）——中即确认了条约解释属于法律问题，与之相关的咨询请求符合法院的司法职能。[135]（2）判定国家行为的合法性或违法性的问题。1996年"核武器咨询意见"中，国际法院认为判定国家行为的合法性本质上属于行使司法职能，因为法院必须查明、解释以及适用相关的国际法原则与规则以提供基于法律的意见。[136]（3）国家

---

[129] 1989年"《联合国特权及豁免公约》第6条第22节的适用性咨询意见"和1999年"关于人权委员会特别报告员诉讼程序豁免权的分歧咨询意见"。

[130] 1960年"政府间海事协商组织（现为国际海事组织）海上安全委员会的组成"咨询意见。

[131] 1980年"世界卫生组织同埃及之间1951年3月25日协定的解释咨询意见"和1996年"一国在武装冲突中使用核武器的合法性咨询意见"。

[132] 2023年11月10日，国际劳工组织决议请求国际法院回答与1948年《结社自由和保护组织权利公约（第87号）》中的罢工权相关问题。

[133] *Certain Expenses of the United Nations*, Advisory Opinion, [1962] ICJ Rep 151, at 155.

[134] *Western Sahara*, Advisory Opinion, [1975] ICJ Rep 12, para 15.

[135] *Admission of a State to the United Nations*, Advisory Opinion, [1948] ICJ Rep 57, at 61.

[136] *Legality of the Threat or Use of Nuclear Weapons*, Advisory Opinion, [1996] ICJ Rep 226, at 233, para. 13.

行为所导致的法律后果问题。"纳米比亚咨询意见"、"隔离墙咨询意见"以及"查戈斯咨询意见"均涉及这一问题。由于法律后果问题与国家行为合法性或违法性直接相关,其法律属性也毋庸置疑。

除提出属于"法律问题"的积极标准外,国际法院还发展出了咨询请求的政治属性不妨碍其法律属性的消极标准:(1)国际法院拒绝考虑国际组织提出咨询请求背后的政治动机。这是国际法院自"入联条件咨询意见"以来所确立的原则。例如,在"核武器咨询意见"中,国际法院指出:"无论其政治属性为何,法院都不能否认这一问题的法律属性,因为该问题实质上是要求法院行使其司法职能,即判定国家履行国际法义务及其行为的合法性问题。"㉜(2)国际法院拒绝考虑咨询意见可能引发的政治影响。在"核武器咨询意见"中,有国家提出咨询意见可能影响进行中的核裁军政治谈判。国际法院对此的态度是,法院只负责发表咨询意见,而不考虑该意见可能的政治影响。㉝

《宪章》第96条所称"法律问题"也包括国家间的争端。虽然《宪章》第96条文本用"任何法律问题"取代了《国联盟约》第14条约文中"任何争端或问题",但并不意味着国际法院不得受理涉及国际争端的法律问题。实践中不乏出现联大将涉及双边争端的问题提交咨询意见程序的情形,如"与保加利亚、匈牙利和罗马尼亚的和约的解释(第一阶段)咨询意见"(以下简称"和约解释咨询意见")、"隔离墙咨询意见"以及"查戈斯咨询意见"。一项法律问题涉及国家间争端并不影响咨询管辖权的确立,但与之相关的异议通常用于挑战国际法院发表咨询意见的司法适当性。

3. 联大和安理会以外机关提出咨询请求的限制

联合国其他机关和专门机关只能就"其工作范围内之任何法律问题"向国际法院提出咨询请求,这是《宪章》对这些主体诉诸国际法院咨询意见程序的限制,也是国际法院在相关主体启动的咨询程序中必须查明的管辖权要件。

1993年世界卫生组织提出的"一国在武装冲突中使用核武器的合法性"咨询请求就因不满足此项限制条件而被法院认定为无权管辖。世界卫生组织向国际法院提出的问题为:"基于核武器对健康和环境造成的影响,一国在战

㉜ *Ibid* para. 13.

㉝ *Ibid* para. 13.

争或其他武装冲突中使用核武器是否违反其在国际法（包括《世界卫生组织章程》）下承担的义务？"法院的分析逻辑为理解和适用此项限制条件提供了基本框架⑬：（1）应从国际组织的组织约章及相关规范中查明该组织的职权范围和活动领域；（2）应运用《维也纳条约法公约》所编纂的条约解释规则解释国际组织的组织约章，并从约文和序言中提炼建立该组织所要实现的目的和功能；（3）在界定国际组织的职权范围和活动领域时，应特别考虑"特定性原则（principle of speciality）"和"隐含权力（implied powers）"等原则。正如法院在本案中指出的，世界卫生组织的职能主要为促进全人类的健康及以此为目的的国家间合作，使用核武器合法与否与核武器造成的健康与环境影响并无逻辑关联。法院强调："如果允许世界卫生组织享有审议使用核武器合法性的职权，即使考虑到核武器对健康和环境的影响，也会违反特定性原则，因为这一职权并非会员国缔结《世界卫生组织章程》的必然含义（necessary implication）。"⑭（4）还应从《宪章》创立的联合国体系出发考虑专门机关的职权范围，以确保联合国的一般性职能与专门机关的部门性职能之间的协调。

（三）发表咨询意见的司法适当性

《规约》第65条第1款是对《宪章》第96条的呼应："法院对于任何法律问题如经任何团体由联合国宪章授权而请求或依照联合国宪章而请求时，得（may）发表咨询意见。"该条明确了法院对是否发表咨询意见享有裁量权，即在国际组织机关提出的咨询请求满足上述所有管辖权要件的情况下，国际法院也无义务发表咨询意见。该裁量权存在的意义在于"保护国际法院司法职能的正当性（integrity）及其作为联合国主要司法机关的性质"⑮。因此，国际法院在查明咨询管辖权要件后，还要再考察发表咨询意见是否具有适当性，从而决定发表或拒绝发表咨询意见。实践中，国家提出的挑战咨询管辖权的异议，也可能作为挑战发表咨询意见适当性的异议再次提出。

---

⑬ *Legality of the Use by a State of Nuclear Weapons in Armed Conflict*, Advisory Opinion, [1996] ICJ Rep 66, at 74–81, paras. 19–26.

⑭ *Ibid* at 79, para. 25.

⑮ *Kosovo Advisory Opinion*, *supra* note 124 at 416, para. 29.

国际法院对发表咨询意见司法适当性问题采取了"原则与例外"的分析模式，即原则上不拒绝发表咨询意见，除非存在不容置疑的理由（compelling reasons）使发表咨询意见不具有适当性。国际法院在1950年"和约解释咨询意见"中确立了不拒绝原则："作为联合国的司法机关，发表咨询意见代表了法院对联合国工作的参与，因此原则上不应拒绝。"⑭此后这一原则成为法院回应适当性异议的起点。只有在宣告这一原则后，国际法院才会继续考察"是否存在足以导致法院拒绝发表咨询意见的案件的特殊情形"，即不容置疑的事由。⑭迄今为止，国际法院从未在任何一个咨询意见中认定存在不容置疑的事由，反映了不拒绝原则的基础性和牢固性。下文总结实践中常见的质疑咨询意见司法适当性的事由及法院对其的分析。

1. 咨询请求具有政治动机、目的或影响

参与咨询意见程序的国家往往以咨询请求背后的政治动机、政治目的及其可能导致的不利政治影响来佐证咨询请求所涉问题的政治属性，从而提出适当性异议。常见的异议有：（1）咨询请求由单一国家推动联大提出，具有服务于该国特定政治利益的诉求，如"科索沃咨询意见"由塞尔维亚推动联大提出，"查戈斯咨询意见"由毛里求斯通过非洲联盟的支持提出。对此，国际法院的回答是："咨询管辖并非国家诉诸国际法院的司法手段，而是联大、安理会和联合国其他机关和依据《宪章》第96条第2款授权的其他机关获取法院意见从而协助其工作的手段。法院的意见并非回复给国家，而是给提出咨询请求的机关……正因如此，作为发起国的特定国家的动机及其投票对法院裁量权的行使无关紧要。"⑭（2）联大提出咨询请求时未阐明其目的，法院的意见因而无法产生实际意义。国际法院则认为："法院无权揣度联大是否需要该咨询意见以服务其职能，而是由联大根据其自身需要决定咨询意见是否有益。"⑭（3）咨询意见的发表可能导致不利的政治后果，如影响和平

---

⑭ *Interpretation of Peace Treaties with Bulgaria, Hungary and Romania*, Advisory Opinion, [1950] ICJ Rep 65, at 71.

⑭ *Ibid* at 72.

⑭ *Kosovo Advisory Opinion*, supra note 124 at 417, para. 33.

⑭ *Nuclear Weapons Advisory Opinion*, supra note 136 at 237, para. 16; *The Construction of Wall Opinion*, supra note 123 at 163, para. 62; *Kosovo Advisory Opinion*, supra note 124 at 417, para. 34.

进程[146]，或影响国际谈判[147]。国际法院认为，就像法院无权揣度咨询意见服务于何种目的一样，法院也无法评判咨询意见是否会产生不利影响。[148]

2. 咨询请求提出的问题过于抽象或模糊

国际法院在1948年"入联条件咨询意见"中就确立了咨询请求所涉问题的抽象性、模糊性不妨碍其法律属性，并一般性地宣告："法院可以就任何法律问题发表咨询意见，无论其是不是抽象问题。"[149] 并且，无论是常设国际法院还是国际法院都强调其有权界定国际组织机关提出的问题的真正含义并明确问题的范围。国际法院经常适当扩展、解释，甚至重新界定咨询请求提出的问题。[150] 这通常见于三种情形：（1）咨询请求的问题表述不充分[151]；（2）咨询请求的问题未能恰当地描述真正需要讨论的法律问题[152]；（3）咨询请求表述模糊不清[153]。因此，对于抽象或表述模糊的问题，国际法院可通过重新界定问题的方式从而更完整、更有效地回答问题和发表意见。

3. 联大僭越安理会的职权提出咨询请求

在一些咨询程序中，国家不仅主张联大提出咨询请求违反《宪章》第12条以质疑咨询管辖权，还主张联大僭越安理会的职权构成法院拒绝发表咨询意见的事由。国际法院在"科索沃咨询意见"中指出，依据《宪章》第24条，安理会享有维护世界和平与安全的主要（primary）责任，而非专属（exclusive）责任；联大则依据《宪章》第10条和第11条对广泛的事项行使职权，其中就包括与国际和平与安全有关的事项，且联大和安理会日趋平行处理同一局势的不同方面。国际法院据此认为，不仅安理会正积极行使职权

---

[146] *The Construction of Wall Opinion*, supra note 123 at 159, para. 51.

[147] *Nuclear Weapons Advisory Opinion*, supra note 136 at 237, para. 17.

[148] *The Construction of Wall Opinion*, supra note 123 at 159–160, paras. 51–54; *Kosovo Advisory Opinion*, supra note 124 at 418, para. 35.

[149] *Admission Advisory Opinion*, supra note 135 at 61.

[150] *The Construction of Wall Opinion*, supra note 123, para. 38.

[151] *Interpretation of the Greco-Turkish Agreement of 1 December 1926*, PCIJ Series B, No. 16, Advisory Opinion of 28 August 1928, at 14.

[152] *Interpretation of the Agreement of 25 March 1951 between the WHO and Egypt*, Advisory Opinion, [1980] ICJ Rep 73, para. 35.

[153] *Application for Review of Judgment No. 273 of the United Nations Administrative Tribunal*, Advisory Opinion, [1982] ICJ Rep 326, paras. 46–48.

不构成阻碍法院发表咨询意见的不容置疑的事由，而且发表咨询意见需要解释安理会的决议也不妨碍法院回答联大提出的问题。⑭

4. 咨询请求涉及争议事实

国际法院承认咨询请求涉及复杂的事实争议可能构成影响发表咨询意见适当性的事由。常设国际法院在1923年"东卡累利阿咨询意见"中即以苏联不参与咨询程序影响法院调查和查明事实为由拒绝发表咨询意见。常设国际法院指出："虽然没有规则绝对禁止法院在咨询意见中调查事实，但通常情况下，法院应当在无争议的事实基础上发表咨询意见，且不应该由法院自己来确定这些事实。"⑮国际法院则对存在事实争议的咨询请求展现了更大的宽容度。国际法院认为，必须根据每个案件的具体情况来判断其掌握的证据是否足以回答咨询请求。而且，其中有决定性的考虑因素是："法院是否掌握了足够的信息和证据，使其能够对任何存在争议的事实问题得出司法结论，并且这些事实是法院在符合其司法属性的条件下确定的。"⑯ 在1975年"西撒哈拉咨询意见"⑰ "隔离墙咨询意见"⑱ 和 "查戈斯咨询意见"⑲ 等咨询程序中，国际法院都指出联合国及参与程序的国家向其提交了大量的事实与证据，因此咨询请求涉及事实争议不足以构成阻碍法院发表意见的不容置疑的事由。

5. 咨询请求涉及国家间争端

国际法院承认咨询意见涉及国家间争端可能构成阻碍法院发表意见的不容置疑的事由。迄今为止，1923年"东卡累利阿咨询意见"是唯一一起法院以涉及双边争端为由拒绝发表咨询意见的司法实践，因争端一方苏联既没有参与国联理事会决定诉诸法院咨询意见的讨论，也拒绝参与该咨询意见程序。同时，苏联既非国联会员国，也非《常设国际法院规约》当事国。⑳ 然而，

---

⑭ *Kosovo Advisory Opinion*, supra note 124 at 419-423, paras. 40-47.

⑮ *Status of Eastern Carelia*, PCIJ Series B: Collection of Advisory Opinions (1923–1930), Advisory Opinion of 23 July 1923, at 28.

⑯ *Western Sahara Advisory Opinion*, supra note 134 at 28, para. 26.

⑰ *Ibid* at 29, para. 47.

⑱ *The Construction of Wall Opinion*, supra note 123 at 161, para. 57.

⑲ *Legal Consequences of the Separation of the Chagos Archipelago from Mauritius in 1965*, Advisory Opinion, [2019] ICJ Rep 95, at 114, para. 73.

⑳ *Eastern Carelia*, supra note 155 at 27.

国际法院从未以"东卡累利阿咨询意见"为先例，拒绝对涉及国家间争端的咨询请求发表意见；相反，国际法院通常指出当前案例与"东卡累利阿咨询意见"所区别的事实或程序因素，从而排除这一先例的相关性。

　　国际法院在长期实践中确立了当咨询意见涉及双边争端时所适用的分析路径：（1）联合国的会员国自动构成《规约》的当事国，因此原则上已经接受国际法院的咨询管辖权。[161]这是国际法院时期咨询意见程序与常设国际法院时期所不同的制度背景。（2）国家同意是诉讼管辖的管辖权要件，而非咨询管辖的管辖权要件。正如国际法院在"和约解释咨询意见"中所强调的："法院的回复仅仅是建议性的，并无拘束力。因此，任何国家——无论是不是联合国的会员国——都不能阻止法院回答联合国提出的问题，以便于启发后者所应采取的行动方针。"[162]因此，即使争端当事国反对联合国机关提出的咨询请求，也不影响国际法院的咨询管辖权。（3）但是，当缺乏利益相关国同意可能致使发表咨询意见不符合法院的司法属性时，国际法院应行使裁量权拒绝发表咨询意见。一种情形是发表咨询意见会产生规避国家同意、裁决国家间争端的效果，这是国际法院在"西撒哈拉咨询意见"中树立的标准。[163]（4）在评判发表咨询意见是否产生规避国家同意的效果时，国际法院采取了较为严苛的标准，并着眼于那些超越双边争端的事实，尤其是该争端与提出咨询请求的联合国机关职权范围之间的关系。在"西撒哈拉咨询意见"中，国际法院指出，虽然存在国家间争端，但该争端并非完全脱胎于双边关系，而是在联大行使去殖民化相关职权的程序中产生的。[164]在"隔离墙咨询意见"中，国际法院强调虽然以色列和巴勒斯坦之间存在激烈的相反意见，但咨询请求的主旨事项不止于以色列和巴勒斯坦之间的双边争端，而是直接与联合国的职权和责任有关。换言之，"咨询请求所涉问题是联合国尤为关切的事项，是一个超越双边争端而以更广泛背景为参考系的事项。"[165]在"查戈斯咨

---

[161] *Western Sahara Advisory Opinion*, supra note 134 at 24, para. 30.

[162] *Interpretation of Peace Treaties with Bulgaria, Hungary and Romania*, Advisory Opinion, [1950] ICJ Rep. 65, at 71.

[163] *Western Sahara Advisory Opinion*, supra note 134 at 25, para. 33.

[164] *Ibid* para. 34.

[165] *The Construction of Wall Opinion*, supra note 123 at 158-159, paras. 49-50.

询意见"中，国际法院指出联大在去殖民化问题上长期行使职权，因此咨询请求所涉问题超越了双边争端而以去殖民化这一大背景为参考系。法院强调："法院对毛里求斯和英国之间所争议的法律问题发表观点不意味着法院在裁决双边争端。"⑯

（四）咨询意见的效力

咨询意见的效力可从形式与实效两方面理解。

1. 形式上无拘束力

一般而言，咨询意见对提出咨询请求的国际组织机关以及参与咨询意见程序的国家而言不具有拘束力。⑰ 咨询意见无拘束力这一事实也是国家同意并非咨询管辖权来源的重要原因。同时，向国际法院提出咨询请求的国际组织机关也无义务将咨询意见作为其采取后续行动的依据。现实中，国际组织机关采取何种行动取决于该机关因时因地的需要，而这些行动是否产生实际效果则受国际环境的制约。举例而言，1996年"核武器咨询意见"发表后，联大通过决议"感谢"并"注意到"国际法院发表该咨询意见，并"呼吁"所有国家履行关于核裁军问题的善意谈判的义务，并决定在次年的大会议程中增加"国际法院'核武器咨询意见'后续行动"这一议程。⑱ 此后每年联大都表决通过"国际法院'核武器咨询意见'后续行动"的决议。这些决议的主要内容均为建议式和呼吁性的，如"再次吁请所有国家立即进行多边谈判，以期在严格有效的国际监督下，包括在《禁止核武器条约》的监督下，实现所有方面的核裁军"，以及"请所有国家将其为执行本决议和进行核裁军所做的努力和采取的措施通知秘书长"。⑲

---

⑯ *Chagos Advisory Opinion*, supra note 159 at 118, para. 89.

⑰ 在一些条约另有约定的情形下，国际法院的咨询意见可以具有拘束力。例如，1946年《联合国特权和豁免公约》第8条规定："如果联合国与会员国之间出现分歧，应根据《联合国宪章》第96条和《国际法院规约》第65条就所涉任何法律问题请求发表咨询意见。当事方应接受法院的意见具有决定性。"该条实际上将咨询意见作为了解决国际组织（联合国）与国家之间关于《联合国特权和豁免公约》争议的方式。

⑱ Resolution adopted by the General Assembly on the report of the First Committee (A/51/566/Add. 11), UN. doc/A/RES/51/45 (10 January 1997).

⑲ "Follow-up to the advisory opinion of the International Court of Justice on the legality of the threat or use of nuclear weapons", UN. doc/A/RES/76/53 (13 December 2021).

2. 对国际法的权威解释

虽然咨询意见无拘束力，但因咨询意见是国际法院司法决议过程的产物且通常具有完备的法律说理，加之国际法院作为联合国主要司法机关的地位，因此咨询意见被视为国际法院司法实践的重要组成，其对国际法的解释也具有了权威性。无论是国际法院自身还是国家，在援用国际法院的先例时，都将咨询意见中的相关法律阐述视为国际法院"判例法"的一部分。在这个意义上，判决与咨询意见仅具有形式上的差异。例如，在2012年比利时诉塞内加尔"或起诉或引渡案"以及2022年冈比亚诉缅甸"《灭种公约》适用案"中，国际法院都引用了1951年"对《灭种公约》保留咨询意见"的相关陈述来阐明"对国际社会整体的义务（obligations erga omnes）"与条约当事国诉讼资格的关系。⑰

3. 对国际法发展的塑造力

历史地看，部分咨询意见阐明了特定时期内存在争议或不确定性的国际法问题，这些意见对国际法的发展产生了深远的影响，因而具有实质上的"造法性（law-making）"。例如，1949年"执行联合国职务时所受损害的赔偿咨询意见"不仅澄清了联合国是否具备国际法律人格这一问题，还奠定了国际组织作为国际法主体的法理基础；1951年"对《灭种公约》保留咨询意见"提出的多边条约保留效力取决于其与条约目的和宗旨的相符性这一规则，敏锐地预判了第二次世界大战后独立国家的增多对传统条约保留规则的冲击。虽然在该咨询意见作出时遭到抨击，但其实效经过了时间的检验，最终被1969年《维也纳条约法公约》第19条所接纳，成为国际法的一部分。咨询意见对国际法发展的影响和塑造也从侧面反映了国际法院作为联合国主要司法机关的权威及其在国际法发展中的独特地位。

4. 对特定国家法律立场的削弱

当咨询意见宣告特定国家行为违法及其应承担的国家责任时，即使该咨询意见不具有拘束力，仍会削弱该国的法律立场，并为受其侵害的国家主张

---

⑰ *Questions relating to the Obligation to Prosecute or Extradite (Belgium v Senegal)*, Judgment, [2012] ICJ Rep 422, at 449, para. 68; *Application of the Convention on the Prevention and Punishment of the Crime of Genocide (The Gambia v Myanmar)*, Preliminary Objections, [2022] ICJ Rep 477, at 515, para. 106.

赔偿等国家责任、为其他国家对该国采取反措施等创造便利条件。⑪ 例如，在 2004 年"隔离墙咨询意见"中，希金斯法官就指出："尽管国际法院是在咨询意见程序而非诉讼程序中认定（以色列有关行为）非法性，作为联合国主要司法机关，国际法院判断某行为为非法的法律后果不会因程序的不同而有所差异。"⑫该意见发表后，联合国大会组建了下设机构"联合国关于在被占巴勒斯坦领土修建隔离墙造成的损失登记册"，以记录和登记以色列在约旦河西岸巴勒斯坦被占领土上修建隔离墙造成的损失。2019 年"查戈斯咨询意见"发表后，联大通过了第 73/295 号决议，指出"查戈斯群岛构成毛里求斯的固有领土"，并"要求英国在本决议作出 6 个月内无条件结束对查戈斯群岛的殖民管理，使毛里求斯尽快完成其领土的去殖民化进程"。⑬尽管这些后续措施对有关国家而言亦不产生强制力，但咨询意见的法律属性和司法属性使这些国家的法律立场在国际上难以为继。

但是，正因为咨询意见可能对国家维持其法律立场或权利主张产生直接影响，国际法院在行使咨询管辖权时应更审慎地考虑在缺乏有关国家同意时发表咨询意见的适当性。2021 年，国际海洋法法庭特别分庭在毛里求斯诉马尔代夫"印度洋海洋划界案"中认定："'查戈斯咨询意见'拥有法律效力，并且对查戈斯群岛目前的地位有所影响，英国持续主张对查戈斯群岛的主权违背了该咨询意见。虽然毛里求斯的去殖民化进程尚未结束，但可从国际法院的意见中推论出毛里求斯对查戈斯群岛享有主权。"⑭ 这一判决相当于赋予了"查戈斯咨询意见"裁决英国和毛里求斯的主权争端的效果，即使国际法院在该意见中曾明确指出其并非在裁决领土争端。这意味着咨询意见一经作出即成为全球性公共产品，其解释与效力已不受国际法院本意的支配。

---

⑪ d'Argent, *supra* note 122 at 1809.

⑫ Separate Opinion of Judge Higgins, *The Construction of Wall Opinion*, *supra* note 123 at 217, para. 38.

⑬ "Advisory opinion of the International Court of Justice on the legal consequences of the separation of the Chagos Archipelago from Mauritius in 1965", UN. doc/A/RES/73/295 (24 May 2019).

⑭ *Dispute concerning Delimitation of the Maritime Boundary between Mauritius and Maldives in the Indian Ocean (Mauritius/Maldives)*, Preliminary Objections, ITLOS Judgment of 28 January 2021, para. 246.

(五) 以复核行政法庭判决为目的的咨询意见

国际法院咨询意见程序中还存在一类特殊的咨询意见，即以复核（review）国际性行政法庭判决为目的的咨询意见。国际性行政法庭指专为处理国际组织与其雇员之间纠纷（如不当解雇等）而特设的法庭，其存在的意义在于弥补国际组织雇员难以通过国籍国法院或国际组织所在地法院寻求司法救济这一问题。以复核行政法庭判决为目的的咨询意见之所以特殊，不仅由于其服务于特定目的，也在于行政法庭的规约决定了向国际法院提出咨询请求的具体条件、咨询请求的范畴以及咨询意见的效力，这些规定超越了《宪章》和《规约》的一般规定，并为该咨询程序设定了具体的条件。但是，这一程序仍要符合《宪章》和《规约》对咨询管辖的一般要求，包括：(1) 符合《宪章》第96条第2款规定，即由获得联大授权的国际组织机关对其工作范围内任何法律问题请求法院发表咨询意见；(2) 国际法院对是否发表咨询意见享有裁量权。

早在1927年，国联就组建了行政法庭，以处理国联秘书处雇员以及国际劳工组织雇员就解雇问题的申诉。⑮ 国联解散后，该行政法庭转而成为国际劳工组织行政法庭，专门处理该组织和其他一些国际组织与其雇员之间的争端。1949年联合国大会第351号决议通过了《联合国行政法庭规约》，组建了联合国行政法庭。⑯ 联合国行政法庭与国际劳工组织行政法庭的规约都规定了由国际法院咨询意见复核该行政法庭判决的程序，但两者存在一些差异。

1. 复核联合国行政法庭判决的咨询意见

1955年11月8日联大通过第957号决议为《联合国行政法庭规约》增加了第11条，确立了向国际法院提出咨询请求以复核联合国行政法庭判决的程序。⑰ 该条规定三类主体可以申请向国际法院提出咨询请求：(1) 联合国会

---

⑮ Wolfgang Friedmann & Arghyrios A. Fatouros, "The United Nations Administrative Tribunal" (1957) 11 International Organization 13 at 15.

⑯ "Establishment of a United Nations Administrative Tribunal", UNGA Resolution 351 (IV) (9 December 1949).

⑰ "Procedure for review of United Nations Administrative Tribunal judgments: amendments to the Statute of the Administrative Tribunal", UNGA Resolution 957 (X) (8 November 1955).

员国；（2）联合国秘书长；（3）联合国行政法庭所作判决涉及的个人。但是，这三类主体不能直接向国际法院提出咨询请求，而必须向第 11 条第 4 款设立的委员会提出申请，由该委员会决定是否向国际法院提出咨询请求。因此，第 11 条所设委员会为《宪章》第 96 条第 2 款所称获联大授权的机关。[178]

另外，三类主体只能基于四种情形提出对联合国行政法庭判决的复核申请：（1）法庭超越其管辖权的范围或权限；（2）法庭未能行使规约赋予其的管辖权；（3）法庭对《宪章》条款的适用存在法律错误；（4）法庭在程序上存在重大错误以致司法不公。委员会在收到复核申请后 30 日内应决定该申请是否确有实质依据；若有，则委员会应向国际法院提出咨询请求。同时，《联合国行政法庭规约》第 11 条第 3 款还规定了咨询意见的效力及产生效力的程序：或是由联合国秘书长给予该咨询意见以效力，或是由秘书长要求联合国行政法庭特别开庭确认原判决效力或作出新判决以符合国际法院的咨询意见。

1955 年《联合国行政法庭规约》第 11 条增订后，直至该程序在 1995 年被废止，委员会共收到超过 90 份复核申请，但仅向国际法院提出了三次咨询意见请求，其中两次由雇员提出申请，一次由会员国提出申请。这三个咨询意见分别是：1973 年"申请复核联合国行政法庭第 158 号判决咨询意见"、1982 年"申请复核联合国行政法庭第 273 号判决咨询意见"以及 1987 年"申请复核联合国行政法庭第 333 号判决咨询意见"。在这三份咨询意见中，国际法院均确认了其发表咨询意见的管辖权和适当性，并都维持了联合国行政法庭的原判决。

自联合国行政法庭设立之初，对于该法庭的有效性和正当性的批评就不绝于耳，如复核程序耗时长、效率低下；法庭的运作受政治因素的支配；雇员和国际组织在复核程序中的不平等地位，尤其是在委员会决定向国际法院提出咨询请求后，雇员无权直接参与咨询意见程序而只能通过国际组织转交其书面意见和证据等资料。[179] 1995 年 12 月 11 日联大第 50/54 号决议删去《联合国行政法庭规约》第 11 条，废止了通过咨询意见复核联合国行政法庭判决的程序，并强调了"确保联合国内有一个公正、高效和快速的内部司法系统，

---

[178] *Application for Review of Judgment No. 158 of the United Nations Administrative Tribunal*, Advisory Opinion, [1973] ICJ Rep 166, at 172-175, paras. 15-23.

[179] Friedmann & Fatouros, *supra* note 175 at 20-22.

包括一个有效的解决争端机制,对工作人员和联合国都同样重要"⑱。此后,经过长时间讨论改革方案,联大于 2008 年 12 月 24 日通过第 63/253 号决议,组建了新的司法体系专门处理联合国雇员就国际组织对其作出的行政决定而提出的申诉,即具有初审职能的联合国争议法庭(United Nations Dispute Tribunal)和上诉职能的联合国上诉法庭(United Nations Appeals Tribunal)。联合国争议法庭和联合国上诉法庭于 2009 年 7 月 1 日正式启动,而联合国行政法庭于 2009 年 12 月 31 日正式裁撤。⑱

2. 复核国际劳工组织行政法庭判决的咨询意见

1946 年《国际劳工组织行政法庭规约》新增第 12 条,允许国际劳工组织向国际法院提出咨询请求以复核国际劳工组织行政法庭判决。该复核申请只能就两项事由提出:(1)国际劳工组织行政法庭的管辖权决定存在错误;(2)国际劳工组织行政法庭的程序存在根本错误。该条第 2 款同时规定法院发表的咨询意见具有拘束力。这一复核程序与 1955 年《联合国行政法庭规约》第 11 条的规定有如下差异:(1)《联合国行政法庭规约》特设委员会以审查个人、国家和联合国秘书长申诉联合国行政法庭判决的申请,并决定是否向国际法院提出咨询请求,但在《国际劳工组织行政法庭规约》中个人或国家均无权要求国际劳工组织提出咨询请求,咨询请求只能由国际劳工组织理事机关(governing body)提出;(2)国际劳工组织只能就管辖权决定和程序正义两项事由提出复核申请,而《联合国行政法庭规约》所允许的复核申请事由更为广泛;(3)《国际劳工组织行政法庭规约》赋予了国际法院咨询意见以拘束力,而《联合国行政法庭规约》对咨询意见效力及其产生的程序规定更为复杂。

《国际劳工组织行政法庭规约》还允许接受了国际劳工组织行政法庭管辖权的国际组织行政机关采用规约第 12 条所定复核程序,从而扩大了该复核程序适用的范围。⑱ 但正如国际法院实践中强调的,国际组织的行政机关是否有

---

⑱ "Review of the procedure provided for under article 11 of the statute of the Administrative Tribunal of the United Nations", UN. doc. A/RES/50/54 (11 December 1995).

⑱ Resolution adopted by the General Assembly on 24 December 2008, UN. doc. A/RES/63/253 (24 December 2008).

⑱ 接受国际劳工组织行政法庭管辖权的国际组织一览,见国际劳工组织网站:https://www.ilo.org/tribunal/membership/lang--en/index.htm,最后访问时间:2024 年 11 月 1 日。

权向国际法院提出咨询请求,并非由《国际劳工组织行政法庭规约》第12条所决定,而是受《宪章》第96条和《规约》第65条的规范。⑱ 因此,只有获得了联大授权的国际组织,在接受了国际劳工组织行政法庭管辖的同时,才能援引《国际劳工组织行政法庭规约》第12条就复核该法庭判决一事提出咨询请求。例如,在2012年"国际劳工组织行政法庭就针对国际农业发展基金案的指控作出的第2867号判决咨询意见"(以下简称"农发基金案咨询意见")中,提出咨询请求的主体是国际农业发展基金。1977年联合国大会第32/107号决议承认了联合国与国际农业发展基金签署的《关系协定》,并授权农发基金就其活动中产生的法律问题向国际法院提出咨询请求。国际法院认为1977年联大决议对国际农业发展基金的授权是该组织提出咨询请求的必要条件,而《国际劳工组织行政法庭规约》第12条本身无权赋予国际劳工组织或其他国际组织提出咨询请求以挑战该行政法庭的判决。

国际法院就复核国际劳工组织行政法庭判决发表过两份咨询意见,分别是1956年"国际劳工组织行政法庭就针对教科文组织的指控所作的判决咨询意见"和2012年"农发基金案咨询意见"。在两份咨询意见中,国际法院都考虑了国际组织与雇员在复核程序中的不平等地位是否构成影响发表咨询意见的适当性的事由,而在第二份咨询意见中,国际法院基于30多年来国际人权法对诉诸司法救济的平等权利的发展,表达了对该复核程序内在的程序不平等问题的忧虑,如只有国际组织才能提出咨询请求、个人的意见和材料只能通过该国际组织转递国际法院、国际组织在转递个人材料时的拖延和遗漏问题等。在"农发基金咨询意见"中国际法院提出:"现在是时候提出这一问题了:1946年建立的制度是否符合当今诉诸法院和法庭平等原则的要求?虽然法院无法改革这一制度,但它可以尝试尽可能确保法院程序中的平等性。"国际法院的立场是,即便复核程序存在形式上的不平等,但法院在咨询意见程序中可采取措施尽量弥补相关方(国际组织和雇员)之间的不平等。由于《规约》不允许个人参加国际法院庭审程序,因此在所有复核行政法庭判决的咨询意见程序中,国际法院均不举行口头听证程序,从而保证个人与国际组

---

⑱ *Judgment No2867 of the Administrative Tribunal of the International Labour Organization upon a Complaint Filed against the International Fund for Agricultural Development*, Advisory Opinion, [2012] ICJ Rep 10, at 22, para. 25.

织之间的平等性。⑱

与 1955 年《联合国行政法庭规约》第 11 条的命运一样，《国际劳工组织行政法庭规约》第 12 条所规定的复核程序饱受诟病。2016 年 6 月，国际劳工组织大会修订规约，删去了第 12 条。⑱ 根据现行《国际劳工组织行政法庭规约》第 6 条第 1 款，该行政法庭可受理关于其判决的解释、执行和复核的申请。⑱ 这一程序成为唯一的复核国际劳工组织行政法庭判决的渠道。可见，通过国际法院咨询意见复核国际劳工组织行政法庭判决的程序也已成为历史。

三、适用法

作为国际性司法机构，国际法院适用国际法裁决国际法问题，这是自常设国际法院建立时便扎根的常识。当然，这并不意味着国内法与国际法院行使司法职能毫无关系。国内法规范通常作为事实或证据进入法院的司法活动，而非作为裁决争端的法律渊源。⑱

那么，哪些规范属于国际法从而得以被国际法院所适用？《规约》第 38 条对适用法的界定即为对该问题的回答。第 38 条规定：

> 1. 法院对于陈诉各项争端，应依国际法裁判之，裁判时应适用：
> （子）不论普通或特别国际协约，确立诉讼当事国明白承认之规条者。
> （丑）国际习惯，作为通例之证明而经接受为法律者。
> （寅）一般法律原则为文明各国所承认者。

---

⑱ *Ibid* at 30, para. 46.

⑱ "Amendments to the Statute of the ILO Administrative Tribunal adopted", available at: https://www.ilo.org/global/about-the-ilo/how-the-ilo-works/departments-and-offices/jur/legal-instruments/WCMS_498369/lang--en/index.htm，最后访问时间：2024 年 11 月 1 日。

⑱ Statute of the Administrative Tribunal of the International Labour Organization as amended on 18 June 2021, available at: https://www.ilo.org/tribunal/about-us/WCMS_249194/lang--en/index.htm，最后访问时间：2024 年 11 月 1 日。

⑱ *Case concerning Certain German Interests in Polish Upper Silesia*, PCIJ Series A, No. 7, Judgment of 25 May 1926, at 19.

（卯）在第五十九条规定之下，司法判例及各国权威最高之公法学家学说，作为确定法律原则之补助资料者。

2. 前项规定不妨碍法院经当事国同意本"公允及善良"原则裁判案件之权。

《规约》第 38 条继承自《常设国际法院规约》第 38 条。该条分为两个条款，第 1 款规定了国际法院适用法的范畴，第 2 款规定公允善良原则在国家同意的情况下可作为法院裁判的依据。《规约》第 38 条第 1 款对法院适用的国际法范畴的列举，也被认为是对国际法渊源的表达。[188] 为理解该条在国际法院司法活动中的地位与作用，应考察该条的起源、功能以及其项下各条款的具体内容。另外还应注意，在《规约》第 38 条第 1 款所列几项渊源之外，国际法上还存在着一些创设国际法义务的载体，如国际组织作出的具有拘束力的决议、默示协议（tacit agreement）和单方允诺等，也会在具体案件中作为裁决争端的适用法被国际法院所识别、解释和适用。

（一）《规约》第 38 条的起源与功能

1. 《规约》第 38 条起草的历史

《常设国际法院规约》第 38 条是由国联理事会任命的法学家委员会起草的。在当时的历史背景下，法学家委员会对法院适用法的讨论与另外两个问题交织在一起：(1) 法院是否应享有对所有缔约国的强制管辖权；(2) 国际法的编纂，即国际法实质内容的明确。在 1920 年以前，建立国际性的、常设性的司法机构的努力均告失败，一个主要的原因是国家不愿在国际法实质内容不完善、不充分、不清晰时接受一个司法机构的强制管辖。1907 年第二次海牙和平会议建立国际捕获法庭的计划流产的主要原因也是当时各国对该法庭所应适用的战争法规则的具体内容不能达成共识。[189] 国际捕获法庭计划的失败给法学家委员会以深刻的教训：国际司法机构的组建应与国际法实质内容

---

[188] 白桂梅：《国际法》（第 3 版），北京大学出版社 2015 年版，第 34 页。

[189] Alain Pellet & Daniel Muller, "Article 38" in Andreas Zimmermann & Christian J. Tams, eds, *The Statute of the International Court of Justice: A Commentary*, 3rd edition (Oxford University Press, 2019) 819 at 825.

的编纂相区分。⑩ 这也是为何法学家委员会提出的第38条草案仅明确了国际法规范的形式，即所谓的形式渊源⑩，而非对国际法规范实质内容的编纂。

在法学家委员的讨论中，条约与习惯法作为法院的适用法没有任何争议，因为条约与习惯国际法当然属于实在国际法的一部分。法学家委员会关于适用法讨论的核心反而在于，当提交法院的国际法问题没有直接可援引或适用的条约或习惯法时，法院应依据什么国际法规范予以裁判？⑫ 这一问题看似庸常，实则反映了法学家委员会的两种法律观念：第一，国际法院应避免以"法律不明（*non liquet*）"为由拒绝裁判国家提交的争端；第二，实在国际法的范围不只包含条约和习惯国际法，还有其他规范。⑬ 这些"其他规范"的具体形式、如何识别条约与习惯法之外的国际法渊源、司法案例是否构成法院所应适用的法律等问题、法院在国际法存在空白时是否应行使裁量权进行漏洞填补等问题，才是法学家委员会讨论适用法的关键问题。最终，为文明各国所承认的一般法律原则（general principles of law）被纳入适用法的一部分，而司法案例和各国权威最高之公法学家的学说则被视为明确国际法的辅助工具。

法学家委员会向国联提交的《常设国际法院规约》草案中的适用法条款仅包含当前《规约》第38条第1款的内容。国联理事会在与司法案例有关的条款中增加了"在第57条第2款的限制下"⑭，从而将国际法院司法案例的效力限定于特定争端的当事方之间，排除了"遵循先例原则（stare decisis）"在国际法院的适用。后来，在国联大会的讨论中，又为第38条新增了第2款，即公允善良原则在当事方同意的情形下的适用。⑮ 至此，《常设国际法院规约》第38条的内容最终确定。

---

⑩ *Ibid* at 826.

⑪ 白桂梅：《国际法》（第3版），北京大学出版社2015年版，第36页。

⑫ See Ole Spiermann, "The History of Article 38 of the Statute of the International Court of Justice: 'A Purely Platonic Discussion'?" in Jean d'Aspremont & Samantha Besson, eds, *The Oxford Handbook of the Sources of International Law* (Oxford University Press, 2017) 165 at 167.

⑬ *Ibid* at 170-172.

⑭ 草案中的第57条第2款成为后来《规约》第59条："法院之裁判除对于当事国及本案外，无拘束力。"该条反映的原则被称为"既判力原则（*res judicata*）"，见下文第四节。

⑮ Pellet & Muller, *supra* note 189 at 831.

虽然《常设国际法院规约》第 38 条引发了学界的广泛讨论并招致了一些批评，但常设国际法院实践中并未出现任何与第 38 条本身有关的争议。相反，该条在常设国际法院的实践中发挥了积极的作用，其对国际法渊源的列举也产生了广泛的影响力，被众多国际争议解决条约和仲裁庭的仲裁规则所借鉴。[196] 1944 年盟国间非正式专家委员会在《常设国际法院的未来》报告中也建议保留第 38 条。[197] 第二次世界大战后，联合国法学家委员会达成共识，不对第 38 条作实质性修订。正如委员会特别报告员所言，第 38 条 "引发的争议多在于理论，而非实践"。[198] 因此，1945 年旧金山会议除了增加 "应依国际法裁判之" 这一对国际法院职能的高度凝练的总结外，未改动第 38 条的实质内容。[199]

2. 《规约》第 38 条的功能

《规约》第 38 条具有两项功能，其一为阐明法院的适用法，其二为明确国际法院的职能。通过界定国际法院所应适用的国际法规范的形式，第 38 条明晰了国际法院的主要功能——依据国际法裁决国际争端——的法律依据及其界限。虽然 "应依国际法裁判之" 这一职能定位是《规约》中新增的，但常设国际法院在实践中已然践行了这一点。旧金山会议上负责司法组织的第四委员会下设的第一小组这样解释《规约》第 38 条对国际法院功能的厘清："旧《规约》在这一问题上的空白并未妨碍常设国际法院将自己视为一个国际法机构；但新《规约》的增补将突出新法院的这一特点。"[200] 换言之，《规约》第 38 条新增的国际法院职能定位是一项重述，而非创新。

《规约》第 38 条第 1 款关于适用法的内容在国际法院的实践中没有引发任何争议，国际法院对此也鲜有讨论。一个代表性的例子是，在 1982 年突尼斯和利比亚 "大陆架划界案" 中，国际法院在解释双方的特别协议时指出，依据《规约》第 38 条第 1 款国际法院必须依据该条所列举的所有渊源来查明应适用的法律原则与规则。[201] 相反，对于第 38 条第 1 款关于法院职能的定位，

---

[196] *Ibid* at 832–833.

[197] *Supra* note 115 at 19.

[198] Pellet & Muller, *supra* note 189 at 832.

[199] Shabtai Rosenne, *The Law and Practice of the International Court, 1920–1996, Volume III*, 3rd edition (Martinus Nijhoff Publishers, 1997) at 1591.

[200] Pellet & Muller, *supra* note 189 at 833.

[201] *Tunisia/Libya*, *supra* note 60 at 37, para. 23.

国际法院则有较多的阐述。这反映在，国际法院通常在强调法院的司法职能和司法属性时援引《规约》第 38 条，以说明下列问题：（1）国际法院是适用国际法的司法机关，而非创设法律的立法机关;[202]（2）国际法院的主要职能在于依据国际法裁决争端，因此争端的存在是国际法院行使司法职能的必要条件;[203]（3）即使在咨询意见程序中，国际法院也不能背离规范该司法机构行为的核心规则[204]。这意味着《规约》第 38 条同样适用于咨询意见程序，即便咨询意见程序的目的并非裁决国家间争端。总而言之，《规约》第 38 条凝练了国际法院以适用国际法为标志的司法职能。

（二）《规约》第 38 条第 1 款所列之适用法

《规约》第 38 条第 1 款所列的适用法为条约、习惯国际法和一般法律原则。司法案例和公法学家学说为识别和确认国际法规则与原则的辅助工具，而非适用法本身。条约、习惯国际法和一般法律原则虽然在本条款中依次序排列，但其适用并无优先顺序，而是取决于具体国际法问题所涉及的法律形式。与《规约》第 38 条第 1 款各项内容有关的研究卷帙浩繁，在国际法教科书和与国际法渊源有关的学术专著等文献中均有详述，毋庸赘述。本节仅概括性地述及国际法院司法实践对《规约》第 38 条第 1 款所列各项的发展，并结合 2010 年至 2024 年国际法院的案例指出这一时间段内各项内容适用的要点。

1. 国际条约

国际条约毫无疑问占据了国际法院法律适用的绝大部分实践。尽管《规约》第 38 条第 1 款 a 项提及"普通或特别国际条约"，但作为国际法院的适用法，一般性条约、区域性条约和双边条约在解释和适用方式上并无差异。[205]

国际法院包括其前身常设国际法院对国际条约作为适用法的贡献主要包括两方面：（1）通过对特定条约的解释和适用深化或发展对该条约条款及其所确立的制度或机制的理解，典型的例子如国际法院在 1971 年"纳米比亚咨询意见"中对《宪章》第 27 条第 3 款的解释明确了安理会"大国一

---

[202] *South West Africa*, Second Phase, Judgment, [1966] ICJ Rep 6, at 48, para. 89.
[203] *Nuclear Tests case*, supra note 23 at 477, para. 60.
[204] *Eastern Carelia*, supra note 155 at 29.
[205] Pellet & Muller, supra note 189 at 900.

致"议事规则的具体含义。⑳（2）对条约法的贡献，如条约的概念⑳和条约的保留。⑳ 国际法院的实践，尤其是 20 世纪 60 年代以前的实践，极大地促进了条约法的编纂，法院的许多论断被 1969 年《维也纳条约法公约》吸纳，成为实在国际法的一部分。《维也纳条约法公约》缔结后，国际法院对条约法的发展和促进有所减弱，这当然和国际法委员会对条约法的编纂和发展所做的工作被普遍承认有关。⑳ 国际法院在此后的许多案例里，往往将《维也纳条约法公约》的某些具体规则视为习惯国际法而直接予以适用。

2010 年至 2024 年间国际法院司法实践与国际条约作为适用法有关的问题主要包括以下几类：（1）最主要的仍是国家是否违反条约规定的国际法义务。这通常是诉讼案件争议的核心，需要国际法院对条约进行解释和适用。举例而言，2010 年"纸浆厂案"、2014 年"捕鲸案"、2015 年克罗地亚诉塞尔维亚《灭种公约》适用案"等诉讼案件均以被申请方是否违反有关条约项下的国际法义务为争议焦点。（2）条约管辖权条款的解释和适用。这一问题直接决定了国际法院对特定争端是否享有管辖权，并进一步地聚焦于两个问题：一是国际法院是否对争端享有属事管辖权，即争端是否被作为管辖权来源的条约所调整。2010 至 2024 年间多个案例反映了这一问题，也构成这一时期国际条约作为法院适用法的鲜明特点。代表性案例包括 2017 年"《制止资助恐怖主义公约》和《消歧公约》适用案"、2020 年"国际民航组织理事会裁定上诉案"、"指控违反 1955 年《友好条约》案"和"某些伊朗资产案"、乌克兰诉俄罗斯"指控违反《灭种公约》案"等。二是条约规定的诉诸国际法院的条件（如谈判义务）是否满足，如 2011 年格鲁吉亚诉俄罗斯"《消歧公约》适用案"和 2023 年圭亚那诉委内瑞拉"1899 年 10 月 3 日仲裁裁决案"。（3）一项国际文件是否构成国际条

---

⑳ *Namibia Advisory Opinion*, supra note 126 at 22, paras. 21-22.

⑳ 国际法院对一项国际文件是否构成国际条约这一问题的论断影响广泛，确立了依据实质标准而非形式标准界定条约的原则。See *Qatar v Bahrain case (Jurisdiction and Admissibility)*, supra note 57 at 120-121, paras. 23-25.

⑳ 国际法院在 1951 年"对《灭种公约》的保留咨询意见"中对多边条约提出保留的效力问题的论断，深刻地影响了多边条约保留规则的发展。See *Reservations to the Convention on Genocide*, Advisory Opinion, [1951] ICJ Rep 15.

⑳ Maurice Mendelson, "The International Court of Justice and the Sources of International Law" in Vaughan Lowe & Malgosia Fitzmaurice, eds, *Fifty Years of the International Court of Justice* (Cambridge University Press, 1996) 63 at 66.

约，如 2017 年索马里诉肯尼亚"印度洋海洋划界案"对双方签署的备忘录是否构成条约的争议。

2. 习惯国际法

相较于国际条约，国际法院对某些国际法领域中的习惯法规则的发展以及习惯国际法理论的贡献更为突出。前者包括国家责任法[210]，领土主权争端中适用的国际法规则[211]，以及海洋划界的原则、规则与方法[212]。

国际法院在习惯国际法理论方面的贡献主要体现在以下几方面：（1）识别习惯国际法的"两要素说"，即国家实践与法律确信（opinio juris sive necessitatis）对习惯国际法的形成缺一不可。常设国际法院 1927 年"荷花号案"对"两要素说"有初步论述[213]，此后经国际法院 1969 年"北海大陆架案"发扬光大[214]。（2）国家实践与法律确信的证明。国际法院在若干案例中对哪些国家行为构成国家实践、国家实践所应满足的一般性、一致性和持续性标准、法律确信的证据和证明等的阐发，深刻地影响并发展了习惯国际法的理论学说[215]。（3）条约与习惯国际法的关系。国际法院在"北海大陆架案"中首次明确了条约与习惯法互动的三种关系，即条约对习惯法的编纂、缔约活动对习惯国际法的催生（crystallization）以及条约向习惯国际法的转化[216]。通过条约、缔约行为和缔约准备文件等识别习惯国际法在国际法院适用习惯国际法的实践中占据重要地位。（4）对区域习惯和双边习惯的识别。《规约》第 38 条第 1 款 b 项并未提及区域或双边习惯，但两者的现实性被国际法院所确认。在 1950 年"庇护权案"中，国际法院肯定了区域习惯存在的可能性并

---

[210] *Military and Paramilitary Activities in and against Nicaragua (Nicaragua v United States of America)*, Merits, [1986] ICJ Rep 14.

[211] *Frontier Dispute (Burkina Faso/Mali)* [1986] ICJ Rep 554.

[212] *North Sea Continental Shelf Cases (Federal Republic of Germany/Denmark; Federal Republic of Germany/Netherlands)* [1969] ICJ Rep 3; *Maritime Delimitation in the Black Sea (Romania v Ukraine)* [2009] ICJ Rep 61.

[213] *The Case of the SS "Lotus"*, PCIJ Series A No. 10, Judgment of 7 September 1927, at 28.

[214] *North Sea*, supra note 212 at 44, para. 77.

[215] 国际法委员会在"习惯国际法识别结论草案"的评注中，大量援引国际法院关于国家实践和法律确信证明、证据、举证责任和证明标准等方面的论述。See Draft Conclusions on Identification of Customary International Law, with commentaries (A/73/10), 2018.

[216] *North Sea*, supra note 212 at 41, paras. 69-71.

对区域习惯的举证责任有所阐述，但并未认定拉丁美洲地区存在与庇护权有关的特殊习惯法。[217] 国际法院在 1960 年"在印度领土上的通行权案"中确认了两国之间存在双边的地方习惯（local custom）[218]，并在 2009 年"航行权利和相关权利争端案"中再次识别并适用双边习惯作为裁判争端的依据[219]。

2010 年至 2024 年间，国际法院适用习惯国际法的实践主要集中于相辅相成的两类问题。（1）习惯国际法的识别，这类案件中当事方或有关国家通常对某项规则是否构成习惯法存在争议，因此需要法院首先就此作出判断，再适用习惯国际法裁决争端。这类案件包括 2012 年德国诉意大利"管辖豁免案"、2019 年"查戈斯咨询意见"，以及 2023 年尼加拉瓜诉哥伦比亚"尼加拉瓜 200 海里以外大陆架划界案"。（2）直接适用习惯国际法裁决争端。这类案件中当事方对于习惯国际法的内容并无争议，但对法律适用的方式以及结果存在争议。主要案例包括领土争端和海洋划界相关案例，如 2012 年尼加拉瓜诉哥伦比亚"领土与海洋争端案"、2014 年秘鲁诉智利"海洋争端案"、2018 年哥斯达黎加诉尼加拉瓜"加勒比海与太平洋海洋划界案"；适用国家责任法的案例，如 2015 年克罗地亚诉塞尔维亚"《灭种公约》适用案"；适用习惯国际法中的条约法规则的案例，如 2019 年印度诉巴基斯坦"贾达夫案"。

3. 一般法律原则

一般法律原则作为与条约、习惯国际法相区分的一种适用法，其目的在于为法院在裁决某些国际法问题时，因欠缺可直接适用的条约或习惯法规则，提供填补法律空白的工具，同时因一般法律原则的法律属性，也使国际法院免于司法造法。在 1920 年法学家委员会将一般法律原则写入《常设国际法院规约》第 38 条之前，一些国际仲裁实践、国家实践和学者学说中已经采纳了一般法律原则的概念。[220]

然而，在学理上，国际法学者未能就一般法律原则的概念或范畴等问题

---

[217] *Asylum case (Colombia/Peru)* [1950] ICJ Rep 266, at 276-278.

[218] *Case Concerning Right of Passage over Indian Territory (Portugal v India)*, Merits, [1960] ICJ Rep 6, at 39-40.

[219] *Dispute regarding Navigational and Related Rights (Costa Rica v Nicaragua)* [2009] ICJ Rep 213, at 265-266, paras. 140-144.

[220] Pellet & Muller, *supra* note 189 at 923-924.

达成一致，而是存在三种不同的观点：（1）一般法律原则指广泛存在于各国国内法体系中的原则，因其普遍性而成为国际法渊源的一部分。这也是一种主流观点，并且被《规约》第 38 条第 1 款 c 项所言"为文明各国承认者"的文义解释所支持。㉑ 依据这一观点，一般法律原则主要包括普遍存在于各国法律体系中与司法程序有关的原则，如诉讼当事方平等原则、既判力原则等。（2）国际法上的一般原则，例如禁止使用武力、不干涉原则、和平解决国际争端原则、善意原则等。这些原则因其普遍性而被视为一般法律原则。㉒ 但是这一观点无法将《规约》第 38 条第 1 款 c 项所称"一般法律原则"与条约、习惯国际法区分，因为这些所谓的一般原则均以条约或习惯国际法为渊源。（3）专属于国际法这一法律体系的一般原则，如国家同意原则、保持占有原则（uti possidetis）。这些原则并非来源于国内法，而是因解决国际法问题的需要而被国际社会普遍认可的国际法原则。㉓

虽然一般法律原则引发了广泛的学理讨论，但国际法院实践却鲜有援引《规约》第 38 条第 1 款 c 项的实例。实证地看，司法实践有两方面突出特征。一方面，国际法院使用的术语较为混乱，除了一般法律原则（general principles of law）之外，还经常使用一般原则（general principles）和一般国际法（general international law）等术语，而后者的含义与国际法上的一般原则较为贴近，有时甚至与习惯国际法相等同。另一方面，国际法院通常在司法程序问题上适用一般法律原则，即普遍存在于国内法体系中的诉讼法原则或司法程序原则。例如，在 2008 年"白礁岛、中岩岛和南礁的主权归属案"（以下简称"白礁案"）中国际法院称："法院司法实践明确，'谁主张谁举证'是一项一般法律原则"。㉔ 在复核行政法庭判决的咨询意见中，国际法院也多次

㉑ See Hugh Thirlway, *The Sources of International Law*, 2nd edition (Oxford University Press, 2019) at 108-109.

㉒ Mendelson, *supra* note 209 at 80.

㉓ 这也是国际法委员会在"一般法律原则结论草案"中的观点。See "Draft Conclusions on General Principles of Law" (A/78/10), 2023, at 22-25.

㉔ *Sovereignty over Pedra Branca/Pulau Batu Puteh, Middle Rocks and South Ledge (Malaysia/Singapore)* [2008] ICJ Rep 12, at 31, para. 45.

提及"规范司法程序的一般原则"。㉕

从国际法院的长期实践来看,一般法律原则并非国际法院适用法的主要组成,法院仅在涉及诉讼程序问题时援引源于国内法的一般性原则,且鲜少提及《规约》第38条第1款c项。国际法院往往宣告某些原则是一般法律原则,但并不解释也不阐明如何识别一般法律原则。2010年至2024年期间,较为突出的适用一般法律原则的例子是2016年"尼加拉瓜200海里以外大陆架划界案"初步反对意见判决中,国际法院详细阐明了既判力原则的含义和适用;2012年"农发基金案咨询意见"中对司法程序中平等原则以及司法救济原则的论述。

4. 司法判例

依据《规约》第38条第1款d项,司法判例是识别和确认国际法原则与规则的辅助工具,而非法院的适用法本身。同时,基于《规约》第59条的限制,国际法院的判例对嗣后的案例没有拘束力。通说认为,本条所指司法判例的范围包括:(1)国际法院及常设国际法院的判例,包括判决和咨询意见;(2)其他国际法庭的案例;(3)国内法院的案例。但实际上国际法院对待不同司法判例的态度有重大差异。

从国际法院的实践来看,法院大量援引自身的案例(包括常设国际法院的案例)及相关论断,对其他国际法庭的案例有所关注,但从未不加检视地接纳其他国际法庭的法律适用或事实判断,偶尔甚至否定其他国际法庭的法律适用。例如,在2007年波黑诉塞黑"《灭种公约》适用案"中,国际法院接纳了前南斯拉夫问题国际刑事法庭(以下简称"前南刑庭")对部分灭种行为的事实认定,但否认前南刑庭提出的"总体控制(overall control)"标准,坚持1986年"尼加拉瓜案"中适用的"有效控制(effective control)"标准。㉖在国际海洋法法庭于2012年裁决了孟加拉国和缅甸之间的"孟加拉湾划界案"以后,国际法院在此后的海洋划界实践中注意到国际海洋法法庭对海洋划界方法论的讨论,并将后者视为接纳了国际法院此前所奠定

㉕ *Application for Review of Judgment No. 158 of the United Nations Administrative Tribunal*, Advisory Opinion, [1973] ICJ Rep 166, at 117, para. 30.

㉖ *Application of the Convention on the Prevention and Punishment of the Crime of Genocide (Bosnia and Herzegovina v Serbia and Montenegro)* [2007] ICJ Rep 43, at 209-211, paras. 403-407.

的海洋划界方法论。㉗应当认为其他国际法庭的司法案例对国际法院的法律识别和适用而言作用较为有限。国内法院的司法案例则更多作为国家实践或法律确信的证据资料进入国际法院的视野，而非适用法的参考。㉘

虽然国际法院的司法判例在性质上属于识别适用法的辅助工具，但经验表明法院的司法判例发挥的作用更加广泛且深刻。这反映在，国际法院在长期实践中力求司法实践的稳定性、一致性和可预期性，避免司法裁决与在先的司法案例冲突。正如国际法院在克罗地亚诉塞尔维亚"《灭种公约》适用案"中强调的："先前的裁决对国际法院并无拘束力，但法院不会偏离其既定判例（settled jurisprudence），除非有非常特殊的理由这样做。"㉙若国际法院的裁决与先前的判例存在不一致甚至冲突，法院往往通过诉诸该案的特殊事实情况等予以解释和说明。

除此之外，国际法院的司法判例对国际法本身还发挥着双重作用。第一，阐明法律规则与原则的具体含义和适用方式，这对缺乏成文规则的国际法领域来说尤为重要。例如在海洋划界领域，国际法院通过长期实践阐明了公平原则的具体内容、有关情况的范畴及划界方法的适用方式等，最终形成了较为稳定的划界方法论。第二，司法判例对国际法的逐步发展有塑造作用。尽管国际法院否认其享有立法职能㉚，但司法判例的确塑造着国际法的发展方向和实质内容。有学者将此作用总结为："法院履行着司法机构的基本职责，即确定并澄清现有法律的内容。但是，在履行这一职责时，国际法院也为法律适用方式及其背后的原则、所考虑的要素提供了新的思路，从而为法律的未来发展指明了方向。"㉛国际法院司法判例对国际法的发展体现在，法院的说理和论断被国际条约所吸纳，成为实在法的一部分。例如1951年英挪"渔业案"中国际法院对直线基线的划定方式的阐述，被1958年《领海及毗连区公

㉗ *Maritime Delimitation in the Caribbean Sea and the Pacific Ocean (Costa Rica v Nicaragua) and Land Boundary in the Northern Part of Isla Portillos (Costa Rica v Nicaragua)* [2018] ICJ Rep 139, at 190, para. 135.

㉘ Pellet & Muller, *supra* note 189 at 954.

㉙ *Croatia v Serbia (Preliminary Objections)*, *supra* note 7 at 428, para. 53.

㉚ *Legality of the Use by a State of Nuclear Weapons in Armed Conflict*, Advisory Opinion, [1996] ICJ Rep 66, para. 18.

㉛ Humphrey M. Waldock, "The International Court of Justice as Seen from the Bar and Bench" (1983) 54 British Yearbook of International Law 1 at 4.

约》所接纳，后来又被 1982 年《联合国海洋法公约》所接受。㉒ 此外，国际法院对某些规则构成习惯国际法的宣告，也被视为这些规则具有习惯国际法属性的权威证据。国际法院司法判例在实践中的作用远非"辅助工具"所能解释，而是国际法发展重要的"风向标"。

5. 公法学家学说

尽管公法学家学说在国际法萌芽和发展的早期对国际法的体系化和理论化有奠基性的作用，但在国际法院的实践中，其作为识别或解释国际法的工具的作用则并不显著。一方面，国际法院的判决或咨询意见在说理和法律适用过程中，绝少引用学术文献。㉓ 另一方面，法官个别意见则更为自由、广泛地引用有关的学术文献，似乎表明公法学家的学说切实地进入了国际法院的视野并作为适用法律的参考资料。总的来看，《规约》第 38 条第 1 款 d 项所谓的"辅助工具"是对公法学家学说恰如其分的定位。

然而，应注意国际法院在实践中较为倚重国际法委员会对国际法问题的编纂和发展成果，即便这些成果并未形成国际条约，而是以草案、原则或结论的形式存在。举例而言，国际法院在多个案例中将 2001 年《国家对国际不法行为的责任条款草案》（以下简称《国家责任条款草案》）的规定视为习惯国际法并适用于裁判。

(三)《规约》第 38 条第 1 款之外的适用法

自《常设国际法院规约》通过以来，关于第 38 条所列适用法是否穷尽国际法渊源类型的学术争论就未曾止息。㉔ 无论学术讨论如何，常设国际法院及国际法院的实践表明法院的适用法不只条约、习惯国际法与一般法律原则，法院在一些案例中适用了《规约》第 38 条第 1 款以外的国际法渊源来裁决国际法问题。这些创设了国际法上权利与义务但又不具有条约、习惯国际法和

㉒ *Fisheries Jurisdiction (United Kingdom v Iceland)*, Merits, [1974] ICJ Rep 3, at 132-133.

㉓ 据相关实证研究，只有在 1992 年"陆地、岛屿和海上边界争端案"中国际法院引用了 1905 年至 1955 间不同版本的《奥本海国际法》和吉尔伯特·吉代尔（Gilbert Gidel）所著《国际法》，而在其他案例中最多只是概括性地提及"通说"或"权威学者的著作"而不明确文献的确切来源。Pellet & Muller, *supra* note 189 at 960-961.

㉔ Hugh Thirlway, *The Sources of International Law*, 2nd edition (Oxford University Press, 2019) at 24.

一般法律原则形式的适用法包括：默认（acquiescence）、禁止反言（estoppel）、默示协议（tacit agreement）、单方允诺（unilateral acts creative of legal obligations）以及国际组织作出的具有拘束力的决议。下文仅讨论单方允诺与国际组织作出的有拘束力的决议。

1. 单方允诺

国际法院在 1974 年"核试验案"中阐明了单方允诺的概念、性质及其适用。单方允诺指国家基于特定法律或事实情况作出的具有创设法律义务效果的单方声明，其决定性的特征是作出单方声明的国家表明了受其声明所拘束的意图，这一意图赋予了该声明以法律性质，并使该国此后有义务采取与其声明相一致的行为。创设国际义务的单方允诺需要满足两项条件：（1）单方声明必须公开作出，但声明无须针对特定对象；（2）单方声明的措辞和内容必须反映创设国际义务的意图。除了这两个必要条件外，单方允诺并无形式要求，可以书面作出，也可以口头作出；单方允诺可以是针对特定事项的表态，但并不必然产生于国际谈判的背景；单方允诺产生拘束效力无须其他相关方的对价（quid pro quo），也无须其他相关方的接受。[23]在"核试验案"中，国际法院认定法国总统等政府官员公开作出的法国将在 1974 年以后停止大气层中的核试验的声明，构成单方允诺。[24]

按国际法院的阐释，单方声明的法理基础是善意原则（principle of good faith）："法律义务，无论其渊源为何，其产生和履行的基础是善意原则。"[25]正因如此，其他相关方可以承认这些单方声明，并要求作出单方允诺的国家尊重并履行由此创设的义务。国际法院还指出，识别一项单方声明是否构成具有拘束力的单方允诺，需要解释并考察该声明的具体内容及其作出的特定环境等一切因素。同时，若单方声明的内容是对作出声明国家自由的限制，那么在解释该单方声明时应采取限缩解释。[26]

国际法院对单方允诺的界定和阐述也引发了争议。譬如有学者认为，国际法院所谓的单方允诺无须相关国家的接受是站不住脚的，因为对一项国家

---

[23] *Nuclear Tests case, supra* note 23 at 472–473, paras. 46–48.
[24] *Ibid* at 473–475, paras. 50–53.
[25] *Ibid* at 473, para. 49.
[26] *Ibid* para. 47.

行为产生效力起决定性作用的是其他国家的接受,一个在国际关系中没有引发任何回应的行为并不具有法律上的相关性或意义。[239]无论如何,单方允诺属于创设国际法义务的渊源被国家所接受,在"核试验案"之后的国际法院司法实践中,也常有国家以单方允诺为抗辩依据。国际法院因而需要将单方允诺与其他不产生拘束力的单方行为相区分。[240]

2010 年至 2024 年间,国际法院在 2018 年玻利维亚诉智利"出入太平洋的谈判义务案"中讨论了智利是否通过单方行为和单方声明承诺了与玻利维亚谈判的义务。

2. 国际组织的决议

国际组织的决议是否属于《规约》第 38 条第 1 款列举之外的国际法渊源一直是学界争论不休的问题。权威观点认为,国际组织能否作出具有拘束力的决议取决于组织约章的规定,因而国际组织决议的效力仍然以条约为基础。[241]无论国际组织的决议是否构成国际法渊源,毫无疑问一些国际组织的机关依据组织约章有权作出对全体会员有拘束力的决议,即使该决议的通过遭到了某些会员的反对。例如,依据《宪章》安理会有权作出对联合国所有会员国有拘束力的决议,而联合国大会就组织经费和预算作出的决议对所有成员国具有拘束力。这些决议因而创设了国际法上的义务。

国际法院司法判例中不乏以国际组织作出的具有拘束力的决议为适用法的实践。例如,1962 年"联合国某些经费咨询意见"确认了联合国大会关于某些维和行动经费的决议具有拘束力并且属于法院可适用的法律范畴[242];1971 年"纳米比亚咨询意见"中国际法院适用安理会第 276 号决议并宣告了南非违反该决议的法律后果[243]。除此之外,国际法院对国际组织决议的阐述和讨论对国际组织法的理论发展也有所贡献。在"纳米比亚咨询意见"中,国际法院对安理会决议并非依据《宪章》第 7 章作出时是否产生拘束力的阐述,

---

[239] Thirlway, *supra* note 221 at 25.

[240] Pellet & Muller, *supra* note 189 at 855–856.

[241] Thirlway, *supra* note 221 at 27.

[242] *Certain Expenses Advisory Opinion*, *supra* note 133 at 177.

[243] *Namibia Advisory Opinion*, *supra* note 126 at 54, para. 117.

为界定安理会决议是否具有拘束力提供了重要的参考。㉔

2010 年至 2024 年间最重要的国际组织决议作为适用法的实践是 2010 年"科索沃咨询意见"。该案中国际法院阐释了安理会决议的解释方法，并适用安理会第 1244 号决议来判断科索沃临时自治机构宣告独立是否违反该决议的规定。

（四）《规约》第 38 条第 2 款中的公允善良原则

《规约》第 38 条第 2 款是第 1 款的例外，即在争端当事方明确同意的情况下，国际法院可以背离"依国际法裁判之"的要求。国际法院在 1982 年突尼斯和利比亚"大陆架划界案"中是这样界定公允善良原则（ex aequo et bono）的适用条件和方式的："法院只能在当事方同意的条件下才能依据公允善良原则进行裁判。依据该条款，法院可以不受严格适用法律规则的拘束，以实现适当的解决（appropriate settlement）。"㉕《规约》第 38 条第 2 款是国联大会在《常设国际法院规约》草案审议期间提出并确定的，其目的在于回应法院能否以及在何种情形下偏离国际法而诉诸公平（equity）、正义（justice）等理念来裁判争端的问题。㉖自常设国际法院组建以来，法院从未在任何争端中援引《规约》第 38 条第 2 款来裁决争端，因此该条款属于《规约》中的"沉睡条款"。

由于《规约》第 38 条第 2 款并未定义何为"公允善良"，该条款的具体含义和适用方式存在模糊之处。一般认为，可以从几方面理解公允善良原则的适用及其效果：（1）虽然适用公允善良原则意味着法院可以不依据国际法规则裁判，但法院不得违反强行法的要求。（2）依据《规约》第 38 条第 2 款作出的判决与其他判决一样对当事方具有拘束力，但有关内容不构成判例法的组成部分。（3）《规约》第 38 条第 2 款的效果在于授权法院在国际法不能得出公允结果时不适用国际法，但并不禁止国际法院适用国际法。换言之，法院只有在确信国际法的严格适用将导致不利后果时才能基于法外因素裁

㉔ *Ibid* at 53, para. 114.

㉕ *Tunisia/Libya*, *supra* note 60 at 60, para. 71.

㉖ Pellet & Muller, *supra* note 189 at 881-882.

判。㊼当然，这些学理探讨尚未经历实践的检验。

应当注意区分公允善良原则与公平原则。后者是国际法原则，属于特定国际法规范的内在要求，而非法律之外的公允善良。国际法院在1969年"北海大陆架案"中提出了大陆架划界的公平原则（equitable principles）。海洋划界领域中的公平原则、公平标准（equitable criteria）或者公平解决（equitable solution）均为海洋划界法的组成部分，国际法院在诉诸这些概念与原则时本就是在适用国际法进行裁判。国际法院曾指出，虽然法理学上经常将公平与法律的严格适用相对立、将公平用于消减严格适用法律的不正义，但这种对立在国际法上并不成立。国际法院强调："公平这一法律概念是作为法律直接适用的一般原则。此外，在适用实在国际法时，法院可以根据案件的具体情况，在几种可能的法律解释中选择最接近正义要求的一种。公平原则的适用有别于基于公允善良原则的裁决。"㊽类似的，1997年《国际水道非航行使用法公约》第5条规定的公平合理的利用与参与原则（equitable and reasonable utilization and participation）也是内化了公平原则的国际法规范。国际法院在1997年"多瑙河大坝案"中认定捷克斯洛伐克单方面改变共享水道的做法剥夺了匈牙利公平合理利用多瑙河水资源的权利，即为对该法律原则的适用。㊾因此，不能将国际法院实践中对公平原则、公平要素的考虑与《规约》第38条第2款规定的公允善良原则相混淆。后者只能在当事方明确同意的情况下才能适用，并且其适用公允与善良原则时国际法院可不以国际法为准据，以求争端的适当解决。

四、裁决

国际法院的裁决（decisions）是法院行使司法职能的载体和司法决策的产物。下文将讨论裁决的形式、内容以及国际法院形成裁决的过程，并解释裁决的效力以及法官个别意见的效力和作用。

㊼ *Ibid* at 885–886.
㊽ *Tunisia/Libya, supra* note 60 at 60, para. 71.
㊾ *Gabčíkovo-Nagymaros Project (Hungary/Slovakia)* [1997] ICJ Rep 7, at 56, para. 85.

（一）裁决与评议

1. 裁决的主要形式

国际法院主要作出三类裁决，分别是判决（judgments）、咨询意见（advisory opinions）以及命令（orders）。

在诉讼程序中，判决是对争端的裁决，或者对管辖权和可受理性问题的裁决。[29] 可以说，凡是终结诉讼程序的决定，或者具有终结诉讼程序可能性的决定（对管辖权问题的决定），都以判决的形式作出。[30] 司法实践中常见的一种情形是，申请方（Applicant）向国际法院起诉后，被申请方（Respondent）提出管辖权或可受理性异议，即初步反对意见（preliminary objections），国际法院对管辖权问题的裁决以初步反对意见判决的形式作出。若法院认定有管辖权且申请具有可受理性，诉讼程序则进入争端实体问题（merits）的审理，这一阶段的判决为实体判决。

咨询意见即国际法院行使咨询管辖权的产物，其内容为国际法院对有权机关提出的法律问题的回答。若参与咨询意见的国家或其他主体对法院的咨询管辖权存在异议，则国际法院在咨询意见中也会阐明咨询意见管辖权要件是否满足、发表咨询意见是否具有适当性。

命令是服务于诉讼和咨询意见程序特定需要的一种裁决形式，法院作出命令的主要依据是《规约》第48条："法院为进行办理案件应颁发命令；对于当事国每造，应决定其必须终结辩论之方式及时间；对于证据之搜集，应为一切之措施。"该条并未穷尽法院得颁发命令的事项类型，而是一般性地赋予了法院办理案件所需的决定权。[31] 国际法院颁布命令主要服务于两种目的：（1）与程序进程和管理有关的决定。典型的例子为诉讼和咨询意见程序中与时限有关的决定、涉及多个当事方时关于合并审理的决定等；（2）诉讼程序中部分附带程序（incidental proceedings）的决定。如关于一方的反诉

---

[29] 在1978年修订之前，《法院规则》要求国际法院以判决形式作出对第三国依据《规约》第62条提出的参与申请的决定。这一规定在1978年《法院规则》中被删去，此后国际法院可自行决定以判决还是命令的形式作出决定。

[30] Hugh Thirlway, *The International Court of Justice* (Oxford University Press, 2016) at 121.

[31] Kolb, *supra* note 5 at 988.

（counter-claims）是否具有可受理性的决定、是否指示临时措施（provisional measures）的决定以及是否允许第三方参与（intervention）的决定等。之所以采用命令而非判决的形式决定上述事项，是因为这些附带程序所涉及的问题对案件的管辖权问题以及实体问题并无终局性的影响。

2. 裁决的主要内容

《规约》第 56 条第 1 款要求："判词应叙明理由。"司法说理（reasoning）的信服力是决定国际法院裁决权威性的根本标准。因此，国际法院除了必须对争议的国际法问题作出决定外，还必须陈述理由，阐明裁决的事实基础、法律依据以及法律适用。

《法院规则》第 95 条以列举的方式规定了判决所应包含的内容。一般而言，除目录和提要（headnote）之外，判决和咨询意见的主体由三个部分组成：（1）程序简史，即对程序提出及其进程的总结，回顾判决或咨询意见作出之前的所有程序事项。（2）司法说理部分。这也是判决和咨询意见最主要的内容。在判决中，国际法院通常先述及争端产生的历史背景和不存在争议的事实，确定应适用的法律，再逐一对争议事项进行分析。法院在分析争议事项时，通常先总结争端各方提出的法律论据，然后再适用国际法得出对该争议事项的决定。有时，虽然争端各方存在多个争议事项，但当法院对某一事项的决定足以终结整个争端的审理（如支持被申请方提出的一项初步反对意见）时，出于司法经济的考虑，国际法院不会再判断其他争议事项。（3）执行条款，即国际法院的最终决定。诉讼程序中，执行条款的内容往往对应当事方提出的诉求，即载明法院支持或驳回当事方提出的各项诉求的决定。例如，当申请方要求法院宣告被申请方的行为违反国际法规则时，执行条款逐一载明被申请方的行为是否违反申请方提出的各项法律依据。在咨询意见中，执行条款为法院对有关机关提出问题的回答。

3. 评议

国际法院的任何裁决均由法官评议后通过。集体决策是国际法院司法决策的根本特征，这强调每位法官对裁决的积极参与。[㊳]《规约》第 54 条第 3 款规定："法官之评议应秘密为之，并永守秘密。"这意味着法官及法院的工作

[㊳] Rosenne, *supra* note 199 at 1571.

人员不得将司法决策的过程和细节透露给外界。秘密评议对维护法官的独立性至关重要。㉔

《规约》第 55 条第 1 款规定："一切问题应由出席法官之过半数决定之。"未参与案件审理的法官不属于"出席法官",因而无权投票。法官不参与案件审理可能源于《规约》第 17 条、第 23 条第 2 款、第 24 条以及第 25 条第 2 款的适用,也可能由于法官在案件庭审程序开始之后才当选法官,因而未参加该案的审理。

法官投票只能支持或反对,不能弃权,这是由法院的司法职能——裁决国际法问题——所决定的。实践中可能存在一种情形,即某法官反对国际法院行使管辖权,但该意见未能获得多数支持。那么,该法官应采取何种立场参与实体阶段的审理并投票呢?权威观点认为,该法官无权拒绝参与后续实体阶段的审理;同时,该法官应在假定法院行使管辖权的决定为正确的前提下,对实体阶段的具体争议作出判断,而不能因其在管辖权阶段的反对而一概地反对法院对实体问题的裁决。㉕

《规约》第 56 条第 2 款规定国际法院的裁决中需载明参与裁决的法官姓名,但并未要求披露各个法官对执行条款的投票。直至 1978 年《法院规则》修订前,除了因法官发表了个别意见或反对意见而使其投票明朗外,公众无法获知哪位法官投了赞成票或反对票。1978 年《法院规则》第 95 条改变了这一情况,此后国际法院的裁决载明了各项执行条款下每位法官的投票。这一规则也适用于命令。

(二) 判决与命令的效力与履行㉖

1. 判决的效力与执行

《规约》第 59 条规定："法院之裁判除对于当事国及本案外,无拘束力。"第 60 条规定："法院之判决系属确定(final),不得上诉。"这两个条款中反映的原则被称为既判力原则,即国际法院的判决对当事方和该案具有拘束力和终局性,已经被国际法院所裁决的事项不得上诉,也不得被重新诉诸司法

㉔ Ibid.
㉕ Thirlway, *supra* note 251 at 130.
㉖ 咨询意见的效力见本章第二部分第四小节。

程序。根据这两条的文义解释，享有既判力的判决不仅包括实体阶段的判决，也包括管辖权判决。[57]既判力原则存在一项例外，即《规约》第61条规定的复核之诉（revision）。但是，复核法院判决的申请需要满足极为苛刻的条件。

既判力原则是一项一般法律原则，广泛存在于各国国内法体系之中。[58]该原则目的在于维护诉讼当事方之间法律关系的稳定性，保障争端当事方的诉讼利益。这也是由国际法院裁决争端的司法职能所决定的。[59]同时，《规约》第59条和第60条反映的既判力原则还具有多种意义：（1）否认判决对第三方的拘束力；（2）否认遵循先例原则在国际法院的适用；（3）否认国际法院判决的立法性。[60]当然，这并不意味着国际法院的判决对第三方不产生任何影响。除了基于司法判例对国际法的发展从而影响第三方所处的国际法环境外，一些特定类型案件的判决可能产生"对世"（*erga omnes*）效力。譬如，国际法院在两国海洋划界争端中划定的海洋边界，对于对该边界所涉区域无权利主张的第三方而言，就具有对世效力，既不容第三方挑战，也不容忽视。

如上文所言，国际法院的判决由不同的内容组成，并非所有内容都产生既判力。只有执行条款具有既判力，因为执行条款明确了争端当事方的权利义务或履行义务的行为方式。有时，执行条款的确切含义需要结合司法说理的内容予以解释。常设国际法院在1925年"但泽市波兰邮政服务咨询意见"中指出："诚然，判决书中与争议点有关的所有部分都是相互解释、相互补充的，在确定执行条款的确切含义和范围时应加以考虑。"[61]这意味着与执行条款直接相关的司法说理的作用在于揭示和澄清执行条款的确切含义，构成解释执行条款的上下文。[62]司法说理本身不具有拘束力。

国际法院司法实践中时有出现与既判力原则适用有关的争议，通常表现在争端当事方对于双方之前的判决是否裁决了某一事项存在分歧。例如，在2007年波黑诉塞黑"《灭种公约》适用案"中，塞尔维亚主张国际法院在

---

[57] *Genocide case (Bosnia and Herzegovina v Serbia and Montenegro)*, *supra* note 226 at 91, para. 117.
[58] 如《中华人民共和国民事诉讼法》第155条。
[59] *Genocide case (Bosnia and Herzegovina v Serbia and Montenegro)*, *supra* note 226 at 90, para. 110.
[60] Kolb, *supra* note 5 at 764.
[61] *Polish Postal Service in Danzig*, PCIJ Series B, No.11, Advisory Opinion of 16th May 1925, at 30.
[62] *Nicaragua v Colombia II (Preliminary Objections)*, *supra* note 8 at 126, para. 61.

1996年初步反对意见判决中并未裁决塞黑（1996年为南联盟）是否具有参与国际法院诉讼的主体资格，而波黑则主张1996年初步反对意见判决具有既判力，塞尔维亚要求法院重新审查管辖权问题的主张违背了该原则。[263] 这一争议的本质在于判定1996年判决是否裁决了南联盟参与国际法院诉讼的主体资格问题。从国际法院实践来看，判定某一事项是否具有既判力通常应审查下列内容：（1）首先应判断两次诉讼的主体（*personae*）、标的（*petitum*）和法律依据（*causa petendi*）是否具有一致性。[264]（2）在此基础上，还应进一步从实质上考虑一方的诉求是否已经在此前的判决中被法院所裁决。这就涉及对先前判决执行条款的解释。[265]（3）法院需要区分先前判决中已经裁决的事项、次要的附带意见（*obiter dicta*）和法院没有给予判断的事项，区分的关键在于判断判决是否明确或通过必要的推论（by necessary implication）决定了某一事项。[266] 在2007年波黑诉塞黑"《灭种公约》适用案"中，国际法院即通过必要的推论得出1996年判决已经裁决了南联盟参与国际法院诉讼程序的主体资格问题，虽然该判决并未讨论该问题。[267]

《规约》并未规定国际法院判决的执行问题。作为司法机构，国际法院只能裁决国家间争端，但不能强制实施该裁决。《宪章》第94条规定："一、联合国每一会员国为任何案件之当事国者，承诺遵行国际法院之判决。二、遇有一造不履行依法院判决应负之义务时，他造得向安全理事会申诉。安全理事会如认为有必要时，得作成建议或决定应采办法，以执行判决。"该条确立了争端当事方遵守国际法院判决的义务，因此争端当事方基于条约必守原则（*pacta sunt servanda*）有义务善意履行国际法院的判决。该条同样提供了由安理会执行国际法院判决的制度可能性，但执行国际法院的判决是安理会的特权而非义务，且实践中极少有国家诉诸《宪章》第94条第2款的机制。[268]

实证地看，国际法院的绝大多数判决都得到了当事方的履行。这是由国

---

[263] Genocide case (Bosnia and Herzegovina v Serbia and Montenegro), *supra* note 226 at 96, para. 129.
[264] Nicaragua v Colombia II (Preliminary Objections), *supra* note 8 at 124, para. 55.
[265] Ibid at 126, paras. 59–61.
[266] Genocide case (Bosnia and Herzegovina v Serbia and Montenegro), *supra* note 226 at 95, para. 126.
[267] Ibid at 99, para. 132.
[268] Thirlway, *supra* note 251 at 138–139.

际法院行使管辖权的基础——国家同意——决定的。尤其是通过特别协议的方式提交法院的争端，通常在特别协议中就写入了尊重并执行法院判决的条款。拒不履行国际法院判决的情况在实践中是较为罕见的。通常而言，判决作出后争端当事方对于如何履行判决享有较为广泛的裁量权，这是因为大部分国际法院的判决都是宣告性的（declaratory），即阐明当事方之间的法律关系。例如，国际法院宣告一方的行为违反国际法，应承担国家责任，如消除损害后果。但如何消除损害后果则需要由当事方在尊重判决的基础上自行确定。国际法院仅在少数案件中，经当事方申请确定了损害赔偿数额。[269] 类似的，国际法院在领土和海洋争端案中确定了陆地或海洋边界的界限，当事方嗣后还需要进行勘界，或通过国内法赋予该边界以效力，才能真正执行该判决。有时，国际法院还明确要求当事方进行谈判，从而最终地确定实现当事方权利义务关系的具体方式。[270] 另外，当事方在判决作出后仍然可以经合意改变彼此之间的法律关系，比如一方同意放弃判决确定的部分权利。后者与既判力原则并无冲突，因为双方合意改变的是彼此之间的法律关系的实施方式，而非否定或减损判决的拘束力。[271]

2. 命令的效力与实施

通常而言，国际法院的命令得到当事方或相关主体的实施，其是否具有拘束力的问题在实践中并未引发争议。出于程序管理目的的命令，如确定提交诉状时限、确定庭审程序日期、合并诉讼程序等的命令，因其对程序有序展开的功能，应具有拘束力。实践中，这些命令也都自动执行而无须当事方再表态。[272] 国际法院在附带程序中作出的命令，如是否允许第三方参与程序的决定、确定一方的反诉是否具有可受理性的决定等，对相关国家的主张而言具有确定性，也具有程序意义上的拘束力。

关于国际法院的命令是否具有拘束力的争议集中于临时措施命令的效力。当国际法院指示了临时措施而相关方并未遵守该命令，另一方能否主张不履行临时措施构成国际义务的违反并承担国家责任？这就引发了临时措施命令

---

[269] 如1949年"科孚海峡案"赔偿判决和2022年"刚果领土上武装活动案"赔偿判决。

[270] The Gabčíkovo-Nagymaros, *supra* note 249 at 83 para. 155(2)(B).

[271] Kolb, *supra* note 5 at 772.

[272] Thirlway, *supra* note 251 at 134.

是否具有创设国际法义务的拘束力问题。国际法院在很长的时间内都回避了这一问题，直到2001年"拉格朗案"中才明确了临时措施命令具有拘束力。㉓因此，国家未履行国际法院临时措施命令构成对国际义务的违反，应承担国家责任。

（三）法官的个别意见

《规约》第57条规定："判词如全部或一部分不能代表法官之一致意见时，任何法官得另行宣告其个别意见。"无论是判决、咨询意见还是命令，法官都有权发表个别意见。

个别意见在实践中被进一步细化为三种类型：（1）单独意见（separate opinion）。发表单独意见的法官往往支持判决的执行条款（或绝大多数执行条款）和法院的主要结论，其撰写单独意见的意图在于补充判决主文的疏漏、完善判决的说理或提出与判决不同的分析路径。（2）反对意见（dissenting opinion）。发表此类意见的法官阐述其反对执行条款的原因。（3）声明（declaration）。《法院规则》第95条规定声明用于法官希望记录其对判决的同意或反对而不陈述理由的场合。但实际上声明成了法官发表简短意见的统称。有时候，法官也会在其发表的意见仅涉及裁决中的次要问题时采用声明的形式。㉔

个别意见的主要功能在于阐释法官为何全部或部分地不同意法院判决的原因。由于个别意见不属于裁决的组成部分，因此个别意见当然不具有拘束力。但是，这一形式定性并不能完整地表现个别意见在现实中发挥的作用。实际上，法官的个别意见至少发挥着三种作用。

第一，展现国际法院裁决的全景，从多方面、多角度增进对争议事项的难点、重点的理解。由于国际法院的裁决是集体决策的产物，而集体决策不可避免地受制于法官之间的妥协，因此裁决本身往往不能全面地展现所涉国际法问题的争议焦点。同时，由于评议的秘密性，外界也不能获知哪些问题是左右国际法院司法决策的关键问题。从这一角度看，个别意见具有"还原"

㉓ *LaGrand (Germany v United States of America)*, Judgment, [2001] ICJ Rep 466, at 506, para. 109.
㉔ Thirlway, *supra* note 251 at 143-144.

司法决策过程的辅助性作用，有利于加深对案件所涉国际法问题的纵深理解。

第二，某些个别意见因其信服力或影响力，逐步渗透进国际法院的司法实践，具有改变法院司法实践走向的力量。国际法院的裁决由多数票通过，而实践中不乏执行条款未能获得绝大多数法官同意的情形，甚至偶尔出现平票的情形。这通常意味着法官之间对该问题争议较大，因此在未来出现同类争议时，法院因其组成的不同可能采纳原先少数法官的立场。极端的例子如1966年"西南非洲案"对1962年"西南非洲案"初步反对意见判决的否定。另外一种情形则是个别意见中法官提出的法律适用标准和方式被之后的司法实践所采纳，如法院指示临时措施命令时适用的"合理性标准（plausibility）"就受到个别意见的影响而在司法判例中逐渐发展。㉕

第三，一些法官在撰写个别意见时试图建立对某一国际法问题的体系性的思考和分析路径，因此具有较高的学术价值。虽然法官将个别意见当作学术论文或发表学术见解的载体是否符合个别意见的目的与功能值得商榷㉖，但不可否认这些意见对国际法学习和研究的意义。

㉕ Cameron Miles, "Provisional Measures and the 'New' Plausibility in the Jurisprudence of the International Court of Justice" (2018) British Yearbook of International Law at 3–12.

㉖ Thirlway, *supra* note 251 at 144–145.

第四章 程 序

本章介绍国际法院各类程序及其所遵循的程序规则。程序（procedure）既是对《规约》明文规定的所有司法程序的统称，也指各项程序从提出申请到作出裁决所应遵循的规则的总和，后者既包括当事方或其他有权参加程序的主体所应遵循的规则，也包括国际法院自身所应遵循的规则。国际法院的程序包括诉讼程序和咨询程序。在诉讼案件中，还存在一类实现特定诉讼目的和功能的程序，称为附带程序（incidental proceedings）。

国际法院的程序主要由《规约》第 3 章规范，这些程序规则进一步被《法院规则》所细化。同时，国际法院不定期发布的《实践指引》对《规约》和《法院规则》起到补充作用。因此，国际法院的程序规则是成文规范，且具有条约基础。无论是对《规约》《法院规则》还是《实践指引》，国际法院都享有最终的解释权威。

国际法上并未发展出国际程序法的一般理论。历史地看，《常设国际法院规约》借鉴了大量 19 世纪国际仲裁所采用的程序规则，而后者又从当时主要法律体系中的民事法院的程序原则与规则中汲取灵感。[①]国际法院司法实践中偶有援引所谓"程序法原则（principles of procedural law）"，表明法院将各国国内法体系中广泛存在的程序原则视为国际法院可适用的法律渊源。[②]但是，正如常设国际法院在"马弗若麦迪斯巴勒斯坦特许权案"（以下简称"马弗若麦迪斯案"）中所指出的，国际司法程序有其特殊性，不能全然照搬国内法体系中的程序法原则和规则。[③]实际上，虽然《规约》和《法院

[①] Shabtai Rosenne, *The Law and Practice of the International Court, 1920–1996, Volume III*, 3rd edition (Martinus Nijhoff Publishers, 1997) at 1063–1064.

[②] 例如,1966 年"西南非洲案"认为与诉权有关的原则属于一项基本的诉讼法原则。*South West Africa*, Second Phase, Judgment, [1966] ICJ Rep 6, at 39, para. 64.

[③] *Mavrommatis Palestine Concessions*, PCIJ Series A, No.2, Judgment of 30 August 1924, at 34.

规则》奠定了国际法院程序规则的基本框架，但这些程序规则的含义和具体适用仍是在司法判例中不断演进的。因此，应在《规约》《法院规则》《实践指引》的基础上，结合国际法院的司法判例总结出规范国际法院各项程序的规则。

本章首先讨论国际法院程序的一般原则，再依次探讨诉讼程序、附带程序和咨询程序中的程序事项和内容。

一、一般原则

正是因为国际法上并无国际程序法的一般法理，因此只能基于《规约》《法院规则》和司法判例归纳国际法院司法程序中具有统摄性和一般性的程序原则。不同学者所理解的国际法院程序原则有所差异。④ 本章提出的一般原则包括当事方平等原则（equality of the parties）、司法经济原则（judicial economy）和正义司法原则（good administration of justice）。理解国际法院程序的一般原则应注意：（1）这些原则可以解释和证成国际法院大部分程序规则，体现了程序规则及其适用过程中追求的价值；（2）这些原则，无论是否写入《规约》之中，都被国际法院的司法判例所确立，贯穿在法院对程序规则的适用之中；（3）这些原则虽然具有相对独立的内涵，但并不总是孤立适用的，而是需要平衡各方利益以实现司法正义的最终要求。

（一）当事方平等原则

当事方平等原则是诉讼程序的基本原则，也是国际法院司法程序的根本原则之一。当事方平等原则是《宪章》第 2 条第 1 款规定的主权原则的直观

---

④ 例如，沙卜泰·罗森（Shabtai Rosenne）认为《规约》和国际法院实践确立的三项基本原则是：当事方平等原则，法院中立原则和基于充分事实依据裁判原则。Rosenne, *supra* note 1 at 1080. 罗伯特·科尔布（Robert Kolb）则认为诉讼程序和咨询意见程序共同适用当事方平等原则和正义司法原则，而诉讼程序中的基本原则还包括不超裁原则（*ne eat judex ultra petita partium*）、证据相关的原则和当事方善意原则。Robert Kolb, *The International Court of Justice* (Hart, 2013) at 919-952. 薛捍勤法官认为就国际法院的管辖权而言，基本原则包括国家同意原则、既判力原则、判决不对第三方产生效力原则（*res inter alios acta*）、"货币黄金原则"和不超裁原则。Hanqin Xue, *Jurisdiction of the International Court of Justice* (Brill Nijhoff, 2017) at 81.

体现，但并非对主权平等原则的重复。相反，当事方平等原则是独立的司法程序原则，可以认为其法律渊源为一般法律原则。

当事方平等原则指诉讼程序的当事方享有相同的程序权利和机会。⑤《规约》和《法院规则》并未明确写明当事方平等原则，但该原则被国际法院明确为司法程序的根本原则。1986年"尼加拉瓜案"中，国际法院强调："争端当事方平等原则必为法院的基本原则。"⑥当事方平等原则贯彻在诉讼程序的各个阶段。例如，当事方向法院提交的诉状数量是一致的，且法院分配给各方准备诉状的时间也相同；在庭审程序中，当事方陈述的时间也保持一致。当一方申请延期提交诉状时，国际法院也会允许另一方同等的延期提交诉状的时间。类似的，司法实践中确立的新诉求可受理性标准——申请方不得提出改变申请书中所列争端性质的新诉求——的原理同样是保障当事方拥有均等地参与司法程序的机会。除了作为程序规则的上位原则外，当事方平等原则也是《规约》及《法院规则》所确立的部分制度追求的价值。专案法官制度的存在即是保障诉讼当事方参与法院程序权利的平等。

当事方平等原则由国际法院执行，这体现在国际法院中立地执行那些反映了平等原则的程序规则，并制止当事方企图削弱程序规则的行为。举例而言，《法院规则》第56条规定，书面程序结束后，除经另一方同意或法院授权，任何一方均不得向法院提交新证据。一方延迟提交证据将剥夺他方充分地研究和回应该证据的机会，因而有违当事方平等原则。

平等原则的适用还具有纠正司法程序中当事方不平等地位的功能。典型的例子是，在以复核行政法庭判决为目的的咨询意见程序中，因个人不具有参与国际法院程序的主体资格，因此国际法院为保证与国际组织存在纠纷的当事人的平等权利，决定不举行庭审程序。⑦这一做法取得了避免法官立法（如赋予个人参与国际法院程序的权利）和保证当事方平等的平衡。类似的，

---

⑤ Kolb, *supra* note 4 at 1124.

⑥ *Military and Paramilitary Activities in and against Nicaragua (Nicaragua v United States of America)*, Merits, [1986] ICJ Rep 14, para. 31.

⑦ *Judgment No.2867 of the Administrative Tribunal of the International Labour Organization upon a Complaint Filed against the International Fund for Agricultural Development*, Advisory Opinion, [2012] ICJ Rep 10, at 30, para. 45.

当争端一方不到案（non-appearance）时，该方仍然可能在程序之外向国际法院递交法律文件或证据材料。那么，如何对待这些意见就涉及平衡两方面的利益：一方面，法院获取事实和证据以保证其裁决"在事实及法律上均有根据"[8]；另一方面，保证参与程序的一方的诉讼权利。在1986年"尼加拉瓜案"中，国际法院基于当事方平等原则来解释《规约》关于不到案的规则："第53条的意图是在出现不到案的情形时，任何一方都不应处于不利地位。因此，不能允许拒绝出庭的一方因其缺席而获利，因为这等于使出庭的一方处于不利地位。"[9]据此，国际法院认为是否采纳以及在多大程度上采纳缺席一方在庭外提交的材料应结合这些因素予以考虑，而不存在一项一般性的规则。

最后，当事方平等原则作为一项根本的诉讼程序原则，还具有一定的政策意义。正是因为诉讼程序自始至终地贯彻了当事方之间的平等，也就使得司法程序尽可能地抑制了因国家实力差距导致的权力不平等，从而使司法解决相较于直接的双边谈判获得了比较优势，更容易成为部分小国谋求解决或影响与大国之间争端的途径。1986年"尼加拉瓜案"和2003年伊朗诉美国"石油平台案"中尼加拉瓜和伊朗在司法裁决中取得的胜利，可以部分地解释这两个国家此后频频诉诸国际法院诉讼程序的原因。

(二) 司法经济原则

出于尊重国家主权的要求，国际司法机构必须最大程度地确保国家充分地呈现其主张和诉求，因此国际司法解决通常耗时长，专业性强，需要国家投入大量的人力物力成本。为了避免过于冗长的司法程序和耗费过度的司法资源，司法经济原则成为国际司法解决的一项基本原则。司法经济原则的核心在于回应争端当事方对诉讼效率的诉求，即以尽可能少的司法资源的投入实现司法正义的目标。[10]

---

[8] 《规约》第53条规定："一、当事国一造不到法院或不辩护其主张时，他造得请求法院对自己主张为有利之裁判。二、法院于允准前项请求前，应查明不特依第三十六条及第三十七法院对本案有管辖权，且请求人之主张在事实及法律上均有根据。"

[9] *Nicaragua case, supra* note 6 at 26, para. 31.

[10] Fulvio Maria Palombino, "Judicial Economy" in *Max Planck Encyclopedia of International Law*, para 2.

司法经济原则体现在《规约》和《法院规则》的诸多程序规则之中。譬如，当争端涉及多个具有相同利益的当事方时，《法院规则》第 47 条允许国际法院随时合并审理两个或两个以上的诉讼案件，或者指示当事方在书面程序、庭审程序或传唤证人时共同行动；《法院规则》第 79 条允许国际法院将管辖权和可受理性问题与实体问题分开审理，即当事方先就管辖权和可受理性问题展开论辩，国际法院先作出管辖权问题的判决。这一规则是 1978 年修订《法院规则》时正式确立的，其目的在于避免在当事方就管辖权问题和实体问题都展开了大量辩论之后法院得出无管辖权的结论。类似的，《法院规则》第 60 条第 1 款要求当事方在庭审程序中口头陈述应尽可能简明扼要，针对双方仍有分歧的问题展开论述，而不应重复诉状中的全部内容或重复诉状中包含的事实和论据。这些规则的最终目的都在于节约司法资源，减少司法程序中不必要的重复，从而实现程序效率。

实践中，司法经济原则还体现在国际法院适用程序规则的弹性，克服形式化适用程序规则可能导致的效率减损。在 1924 年"马弗若麦迪斯案"中，常设国际法院讨论了一方提起诉讼时作为管辖权依据的条约尚未生效是否构成法院不享有管辖权的理由。常设国际法院认为："即使假定法院因公约第 2 条所载义务尚未生效而不享有管辖权，申请方始终可以在《洛桑条约》生效之后依据该条款重新向法院提出申请，那么此时主张法院无管辖权的论点就站不住脚了。"[⑪] 法院的这一论述表明，虽然诉讼程序的提起存在程序瑕疵，但只要该瑕疵是可以通过提起一次新的诉讼程序来弥补的，那么法院就不能仅仅因为这一瑕疵的存在而拒绝管辖。这一对程序规则的灵活适用突出反映了司法经济原则，并被称为"马弗若麦迪斯规则"。在 2008 年克罗地亚诉塞尔维亚"《灭种公约》适用案"初步反对意见判决中，国际法院将"马弗若麦迪斯规则"适用于被申请方，即虽然被申请方在最初被起诉时并非参与国际法院诉讼的适格主体，但这一瑕疵已经因之后的形势发展而被消除，那么，只要"至迟在法院就其管辖权作出裁决之日，申请方有权对被申请方提出新的诉讼以满足最初未满足的条件"，法院就不应强迫申请方重新提起诉讼，而是应认定管辖权

---

⑪ *Mavrommatis Palestine Concessions, supra* note 3 at 34.

的要件已经满足。⑫ 国际法院认为:"正是基于司法经济这一正义司法的要素,在适当的案例中应适用马弗若麦迪斯案所反映的法理。"⑬

最后还应强调,司法经济原则不仅贯穿于程序规则的内容及其适用上,还体现在国际法院对所要裁决的国际法问题享有的裁量权(discretion)上。从这个角度看,司法经济原则不仅是一项程序原则,也是国际法院行使司法职权时所遵循的基本原则。当争端涉及多个国际法问题时,国际法院可以仅选择一个具有决定性的问题予以裁决,而不判定其他问题。例如,在2016年"马绍尔群岛案"中,英国提出了多项初步反对意见,国际法院支持了英国的第一项反对意见,并认定无须再评价英国提出的其他反对意见。⑭ 又如,当争端涉及多个国际法问题时,国际法院可以选择依一定的顺序进行裁决。在"尼加拉瓜200海里以外大陆架划界案"中,在庭审程序开始前,国际法院发布命令,指出"考虑到本案情形,在法院审议尼加拉瓜与哥伦比亚200海里以外大陆架划界所涉的科学和技术问题之前,法院认为有必要就一些法律问题作出决定",因此要求双方在庭审程序中仅就两个国际法问题展开辩论。⑮ 虽然《法院规则》第61条第1款允许国际法院在任何时候或庭审中指出那些需要当事方特别予以讨论的要点,但该案中国际法院却将庭审程序限定在争端的部分问题上,且将这些问题作为裁决争端的先决法律问题,这是史无前例的,而只能从司法经济原则的角度去解释:若法院可以通过裁决部分法律问题而裁决整个争端,则无必要全面地考察包括科学技术证据在内的相关问题。⑯ 事实上,在2023年"尼加拉瓜200海里以外大陆架划界案"判决中,

---

⑫ *Application of the Convention on the Prevention and Punishment of the Crime of Genocide (Croatia v Serbia)*, Preliminary Objections,〔2008〕ICJ Rep 412, at 441, para. 85.

⑬ *Ibid* at 443, para. 89.

⑭ *Obligations concerning Negotiations relating to Cessation of the Nuclear Arms Race and to Nuclear Disarmament (Marshall Islands v United Kingdom)*, Preliminary Objections,〔2016〕ICJ Rep 833, at 856, para. 58.

⑮ *Question of the Delimitation of the Continental Shelf between Nicaragua and Colombia beyond 200 nautical miles from the Nicaraguan Coast (Nicaragua v Colombia)*, Order of 4 October 2022, at 564.

⑯ 但是,这一命令是否实现了司法经济的需要则存在争议。Joint Declaration of Judges Tomka, Xue, Robinson, Nolte and Judge ad hoc Skotnikov, *Question of the Delimitation of the Continental Shelf between Nicaragua and Colombia beyond 200 nautical miles from the Nicaraguan Coast (Nicaragua v Colombia)*, Order of 4 October 2022, at 568, para. 8.

国际法院仅审议了其命令中提出的一个问题，就据此驳回了尼加拉瓜的所有诉求。⑰

(三) 正义司法原则

无论是《规约》还是国际法院的实践，均未对正义司法原则提出明确的定义。从法院的实践来看，正义司法原则是法院作为一个司法机构所必然追寻的价值，它不仅是国际法院用于阐释程序规则的一项基本原则，也是适用程序规则、行使司法职能所应实现的最终目标。正义司法原则在国际法院的实践中发挥着多种不同的作用。

1. 阐明法院填补程序规则空白的必要性

这一功能在常设国际法院开始司法活动的初期体现得尤为明显。其时第一版《法院规则》启用不久，还未能覆盖现实中出现的各类程序问题，法院关于程序的实践因而具有实验性。在1924年"马弗若麦迪斯案"中，常设国际法院指出："无论是《规约》还是《法院规则》都没有包含起诉之后即反对法院管辖权的情形出现时所应适用的程序规则。法院因此可自由采用它认为最适于确保正义司法以及最符合国际法基本原则的国际法庭程序。"⑱ 该案中，常设国际法院援引正义司法原则用于阐明其享有的确立程序规则的固有权力。类似的，当法院发布《实践指引》时，也时有援引正义司法原则作为根据。例如，《实践指引七》规定："一个人在一个案件中担任专案法官，但同时或最近在法院审理的另一个案件中担任代理人、律师或辩护人，这不符合正义司法的利益。"⑲

2. 解释程序规则或原则的适用

无论是当事方平等原则还是司法经济原则，其适用的最终根据都是实现正义司法。例如，在1956年"国际劳工组织行政法庭就针对教科文组织的指控所作的判决咨询意见"中，国际法院就指出"当事方平等原则直接来源于

---

⑰ 见第八章"尼加拉瓜200海里以外大陆架划界案"评述。
⑱ *Mavrommatis Palestine Concessions*, supra note 3 at 16.
⑲ Practice Direction VII, available at: https://www.icj-cij.org/practice-directions，最后访问时间：2024年11月1日。

正义司法的要求"⑳。在 2007 年尼加拉瓜诉哥伦比亚"领土与海洋争端案"初步反对意见判决中，国际法院在处理管辖权和可受理性异议的阶段同时处理了一个实体问题，即解释两国 1928 年签署的条约划定部分岛屿领土主权归属的范围。法院之所以这样做，是考虑到仅宣告该条约是否解决了领土争议问题——这一问题构成作为管辖权基础的《波哥大公约》第 5 条适用的关键——是不符合正义司法要求的。㉑ 将 1928 年条约的实质内容留待实体阶段解决会增加法院的司法投入，因此，采取司法经济的做法顺应了正义司法原则的要求。

3. 作为调和不同利益的依据

国际法院的程序原则并非孤立适用的，经常需要彼此调和以平衡各方利益。此时，正义司法原则就成为调和不同程序事项的最终依据。譬如，在 1993 年"《灭种公约》适用案"临时措施阶段，波黑在庭审程序前夕及庭审程序之中提交了一系列材料，尽管这一做法有违当事方平等原则，但法院考虑到事态紧急和案件的特殊情况，仍采纳了波黑提交的证据资料。㉒ 正义司法原则因此具有加强国际法院程序原则适用弹性的功能，以实现实质上的司法正义。

二、诉讼程序

（一）诉讼程序的阶段

国际法院的诉讼程序从启动到作出裁决，通常要经历数个阶段。《规约》和《法院规则》为各个阶段的组织提供了程序依据。

1. 启动

国家可以通过两种方式启动国际法院的程序：（1）特别协议；（2）单方面向法院提交申请书（Application）。《规约》第 40 条规定："不论用何项

---

⑳ Judgments of the Administrative Tribunal of the ILO upon Complaints Made against the UNESCO, Advisory Opinion, [1956] ICJ Rep 77, at 86.

㉑ Territorial and Maritime Dispute (Nicaragua v Colombia), Preliminary Objections, [2007] ICJ Rep 832, para. 50.

㉒ Application of the Convention on the Prevention and Punishment of the Crime of Genocide, Provisional Measures, Order of 13 September 1993, [1993] ICJ Rep 325, at 337, para. 21.

方法，均应叙明争端事由及当事各国。"当事方将特别协议或申请书递交书记官长即启动诉讼程序。书记官长应将申请书转交起诉的相对方。依据《法院规则》第 42 条，书记官长还应将特别协议或申请书副本转交联合国秘书长、联合国会员国和其他有权在法院出庭的国家。

按照《法院规则》第 38 条，申请书应当载明以下内容：（1）申请方和被申请方；（2）争端的主旨事项；（3）尽量明确管辖权来源；（4）申请方的主张；（5）简明的事实陈述和有关主张的法律依据。这一要求不适用于以特别协议启动的程序，因为国家通常在协议中明确了争端的性质和范畴、要求法院裁决的事项，并约定程序事项（如各方提交诉状的时间及提交几轮次诉状等）。

当诉讼程序的启动具有较为明确的管辖权来源时，案件将被列入国际法院的案例总表（General List）；但是，当一方试图以应诉管辖方式启动诉讼程序时，依据《法院规则》第 38 条第 5 款，直至被申请方同意法院管辖该案之前，该案不被列入案例总表，法院也不得对该案采取任何行动。

在程序启动阶段，国家还可能同时提出临时措施请求。若当事方对国际法院的管辖权无争议，则案件进入实体问题的书面和庭审程序；若一方提出管辖权和可受理性异议，即初步反对意见，则法院应暂停实体问题的审理而首先裁决管辖权问题。临时措施和初步反对意见都属于附带程序。㉓

2. 当事方的代表

《规约》第 42 条第 1 款规定："各当事国应由代理人代表之。"任命代理人（agents）不仅是当事国的权利，也是义务，因为代理人在诉讼案件中承担了两项重要的功能：第一，全权代表当事国在诉讼程序中采取所有必要的程序步骤；第二，构成法院与当事国之间联络沟通的必要渠道。㉔任命代理人是国家启动或应对国际法院诉讼的第一要务。㉕只有当事方均任命了代理人，

㉓ 见本章第三部分。

㉔ 《法院规则》第 40 条第 1 款规定："除《法院规则》第 38 条第 5 款情形外，诉讼程序启动后，代表当事方采取的所有步骤均应由代理人进行。代理人应在法院所在地有一个送达地址，与案件有关的所有函件均应寄往该地址。发给当事方代理人的函件应视为发给当事方。"

㉕ 《法院规则》第 40 条第 2 款和第 3 款规定："2. 以申请书提起诉讼时，应写明申请方代理人的姓名。被申请方在收到经核证的申请书副本后，或在收到副本后，尽快将其代理人的姓名通知法院。3. 以特别协议的方式提起诉讼时，发出通知的一方应说明其代理人的姓名。特别协议的任何其他当事方在从书记官长收到该通知的核证副本后，若尚未向法院通知其代理人姓名，则应尽快完成此步骤。"

诉讼程序才能继续进行下去——除非被申请方选择不到案。《法院规则》第31条规定："对于提交法院的每一案件，院长应查明当事方对程序问题的意见。为此目的，院长应在任命当事方代理人后尽快传唤代理人与他会面，此后必要时随时传唤代理人与他会面。"

代理人由各国有权机关任命，在诉讼程序中代表国家。代理人在诉讼程序中对国家立场和态度的表态，被视为对该国具有拘束力。例如，在2014年秘鲁诉智利"海洋争端案"中，秘鲁代理人正式声明秘鲁宪法中使用的"海洋区域"一词以符合1982年《联合国海洋法公约》对各海域区域定义的方式适用。国际法院指出："法院注意到这一声明表达了秘鲁的正式承诺。"㉖秘鲁并非《联合国海洋法公约》的缔约国，长久以来秘鲁主张沿岸200海里的"海域主权（maritime domain）"，该海域的性质存在争议。秘鲁代理人在诉讼程序中的表态对秘鲁政府的拘束力意味着秘鲁政府不得再主张其海域性质不同于《联合国海洋法公约》对各海洋区域的界定。㉗

除代理人外，一国参与国际法院诉讼还需要组建专门的职业化团队，主要由律师（counsel and advocates）和其他辅佐人（assistants）组成，后者包括顾问，有时还包括专家。这是由诉讼程序的专业性和法律属性决定的。㉘ 依据《规约》第42条第3款："各当事国之代理人、律师及辅佐人应享受关于独立行使其职务所必要之特权及豁免。"这一规定由1946年国际法院院长与荷兰政府的换文以及联合国大会第90 (I)号决议进一步落实。㉙

3. 合并程序

《法院规则》第47条规定："法院可随时指示合并两个或两个以上案件的诉讼程序。法院还可指示共同进行书面或口头诉讼程序，包括传唤证人；法院也可指示在上述任何方面采取共同行动，而不进行任何正式合并。"合并程

㉖ *Maritime Dispute (Peru v Chile)* [2014] ICJ Rep 3, at 65, para. 178.

㉗ Separate, Partly Concurring and Partly Dissenting, Opinion of Judge ad hoc Orrego Vicuña, *ibid* at 127, para. 9.

㉘ 参见廖雪霞：《法律职业化视角下的国际争端解决》，载《开放时代》2020年第6期，第114-115页。

㉙ Resolution 90(I) of United Nations General Assembly, 11 December 1946, "Privileges and Immunities of Members of the International Court of Justice, the Registry, Assessors, and agents and counsel of the parties and of witness and experts".

序（joinder of proceedings）的意义在于节约司法资源、减轻程序负担并加快审理进程，实现司法经济的要求。即使国际法院出于各种考虑并未合并诉讼程序，但仍可依据《法院规则》第47条要求当事方之间在提交诉状和庭审程序中共同行动。例如，在"洛克比空难事件引起的1971年《蒙特利尔公约》的解释和适用问题案"（以下简称"洛克比空难案"）中，虽然国际法院并未合并利比亚诉英国和利比亚诉美国的两个程序，但对两个案件的临时措施程序安排了一次共同的庭审。㉚

国际法院是否以及何时合并诉讼程序的标准是在司法实践中发展的。法院认为，是否合并程序取决于个案的具体情况，且《法院规则》第47条给予了法院较大的裁量权。㉛ 通常而言，有三种情形涉及合并程序的问题：（1）存在多个具有相同利害关系的当事方，并适用《规约》第31条第5款和《法院规则》第36条第1款的规定。此时是否合并审理程序主要涉及专案法官的指定问题，且国际法院的实践差异较大，欠缺统一标准。该问题在第二章已有讨论，不再赘述。㉜（2）两国就同一争端相互关联的事项对彼此提起了诉讼程序。例如，2010年哥斯达黎加就尼加拉瓜在两国边境的活动向国际法院提出申请，起诉尼加拉瓜的行为违反禁止使用武力原则等国际法义务；2011年，尼加拉瓜则向国际法院提出申请，控诉哥斯达黎加在同一区域修筑道路的行为侵害尼加拉瓜主权。国际法院在2013年的命令中指出："合并程序的决定将使法院能同时处理双方提出的各种相互关联的争议问题，包括所提交争端中共同的事实和法律问题……出于正义司法和司法经济的要求，法院认为将两个案件合并审理是适当的。"㉝（3）一当事国对另一当事国提出了两个独立的诉讼程序，但诉讼的主旨事项存在实质关联。例如，2014年哥斯达黎加向国际法院提出申请，要求法院划定其与尼加拉瓜之间在加勒比海和太平洋的海洋边界。2017年，哥斯达黎加又再次提出申请，要求法院裁决波

㉚ Hugh Thirlway, *The International Court of Justice* (Oxford University Press, 2016) at 80.

㉛ *Maritime Delimitation in the Caribbean Sea and the Pacific Ocean (Costa Rica v Nicaragua); Land Boundary in the Northern Part of Isla Portillos (Costa Rica v Nicaragua)*, Order of 2 February 2017, [2017] ICJ Rep 91, at 94, para. 16.

㉜ 见第二章第二部分"专案法官"一节。

㉝ *Construction of a Road in Costa Rica along the San Juan River (Nicaragua v Costa Rica)*, Joinder of Proceedings, Order of 17 April 2013, [2013] ICJ Rep 184, at 187-188, paras. 17-18.

蒂略岛上尼加拉瓜所属潟湖与哥斯达黎加领土之间的准确边界等问题。基于两个诉讼程序之间的实质联系，国际法院决定合并程序。㉞

虽然法院强调裁量权和个案裁决的路径，但综合来看是否合并程序主要取决于三个要素：（1）争端主旨事项是否具有一致性；（2）当事方的诉求是否彼此关联；（3）当事方是否同意案件的合并审理。前两者为客观要素，后者为主观要素。科尔布认为，在客观要素满足而当事方并不明确反对合并程序时，原则上法院应合并程序，除非存在决定性的例外情况否定合并的合理性。㉟

4. 书面程序

依《规约》第43条第1款，诉讼程序由书面程序（written proceedings）和庭审程序（oral proceedings）两部分组成。这一规定不仅适用于实体问题，也适用于附带程序。下文以实体问题的审理为例介绍书面程序的主要规则。

《规约》第43条第2款对书面程序的定义为："书面程序系指以诉状、辩诉状及必要时之答辩状连同可资佐证之各种文件及公文书，送达法院及各当事国。"书面程序的意义在于确保当事方详尽陈述其事实和法律主张并提交证据和证明材料。书面程序是诉讼程序的必要环节，国际法院与当事方都无权要求免除书面程序。㊱

依据《法院规则》第44条，国际法院在查明当事方对程序问题的意见后，应对诉状的数量、提交顺序和提交时限作出决定，这标志着书面程序的开启。以单方面提交申请书启动的诉状案件，书面程序由申请方提交诉状（Memorial）和被申请方提交辩诉状（Counter-Memorial）组成。在当事方同意或法院决定的情形下，还可进行第二轮书面程序，即申请方提交答辩状（Reply），被申请方提交复辩状（Rejoinder）。㊲ 在当事方不能就是否进行第二轮书面程序达成一致时，由法院决定。例如，在2014年"捕鲸案"中，日本

㉞ *Maritime Delimitation in the Caribbean Sea and the Pacific Ocean (Costa Rica v Nicaragua); Land Boundary in the Northern Part of Isla Portillos (Costa Rica v Nicaragua)*, Order of 2 February 2017, [2017] ICJ Rep 91, at 94, para. 17.

㉟ Kolb, *supra* note 4 at 999–1000.

㊱ *Ibid* at 964.

㊲ 《法院规则》第45条。

要求进行第二轮书面程序，澳大利亚反对，法院最终决定不进行第二轮书面程序。㊳ 是否进行第二轮书面程序要平衡司法经济和裁判依据是否翔实这两方面的考虑：一方面，第二轮书面程序势必延长程序的时间，耗费更多诉讼成本和司法资源；另一方面，案件本身的复杂程度决定了当事方在法律和事实方面是否需要进一步论辩。出于司法经济的考虑，《法院规则》第49条第3款特别要求，答辩状并非对诉状的重复，而是对当事方之间仍存在分歧的事项的进一步交锋。以特别协议方式启动的诉讼程序中，当事方通常对书面程序已有约定。若无约定，则参照适用上述关于书面程序的规定。此时，除非确有必要，原则上法院不应授权第二轮书面程序。㊴

《法院规则》第49条规定了诉状应包含的内容，即事实陈述、法律主张和诉求（submissions）。诉状的内容是论辩性的。《法院规则》第50条规定了与诉状同时提交的证据材料所应满足的条件。当事方提交的证据资料的形式极为多样，主要取决于争端的性质和案件的具体情况。国际法院司法实践表明，当事方提交的诉状和证明资料日益冗长，动辄几千页。《实践指引三》要求当事方在充分陈述其立场的同时尽可能保证书面程序的简明，并敦促当事方只在诉状后附上经过严格挑选的证明文件且附件总页数不得超过750页。

国际法院的官方语言是英语和法语。《规约》第39条允许当事方选择以英语或法语作为诉讼程序的语言。若当事方选择了其中一门语言，诉讼程序将以该语言进行，判决也以该语言版本为作准文本；若当事方未合意选择，则当事方可自行选用英语或法语，国际法院的判决将以两种语言作出，但法院要指定作准文本的语言版本。《规约》第39条第3款还允许国际法院授权当事方使用英语或法语以外的第三种语言进行诉讼程序。此时当事方依据《法院规则》第51条应提供经认证的书面程序的法语或英语翻译。实践中，很少有国家申请使用英语和法语之外的第三种语言。㊵

依据《法院规则》第48条法院应确定提交诉状的具体日期。原则上当事方享有同样的时限提交书面程序。《法院规则》第52条第2款要求以送达日

㊳ Whaling in the Antarctic (Australia v Japan: New Zealand intervening) [2014] ICJ Rep 226, at 235, para. 6.

㊴ 《法院规则》第46条。

㊵ Kolb, *supra* note 4 at 992.

期作为诉状提交的日期,该日期也是确定当事方是否履行了关于时限决定的依据。

书面程序结束于最后一份诉状或答辩状提交之时。此后当事方不得再提交额外的诉状或证明资料,除非满足《法院规则》第 56 条的要求。通常而言,在庭审程序开始之时法院将向公众公开书面程序,除非存在特别的情形法院决定不公开其全部或部分,例如出于保护证人的需要隐去身份识别信息。㊶ 庭审程序开始前,若有第三国请求法院向其提供书面程序的副本,法院则在查明当事方意见后决定是否向第三国提供。

5. 庭审程序

《规约》第 43 条第 5 款将庭审程序表述为"法院审讯(hearing)证人、鉴定人、代理人、律师及辅佐人"。原则上,审理实体问题的庭审程序不能被免除,但某些附带程序,如临时措施程序中法院可酌情免除庭审程序。例如,在 2001 年"拉格朗案"中,由于事态紧急,国际法院未经庭审程序便指示了临时措施。㊷

国际法院在书面程序结束后确定庭审程序的日期。一般而言庭审程序在几天内完成,当事方享有相同的口头陈述时间。庭审程序具有对抗性,分为两轮进行。申请方起诉的案件庭审程序流程为:第一轮庭审程序由申请方和被申请方依次进行;第二轮再由申请方和被申请方依次陈述和反驳,第二轮庭审程序的时间较短;在第二轮庭审程序中,申请方在陈述最后宣读诉求,而被申请方则在反驳的最后宣读诉求;最后国际法院的院长宣布庭审程序终结。以特别协议方式提起的诉讼程序不存在申请方或被申请方,因此当事方的发言顺序由法院决定。对当事方而言,庭审程序的目的不仅是系统性地呈现其法律和事实主张,更重要的是反驳对方在书面程序中提出的指控、法律或事实主张以及诉求。《法院规则》第 60 条第 1 款要求当事方的口头陈述尽量简明,并针对双方仍有分歧的问题。需要指出,虽然庭审程序体现了对抗性,但当事方的律师并无即兴发挥的余地:不仅口头陈述的内容要提前提交法院以备翻译和同声传译,而且庭审程序中严格禁止援引事前未按照《规约》

㊶ Thirlway, *supra* note 30 at 101.
㊷ *LaGrand (Germany v United States of America)*, Judgment, [2001] ICJ Rep 466, at 479, para. 32.

和《法院规则》提交或不属于公共资源的证据材料。㊸

庭审程序反映了国际法院的审讯职能,具体表现在:(1)当事方传唤专家和证人的程序。《法院规则》第 57 条、第 63 条和第 65 条对此有详细规定。当事方应在庭审程序前向法院提交其意图传唤的证人和专家名单;专家和证人在参与庭审程序时要庄严宣誓其陈述的真实性;庭审程序中专家和证人要接受当事方律师的交叉询问。(2)法院有权向当事方提问或要求解释。依据《法院规则》第 61 条,法院可在庭审程序前或庭审程序进行中要求当事方就特定问题作出阐释,法官也可在庭审程序中向当事方的代理人或律师提问。当事方可现场回答,也可在庭审程序后书面作答。一方的书面作答将转递另一方评论。(3)法院调查取证的程序。法院在诉讼程序过程中可主动行使职权要求当事方配合取证。《法院规则》第 62 条(法院要求当事方提供证据或安排专家、证人)、第 66 条(法院进行实地考察)、第 67 条(法院指派专家发表专家意见)和第 69 条(法院通过国际组织获取信息)都体现了国际法院享有主动调查取证的权力。当然,当事方也可请求法院行使这些权力。现实中,国际法院仅在极少数案件中主动行使了调查取证的权力。㊹

国际法院的庭审程序以英语或法语进行,并通过同声传译翻译为另一种官方语言。若当事方选择以第三种语言进行庭审程序,则应依据《法院规则》第 70 条安排翻译人员将发言翻译为法院的官方语言,且书记官长负责认证这些翻译的准确性。庭审程序中的所有发言都要翻译为法院的官方语言作为庭审记录。

庭审程序具有公开性。《规约》第 46 条要求:"法院之审讯应公开行之,但法院另有决定或各当事国要求拒绝公众旁听时,不在此限。"在克罗地亚诉塞尔维亚"《灭种公约》适用案"中,出于保护证人的需要国际法院决定非公开听取相关证人的证言。㊺ 不仅公众可申请旁听国际法院的庭审程

㊸《法院规则》第 56 条。
㊹ 见本章第二部分"证据与证明"一节。
㊺ *Application of the Convention on the Prevention and Punishment of the Crime of Genocide (Croatia v Serbia)*, Judgment, [2015] ICJ Rep 3, at 20, para. 33.

序,近些年来庭审程序均在国际法院官方网站直播,并保存庭审录像。㊻《法院规则》第 71 条第 6 款进一步规定,庭审记录经当事方和法院确认后,应由法院印刷出版。当前,庭审记录主要通过国际法院的官方网站向公众公开。公开性是国际法院的庭审程序区别于大部分国际仲裁的重要特征。㊼

6. 评议和裁决

《规约》第 54 条第 2 款规定:"法官应退席讨论判决。"为决定判决内容而展开的讨论被称为评议(deliberations)。国际法院评议的秘密性及法官投票的各项规定已在第三章述及。㊽法院评议的具体过程由 1976 年国际法院依据《法院规则》第 19 条通过的《关于法院内部司法实践的决议》以成文化的方式正式确立。㊾根据该决议,判决和咨询意见适用同样的评议流程。

大体上,国际法院的评议可分为几个阶段:(1)书面程序结束后至庭审程序开始前,法官对案件交换意见,确定庭审程序中需要当事方进一步阐释的事项。(2)庭审程序结束后,经初步评议,由院长确定需要评议的事项。(3)每位法官就需要评议的事项准备书面说明并分发给其他法官。(4)法官交换书面意见后,法庭再度评议,并据此选举产生起草委员会。起草委员会由三名法官组成。其中,匿名投票产生两位获绝对多数票的法官,选举的依据是该法官的书面说明和陈述最能反映法院的多数观点。院长自动成为起草委员会的成员。当院长不属于多数法官的阵营时,则由副院长入选起草委员会;若副院长也不持多数意见,则由最资深的法官入选,以此类推。(5)起草委员会起草判决或咨询意见初稿并分发给法官后,法官集体经过一读和二读,形成修改稿和最终稿。(6)法官对执行条款逐一进行最终投票。

《规约》第 58 条规定:"判词应由院长及书记官长签名,在法庭内公开宣读,并应先期通知各代理人。"公开宣读判决也是国际法院司法程序公开性的体现。为保证评议的秘密性,法院评议的记录及法官的书面说明在判决

㊻ Case-related videos, available at https://www.icj-cij.org/multimedia-cases,最后访问时间:2024 年 11 月 1 日。

㊼ Thirlway, *supra* note 30 at 100.

㊽ 见第三章第四部分"裁决与评议"一节。

㊾ Resolution concerning the Internal Judicial Practice of the Court (Rules of Court, Article 19), adopted on 12 April 1976, available at: https://www.icj-cij.org/other-texts/resolution-concerning-judicial-practice,最后访问时间:2024 年 11 月 1 日。

宣读后，由书记官长集中销毁。㊿

7. 认定赔偿数额

在一些诉讼程序中，国际法院审结实体问题后，案件还可能进入认定赔偿数额的阶段。这一般出现在一方主张他方应为其不法行为承担金钱赔偿责任，且国际法院对此予以认可的情况下。这时，国际法院会在实体问题判决的执行条款中载明一方负有向另一方赔偿的义务，若两国不能在一定时间段内就谈赔偿问题达成协议，则可经任何一方请求，由法院对赔偿数额进行判定。因此，认定赔偿数额是部分诉讼案件的最终阶段，建立在法院对实体问题已有裁决的前提之下。实体问题判决依据《规约》第 59 条具有既判力，构成法院确定赔偿数额的基础，任何一方都不得再质疑其内容。㊱

国际法院认定赔偿数额的管辖权源于法院对争端本身的管辖权，即国际法院的管辖权不仅包括认定是否存在违反国际法的行为，还包括判定违反国际法的当事方应以何种形式承担国家责任，其中就包括对赔偿形式和数额的判定。国际法院在其审理的第一个诉讼案件——"科孚海峡案"——中就在两国无法就赔偿数额达成协议后，经英国请求，确定了赔偿数额。㊲ 2010 年至 2024 年间，国际法院在 2012 年"艾哈迈杜·萨迪奥·迪亚洛案"（以下简称"迪亚洛案"）、2018 年哥斯达黎加诉尼加拉瓜"尼加拉瓜在边界区域的某些活动案"和 2022 年"刚果领土上的武装活动案"的赔偿阶段判决中确定了被申请方应向申请方赔偿的数额。在 2023 年"某些伊朗资产案"实体阶段判决中，国际法院认定美国负有向伊朗赔偿的义务，并决定若在判决作出之日起 24 个月内两国无法就赔偿问题达成协议，经任何一方请求法院将裁决这一问题。㊳

赔偿数额的认定是一项具有技术性和复杂性的问题，其指导原则为国际法委员会通过的《国家责任条款草案》第 31 条，即国家负有对其不法行为导致的损害结果承担全面赔偿（full reparation）的义务。国际法院在 2022 年

㊿ Kolb, *supra* note 4 at 979.
㊱ *Nicaragua case*, *supra* note 6 at 143, para. 284.
㊲ *Corfu Channel case*, Assessment of the Amount of Compensation, [1949] ICJ Rep 244, at 250.
㊳ *Certain Iranian Assets (Iran v United States of America)*, Judgment of 30 March 2023, paras. 236(7) and 236(8).

"刚果领土上的武装活动案"中宣告该条反映了习惯国际法。[54] 同时，根据《国家责任条款草案》第 34 条，全面赔偿可以采用不同的形式，如恢复原状（restitution）、补偿（compensation）和抵偿（satisfaction），三者可单独或叠加运用。本章所言赔偿数额（amount of compensation），即赔偿（reparations）的一种形式。国际法院审理赔偿数额问题，首先要确认需要通过金钱形式予以赔偿的不法行为范围，并确定不法行为与损害结果之间是否具有直接和确切（sufficiently direct and certain）的因果关系，从而最终确定赔偿的数额。除数额外，国际法院还要确定赔偿的时限与方式（如分期支付还是在特定时限内支付）以及延期支付所应负担的利息及利率。

在需要国际法院确认赔偿数额时，国际法院将单独作出一份判决予以决定。尽管如此，也不应将赔偿问题视为诉讼程序的附带程序，因为赔偿问题本身为实体问题裁决的组成部分。这是因为，金钱赔偿是国家承担责任的方式之一。在其他一些不涉及认定金钱赔偿数额的案件中，国际法院会在实体判决中直接宣告负有国家责任的当事方承担国家责任的方式，如停止不法行为、继续履行国际义务等。

8. 诉讼费用的承担

《规约》第 64 条规定："除法院另有裁定外，诉讼费用由各造当事国自行担负。"由当事方自行负担诉讼费用是国际法院诉讼程序区别于国内民事诉讼、国际人权诉讼以及投资仲裁等法律程序的一项特征。[55] 虽然《规约》第 64 条允许法院就诉讼费用另行裁决，但自常设国际法院至国际法院，都遵循了当事方各自承担诉讼费用这一原则。这在 2012 年"迪亚洛案（赔偿判决）"和 2022 年"刚果领土上的武装活动案（赔偿判决）"中再次得到重申。[56] 有学者认为，除非是出现了一方滥用程序的极端情况，否则国际法院不

---

[54] *Armed Activities on the Territory of the Congo (Democratic Republic of the Congo v Uganda)*, Reparations, [2022] ICJ Rep 13, at 43, para. 70.

[55] 例如，《联合国国际贸易法委员会规则》(2021 年版) 第 42 条第 1 款规定："仲裁费用原则上由败诉方承担。但是，如果仲裁庭认为考虑到案件情况分摊费用是合理的，则仲裁庭可在各方当事人之间分摊费用。"

[56] *Ahmadou Sadio Diallo (Republic of Guinea v Democratic Republic of the Congo)*, Compensation, Judgment, [2012] ICJ Rep 324, at 344, para. 60; *Armed Activities on the Territory of the Congo (Democratic Republic of the Congo v Uganda)*, Reparations, [2022] ICJ Rep 13, at 134, para. 394.

会偏离这项原则。㊳

诉讼费用指当事国准备诉讼程序的花费,包括支付给代理人的费用、律师费、专家费、咨询费、搜集证据或制作诉状的花费以及程序过程中的差旅等各项费用。若专家、证人或专家意见是由国际法院依《法院规则》第62条第2款和第67条第1款安排或指派的,则相关专家、证人、专家意见的费用由国际法院承担。国家无须向法院支付费用。国际法院的经费完全来自联合国的预算,即依据《宪章》第17条确定的经费。国际法院的年度经费预算通常占联合国年度经常预算不足1%。㊳

联合国秘书长于1989年设立了一项特别基金以支持国家诉诸国际法院的诉讼程序或执行国际法院的判决。㊴ 特别基金的设立有助于促进联合国的宗旨,即"以和平方法且依正义及国际法之原则,调整或解决足以破坏和平之国际争端或情势"。基金来源为国家、国际组织、非政府组织、个人或法人的自愿捐赠。所有享有诉诸国际法院主体资格的国家均有权申请该特别基金的资助。但是,该基金只资助接受国际法院管辖权的争端当事国的申请,包括:(1)以特别协议提起诉讼的争端当事国;(2)依据多边条约管辖权条款或任择条款起诉的争端当事国,但需要满足特定条件,即管辖权异议已被法院驳回,或当事国主动撤回管辖权异议,或向联合国秘书长保证不提出管辖权异议。截至2024年6月30日,只有10个国家申请了该项特别基金,其中超过半数为非洲国家。譬如,布基纳法索和尼日尔申请该基金以执行国际法院2013年作出的"边界争端案"判决。㊶

㊳ Kolb, *supra* note 4 at 1003.

㊳ Robert Y. Jennings, Rosalyn Higgins & Peter Tomka, "General Introduction" in Andreas Zimmermann & Christian J. Tams, eds, *The Statute of the International Court of Justice: A Commentary*, 3rd edition (Oxford University Press, 2019) at 88.

㊴ Secretary-General's Trust Fund to Assist States in the Settlement of Disputes through the International Court of Justice, available at: https://www.un.org/law/trustfund/trustfund.htm,最后访问时间:2024年11月1日。

㊶ Antonios Tzanakopoulos, Secretary-General's Trust Fund to Assist States in the Settlement of Disputes Through the International Court of Justice (ICJ), *Max Planck Encyclopedia of International Law* (2019), para. 26.

(二) 不到案

1. 法律依据

在诉讼程序中可能发生一方不到案的情形，即一方不参与国际法院的诉讼程序或不对自己的立场提出辩护，这时适用《规约》第 53 条的规定："1. 当事国一造不到法院或不辩护其主张时，他造得请求法院对自己主张为有利之裁判。2. 法院于允准前项请求前，应查明不特依第三十六条及第三十七条法院对本案有管辖权，且请求人之主张在事实及法律上均有根据。"该条具有双重目的：其一，保障国际法院的程序不因一方不到案而受阻；其二，否定自动作出有利于到案一方的裁决，从而确保裁决在程序和实体问题上的公正。这反映了申请方和被申请方利益的平衡。这是因为，若允许一方不到案就搁置他方启动的诉讼程序，则实质上取消了不到案一方事前已接受国际法院管辖的承诺，不利于起诉一方诉诸法院谋求争端解决的利益。但是，若因一方不到案就自动接受他方的主张，则不符合主权平等原则，也无益于不到案一方履行国际法院的裁决。[61]

2.《规约》第 53 条的具体适用

《规约》第 53 条第 2 款要求国际法院在一方不到案时，应在确定有管辖权的基础上，确保裁决在法律和事实上确有根据。但是，这不意味着要求国际法院替代未到案的一方履行原本应该由其完成的诉讼程序准备工作。否则，这会导致对不到案的纵容。实际上，《规约》第 53 条并不要求法院穷尽未到案一方可能提出的所有管辖权或可受理性异议，也不要求法院主动探查所有事实细节的真实性和完整性。实践中，即使国家决定不到案，也可能通过诉讼程序外的其他途径向法院传递其法律意见或立场，国际法院通常会考虑这些非常规的通信中不到案一方提出的与管辖权和实体问题有关的意见。

《规约》第 53 条的具体适用是在司法实践中逐步积累的。"尼加拉瓜案"对该条的适用作出了最为完整和详尽的论述，从中可以总结出若干原则性的规范。[62]（1）法院对于国际法的识别、解释和适用应具有和双方都到案的诉

---

[61] Kolb, *supra* note 4 at 678.

[62] *Nicaragua case*, *supra* note 6 at 23-26, paras. 26-31.

讼案件一样的确定性。对此，适用"法院知法原则（jura novit curia）"，即国际法院对适用法的查明不受当事方法律主张的限制，法院应查明所有与该争端解决有关的国际法规则。（2）法院应确认一方主张在事实上有充分根据，但无须核查所有事实细节的真实性。这是因为事实和证据的核验本就是高度依赖诉讼程序对抗性的问题，国际法院欠缺主动查证所有事实的能力。因此，虽然第 53 条要求法院的裁决在事实和法律上均有根据，但适用于两者的标准是有差异的。（3）不到案的一方要承担不到案的不利后果，包括不到案的一方将失去提交证据的机会、驳斥对方事实主张的机会、交叉询问对方证人的机会等，而这些程序事项均在很大程度上与事实的证明有关，也间接反映了国际法院在事实问题上无法达到查明法律问题那样的确切程度。（4）对于不到案一方在程序外提交或发表的意见，国际法院是否以及如何考虑这些意见取决于两造利益的平衡。一方面，法院通过这些"庭外意见"可以明了不到案一方的法律和事实主张，从而有利于其裁决在法律和事实上更有依据；另一方面，对这些意见"全盘接收"可能侵害参与程序一方的利益，尤其是不符合当事方平等原则。因此，法院认为给予这些非常规通信的效力应以"不使不到案一方因不到案而获利"为限度。（5）不到案对诉讼程序的进行和裁决的效力均无影响。不到案的一方在法律上仍为该案件的当事方，因而负有与当事方有关的一切义务，包括依据《宪章》第 94 条履行国际法院判决的义务。不到案不影响国际法院裁决的效力，因为国际法院裁决的效力不取决于当事方的接受，而是由《规约》第 59 条决定。

3. 不到案是否为国家的权利

学界对于不到案究竟属于国家的权利，还是构成对国家承担的国际义务的违反，存在不同的观点。绝大多数学者认为，国家接受国际法院的管辖并未创设参与国际法院诉讼程序的义务。[63] 但是，这并不意味着不到案是国家的权利。这是因为，国际法院在一方不到案的情况下管辖并裁决争端的前提是存在有效的管辖权来源，而管辖权来源说明了国家对法院管辖权的同意。若主张不到案是国家的权利，则与国家对法院管辖权的接受形成冲突，有损这一承诺的效力。因此，不到案是一种法律上中性的行为，不到案是国家基于

---

[63] Kolb, *supra* note 4 at 691.

各种因素通盘考虑后作出的一项政治抉择，也由该国自行承担不到案在诉讼程序上产生的后果。

4. 不到案的情形

不到案可以出现在国际法院诉讼程序的任何阶段，因此《规约》第53条不仅适用于实体问题审理程序，也适用于附带程序（如临时措施程序和初步反对意见程序）和诉讼程序结束后又启动的与该案相关的其他程序（如解释程序和修正程序）。不到案的情形既包括自始不到案，即不任命代理人，且不参与诉讼程序中的任何阶段或任何相关程序；也包括部分不到案，即在一个案件审理过程中的部分阶段或部分附带程序不到案，这包括在任命了代理人并参与程序后退出的情况，以及最初未任命代理人、未参加程序启动后的部分阶段（如院长依据《法院规则》第31条与双方代理人沟通程序事宜的会议），但又中途决定参加后续程序的情况。判断国家是否不到案，主要考察该国是指派了代理人，是否按照国际法院的指示提交书面程序和参加庭审程序。

国际法院实践中出现一方不到案的频次不高，且只出现过被申请方不到案的情形。㉔ 2010年以前国际法院作出判决的案件中，仅在"科孚海峡案（赔偿阶段）"、"英伊石油案（临时措施阶段）"、"诺特鲍姆案（初步反对意见阶段）"、德国/英国诉冰岛"渔业管辖权案"、"爱琴海大陆架案"、"核试验案"、"德黑兰人质案"、"尼加拉瓜案"以及卡塔尔诉巴林"领土与海洋争端案（管辖权阶段）"这些案件中出现过一方不到案的情况。而且，除了"核试验案"中的法国、"渔业管辖权案"中的冰岛、"爱琴海大陆架案"中的土耳其和"德黑兰人质案"中的伊朗为自始不到案外，其他案件均为部分不到案。㉕ 一些被申请方在国际法院适用《规约》第53条裁决了部分问题之后又决定参与程序，如"英伊石油案"中伊朗参与了后续管辖权问题的审理㉖，

㉔ 通说认为，《规约》第53条的缔约历史和法语约文表明该条意图涵盖申请方不到案的情形。

㉕ 国际法院在"核试验案"和"爱琴海大陆架案"中认定自身无管辖权，但在"渔业管辖权案"和"德黑兰人质案"中对申请方的诉求作出了实质裁决。

㉖ 伊朗在法院确定的提交诉状的时限内提出了管辖权异议，最终国际法院裁决对该案无管辖权。*Anglo-Iranian Oil Co. case*, Jurisdiction, [1952] ICJ Rep 93, at 115.

"诺特鲍姆案"中危地马拉参与了该案第二阶段⑰,"领土与海洋争端案"中巴林参与了实体问题的审理⑱。其他案件中则是一方在诉讼程序过程中退出,如美国在国际法院宣布对"尼加拉瓜案"有管辖权后退出了诉讼程序,未参与实体问题的审理;"科孚海峡案"中阿尔巴尼亚参与了实体问题的审理但未参与国际法院认定赔偿数额的程序。

2010年至2024年间提起的44个诉讼程序中,除去程序终止的情况⑲,共有6个案件出现了不到案的情况:(1) 2014年"马绍尔群岛案"(马绍尔群岛诉印度)中,印度最初未派代理人参加与院长沟通程序事宜的会议,但在马绍尔群岛提交了诉状后,印度申请法院延迟辩诉状提交时间,获准后提交了辩诉状并参与了管辖权和可受理性问题的庭审程序。⑳ (2) 索马里诉肯尼亚"印度洋海洋划界案"中,肯尼亚最初参与了程序,但在初步反对意见被国际法院驳回后,未参加实体阶段的庭审程序,但肯尼亚提交了辩诉状和复辩状。㉑ (3) 圭亚那诉委内瑞拉"1899年10月3日仲裁裁决案"中,委内瑞拉最初决定不参与法院程序,且未参加管辖权和可受理性问题的程序。但是,在国际法院作出了2020年管辖权与可受理性判决后,委内瑞拉任命了代理人参加了诉讼程序,并提出了可受理性异议。㉒ (4) 2022年乌克兰提起的"指控违反《灭种公约》案"程序中,俄罗斯最初决定不参加,且未参与临时措

---

⑰ 危地马拉最初没有指派代理人也没有参与庭审程序,但通过与法院之间的通信提出了管辖权异议。在国际法院驳回了危地马拉的管辖权异议后,危地马拉参与了程序并提出了可受理性异议。最终国际法院认定列支敦士登的诉求不具有可受理性驳回了对该案的管辖。*Nottebohm Case,* Second Phase, [1955] ICJ Rep 4, at 26.

⑱ 在1994年7月1日管辖权判决中,国际法院认定两国之间的会议记录构成创设权利义务的国际条约,表明两国同意将争端提交国际法院裁决。法院在该判决中要求双方采取行动将全部争端提交法院。但是,巴林此后又提出了对国际法院管辖权的异议,主张有权不参与法院程序,未出席随后国际法院对1995年2月15日判决的宣判。但是,巴林之后又参加了实体程序的审理。*Maritime Delimitation and Territorial Questions (Qatar v Bahrain),* Merits, [2001] ICJ Rep 40, at 45-46, paras. 13-14.

⑲ 见本章第三部分"终止程序"一节。

⑳ *Obligations concerning Negotiations relating to Cessation of the Nuclear Arms Race and to Nuclear Disarmament (Marshall Islands v India),* Jurisdiction and Admissibility, [2016] ICJ Rep 255, at 259-260, paras. 3-7.

㉑ *Maritime Delimitation in the Indian Ocean (Somalia v Kenya),* Judgment, [2021] ICJ Rep 206, at 214-215. paras. 19-20.

㉒ *Arbitral Award of 3 October 1899 (Guyana v Venezuela),* Preliminary Objection, Judgment of 6 April 2023, paras. 14-15.

施程序，但在 2022 年法院确定的俄罗斯提交辩诉状的时限内提起了初步反对意见，正式参与程序；[73]（5）2023 年 6 月 8 日加拿大和荷兰提起的《禁止酷刑公约》适用案中，叙利亚未参加临时措施程序，但在 2023 年 10 月 13 日指派了代理人，并与国际法院沟通了提交答辩状的时限；[74]（6）2018 年巴勒斯坦提起的"美国大使馆搬迁至耶路撒冷案"程序中，美国决定不参加程序。[75] 此外，一个特殊的情况出现在马绍尔群岛诉巴基斯坦"马绍尔群岛案"程序中。虽然巴基斯坦未参与管辖权与可受理性问题的庭审程序，但这是因为巴基斯坦认为"参加庭审程序不会对其辩诉状中已经提出的内容有任何补充"。[76] 巴基斯坦在诉讼程序提起后即指派了代理人，并参加了院长召集的沟通程序事宜的会议。

虽然 2010 至 2024 年间不到案的情形相较于 2010 年之前略有增加，但除了美国尚未改变不参加"美国大使馆搬迁至耶路撒冷案"的决定、肯尼亚在完成了书面程序后退出实体阶段的庭审程序外，其他几个案件中被申请方均很快改变了不参加国际法院程序的决定。全部不到案的情况是极为罕见的。印度、委内瑞拉和俄罗斯都在参加程序后提起了管辖权或可受理性异议，且除了委内瑞拉的可受理性异议未获国际法院采纳外，印度和俄罗斯的异议均成功阻却了国际法院对相关问题的管辖。

（三）解释之诉

1. 依据与功能

当事国对国际法院的判决含义产生分歧并影响到判决执行时，可请求国际法院释明判决的含义，这一程序为解释之诉。《规约》第 60 条规定："法院之判决系属确定，不得上诉。判词之意义或范围发生争端时，经任何当事国

---

[73] *Allegations of Genocide Under the Convention on the Prevention and Punishment of the Crime of Genocide (Ukraine v Russia)*, Preliminary Objections, Judgment of 2 February 2024, para. 13.

[74] *Application of the Convention against Torture and other Cruel, Inhuman or Degrading Treatment or Punishment (Canada and The Netherlands v Syria)*, Order of 1 February 2024, at 2.

[75] *Relocation of the United States Embassy to Jerusalem (Palestine v United States of America)*, Order of 15 November 2018, [2018] ICJ Rep 708, at 709.

[76] *Obligations concerning Negotiations relating to Cessation of the Nuclear Arms Race and to Nuclear Disarmament (Marshall Islands v Pakistan)*, Jurisdiction and Admissibility, [2016] ICJ Rep 552, at 557, para. 8.

之请求后，法院应予解释。"该条包含两项内容：（1）指出国际法院判决具有"一审终审"的性质，这是对《规约》第 59 条所确立的既判力原则的重申;⑦（2）授予国际法院管辖解释之诉的权力并规定解释之诉所要满足的要件。

解释之诉并非附带程序，也不是诉讼案件的一个阶段，而是由当事国提起的一个新的程序，构成一个新的、独立于原判决程序的案件。解释之诉的案件在国际法院的案例总表中有自己的编号。⑱ 当事国不仅可以就实体问题判决提起解释程序，也可以就管辖权和可受理性判决的含义之争提起解释程序。⑲

从第 60 条的文义可知，解释之诉并非对既判力原则的超越。正如国际法院在"请求解释 1998 年 6 月 11 日对喀麦隆和尼日利亚间陆地和海洋边界案初步反对意见判决案"（以下简称"请求解释 1998 年陆地和海洋边界案判决"）中所明确的："对待国际法院判决解释申请的可受理性问题应尤为谨慎，因为必须避免该程序损害判决的终局性和延误判决履行。这也是为什么《规约》第 60 条首先规定了判决'系属确定，不得上诉'。……第 60 条的文义和结构反映了既判力原则的优先性，这一原则必须得到遵循。"⑳

解释之诉的功能在于澄清判决的含义，从而消除影响当事国执行判决的障碍。同时，解释程序以既判力原则为前提也决定了解释程序功能的限度，即不能通过解释程序要求法院回答判决中所没有裁决的问题，或者质疑判决已经裁决的事项的效力，或者补充判决中未曾包含的内容，或者修正判决的内容。类似的，判决作出之后才产生的事实、判决未曾讨论的事实、当事方之间与执行该判决有关的发展等，与释明判决的含义均无关系。这是因为解释判决"是查明法院裁决了哪些问题，而不是查明当事方事后认为法院裁决了哪些问题。因此，判决的含义和范围不受判决作出后当事

---

⑦ 关于既判力原则,见第三章第四部分"裁决"有关内容。

⑱ Rosenne, *supra* note 1 at 1677.

⑲ *Request for Interpretation of the Judgment of 11 June 1998 in the Case concerning the Land and Maritime Boundary between Cameroon and Nigeria (Cameroon v Nigeria)*, Preliminary Objections, Judgment, [1999] ICJ Rep 31, at 35. para. 10.

⑳ *Ibid* at 36, para. 12.

方行为的影响"㉛。

2. 管辖权与可受理性

解释之诉的管辖权来源为《规约》第 60 条，而非当事国之间的合意，且前者并不以后者为前提条件。因此，即使一方提起解释程序时原判决作出所依据的管辖权来源已经失效，也不影响国际法院行使解释程序的管辖权。㉜

但是，第 60 条规范了解释请求所要满足的条件，分别是：（1）当事国之间存在争端；（2）该争端与判决的意义或范围有关；（3）当事方提出解释请求。只有这些条件均得到满足的情况下，解释请求才具有可受理性。国际法院在司法实践中逐步明确了每项条件的具体含义和适用方式。

《规约》第 60 条所谓"争端"的含义与一般国际法上所言"争端"的含义不同。㉝ 这是因为《规约》第 60 条所称"争端"的法语文本（contestation）比英文文本（dispute）在语义上更为宽泛。早在常设国际法院审理的"霍茹夫工厂判决解释案"中，法院就指出，证明《规约》第 60 条所言"争端"的存在无须达到与《规约》第 36 条第 2 款所指"争端"的标准。同时，也不要求与判决解释相关的争端在正式的场合（如国家间谈判）中形成。只要两国事实上对于法院判决的含义或范围持有相对立的意见即可。㉞但是，一方主张判决含义不清而另一方认为判决十分明确，这一事实本身并不能证明双方之间存在争端。㉟ 因此，实践中国际法院将《规约》第 60 条所指争端理解为"当事国之间对法院作出的判决的含义或范围存在不同的观点或意见"。㊱ 实践中，考察当事国之间是否就判决的含义或范围存在争端，是解释请求具有可受理性的必要条件。在 1950 年"关于解释 1950 年 11 月 20 日庇护权案判决的请求案"（以下简称"请求解释 1950 年庇护权案判决"）中，

㉛ *Request for Interpretation of the Judgment of 15 June 1962 in the Case concerning the Temple of Preah Vihear (Cambodia v Thailand) (Cambodia v Thailand)*, Judgment, [2013] ICJ Rep 281, at 307, para. 75.

㉜ *Ibid* at 295, para. 32.

㉝ 关于争端的含义及界定，见第三章第一部分第一节。

㉞ *Interpretation of Judgments Nos 7 and 8 (The Chorzów Factory)*, PCIJ Series A No13, Judgment of December 16th 1927, at 10–11.

㉟ *Request for Interpretation of the Judgment of November 20th, 1950* [1950] ICJ Rep 395, at 403.

㊱ *Request for Interpretation of the Judgment of the Temple of Preah Vihear Case*, *supra* note 81 at 295, para. 33.

国际法院就认定在哥伦比亚提出解释请求时两国之间尚不存在对判决含义的争端。⑧⑦

《规约》第 60 条中的第二项条件是争端须与判决的含义或范围有关。国际法院要查明该争端必须"与判决的执行条款有关,而不能与法院判决的说理相关,除非这些说理与执行条款不可分割"。⑧⑧ 在解释存有含义之争的执行条款时,往往需要同时解释该执行条款作出所依赖的说理,因为这些说理与法院得出的有拘束力的结论之间存在逻辑上和法律上的直接联系,构成执行条款的必要条件。但是,与这些核心的说理无关的其他说理,如一些附带意见,则不属于解释程序的范畴。另外,当事国之间对判决是否裁决了某一事项产生的分歧也属于法院在解释程序中需要界定的问题。但是,若法院发现当事国请求解释的问题实际上并未被判决所裁决,那么该解释请求就不满足《规约》第 60 条的要件。在 2008 年 "请求解释 2004 年 3 月 31 日有关阿韦纳和其他墨西哥国民案的判决案"(以下简称 "请求解释 2004 年阿韦纳案判决")中,国际法院即以墨西哥请求解释的事项实际上并不属于原判决所裁决的问题为由驳回了墨西哥的申请。⑧⑨

《规约》第 60 条允许任何当事方提出解释请求。《法院规则》第 98 条进一步说明,解释请求可由一方单方面提出申请,也可以由当事方以特别协议的方式提起,且不受原判决所涉程序如何提起的影响。实践中曾出现,当事国在最初向国际法院提交争端的特别协议中约定了若出现判决解释的分歧应如何处理的规则,而该规则与《规约》第 60 条可能存在冲突。1985 年 "申请复核和解释 1982 年 2 月 24 日大陆架案" 是由突尼斯单方面提起的,但 1977 年特别协议约定若判决作出后一定时间内两国对如何执行法院划定的大陆架边界未达成协议,则要双方共同请求法院作出解释或澄清。这是否意味着当事国可以通过特别协议克减《规约》第 60 条的规则呢?国际法院认为:"无论这种协议是否可在当事方之间有效地克减《规约》,都不能轻率地假定

---

⑧⑦ *Request for Interpretation of the Judgment of November 20th, 1950, supra* note 85 at 403.

⑧⑧ *Request for Interpretation of the Judgment of the Temple of Preah Vihear Case, supra* note 81 at 296, para. 34.

⑧⑨ *Request for Interpretation of the Judgment of 31 March 2004 in the Case concerning Avena and Other Mexican Nationals (Mexico v United States of America)* [2009] ICJ Rep 3, at 17, para. 45.

一国会放弃或限制其依据《规约》第 60 条所享有的单方面提出解释请求的权利。"⑩ 国际法院在该案中的做法实际上表明了国际法院依据《规约》第 60 条受理任何当事国提出解释请求的权力是不受特别协议的影响的。

解释程序的提出没有时间限制，当事国可在判决作出后任何时间内提起。目前，国家提出解释请求最快发生在判决作出的当日（"请求解释 1950 年庇护权案判决"），最迟发生在判决作出后近 50 年（2013 年"请求解释 1962 年 6 月 15 日对柏威夏寺案所作判决案"，以下简称"请求解释 1962 年柏威夏寺案判决"）。一般而言，国家通常在几个月或一两年内提出解释请求，这也符合设立解释程序的预期——扫除国家执行国际法院判决的障碍。⑪

3. 程序规则

《法院规则》第 98 条和第 100 条规范了解释之诉的部分程序规则，主要包括以下内容：（1）解释程序可由一国单方面以申请书的方式提起，也可以由当事国向法院提交特别协议的方式提起，无论何种方式都应在启动程序的文件中载明对判决的含义或范围的哪些方面存在争议。（2）在解释程序由单方提起的情形下，他方有权在法院确定的时限内提交书面意见。（3）法院有权决定是否授权额外的书面或庭审程序。庭审程序是否必要取决于案件的复杂程度和法院对其掌握的信息充分程度的判断。例如，"请求解释 1950 年庇护权案判决""请求解释 1998 年陆地和海洋边界案判决"和"请求解释 2004 年阿韦纳案判决"这几个解释案件没有庭审程序，而"请求解释 1962 年柏威夏寺案判决"则经历了庭审程序。（4）若原判决由法院全庭作出，则由法院全庭审理解释申请；若原判决由分庭作出，则由分庭审理解释申请。（5）国际法院关于解释程序的决定以判决的形式作出。

由于解释程序是独立的诉讼程序，因此也适用一般诉讼程序的程序规范。例如，解释程序中当事国有权指派专案法官，而原判决程序中当事国选派的专案法官并不享有参与解释程序的权利。在解释程序的提起与判决作出的时间接近时，书记官长会提醒当事国在原判决程序中指派的专案法官人选，

---

⑩ Application for Revision and Interpretation of the Judgment of 24 February 1982 in the Case concerning the Continental Shelf (Tunisia v Libyan Arab Jamahiriya) [1985] ICJ Rep 192, at 216, para. 43.

⑪ Kolb, *supra* note 4 at 782.

当事国也通常指派了最初的专案法官。⑫ 尽量保证法官组成与原判决程序一致当然有助于澄清判决的真实含义，但这并不是法定要求。实际上，当解释程序与判决作出间隔时间很长时，很难保证法院席位中的法官与原判决作出时相同了。"请求解释1962年柏威夏寺案判决"程序提出时，无论是国际法院的法官还是当事国指定的专案法官，都与1962年完全不同了。

解释程序中也可能产生附带程序，例如，"请求解释2004年阿韦纳案判决"和"请求解释1962年柏威夏寺案判决"中，申请方都提出了临时措施请求，且国际法院分别都指示了临时措施。但需要注意，在解释程序中一方提出的临时措施请求必须与解释程序的目标具有充分的联系。⑬ 和一般诉讼程序一样，当事国负有履行临时措施命令的义务。⑭ 在"请求解释2004年阿韦纳案判决"中，国际法院虽然认定墨西哥提出的解释申请不具有可受理性，但认定美国不顾临时措施命令对墨西哥国民处以死刑构成对该命令的违反。⑮ 有学者对解释程序中国际法院指示临时措施的实践表达了忧虑，认为这一实践可能使解释程序成为当事方试图强制执行法院判决的工具，而执行判决并非国际法院职权范围内的事项。⑯

4. 解释程序的现状

整体来看，无论是常设国际法院还是国际法院的实践中解释之诉的提起都较为少见，而法院受理解释请求并对原判决作出解释的实践则更为稀少。2000年至2024年间，只有"请求解释2004年阿韦纳案判决""请求解释1962年柏威夏寺案判决"和"请求解释2008年白礁案"这三个案件当事方提出了解释之诉。除"请求解释2008年白礁案"因当事方协议终止外，只有"请求解释1962年柏威夏寺案判决"中国际法院受理了解释请求。国家实践

---

⑫ Andreas Zimmermann & Tobias Thienel, "Article 60" in Andreas Zimmermann & Christian J. Tams, eds, *The Statute of the International Court of Justice: A Commentary*, 3rd (Oxford University Press, 2019) 1617 at 1647.

⑬ *Request for Interpretation of the Judgment of 31 March 2004 in the Case concerning Avena and Other Mexican Nationals (Mexico v United States of America)*, Provisional Measures, Order of 16 July 2008, [2008] ICJ Rep 311, at 328, para. 64.

⑭ 见本章第三部分。

⑮ *Request for Interpretation of the Judgment of 31 March 2004 in the Case concerning Avena and Other Mexican Nationals (Mexico v United States of America)*, supra note 89 at 21, para. 61(2).

⑯ Kolb, *supra* note 4 at 797-798.

的克制和国际法院受理解释申请的严苛,反映了国际法院将维护当事国之间业已裁决的法律关系的稳定性和终局性放在首位。这一现状是令人满意的,因为若国际法院对解释程序采取更为宽容的态度,既有损于既判力原则的权威,也无益于国际法院判决的及时履行。

(四)复核之诉

1. 依据和功能

历史地看,任何法律体系中司法机构的活动中都可能产生错误或出现遗漏。作为以适用国际法为职权的司法机构,国际法院要尽量确保国家间争端的裁决合乎事实与正义,避免误判或错案。因此,《规约》第61条规定了复核之诉,允许当事国在特定情形下请求法院复核之前作出的判决。该条起源于1899年海牙和平会议缔结的《和平解决国际争端公约》第55条允许国际仲裁的当事国请求仲裁庭复核仲裁裁决的规定。《规约》第61条第1款规定:"声请法院复核判决,应根据发现具有决定性之事实,而此项事实在判决宣告时为法院及声请复核之当事国所不知者,但以非因过失而不知者为限。"可见,复核程序只适用于新发现了具有决定性影响的事实这一特定情况。第61条因而也排除了依据任何其他事由提出复核之诉的可能性,包括以国际法院适用法律错误为由提起复核之诉。

第61条构成《规约》第59条和第60条确立的既判力原则的例外,因为复核申请一旦被国际法院受理,国际法院将基于新发现的事实重新审理国家间的争端,而不受原判决的约束。这也是复核程序与解释程序的根本区别,后者的功能在于澄清法院已经裁决的事项的准确或真实的含义。但是,和解释程序一样,复核程序也是独立于原判决的新的程序,在国际法院案例总表中拥有自己的编号,而非原案件的一个阶段或附带程序。

还应该将复核程序与订正错误(rectification of errors)相区分。复核程序立足于新发现的对争端的裁决有决定性影响的事实,其功能在于实质性地改变国际法院的原有裁决。但订正错误则是对原判决中出现的笔误、印刷错误等文本编辑性问题的纠正。《规约》和《法院规则》中并未规定国际法院能否以及采用何种程序订正错误。在1985年"申请复核和解释1982年2月24日大陆架案"中,国际法院指出:"国际法院当然有权纠正判决中出现的可以被称为'材料错误（erreurs matérielles）'的错误（mistakes）。这一权力通常不以判决的形式行使，因为纠正错误不具有争议性，因而排除了诉讼程序的所有要素。"⑰

2. 管辖权与可受理性

与解释程序一样，复核程序的管辖权来源是《规约》的明文规定，而非当事国之间的合意。因此，原判决的管辖权来源为何、是否仍然在当事国之间有效等问题与复核程序的管辖权无关。《规约》第61条规范了复核申请所要满足的条件，只有在满足所有条件的情形下复核申请才具有可受理性。由于复核程序是既判力原则的例外，因此第61条所列之条件极为苛刻。该条第1款限定了复核程序适用的唯一场景，即发现了某些事实，并对这些事实作出了进一步的限定：（1）新发现的事实；（2）该事实具有决定性；（3）该事实在宣判时为法院及申请复核的当事国所不知，且不知并非因为声请复核当事国的过失（negligence）。这些限定条件必须同时满足。

具体来看，首先，该事实虽然是事后发现的，但必须是在原判决宣判时就已经存在。因此，虽然《规约》第61条采用了"新事实的发现（discovery of new fact）"这一说辞，其含义实为新发现的事实。典型的例子是领土争端中当事国事后发现了存在地图或书面资料，足以证明两国之间的边界以不同于判决的方式划定，或者足以改变法院判决的依据。宣判后才发生的事实，即使可能对当事国之间在宣判时存在的法律关系产生溯及力，也不属于《规约》第61条所称"事实"。在2003年"申请复核1996年7月11日对《灭种公约》适用案所作之初步反对意见判决"（以下简称"申请复核1996年《灭种公约》适用案判决"）中，南联盟提出，2000年南联盟以新会员国身份加入联合国这一事实，决定了在1996年判决作出时，南联盟并非联合国的会员国，亦非《规约》的缔约国，故不具有参与国际法院诉讼的主体资格，国际法院对波黑提出的争端因而不享有管辖权。国际法院则认定，2000年南联盟加入联合国的事实发生在1996年判决作出之后，因此不属于《规约》第61条所指"事实"。南联盟的主张并不是基于1996年就存在的事实，而是基于

---

⑰ *Application for Revision and Interpretation of the Judgment of 24 February 1982 in the Case concerning the Continental Shelf (Tunisia v Libyan Arab Jamahiriya)* [1985] ICJ Rep 192, at 198, para. 10.

判决作出后发生的事实产生的后果，而这些后果也不能被认定为第61条所指"事实"。[98]

其次，该事实对原判决须产生决定性的影响，而不能只是国际法院在裁判时可以考虑而未予考虑的额外的事实，或者仅让判决结果更为确切的事实，或者只是确认判决时已知的事实。[99]国际法院在2003年"申请复核1992年9月11日对陆地、岛屿和海洋边界争端案所作判决"（以下简称"申请复核1992年陆地、岛屿和海洋边界案判决"）以及1985年"申请复核和解释1982年2月24日大陆架案"中，都认定声请复核国提出的事实不会对原判决产生决定性影响。

最后，新发现的事实必须是在宣判时不被法院和声请复核国所知的，且并非因为申请当事国的过失。国际法院在"申请复核和解释1982年2月24日大陆架案"中提出了界定这一条件是否满足的具体标准：（1）凡是原判决程序中提交法院诉状或证据材料中的事实，都属于当事方和法院知悉的范围；（2）应假定法院知悉其掌握的所有材料中的事实，无论法院是否在判决中明确提及该事实；（3）一方不得主张不知悉对方提交的诉状、诉状所附文件或其他通过常规渠道提交给法院的文件中的事实。[100]在认定不知悉是否出于过失时，不仅要看声请复核的当事国客观上是否知悉该事实，还要考察其是否履行了获取事实的必要尽责义务（normal diligence）。同样在该案中，突尼斯以利比亚部长理事会1968年3月28日通过的决议为新发现的事实，指出该决议确定了利比亚授予的石油开采特许权西北边界的准确坐标，而在1982年判决作出时利比亚并未提供这些准确坐标，致使国际法院在划定两国大陆架边界时，作为划界依据的利比亚石油开采特许权界限并非准确的界限。国际法院认为，该项决议此前已经公开发布，突尼斯可以轻易获取，而且，一般而言，

---

[98] *Application for Revision of the Judgment of 11 July 1996 in the Case concerning Application of the Convention on the Prevention and Punishment of the Crime of Genocide (Bosnia and Herzegovina v Yugoslavia)*, Preliminary Objections, [2003] ICJ Rep 7, at 30-31, paras. 68-69.

[99] Andreas Zimmermann & Robin Geiss, "Article 61" in Andreas Zimmermann & Christian J. Tams, eds, *The Statute of the International Court of Justice: A Commentary*, 3rd edition (Oxford University Press, 2019) 1651 at 1674.

[100] *Application for Revision and Interpretation of the Judgment of 24 February 1982 in the Case concerning the Continental Shelf (Tunisia v Libyan Arab Jamahiriya)*, supra note 97 at 203, para. 19.

当一国派代表参与大陆架划界谈判时,应首先查明对方授予的石油开采特许权许可的准确范围与本国授予的石油开采特许权许可范围是否存在重叠、重叠范围如何。突尼斯无法解释其为何未能尝试获取这一事实,也没能证明其进行了这一尝试但不存在有效获取的途径。国际法院因此认定突尼斯主张的事实是出于其过失而不为其所知的。[101]

《规约》第 61 条第 4 款和第 5 款还规定了申请复核程序要满足的额外的条件:"4. 声请复核至迟应于新事实发现后六个月内为之。5. 声请复核自判决日起逾十年后不得为之。"这两个关于时限的条件均为了避免复核程序不当地延误判决的履行或破坏判决确定的权利义务关系的稳定性。如何判断声请复核的当事国发现新事实的时间节点是一个较为棘手的问题,实践中尚无先例可以参考。虽然在"申请复核和解释 1982 年 2 月 24 日大陆架案"和"申请复核 1992 年陆地、岛屿和海洋边界案判决"中被申请方都主张申请方获知有关事实已逾 6 个月,但法院均未讨论这一要件在该案中是否满足,也未提出如何确认该要件的标准。目前所有复核程序的提出都是在原判决作出的 10 年以内,尽管"申请复核 1992 年陆地、岛屿和海洋边界案判决"是在原判决作出后 10 年内的最后一天提出的,洪都拉斯主张这有违程序上的善意原则,但严格来说仍是符合第 61 条关于时限要求的。[102]

3. 程序规则

《法院规则》第 99 条和第 100 条规范了提出复核申请所要遵循的一些程序规则,大致与解释程序相似,主要包括:(1)启动复核程序的申请书要载明必要细节,以表明《规约》第 61 条所规定的条件均获满足。(2)他方有权在法院确定的时限内对复核申请的管辖权和可受理性异议提交书面意见。(3)法院有权决定是否给予双方额外的发表意见的机会。截至目前,所有的复核程序都经历了庭审阶段。(4)若原判决是由法院全庭作出,则仍由法院全庭审理复核申请;若判决由分庭作出,则由分庭审理复核申请。和解释程序一样,国际法院的程序并不要求法院全庭或分庭的组成与原判决作出时保持

---

[101] Ibid at 205-207, paras. 24-28.

[102] *Application for Revision of the Judgment of 11 September 1992 in the Case concerning the Land, Island and Maritime Frontier Dispute (El Salvador/Honduras: Nicaragua intervening) (El Salvador v Honduras)* [2003] ICJ Rep 392, at 404, para. 305.

一致，审理原判决的专案法官也无权利参与复核申请，除非经当事国再次指定。(5) 复核判决的决定以判决的形式作出。与解释程序不同的是，复核申请适用的程序规则只规定了由当事国单方面提出申请书的情况，没有规定双方以特别协议方式提出复核申请的情况。

同样与解释程序不同的是，复核程序分为两个程序阶段，第一阶段仅处理管辖权和可受理性问题。《规约》第61条第2款规定："复核程序之开始应由法院下以裁决，载明新事实之存在，承认此项新事实具有使本案应于复核之性质，并宣告复核之声请因此可予接受。"《法院规则》第99条第4款进一步规定若法院认定复核申请具有可受理性，则应查明当事方的意见后确定后续实体问题的时限。第二阶段审理实体问题，此时国际法院的审理工作不受原判决内容的束缚，而是要基于新发现的事实重新审理当事国之间的争端，并最终作出新判决。目前，还没有任何一个复核程序进入第二阶段。

《规约》第61条第3款还规定："法院于接受复核诉讼前得令先行履行判决之内容。"《法院规则》第99条第5款规定："如果法院决定以遵守判决为条件受理复审程序，则应就此发布命令。"这两条规则中所指"判决"均为原判决，即国际法院可以要求当事国继续履行原判决，并以此作为进行复核程序的前提条件。这是为了避免当事国将复核程序作为不履行或延迟履行原判决的工具。[103] 目前国际法院还没有在任何复核程序中发布命令要求当事国先履行原判决，虽然在"申请复核1992年陆地、岛屿和海洋边界案判决"程序中洪都拉斯请求法院适用《规约》第61条第3款，但随后撤回了该请求。[104]

复核程序和解释程序虽然功能和目的均有所差异，但国家可以同时提出解释之诉和复核之诉，且国际法院可以在一个判决中同时处理这两个申请。例如，"申请复核和解释1982年2月24日大陆架案"就是突尼斯同时提出了解释申请、复核申请以及订正错误的申请。国际法院认为，《规约》和《法院规则》并不禁止国际法院同时处理同一申请书中提出的不同性质的请求，

---

[103] Kolb, *supra* note 4 at 821.

[104] *Application for Revision of the Judgment of 11 September 1992 in the Case concerning the Land, Island and Maritime Frontier Dispute (El Salvador/Honduras: Nicaragua intervening) (El Salvador v Honduras)* [2003] ICJ Rep 392, at 399, para. 22.

且这样做具有实际优势。⑩该案中,国际法院虽然认定复核申请不具有可受理性,但认为部分解释申请具有可受理性,且对原判决的部分内容提供了解释。2017年马来西亚对2008年"白礁案"判决同时提出了解释申请和复核申请,但之后又撤回了这两项申请。⑩

复核程序和解释程序一样,都是独立的新程序,因此理论上也具有产生附带程序的可能性,但截至目前,还没有任何一个当事国在复核程序中提出临时措施请求。

4. 复核程序的现状

相较于解释程序,复核程序的实践更为稀缺,自常设国际法院成立至今只有3次关于复核程序的实践,分别是"申请复核和解释1982年2月24日大陆架案""申请复核1992年陆地、岛屿和海洋边界案判决"和"申请复核1996年《灭种公约》适用案判决",且国际法院在这三个复核程序中均认定申请不具有可受理性。不仅如此,国际法院还采取了极为严格的标准解释和适用《规约》第61条的各项要件,尤其是对新发现的事实性质的界定,这反映了既判力原则极大地限制了复核程序适用的空间。

(五) 证据与证明

1. 基本证据规范

和国内法中的诉讼程序一样,确定事实是适用法律的前提,将法律适用于事实从而明确当事方之间的权利、义务和责任关系是诉讼程序的核心。因此,证据规则是国际法院诉讼程序规则的重要组成。类似的,国际法院诉讼程序的目标并非寻找客观真实、完全还原案件的全貌,而是确定法律真实(legal truths)。因此,国际法院诉讼程序中的举证责任及其分配、证明标准以及证据类型及其证明力,决定了国际法院何以查明法律真实。

国际法院诉讼程序中的证据规则散见于《规约》《法院规则》以及《实

---

⑩ *Application for Revision and Interpretation of the Judgment of 24 February 1982 in the Case concerning the Continental Shelf (Tunisia v Libyan Arab Jamahiriya)* [1985] ICJ Rep 192, at 197, para. 10.

⑩ *Request for Interpretation of the Judgment of 23 May 2008 in the Case concerning Sovereignty over Pedra Branca/Pulau Batu Puteh, Middle Rocks and South Ledge (Malaysia v Singapore)*, Discontinuance, Order of 29 May 2018, [2008] ICJ Rep 288, at 289.

践指引》，具有纲领性和不成体系的特征，这些规则概括地授予了国际法院查明事实和调取证据的权力，明确了提交证据的期限与方式、证据交换以及部分证据取得、提交和审核的程序（如书证、证人证言、实地调查等），但对当事方举证责任及其分配、证明标准、证据的证明力等问题没有规定。因此，证据规则的实质渊源主要为国际法院的判例。1986 年"尼加拉瓜案"、2005 年刚果（金）诉乌干达"刚果领土上的武装冲突案"、2007 年波黑诉塞黑"《灭种公约》适用案"这些案件事实复杂、证明难度高的案件集中了国际法院对证据规则的阐述，是整理和归纳国际法院证据规则的重要资料。同时，由于国际法院在具体案件中还会言及"司法程序的一般原则（general principles as to judicial process）""司法程序原则（principles of judicial procedure）""程序法一般原则（general principles of procedural law）"，因而有学者认为一般法律原则也构成国际法院诉讼程序的法律渊源。[107] 然而，正如下文将要揭示的，国际法院诉讼程序中的证据规则兼具大陆法系和普通法系的特征，但又并非简单地对两大法系具体证据规则的照搬。此外，由于诉讼当事方为主权国家，国内法体系中一些常见的证据规则，如缓解证据偏在问题的书证提出命令（部分大陆法系国家称文书提出命令）及其适用的后果——当事人无正当理由拒绝提交其控制的证据时推定不利于该当事方的事实成立——并不存在于国际法院的证据规则之中。[108] 因此，即使国内法中的证据原则为国际法院的证据规则提供了法理依据，具体规则能否在国际法院程序中适用仍取决于个案的具体情况，由国际法院裁定。

在解释国际法院诉讼程序中的证明责任、证明标准和证据证明力等问题之前，应首先明确法院证据规则的基本规范。这些规范具有统摄性，贯穿了具体的证据规则。（1）国际法院对证据规则及其适用拥有裁量权。《规约》第 48 条最后一句概括性地授予了法院收集证据的裁量权："对于证据之搜集，应为一切必要之措施。"实践中，这一权力不仅限于证据之搜集，国际法院对于举证责任及其分配、证明标准以及不同证据类型的证明力也享有裁量权。（2）证据规则的内容及其适用要符合正义司法原则与当事方平等原则这两大

---

[107] Markus Benzing, "Evidentiary Issues" in Andreas Zimmermann & Christian J. Tams, eds, *The Statute of the International Court of Justice: A Commentary*, 3rd edition (Oxford University Press, 2019) 1371 at 1374.

[108] 参见《最高人民法院关于民事诉讼证据的若干规定》（2019 修正）第 45 条至第 48 条。

纲领性原则。在"尼加拉瓜案"中，国际法院是这样界定诉讼规则的性质的："法院受《规约》《法院规则》中证据制度相关规定的约束，这些规定旨在保证正义司法，同时尊重当事方的平等地位。"⁽¹⁰⁹⁾《法院规则》第 56 条规定诉状程序结束后不得提交新证据即为保证当事方平等诉讼权利、避免突袭提交证据的例子。（3）国际法院无权强制当事方提交证据或开示特定证据。虽然《规约》赋予了国际法院一定的调查取证的权力，但并未规定当事方不遵从国际法院调查取证要求的后果。例如，《规约》第 49 条规定："法院在开始审讯前，亦得令代理人提出任何文件，或提供任何解释。如经拒绝应予正式记载。"除了将当事方拒不提供证据或解释的事实记载于判决之中，国际法院并无强制当事方提交证据或解释的权力或手段，也不会因此作不利于当事方的事实推定。⁽¹¹⁰⁾（4）只有争议事实和与国际法院裁决争端有关联性的事实才属于待证事实，需要当事方举证。与裁决案件相关，但当事方彼此认可的事实（agreed facts）以及当事方自认（admission）的于己不利的事实属于免证事实，可直接作为国际法院裁判的事实根据。

整体上看，国际法院的证据规则同时体现了职权主义与当事人主义。《规约》《法院规则》赋予了国际法院主动调查取证的权力，如《规约》第 49 条（审讯前令当事方提交证据或解释）、第 50 条（法院委派个人或团体调查或鉴定）、第 51 条（审讯时国际法院诘问证人及鉴定人）、《法院规则》第 62 条（法院可组织安排当事方提交的名单以外的证人或专家参与程序）、第 66 条（法院可实地调查获取证据）。这些规则具有职权主义特征。但在现实中，国际法院甚少行使这些调查取证权力，而更为依赖当事方的举证。可以认为国际法院在实践中更倾向于一个被动的组织者角色，证据规则的实施具有更为强烈的当事人主义色彩。⁽¹¹¹⁾也正因如此，在理解国际法院的证据规则及其实践时不能简单套用大陆法系或普通法系的证据模式。

2. 提交证据的期限与方式

提交证据的期限与方式受当事方平等原则和正义司法原则的规制。《规约》第 43 条第 2 款要求当事方在提交诉状时，一并提供"可咨佐证之各种文

---

⑩ *Nicaragua case, supra* note 6 at 39, para. 59.
⑪ Benzing, *supra* note 107 at 1385.
⑫ *Ibid* at 1377.

件及公文书（papers and documents in support）"。《法院规则》第 56 条确定了提交证据期限的一般原则，即书面程序截止后不得再提交新证据。这项原则有两个例外：其一为当事方同意（《法院规则》第 56 条第 1 款），其二为法院认为必要而授权当事方提交新证据（《法院规则》第 56 条第 2 款）。若一方在书面程序结束后希望提交新证据，他方没有提出反对，即被视为同意。同时，若一方按规定提交了新证据，他方有权对新证据发表评论，并提供支持其评论的证据资料。

《实践指引九》进一步限制了当事方依据《法院规则》第 56 条提交新证据的权利。国际法院呼吁当事方在书面程序结束后尽量避免提交新证据，若一方试图在书面程序截止后（包括在庭审程序中）提出新证据，则必须解释为何必须在其诉状材料中纳入这项新证据，并解释早先为何没有纳入该证据。此外，对于一方提交的新证据，他方在发表评论时，也只能提交与评价该新证据相关且高度必要的证据材料。同时，《实践指引九》也限制了国际法院受理新证据的裁量权，因其规定："在他方没有同意的情况下，国际法院只得在极为例外的情况下授权提交新证据，如果法院认为必要且在这个阶段该证据的提交有正当理由。"另外，若当事方试图提交的新证据为影像或图片资料，按《实践指引九之四》的规定则应尽可能提前提出申请，从而使法院有充分时间查明他方的意见。在提交影像或图片资料时当事方应提供该证据的原始来源、制作的时间和场景以及是否属于公共领域，同时应尽可能明确拍摄视频或图片的地理位置。

《法院规则》第 56 条第 4 款还规定："在庭审程序中，不得提及未按照《规约》第 43 条或本条规定提交的任何文件的内容，除非该文件是现成出版物（a publication readily available）的一部分。"为了避免滥用并保证当事方平等原则，《实践指引九之二》对此条的适用作出了限制：（1）援引第 56 条第 4 款不得减损《规约》第 43 条和第 56 条关于证据和新证据提交的一般原则。（2）当事方在庭审程序中援引的文件是否为"现成出版物"由法院决定，一般要满足两项标准：其一为该出版物为公共领域已经出版的作品，而无论其介质、形式或数据载体为何；其二为是否"现成"取决于对法院和当事方而言是否具有可得性，即该出版物是否使用法院的官方语言以及能否在短时间内查询。如果当事方援引的出版物并未使用法院的官方语言，当事方要提供翻译件。(3) 当事方应提供能够迅速查询到该出版物的引证信息，除非该出版物的来源是众所周知的（如联合国的文件、国际条约汇编、主要的国际法参考书和其他知名的参考资料）。(4) 若一方在庭审中援引了现成出版物，他方应享有对此发表评论的机会。

实践中存在当事方规避《规约》第43条和《法院规则》第56条的情况。庭审程序中一个流行的做法是当事方为法官准备资料夹（judges' folder），以便利出庭律师在陈述和辩论时指引法官注意关键性的文件资料。有时当事方在法官资料夹中夹入了此前没有在诉状中提交也没有按规定提交的新材料。为此，国际法院发布了《实践指引九之三》，要求当事方在准备法官文件夹时力行克制，不得在法官资料夹中加入不符合证据提交规则的新证据。[112]

3. 举证责任

举证责任（burden of proof）用以明确负有证明某项事实的责任主体以及承担不能证明该事实不利后果的主体。国际法院实践中，举证责任的一般原则为"谁主张，谁举证（onus probandi incumbit actori）"。在2010年阿根廷诉乌拉圭"纸浆厂案"中，国际法院指出："根据公认的'谁主张，谁举证'原则，主张特定事实的当事方有义务证明这些事实的存在。这一原则在国际法院的实践中一贯地适用于申请方和被申请方提出的事实。"[113] 需要强调，举证责任不是按照申请方/被申请方这一诉讼程序主体的角色来分配的，而是针对各项待证事实而言的，即负有举证责任主体的是提出某项事实主张的主体，而无论其在诉讼程序中为申请方还是被申请方。通常而言，一方要证明哪些事实与其援引的法律规则有直接联系，如一方提出适用某项国际法原则应提出与该项原则适用相关的事实证据；而他方主张该原则例外的适用，则要提出与该例外有关的事实证据。譬如，在2003年"石油平台案"中，美国为被申请方，主张其炸毁伊朗石油平台是出于自卫，即禁止使用武力原则的例外，而依据《宪章》第51条行使自卫权的前提是发生武装攻击（armed attack）。国际法院指出："为此目的，法院只需确定美国能否证明其为伊朗'武装攻击'的受害者，从而判定美国是否享有行使自卫权的正当理由；证明发生了

---

[112] Practice Direction IXter, available at: https://www.icj-cij.org/practice-directions，最后访问时间：2024年11月1日。

[113] *Pulp Mills on the River Uruguay (Argentina v Uruguay)* [2010] ICJ Rep 14, at 71, para. 162.

武装攻击这一事实的举证责任属于美国。"⑭

虽然"谁主张，谁举证"是国际法院诉讼中举证责任的一般原则，但该原则的适用不是一成不变的。国际法院在 2010 年"迪亚洛案"中强调："将'谁主张，谁举证'视为一项绝对原则、适用于所有情形是错误的。举证责任的分配实际上取决于当事方提交法院的各个争端的主旨事项及其性质，并根据裁决个案所需的不同类型的事实而有所变化。"⑮ 这反映了国际法院确定个案中举证责任及其分配的裁量权，但国际法院并未阐释在哪些情况下举证责任分配要做何种变化。从国际法院的司法经验来看，当另一方就证据的控制和提出更具优势时，负有举证责任的一方的证明义务有所减轻。⑯ 这一灵活的举证责任分配方式又具体体现在两种情况中：

（1）待证事实为消极事实（negative facts），即不存在的事实。在"迪亚洛案"中，几内亚主张刚果（金）违反《公民权利与政治权利国际公约》第 9 条禁止任意逮捕和监禁的义务，因此需要证明刚果（金）没有实施正当程序。几内亚主张其国民在刚果（金）遭到两次逮捕和监禁，监禁时间分别为 66 天和 17 天，而刚果（金）则提出迪亚洛被逮捕了三次，监禁时间第一次不超过 2 天，第二次和第三次都不超过 8 天。国际法院认为，对迪亚洛监禁时间的证明责任并不专属于任何一方。在如本案一样的一些程序中，控诉的是个人未获得公权力机关有义务向其提供的程序权利保障，而此时不能要求申请方证明这项消极事实。原因在于：

> 公权力机关通常能够提供其采取行动的书证，以证明其遵循了适当程序并实施了法律要求的保证措施（如果情况确实如此）。但是，如果被申请方无法证明其履行了程序义务，也不能在任何情况下都推定其践踏了该义务。这在很大程度上取决于有关义务的性质：有些义务通常要求

---

⑭ *Oil Platforms (Islamic Republic of Iran v United States of America)*〔2003〕ICJ Rep 161, at 189, para. 57.

⑮ *Ahmadou Sadio Diallo (Republic of Guinea v Democratic Republic of the Congo)*〔2010〕ICJ Rep 639, at 660, para. 54.

⑯ *Certain Activities Carried Out by Nicaragua in the Border Area (Costa Rica v Nicaragua) and Construction of a Road in Costa Rica along the San Juan River (Nicaragua v Costa Rica)*〔2015〕ICJ Rep 665, at 26, para. 33.

履行书面手续，而其他义务则未作此要求。事件发生至诉讼之间经过了多长时间也是哪些证据能够出示所要考虑的要素。⑰

（2）待证事实的直接证据由他方掌握或控制。在1949年英国诉阿尔巴尼亚"科孚海峡案"中，英国主张阿尔巴尼亚知悉其领海中埋有水雷，但未能提出直接证据。国际法院认为，不能仅因为触雷事件发生在阿尔巴尼亚领海之中就推定阿尔巴尼亚政府知悉埋雷一事，因为不能仅从一国对其领土和领海的控制推定该国必然知道或应当知道任何发生于其领土和领海内的不法行为，也不能推定该国必然知道或应当知道从事了不法行为的主体。换言之，不法行为发生在一国领土或领海之内不直接导致该国承担责任或导致举证责任的转移。但是，国际法院强调："一国在其疆界内行使专属领土管辖的事实对该国是否知悉这些事件的证明方法有所影响。基于这种排他性的控制，作为国际不法行为受害者的国家往往无法提供直接证据证明这些导致国家责任的事实。此时，这类国家应更自由地利用推定和间接证据。"⑱但需要注意，当一方掌握了可能影响待证事实证明的证据但又拒不提供之时，国际法院不会作不利于该方的事实推定。在2007年"《灭种公约》适用案"中，波黑向国际法院申请，要求塞黑提供未经编辑的塞尔维亚最高国防委员会会议记录，因为该记录对证明塞黑对波黑境内的实体塞族共和国（Republika Srpska）享有有效控制具有决定性作用。⑲塞黑以该文件涉及国家安全为由拒绝出示。国际法院最终认定塞黑对塞族共和国在斯雷布雷尼察的大屠杀没有有效控制，因而灭种行为不能归责于塞黑。⑳

虽然在上述情况下负有举证责任一方的证明义务有所减轻，但国际法院尚未认可任何国际法规则的适用要求举证责任倒置。在2010年"纸浆厂案"中，阿根廷主张，因两国1975年签署的《乌拉圭河规约》蕴含了审慎原则（precautionary approach），这一原则具有举证责任倒置的效果，即应当由乌拉

---

⑰ *Ahmadou Sadio Diallo case (merits), supra* note 115 at 661, para. 55.
⑱ *Corfu Channel case* [1949] ICJ Rep 4, at 18.
⑲ *Application of the Convention on the Prevention and Punishment of the Crime of Genocide (Bosnia and Herzegovina v Serbia and Montenegro)* [2007] ICJ Rep 43, at 128, para. 205.
⑳ *Ibid* at 215, para. 413.

圭来证明其建造纸浆厂的行为不会导致严重的环境损害，而不是由阿根廷证明乌拉圭的行为会导致严重环境损害。国际法院没有接受这一主张："法院认为审慎原则与《乌拉圭河规约》条款的解释可能相关，但这不意味着该原则的实施引发举证责任的倒置。"[121]

4. 证明标准

证明标准（standard of proof）是评价待证事实是否得到证实的尺度，或称负有举证责任的一方完成其举证义务所要达到的标准。在国内法体系中，证明标准在刑事和民事诉讼中有较大差异，而在民事诉讼中大陆法系和普通法系之间证明标准的层级划分方式也有差异；即使在普通法系的国家之间关于证明标准的术语也有差别。譬如，美国民事诉讼证据规则中常用优势证据（preponderance of evidence），在英国法律中则称为盖然性占优（balance of probabilities）。在术语的使用上，国际法院的实践反映出从国内法中汲取营养的特征。例如，国际法院会采用"有说服力的证据（convincing evidence）""盖然性占优（balance of probabilities）"的术语。

《规约》《法院规则》没有规范证明标准问题，国际法院司法实践对于证明标准问题缺乏一致性，无论是在术语的使用还是在标准的具体内涵上，都存在判例之间不协调的情形。通说认为，国际法院通常采用的证明标准相较于英国法上的盖然性占优更为严格，比较接近美国法上的"清楚且有说服力（clear and convincing）"标准。[122]例如，在"尼加拉瓜案"中，国际法院指出："事实要通过具有说服力（convincing）的证据来证实。"[123]需要指出，国内法上的证据规则及其术语对理解国际法院的证据规则有一定助益，从法教育的角度有一定意义，但仍应谨慎，应在国际法院司法判例的情景之下去理解证明标准问题。

相较于一般证明标准的模糊性，较为明确的是，国际法院对国家严重违法行为的指控采用极高证明标准。所谓严重违法行为指控（charges of exceptional gravity），主要指违反强行法规范的指控。国际法院在 2007 年"《灭种公约》适用案"中阐明了这一问题。申请方指控被申请方从事了《灭种公

---

[121] *The Pulp Mills, supra* note 113 at 71, para. 164.
[122] Benzing, *supra* note 107 at 1403.
[123] *Nicaragua case, supra* note 6 at 24, para. 29.

约》第 3 条定义的灭种行为，无论是对该不法行为的归责（attribution）证明，还是对不法行为是否发生的证明，都要达到"确凿（fully convinced）"程度；对于被申请方未能履行预防或惩治灭种罪的义务，则只需要达到"与该控诉严重程度匹配的高度确定性标准（a high level of certainty）"。[124]前者比较接近刑事诉讼中对被告人有罪证明的排除合理怀疑标准（或称内心确信标准），而后者则比较类似我国民事诉讼法上的高度盖然性标准。这反映了国际法院以违反国际法义务的严重程度来区分证明标准层级的倾向。

5. 证据类型和证明力

《规约》《法院规则》均未规定国际法院可以采纳的证据类型。可以认为，可供法院采纳的证据没有类型限制，国内法体系中常见的证据类型，如书证与证人证言，也是国际法院司法实践中常见的证据类型。同样，《规约》《法院规则》没有提及证据的证明力（probative value）。对于证据的审核和证明力的认定，国际法院适用自由心证（free assessment）。国际法院在 1986 年"尼加拉瓜案"中指出："在《规约》和《法院规则》的限度内，法院自由评判不同证据类型的证明力。"[125]通说认为，证据的证明力主要取决于证据的关联性（relevance）、客观性（neutrality）及其来源的可靠度（reliability）。[126] 对于部分证据类型，《规约》《法院规则》中有具体的程序规范，法院也在实践中逐步明确了评价其证明力的标准。下文将分而述之。

（1）书面证据（documentary evidence）。书面证据是国际法院诉讼程序中最为常见的证据类型，包括文件资料（documents）在内所有以书面形式记载的证据。国际法院实践中对于书面证据的理解较为宽泛，照片、地图、影像资料都被理解为书证。[127] 由于书面证据的类型多样、适用广泛，因此没有关于其证明力的原则性规范。

（2）证人证言（witness statements）。证人是对其所知晓或感知的事实作出陈述的人。国际法院在"尼加拉瓜案"中提出了关于证人证言证明力的

---

[124] *Genocide case (Bosnia and Herzegovina v Serbia and Montenegro)*, *supra* note 119 at 129–130, paras. 209–210.

[125] *Nicaragua case*, *supra* note 6 at 40, para. 60.

[126] Benzing, *supra* note 107 at 1405.

[127] *Ibid* at 1387.

一般原则:"两种形式的证言可以被视为具有较高的可信度:其一是无利害关系的证人的证言——并非本案当事方的国民并且利益不受本案裁决结果的影响;其二是当事方于己不利的证言。"[128] 因此,当事方本国的官员出庭作证时,国际法院通常对其有利于该国的证言持有极大的保留 (great reserve)。[129] 此外,如果证人的发言仅表达意见(opinion)或者是对事实存在可能性的猜测,而非对亲身经历的陈述,则会被认为具有高度主观性而不被法院采纳。证人对道听途说 (hearsay) 的证言,也不具有证明力。[130] 证人发表证言的时间距离事件发生的时间间隔越久,也越容易使该证言的证明力打折扣。[131]

庭外的发言或声明也可能被法院视为证据。官员,尤其是高级别官员在庭外的发言,如果是对于己不利的事实或行为的承认,国际法院通常给予较大的证明力,因为这些于己不利的发言可能构成自认。[132]

《规约》第43条第5款、第51条和《法院规则》第57条、第58条、第62条至第65条规定了证人出庭作证适用的程序。当事方和法院都可传唤证人出庭作证。在庭审程序开始前,当事方应向法院提交拟传唤的证人名单与证人信息,法院若认为必要也可组织不在当事方提交名单上的证人出庭,但迄今为止国际法院从未行使过这一权力。证人出庭作证时应首先宣誓保证其陈述的真实。庭审中对证人的审讯由院长主持,一般先由传唤证人的当事方对证人发问,再由他方对证人交叉询问,最后由传唤证人的当事方再度向证人提问。院长和其他法官可随时向证人提问。有时,为保护证人身份的隐私与安全,国际法院闭门听取了这些证人的证言,且事后向公众公开的庭审记录中隐去了证人的身份信息。[133]

(3) 书面证词(affidavits)。书面证词是证人证言的一个子类型,在国际法院实践中指当事方提供的由陈述人签署并宣誓保证真实的证词,但证人本身并未出庭作证。一般而言国际法院对书面证词的可采性持有十分保留的态

---

[128] *Nicaragua case, supra* note 6 at 43, para. 69.
[129] Ibid para. 70.
[130] Ibid at 42, para. 68.
[131] *Oil Platforms, supra* note 114 at 189, para. 58.
[132] *Nicaragua case, supra* note 6 at 41, para. 64.
[133] *Application of the Convention on the Prevention and Punishment of the Crime of Genocide (Croatia v Serbia),* Judgment, [2015] ICJ Rep 3, at 20, para. 33.

度。国际法院在 2007 年尼加拉瓜诉洪都拉斯"加勒比海的领土与海洋争端案"中详尽总结了书面证词的证明力以及衡量其证明力的要素：

> 法院对以书面证词形式提供的证人陈述应谨慎对待。在评估此类证词时，法院必须考虑若干因素，包括：这些证词是由国家官员作出的，还是由与诉讼结果无关的个人作出的；某一证词是证明了事实的存在，还是仅代表了对某些事件的看法。在一些情况下，法院认可在有关事实发生的同时期取得的书面证词可能具有特殊价值。国家官员事后为诉讼目的就早先的事实宣誓的证词，其分量不如在相关事实发生时宣誓的证词。在其他情况下，如果私人没有理由在早些时候提供证词，那么即使是为诉讼目的而准备的证词也会受到法院的仔细审查，以确定所作证言是否受到取证人的影响，以及证言的用途。因此，如果为诉讼目的而制作的证词证明了特定个人对事实的知晓，法院不会认为这样的证词是不恰当的。法院还将考虑证人证明某些事实的能力，例如，主管政府官员关于边界线的陈述可能比个人宣誓的陈述更有分量。[134]

（4）专家意见（expert opinion）。专家是基于其专业知识对事实发表意见的人，在一些当事方对事实存有较大争议或事实较为复杂的诉讼案件中，专家意见对查明事实有重要作用。专家意见常出现在国际法院的领土和海洋边界案件中，此时专家可协助确定划定海洋边界的基点或勘定海岸的地理状况，或协助当事方勘定边界。近年来，专家与专家意见在涉及科学问题争议的环境案件中的作用引发了较多关注，如 2010 年"纸浆厂案"和 2014 年"捕鲸案"。

一般而言，专家分为当事方选派的专家和国际法院任命的专家。当事方选派专家并提出专家意见是国际法院诉讼程序中常见的现象，专家意见属于当事方提交法院的书面证据的一部分，受《规约》《法院规则》有关程序规则的规范。当事方或法院也可传唤专家出庭作证，此时适用与证人出庭作证的程序：当事方要在庭审前提交专家名单，作证前专家要宣誓，庭审中专家

---

[134] *Territorial and Maritime Dispute between Nicaragua and Honduras in the Caribbean Sea (Nicaragua v Honduras)*, Judgment, [2007] ICJ Rep 659, at 731, para. 244.

要经受当事方的询问、交叉询问和法院的询问。㉟ 虽然国际法院并未对专家意见的证明力提出系统性的衡量标准,但专家资质、专家意见的中立性、客观性和关联性、专家得出意见采用的方法及其科学性等,均为衡量专家意见证明力的要素。实践中,若当事方各自指派的专家意见趋同时,更容易获得国际法院的采纳;当专家意见互相冲突时,则容易产生相互抵消的效果,即国际法院不会采纳任何一方的专家意见,也不会评价专家意见的优劣。例如,在 1982 年突尼斯和利比亚"大陆架划界案"中,双方聘请的专家对有关海底区域的地质提出了两种截然不同的自然延伸理论,国际法院拒绝从中选择,并决定从国际法而非科学的角度解决案件争议。㊱ 在 2010 年"纸浆厂案"中,国际法院也拒绝评价当事方各自提出的专家意见的可信度,而是指出:"国际法院的职责是在对当事方提交的所有证据完成了仔细审核后,决定事实的关联性、评价它们的证明力并作出适当的结论。"㊲

在当事方聘请专家的实践中,曾出现过专家作为律师的情形。"纸浆厂案"中,阿根廷和乌拉圭都将专家列入律师名单,使其出庭陈述。作为律师和作为专家出庭的根本差异是前者无须接受对方的交叉质询,这无疑会损害当事方平等原则。国际法院在判决中表达了对这一做法的忧虑:"与作为各自的律师相比,让这些专家作为依据《法院规则》第 57 条和第 64 条出庭作证的专家证人更为有用。这些根据其科学技术知识或个人经验向法院提供证据的人应当作为专家或证人出庭作证,因为这样他们才能接受他方的质询。"㊳ 此后在国际法院诉讼的当事方,如"捕鲸案"中的日本和澳大利亚,就接受了国际法院的建议让专家作为证人出庭。

国际法院依据《规约》第 50 条可任命专家:"法院得随时选择任何个人、团体、局所、委员会或其他组织,委以调查(enquiry)或鉴定之责(expert opinion)。"通常认为法院任命专家提供的意见相较于当事方选派专家的意见而言更具有证明力,这与对专家中立性和客观性的感知有关。但需要指出,

---

㉟ 见《法院规则》第 57 条、第 58 条、第 62 条至第 65 条。

㊱ *Continental Shelf (Tunisia/Libyan Arab Jamahiriya)*, Judgment, [1982] ICJ Rep 18, at 53, paras. 60-61.

㊲ *The Pulp Mills, supra* note 113 at 72, para. 168.

㊳ *Ibid* para. 167.

即使国际法院任命了专家，也没有义务采纳专家的意见，但通常会给予其较高的效力。⑬⑨ 当事方对于法院任命的专家出具的意见，有权予以评论。⑭⓪ 实践中，国际法院甚少主动任命专家。在 2010 年至 2024 年间的案件中，只有在"加勒比海和太平洋划界案"和"刚果领土上的武装活动案（赔偿判决）"中，国际法院依职权任命了专家。⑭① 而在此之前，则只在"科孚海峡案（赔偿问题）"中任命了专家，其余案件中均为依据当事方特别协议的明确要求而任命专家。⑭② 在一些科学问题属于查明事实的争议焦点的案件中，国际法院对任命专家的消极态度招致了批评。⑭③

国际法院司法活动中存在一类所谓"幽灵专家"，即不为当事方所知、仅供国际法院内部咨询的专家，这些专家协助国际法院处理涉及地理的专业问题（如制图）、提供语言和翻译服务甚至提供专业的法律咨询。这类专家的存在无疑会损害当事方的诉讼权利，尤其是《法院规则》第 67 条规定的评论专家意见的权利，也有损于国际法院程序的透明度和正义司法原则。⑭④

（5）实地调查（site visit）。《法院规则》第 66 条授权国际法院主动或经当事方请求进行实地调查获取证据。实践中，国际法院仅在 1997 年"多瑙河大坝案"中经当事方共同请求后，行使了这一取证的权力。⑭⑤ 尽管国际法院有权主动要求实地调查，但显然在缺乏当事方同意和配合的情况下，这一权力难以落实。

（6）其他国际司法机构判决对有关事实的认定。原则上，既判力原则不及于事实的认定，因此无论是国际法院在早先判决中已经认定的事实，还是其他国际司法机构对有关事实的认定，都不拘束国际法院在嗣后案件中的事

---

⑬⑨ *Corfu Channel*, *supra* note 118 at 21.

⑭⓪ 《法院规则》第 67 条第 2 款。

⑭① *Maritime Delimitation in the Caribbean Sea and the Pacific Ocean (Costa Rica v Nicaragua)*, Decision to Obtain Expert Opinion, Order of 31 May 2016, [2016] ICJ Rep 235, at 236, para. 4; *Armed Activities on the Territory of the Congo (Democratic Republic of the Congo v Uganda)*, Order of 8 September 2020, [2020] ICJ Rep 264, at 269, para. 16.

⑭② Benzing, *supra* note 107 at 1394-1395.

⑭③ Joint Dissenting Opinion of Judges Al-Khasawneh and Simma, *The Pulp Mills*, *supra* note 113 at 113, para. 12.

⑭④ Joint Dissenting Opinion of Judges Al-Khasawneh and Simma, *ibid* at 114, para. 14.

⑭⑤ *Gabčíkovo-Nagymaros Project (Hungary/Slovakia)*, Judgment, [1997] ICJ Rep 7, at 14, para. 10.

实认定。⑭ 1988年尼加拉瓜诉洪都拉斯"边界与跨境武装活动案"中,涉及1986年"尼加拉瓜案"的部分事实问题,但国际法院指出:"无论如何,应由当事方根据通常的证据规则来查明本案的事实,而不可能援引不涉及本案当事方的另外一个案件的既判力。"⑭

若其他国际司法机构判决对国际法院当事方争端所涉事实已经有所裁决,国际法院仍会酌情予以采纳。在2007年"《灭种公约》适用案"中,国际法院不仅给予了前南刑庭对灭种罪行是否发生的事实认定以较高的证明力,还区分了前南刑庭诉讼程序的不同阶段及其结论的证明力:对于检察官对某些事件决定予以起诉的事实,法院认为不具有任何证明力,但若检察官决定不起诉,则这一事实有较强的证据效力;对于前南刑庭签发逮捕令或不予释放嫌疑人的决定,因其证明标准显著低于定罪的排除合理怀疑标准,且在程序上不具有终局性,因此法院认为这些事实不能满足证明灭种行为发生的证明标准;对于法庭经审判后作为定罪或无罪依据的事实,非经上诉推翻,则具有高度的证明力;对于最后嫌疑人认罪的量刑判决,国际法院认为相关事实的认定具有一定效力。⑭

(7)国际组织的报告。根据《规约》第34条第2款:"法院得依其规则,请求公共国际团体(public international organization)供给关于正在审理案件之情报。该项团体自动供给之情报,法院应接受之。"《法院规则》第69条进一步补充了该条有关的程序。"公共国际团体"即政府间国际组织,若其主动向国际法院供给与诉讼案件有关的信息,则应以诉状的形式提交,并由国际法院决定是否邀请该组织参与庭审程序。国际法院尚未明确国际组织主动提交或经国际法院请求提交的信息的证明力问题,但可以确定国际法院并无义务将国际组织提供的信息作为审判的事实依据。

除此之外,国际组织的报告也经常作为当事方书证的一部分提交。国际法院在2007年"《灭种公约》适用案"中明确了衡量国际组织报告证明力的要素:(1)证据来源是否中立或偏袒一方;(2)报告作出的过程,即是否通过司法程序

---

⑭ Kolb, *supra* note 4 at 939-940.

⑭ *Border and Transborder Armed Actions (Nicaragua v Honduras)*, Jurisdiction and Admissibility, [1988] ICJ Rep 69, at 81, para. 54.

⑭ *Genocide case (Bosnia and Herzegovina v Serbia and Montenegro)*, *supra* note 119 at 132-134, paras. 216-224.

或类司法程序作出、是否匿名作出；（3）报告的质量和性质（如是否包含争议事实）。[149] 该案中，国际法院在认定事实时大量援引了联合国秘书长提交联合国大会的报告《斯雷布雷尼察的陷落》，因为："编写报告时的谨慎、全面的资料来源以及负责编写报告的人员的独立性都使该报告具有相当的权威性。"[150]

（8）媒体报道。媒体报道本身不能作为司法程序中采纳的证据，但是，在国际法院诉讼程序中，若媒体报道足以证明某些事实属于众所周知的事实（public knowledge），那么国际法院可以承认这些媒体报道一定的证明力。1980年"德黑兰人质案"中国际法院指出："在各国媒体、伊朗和其他国家的电台和电视广播得到了广泛报道的事实，属于众所周知的事实。"[151]但是，国际法院在"尼加拉瓜案"中对媒体报道则采取了更为审慎的标准，并对提交法院的新闻媒体信息采取了保留的态度。国际法院提出了考察媒体报道证明力的两大要素：一方面，如果当事方的事实主张有广泛、一致而又相互印证的媒体报道的支持，法院可以认定该事实主张成立；另一方面，如果对一项事实反复、广泛的报道都只有单一来源，那么无论存在多么大量的报道，这些重复性的内容都不能获得高于原始来源的证明力。[152]

（9）不具有可采性的证据。《规约》《法院规则》和国际法院的司法实践都没有确立证据不可采信的一般规则，国际法院也没有一些国内法体系中的非法证据排除规则。[153] 但是，有一类证据是国际法院及其前身常设国际法院认可不能作为证据采用的，即当事方之间在谈判过程中作出的让步（concessions）。在"霍茹夫工厂案"中，常设国际法院指出："如果有关谈判并未导致当事人之间达成协议的话，法院不能采纳当事人在直接谈判过程中可能作出的声明、承认或建议。"[154]换言之，一方在谈判中为取得合意和友好解决所作的让步，不能被他方在同时或嗣后进行的以该问题为核心的诉讼程序中作

---

[149] *Ibid* at 135, para. 228.

[150] *Ibid* at 137, para. 230.

[151] United States Diplomatic and Consular Staff in Tehran (United States of America v Islamic Republic of Iran), Judgment, [1980] ICJ Rep 3, at 9, para. 12.

[152] *Nicaragua case*, *supra* note 6 at 41, para. 64.

[153] Benzing, *supra* note 107 at 1381.

[154] *The Factory at Chorzów (Claim for Indemnity) (Jurisdiction)*, PCIJ Series A, No.9, Judgment of 26th July 1927, at 19.

为证据。国际法院在卡塔尔诉巴林"海洋划界与领土争端案"中认定这是一项习惯国际法原则,其原理在于促进庭审程序外争端的政治解决。㊂

三、附带程序

附带程序(incidental proceedings)是指当事国启动了诉讼程序之后,当事国或其他国家提起的可能影响、中止或终结该诉讼程序的程序。这些程序的产生依附于主程序,因此具有附带性。《规约》和《法院规则》规定了附带程序的提出、所要满足的要件及其对主程序的影响,而国际法院则在司法实践中对这些规范予以完善和发展。依据《法院规则》第三部分第四节,附带程序包括:临时措施程序(provisional measures/interim protection)、初步反对意见程序(preliminary objections)、反诉(counter-claims)、第三国参与(intervention)和终止(discontinuance)。㊂

(一)临时措施

1. 依据与功能

国家将争端提交国际法院的目的必然是裁决两国之间在国际法上的权利、义务和责任关系。诉讼程序启动之后,国家有义务避免采取那些可能致使法院的最终裁决无意义的行为。㊂若诉讼过程中因被申请方的行为导致申请方的权利毁损或彻底灭失,则即使诉讼的结果是有利于申请方的,申请方的诉讼目的也全然落空了。为了保护当事方在诉讼程序进行中、最终裁决作出前其权利不遭受损害,同时也是为了保证国际法院司法职能的有效实现,《规约》

㊂ *Maritime Delimitation and Territorial Questions between Qatar and Bahrain (Qatar v Bahrain)*, Jurisdiction and Admissibility, [1994] ICJ Rep 112, at 126, para. 40.

㊂ 《法院规则》第三部分第四节第 87 条提了将国间就其他国际机构的决定产生的争议提交国际法院的程序。依该条第 1 款规定:"如果根据现行条约或公约,向法院提交的诉讼案件涉及的事项曾是其他国际机构诉讼的主题,则应适用《规约》和《法院规则》关于诉讼案件的规定。"这类程序本质上仍是诉讼程序,只是争端的主旨事项是其他国际机构在先的决定。因此,尽管第 87 条被列入《法院规则》与附带程序有关的章节,但并非本节所讨论的依附于主程序的附带程序。

㊂ *The Electricity Company of Sofia and Bulgaria*, PCIJ Series A/B, No.79, Order of 5 December 1939, at 199.

第 41 条赋予了国际法院指示临时措施的权力。该条第 1 款规定："法院如认情形有必要时，有权指示当事国应行遵守以保全彼此权利之临时办法。"

临时措施的内容通常是要求一方（或双方）从事或不从事特定行为，以避免他方在诉讼中主张的权利遭受不可弥补的损失。临时措施程序因而具有三大特性：第一，保护性，即临时措施的意义在于权利的保全。第二，临时性，即这些措施都是适用于最终裁决作出之前的，若国际法院最终认定对主程序无管辖权，则法院先前指示的临时措施不再施行。若国际法院最终作出了实体问题的裁决，则以裁决作为当事方此后应遵循的行为依据。第三，紧迫性。《法院规则》第 74 条规定，临时措施请求一经提出，应优先于其他所有案件进行。虽然国际法院的待决案件按照程序启动的时间顺序排列，一旦这些案件之中有案件的当事国提起了临时措施请求，或者新启动的诉讼程序的当事国提出了临时措施请求，那么国际法院应首先处理临时措施请求，这与案件本身的重要性无关，而是由临时措施程序所要保护的权利可能遭受毁损的紧迫性决定的。

2. 国际法院指示临时措施所要满足的条件

《规约》第 41 条只是笼统地规定国际法院"如认情形有必要时"有权指示临时措施，具体在何种情形下国际法院才得指示临时措施是在司法实践中逐步确立的。目前看来，只有在同时满足下述 5 个条件的情形下国际法院才会指示临时措施：

（1）国际法院确认对诉讼案件享有初步管辖权（*prima facie* jurisdiction）。由于国际法院只能在有管辖权的情况下裁决国家间的争端，因此，管辖权问题也是临时措施阶段需要考虑的事项。若要求法院在此阶段确切地判定管辖权问题，则无益于临时措施程序目的的实现；但是，若国际法院对案件明显无管辖权或者很大可能无管辖权，此时指示临时措施也缺乏根据。在两者折中下，国际法院在 1972 年"渔业管辖权案"中确定了初步管辖权这一标准，并沿用至今。[158] "初步管辖权"即当事方提出了看上去有效的管辖权来源，而法院无须确切地判定对案件的实体问题享有管辖权。[159]

---

[158] *Fisheries Jurisdiction (Federal Republic of Germany v Iceland)*, Interim Protection, Order of 17 August 1972, [1972] ICJ Rep 30, at 34, para. 18.

[159] *Application of the Convention on the Prevention and Punishment of the Crime of Genocide (The Gambia v Myanmar)*, Provisional Measures, Order of 23 January 2020, [2020] ICJ Rep 3, at 9, para. 16.

若当事方以接受《规约》第 36 条第 2 款任择管辖的声明为管辖权依据，且当事方声明中没有明确排除本案所涉争端的保留时，可以认为存在初步管辖权；若当事方以条约的管辖权条款为管辖权来源，且双方均未保留该条款时，也可认为存有初步管辖权。在后者的情况下，国际法院还要初步判断当事方是否就该条约的解释或适用存有争端，以及在条约管辖权条款为诉诸国际法院设定了前提条件时（如先行谈判），当事方是否已经满足了该条件。例如，在乌克兰诉俄罗斯"《制止资助恐怖主义公约》和《消歧公约》适用案"的临时措施程序中，法院先后考察了两国是否就两大公约的解释和适用存有初步争端，且两大公约管辖权条款中要求诉诸国际法院前先行谈判或仲裁的条件是否得到初步满足，才得出了享有初步管辖权的结论。[160]相反，在南联盟诉北约八国的"使用武力合法性案"中，由于不能认为使用武力本身反映了灭绝种族的特殊意图，因此法院不能基于《灭种公约》享有初步管辖权。[161]

在一些案件中，如冈比亚诉缅甸"《灭种公约》适用案"和南非诉以色列"加沙地带《灭种公约》适用案"，国际法院还考虑了申请方是否享有初步诉权（prima facie standing），这是因为这些案件中申请方并非利益受被申请方行为特别影响的国家。在这两个案件中，国际法院以《灭种公约》规范的义务具有"缔约国间的对世义务（obligations erga omnes partes）"的性质，确认了申请方的初步诉权。[162]

由于临时措施程序中对管辖权的判定仅为初步性质的，因此不排除在后续的程序中国际法院最终认定对案件无管辖权。例如，2011 年格鲁吉亚诉俄

---

[160] *Application of the International Convention for the Suppression of the Financing of Terrorism and of the International Convention on the Elimination of All Forms of Racial Discrimination (Ukraine v Russian Federation)*, Provisional Measures, Order of 19 April 2017, [2017] ICJ Rep 104, at 126, para. 62.

[161] *Legality of Use of Force (Yugoslavia v Italy)*, Provisional Measures, Order of 2 June 1999, [1999] ICJ Rep 481, at 491, paras. 27-28.

[162] 冈比亚诉缅甸"《灭种公约》适用案"中，国际法院确认了冈比亚依据《灭种公约》确立的缔约国之间的对世义务享有初步诉权。*The Gambia v Myanmar*, Provisional Measures, *supra* note 159 at 17, paras. 41-42。南非诉以色列"加沙地带《灭种公约》适用案"中，以色列并未质疑南非的诉权，但国际法院仍援引冈比亚诉缅甸"《灭种公约》适用案"中的说理指出南非享有初步诉权。*Application of the Convention on the Prevention and Punishment of the Crime of Genocide in the Gaza Strip (South Africa v Israel)*, Provisional Measures, Order of 26 January 2024, para. 33.

罗斯"《消歧公约》适用案"就属于这一情况。[163]

（2）权利具有合理性（plausibility）。自比利时诉塞内加尔"或起诉或引渡案"以来，国际法院要求当事方必须证明其试图通过诉讼程序保护的权利具有合理性。这是因为临时措施程序的目的是保护当事方的权利，因此，若一方最终不能证明其享有这一权利，那么临时措施也就属于无本之木了。但是，这一标准在实践中有不同的适用标准，时而仅需要当事方证明其权利具有合理性，而时而又要求当事方证明其诉求具有合理性。例如，在"或起诉或引渡案"中，国际法院认为比利时所主张的权利是可以被《禁止酷刑公约》条款的解释所支持的，因而具有一定合理性。[164]而在"《制止资助恐怖主义公约》和《消歧公约》适用案"中，国际法院认为，要确定乌克兰主张的权利具有合理性，需要考察公约具体条款适用的必要因素是否存在，但乌克兰没有提出证据证明俄罗斯的行为体现了这些必要因素，因而法院认定该条件未得到满足。[165]

需要强调，此时当事方只需要证明其权利具有合理性，即一旦当事方主张的事实证成，该权利必属于当事方受保护的权利，而无须证明该权利切实存在或切实受到了他方的侵害，因为和管辖权问题一样，临时措施程序中国际法院无须断定实体问题。实际上，在乌克兰诉俄罗斯"指控违反《灭种公约》案"中，虽然在临时措施命令中国际法院认定乌克兰依据《灭种公约》主张的权利具有合理性，但在初步反对意见判决中则认为乌克兰所控诉的俄罗斯使用武力的行为并不属于《灭种公约》调整的事项，也不可能构成对《灭种公约》的违反。[166]

（3）临时措施和权利保护之间存在关联。国际法院是否指示临时措施以

---

[163] *Application of the International Convention on the Elimination of All Forms of Racial Discrimination (Georgia v Russian Federation)*, Preliminary Objections, [2011] ICJ Rep 70, at 140, para. 186.

[164] *Questions relating to the Obligation to Prosecute or Extradite (Belgium v Senegal)*, Provisional Measures, Order of 28 May 2009, [2009] ICJ Rep 139, at 152, para. 60.

[165] *Application of the International Convention for the Suppression of the Financing of Terrorism and of the International Convention on the Elimination of All Forms of Racial Discrimination (Ukraine v Russian Federation)*, Provisional Measures, Order of 19 April 2017, [2017] ICJ Rep 104, at 131-132, paras. 75-76.

[166] *Allegations of Genocide under the Convention on the Prevention and Punishment of the Crime of Genocide (Ukraine v Russian Federation)*, Preliminary Objections, Judgment of 2 February 2024, paras. 146-147.

及指示何种临时措施，取决于这些措施与当事方试图保护的权利之间是否存在关联。这一条件如何适用取决于个案的情况。例如，在德国诉美国"拉格朗案"和墨西哥诉美国"阿韦纳案"中，德国和墨西哥主张美国逮捕其国民时未告知其享有领事通讯和探视等权利违反了《维也纳领事关系公约》，而两国提出的临时措施请求为在法院裁决这一争端之前美国不得对其国民执行死刑。显然，这两个案件中临时措施请求与争端具有密切联系。

（4）权利具有遭受无可弥补的损害（irreparable damage）的风险。出于临时措施的保护性，损害的性质及其可能发生的程度是指示临时措施与否的重要向度。只有在权利可能遭受无可弥补的损害风险时，才有指示临时措施的必要。但是，实践中对于何为"无可弥补的损害"存有不同的认识。如何认定"无可弥补的损害"也取决于不同争端的主旨事项，难以一言论之。常设国际法院认为不可弥补的损害指那些无法简单通过金钱赔偿或补偿予以修复或通过其他物质形式恢复原状的损害。[167] 国际法院在"爱琴海大陆架案"中指出，土耳其对于大陆架的勘探行为及其对争议大陆架掌握的信息即使有损希腊权利的独占性（若最终认定这些大陆架属于希腊的管辖范围），也可以通过赔偿来弥补，因此国际法院认为希腊主张的权利不会遭受无可弥补的损害。[168] 而在"收缴和扣押某些文件和数据的问题案"中，东帝汶要求澳大利亚归还其搜查并扣押的属于东帝汶律师的文件和数据资料，法院认为，机密信息一旦泄漏则难以通过补偿或赔偿恢复原状，因而认定存在无可弥补的风险。[169] 类似的，在"豁免和刑事程序案"中，国际法院认为对领馆不可侵犯性的违背难以恢复原状。[170] 在一些涉及武装冲突或个人权利的案件中，当个体或群体的生命是临时措施程序的核心时，国际法院通常认为无可弥补的损害

---

[167] Karin Oellers-Frahm & Andreas Zimmermann, "Article 41" in Andreas Zimmermann & Christian J. Tams, eds, *The Statute of the International Court of Justice: A Commentary*, 3rd edition (Oxford University Press, 2019) 1135 at 1161.

[168] *Aegean Sea Continental Shelf (Greece v Turkey)*, Interim Protection, Order of 11 September 1976, [1976] ICJ Rep3, at 10–11, paras. 31-33.

[169] *Questions relating to the Seizure and Detention of Certain Documents and Data (Timor-Leste v Australia)*, Provisional Measures, Order of 3 March 2014, [2014] ICJ Rep 147, at 158, para. 42.

[170] *Immunities and Criminal Proceedings (Equatorial Guinea v France)*, Provisional Measures, Order of 7 December 2016, [2016] ICJ Rep 1148, at 1169, para. 90.

风险存在。⑰

（5）紧迫性。紧迫性和无可弥补的损害风险联系在一起考察。即使存在无可弥补的损害风险，但这种风险的发生不具有紧迫性，也不足以使国际法院指示临时措施。是否存在紧迫性由提出临时措施请求的一方予以证明。在"哥斯达黎加沿圣胡安河修建道路案"和"尼加拉瓜在边界地区进行的某些活动案"中，国际法院指出，尼加拉瓜未能提供必要的证据证明哥斯达黎加的行为可能造成长期不利的环境影响，也未能证明尼加拉瓜的权利有遭受无可弥补的损害的真正迫在眉睫的风险（real imminent risk）。⑫在极端的情形下，如"拉格朗案"中，由于按美国国内当局规定的时限德国国民将在临时措施程序提起的24小时内被执行死刑，紧迫性条件显然得到满足。在衡量是否具有紧迫性时，一个重要的时间指标是损害风险是否可能在法院作出最终决定前的任何时刻发生。⑬对此则要综合案件的情况予以考量。例如，在"或起诉或引渡案"中，塞内加尔在临时措施程序中保证不会在法院作出最终裁决前允许哈布雷离开塞内加尔，国际法院据此认定比利时请求的临时措施不具有紧迫性。⑭而在冈比亚诉缅甸"《灭种公约》适用案"中，国际法院认为，虽然缅甸提出已经为罗兴亚难民重返缅甸采取措施，但这些措施不足以消除那些导致罗兴亚群体可能遭受无可挽回损害的行为。特别是，缅甸没有向法院呈递保障罗兴亚人作为受《灭种公约》保护的群体所享有的权利的具体措施。⑮在该案中，国际法院认为已经达到指示临时措施的紧迫性条件。

3. 程序规则

《法院规则》第73条至第78条确定了适用于临时措施的若干程序规则。第73条规定，任何当事方在诉讼程序的任何阶段均可以提出临时措施请求。

---

⑰ Oellers-Frahm & Zimmermann, *supra* note 167 at 1162.

⑫ *Certain Activities Carried Out by Nicaragua in the Border Area (Costa Rica v Nicaragua) and Construction of a Road in Costa Rica along the San Juan River (Nicaragua v Costa Rica)*, Provisional Measures, Order of 13 December 2013, [2013] ICJ Rep 398, at 407, paras. 34-35.

⑬ *Alleged Violations of the 1955 Treaty of Amity, Economic Relations, and Consular Rights (Islamic Republic of Iran v United States of America)*, Provisional Measures, Order of 3 October 2018, [2018] ICJ Rep 623, at 645, para. 78.

⑭ *Questions relating to the Obligation to Prosecute or Extradite (Belgium v Senegal)*, Provisional Measures, Order of 28 May 2009, [2009] ICJ Rep 139, at 155, paras. 71-72.

⑮ *The Gambia v Myanmar*, Provisional Measures, *supra* note 159 at 27, para. 73.

在申请方启动的诉讼程序中，被申请方也有权提出临时措施。例如，"纸浆厂案"中，申请方阿根廷和被申请方乌拉圭在诉讼程序中均提出了临时措施请求。近些年来，当事方倾向于在启动诉讼程序的同时也提出临时措施请求，但当事方也可以在程序过程中的任何时刻提出请求。当然，越晚提出的临时措施请求，尤其是国际法院已经进入评议阶段时，可能会因为裁决即将作出而被认为不符合紧迫性要件。[176]第 73 条还要求临时措施请求以书面的形式提出，并阐明提出请求的原因、若法院不指示临时措施可能导致的后果以及所请求的具体措施。

同时，《法院规则》第 75 条第 3 款还允许当事方在临时措施请求被拒绝后，基于新事实提出新的临时措施请求。而法院在指示了临时措施之后，依据第 76 条还可以经当事方请求后，基于情势的变化修改或撤销临时措施。例如，在波黑诉塞黑"《灭种公约》适用案"中，国际法院于 1993 年 4 月 8 日指示了临时措施，而后波黑又再次提出临时措施请求。[177]这些规则充分考虑了诉讼进行中当事方之间情况的变化可能造成的影响，反映了临时措施程序的保护性特征。

这些程序规则还体现了临时措施程序的紧急性。除了临时措施程序相较于其他程序具有优先地位，紧急性还反映在：第一，国际法院院长为保证该程序的迅速进行享有特定权力。《法院规则》第 74 条第 3 款允许院长在法院休庭时确定临时措施庭审程序的时限，以听取当事方的意见；第 4 款还规定"院长可以呼吁当事方采取恰当行动，以保证法院就临时措施请求可能发布的命令能够产生适当的效力"。这不啻允许院长向当事方建议采取初步的临时措施。例如，在"收缴和扣押某些文件和数据的问题案"和"贾达夫案"中，国际法院院长都在申请方提出临时措施请求后致信被申请方，呼吁被申请方采取行动以保证临时措施程序仍有意义。[178]第二，国际法院依据《法院规则》第 75 条第 1 款可以在任何时候主动审查是否存在指示临时措施命令的必要情形。在"拉格朗案"中，因情形紧急，国际法院首次未听取当事方的口头意

---

⑯ Kolb, *supra* note 4 at 633.

⑰ 法院在第二次临时措施命令中并未指示新的额外的措施，而是要求 1993 年 4 月 8 日命令中指示的措施立即有效实施。*Genocde case, supra* note 22 at 349, para. 59.

⑱ Oellers-Frahm & Zimmermann, *supra* note 167 at 1171.

见便指示了临时措施。国际法院将第 75 条第 1 款的规则视为省去庭审程序的依据。⑲但仍要指出，目前国际法院尚未在当事方没有提出临时措施请求的前提下主动指示临时措施。第三，临时措施程序中当事方有权依据《规约》第 31 条第 2 款指定专案法官，但前提是该权利的行使符合临时措施程序紧急性的要求。事态紧急时，国际法院可以在当事方尚未指定专案法官时即指示临时措施，这发生在印度诉巴基斯坦"贾达夫案"中，当时巴基斯坦尚未指定专案法官，而法院席位中有印度国籍的法官。⑳

依据《法院规则》第 75 条第 2 款，国际法院指示的措施不受当事方请求的限制，即法院指示的临时措施可以全部或部分地不同于当事方请求的措施，也可以指示提出临时措施请求的当事方自身所应履行的措施。这一规则因而超越了诉讼程序中一般适用的"不超裁原则（ne ultra petita）"，给予了国际法院较大的自由度。㉑ 实践中，国际法院指示的临时措施不同于当事方提出的请求较为常见。一个突出的例子是国际法院指示当事方不得加剧争端（non-aggravation of the dispute）。有时，即使当事方未曾提出这一请求，国际法院也会要求双方均不得加剧争端；有时，即使当事方提出了这一请求，国际法院也不一定指示该措施。例如，在冈比亚诉缅甸"《灭种公约》适用案中"，国际法院就没有接受冈比亚所请求的缅甸不得加剧争端这一措施。㉒

国际法院指示了临时措施后，依据《法院规则》第 78 条可以要求当事方向法院提供其履行这些措施的情况。依据《法院规则》第 77 条，法院还应将决定通知联合国秘书长，以便秘书长依据《规约》第 41 条第 2 款将该决定转交安理会。但是，这并不意味着安理会应执行临时措施命令。安理会是否采取行动取决于《宪章》中安理会的职权及其行使的条件。实践中曾出现，当争端也被安理会审议时，安理会通过决议呼吁当事方履行法院的临时措施命令。㉓

---

⑲ *LaGrand case*, *supra* note 42 at 479, para. 32.
⑳ *Jadhav (India v Pakistan)*, Judgment, [2019] ICJ Rep 418, at 423-424, paras. 8-11.
㉑ Kolb, *supra* note 4 at 637.
㉒ *The Gambia v Myanmar*, Provisional Measures, *supra* note 159 at 29, para. 83.
㉓ 这发生在"德黑兰人质案"、波黑诉塞黑"《灭种公约》适用案"中。Oellers-Frahm & Zimmermann, *supra* note 167 at 1195.

4. 临时措施命令的效力

国际法院对临时措施请求的决定以命令的形式作出，而临时措施命令是否具有拘束力在很长一段时间内是一项悬而未决的问题，因为《规约》第41条并未说明违反临时措施的后果。国际法院也长期回避这一问题。直到2001年"拉格朗案"，德国要求国际法院宣告美国未依照临时措施命令暂停执行死刑违反了该命令创设的国际义务，国际法院才通过对《规约》第41条的解释确认了临时措施命令具有拘束力。法院认为："《规约》的目的和宗旨是实现国际法院的职能，尤其是依据第59条作出有拘束力的决定从而裁决国际争端这一基本的司法职能。联系《规约》的上下文，第41条的目的在于防止因当事方权利的损毁阻碍法院行使职能。"[184] 基于《规约》第41条的目的解释，并联系文本的文义（尤其是法语本的文义）、该条的缔约历史以及争端当事方本就负有的避免采取致使裁决无意义行为的义务，国际法院认定临时措施命令具有拘束力。[185] 这意味着，临时措施命令为当事方创设了国际法上的义务，且该义务独立于争端当事方原有的权利义务关系，即在最终裁决作出之前临时措施命令本身构成当事方行为的义务来源。违反临时措施命令也将导致国家责任。若国际法院认定当事方违反了临时措施命令，也会将这一宣告性决定写入判决的执行条款。[186]

5. 临时措施程序的现状

临时措施程序在国际法院诉讼案件中的运用日益增多，甚至可以认为2010年至2024年间国际法院司法实践的突出特征之一即为临时措施程序的高度活跃：在这个时间段内，共有44个诉讼案件启动程序，其中有20个案件的当事方提出了临时措施请求。[187] 作为对比，2000年至2009年间，共有24个

---

[184] LaGrand case, supra note 42 at 502-503, para. 102.

[185] Ibid at 506, para. 109.

[186] Ibid at 516, para. 128(5).

[187] 其中，2个案件当事方提出临时措施请求后又撤回，分别是：2022年德国诉意大利"国家管辖豁免和国有财产限制措施案"和2022年赤道几内亚诉法国"关于归还刑事诉讼中遭没收财产的请求案"；1个案件进行临时措施程序后终止，即东帝汶诉澳大利亚"收缴和扣押某些文件和数据的问题案"；5个案件在2023年底前未作出任何判决因而不在本书述评范围之内，分别是：2021年亚美尼亚诉阿塞拜疆"《消歧公约》适用案"、2021年阿塞拜疆诉亚美尼亚"《消歧公约》适用案"、2022年乌克兰诉俄罗斯"指控违反《灭种公约》案"、2023年加拿大和荷兰诉叙利亚"《禁止酷刑公约》适用案"和2023年南非诉以色列"加沙地带《灭种公约》适用案"。

案件启动程序，其中 7 个案件的当事方提出了临时措施请求。[188]不仅当事方提出临时措施请求的实践增多，国际法院决定指示临时措施的命令也有所增加：2010 年至 2024 年间国际法院在 15 个案件中指示了临时措施，而在 2000 年至 2009 年间仅在 2 个案件中指示了临时措施。

临时措施程序的活跃引起了学界的关注和讨论，不少学者注意到当事方对临时措施程序的策略性运用。一方面，2001 年"拉格朗案"明确了临时措施命令的拘束力，可能促使了许多国家将国际法院指示临时措施视为诉讼的真正目标，而诉讼案件的启动反而成了诉诸临时措施程序的必要前提。[189]"收缴和扣押某些文件和数据的问题案"中，在国际法院指示临时措施要求澳大利亚归还其收缴扣押的文件和数据且澳大利亚履行了这些措施后，东帝汶致信国际法院，指出其诉讼申请的目的已经实现，表达了终止程序的意愿。[190]另一方面，临时措施程序的优先性为当事方"测试"其诉讼程序的前景提供了便利。尽管国际法院在临时措施程序中的决定不妨碍法院对管辖权和实体问题的最终认定，但由于法院要初步性地判断管辖权和当事方权利主张的合理性，当事方可以在临时措施程序中获知法院对其中一些国际法问题的态度和意见，从而更有针对性地准备后续的程序。这在那些运用多边条约的管辖权条款而属事管辖权争议较大的案件中体现得尤为明显：2010 年至 2024 年间凡是以《灭种公约》和《消歧公约》为管辖权依据启动的诉讼案件都同时提出了临时措施请求。[191]但是，国际法院在 2024 年作出的乌克兰诉俄罗斯"指控违反《灭种公约》案"初步反对意见判决中改变了临时措施命令的观点，最终判定乌克兰控告俄罗斯违反《灭种公约》的那些行为不属于《灭种公约》

---

[188] 这 7 个案件中，"纸浆厂案""或起诉或引渡案"以及格鲁吉亚诉俄罗斯"《消歧公约》适用案"均在 2010 年之后作出最终裁决。

[189] Marie Lemey, "Incidental Proceedings before the International Court of Justice: The Fine Line between 'Litigation Strategy' and 'Abuse of Process'" (2021) 20 The Law & Practice of International Courts and Tribunals 5 at 17.

[190] *Questions relating to the Seizure and Detention of Certain Documents and Data (Timor-Leste v Australia)*, Discontinuance, Order of 11 June 2015, [2015] ICJ Rep 572, at 574.

[191] 分别是：2017 年乌克兰诉俄罗斯"《制止资助恐怖主义公约》和《消歧公约》适用案"、2018 年卡塔尔诉阿联酋"《消歧公约》适用案"、2019 年冈比亚诉缅甸"《灭种公约》适用案"、2021 年亚美尼亚诉阿塞拜疆"《消歧公约》适用案"、2021 年阿塞拜疆诉亚美尼亚"《消歧公约》适用案"、2022 年乌克兰诉俄罗斯"指控违反《灭种公约》案"和 2023 年南非诉以色列"加沙地带《灭种公约》适用案"。

调整的事项，可能为临时措施程序的泛滥发出遏制的信号。[192]

（二）初步反对意见

1. 依据与功能

初步反对意见是诉讼案件的当事方（通常是被申请方）提出的反对国际法院管辖权或可受理性的意见，其目的在于阻止法院审理案件的实体问题。诉讼程序启动后，若当事方提出了初步反对意见，或法院认定有先行处理管辖权或可受理性问题的必要，那么法院将暂停对实体的审理，而单独审理管辖权和可受理性问题。因此，初步反对意见开启了诉讼程序一个单独的阶段，该阶段仅处理管辖权和可受理性相关问题，并以国际法院对管辖权和可受理性问题的判决为终结。由于初步反对意见具有先决性，这一程序也被称为"先决反对意见程序"。

初步反对意见程序是参与国际法院诉讼的国家经常运用的附带程序，尤其是在当事方单方面提起申请的情况下。提出初步反对意见并不违反当事方接受国际法院管辖的承诺，相反，初步反对意见程序的存在及其运用是缺乏一般性、普遍性和强制性的国际司法解决的固有要求。国际法院认为："被申请方提出初步反对意见的权利是一项根本的诉讼权利。"[193]

《规约》并未囊括初步反对意见程序的任何规范，而只在第36条第6款中确认了国际法院裁决管辖权原则。[194]常设国际法院创立后制定的1922年《法院规则》也未设想当事国反对法院管辖时适用的程序规则，直到法院积累了相应的案件经验后，才于1926年修订《法院规则》时正式确立了初步反对意见程序。现行《法院规则》第79条明确了初步反对意见程序适用的若干程序规范。该条源于1972年对《法院规则》的修订，并于2001年经再次修订生效。此后，国际法院又于2019年修订《法院规则》第79条，增设第79条之二和第79条之三。

---

[192] *Allegations of Genocide Under the Convention on the Prevention and Punishment of the Crime of Genocide (Ukraine v Russia)*, Preliminary Objections, Judgment of 2 February 2024, paras. 146-147.

[193] *Ahmadou Sadio Diallo case (merits)*, *supra* note 115 at 658, para. 44.

[194] 见第三章第一部分"基本概念与原则"一节。

2. 初步反对意见的类型

《法院规则》第 79 条之二第 1 款将初步反对意见分为三类：(1) 管辖权异议；(2) 可受理性异议；(3) 其他实体问题之前应予裁决的问题。本书第三章解释了国际法院管辖权的概念、分类以及表达国家接受国际法院管辖的各类管辖权来源，当事方可以围绕上述管辖权的任何方面提出国际法院无管辖权的意见，包括：当事方之间不存在争端；申请方提出的争端不属于两国间有效的管辖权来源所调整的主旨事项；申请方尚未满足管辖权来源所要求的诉诸国际法院的前提条件；当事方之间的管辖权来源已经失效等。

可受理性异议是一方根据他方申请中存在的瑕疵提出的意见。正如第三章所阐明的，可受理性异议主要针对当事方提出特定诉求所应满足的法律条件或诉求所涉的事实情况，因此并不存在关于可受理性的一般原理，也难以穷尽可受理性异议的类型。常见的可受理性异议包括：当事方提起外交保护时尚未满足穷尽当地救济的要求；当事方之间已经约定选择了另一争端解决方式；申请方的诉求涉及不可或缺的第三方；申请方涉嫌滥用程序或滥用权利等。

实践中有时难以界定某一项反对意见属于管辖权异议还是可受理性异议，因此"其他审理实体问题之前应予裁决的问题"为国际法院灵活处理初步反对意见留出了空间。在"洛克比空难案"中，英国提出的一项初步反对意见为，因安理会已就同一问题通过了决议，因而国际法院的诉讼程序目的落空。国际法院认为此项反对意见即属于《法院规则》第 79 条第 1 款所称"其他审理实体问题之前应予裁决的问题"，因为这项异议的目的在于阻止法院裁决实体问题。[⑲]

3. 程序规则

《法院规则》第 79 条、第 79 条之二和第 79 条之三规范了适用于初步反对意见的程序规则。第 79 条第 1 款规定，国际法院若认为情形确有必要，可主动决定先单独审理管辖权或可受理性问题。有时，虽然被申请方尚未正式提出初步反对意见，但在院长依据《规约》第 31 条查明当事方关于程序的意

[⑲] *Questions of Interpretation and Application of the 1971 Montreal Convention arising from the Aerial Incident at Lockerbie (Libyan Arab Jamahiriya v United Kingdom)*, Preliminary Objections, [1998] ICJ Rep 9, at 26, paras. 46–47.

见时,被申请方已经表达了国际法院无管辖权或申请不具有可受理性的态度,法院可能据此认定应先行审理管辖权或可受理性问题。类似的,在被申请方不到案而又同时表达了国际法院无管辖权态度时,法院也可能据此行事。例如,圭亚那诉委内瑞拉"1899 年 10 月 3 日仲裁裁决案"启动后,委内瑞拉表达了法院无管辖权的意见以及不参加程序的决定。法院此后发布命令,决定依据《法院规则》第 79 条首先审理管辖权问题,并要求当事方首先就管辖权问题提交书面意见。[196]若法院依职权决定先审理管辖权或可受理性问题,法院作出的判决通常命名为"管辖权与可受理性判决";若当事方提出了初步反对意见,法院对此的决定则命名为"初步反对意见判决",但两者在性质上没有差别:均为法院对管辖权和可受理性等先决问题的裁决。

《法院规则》第 79 条之二第 1 款则规定了由当事方启动初步反对意见程序时应遵循的规则。诉讼程序开启后,被申请方应尽快提出初步反对意见,最迟不应晚于申请方提交诉状后 3 个月。虽然从司法经济的角度讲,被申请方尽早提出初步反对意见更有利于国际法院审理案件的效率,但将提出初步反对意见的时限设定在申请方提交诉状后 3 个月更有利于被申请方充分了解申请方法律与事实主张的全貌,从而更有针对性地提出管辖权和可受理性异议。这也更符合保障被申请方诉讼权利的要求。该条还规定,其他当事方若有意提出初步反对意见,则应在法院为其确定的提交第一轮诉状的时限截止日期前提出。虽然绝大多数初步反对意见都由被申请方提出,但在 1954 年"货币黄金案"中,则是由作为申请方的意大利提出的管辖权异议。[197]当事方应书面提出初步反对意见,并载明该意见所依据的法律、事实并提供必要的证据和其他支持性材料。

当事方提出初步反对意见的效果是法院将暂停审理实体问题,并启动初步反对意见程序的书面和庭审程序。除非,依据《法院规则》第 79 条之二第 4 款,当事方达成协议要求法院在实体阶段审理当事方提出的反对意见。此时法院应依据当事方之间的约定行事。根据《法院规则》第 79 条之二第 3 款,收到初步反对意见后,法院应确定另一当事方提交书面意见的时限。这一阶

---

[196] *Arbitral Award of 3 October 1899 (Guyana v Venezuela)*, Jurisdiction of the Court, Judgment, [2020] ICJ Rep 455, at 461, para. 6.

[197] 第三章第一部分"基本概念与原则"一节。

段当事方的书面意见都应围绕管辖权或可受理性问题展开。第 79 条之三第 2 款进一步规定，除非法院另有决定，书面程序结束后将进行庭审程序。因此，相较于实体阶段当事方可能提交两轮诉状相比，初步反对意见程序中当事方一般只进行一轮书面意见交换。而在庭审程序阶段，当事方陈述的顺序也因初步反对意见的性质而发生调转：由提出初步反对意见的一方先陈述。

庭审程序结束后，国际法院进入评议环节。评议过程和实体阶段一样，由《关于法院内部司法实践的决议》规范。[198] 按照《法院规则》第 79 条之三第 4 款的规定，国际法院对初步反对意见可能作出三种决定：（1）支持反对意见；（2）驳回反对意见；（3）宣告某项反对意见不全然具有先决性。实践中国家通常提出一系列管辖权或可受理性异议，国际法院通常会首先裁决那些对管辖权更为决定性的意见，而不一定逐条裁决当事方提出的所有反对意见。基于国际法院对初步反对意见的决定，案件的走向有四种前景：（1）国际法院对争端无管辖权；（2）国际法院对争端的部分问题有管辖权，这些问题将进入实体阶段的审理；（3）国际法院对争端有管辖权；（4）暂时无法判断对争端或争端的部分问题有无管辖权。

若国际法院宣告某项反对意见不全然具有先决性，那么该意见涉及的管辖权或可受理性问题将与实体问题合并审理，即法院将在听取了当事国就实体问题的辩论后，再最终地决定该管辖权问题。这一规则来源于 1972 年《法院规则》的修订。在此之前，《法院规则》允许国际法院将管辖权问题与实体问题合并审理，国际法院对此有裁量权。而实践中曾出现当事方进行了漫长的诉讼程序并就实体问题深度交锋之后，国际法院最终却以不享有管辖权或申请不具有可受理性为由拒绝管辖，如"巴塞罗那电力公司案"。为了避免这类消耗国家大量诉讼成本、无益于司法经济的现象频繁出现，国际法院修订了第 79 条，限制了法院合并审理管辖权与实体问题的权力。修订后的《法院规则》第 79 条之三第 4 款表明，只有当初步反对意见不全然具有先决性时，国际法院才能将该问题留待实体阶段审理，法院对此不享有裁量权。那么，在什么情况下一项反对意见"不全然具有先决性"呢？国际法院在 2007 年尼加拉瓜诉哥伦比亚"领土与海洋争端案"初步反对意见中这样解释："原则上，

---

[198] 见本章第二部分第一节"诉讼程序的阶段"。

提出初步反对意见的一方有权在程序的初步阶段获得法院对这些意见的裁决，除非法院此时尚未掌握作出这些裁决所必需的事实，或者裁决这些初步反对意见将造成提前裁决争端或提前裁决某些实体问题的效果。"⑲ 在 1984 年"尼加拉瓜案"中，美国提出尼加拉瓜的争端被美国对《规约》第 36 条第 2 款所作的一项保留排除在法院管辖以外。依据该保留，美国不接受国际法院对缔约国就多边条约的解释和适用产生的争端的管辖，除非所有可能受判决影响（affected）的国家都参与该诉讼程序。国际法院认为，这一反对意见涉及实体问题，因为如何界定第三国是否"受判决影响"本身并非程序问题，因此法院宣告该意见不全然具有先决性。⑳

依据《法院规则》第 79 条之三第 5 款，国际法院对初步反对意见的决定以判决形式作出。国际法院关于管辖权和可受理性问题的判决同样适用既判力原则，即该判决对当事方具有拘束力，不得上诉，除非存在适用《规约》第 61 条复核判决的情形。凡被国际法院支持或驳回的初步反对意见，不得再次提出。但是，这不妨碍当事国后续提出新的管辖权或可受理性异议。国际法院在 2007 年波黑诉塞黑"《灭种公约》适用案"中指出："判决在驳回特定初步反对意见后作出'法院有管辖权'的结论，并不必然阻碍法院事后通过新的判决审查那些后续提出的尚未解决的管辖权问题。"㉑ 例如，圭亚那诉委内瑞拉"1899 年 10 月 3 日仲裁裁决案"中，在国际法院已就管辖权和可受理性作出判决后，委内瑞拉提出了新的可受理性异议，法院对该反对意见又作出了新的判决。㉒

4. 初步反对意见程序的现状

和临时措施程序一样，2010 年至 2024 年间国际法院诉讼程序的当事方提出初步反对意见的情况较为频繁，这和这一时间段内绝大多数争端由申请方单方面提交法院有关。这一时间段内起诉的 44 个案件中，共有 15 个案件的被申请

---

⑲ *Nicaragua v Colombia I*, Preliminary Objections, supra note 21 at 852, para. 51.
⑳ *Military and Paramilitary Activities in and against Nicaragua (Nicaragua v United States of America)*, Jurisdiction and Admissibility, [1984] ICJ Rep 392, at 425, para. 76.
㉑ *Genocide case (Bosnia and Herzegovina v Serbia and Montenegro)*, supra note 119 at 95, para. 127.
㉒ 见本章第二部分"1899 年 10 月 3 日仲裁裁决案"述评。

方提出了初步反对意见。[203] 这不包括 2023—2024 年启动诉讼程序的 7 个案件。[204]

（三）反诉

1. 依据与功能

在申请方提出申请启动的诉讼程序中，被申请方可能提出反诉。[205] 依据国际法院的司法实践，反诉是"独立的法律行为，其目的是向法院提出新的诉讼请求，这些诉求与主诉求（principal claims）具有联系，因为它们是对主诉求反应性的诉求"。[206] 反诉具有双重性质：一方面，它是对主诉求的反应，因而与主诉求紧密相连；另一方面，它是独立于主诉求的诉求，其目的是拓展提交国际法院的争端的主旨事项范围，要求法院作出不利于申请方的裁决。[207] 一个典型的反诉的例子发生在波黑诉塞黑"《灭种公约》适用案"中。波黑请求法院裁决塞黑（原南联盟）在波黑独立战争中未能防止或惩治对波黑穆斯林的种族灭绝行为。塞黑（原南联盟）提出的反诉则要求法院裁决波黑在同一历史时期未能防止或惩治对波黑境内的塞族人的种族灭绝，违反了《灭种公约》。因此，反诉不同于被申请方对申请方控诉的答辩（defence），其目的不是要求法院驳回申请方的主张，而是要求法院裁决申请方在其提交的争端中从事了不法行为。

---

[203] 除 2021 年亚美尼亚诉阿塞拜疆"《消歧公约》适用案"、2021 年阿塞拜疆诉亚美尼亚"《消歧公约》适用案"和 2022 年乌克兰诉俄罗斯"指控违反《灭种公约》案"以外，其他 12 个案件的管辖权和可受理性问题见本书案例述评。

[204] 由于这 7 个案件中被申请方提出初步反对意见的时限在本书完稿前尚未截止，因此不排除未来这 7 个案件的被申请方提出初步反对意见。这 7 个案件分别是：加拿大和荷兰诉叙利亚"《禁止酷刑公约》适用案"，伊朗诉加拿大"违反国家豁免案"，加拿大、瑞典、乌克兰和英国诉伊朗"2020 年 1 月 8 日空难案"，南非诉以色列"加沙地带《灭种公约》适用案"，尼加拉瓜诉德国"关于在巴勒斯坦被占领土违反某些国际义务的指控案"，墨西哥诉厄瓜多尔"墨西哥驻基多大使馆案"，厄瓜多尔诉墨西哥"格拉斯·埃斯皮内尔案"。

[205] 虽然理论上存在特别协议的一方提出反诉的可能，但为避免术语的混乱，本节只讨论被申请方提出反诉的情况。这也是目前国际法院司法程序中唯一的情况。

[206] *Alleged Violations of Sovereign Rights and Maritime Spaces in the Caribbean Sea (Nicaragua v Colombia)*, Counter-Claims, Order of 15 November 2017, [2017] ICJ Rep 289, at 295, para. 18.

[207] *Application of the Convention on the Prevention and Punishment of the Crime of Genocide (Bosnia and Herzegovina v Yugoslavia)*, Counter-Claims, Order of 17 December 1997, [1997] ICJ Rep 243, at 256, para. 27.

作为附带程序，反诉程序的功能在于将申请方与被申请方相互之间就彼此关联的法律与事实问题的控诉融合在同一诉讼程序之中，使法院在同一诉讼程序中同时裁决申请方与被申请方的诉求。若国际法院受理了反诉，也就意味着申请方就反诉问题而言成了"被申请方"，通常称为"反诉的他方（the other party）"。反诉程序反映了对不同程序原则的平衡。正如国际法院在波黑诉塞黑"《灭种公约》适用案"中总结的："反诉程序的本质在于实现程序经济，同时促使法院全面地审理当事方各自的主张从而保证裁决的统一性。因此，反诉的可受理性必须与其所追求的目标相关，同时还要满足各项条件以避免滥用。"⑳

《规约》并未规定反诉程序。1922 年《法院规则》第 22 条中反诉程序初现雏形，并在 1936 年《法院规则》第 63 条中进一步完善。国际法院成立后，1946 年《法院规则》第 63 条大致延续了常设国际法院时期对反诉程序的规定。国际法院 1972 年修订《法院规则》时将反诉程序编入第 68 条，后于 1978 年修改了该条文本又把该条编入第 80 条中。现行《法院规则》第 80 条关于反诉程序的规范是国际法院 2000 年修订后生效的，并适用于 2001 年 2 月 1 日之后提交的诉讼案件。不同时期《法院规则》对反诉程序的规范有所差异，因此在分析常设国际法院和国际法院有关反诉的实践时，要结合那一时期所适用的具体规定。⑳

2. 国际法院受理反诉所要满足的条件

《法院规则》第 80 条第 1 款规定了反诉被国际法院受理所要满足的两个条件：（1）国际法院对该反诉有管辖权；（2）该反诉与他方诉求的主旨事项有直接联系（directly connected）。这两个条件必须同时满足，缺一不可。对这两个条件，国际法院曾指出："在反诉的语境下，'可受理性'既包括管辖权要件，也包括直接联系要件。"⑳ 这与一般诉讼程序中国际法院要分别考察

---

⑳ *Ibid* at 257, para. 30.

⑳ Sean D Murphy, "Counter-Claims: Article 80 of the Rules" in Andreas Zimmermann & Christian J. Tams, eds, *The Statute of the International Court of Justice: A Commentary*, 3rd edition (Oxford University Press, 2019) 1104 at 1108.

⑳ *Alleged Violations of Sovereign Rights and Maritime Spaces in the Caribbean Sea (Nicaragua v Colombia)*, supra note 206 at 296, para. 19.

管辖权和可受理性问题不同，在反诉这一特定程序中，管辖权问题属于可受理性问题的分析范畴。

由于反诉是独立于主诉求的单独的诉求，因此《法院规则》要求被申请方与申请方之间存有有效的管辖权来源，否则将突破国家同意的限制。判断国际法院对反诉是否享有管辖权与一般诉讼案件中管辖权的判定别无二致，仍要考虑争端是否存在、属人管辖、属事管辖和属时管辖等维度。当被申请方提出反诉的管辖权来源与主诉的管辖权来源一致时，国际法院应判定反诉是否满足该管辖权来源对诉诸国际法院的条件限定。例如，德国诉意大利"管辖豁免案"中，意大利提出反诉，要求法院裁决德国应就二战期间违反战争罪和危害人类罪向意大利受害者承担赔偿义务。意大利反诉的管辖权依据为1957年《欧洲和平解决国际争端公约》。该公约第27条第1款规定："公约条款不适用于公约在争端当事方之间生效前的事实或情况有关的争议。"该公约于1961年在德国和意大利之间生效。法院认为，意大利的反诉涉及公约在两国之间生效前的事实和情况，因而法院对这一反诉无管辖权。[211]

判定国际法院对反诉是否享有管辖权的时间节点是申请方启动诉讼程序之时，而非被申请方提出反诉之时，这是由反诉的附带程序属性决定的。这意味着，即使反诉提出时当事方之间的管辖权来源已经失效了，也不影响法院对反诉的管辖权。譬如，尼加拉瓜诉哥伦比亚"侵害加勒比海主权权利与海洋空间案"中，作为哥伦比亚反诉管辖权来源的《波哥大公约》已于2013年11月27日在两国之间失效，哥伦比亚于2016年11月17日提出反诉。国际法院认为："一旦国际法院确认对一个案件享有管辖权，法院将有权审理该案的各个阶段。管辖权来源在此后失效并不剥夺法院的管辖权……即使反诉是向法院提交新诉求的独立的法律行为，它们同时也与主诉求相联系，其目的是在它们所依附的同一程序中对主诉求作出反应。因此，申请方所依据的管辖权来源在起诉后失效，并不剥夺法院审理依据同一管辖权来源的反诉。"[212]

就直接联系要件而言，《法院规则》并未界定何为"直接联系"。国际法

---

[211] *Jurisdictional Immunities of the State (Germany v Italy)*, Counter-Claim, Order of 6 July 2010, [2010] ICJ Rep 310, at 321, para. 30.

[212] *Alleged Violations of Sovereign Rights and Maritime Spaces in the Caribbean Sea (Nicaragua v Colombia)*, Counter-Claims, Order of 15 November 2017, [2017] ICJ Rep 289, at 310, para. 67.

院认为，应基于个案情况予以考察，并且一般而言应查明反诉与主诉求在法律与事实上均有直接联系。[213] 所谓法律上的联系，指反诉与主诉所依据的法律原则或法律文件是否直接相关，以及申请方和被申请方诉求的目的是否一致。例如，在波黑诉塞黑"《灭种公约》适用案"中，国际法院认为波黑与塞黑（原南联盟）的诉求的法律目的相同，均为确立对方违反《灭种公约》的法律责任。[214] 事实上的联系则指反诉所依据的事实与主诉在时间和地域上的联系[215]，或者来源于同一事实局势之中[216]，或者事实具有相同的性质[217]。总的来看，认定事实和法律上的直接联系取决于个案的具体情况，且两者的认定构成有机整体。举例而言，在尼加拉瓜诉哥伦比亚"侵害加勒比海主权权利与海洋空间案"中，法院认为哥伦比亚的第 4 项反诉（尼加拉瓜通过国内法划定的直线基线的合法性）和主诉控告的行为的事实性质实属一致，均为通过国内立法划定海洋区域；在法律上，尼加拉瓜的诉求——哥伦比亚侵害了尼加拉瓜的大陆架权利和大陆架界限——能否得到支持取决于尼加拉瓜基线的合法性，而这正是哥伦比亚反诉所挑战的对象。[218] 相反，国际法院未支持哥伦比亚第 1 项和第 2 项反诉（均为尼加拉瓜未能履行保护与养护海洋环境的义务），因为反诉与主诉的性质不同：前者控告尼加拉瓜在西南加勒比海掠夺性的捕鱼行为破坏了海洋环境，而后者则控告哥伦比亚的海军干涉并侵犯了尼加拉瓜在其专属经济区内行使权利，两者并非来源于同一事实局势。[219]

---

[213] *Armed Activities on the Territory of the Congo (Democratic Republic of the Congo v Uganda)*, Order of 29 November 2001, [2001] ICJ Rep 660, at 678, para. 36.

[214] *Application of the Convention on the Prevention and Punishment of the Crime of Genocide*, supra note 207 at 258, para. 35.

[215] *Certain Activities Carried Out by Nicaragua in the Border Area (Costa Rica v Nicaragua) and Construction of a Road in Costa Rica along the San Juan River (Nicaragua v Costa Rica)*, Counter-Claims, Order of 18 April 2013, [2013] ICJ Rep 200, at 213, para. 34.

[216] *Oil Platforms (Islamic Republic of Iran v United States of America)*, Counter-Claim, Order of 10 March 1998, [1998] ICJ Rep 190, at 205, para. 38.

[217] *Armed Activities on the Territory of the Congo (Democratic Republic of the Congo v Uganda)*, Order of 29 November 2001, [2001] ICJ Rep 660, at 679, para. 38.

[218] *Alleged Violations of Sovereign Rights and Maritime Spaces in the Caribbean Sea (Nicaragua v Colombia)*, Counter-Claims, Order of 15 November 2017, [2017] ICJ Rep 289, at 306, paras. 52-53.

[219] *Ibid* at 301, para. 37.

3. 程序规则

《法院规则》第 80 条第 2 款和第 3 款明确了适用于反诉程序的若干规则。反诉只能在辩诉状中提出，并且应纳入被申请方的诉求（submissions）。为保证当事方之间的平等，《法院规则》第 80 条第 2 款还特别要求法院保证他方有权在额外的书面程序中呈递关于反诉的意见，无论法院此前依据《法院规则》第 45 条第 2 款对书面程序作出了何种决定。[20] 另外，虽然《法院规则》未对反诉的实体审理阶段作任何规定，但实践中，国际法院通常给予申请方额外的时间，让申请方在两轮庭审程序结束后专就反诉问题发表陈述。[21]《法院规则》第 80 条第 3 款规定，若他方对反诉提出反对，或法院认为有必要时，则应听取（hearing）双方意见后对反诉的可受理性作出决定。关于该条是否要求法院就反诉可受理性问题举行庭审程序存在争议。实证地看，目前国际法院在相关案例中对反诉可受理性的决定均依据双方的书面意见作出，未举行庭审程序。

国际法院对反诉可受理性的决定以命令形式作出。若法院认定反诉具有可受理性，那么在实体问题阶段法院将依次裁决主诉求和反诉。应注意，国际法院支持主诉求与否，都不影响法院对反诉的裁决，这是因为反诉是独立于主诉的法律诉求。在国际法院裁决实体问题之前，被申请方仍可以撤回反诉，即使法院已经宣告这些反诉具有可受理性。这一情况发生在波黑诉塞黑"《灭种公约》适用案"中。2001 年 4 月 20 日塞黑（原南联盟）致信国际法院表达了撤回反诉的意愿，波黑也未提出反对，法院于是将反诉的撤回记录在案。[22] 另外，即使反诉进入实体阶段的审理，他方仍可在实体阶段提出法院尚未审理过的管辖权与可受理性异议。这是因为："基于《法院规则》第 80 条的考察只涉及反诉与主诉之间是否具有直接联系，这并非对反诉可受理性的全面检验。"[23] 若国际法院认定反诉不具有可受理性，理论上被申请方可以

---

[20] 见本章第二部分"诉讼程序的阶段"一节。

[21] Murphy, *supra* note 209 at 1124.

[22] *Application of the Convention on the Prevention and Punishment of the Crime of Genocide (Bosnia and Herzegovina v Yugoslavia)*, Order of 10 September 2001, [2001] ICJ Rep 572, p. 573.

[23] *Armed Activities on the Territory of the Congo (Democratic Republic of the Congo v Uganda)*, Judgment, [2005] ICJ Rep 168, at 261, para. 273.

就反诉所涉问题提起独立的诉讼程序，但目前没有任何国家在反诉不被法院受理后这样做。

4. 反诉程序的现状

反诉程序在国际法院司法程序中的运用并不频繁。常设国际法院时期，只有 3 个案件的被申请方提出了反诉；国际法院时期，截至 2024 年底仅 14 个案件的被申请方提出了反诉。[24] 2000 年之后反诉程序有所增多：2010 年至 2024 年间作出了管辖权或实体问题裁决的案件中，共有 6 个案件的被申请方提出了反诉，其中 3 个案件国际法院受理了全部或部分反诉。[25] 综合来看，虽然反诉有利于国际法院全面地考察申请方与被申请方的行为，更为平衡地认定双方的权利义务与责任关系，但由于反诉可受理性的直接联系要件较为苛刻，且提出反诉势必分散被申请方用以反驳申请方法律和事实主张并辩护自身行为的诉讼资源，因此被申请方是否选择运用反诉程序取决于对诉讼策略的全面评估。

（四）第三国参与

1. 依据和功能

诉讼程序的目标是裁决当事方之间的争端，且依据《规约》第 59 条判决仅对当事方和本案有拘束力。因此，理论上诉讼程序以外的第三国不受国际法院裁决的影响。现实却不尽然。《规约》第 59 条只保证判决不得对抗第三国，但无法回应第三国预防国际法院判决潜在影响的需求。当案件涉及第三国的权利主张或者可能影响第三国利益时，第三国在判决作出前向国际法院阐明其立场、利益，能更好地维护其利益，避免其利益受国际法院判决的

---

[24] Murphy, supra note 209 at 1132-1134. 据该统计，截至 2018 年共有 12 个案件的被申请方提出了反诉。此后只在智利诉玻利维亚"关于锡拉拉河水域地位和使用问题的争端案"中玻利维亚提出了反诉，且被国际法院受理。

[25] 这 6 个案件是：2012 年德国诉意大利"管辖豁免案"、2015 年克罗地亚诉塞尔维亚《灭种公约》适用案"、2018 年哥斯达黎加诉尼加拉瓜"尼加拉瓜在边界地区开展的某些活动案"、2022 年智利诉玻利维亚"关于锡拉拉河水域地位和使用问题的争端案"、2022 年尼加拉瓜诉哥伦比亚"侵害加勒比海主权权利与海洋空间案"和乌克兰诉俄罗斯"指控违反《灭种公约》案"。其中，在 2012 年德国诉意大利"管辖豁免案"和 2018 年哥斯达黎加诉尼加拉瓜"尼加拉瓜在边界地区开展的某些活动案"中国际法院认定反诉不具有可受理性，乌克兰诉俄罗斯"指控违反《灭种公约》案"在本书完稿前国际法院尚未就反诉问题作出决定。

影响。此外,国际法院的判决经常涉及多边条约的阐释,这些对法律规范的解释和适用可能实质性地影响第三国。基于国际法院诉讼程序对第三国的潜在影响和《规约》第 59 条规定的判决效力相对性的限度,《规约》允许第三国在特定情形下参与当事方之间的诉讼程序,使法院知悉其立场,从而对诉讼程序施以影响。

《规约》规定了两种参与程序,两者有各自独立的法律依据,对应不同的第三国参与的情形,服务于不同的目的。其一为保证第三国利益不受诉讼结果影响而允许第三国参与的程序。这类程序在国内法上较为常见,但并未在 19 世纪中后期兴起的国家间仲裁中出现,也没有反映在一战之前构建仲裁法院的计划中,直到《常设国际法院规约》起草时才经由法学家委员会的讨论纳入法院的程序当中。㉙《规约》第 62 条规定:"1. 某一国家如认为某案件之判决可影响属于该国具有法律性质之利益时,得向法院声请参加。2. 此项声请应由法院裁决之。"这一参与程序的主要目的是应对《规约》第 59 条在保护诉讼程序外的第三国问题上的不足。理论上,第 62 条规定的参与程序可进一步分为作为当事方参与和作为非当事方参与两种情形,两者在所需满足的程序要件等问题上有区别。由于实践中只出现过第三方作为非当事方参与的情形,因此下文仅讨论这一情况下第 62 条的参与程序。

第二种参与程序由《规约》第 63 条规定:"1. 凡协约发生解释问题,而诉讼当事国以外尚有其他国家为该协约之签字国者,应立由书记官长通知各该国家。2. 受此项通知之国家有参加程序之权;但如该国行使此项权利时,判决中之解释对该国具有同样拘束力。"这一程序起源于 19 世纪末的国家间仲裁,早在 1875 年国际法研究院编纂国际仲裁程序规则时就初具雏形。此后,1899 年《和平解决国际争端公约》第 56 条和 1907 年《和平解决国际争端公约》第 84 条关于多边条约的缔约国作为第三国参与仲裁程序的规则已经囊括了《规约》第 63 条的核心要素。这一程序承认多边条约的缔约国对条约的解释具有固有利益,因而明确了参与程序是多边条约缔约国的一项程序权利。这一参与程序有利于促进和维护多边条约解释和适用的一致性。

㉙ Alina Miron & Christine Chinkin, "Article 62" in Andreas Zimmermann & Christian J. Tams, eds, *The Statute of the International Court of Justice: A Commentary*, 3rd edition (Oxford University Press, 2019) 1686 at 1688–1689.

国际法院对第三国参与程序的管辖权来源于《规约》第 62 条和第 63 条，而非国家同意。这两条同时规定了第三国参与应满足的具体条件。由于两种参与程序的差异，下文将分别阐述第三国依据《规约》第 62 条和第 63 条参与诉讼程序所要满足的条件。

2. 依据第 62 条参与所要满足的条件

《规约》第 62 条明确了第三国参与诉讼程序须提出申请（application），并由国际法院裁决。国际法院作出裁决的主要依据，即第三国参与所要满足的核心条件，是第三国能否证明"案件之判决可（may）影响属于该国具有法律性质之利益"。由于《规约》第 62 条和《法院规则》都没有进一步阐明这一标准，只能从国际法院司法实践中提取这一条件中各项要素的含义。

司法实践从三方面完善了对"法律性质之利益"的理解。（1）法律利益指当事方的利益有国际法上的依据，这意味着第三国须援引国际法的规则与原则来说明其可能受影响的利益的性质和内容。[227]（2）法律利益不同于法律权利，通说认为法律利益的范围相较于法律权利而言更为广泛。（3）该法律利益必须是具体的、个别的、属于第三国自身的，而非和其他国家一样享有的一般性、无差别的利益。国际法院在审理哥斯达黎加提出的参与尼加拉瓜诉哥伦比亚"领土与海洋争端案"的申请时，对"法律性质之利益"的总结最为充分：

> 寻求以非当事方身份参与诉讼的国家不必证明其权利可能受到影响；证明其具有法律性质的利益可能受影响即可。第 62 条要求寻求参与的国家所依赖的利益具有法律性质，即这种利益必须来自以法律为依据的真实而具体的主张，而不是纯粹的政治、经济或战略性质的。同时，这不仅仅是任何一种法律性质的利益；它的内容或范围还必须可能受到法院今后在主诉讼程序中裁决的影响。[228]

除了证明拥有法律性质之利益外，第三国还需证明这一利益可能受到法院判决的影响。基于国际法院的实践，可以从几方面理解这一要求：（1）第 62 条

---

[227] Ibid at 1705.

[228] *Territorial and Maritime Dispute (Nicaragua v Colombia)*, Application for Permission to Intervene, Judgment, [2011] ICJ Rep 348, at 358, para. 26.

所指"判决",不仅包括判决的执行条款,还包括与执行条款必要相关的说理;㉙(2)"判决"通常指法院对实体问题的裁决,因此应说明法院未来对实体问题的裁决是否可能影响第三国的法律利益;㉚(3)第三国只需证明其法律利益可能受到影响,而非"一定"或"将要"受到影响㉛,这意味着证明标准的相对降低;(4)第三国还要证明其以何种形式受影响,并联系案件的所有具体情况予以说明,法院也只能在个案中予以判定;㉜(5)国际法院在考察第三国的利益是否可能受影响时,一个重要的维度是《规约》第 59 条是否足以保障第三国的利益。例如,在审理哥斯达黎加参与"领土与海洋争端案"的申请时,国际法院指出:"哥斯达黎加必须证明其在尼加拉瓜和哥伦比亚的争端所涉海域的法律利益需要得到保护,而根据《规约》第 59 条法院裁决的相对性不能提供此种保护。"㉝ 该案中,国际法院认为,哥斯达黎加的利益只有在法院为尼哥两国划定的海洋边界超越一定的地理范围时才可能受影响,而法院可以将该边界的终点定位在该边界抵达第三国法律利益可能受影响的区域之前。㉞ 若判决本身可通过一定措施避免影响第三国,那么《规约》第 59 条蕴含的原则足以为第三国的法律利益提供保护,此时就不满足《规约》第 62 条"可能受判决影响"这一条件。

总的来说,如何界定第三国的法律利益可能受判决影响在很大程度上取决于个案的具体情况,国际法院的实践并不统一,同时存在限制解释和宽松解释这两种进路。这直观地体现在海洋划界司法实践中。由于同一海洋区域常常为多个沿海国所主张,因此海洋划界案是第三国提交参与申请最为频繁的领域。在早期的海洋划界案中,马耳他申请参与突尼斯和利比亚"大陆架划界案",意大利申请参与利比亚和马耳他"大陆架划界案",国际法院对"可能受判决影响的法律利益"采取严格解释,均未准许第三国参与。1990 年

㉙ *Sovereignty over Pulau Ligitan and Pulau Sipadan (Indonesia/Malaysia)*, Application for Permission to Intervene, Judgment, [2001] ICJ Rep 575, at 596, para. 47.

㉚ *Territorial and Maritime Dispute (Nicaragua v Colombia)*, supra note 228 at 358, para. 26.

㉛ *Land, Island and Maritime Frontier Dispute (El Salvador/Honduras)*, Application to Intervene, Judgment, [1990] ICJ Rep 92, at 118, para. 61.

㉜ *Ibid* para. 61.

㉝ *Territorial and Maritime Dispute (Nicaragua v Colombia)*, supra note 228 at 372, para. 87.

㉞ *Ibid* para. 89.

尼加拉瓜申请参与萨尔瓦多和洪都拉斯的"陆地、岛屿和海洋边界案"是第三国参与程序在国际法院司法程序中的重要转折点：国际法院首次准许了第三国依据《规约》第62条参与程序，并对第62条的解释作出了重要的澄清。该案反映的较为灵活的准许第三国参与的态度也延续至1999年赤道几内亚申请参与喀麦隆诉尼日利亚"领土与海洋边界案"，该案是国际法院首次在一个海洋划界案中允许第三国参与。然而，在2011年哥斯达黎加申请参与"领土与海洋争端案"、洪都拉斯申请参加"领土与海洋争端案"中，国际法院又回归了限制解释的路径，以《规约》第59条作为衡量第62条规定条件是否满足的重要维度，这种形式化地界定第三国法律利益及其是否可能受影响的路径提高了第三国依据《规约》第62条参与的门槛。㉕

《法院规则》第81条还要求第三国在提出参与申请时，除了载明其可能受判决影响的法律利益以外，还要载明：（1）参与的确切目的；（2）与当事国之间可能存在的任何管辖权来源。

就参与的确切目的而言，国际法院要考察第三国的目的是否与参与程序本身的目的与功能相符，从而决定是否允许该申请。参与程序具有双重目的：其一，预防目的，即通过参与诉讼保护有可能在诉讼中受到影响的具有法律性质的利益；㉖ 其二，提供信息的目的，即向法院陈述第三国享有的利益的性质、范围、及其可能受判决影响的方式。㉗ 只要第三国参与的目的与这两重目的相符，那么法院通常会认定第三国参与的目的是恰当的。

实践中有一类被国际法院明确认定为不符合参与程序功能的目的，即引入一项新的争端，改变当事方提交法院争端的性质。意大利申请参与利比亚和马耳他"大陆架划界案"时，要求法院保护其在争议海域享有的主权权利。国际法院认为："如果意大利试图作为案件的当事方主张对利比亚或马耳他的权利，这不能被视为对程序的参与，而是引入一个全新的案件。"㉘ 换言之，若意大利不仅主张其利益可能受影响，还要求法院裁决其相对于利比亚或

㉕ Miron & Chinkin, *supra* note 226 at 1713.

㉖ Territorial and Maritime Dispute (Nicaragua v Colombia), *supra* note 228 at 359, para. 27.

㉗ Land, Island and Maritime Frontier Dispute (El Salvador/Honduras), *supra* note 231 at 130, para. 90.

㉘ Continental Shelf (Libyan Arab Jamahiriya/Malta), Application to Intervene, Judgment, ［1984］ICJ Rep 3, at 15, para. 22.

马耳他的权利,则实质上将案件从利比亚和马耳他之间的大陆架划界,转变为利比亚-马耳他-意大利三国之间的大陆架划界,这改变了争端的性质。类似的,在尼加拉瓜申请参与"陆地、岛屿和海洋边界案"时,法院指出尼加拉瓜参与申请的目的并非要求法院对尼加拉瓜自身主张作出司法裁决。[239] 这些实践表明,第三国不能在参与申请中要求法院裁决其相对于当事方的权利或者裁决其主张在国际法上是否确有依据。

国际法院要求第三国明确参与的确切目的,不仅具有衡量该申请是否与参与程序目的和功能相符的意义,还具有限定第三国参与范围的作用。若第三国被允许参与实体问题程序,在这一阶段第三国向法院提交的意见或在庭审程序中的陈述不应超越法院在审理其参与申请时界定的参与目的。例如,国际法院审理希腊参与德国诉意大利"管辖豁免案"申请时指出:"当法院允许参与时,可以限定参与的范围或仅允许参与申请中的某一方面。"[240] 根据希腊在其书面意见中界定的参与目的,法院准许希腊作为非当事国参与诉讼程序,参与的程度以希腊法院裁决被意大利法院宣告为可执行这一问题对希腊法律利益的影响为限度。[241] 希腊在后续实体阶段也遵循了法院的这一指示。

虽然《法院规则》第81条还要求第三国在申请书中载明其与当事国之间的管辖权来源,但这并非第三国参与能否获准的必要条件。实际上,是否应该要求第三国与当事国之间存在有效的管辖权连接,一直是《规约》第62条适用的疑难问题。这一问题自参与程序引入《常设国际法院规约》时便引发了讨论和争议,而常设国际法院和国际法院一直回避这一问题。直到1990年国际法院审理尼加拉瓜对"陆地、岛屿和海洋边界案"参与申请时,才明确指出:申请参与的第三国与当事国之间存在有效的管辖权连接并非参与申请获准的必要条件。[242] 这一结论主要建立在法院对取得当事方地位这一问题的理解上。法院认为,管辖权来源是国家同意的表达,因而管辖权来源是国家成为国际法院诉讼程序当事方的必要条件;但参与程序的管辖权来源并非国家

---

[239] *Land, Island and Maritime Frontier Dispute (El Salvador/Honduras)*, *supra* note 231 at 131, para. 91.

[240] *Jurisdictional Immunities of the State (Germany v Italy)*, Application for Permission to Intervene, Order of 4 July 2011, [2011] ICJ Rep 494, at 503, para. 32.

[241] *Ibid* para. 32.

[242] *Land, Island and Maritime Frontier Dispute (El Salvador/Honduras)*, *supra* note 231 at 153, para. 100.

同意，而是《规约》条款；参与程序是诉讼程序的附带程序，而非诉讼程序的替代程序，第三国参与诉讼也并非为了成为诉讼程序的当事方。因此，在第三国作为非当事方参与诉讼程序时，第三国不需要与当事方之间存在管辖权连结。[243]

虽然法院的说理澄清了《规约》第62条适用中的一项疑点，但又提出了一个新的问题：第三国可否寻求作为诉讼程序的当事方参与诉讼呢？按照法院在"陆地、岛屿和海洋边界案"中的说法，这是可能的，且自该案之后国际法院一直维持"作为当事方参与"和"作为非当事方参与"的区分。例如，国际法院在审理洪都拉斯申请参与"领土与海洋争端案"申请时明确肯定了作为当事方参与必须与当事方之间存在管辖权连结，且该管辖权依据应在提交参与申请时有效。[244]但是，若第三国作为当事方参与诉讼程序，不就相当于引入了一项新的争端、改变了诉讼案件的性质吗？这又从根本上违背了参与程序的目的。这一问题引发了新的学术探索。[245]尽管如此，"作为当事方参与"和"作为非当事方参与"的具体差异尚未在实践中明确化，因为目前只有"领土与海洋争端案"中洪都拉斯试图作为当事方参与，且未获法院准许。[246]

3. 依据第63条参与所要满足的条件

第三国依据《规约》第63条参与程序须符合两个条件：（1）案件涉及条约解释问题；（2）第三国为该条约的缔约国。依据第63条参与和依据第62条参与的差异在于：第一，第三国作为条约的缔约国参与诉讼的权利得到承认，因而第三国无须证明对案件享有特殊的法律利益；第二，第63条仅适用于第三国就条约解释参与诉讼，而不涉及案件的其他方面；第三，第三国依据第63条发表声明（declaration），法院裁决该声明是否具有可受理性，而第三国依据第62条则是提出申请，法院裁决是否准许该申请，国际法院在两种

---

[243] *Ibid* at 132–135, paras. 94–101.

[244] *Territorial and Maritime Dispute (Nicaragua v Colombia)*, Application for Permission to Intervene, Judgment, [2011] ICJ Rep 420, at 432, para. 28.

[245] Miron & Chinkin, *supra* note 226 at 1731–1734.

[246] 国际法院以洪都拉斯不具有可能被法院判决所影响的法律利益为由拒绝了洪都拉斯的参与申请。*Territorial and Maritime Dispute (Nicaragua v Colombia)*, *supra* note 244 at 444, para. 75.

参与程序下享有的裁量权的空间因而有差异。㉔⁷ 正如国际法院在裁决新西兰参与澳大利亚诉日本"捕鲸案"声明的可受理性时总结的，《规约》第 63 条规定了有限度的参与，即"允许作为非案件当事方但又属于本案所要解释的公约缔约国的第三国，向法院发表其对于该公约解释的意见。"㉔⁸

《法院规则》第 82 条进一步规定了第三国基于第 63 条发表参与声明还应满足的条件。虽然《规约》第 63 条承认了条约缔约国参与程序的权利，但并未自动赋予第三国参与国地位，只有满足了第 63 条和《法院规则》第 82 条各项规定的情况下第三国才得参与，而且应由国际法院判断这些条件是否满足。㉔⁹

首先，声明参与的国家应提交其作为条约缔约国地位的证明，如该国向条约保存机关交存的批准文书。第三国具有条约缔约国地位是依据第 63 条参与的充分必要条件。另外，尽管《规约》第 63 条第 1 款要求由书记官长通知案件所涉条约的缔约国，并且第 2 款规定"受前项通知之国家有参加程序之权"，但并不意味着收到书记官长的通知是行使第 63 条参与权利的必要条件。原因在于，第三国是否为条约的缔约国为一般国际法所调整的事项，而非由法院判断。《法院规则》第 82 条第 3 款补充规定了，即使一国未收到书记官长的通知，若该国认为自己为所涉条约的缔约国，仍可发表参与声明。

其次，声明参与的国家应明确其认为公约产生解释问题的具体条款。这一规定对国际法院作可受理性认定时至关重要。在"尼加拉瓜案"中，萨尔瓦多基于《规约》第 63 条发表了参与声明，但并未指明存在解释问题的公约条款。萨尔瓦多在国际法院尚未裁决管辖权问题时就提出了参与声明，而其提出的与公约有关的问题，被法院认为过早涉足实体问题，因此国际法院认定萨尔瓦多的参与声明不具有可受理性。㉕⁰ 相反，新西兰向法院提交的参与

㉔⁷ Alina Miron & Christine Chinkin, "Article 63" in Andreas Zimmermann & Christian J. Tams, eds, *The Statute of the International Court of Justice: A Commentary*, 3rd edition (Oxford University Press, 2019) 1741 at 1750.

㉔⁸ *Whaling in the Antarctica (Australia v Japan)*, Declaration of Intervention of New Zealand, Order of 6 February 2013, [2013] ICJ Rep 3, at 5, para. 7.

㉔⁹ *Ibid* at 6, para. 8.

㉕⁰ *Military and Paramilitary Activities in and against Nicaragua (Nicaragua v United States of America)*, Declaration of Intervention, Order of 4 October 1984, [1984] ICJ Rep 215, at 216, para. 2.

"捕鲸案"声明,则明确指出了其认为需要解释的条款(《国际捕鲸公约》第8条)以及涉及的解释问题(该条第1款关于"为科学研究目的"的解释)。国际法院据此认定新西兰的声明符合《法院规则》第82条的要求。[51]

最后,第三国还需要对其认为存在解释问题的条约条款提出自己的解释,并附以支持性的资料。

诉讼案件的当事方可能对第三国的参与申请提出反对,或表达疑虑。当事方的意见是国际法院裁决第三国参与申请是否可受理时需要考虑的因素,尽管并非决定性的因素。2013年新西兰申请参与"捕鲸案"和2022年33个国家申请参与乌克兰诉俄罗斯"指控违反《灭种公约》案"集合了反对第三国参与的代表性意见,包括:(1)第三国参与有损诉讼当事方平等原则;(2)参与声明不得在管辖权阶段提出;(3)第三国不具有真实的参与意图;(4)参与构成程序滥用;(5)声明参与国对涉及解释问题的条约条款提出了保留。国际法院对这些问题的裁决,可被视为《规约》第63条参与程序的重要参考。

就第三国参与是否有损当事方平等原则而言,"捕鲸案"中,日本没有正式反对新西兰的参与声明,但指出"若允许新西兰参与则会导致严重的不合常规",因为新西兰事实上支持澳大利亚的主张,但又并非作为澳大利亚的共同申请方提起诉讼,而是作为第三国参与,这样将规避《规约》第31条第5款具有同样利害关系当事国只得指派一个专案法官的规定。国际法院则认为,《规约》第63条仅允许第三国提交条约解释的意见,作为非当事方,第三国不能介入案件的其他方面,因此第三国参与不可能影响争端当事方的平等地位。同时,新西兰的参与不会改变其非当事方的地位,因而澳大利亚和新西兰并非《规约》第31条第5款所称"具有同样利害关系的当事方",此时法官席位中有参与国国籍的法官并不影响申请方依据《规约》第31条第2款指派专案法官。[52] 国际法院的说理具有较强的法律形式主义色彩,忽视了该案中第三国参与对申请方澳大利亚选择专案法官的实际影响。

在乌克兰诉俄罗斯"指控违反《灭种公约》案"中,共有33个国家依据

---

[51] *Whaling in the Antarctica (Australia v Japan), supra* note 248 at 8, para. 15.

[52] *Ibid* at 9, paras. 18-21.

《规约》第 63 条声明参与该案，这也是国际法院有史以来第一次出现如此大规模第三国声明参与的情形，并更为尖锐地凸显了第三国参与对当事方平等地位的影响。该案中，发表参与声明的德国、美国、法国和澳大利亚均有国民为国际法院法官。俄罗斯提出，这些第三国都表明了支持乌克兰利益和诉求的立场，实际上构成乌克兰的共同申请方。若法院受理这些国家的参与，俄罗斯则不得不同时应对乌克兰和这 33 个国家的主张。国际法院则认为，法院无法控制参与国的数量，否则会侵蚀《规约》第 63 条赋予第三国参与的权利。法院重申了"捕鲸案"中的观点，即 63 条参与程序有限度的目的和第三国非当事方的地位，以及法官席位中存在一些拥有第三国国籍的法官并不会影响当事方之间的平等地位。但法院同时强调："法院有义务组织程序以保证当事方平等地位和正义司法原则的实现。若受理第三国参与声明，法院也将保证每个当事方公平的机会和必要的回应参与国意见的时间。"[53]

在乌克兰诉俄罗斯"指控违反《灭种公约》案"以前，第三国能否在管辖权阶段参与是《规约》第 63 条适用中的一个未决事项。国际法院在该案中澄清了这一问题。法院指出："《规约》第 63 条和《法院规则》第 82 条并未将参与权利限制在诉讼程序的特定阶段，或只能就条约的某一类条款参与。应注意，《规约》第 63 条规定了'凡协约发生解释问题，而诉讼当事国以外尚有其他国家为该协约之签字国者'即享有参与权利。这意味着该国可以在管辖权阶段就条约涉及管辖权问题的条款参与。"[54] 该案中第三国均以《灭种公约》第 9 条（管辖权条款）的解释问题作为参与标的。国际法院也澄清了其以往案例中未在管辖权阶段受理第三国依据第 63 条参与申请的原因："尼加拉瓜案"中，萨尔瓦多未能明确指出需要解释的条约条款，且其参与声明虽在管辖权阶段发表，但意见涉及案件的实体问题；"核试验案"中，斐济在国际法院尚未就管辖权问题作出裁决前，提出了仅关涉实体问题的参与声明；"请求按照国际法院 1974 年 12 月 20 日关于'核试验案'判决第 63 段审查局势案"中，国际法院驳回了新西兰的申请，第三国的参与声明作为附带程序

---

[53] *Allegations of Genocide under the Convention on the Prevention and Punishment of the Crime of Genocide (Ukraine v Russia)*, Admissibility of the Declarations of Intervention, Order of 5 June 2023, [2023] ICJ Rep 354, para. 51.

[54] *Ibid* para. 63.

也一并被驳回。与这些案件区分后，法院指出，只要在管辖权阶段，提出参与声明的国家意图在于解释管辖条款或条约中其他可能影响法院属事管辖权认定的条款，那么这样的参与声明具有可受理性。㉓

乌克兰诉俄罗斯"指控违反《灭种公约》案"中，俄罗斯提出 33 个国家参与的真实目的并非就《灭种公约》的解释发表意见，而是在诉讼程序中"站队"乌克兰，为乌克兰的主张辩护。国际法院则认为，其只需要明确参与声明是否与案件所涉条约的解释有关，参与的动机或目的与参与声明是否具有可受理性无关。㉔同时，对于此类参与属于滥用程序的反对意见，法院认为："只有在极为例外的情形下法院才会认定参与声明因滥用程序而不具有可受理性。"㉕"例外情形"标准极高，国际法院从未在任何诉讼案件中认定存在滥用程序的例外情形。

当声明参与的国家对案件涉及的需要解释的条约条款提出了保留时，该参与声明不具有可受理性。乌克兰诉俄罗斯"指控违反《灭种公约》案"中，美国对《灭种公约》第 9 条提出了保留，法院认为，该保留的效果是"排除该条款对美国和争端当事国之间发生效力"，美国不受该条款的约束。因此，美国作为《灭种公约》的缔约国，对第 9 条的解释不享有法律利益。因此，"当一国依据第 63 条提出参与声明，但又因其提出的保留不受该条约条款的约束，就该条款的解释问题而言，第三国基于第 63 条的声明不具有可受理性"㉖。不仅如此，尽管美国声明参与还试图对《灭种公约》其他条款提出解释，但在初步反对意见阶段中，《灭种公约》任何其他条款的解释只有在涉及第 9 条的解释和属事管辖权的认定上才相关，但因美国对第 9 条的保留，美国也不能就对这些其他条款的解释参与。㉗

4. 适用于第 62 条和第 63 条的程序规则

《法院规则》对适用于第 62 条和第 63 的程序规则大体上趋于一致。

在第三国表明参与意图的时限问题上，第三国应在案件启动后尽快表明

㉓ *Ibid* paras. 65-69.
㉔ *Ibid* para. 44.
㉕ *Ibid* para. 57.
㉖ *Ibid* para. 96.
㉗ *Ibid* para. 97.

参与意图，1978 年《法院规则》第 81 条第 1 款要求第 62 条参与程序中第三国最迟在书面程序截止前提出参与申请；第 82 条第 1 款则要求第 63 条参与程序中第三国最迟在法院确定的庭审程序开始前发表参与声明。2024 年 2 月 28 日，国际法院修改了《法院规则》对这两个时限的规定。[259] 修改后的《法院规则》第 81 条第 1 款和第 82 条第 1 款均要求第三国最迟于法院确定的提交辩诉状时限前提出申请或发表声明。就第 62 条参与程序而言，若诉讼案件只有一轮书面程序，则该规定在适用上与修改前相比无实质差别；若国际法院确定了两轮书面程序，依据修改前的《法院规则》第三国可在第二轮书面程序（提交复辩状）前提出参与申请，而修改后则只能在第一轮书面程序结束前提交申请。就第 63 条参与程序而言，修改后的《法院规则》第 82 条第 1 款显著提前了第三国表明参与意图的时限。

第三国提出参与申请或发表参与声明后，依《法院规则》第 83 条第 1 款当事方有权对申请或声明发表书面意见。同时，第 84 条第 1 款还要求国际法院把对第三国参与的决定作为程序上的优先事项处理。

若当事方对第三国参与的申请或声明提出异议，则依据《法院规则》第 84 条第 2 款法院应在听取第三国和当事方意见后予以决定。若案件当事方对第三国的参与申请或声明提出反对，法院应举行庭审程序听取各方意见；若当事方无反对，法院可酌情决定是否举行庭审程序。实践中，有时当事方并不确切表达对第三国参与的反对。例如，在"管辖豁免案"中，德国称"并不正式反对希腊的参与"，但提出希腊的参与申请不符合《规约》第 62 条的要求。国际法院没有举行庭审程序，但给予希腊额外的书面陈述机会以作出回应，并要求当事方再就希腊的回应提交书面意见。[260] 因此，国际法院需要在个案中判定是否存在第 84 条 2 款所说之"异议"以及是否有必要举行庭审程序。

在 1978 年修订之前，《法院规则》要求国际法院以判决形式决定第三国

---

[259] Amendments to Articles 81, 82 and 86 of the Rules of Court, available at: https://www.icj-cij.org/sites/default/files/press-releases/0/000-20240228-wri-01-00-en.pdf. 这些修订于 2024 年 6 月 1 日生效，最后访问时间：2024 年 11 月 1 日。

[260] *Jurisdictional Immunities of the State (Germany v Italy)*, Application for Permission to Intervene, Order of 4 July 2011, [2011] ICJ Rep 494, at 496, paras. 5-6.

依据第 62 条的参与申请，但这一规定在 1978 年《法院规则》中被删去，此后国际法院可以决定以判决还是命令的形式裁决第 62 条的参与申请。实践中，若当事方对第三国的参与提出反对且法院举行了庭审程序，则会以判决的形式裁决第 62 条参与申请；若当事方未反对，则国际法院以命令的形式裁决。[262] 对第 63 条参与程序而言，国际法院以命令形式决定第三国的参与声明是否具有可受理性。

1978 年《法院规则》第 85 条和第 86 条规定了国际法院准许第三国的参与申请或宣告第三国参与声明具有可受理性之后适用的程序规则，包括：（1）第三国有权获取当事方提交的诉状等资料。（2）第三国有权在法院确定的时限内就其参与的目的提交书面说明。在第 62 条参与程序中，当事方还有权就第三国的书面说明发表书面意见，但《法院规则》并未对第 63 条的参与程序作同样规定。（3）在案件的庭审程序中，第三国有权就其参与的主旨事项发表意见。然而，2024 年国际法院将《法院规则》第 86 条第 2 款涉及第三国参与庭审程序的规定修订为："除非法院另有决定，参与国也可在庭审程序中就参与的主旨事项发表意见。"[263] 该条弱化了第三国依据《规约》第 63 条参与庭审程序的权利。根据这一规则，国际法院可将第三国的参与限定为书面参与，从而提升庭审程序的效率，具有司法经济的效益。应指出，这一修订是国际法院在受理了 32 国参与乌克兰诉俄罗斯"指控违反《灭种公约》案"之后作出的，体现了国际法院为管理诉讼程序以使第三国参与符合正义司法要求的努力。

5. 判决对第三国的效力

若第三国的参与申请获国际法院准许，或者参与声明被法院受理，则需要考虑判决对该第三国的效力问题。

就第 62 条参与程序而言，作为非当事方参与的第三国不受国际法院判决的拘束。由于参与的目的是向法院提供必要信息以保护其法律利益不受影响，只要国际法院将判决范围限定在争端当事国之间，第三国参与的预防性目的即告实现。例如，在国际法院准许希腊参与的"管辖豁免案"中，

---

[262] Miron & Chinkin, *supra* note 226 at 1730.

[263] Amendments to Articles 81, 82 and 86 of the Rules of Court, available at: https://www.icj-cij.org/sites/default/files/press-releases/0/000-20240228-wri-01-00-en.pdf，最后访问时间：2024 年 11 月 1 日。

在裁决意大利法院宣告希腊法院判决可在意大利执行是否违反国际法上的管辖豁免规则时，国际法院强调："为了判定佛罗伦萨上诉法院是否侵害德国的管辖豁免权，并无必要判定希腊法院有无侵害该豁免权。国际法院也不能判定该问题，因为那等于裁决了希腊——本案的非当事方——的权利和义务。"[㉔]

就第 63 条参与程序而言，《规约》第 63 条第 2 款明确规定"判决中之解释对该国具有同样拘束力"，这也是第 63 条参与程序与第 62 条参与程序的不同之处。所谓"同样拘束力"，并非指第三国在国际法院宣判后不得再持有或提出与国际法院对条约条款解释所不同的解释。这是因为，第三国并非案件的当事方，判决本身对其无拘束力，而依据既判力原则，判决仅对当事方和该案有拘束力。这意味着即使是争端的当事方，在该案判决所涉事项之外不受判决中国际法院条约解释的拘束。因此，若要求第三国在判决作出之后仍受国际法院条约解释的拘束，则相当于对该第三国苛以了超越既判力原则的要求。实际上，所谓"同样拘束力"，是指国际法院在判决中对相关条约条款的解释，就该案而言在第三国和争端当事国之间具有拘束力，而不是对第三国产生超越该案和该案当事方的恒久的拘束力。[㉕]

6. 参与程序的现状

2010 年以前，无论是基于《规约》第 62 条还是第 63 条参与，第三国意图介入诉讼程序的实践较为有限，而第三国获国际法院准许参与诉讼程序的实践则更为稀少：1946 年至 2010 年间，在 7 个以第 62 条为依据的第三国参与申请中[㉖]，只有两个申请获国际法院准许，即尼加拉瓜在"陆地、岛屿和海洋边界案"中的申请和赤道几内亚在"陆地与海洋边界案"中的申请；而以

[㉔] *Jurisdictional Immunities of the State (Germany v Italy: Greece intervening)*, Judgment, [2012] ICJ Rep 99, at 151, para. 127.

[㉕] Declaration of Judge Gaja, *Whaling in the Antarctica (Australia v Japan)*, Declaration of Intervention of New Zealand, Order of 6 February 2013, [2013] ICJ Rep 3, at 41-42.

[㉖] 这 7 个案件及所涉第三国为：(1) 斐济申请参与"核试验案"；(2) 马耳他申请参与突尼斯和利比亚"大陆架划界案"；(3) 意大利申请参与利比亚和马耳他"大陆架划界案"；(4) 尼加拉瓜申请参与萨尔瓦多和洪都拉斯"陆地、岛屿和海洋边界案"；(5) 赤道几内亚申请参与喀麦隆诉尼日利亚"陆地和海洋边界案"；(6) 澳大利亚等 5 国申请参与"请求按照国际法院 1974 年 12 月 20 日关于'核试验案'判决第 63 段审查局势案"；(7) 菲律宾申请参与印度尼西亚和马来西亚"利吉坦岛和锡帕登岛主权案"。

第 63 条为依据的 3 个第三国参与声明，只有古巴声明参与"阿亚·德拉托雷案"被国际法院受理。㉗ 2010 年之后，国际法院先后于 2011 年准许了"管辖豁免案"中希腊依据第 62 条的参与，并于 2013 年受理了新西兰依据第 63 条就"捕鲸案"发表的参与声明。基于国际法院在相当短的时间内采取的对第三国参与的积极态度，坎萨多·特林达德法官（Judge Cançado Trindade）在"捕鲸案"中预言"国际法院司法程序中第三国参与制度的'复生（resurrection）'"。

可以认为坎萨多·特林达德法官的预言部分实现。2010 年至 2024 年间，第三国申请或声明参与诉讼的数量有所增加。2010 年至 2024 年间，共有 4 个案件第三国依据《规约》第 62 条提出申请，分别是：（1）哥斯达黎加和洪都拉斯分别申请参与尼加拉瓜诉哥伦比亚"领土与海洋争端案"；（2）希腊申请参与德国诉意大利"管辖豁免案"；（3）尼加拉瓜等多国申请参与南非诉以色列"加沙地带《灭种公约》适用案"；（4）危地马拉申请参与伯利兹诉洪都拉斯"萨波迪拉环礁群的主权归属案"。㉘ 此外，共有 3 个案件第三国依据第 63 条发表参与声明，分别是：（1）新西兰声明参与"捕鲸案"；（2）加拿大等多国声明参与冈比亚诉缅甸"《灭种公约》适用案"；（3）33 国声明参与乌克兰诉俄罗斯"指控违反《灭种公约》案"。㉙

其中，第 63 条参与程序展现出新的特点：（1）史无前例的大量国家声明参与诉讼程序；（2）声明参与的第三国在法律主张上均支持诉讼案件中的一个当事方，反映了条约解释为形式、政治姿态为实质的特点；（3）声明参与的案件均涉及《灭种公约》的解释和适用；（4）在乌克兰诉俄罗斯"指控违反《灭种公约》案"还首次涉及第三国在管辖权阶段参与，体现了以解释管辖权条款支持案件申请方管辖权主张的目的。这些特点或许反映了第 63 条参与程序的"异化"：从第三国维护自身对多边条约条款解释的利益转变为第三国支持诉讼案件一方的法律主张和诉求，而国际法院对此则采取了法律形式

㉗ 这 3 个案件及所涉第三国为：(1)古巴声明参与哥伦比亚诉秘鲁"阿亚·德拉托雷案"；(2)萨尔瓦多声明参与"尼加拉瓜案"；(3)所罗门群岛等 4 国声明参与"请求按照国际法院 1974 年 12 月 20 日关于'核试验案'判决第 63 段审查局势案"。

㉘ 在第(1)个案件中国际法院未准许哥斯达黎加和洪都拉斯的申请；截至 2024 年底国际法院尚未就第(3)(4)案件参与作出决定。

㉙ 截至 2024 年底，国际法院仅就第(2)案中部分国家的参与声明作出了决定。

主义的立场：不问动机目的，只看第三国声明的内容是否符合《规约》和《法院规则》的要求。第63条参与程序所体现的"双边争端多边化"的趋势，无疑是引人深思的。

（五）终止

终止是当事方主动并自愿终结诉讼程序的行为。终止可在任何阶段提出，但必须在法院就实体问题作出最终判决之前提出，或在实体问题宣判后、国际法院作出赔偿判决之前提出。当事方通知法院终止程序的意愿后，法院会将该意愿记录在案，并发布命令，正式宣告程序终结，并将案件从国际法院案例总表中移除。

《规约》并未规定终止程序，与终止有关的程序规则源自1922年《法院规则》，并经历数次修订，目前由1978年《法院规则》第88条和第89条调整。根据这些规则，终止程序中国际法院仅承担行政职责，即以命令的形式赋予当事方终止程序意愿以程序效力，正式地宣告程序终止。换言之，当事方的意愿对程序终止而言是决定性的，国际法院不对当事方终止的目的、动机或原因做实质审查，也不问争端是否解决或如何解决，法院只需核实《法院规则》第88条和第89条中的程序事项是否满足。

《法院规则》第88条和第89条规定了两种终止程序，分别适用于当事方合意终止和单方终止的情形。

1. 依据《法院规则》第88条终止程序

第88条适用于当事方合意终止的情形。依其规定，当事方应共同或分别书面告知法院其合意终止程序，法院则将发布命令记录程序终止并指示从案例总表中移除该案。在此基础上，第88条区分了两种情况：第88条第1款规定了当事方合意终止程序，第88条第2款规定了当事方基于争端的解决而合意终止程序。第1款和第2款的差别只在于前者不问当事方合意终止程序的原因或动机，也不问争端是否解决，而第2款特别适用于当事方基于庭外和解而共同决定终止诉讼程序的情况。在第2款的情形下，若当事方要求，法院可将当事方庭外和解这一事实记录在案，并在命令中注明和解的内容或将和解内容作为命令的附件。

第88条第3款还规定，若法院未开庭，则由院长发布命令。

2. 依据《法院规则》第 89 条终止程序

第 89 条则适用于案件由申请方单方面启动并单方面终止的情形，这一规则下的终止程序因而也被称为撤销（withdrawal）。该条进一步区分了两种情况。第 89 条第 1 款适用于被申请方尚未就程序采取任何行动的情况。依据该条款，当申请方撤销诉讼程序的通知送达书记官处时，国际法院将发布命令正式将程序终止记录在案，指示将案件移出案例总表，并将该命令送达被申请方。第 89 条第 2 款则规定了在撤销通知送达秘书长时，被申请方已经就诉讼程序采取了行动。此时，国际法院将确定一个时限，若被申请方在该时限内反对申请方撤销程序，则诉讼程序将继续进行，这是为了保护被申请方的诉讼利益；若被申请方在时限届满时未反对申请方的撤销通知，则将被视为不反对，此时法院再发布命令宣告程序终结。

所谓采取程序行动（take any step in the proceedings），指被申请方在诉讼程序启动后已经参与了诉讼程序各阶段所需要的程序事项，如提交诉状。在实践中，被申请方在诉讼程序开始前为案件投入的实质性准备工作不属于程序行动；指派专案法官这一行使权利的行为也不属于程序行动。被申请方指派代理人则属于第 89 条所称的程序行动。[270] 通说认为，若被申请方自始不到案，申请方通知国际法院其终止程序的意图，应适用第 89 条第 1 款的规定，因为被申请方不到案时在诉讼程序之外与国际法院的通信不属于程序行动。

国际法院院长依第 89 条第 3 款在法院未开庭时行使该条规定的权力。

3. 终止程序的效力

终止程序的效力是程序性的，而不影响争端的实质解决。同时，无论当事方合意终止还是申请方单方面终止程序，均不影响当事方实质性的权利义务，也不妨碍当事方或申请方再次提起诉讼程序，除非在终止程序时当事方另有约定。[271]诉讼程序的终止是无条件的，当事方在通知国际法院其终止程序

---

[270] Gerhard Wegen, "Discontinuance and Withdrawal" in Andreas Zimmermann & Christian J. Tams, eds, *The Statute of the International Court of Justice: A Commentary*, 3rd edition (Oxford University Press, 2019) 1591 at 1605–1606.

[271] *Barcelona Traction, Light and Power Company, Limited (Belgium v Spain)*, Preliminary Objections, Judgment, [1964] ICJ Rep 6, at 21.

的意愿时不能为程序终止限定前提条件或附加条件。[272] 国际法院记录程序终止的命令也仅具有正式宣告程序终结的效力,不具有既判力。

4. 终止程序的实践

当事方合意终止程序或申请方单方面终止程序在常设国际法院和国际法院的实践中均较为常见。常设国际法院时期,共有 8 个案件终止程序;国际法院时期,按照国际法院发布终止命令的时间,2010 年以前共有 30 个案件终止程序[273],2010—2024 年间则有 7 个案件终止程序[274]。这表明司法程序并不妨碍当事方选择通过其他途径(尤其是政治途径)解决争端,即使在诉讼程序已经启动之后,当事方仍可通过协商的方式取得争端的友好解决。即使争端尚未解决,案件当事方若对庭外解决争端的前景感到满意,也可取得终止程序的合意。一些案件中,当事方在临时措施程序中已经实现了诉讼目的,则也会作出终止程序的决定,如东帝汶在澳大利亚履行了国际法院就"收缴和扣押某些文件和数据的问题案"发布的临时措施命令后,通知国际法院终止诉讼程序。这些实践反映了司法解决与政治解决之间流动性的关系,不应将司法解决与政治解决对立,两者都服务于国家间争端的和平解决。

四、咨询程序

与诉讼程序相比,《规约》《法院规则》关于咨询程序的规范较为简略,国际法院对咨询程序规范的适用享有较大的裁量权。咨询程序与诉讼程序最

---

[272] 1980 年"德黑兰人质案"判决中国际法院将赔偿问题交由两国协商解决,在协商不成的情况下任何一方可就赔偿问题向法院提起诉讼。此后,美国与伊朗达成了和解协议,美国通知国际法院撤销对伊朗的所有主张,但同时提出,若伊朗不能履行承诺,美国则保留再次起诉的权利。国际法院指出以恢复起诉为条件的终止通知不符合《法院规则》第 88 条的规定。*United States Diplomatic and Consular Staff in Tehran (United States of Amerca v Iran)*, Order of 12 May 1981, [1981] ICJ Rep 45, at 46.

[273] 常设国际法院时期和 2010 年以前国际法院案件终止情况统计,见 Wegen, *supra* note 270 at 1614–1616。

[274] 这 7 个案件分别是:(1)刚果共和国诉法国"法国某些刑事诉讼案";(2)洪都拉斯诉巴西"关于外交关系的若干问题案";(3)比利时诉瑞士"民事和商事管辖权和判决执行案";(4)厄瓜多尔诉哥伦比亚"航空喷洒除草剂案";(5)东帝汶诉澳大利亚"收缴和扣押某些文件和数据的问题案";(6)马来西亚诉新加坡"申请复核 2008 年 5 月 23 日对白礁岛、中岩礁和南礁的主权归属案判决";(7)马来西亚诉新加坡"请求解释 2008 年 5 月 23 日对白礁岛、中岩礁和南礁的主权归属案判决"。

大的差异在于咨询程序并无当事方（parties），这决定了咨询意见的若干程序特征：（1）缺乏对抗性；（2）参与咨询意见程序的主体更为广泛，包括国家、政府间国际组织以及（某些情形下）与所涉问题直接相关的非国家实体；（3）向法院提供法律与事实情报以期影响国际法院决断是参与咨询意见程序的主要目的。

同时，咨询程序在组织管理上与诉讼程序较为接近，其法律依据为《规约》第68条："法院执行关于咨询意见之职务时，并应参照本规约关于诉讼案件各条款之规定，但以法院认为该项条款可以适用之范围为限。"从性质上看，咨询程序的最终结果（咨询意见）虽然不具有法律拘束力，但咨询程序本质上仍为司法程序，这是因为国际法院是作为中立的第三方听取了不同的国际法主体的意见并适用国际法发表咨询意见，而非以法律顾问的身份向提出咨询请求的机构发表法律意见。早在常设国际法院开始咨询意见实践时，就奠定了咨询意见的司法属性，并逐步确立了咨询意见程序规范与诉讼程序规范同化的进程。㉕《规约》第68条是对常设国际法院关于咨询意见实践的总结和成文化。该条的适用主要表现在：（1）与诉讼程序类似，咨询程序分为不同的阶段，《规约》《法院规则》为各个阶段的组织提供了程序依据，且这些程序依据在很大程度上参考了诉讼程序的相关规则；（2）国际法院需要裁断咨询请求是否涉及具体国家间待决的法律问题，此时应参照适用诉讼程序的规则，尤其是《规约》第31条与专案法官有关的规则。

（一）咨询程序的阶段

1. 有权机关提出咨询请求

《宪章》第96条规定了联合国大会、安理会和经联大授权的联合国其他机关及各种专门机关得向国际法院提出咨询请求。这些有权机关依据其议事规则决定是否向国际法院提出咨询请求。《规约》第65条第2款明确了上述有权机关提出咨询请求应满足的条件："凡向法院请求咨询意见之问题，应以声请书（written request）送交法院。此项声请书对于咨询意见之问题，应有

㉕ Manley O. Hudson, *The Permanent Court of International Justice 1920–1942: A Treatise* (The Macmillan Company, 1943) at 508.

确切之叙述，并应附送足以阐释该问题之一切文件。"实践中，"阐释该问题之一切文件"通常包括该机关决定提出咨询请求的背景材料，如联合国大会通过咨询请求决议的辩论。虽然第 65 条第 2 款要求声请书对咨询请求问题予以确切的叙述，但法院实践表明提出请求机关对问题的界定并非决定性的，国际法院有权重新界定问题。㉖

《法院规则》第 104 条要求联合国秘书长或者经大会授权提出请求的机关的行政长官向国际法院递交咨询请求，且在递交咨询请求之时或之后尽快附上《规约》第 65 条第 2 款所称文件。当联大或安理会提出咨询请求时，联大或安理会可指定联合国秘书长应向国际法院转交的文件；实践中，联合国秘书长也会自行决定转交国际法院的文件。例如，在 2022 年联大提出的"各国在气候变化方面的义务"咨询请求中，秘书长不仅向国际法院转交了联大决议通过的程序背景，还转交了气候变化公约及部分公约的缔约文件、秘书长认为相关的国际公约（如臭氧层保护、海洋法、人权法等领域的国际公约）、联合国大会关于气候变化的多项决议、政府间气候变化专门委员会发布的一系列报告等 300 多份资料。㉗这些资料不仅在实质上协助国际法院形成对咨询请求所涉问题的答复，其充分程度也可能影响国际法院对发表咨询意见司法适当性的判断。㉘

《法院规则》第 103 条还指示国际法院，当提出咨询请求的机关告知法院其请求需要紧急答复（urgent answer）时，国际法院应采取一切必要步骤加快程序，并尽早安排庭审程序和对咨询请求的评议。例如，联大提出"使用或威胁使用核武器合法性"咨询请求时明确要求国际法院对该问题作出紧急答复。㉙

㉖ 见第三章第二部分"发表咨询意见的司法适当性"一节。

㉗ Materials compiled pursuant to article 65, paragraph 2, of the Statute of the ICJ (request for an advisory opinion pursuant to General Assembly Resolution 77/276), List of documents received from the Secretariat of the United Nations, available at: https://www.icj-cij.org/sites/default/files/case-related/187/187-20230630-req-02-00-en.pdf,最后访问时间：2024 年 11 月 1 日。

㉘ 见第三章第二部分"发表咨询意见的司法适当性"一节。

㉙ The Secretary-General of the United Nations to the President of the International Court of Justice (19 December 1994), available at: https://www.icj-cij.org/sites/default/files/case-related/95/7646.pdf, at 2,最后访问时间：2024 年 11 月 1 日。

2. 通知出庭国家或实体

依据《规约》第 66 条，书记官长应将咨询请求通知国家或其他实体以便利国际法院获取情报。第 66 条第 1 款确立了一般通知程序，即书记官长将咨询请求通知凡有权在法院出庭之国家，也就是属于《规约》第 35 条范围的国家。[29]

《规约》第 66 条第 2 款则确立了特别通知程序："书记官长并应以特别且直接方法通知法院（或在法院不开庭时，院长）所认为对于咨询问题能供给情报之有权在法院出庭之任何国家、或能供给情报之国际团体，声明法院于院长所定之期限内准备接受关于该问题之书面陈述，或准备于本案公开审讯时听取口头陈述。"换言之，若国际法院认为某些国家或国际团体可提供法院所需之情报信息，则应特别地、直接地通知这些实体，邀请这些实体在国际法院规定的时限内提交书面陈述，或准备参加庭审程序。例如，当咨询程序涉及具体国家间争端时，争端当事方或相关方应为本条款所称应特别通知的对象。饶有意味的是，在"隔离墙咨询意见""科索沃咨询意见"以及"查戈斯咨询意见"这些存在特定利益相关国家的咨询意见中，国际法院均认定所有联合国会员国属于《规约》第 66 条第 2 款所称能供给情报的国家并予以特别通知，而未具名那些直接构成争端当事方或相关方的实体，如"隔离墙咨询意见"中的以色列、"科索沃咨询意见"中的塞尔维亚以及"查戈斯咨询意见"中的英国和毛里求斯。但应注意，收到国际法院的特别通知并不意味着这些国家或实体有义务参与咨询程序。

应指出，在"隔离墙咨询意见"中，国际法院考虑到联大决议及秘书长转交法院之报告内容以及巴勒斯坦当时在联合国的观察员地位，裁定允许巴勒斯坦参与咨询程序；[28] 在"科索沃咨询意见"中，国际法院裁定"考虑到 2008 年 2 月 17 日单方面宣布独立是咨询请求所涉问题的主旨事项，上述宣言的发布者应有可能就该问题提供资料"，因而邀请宣告科索沃独立的主体参与

---

[29] 见第三章第一部分"诉诸国际法院的主体资格"一节。

[28] *Legal Consequences of the Construction of a Wall in the Occupied Palestinian Territory*, Advisory Opinion, [2004] ICJ Rep 136, at 141, para. 4.

咨询程序㉒，即使后者并非《规约》第 35 条所称"国家"。这些实践反映了国际法院对《规约》第 66 条第 2 款的灵活适用，其目的在于尽可能全面地获取与咨询请求所涉问题相关的情报。

《规约》第 66 条第 3 款还规定："有权在法院出庭之任何国家如未接到本条第二项所指之特别通知时，该国家得表示愿以书面或口头陈述之意思，而由法院裁决之。"由于当前联合国的会员几乎包括所有国家，因此国际法院依据《规约》第 66 条第 1 款的一般通知即可实现全球性的通知效果，这就近乎消弭了第 3 款的实际意义。但实践中第 3 款被参照适用到未收到国际法院特别通知的国际团体。例如，在"隔离墙咨询意见"程序中，阿拉伯国家联盟和伊斯兰合作组织请求向国际法院提供信息，国际法院裁定准许这两个组织提交书面意见并参与庭审程序。㉓ 在"查戈斯咨询意见"程序中，非洲联盟请求国际法院允许其通过书面和口头方式向法院提供信息，国际法院则以命令形式裁定允许非洲联盟在法院确定的时限内提交书面陈述。㉔

《规约》第 66 条所称"国际团体"专指政府间国际组织，不包括非政府组织。非政府组织无权参与国际法院的咨询程序。实践中，国际法院向来对非政府组织提交书面信息采取极为审慎的态度。只在极少数咨询程序中，国际法院接受了非政府组织向其提交的书面文件，而绝大多数时候国际法院拒绝接受非政府组织提交的"法庭之友（amicus curiae）"。㉕国际法院 2004 年通过的《实践指引十二》明确了非政府组织提交书面意见的规则：（1）非政府组织提交的书面陈述或文件不纳入卷宗；（2）当参与咨询程序的国家或政府间组织援引非政府组织的书面陈述或文件时，这些陈述或文件应被视为公共领域现成的出版物；（3）非政府组织提交的书面陈述或文件应被放置在和平宫内的特定区域，并将该区域位置通知依据《规约》第 66 条参与咨询程序

㉒ *Accordance with International Law of the Unilateral Declaration of Independence in Respect of Kosovo*, Advisory Opinion, [2010] ICJ Rep 403, at 408, para. 3.

㉓ *The Construction of Wall Opinion*, supra note 281 at 142, para. 6.

㉔ *Legal Consequences of the Separation of the Chagos Archipelago from Mauritius in 1965*, Advisory Opinion, [2019] ICJ Rep 95, at 103, para. 7.

㉕ Kolb, *supra* note 4 at 1108.

的国家和政府间组织，以资参考。㉙

3. 书面和庭审程序

咨询意见程序与诉讼程序类似，也分为书面和庭审程序。㉚ 但是，由于咨询程序中没有当事方，因此国家或其他实体参与咨询程序提交的书面意见也就不称为"诉状"，而是"书面陈述（written statements）"。书面陈述的内容通常表达国家或国际组织对所涉法律问题的主张，并总结该国或国际组织的立场和态度，以期影响国际法院。国家和其他实体应在国际法院确定的时限内提交书面陈述，但国际法院在实践中曾接收迟交的书面陈述，也会在参考国家或其他实体的意见后决定延迟书面陈述提交的期限。㉛

参与咨询程序的国家或实体有权对其他参与者的书面陈述发表看法，这种答复被称为"书面评论（written comments）"。《规约》第 66 条第 4 款要求书记官长将收到的书面陈述转交其他也提交了书面陈述的国家和国际组织，并规定"凡已经提出书面或口头陈述或两项陈述之国家及团体，对于其他国家或团体所提之陈述，准其依法院（或在法院不开庭时，院长）所定关于每案之方式、范围及期限，予以评论"。由于该条同时适用于书面和庭审程序，《法院规则》第 105 条第 2 款在区分了书面程序和庭审程序的基础上进一步明确了这两个阶段国家或实体发表评论的规则。

《法院规则》第 106 条规定了国际法院应决定在庭审程序开始时将书面程序中所得的陈述、评论及其他文件资料向公众公开，这是对适用于诉讼程序的《法院规则》第 53 条第 2 款的参照适用。

国家或其他实体是否参与庭审程序取决于该国或实体的意愿，实践中不乏参与了书面程序的国家决定不参与庭审程序，如中国在"查戈斯咨询意见"程序中提交了书面陈述但并未参与庭审。同样由于咨询程序中不存在所谓的"当事方"，因此参与咨询程序的主体被称为国家或国际组织的代表（representatives）而非代理人（agents）。但和诉讼程序类似的是，参与咨询程序的

㉙ Practice Direction XII, available at: https://www.icj-cij.org/practice-directions，最后访问时间：2024 年 11 月 1 日。

㉚ 在以复核行政法庭判决为目的的咨询程序中，国际法院为实现平等原则而不举行庭审程序。见第三章第二部分"以复核行政法庭判决为目的的咨询意见"一节。

㉛ Kolb, *supra* note 4 at 1109.

主体可聘请律师或辩护人在庭审程序中发言。国家或国际组织通常按照其名称在英文字母表中的顺序发表口头陈述，但国际法院可以根据具体情况（如国家的意愿）决定发言顺序。例如，在"隔离墙咨询意见"庭审程序中，国际法院首先听取了巴勒斯坦的发言；在"科索沃咨询意见"庭审程序中，国际法院首先听取了塞尔维亚和宣告独立的主体的陈述；在"查戈斯咨询意见"庭审程序中，法院则先听取了毛里求斯和英国的发言。

4. 评议与宣读咨询意见

咨询程序与诉讼程序一样，庭审程序结束后法官退席秘密评议。依据《关于法院内部司法实践的决议》，判决和咨询意见适用同样的评议流程。[29]

同样地，按照《法院规则》第107条，咨询意见所应包括的内容与判决依据《法院规则》第95条所应载明的内容大致相似。国际法院在咨询意见中的决定通常包括两部分：（1）管辖权及发表咨询意见司法适当性的决定；（2）法院对咨询请求所涉问题的答复。虽然咨询意见的决定不具有拘束力，但这些决定仍是经法院评议、逐一由法官投票并按照多数决规则通过。《法院规则》第107条第3款允许法官发表个别意见或声明，这同样也是对诉讼程序的参照适用。

和诉讼程序中国际法院应公开宣判一致，国际法院在咨询程序中也应公开宣读咨询意见。《规约》第67条要求："法院应将咨询意见当庭公开宣告并先期通知秘书长、联合国会员国及有直接关系之其他国家及国集团体之代表。"

（二）参照适用诉讼程序规则

1. 历史与现状

《规约》第68条对国际法院在行使咨询职能时参照适用诉讼程序规则的总括性规定来源于常设国际法院的司法理念与经验。如第三章所阐释的，常设国际法院在1922年通过的《法院规则》第71条至第74条初步规范了咨询请求的提出、受理和审议的部分规则，是现行《规约》第66条和第67条的起源。这些初步性的程序规范奠定了咨询程序的司法属性，并使咨询程序与

---

[29] 见本章第二部分"诉讼程序的阶段"一节。

诉讼程序同质化。⑳常设国际法院咨询程序实践中参照适用诉讼程序也是其时咨询程序功能使然：常设国际法院的大多数咨询意见均涉及具体的国家间争端，咨询意见具有间接解决或协助解决国家间争议的功能。㉑《规约》第 68 条即为这些司法理念与经验的产物。

第 68 条明确了国际法院"并应参照适用（shall further be guided by）"诉讼程序规则，且"以法院认为该项条款可以适用之范围为限"。该条文义反映了咨询程序规则的弹性。正如国际法院在"与保加利亚、匈牙利和罗马尼亚的和约的解释咨询意见"中所阐明的："[第 68 条] 规则的适用取决于个案的特定情况且国际法院对此享有很大的自由裁量权（a large amount of discretion）。"㉒

由于国际法院时期咨询程序的功能转向，即从争议解决转向更多地澄清一般国际法问题或国际组织履职中产生的法律问题，《规约》第 68 条的现实意义也逐渐削减，诉讼程序中能参照适用于咨询程序的规则较为有限。虽然部分学说主张在咨询程序中参照适用附带程序规则，但终究为学理探讨。譬如，国际法院在"西撒哈拉咨询意见"中曾明确否定初步反对意见程序的参照适用："有一项建议提出，法院应暂停审理咨询请求所涉问题的实质内容，而应首先裁决具有先决性的问题……但认为这些问题仅涉及先决问题是不可接受的，特别是这些问题涉及咨询请求的目的和性质、国家同意在咨询程序中的作用以及提交法院的这些问题的含义和范围。这些问题远非先决性的，而是实体问题的一部分。此外，这一建议在程序上非但无助于法院的工作，还会对法院履行职能和回应联大的请求造成不必要的延误。"㉓此外，也从未有任何咨询程序的参与者请求国际法院指示临时措施。就证据规则而言，由于咨询程序并无争端当事方，因此也并不直接适用诉讼程序中的举证责任和证明标准。国际法院在"西撒哈拉咨询意见"中指出："在咨询程序中并不存

㉑ Jean-Pierre Cot & Stephan Wittich, "Article 68" in Andreas Zimmermann & Christian J. Tams, eds, *The Statute of the International Court of Justice: A Commentary*, 3rd edition (Oxford University Press, 2019) 1843 at 1844.

㉑ 见第三章第二部分"咨询意见的功能"部分。

㉒ *Interpretation of Peace Treaties with Bulgaria, Hungary and Romania*, Advisory Opinion, [1950] ICJ Rep 65, at 72.

㉓ *Western Sahara*, Advisory Opinion, [1975] ICJ Rep 12, at 17, para. 12.

在真正意义上有义务向法院提交证据的当事方，与举证责任相关的一般规则也难以适用。"[294]

实践中，《规约》第 68 条主要适用于当咨询请求涉及国家间待决的法律问题时法院的组成问题。

2. 法院的组成

《法院规则》第 102 条第 2 款首先重申了《规约》第 68 条确立的参照适用诉讼程序规则，并规定："为此目的，法院应首先考虑咨询意见请求是否关涉两个或多个国家间待决（actually pending）的法律问题。"第 3 款进一步指出："当咨询意见请求涉及两个或多个国家间待决的法律问题时，应适用《规约》第 31 条以及《法院规则》中与该条相关的条款。"这些规则同样源于常设国际法院时期的司法经验：由于常设国际法院咨询程序多涉及国家间争议，法院经常需要裁断是否允许争端当事方在咨询程序中选派专案法官。常设国际法院在 6 个案件中允许了争端当事方选派专案法官，但在其他一些案件中则拒绝了相关国家选派专案法官的请求。[295]

与诉讼程序中《规约》第 31 条赋予了当事方选派专案法官的权利不同，咨询程序中，是否适用《规约》第 31 条由法院裁决；认为咨询请求涉及国家间待决争端的国家可提出申请，但未必被国际法院接受。国际法院在咨询意见实践中对这一规则的适用也采取了较为苛刻的态度。迄今为止，只在 1975 年"西撒哈拉咨询意见"中国际法院认定摩洛哥可依据《规约》第 68 条、第 31 条和 1972 年《法院规则》第 89 条（现行《法院规则》第 102 条第 3 款）选择专案法官，因为该咨询意见涉及摩洛哥与西班牙之间关于西撒哈拉领土的争端。但是，在该案中，国际法院认为毛里塔尼亚虽然对有关领土存在利益，但和西班牙之间并无法律争端，因此不能选派专案法官。[296] 在 1971 年"纳米比亚咨询意见"中，虽然南非主张咨询意见涉及南非与其他国家之间的争端并请求指定专案法官，但国际法院并未接受该主张。国际法院认为："国家之间对法律问题存在不同的观点是几乎每个咨询程序都存在的现象，不如

---

[294] *Ibid* at 28, para. 44.
[295] Cot & Wittich, *supra* note 290 at 1859.
[296] *Western Sahara Advisory Opinion*, *supra* note 293 at 15–16, paras. 9–10.

说，如果各国能达成共识，也就不需要请求法院发表咨询意见了。"⑳ 正是因为国际法院限制《规约》第 31 条适用于咨询程序，"西撒哈拉咨询意见"之后再没有国家在咨询程序中申请选派专案法官。

此外，《规约》第 17 条和第 24 条与法官回避相关的规则也可参照适用于咨询程序，这些规则同样影响在特定咨询程序中法院的组成。一般而言，国际法院对影响法官参与咨询程序独立性和中立性因素通常作限制性理解。例如，在"纳米比亚咨询意见"中，南非以部分法官曾作为国家代表参与联合国机关内部关于西南非洲问题的处置为由，要求三位法官回避。国际法院认为，这些法官在当选为国际法院法官之前作为国家代表参与联合国各机关的工作不足以触发《规约》第 17 条第 2 款的适用。法院还指出，常设国际法院及国际法院的先例表明，即使某法官在当选为法官之前曾参与撰写法院在案件中应予解释的文件（如联合国大会或安理会的决议），也不足以影响其对咨询程序的参与。㉘ 在"隔离墙咨询意见"中，国际法院也没有接受以色列要求埃拉拉比法官（Judge Elaraby）回避的申请。法院认为，以色列提请法院注意的事项是埃拉拉比法官以其国家外交代表的身份进行的，且大部分活动都是在联大提出咨询意见请求多年前发生的，特别是，咨询请求所涉问题是在埃拉拉比法官不再作为埃及代表参加联合国大会第十次紧急特别会议后才成为该届会议的议题；埃拉拉比法官在接受媒体刊物采访时也没有对本案涉及的问题发表任何观点，因此不能被视为《规约》第 17 条第 2 款所称"参加案件者"。㉙ 因此，只有在法官曾经直接参与了咨询程序所涉问题的争议解决，才适用法官回避规则。在"查戈斯咨询意见"中，在当选国际法院法官之前曾作为毛里求斯律师参加了 2015 年"查戈斯海洋保护区仲裁案"的克劳福德法官（Judge Crawford）没有参与咨询程序。

3. 咨询程序不能作为解决国家间争端的替代方式

虽然咨询意见无拘束力，但基于咨询意见的司法属性，部分学者认为咨

---

⑳ *Legal Consequences for States of the Continued Presence of South Africa in Namibia (South West Africa) notwithstanding Security Council Resolution 276 (1970)*, Advisory Opinion, [1971] ICJ Rep 16, at 24, para. 34.

㉘ *Ibid* at 18–19, para. 9.

㉙ *Legal Consequences of the Construction of a Wall in the Occupied Palestinian Territory*, Order of 30 January 2004, [2004] ICJ Rep 3, at 5, para. 8.

询意见可以成为国家不愿接受国际法院的诉讼管辖时解决国家间争端的替代方式，尤其是国际法院对特定国家行为违法性的评价足以削弱该国在国际法上行为的权利基础。诉讼程序规则参照适用于咨询程序之中强化了咨询程序和诉讼程序的共性，历史上常设国际法院咨询程序频繁涉及国家间争端也为咨询程序适用于争议解决提供了正当性支持。[500] 2019年"查戈斯咨询意见"作出后，受理毛里求斯和马尔代夫海洋划界争端的国际海洋法法庭特别分庭在裁决英国是否构成该案不可或缺第三方时指出："'查戈斯咨询意见'拥有法律效力，并且对查戈斯群岛目前的地位有所影响，英国持续主张对查戈斯群岛的主权有违咨询意见。虽然毛里求斯的非殖民化进程尚未结束，但可以从国际法院的意见中推断出毛里求斯对查戈斯群岛的主权。"[501]这一裁决似乎证实了咨询意见间接解决国家间争端的效力。

应当认为咨询程序并非解决国家间争端的替代方式，原因在于：第一，从管辖权规则看，国际法院坚持认为，当发表咨询意见构成规避国家同意并且具有裁决国家间争端的效力时，发表咨询意见不具有司法适当性。[502]尽管国际法院从未在任何咨询意见中认定存在这一问题，但这往往是由于提交法院的咨询请求涉及联合国职权的行使（如去殖民化），这极大地影响了国际法院界定问题的视角。但是，"查戈斯咨询意见"的后续发展与其说构成咨询程序作为争议解决替代方式的先例，不如说为国际法院敲响警钟，在涉及双边争端的情景时法院应更为慎重地考虑发表咨询意见的司法适当性。

第二，常设国际法院的咨询意见用于解决或协助解决国家间争端对国际法院无参考意义。这是因为，联合国时期咨询程序运行的政治环境与国联时期相比有深刻的转变。国联时期，虽然大会和理事会均有权提出咨询请求，但实践中只有理事会向常设国际法院提出咨询请求，且理事会奉行全体一致

---

[500] See Massimo Lando, "Advisory Opinions of the International Court of Justice in Respect of Disputes" (2023) 61 Columbia Journal of Transnational Law 67; Rüdiger Wolfrum, "Panel II: Advisory Opinions: Are they a Suitable Alternative for the Settlement of International Disputes?" in Rüdiger Wolfrum & Ina Gätzschmann, eds, *International Dispute Settlement: Room for Innovations?*, Beiträge zum ausländischen öffentlichen Recht und Völkerrecht (Springer, 2013) 33.

[501] *Dispute concerning Delimitation of the Maritime Boundary between Mauritius and Maldives in the Indian Ocean (Mauritius/Maldives)*, Preliminary Objections, ITLOS Judgment of 28 January 2021, para. 246.

[502] 见第三章第二部分"发表咨询意见的司法适当性"一节。

的投票规则，这也就确保了即使咨询请求涉及特定国家间的争端，这些国家也都同意或不反对将问题以咨询意见的方式提交国际法院；联合国时期，联大实行多数决投票规则，即使存在重大政治争议的咨询请求都可无视部分国家的反对提交国际法院。换言之，常设国际法院的咨询意见解决国家间争端的前提仍是获得了争端当事方的同意，或争端当事方并不反对咨询程序介入争议解决。但这一前提在国际法院大多数涉及国家间争端的咨询程序中都是缺失的。例如，"查戈斯咨询意见"的提出是联大决议以 94 票赞成、15 票反对和 65 票弃权通过的，英国投反对票。[303] 2022 年 12 月 30 日，联大通过第 77/247 号决议，请求国际法院就以色列在巴勒斯坦被占领土上的政策和实践的法律后果发表咨询意见。该决议以 87 票赞成、26 票反对和 53 票弃权通过，以色列及美国均投了反对票。[304]

第三，咨询意见无拘束力意味着咨询意见本身并不为相关国家创设权利与义务，咨询意见并不具有国际法院判决所具有的拘束力和终局性。从程序角度看，咨询意见并非《宪章》第 33 条所说的和平解决国际争端的"司法解决"方式。真正影响或推动国家间争议解决的是咨询意见作出后其他国家的反应（如对争端当事方权利主张的立场转变）和提出咨询请求机关的后续行动。另外，相关国家及利益主体策略性地运用咨询程序，包括将双边争端重新界定为属于联合国职权范围的多边问题，寻求国际法院介入以增强自身权利主张的正当性，是国际政治中不可避免的现象。不可否认国际法院是国际法与国际事务的重要参与者，因此要超越狭隘的法律教条主义，更多地从国际政治与国际关系视角分析，才能更为平衡地把衡量咨询程序在解决国家间争端中的功能与价值。

---

[303] See United Nations Digital Library: https://digitallibrary.un.org/record/1290041? ln=en, 最后访问时间：2024 年 11 月 1 日。

[304] See United Nations Digital Library: https://digitallibrary.un.org/record/3999158? ln=en, 最后访问时间：2024 年 11 月 1 日。

第二部分

诉讼案件与咨询意见
（2010—2024）述评

第五章 管辖权与可受理性

导　言

　　基于国际法院诉讼管辖权来源于国家同意的根本属性，国际法院必须确定对争端享有属人管辖、属事管辖和属时管辖，才能确立裁决争端的管辖权。同时，即使在国际法院享有管辖权的前提下，仍然可能因为法律上的原因当事方的申请不具有可受理性，此时国际法院不能行使管辖权。因此，管辖权与可受理性争议是国际法院裁决争端的实体问题之前必须先行解决的问题。依据《法院规则》第 79 条，在当事方提出初步反对意见的情况下，或者在法院认为有必要单独审理管辖权或可受理性问题的情况下，国际法院会中止实体问题审理，先裁判管辖权与可受理性问题。

　　2010 年至 2024 年间，共有 44 个案件提交国际法院。2024 年以前，国际法院作出了 18 个管辖权与可受理性判决。① 其中 7 个案件国际法院认定无管辖权，另有 4 个案件实体裁决尚未作出，但国际法院宣告有管辖权且申请具有可受理性。本章评述这 11 个案件的管辖权与可受理性判决。剩余 7 个案件因已经作出实体裁决，将在其他章节结合实体问题予以评述。②

　　这一时间段内国际法院处理的管辖权与可受理性问题有若干突出的特点。第一，争端是否存在成为确定国际法院有无管辖权的前提性问题。在 2016 年

---

　　① 2011 年格鲁吉亚诉俄罗斯"《消歧公约》适用案"和 2015 年克罗地亚诉塞尔维亚"《灭种公约》适用案"是 2010 年以前提交国际法院的，而另外 16 个管辖权与可受理性判决则是 2010 年之后提交国际法院的争端的判决。

　　② 这 7 个案件是玻利维亚诉智利"通向太平洋过境权的协商义务案"、尼加拉瓜诉哥伦比亚"侵害加勒比海主权权利与海洋空间案"、尼加拉瓜诉哥伦比亚"尼加拉瓜海岸 200 海里以外大陆架划界问题"、索马里诉肯尼亚"印度洋海洋划界案"、赤道几内亚诉法国"豁免与刑事程序案"、伊朗诉美国"某些伊朗资产案"和克罗地亚诉塞尔维亚"《灭种公约》适用案"。

马绍尔群岛诉英国、印度和巴基斯坦的三个"关于就停止核军备竞赛和实行核裁军进行谈判的义务案"中,国际法院以不存在争端为由认定无管辖权,这在国际法院(包括其前身常设国际法院)的历史中是史无前例的;第二,有相当数量的案件以双边或多边条约的管辖权条款为管辖权来源,且这些案件多涉及当事方之间其他国际法问题(如禁止使用武力、领土争端或外交问题)。因此,国际法院对提交的争端是否享有属事管辖权以及管辖权条款所要求的前置程序是否完成成为管辖权问题的核心争议,这突出反映在以《灭种公约》第9条为管辖权来源的案件以及乌克兰诉俄罗斯、伊朗诉美国的案件当中。第三,公益诉讼在国际法院全面兴起,多边条约(以《灭种公约》为代表)确立的对缔约国全体承担的义务(obligations erga omnes partes)与申请方的诉权之间的关系成为可受理性问题的核心争议。国际法院在冈比亚诉缅甸"《灭种公约》适用案"中积极地肯定了非受害国基于对缔约国全体承担的义务而享有诉权,这一案件产生了极强的示范效应,推动了公益诉讼的全面兴起。本章评述的管辖权与可受理性判决均在不同程度上反映了上述特点。由于2010年至2024年间提起的案件中,还有部分案件尚未完成管辖权与可受理性问题的审理,可以预见这些特点将会持续出现在国际法院未来的实践当中。

一、《消除一切形式种族歧视国际公约》适用案(格鲁吉亚诉俄罗斯)

(一)事实与程序背景

苏联解体前,南奥塞梯(South Ossetia)是格鲁吉亚的自治州,阿布哈兹(Abkhazia)也在苏联时期并入格鲁吉亚,因此这两个地区居住着许多格鲁吉亚人以及俄罗斯人。苏联解体后,1992年南奥塞梯和阿布哈兹与格鲁吉亚爆发了激烈的冲突,同年南奥塞梯宣布独立为南奥塞梯共和国。格鲁吉亚与俄罗斯围绕南奥塞梯与阿布哈兹的地位、武装冲突中违反国际人道法和人权法的行为以及少数民族权利保护等问题产生了争议。1992年6月24日,格鲁吉亚与俄罗斯签署了《索契协定》,确立了解决格鲁吉亚-南奥塞梯冲突的相关原则，设立了联合管理委员会，并由俄罗斯、格鲁吉亚和南奥塞梯三方的武装力量组成了联合武装部队（后成为"联合维和部队"）。

同年9月3日，格鲁吉亚与俄罗斯就阿布哈兹问题签署了《莫斯科协定》，规定各方停火并遵守人权、少数民族权利和非歧视的国际规则。《莫斯科协定》还约定当时驻守在阿布哈兹的俄罗斯部队保持中立。1993年7月27日，格鲁吉亚与阿布哈兹在俄罗斯的调停下签署了停火协议。1993年8月24日，联合国安理会通过决议设立格鲁吉亚观察团以监督停火协议的执行。1993年9月，阿布哈兹与格鲁吉亚再次爆发冲突，阿布哈兹严重违反停火协议的行为遭安理会谴责，冲突中发生的"种族清洗（ethnic cleansing）"和其他严重违反国际人道法的行为也引发了国际社会的关注。之后，联合国主导了格鲁吉亚与阿布哈兹之间的冲突解决，而俄罗斯一直作为协助者参与这一政治进程。自1993年至2008年，安理会对阿布哈兹局势-格鲁吉亚局势通过了一系列决议。

2008年8月7日夜间，格鲁吉亚袭击了南奥塞梯首府，随后俄罗斯和阿布哈兹的部队也卷入战斗，阻止了格鲁吉亚部队进攻南奥塞梯。之后，俄罗斯武装部队组织了反攻，深入格鲁吉亚直至其首都第比利斯附近。格鲁吉亚控诉俄武装部队在进入南奥塞梯的过程中驱逐格鲁吉亚人并犯下种族清洗的罪行。2008年8月12日，格鲁吉亚依据《消歧公约》向国际法院起诉俄罗斯，要求法院裁决俄罗斯在格鲁吉亚领土及其周围的行为违反了《消歧公约》。8月14日，格鲁吉亚请求国际法院指示临时措施以保护格鲁吉亚公民免受俄罗斯武装部队及其支持的分离武装力量的暴力歧视。10月15日，国际法院指示临时措施，要求双方在南奥塞梯和阿布哈兹及附近区域避免任何种族歧视行为。③ 2009年12月1日，俄罗斯提出初步反对意见，国际法院暂停了实体问题程序，并于2011年4月1日判决对格鲁吉亚的申请无管辖权，下文评析国际法院的这一判决。④

---

③ *Application of the International Convention on the Elimination of all Forms of Racial Discrimination (Georgia v Russian Federation)*, Provisional Measures, Order of 15 October 2008, ［2008］ICJ Rep 353, para. 149.

④ *Application of the International Convention on the Elimination of All Forms of Racial Discrimination (Georgia v Russian Federation)*, Preliminary Objections, ［2011］ICJ Rep 70.

（二）双方是否存在与《消歧公约》有关的争端

格鲁吉亚援引的管辖权来源是《消歧公约》第 22 条，该条规定："两个或两个以上缔约国间关于本公约的解释或适用的任何争端不能以谈判或以本公约所明定的程序解决者，除争端各方商定其他解决方式外，应于争端任何一方请求时提请国际法院裁决。"俄罗斯共提出了四项初步反对意见，其中第一项是双方之间并不存在与《消歧公约》解释和适用有关的争端。法院需要界定双方之间是否存在争端，以及该争端是否与《消歧公约》的解释和适用有关，从而明确国际法院对本案是否享有属事管辖权。

国际法院首先指出，《消歧公约》第 22 条所指"争端"并不如俄罗斯所主张的那样存在特定含义，而是应当以国际法院实践中确立的一般标准予以判定。法院总结了司法实践中界定争端及其性质的法律依据及其适用：

> 法院回顾关于［界定争端］这一事项的既定判例法，首先是经常被引用的常设国际法院在 1924 年"马弗若麦迪斯巴勒斯坦特许权案"中的陈述："争端是指两人在法律或事实问题上的分歧、法律观点或利益上的冲突。"在既定案件中是否存在争端由法院"客观判定"，且必须证明"一方的主张遭到另一方的积极反对"。法院的判定因而必须基于对事实的审查。这是一个实质性问题，而不是形式问题。正如法院此前所承认的，在需要作出回应的场合，可以从一国未对他国一项主张作出回应来推断争端存在。虽然争端是否存在与当事方是否进行了谈判是两个问题，但谈判可能有助于查明争端的存在并确定其主旨事项。争端必须在申请方提交申请书时就已经存在……同时，就争端的主旨事项而言，借用《消歧公约》第 22 条的术语，争端必须"与公约的解释和适用有关"。虽然一国不必在与他国的意见交换中明确提及某项具体条款，以便日后在法院援引该条约，但意见交换中必须足够明确地提及条约的主旨事项，使被申请方能够确定与申请方之间在该主旨事项方面存在或可能存在争端。对公约条款的直接援引可以消除一国对存在争议的具体事项的理解不明，并使其注意［双方可能对该公约条款存在争议］。双方同意，在本

案中没有出现明确援引《消歧公约》的情况。⑤

基于上述法律依据,为判断《消歧公约》第 22 条的适用,国际法院的任务是确定格鲁吉亚是否向俄罗斯提出了以《消歧公约》为基础的主张,以及俄罗斯是否积极地反对该主张。格鲁吉亚向国际法院提交了大量的文件、外交信函、当事方在各种场合的发言等文件资料。国际法院认为有必要根据发布文件或发言的主体、受众、场合以及内容来界定争端的存在及其主旨事项。国际法院将格鲁吉亚提交的文件和发言分为三个时间段,并逐一考察了各个时间段内的证据资料能否证明两国存在与《消歧公约》主旨事项有关的争端:(1)第一个时间段是 1992 年至 1999 年 7 月 2 日,后者即《消歧公约》对双方生效的日期。国际法院认为这一时间段内的文件(如格鲁吉亚致安理会主席的信函、格鲁吉亚议会的声明和决议等)并未向俄罗斯提出与消除种族歧视有关的主张。更重要的是,由于《消歧公约》尚未在两国之间生效,因此即使存在与消除歧视有关的争端,也与《消歧公约》解释和适用无关。(2)第二阶段是 1999 年公约在两国之间生效至 2008 年 8 月冲突爆发前。与上一阶段类似,国际法院认定这一阶段格鲁吉亚并未向俄罗斯提出任何与种族歧视或"种族清洗"有关的主张。(3)第三个阶段是 2008 年 8 月冲突爆发后,格鲁吉亚总统在新闻发布会的发言中指责俄罗斯部队对格鲁吉亚人的驱逐与清洗,而俄罗斯驻安理会代表在 2008 年 8 月 10 日的会议上则谴责格鲁吉亚人对南奥赛梯人的"种族清洗"。国际法院认定 2008 年 8 月 9 日至 12 日间,格鲁吉亚对俄罗斯的主张虽然主要与非法使用武力有关,但也明确控诉了俄罗斯犯下种族清洗罪行,这些证据证明双方之间存在与《消歧公约》解释和适用有关的争端。

国际法院据此驳回了俄罗斯第一项初步反对意见。

(三)《消歧公约》第 22 条是否将谈判视为起诉前置程序

俄罗斯的第二项初步反对意见是,《消歧公约》第 22 条允许缔约国将

---

⑤ *Application of the International Convention on the Elimination of All Forms of Racial Discrimination (Georgia v Russian Federation)*, Preliminary Objections,[2011] ICJ Rep 70, at 84-85, para. 30. 段落中国际法院援引的案例信息均隐去。

"不能以谈判或以本公约所明定的程序解决"的争端提交国际法院,意味着谈判及《消歧公约》规定的其他程序是向国际法院起诉的前置程序,而格鲁吉亚并未满足任何一项。格鲁吉亚则认为向国际法院提起诉讼只需要满足存在尚未解决的争端。

国际法院首先查明《消歧公约》第 22 条是否设置了起诉前置程序。国际法院在 2008 年 10 月 15 日的临时措施命令中曾指出《消歧公约》第 22 条的文义并不表明公约框架下的正式谈判是向法院起诉的前置条件。国际法院认为,临时措施命令并不妨碍法院进一步处理管辖权与可受理性问题。另外,根据有效解释原则(principle of effectiveness),条约解释应赋予条约条款中所有内容以效力。若采用格鲁吉亚的解释方法,则会剥夺《消歧公约》第 22 条中核心内容的效力。国际法院还比较了法院实践中对类似于《消歧公约》第 22 条的管辖权条款的解释和适用,认定《消歧公约》第 22 条"不能以谈判或以本公约所明定的程序解决"设置了起诉前置程序。

国际法院接着查明当事方是否履行了谈判这一前置程序,为此问题国际法院详尽总结了关于谈判义务及其认定的法律原则:(1)谈判与抗议、控诉不同,从概念上看,"谈判义务至少要求争端一方本着解决争端的态度真诚地尝试与他方对话"。⑥ (2)在查明当事方是否履行了谈判义务的证据时,并不要求当事方事实上取得协议。(3)当一方并未尝试与他方谈判时,谈判义务显然未满足,而当谈判已经启动,只有在谈判失败或者陷入僵局时谈判义务才算满足。谈判是否失败或陷入僵局只能基于个案的具体事实予以判断。为此,法院并不采取严格的形式判断,即谈判的形式不限于直接双边谈判,会议外交、议会式外交等场合中的谈判也符合条件。(4)就谈判的实质内容而言,当事方未明确提及特定公约也不影响当事方事后援引该公约的管辖权条款。但是,"要满足条约管辖权条款中谈判这一前置条件,这些谈判必须关涉该条约的主旨事项。换言之,谈判的主旨事项必须与争端的主题事项有关,而争端的主旨事项又必须与条约所载的实质性义务有关"。⑦

由于法院认定两国之间就《消歧公约》解释和适用的争端自 2008 年 8 月

---

⑥ *Ibid* at 132, para. 157.

⑦ *Ibid* at 133, para. 161.

9日才产生，这意味着判定谈判义务是否履行的时间段是2008年8月9日至8月12日（格鲁吉亚向国际法院起诉的时间）。法院认为双方在这一时间段内的发言只能证明存在与《消歧公约》有关的争端，但不能反映格鲁吉亚真诚地尝试了与俄罗斯展开谈判。因此法院认定《消歧公约》第22条规定的前置程序并未满足。

国际法院接受了俄罗斯的第二项初步反对意见，并指出讨论俄罗斯的第三、四项初步反对意见已无必要。国际法院最终认定对格鲁吉亚的申请不享有管辖权。[8]

（四）评价

国际法院以10∶4票驳回俄罗斯的第一个初步反对意见，以10∶6票接受俄罗斯的第二个反对意见，并以10∶6票认定对格鲁吉亚的申请无管辖权，投票分布反映了审理本案的法官之间存在重大争议。这些争议主要聚焦在两个方面。

第一，在认定是否存在与《消歧公约》有关的争端问题上，提出反对意见的法官认为本案判决界定争端的方式过于形式主义，以一种十分刻板而教条的方式逐一分析格鲁吉亚提出的各项文件、声明、发言等材料。撰写了联合反对意见的小和田法官（Judge Owada）、西玛法官（Judge Simma）、亚伯拉罕法官（Judge Abraham）、多诺霍法官（Judge Donoghue）和盖亚法官（Judge Gaja）认为判决偏离了以往实践中更为灵活的界定争端的方式。[9]支持判决主文的法官则强调法院能够管辖的争端必须与《消歧公约》存在实质联系。克洛玛法官（Judge Koroma）指出，争端与条约的实质性条款之间必须存在联结，否则"国家可以利用多边条约的管辖权条款将与他国毫不相关的争端强加给法院"。[10]有四位法官对驳回俄罗斯第一项初步反对意见投了反对票。副院长通卡法官（Vice President Tomka）认为，虽然2008年冲突爆发后双方的发言提及"种族清洗"，但这更多是一种"战争期间的话术"，并未反

---

[8] Ibid at 140-146 para. 187.

[9] Joint Dissenting Opinion of President Owada, Judges Simma, Abraham and Donoghue and Judge ad hoc Gaja, ibid at 143.

[10] Separate Opinion of Judge Koroma, ibid at 185.

映格鲁吉亚有意追究俄罗斯在《消歧公约》项下的责任。⑪

第二，提出反对意见的法官还质疑《消歧公约》第 22 条是否将谈判义务视为一国向国际法院提交争端的前置条件。联合反对意见认为过去国际法院的实践并不如判决所阐释的那样十分统一，判决回避了那些相反的案例，并且以有效解释原则替代了文义解释，因而判决的说理存在瑕疵。另外，法院对《消歧公约》第 22 条所指的谈判义务的理解十分教条，未能考虑格鲁吉亚与俄罗斯之间的现实情况。更重要的是，在克罗地亚诉塞尔维亚"《灭种公约》适用案"中国际法院曾明确提出，即使申请方在起诉时尚未满足某些程序要件，只要这些欠缺的要件可以在法院作出管辖权决定前通过一次新的起诉满足，那么出于正义司法原则的要求，应当认定这些条件已获满足。联合反对意见因而认为本案是对克罗地亚诉塞尔维亚"《灭种公约》适用案"的偏离。

需要指出的是，格鲁吉亚提起诉讼的大背景是格鲁吉亚与俄罗斯之间的武装冲突，而自 1993 年至 2008 年格鲁吉亚多次指控俄罗斯支持南奥塞梯和阿布哈兹的分离势力并指责俄罗斯在两个地区的维和部队并不中立。因此，上述法院内部的不同意见体现了不同法官对争端的产生、性质及其与国际法院管辖权关系的不同理解。总体而言，本案判决对争端的界定，尤其是争端主旨事项的界定采取了严格的标准。与之相关的争议也将更为戏剧性地体现在之后的案例中。⑫ 判决与反对意见对《消歧公约》第 22 条的解释和适用的差异，从表面上看是条约解释方法和对法院过往实践的理解之争，但更为深层次的则是关于谈判与司法解决在国际争端解决中的不同作用及其关系的理念之争。

二、关于就停止核军备竞赛和实行核裁军进行谈判的义务案（马绍尔群岛诉英国；马绍尔群岛诉印度；马绍尔群岛诉巴基斯坦）

（一）事实和程序背景

马绍尔群岛为太平洋上的岛屿国家。1947 年 4 月 2 日，联合国安理会通过决议将马绍尔群岛等太平洋上的岛屿纳入《宪章》中的托管制度，并授权美国

---

⑪ Declaration of Vice-President Tomka, *ibid* at 182.
⑫ 见本章"马绍尔群岛案"评述。

作为托管国。1946 年至 1958 年间，美国在马绍尔群岛上多次进行了核试验。1990 年，安理会终结了与马绍尔群岛的托管协议，次年马绍尔群岛成为联合国的会员国。

2014 年 4 月 24 日，马绍尔群岛向国际法院起诉中国、美国、俄罗斯、英国、法国、印度、巴基斯坦、朝鲜和以色列这 9 个拥有和被视为拥有核武器的国家。马绍尔群岛主张，这些国家未能履行《不扩散核武器条约》第 6 条以及习惯国际法中规定的以停止核军备竞赛和核裁军为目标的谈判义务。理解马绍尔群岛的诉讼不可忽视的一个大背景是 2010 年来国际社会对"无核世界"日益高涨的呼吁和日益激进的行动。2012 年联大通过第 67/56 号决议，设立一个开放式小组来讨论和发展多边核裁军谈判的计划，"向无核世界迈进"。[13] 2013 年至 2014 年之间，一系列多边会议在挪威、墨西哥等地召开，讨论核武器的人道影响及全面禁止核武器等相关议题，这些讨论最终使联大在 2016 年决定召开多边会议，谈判并缔结一份具有法律拘束力的禁止核武器国际公约。[14] 有核国家则从一开始便对缔结禁止核武器的国际公约持保留意见。

由于英国、印度和巴基斯坦依据《规约》第 36 条第 2 款接受了国际法院的强制管辖，因此国际法院将"马绍尔群岛诉英国""马绍尔群岛诉印度"和"马绍尔群岛诉巴基斯坦"这 3 个案件列入国际法院案例总表。虽然马绍尔群岛试图依据国际法院《法院规则》第 38 条第 5 款呼吁其他 6 国应诉，但未获回应。英国、印度和巴基斯坦都对国际法院的管辖权和马绍尔群岛申请的可受理性提出了异议。2016 年 10 月 5 日，国际法院对 3 个案件宣判，以当事国之间不存在争端为由支持了英国、印度和巴基斯坦的初步反对意见，驳回了马绍尔群岛的起诉。

本案是国际法院历史上（包括其前身常设国际法院）第一次以当事国之间不存在争端为由拒绝管辖。如何界定争端的存在是本案管辖权问题的核心争议。需要指出，虽然国际法院并未将英国、印度和巴基斯坦视为具有相同利益的当事方并案审理，但法院拒绝管辖的理由均为当事方之间不存在争端，且所依据

---

[13] UNGA Resolution "Taking forward multilateral nuclear disarmament" (A/RES/67/56), adopted on 3 December 2021.

[14] UNGA Resolution "Taking forward multilateral nuclear disarmament negotiations" (A/RES/71/258), adopted on 23 December 2016.

的事实和判断标准实属相同。因此，下文将评析"马绍尔群岛诉英国案"的管辖权判决。⑮

(二) 当事国之间是否存在争端

英国提出，英国和马绍尔群岛之间不存在"具有可裁性的争端（justiciable dispute）"，原因在于：第一，依据国际法委员会通过的《国家责任条款草案》第43条，确立争端存在的前提条件是一国已事先将其主张通知给另一国，而马绍尔群岛之前并未向英国提出任何通知。第二，针对马绍尔群岛提出的两份声明——2013年9月26日马绍尔群岛外交部长在联大核裁军高级别会议上的声明（以下简称《2013年声明》）和2014年2月13日马绍尔群岛在墨西哥举办的第二届"核武器对人道主义的影响"会议的声明（以下简称《2014年声明》），英国认为，两份声明并非特别针对英国提出的，且《2014年声明》发表时英国并不在场，因此这两份声明不足以证明马绍尔群岛已特别地主张英国的国家责任。第三，英国认为向国际法院起诉这一行为不足以证明两国之间存在争端，也不能被视为"通知"，而诉讼过程中双方的行为也不能被用于证明存在争端。

马绍尔群岛则认为，双方对英国是否履行了《不扩散核武器条约》第6条以及习惯国际法上的义务具有相反的立场，可以证明存在争端。马绍尔群岛作出的《2013年声明》和《2014年声明》的场合虽为多边场合，但其内容是针对包括英国在内的所有国家，且英国可以通过其他公开途径（如互联网）获知马绍尔群岛的声明，因此英国必然知悉马绍尔群岛声明的内容。另外，马绍尔群岛还试图以两国在多边场合投票中的相反立场、英国自身的行为等论证两国之间确已存在争端。

国际法院在回应这一争议时，首先援引了以往案例中界定争端存在的诸多标准，主要包括：（1）争端是指当事方之间存在法律或事实上的分歧，或者法律立场或利益之间的冲突。（2）为了证实争端存在，必须证明双方对义务的履行与否持有明显对立的观点。（3）界定争端的存在是一个实质问题，而非形式问题。在当事方以《国际法院规约》第36条第2款任择强制管辖条款为依据提

---

⑮ *Obligations concerning Negotiations relating to Cessation of the Nuclear Arms Race and to Nuclear Disarmament (Marshall Islands v United Kingdom)*, Preliminary Objections, [2016] ICJ Rep 833.

出起诉时,"不需要事先谈判,除非当事方的声明中有此规定。此外,'虽然正式的外交抗议可能是提请另一方注意一方主张的重要步骤,但这种正式抗议不是决定争端存在的必要条件'。同样,向另一方通知其有意提起诉讼也不是法院受理案件的条件"。⑯ (4) 争端的界定取决于法院的客观判断,法院可以通过考察双边的意见或文件的交换以及当事方在多边场合的意见交换来判断争端是否存在。(5) 法院也可以从当事方的行为推断争端是否存在,尤其是在相关情景要求当事方作出回应而该方未回应时,也可推论存在争端。

在这些司法实践业已确立的法律依据基础上,国际法院进一步提出,"若基于证据,能证明被告知悉,或者不可能不知悉该国的意见被原告积极反对时,则能够确认争端存在"。⑰ 此外,原则上,申请方向国际法院递交申请书的时刻是判定争端是否存在的时间点,起诉后双方的行为只能用于确认争端的存在或证明争端的消失。因此,法院指出,争端必须在起诉前或起诉时就已经存在。

基于上述法律原则,国际法院认为,英国所提出的《国家责任条款草案》第 43 条并不适用于判断国际性法院或司法机构的管辖权问题,因而与本案无关。但是,法院分析了马绍尔群岛的《2013 年声明》和《2014 年声明》,指出《2013 年声明》采用了规劝的口吻,但并未指控英国(或其他有核国家)违反国际义务,也没有明确指向本案争端的主旨——积极履行核裁军和停止履行核军备竞赛的谈判义务。虽然《2014 年声明》明确提及"有核国家未能履行《不扩散核武器条约》第 6 条和习惯国际法下的义务",但该声明并未特别地指向英国的行为,而是针对所有有核国家;且该声明作出的场合并非一个以核裁军谈判为主旨的多边会议,而是关于核武器的人道影响这一更为宽泛的主题。综合考虑《2013 年声明》和《2014 年声明》,法院认为英国不可能知悉马绍尔群岛对英国违反国际义务的指控。另外,国家在联大等政治性多边场合决议的投票不能被轻易用于证明法律争端的存在与否,因为这些决议往往包含多个不同的议题,一个国家的投票不能用于证明该国对每一个议题的立场。

(三) 评价

国际法院历史上涉及核武器问题的判决(如 1974 年澳大利亚诉法国、新西

---

⑯ *Ibid* at 849, para. 38.
⑰ *Ibid* at 850, para. 41.

兰诉法国的"核试验案")或咨询意见（1996 年"使用或威胁使用核武器合法性咨询意见"）往往伴随着极大的争议。"马绍尔群岛案"也不例外。本案中，国际法院以不存在争端为由拒绝管辖的决定是国际法院以 8 票对 8 票、在院长的决定票（casting vote）下通过的。共有 14 位法官发表个别意见或声明，其中包括 6 份反对意见。"马绍尔群岛诉印度案"和"马绍尔群岛诉巴基斯坦案"中，对争端不存在这一初步反对意见则是以 9 票对 7 票的票数通过的。⑱ 投票的分布反映了国际法院法官的严重分歧。这种分歧不仅体现了法官对法律标准及其适用的不同理解，也折射了法官对国际法院在涉及核武器议题所负有的职责的不同思考。

首先，就法律标准而言，法官之间的争议主要集中在判决中运用的"知悉，或不可能不知悉"标准。克劳福德法官认为这一标准实际上采纳了主观判断，违背了既往案例以客观方法界定争端的标准。⑲ 本努纳法官（Judge Bennouna）、塞布廷德法官（Judge Sebutinde）、鲁宾逊法官（Judge Robinson）和专案法官贝德贾维（Judge ad hoc Bedjaoui）都反对"知悉"作为界定争端存在的标准，并指出法院以往的判决中曾采用过更为灵活的确定争端的方式，包括考虑起诉后双方行为对证明争端存在的作用。⑳ 投出决定票的亚伯拉罕院长（President Abraham）则指出，国际法院界定争端是否存在的标准经历了改变，自 2011 年格鲁吉亚诉俄罗斯"《消歧公约》适用案"和 2012 年比利时诉塞内加尔"或起诉或引渡案"后，国际法院确立了新标准，即以"知悉"为标志的更为严苛的判定争端存在的标准，因此在本案中应当适用这一新的标准。㉑多诺霍法官也持同样的立场，并指出国际法院目前判断争端是否存在的关键不在于一方是否了解他方的陈述或声明，而在于是否知

---

⑱ 优素福法官在"马绍尔群岛诉英国案"中投了反对票，但在另外两个案件中投了赞成票，因为他认为印度和巴基斯坦在法律立场上与马绍尔群岛一致，拥护核裁军和停止核军备竞赛，因此当事国之间不存在利益冲突，也就不存在争端。

⑲ Dissenting Opinion of Judge Crawford, *ibid* at 1094.

⑳ Dissenting Opinion of Judge Bennouna, *ibid* at 901; Separate Opinion of Judge Sebutinde, *ibid* at 1039; Dissenting Opinion of Judge Robinson, *ibid* at 1064.

㉑ 虽然亚伯拉罕法官本人在这两个案例中都明确反对国际法院提出的关于界定争端存在的标准，但他表示即使自己不同意，也应按照新的、已经确立的规则审判。Declaration of President Abraham, *Marshall Islands Case (Marshall Islands v United Kingdom)*, *ibid* at 859–860.

悉他方针对该国主张的主旨事项。换言之，一方必须知悉对方是依据何种国际法规则提出的主张。㉒ 薛捍勤法官认同"知悉，或不可能不知悉"这一标准，并指出法院不应鼓励国家在未知会他国的情况下提起"突袭诉讼"，因为这并不利于国家间解决争端。㉓

其次，部分法官认为法院应当更全面地审查被告提出的初步反对意见。英国共提出五项初步反对意见，除不存在争端外，英国还主张双方依据《规约》第 36 条第 2 款所作声明的保留、具有特别利益的第三国的缺席以及对实体问题的判决将缺乏实际效用等。薛捍勤等部分法官都认为，如果法院更为全面地审查这些意见，可以避免马绍尔群岛以"争端已经存在"为由提起新的诉讼。㉔ 通卡法官对于"马绍尔群岛诉英国案"中不存在争端的决定投了反对票，但对"本案不应进入实体阶段审理"则投了赞成票，原因在于他认为在其他有核国家缺席的情况下，法院不能也不应裁判一个具有多边性质的争端。㉕

再次，一些法官指出法院拒绝管辖"马绍尔群岛案"未能实现《宪章》赋予国际法院的司法职能，尤其是通过适用国际法促进国际和平的期待。㉖ 其他法官，如通卡法官和薛捍勤法官则认为，恰恰是由于核武器议题的多边属性及政治问题的复杂性，国际法院作为一个主要裁判双边争端的司法机构不应介入。国际法院在"马绍尔群岛案"中体现的司法节制引发了西方学界的批评。㉗ 有学者认为，自 1974 年"核试验案"起，国际法院每逢核议题，都极力避免对使用核武器、进行核试验等问题进行合法性评价，实际上反映了国际法院对核问题的"结构性偏见"。㉘

㉒ Declaration of Judge Donoghue, *ibid* at 1036.

㉓ Declaration of Judge Xue, *ibid* at 1031.

㉔ Declaration of Judge Xue, *ibid* at 1032; Declaration of Judge Gaja, *ibid* at 1038; Separate Opinion of Judge Bandhari, *ibid* at 1061.

㉕ Separate Opinion of Judge Tomka, *ibid* at 898-899.

㉖ Dissenting Opinion of Judge Bennouna, *ibid* at 906.

㉗ 朱利江:《国际法院判例中的争端之界定——从"马绍尔群岛案"谈起》，载《法商研究》2017 年第 5 期，第 159 页。

㉘ Andrea Bianchi, "Choice and (the Awareness of) its Consequences: The ICJ's 'Structural Bias' Strikes Again in the Marshall Islands Case" (2017) 111 *American Journal of International Law* 81 at 84.

最后，值得一提的是，英国在 2017 年 2 月 22 日修改了接受国际法院强制管辖的声明。依据更新后的声明，任何针对英国提出的与核裁军或核武器有关的争端，除非所有《不扩散核武器条约》中规定的有核国家都接受国际法院的管辖，否则法院不能管辖。另外，英国不接受法院管辖同一当事国先前已向国际法院提出的实质相同的争议，也不接受法院管辖未在起诉前 6 个月内书面通知其起诉意向的争端。㉙ 因此，许多声称"马绍尔群岛案"诉讼程序帮助马绍尔群岛证明了争端存在、马绍尔群岛可再次起诉的观点，实际上已不再具有现实中的可操作性。2017 年 7 月 7 日，《禁止核武器条约》在没有有核国家参与的情况下缔结，并于 2021 年 1 月 22 日生效。㉚

三、《制止向恐怖主义提供资助国际公约》和《消除一切形式种族歧视国际公约》适用案（乌克兰诉俄罗斯）

（一）事实与程序背景

本案起源于 2014 年乌克兰与俄罗斯的克里米亚争议以及乌东地区的武装冲突。乌克兰于 2017 年 1 月 16 日向国际法院提交申请书，要求法院裁决俄罗斯违反了《制止资助恐怖主义公约》以及《消歧公约》。乌克兰主张俄罗斯向乌东地区的非法武装团体提供武器、训练等帮助，未能采取措施防止、冻结和控制向这些非法武装团体提供资助的行为等，导致发生了击落马航 M17 民航客机以及在马里乌波尔等地炮击平民的事件，俄罗斯应就其未能履行《制止资助恐怖主义公约》义务所导致的上述行为承担国家责任。乌克兰还主张俄罗斯在克里米亚推广针对克里米亚鞑靼人和乌克兰人的歧视性政策和"文化清洗"，剥夺这些群体的政治、公民、经济、社会和文化等权利，违反了《消歧公约》。

㉙ Declaration of the United Kingdom, 22 February 2022, available at: https://www.icj-cij.org/en/declarations/gb，最后访问时间：2024 年 11 月 1 日。

㉚ See Treaty on Prohibition of Nuclear Weapons website, available at: https://www.nti.org/education-center/treaties-and-regimes/treaty-on-the-prohibition-of-nuclear-weapons/#:~:text=In%20January%2C%20El%20Salvador%20and,April%2C%20Panama%20ratified%20the%20treaty，最后访问时间：2024 年 11 月 1 日。

乌克兰在提起申请的同时也请求国际法院指示临时措施。国际法院于2017年4月19日指示了与《消歧公约》有关的部分临时措施，要求俄罗斯不得限制克里米亚鞑靼人族群保留其人民理事会等代表机构的能力，确保有提供乌克兰语教育的相应措施。㉛但是，法院以乌克兰未能证明其有关《制止资助恐怖主义公约》的权利主张具有合理性（plausibility）为由，不予支持乌克兰有关该公约的临时措施请求。

2018年9月12日，俄罗斯提出了初步反对意见，主张乌克兰提出的诉求与《制止资助恐怖主义公约》和《消歧公约》无关，且乌克兰并未满足这两个公约管辖权条款规定的向国际法院起诉的前置条件。国际法院于2019年11月8日判决驳回俄罗斯的所有管辖权异议和可受理性异议，认定对乌克兰依据上述两个公约提出的申请享有管辖权且这些申请具有可受理性。㉜2024年1月31日，法院就实体问题作出判决。㉝下文评述本案属事管辖权与可受理性问题。

（二）《制止资助恐怖主义公约》相关的管辖权问题

乌克兰主张，俄罗斯违反了《制止资助恐怖主义公约》第8条、第9条、第10条、第12条和第18条规定的措施和合作义务，未能防止和制止公约第2条定义的罪行。㉞俄罗斯则认为乌克兰提交的证据不能证明其诉求与《制止

㉛ Application of the International Convention for the Suppression of the Financing of Terrorism and of the International Convention on the Elimination of All Forms of Racial Discrimination (Ukraine v Russian Federation), Provisional Measures, [2017] ICJ Rep 104, para.106.

㉜ Application of the International Convention for the Suppression of the Financing of Terrorism and of the International Convention on the Elimination of All Forms of Racial Discrimination (Ukraine v Russian Federation), Preliminary Objections, [2019] ICJ Rep 558.

㉝ Application of the International Convention for the Suppression of the Financing of Terrorism and of the International Convention on the Elimination of All Forms of Racial Discrimination (Ukraine v Russian Federation), Judgment of 31 January 2024.

㉞ 《制止资助恐怖主义公约》第2条第1款将该公约禁止的罪行定义如下："本公约所称的犯罪，是指任何人以任何手段，直接或间接地非法和故意地提供或募集资金，其意图是将全部或部分资金用于，或者明知全部或部分资金将用于实施：(a) 属附件所列条约之一的范围并经其定义为犯罪的一项行为；或 (b) 意图致使平民或在武装冲突情势中未积极参与敌对行动的任何其他人死亡或重伤的任何其他行为，如这些行为因其性质或相关情况旨在恐吓人口，或迫使一国政府或一个国际组织采取或不采取任何行动。"

资助恐怖主义公约》有关，并且，乌克兰所控诉的行为也不属于《制止资助恐怖主义公约》调整的对象。双方就如何界定争端的主旨事项以及如何解释《制止资助恐怖主义公约》所禁止的罪行概念存在争议。本质上，双方的争议为国际法院的属事管辖权争议。

国际法院首先明确了界定争端主旨事项的标准：

> 应由法院自身在客观的基础上确定当事方之间争端的主旨事项，办法是将案件关涉的真正问题剥离出来并确定主张的目的。在这样做时，法院要审查申请书以及当事双方的诉状和口头陈述，同时特别注意申请方选择的界定争端的方式。法院将考虑申请方提出的作为起诉依据的事实。对这一问题的判断是实质问题，而非形式问题。㉟

为了确认乌克兰控诉的行为是否属于《制止资助恐怖主义公约》管辖权条款的范围，国际法院还需要解释该公约的相关条款以明确公约的适用范围。国际法院首先指出，《制止资助恐怖主义公约》所禁止的罪行的犯罪主体是个人，公约并未规范国家资助恐怖主义的行为。虽然乌克兰在申请书中控告俄罗斯向恐怖组织直接提供了资金，但在诉状和初步反对意见程序中放弃了这一主张，而仅控告俄罗斯违反了公约第18条等条款规定的合作义务。其次，国际法院解释《制止资助恐怖主义公约》第2条所指的"任何人"为所有类型的个人，既包括私主体，也包括公职人员。然而，法院强调，因为国家资助恐怖主义被排除在公约范围之外，因此公职人员资助恐怖主义的行为并不直接导致该国的国家责任——该国仅对未能采取适当措施或履行合作义务防止和制止这一行为的部分承担国家责任。再次，就"资金"一词的含义，即是否像乌克兰所主张的包括提供武器，以及公约第2条定义的罪行的主观要件（"意图"与"明知"）的解释，法院认为这些属于实体阶段考察的对象。国际法院基于上述对争端主旨事项的认定和条约解释，没有支持俄罗斯提出的属事管辖权异议。

国际法院还需要确认《制止资助恐怖主义公约》第24条规定的起诉前置

㉟ *Application of ICSFT and CERD Case (Ukraine v Russia)*, supra note 32 at 575, para. 24.

条件是否满足。该条规定缔约国之间的争端"如果在一段合理时间内不能通过谈判解决,经其中一方要求,应交付仲裁。如果自要求仲裁之日起六个月内,当事各方不能就仲裁的安排达成协议",经任何一方请求可将争端提交国际法院。国际法院指出,第 24 条规定的谈判指一国真诚地尝试通过谈判解决与他国的争议,该条件满足的前提是在一段合理时间内争端不能通过谈判解决。自 2014 年 7 月 28 日起,乌克兰向俄罗斯发出请求谈判《制止资助恐怖主义公约》项下义务的外交照会,之后双方有几次外交照会往来,并在明斯克举行了数次谈判,直到 2016 年 3 月 17 日,双方的谈判并未取得任何进展,因此法院认为这已满足第 24 条关于谈判的规定。同样,在双方谈判了将近两年后,乌克兰于 2016 年 4 月 19 日以外交照会的形式向俄罗斯提出将争端提交仲裁的请求,之后双方为此展开了谈判,但 6 个月期限过去也仍未就仲裁安排达成协议。国际法院因而认定第 24 条规定的起诉程序前置条件已获满足。

国际法院因此认定其有权管辖与《制止资助恐怖主义公约》有关的诉求。

(三)《消歧公约》相关的管辖权和可受理性问题

俄罗斯主张乌克兰提交的争端的实质并非种族歧视,而是克里米亚地位问题,因为乌克兰所控告的所谓种族歧视行为实际上是俄罗斯基于这些少数民族族群反对"所谓的吞并克里米亚"而采取的。俄罗斯还提出乌克兰控告的某些行为超出了《消歧公约》范围,例如基于公民与非公民区别而采取的区别对待。国际法院指出,在初步反对意见阶段法院无须判定乌克兰所控告的行为是否构成《消歧公约》第 1 条第 1 款所指的"种族歧视",其任务仅限于界定这些行为是否属于公约条款所适用的范围。国际法院认为公约第 2 条、第 4 条、第 5 条等条款规定的权利义务较为宽泛,因此乌克兰所控诉的行为和政策有可能对受公约保护的权利造成不利影响。

俄罗斯还主张《消歧公约》第 22 条规定的起诉前置条件未获满足。双方争议的焦点之一是第 22 条中联结"谈判"与"以本公约所明定的程序"的"或"字的解释。俄罗斯认为两种程序是叠加关系,而乌克兰认为两者是选择性的关系。国际法院在格鲁吉亚诉俄罗斯"《消歧公约》适用案"中阐明了第 22 条设置了起诉前置条件并详细讨论了谈判义务的含义和适用,但并未回答谈判与诉诸公约程序两个条件之间的关系。国际法院运用条约解释方法，指出根据英文语法，在否定式中的"或"字不一定表达选择性的含义。但是，根据公约的上下文，国际法院指出《消歧公约》第 11 条至第 13 条规定的国家间争端解决程序与谈判的目的是一致的，即就争端解决达成协议。如果将两种方式理解为叠加，则意味着缔约国谈判失败后还需要再次根据第 11 条至第 13 条规定程序进行额外的谈判，这与公约上下文不符。另外，考虑公约的目的和宗旨在于有效并及时地消除一切形式的种族歧视，将第 22 条理解为设立两项叠加的程序有违该目的和宗旨。因此，国际法院认定第 22 条规定的谈判和诉诸公约程序两个条件是选择性的。这回答了国际法院在格鲁吉亚诉俄罗斯"《消歧公约》适用案"中没有解答的问题。

由于本案双方并未将争端提交《消歧公约》委员会，因此法院只需要判断谈判义务是否满足。国际法院注意到乌克兰于 2014 年 9 月 23 日向俄罗斯发出照会指责俄罗斯在克里米亚采取的若干措施违反了公约项下的义务，并提出希望就公约的执行进行谈判，俄罗斯于 2014 年 10 月 16 日回复有意愿与乌克兰就公约的解释和适用谈判。之后双方在 2015 年 4 月和 2016 年 12 月间在明斯克展开了数轮谈判，且这些谈判和双方的外交照会中均明确提及了《消歧公约》。国际法院认为，双方围绕公约展开了接近两年的谈判，但过程中双方的立场没有显著改变，法院因此认定谈判已经陷入僵局，满足了起诉前置程序的要求。

最后，俄罗斯还主张乌克兰的申请不具有可受理性，因为没有按照习惯国际法满足穷尽当地救济的要求。国际法院指出，穷尽当地救济是一国对其国民行使外交保护时必须满足的习惯国际法规则。但法院认为，乌克兰主张的是俄罗斯执行了种族歧视政策，乌克兰提及的针对个人的事例是用于证明种族歧视政策的存在，因此乌克兰并不是代表乌克兰个别国民提起诉讼，而是基于《消歧公约》指控俄罗斯种族歧视的政策性行为模式。法院因此认定穷尽当地救济原则并不适用于本案。

国际法院据此驳回了俄罗斯就《消歧公约》提出的初步反对意见。

（四）《制止资助恐怖主义公约》中"资金"一词的解释

2019 年判决中，国际法院未解释《制止资助恐怖主义公约》第 1 条和

第 2 条第 1 款中的"资金"一词，因而没有判定乌克兰指控的俄罗斯向乌东地区的非法武装团体提供武器等是否属于该公约调整的事项。2024 年判决中，国际法院对"资金"一词作出了解释，从而明确了其属事管辖权范围。

国际法院认为，公约所定义的"资金"不局限于传统的金融资产，而是指具有交换价值和货币属性的广泛的资产，其通常含义容纳了包括黄金、钻石、艺术品、能源等在内的贵金属和矿产资源，也包括了加密货币等数字资产，同时还包括了土地和房产在内的不动产。结合《制止资助恐怖主义公约》的上下文，法院指出"资金"的含义仅限于具有金融和货币属性的资源而不包括直接从事恐怖主义犯罪的工具。此外，法院认为《制止资助恐怖主义公约》的目的和宗旨不在于一般性地制止和预防恐怖主义，而是防止和制止支持恐怖主义的特定行为，即对恐怖主义提供经济资助。最后，法院认为公约的缔约准备工作也确认了"资金"一词限于经济资助。国际法院因此得出结论，《制止资助恐怖主义公约》第 1 条和第 2 条所称"资金"是指因其货币和金融价值而被提供或搜集的资源，并不包括用于实施恐怖主义行为的手段（如武器或训练营）。因此，乌克兰所指控的向在乌克兰境内活动的各种武装团体供应武器以及为这些团体的成员组织培训，不属于《制止资助恐怖主义公约》的实质范围。国际法院对这些控诉不享有属事管辖权。

（五）评价

本案脱胎于包括武装冲突在内的复杂的大背景，因此，如何识别争端的主旨事项是决定国际法院属事管辖权的核心。而更为关键的是如何理解当前争端与当事方之间同时存在的其他冲突或争端的关系。在这一问题上，国际法院秉持的原则是："只要当事方接受了国际法院的管辖并且管辖的前提条件得到满足，争端构成一个包含不同事项——无论对国家而言多么重要的事项——的复杂局势中的一部分，这一事实本身不能使国际法院拒绝裁决这一争端。"[36]

与格鲁吉亚诉俄罗斯"《消歧公约》适用案"不同，乌克兰在起诉前明确向俄罗斯提出了与《消歧公约》义务有关的主张，且双方就这些事项展开

---

[36] *Ibid* at 576, para.28.

了谈判，在形式上较为完善地满足了该公约第22条所规定的起诉前提条件。判决以15∶1的票数驳回俄罗斯有关《消歧公约》的管辖权异议、以全票驳回俄罗斯的可受理性异议，这也和"《消歧公约》适用案"中更为分裂的票数分布形成鲜明对比。这意味着在未来涉及《消歧公约》争端有关的争端时，本案将成为重要的具有参照意义的案例。

2019年判决与《制止资助恐怖主义公约》有关的属事管辖权决定则引发了部分法官的异议。薛捍勤副院长认为，如果一方提交的争端与当事方之间的整体性问题存在法律和事实上的不可分性，而国际法院的裁判会介入其本无管辖权的事项时，国际法院应审慎而克制。她指出，国际法院对乌克兰控告俄罗斯违反《制止资助恐怖主义公约》相关行为的认定难免会影响对俄罗斯在乌东武装冲突中所起作用的认定，因此乌克兰依据该公约提起的主张与俄乌之间的大局势难以分割，国际法院对此争端不享有管辖权。㊲通卡法官认为国际法院应该在初步反对意见程序阶段更深入地解释《制止资助恐怖主义公约》的相关概念和条款的含义，从而判定乌克兰所控告的事实或行为是否属于该公约调整的范围。㊳鲁宾逊法官虽然赞同判决对管辖权的认定，但他认为国家资助恐怖主义的行为并未被排除在《制止资助恐怖主义公约》之外。㊴这些对判决执行条款及其说理的异议体现了界定属事管辖权实际上是一项平衡的艺术：一方面，国际法院不能因存在更为重大或敏感的局势而拒绝管辖其拥有管辖权的具体事项；另一方面，国际法院也不能忽视争端与其根植的大局势中的事实和法律联结，错误地涉足其不具有管辖权的领域。

2024年判决中国际法院对"资金"一词的解释以及由此排除管辖俄罗斯向乌克兰境内武装团体提供武器、训练等指控，从侧面反映了2019年判决中国际法院属事管辖权认定方法的缺陷。正如通卡法官在声明中指出的，如果法院在2019年判决中就解释了《制止资助恐怖主义公约》相关概念的含义，则当事方就无须在后续的书面和庭审程序中提出大量资料以证明或驳斥资助武器是否属于公约调整的事项，后者无疑更有利于司法经济。㊵虽然法院在

㊲ Dissenting Opinion of Vice-President Xue, *ibid* at 609-610.
㊳ Separate Opinion of Judge Tomka, *ibid* at 616-617.
㊴ Separate Opinion of Judge Robinson, *ibid* at 658-659.
㊵ Declaration of Judge Tomka, *Application of ICFST and CERD (merits)*, para.8.

2019年判决中认为解释"资金"含义将触及实体问题，2024年判决中法院适用了《维也纳条约法公约》中的条约解释通则来解释这一术语，这是纯粹的法律分析而不涉及对事实的认定。因此，国际法院应在2019年判决中确切地解释《制止资助恐怖主义公约》中的概念从而明确其属事管辖权范围，而不是在驳回被申请方的初步反对意见之后在实体判决中又认定部分事项不属于其管辖的范畴——这相当于嗣后肯定了俄罗斯提出的属事管辖权异议。应当注意，在2020年卡塔尔诉阿联酋"《消歧公约》适用案"中，国际法院确切地解释了《消歧公约》中"民族（national origin）"一词的含义并据此明确了该案中属事管辖权的范围。[41]后一案例中国际法院对属事管辖权的认定路径在法律上更为恰当。

四、国际民航组织理事会裁定上诉案（巴林、沙特、阿联酋、埃及诉卡塔尔；巴林、埃及、阿联酋诉卡塔尔）

（一）事实与程序背景

本案起源于2017年卡塔尔与其邻国沙特、阿联酋、巴林与埃及的外交危机。沙特、阿联酋、巴林、埃及与卡塔尔均为海湾阿拉伯国家合作委员会的成员国，前述四国指控卡塔尔资助和支持恐怖组织、干涉区域内国家的内政，违反了区域国家间于2013年至2014年间签署的一系列协议。[42] 2017年6月5日，沙特、阿联酋、巴林与埃及分别声明宣布断绝与卡塔尔的外交关系，并采取了一系列限制措施控制与卡塔尔之间海、陆、空通信与往来。所有以卡塔尔为注册地的飞机被禁止在前述四国的领土上起降或飞越。部分措施也适用于其他国家的航班，只要这些航班的目的地或出发地为卡塔尔，均须提前获得前述四国航空管理部门的批准才能飞越这些国家的领土。

2017年6月15日，卡塔尔向国际民航组织（International Civil Aviation Organization，ICAO）秘书长提交申请书，依据1944年签署的《芝加哥公约》

---

[41] 见本章"《消除一切形式种族歧视国际公约》适用案（卡塔尔诉阿联酋）"述评。
[42] 巴林等国所指协定为2013年11月24日签署并生效的《利雅得协定》(Riyadh Agreement)以及2014年签署的《利雅得协定执行机制》与《利雅得补充协定》。

第 84 条㊸，请求国际民航组织理事会裁定巴林等四国针对卡塔尔采取的航空限制措施违反《芝加哥公约》。2018 年 3 月 19 日，巴林等四国向国际民航组织理事会提出管辖权异议。2018 年 6 月 29 日，国际民航组织理事会裁定驳回管辖权异议。2018 年 7 月 4 日，依据《芝加哥公约》第 84 条允许缔约国向国际法院上诉的条款，巴林等四国向国际法院提出上诉，要求法院推翻国际民航组织理事会对卡塔尔申请管辖权的裁定。

2017 年 10 月 30 日，卡塔尔依据 1944 年签署的《国际航班过境协定》（International Air Services Transit Agreement，IASTA）第 2 条第 2 节向国际民航组织理事会提交了针对巴林、埃及和阿联酋的申请（沙特并非《国际航班过境协定》的缔约国），三国也提出了管辖权异议，而国际民航组织理事会同样在 2018 年 6 月 29 日裁定驳回管辖权异议。2018 年 7 月 4 日，三国也就国际民航组织在《国际航班过境协定》下的裁定向国际法院提出上诉。㊹

因此，围绕国际民航组织理事会就《芝加哥公约》和《国际航班过境协定》分别作出的两份裁定，两份裁定的被申请方分别向国际法院提出了上诉申请。由于沙特并非《国际航班过境协定》裁定上诉案当事方，国际法院未将两个上诉案件合并审理。但是，依据《法院规则》第 47 条，国际法院要求各方在两个上诉案的程序中采取共同行动。实际上，两个上诉案的申请方提出的上诉意见相同，卡塔尔作为被申请方也在两个上诉案中提出同样的抗辩。国际法院于同一天就两个上诉案宣判，且两个判决的实质内容一致。㊺ 因此，

㊸ 《芝加哥公约》第 84 条规定："如两个或两个以上缔约国对本公约及其附件的解释或适用发生争议，而不能协商解决时，经任何与争议有关的一国申请，应由理事会裁决。理事会成员国如为争端的一方，在理事会审议时，不得参加表决。任何缔约国可按照第八十五条，对理事会的裁决向争端他方同意的特设仲裁法庭或向常设国际法院上诉。任何此项上诉应在接获理事会裁决通知后第六十天内通知理事会。"

㊹ 《国际航空过境协定》第 2 条第 2 节规定："如两个或两个以上缔约国对本协定的解释和应用发生争议而不能通过协商解决时，上述公约（指《芝加哥公约》）第十八章关于上述公约的解释和应用发生争执时的规定应同样适用。"

㊺ *Appeal relating to the Jurisdiction of the ICAO Council under Article II, Section 2, of the 1944 International Air Services Transit Agreement (Bahrain, Egypt and United Arab Emirates v Qatar)*, Judgment, [2020] ICJ Rep 172; *Appeal relating to the jurisdiction of the ICAO Council under Article 84 of the Convention on International Civil Aviation (Bahrain, Egypt, Saudi Arabia and United Arab Emirates v Qatar)*, Judgment, [2020] ICJ Rep 81.

本书将两个上诉案合并称为"国际民航组织理事会裁定上诉案",并以国际法院对国际民航组织就《芝加哥公约》裁定的上诉判决为评析对象。

(二) 国际法院管辖上诉案件的职能与权限

如上文所言,国际法院管辖国际民航组织理事会裁定的上诉案件的法律依据是《芝加哥公约》第84条。由于《芝加哥公约》签署时国际法院尚未建立,第84条赋予上诉管辖权的对象是常设国际法院。然而,《国际法院规约》第37条以及国际法院长期的司法实践表明,当现行国际条约明确授予常设国际法院管辖权时,在《国际法院规约》的缔约国之间,与该条约有关的争端应提交国际法院。[46]

《芝加哥公约》第84条并未明确上诉案件针对的裁定性质,即国家上诉权的范围是否仅限于国际民航组织理事会就申请的实质问题作出的最终裁定,还是同样包括理事会作出的管辖权裁定。在国际法院1972年审理的第一个国际民航组织理事会上诉案中,国际法院确认,考虑到赋予国际法院上诉权的目的在于保障国际民航组织的合理运作,如果允许国际组织的职能机构审理国家间争议的实质问题而不问该机构的管辖权是否正当,将有违正义司法原则。[47] 因此,国际法院的上诉管辖权也包括国际民航组织裁定的管辖权问题。本案中,卡塔尔也承认申请方有权依据《芝加哥公约》第84条向国际法院上诉。

(三) 国际民航组织理事会裁定是否存在错误

国际法院认为本案关键在于确认国际民航组织理事会是否正确行使了《芝加哥公约》第84条赋予该理事会的争议解决职能。换言之,国际法院在上诉程序中审理的内容是国际民航组织驳回申请方管辖权异议的裁定是否存在错误。

---

[46] 《国际法院规约》第37条规定:"现行条约或协约或规定某项事件应提交国际联合会所设之任何裁判机关或常设国际法院者,在本规约当事国间,该项事件应提交国际法院。"国际法院的长期实践也确认了该条内容。*Aegean Sea Continental Shelf (Greece v Turkey)*, Judgment,[1978]ICJ Rep 3, para. 34.

[47] *Appeal Relating to the Jurisdiction of the ICAO Council (India v Pakistan)*, Judgment,[1972]ICJ Rep 46.

申请方向国际民航组织理事会提出的管辖权异议共有两项：第一，申请方针对卡塔尔采取的航空限制措施属于国际法上合法的反措施。根据2001年国际法委员会通过的《国家责任条款草案》第22条和第49条，反措施是排除一国国际不法行为违法性的事项之一，国家采取反措施的前提条件是他国率先从事了国际不法行为，采取反措施的目的在于促使他国恢复履行其应当履行的义务。因此，申请方主张，国际民航组织理事会要审理卡塔尔的申请，必将先行审理卡塔尔是否存在资助恐怖活动、干涉区域内国家内政等在先的违法行为，而后者并不属于国际民航组织的权限范围。换言之，申请方对卡塔尔采取的航空限制措施合法与否不是《芝加哥公约》评价的事项。第二，申请方认为《芝加哥公约》第84条规定了前置协商程序，即争端各方应先协商，只有在争端"不能协商解决时"，才能向国际民航组织理事会申请解决争端。申请方认为卡塔尔并未真诚地履行前置协商程序。国际民航组织理事会驳回了这两项管辖权异议。

申请方认为国际民航组织理事会对这两项管辖权异议的驳回存在错误。除此之外，申请方还提出国际民航组织理事会在裁定程序中存在程序瑕疵，违反了正当程序（due process）要求。

国际法院分别审理了这三项意见。针对申请方的第一项意见，即国际民航组织理事会无权适用《芝加哥公约》以外的法律规范处理双方争议，国际法院首先考察了双方的争端是否关乎《芝加哥公约》的解释和适用。国际法院认为，判定一项争端是否属于某一条约调整的范围，取决于裁判这一争端是否必将引发对该条约的解释和适用。卡塔尔在申请书中请求国际民航组织理事会适用《芝加哥公约》以裁定巴林等国违反了该公约的各项条款，意味着双方的争议关乎《芝加哥公约》及其附件的解释和适用。虽然该争端产生的背景并不局限于航空管制问题而涉及各方更广泛的争议，这并不剥夺国际民航组织理事会依据《芝加哥公约》第84条享有的管辖权。另外，即使申请方将限制措施界定为反措施，这也不影响国际民航组织理事会的管辖权。原因在于，反措施作为排除不法行为违法性的事项是被申请方在实体阶段可能提出抗辩理由，因此不能用于影响程序阶段管辖权的判定。

其次，国际法院还考察了国际民航组织理事会受理卡塔尔的申请是否违反司法正当性（judicial propriety）。申请方的立场仍立足于国际民航组织理事会能否适用《芝加哥公约》以外的规范来审理卡塔尔的申请。国际法院指出，不能将司法正当性这一评判司法程序中诉求可受理性的标准适用于国际民航组织理事会，因为后者的组成和选任与司法机构不同，理事会不是司法机构。另外，即使理事会将来会审查民用航空之外的事项以解决双方在《芝加哥公约》下的争端，这也不会影响理事会解决争议职能的一贯性。

因此，国际法院决定不予支持申请方的第一项上诉意见。

至于申请方提出的第二项上诉意见，即卡塔尔并未真诚履行诉诸《芝加哥公约》争议解决程序的前置协商义务，国际法院首先确认《芝加哥公约》第84条的确将协商作为前置程序。履行该前置程序需要满足：(1) 一方在提交申请书之前必须真诚地尝试与争端他方协商；(2) 协商或协商的尝试确已无效。国际法院认为，协商或尝试协商可以在双边外交之外的场合进行，在国际组织内部进行的意见交换也是公认的国际谈判方式之一。法院考察了卡塔尔在国际民航组织内部提交的一系列照会，以及在国际民航组织内部对巴林等国提出的种种诉求，认为卡塔尔已经真诚地尝试与申请方协商。对于协商是否已经陷入僵局或失败，法院认为协商义务并不要求当事方之间的协商达到"解决争端理论上不可能（theoretical impossibility）"这一标准，而只需"缺乏解决争端的合理期待（reasonable probability）"即可。比如，如果争端各方已经经过数轮外交照会的交换但各自的立场仍然没有变化或调整，则可以认为协商已进入死胡同，协商义务即告满足。通过考察卡塔尔向国际民航组织理事会申请前争端各方的外交往来，法院认为申请方缺乏与卡塔尔解决争议的意愿，且申请方的立场或向卡塔尔提出的要求在协商前后也没有变化。因此，法院认为双方已经不具有协商解决争议的合理期待。

国际法院据此驳回了申请方第二项上诉意见。

最后，对于申请方提出的种种国际民航组织裁定程序中的不合规之处，如"理事会未就裁定结论提供任何说理""理事会未就裁定进行合议""理事会采取了匿名投票而非公开投票的方式"等，国际法院指出，申请方向国际民航组织理事会提出的管辖权异议属于客观的法律问题，而理事会驳回两项管辖权异议在法律上是正确的，理事会得出结论所采用的程序并未从本质上妨碍正当程序的要求。因此国际法院驳回了申请方第三项上诉意见。

最终，国际法院以全票驳回了申请方的上诉。

（四）评价

本案是国际法院第二例依据《芝加哥公约》第 84 条行使对国际民航组织理事会裁定的上诉管辖案件。作为少见的赋予国际法院上诉职能的条约，《芝加哥公约》第 84 条的适用为探讨国际法院与国际组织在解决国际争端中的关系提供了契机。

本案在很大程度上遵循了 1972 年印度诉巴基斯坦 "对国际民用航空组织理事会管辖权的上诉案" 中国际法院对其上诉职能的界定，包括：（1）国际法院有权管辖国际民航组织理事会管辖权裁定；（2）国际法院无须判断国际民航组织理事会程序上的瑕疵是否足以导致法院推翻理事会的裁定。与 1972 年上诉案相同，国际法院没有进一步明确其在《芝加哥公约》第 84 条下的上诉职能的具体性质，尤其是该上诉职能是否包括撤销（annulment）国际民航组织理事会裁定的权力，还是仅限于审查和纠正理事会裁定的错误。[48] 本案中，申请方第三项上诉请求要求法院宣告 "国际民航组织理事会 2018 年 6 月 29 日之裁定无效"，即要求法院行使撤销权。本案的适用反映了国际法院将其上诉职能限定在审查与纠正国际民航组织理事会可能的错误之内，而未曾提及撤销问题。[49]

本案判决认为国际民航组织理事会可以出于解决争端的目的审查民用航空之外事项，这一论断可能产生更为广泛的影响。该问题触及国际机构基于特定条约享有的属事管辖权。虽然国际法院没有接纳申请方的第一项上诉意见，但不能一概否认这一意见在国际法上的意义。国际民航组织作为专门设立的 "发展国际航行的原则和技术，并促进国际航空运输的规划和发展" 的国家间组织[50]，理事会作为由缔约国组成的向大会负责的常设机构，其职能应当以《芝加哥公约》的具体规定及实现该公约的目的和宗旨所需为限。[51]该机构的职能是否包括裁决涉及一般国际法的争端是值得探讨的。此外，作为

---

[48] 国际法院在特定情形下行使过撤销权力。*Arbitral Award Made by the King of Spain on 23 December 1906 (Honduras v Nicaragua)* [1960] ICJ Rep 192.

[49] Cecily Rose, "Appeal Relating to the Jurisdiction of the ICAO Council" (2021) 115 American Journal of International Law 301 at 307.

[50] 《芝加哥公约》第 44 条。

[51] *Reparation for injuries in the service of the United Nations*, Advisory Opinion, [1949] ICJ Rep 174, at 180.

政治机构，国际民航组织理事会是否具备处理国际法问题的专业能力（capacity）也值得商榷。

2021 年 1 月，随着卡塔尔和巴林等国外交关系的修复，本案各方中止了在国际民航组织理事会的程序。(52) 虽然国际民航组织理事会暂不需要考虑上述问题，但这些问题仍然具有现实意义。例如，国际法院的上述论断能否适用于司法机构？当国际法院的属事管辖权来源于多边条约的管辖权条款时，国际法院无权管辖超越条约调整范围的争端。然而，某些争端可能被多重法律关系所调整，而特定司法或仲裁机构仅对其中部分法律关系拥有属事管辖权。因此，界定争端的主旨事项决定了该机构的属事管辖权。司法或仲裁机构对于以多边条约管辖权条款为管辖权来源的案件，其管辖权如何确立、能否援引外部规则来裁判争端等问题，需要妥善处理国家同意原则与和平解决国际争端之间的平衡。

五、《消除一切形式种族歧视国际公约》适用案（卡塔尔诉阿联酋）

（一）事实与程序背景

本案同样起源于 2017 年卡塔尔与其邻国沙特、阿联酋、巴林与埃及的外交危机。卡塔尔、沙特、阿联酋、巴林与埃及均为海湾阿拉伯国家合作委员会（以下简称“海合会”）的成员国。2017 年 6 月 5 日，阿联酋发表声明称卡塔尔持续支持和资助恐怖组织，其行为危害地区的安全与稳定，侵害海合会各国利益，宣布断绝与卡塔尔的外交关系，并提出了一系列针对卡塔尔国民的措施，包括禁止卡塔尔国民进入阿联酋，要求阿联酋境内的卡塔尔居民或访客在 14 天内离开阿联酋（以下简称“驱逐令与旅行禁令”），以及限制卡塔尔部分媒体在阿联酋的广播和网络业务等。同一天，沙特、巴林与埃及

---

(52) ‘ICAO Council concludes 222nd Session with important new progress for international aviation’, Montreal, 22 March 2021, ICAO website: https://www.icao.int/Newsroom/Pages/ICAO-Council-concludes-222nd-Session-with-important-new-progress-for-international-aviation.aspx，最后访问时间：2024 年 11 月 1 日。

也宣布与卡塔尔断绝外交关系。

2018年3月,卡塔尔向《消歧公约》设立的消除歧视委员会提交声明,要求阿联酋停止施行2017年6月5日声明中的措施,阿联酋则要求委员会以缺乏管辖权为由驳回卡塔尔的申请。2019年8月27日,委员会决定对卡塔尔的申请享有管辖权,并要求委员会主席任命专门调解委员会来协助两国解决《消歧公约》履约问题的纠纷。该专门调解委员会于2020年3月1日起行使职能。

2018年6月,卡塔尔在国际法院起诉阿联酋,称阿联酋2017年以来针对"卡塔尔人"[53]采取的一系列措施违反《消歧公约》。卡塔尔与阿联酋均为《消歧公约》缔约国,且双方未保留《消歧公约》中赋予国际法院管辖权的条款。阿联酋提出了两项初步反对意见:(1)阿联酋认为国际法院对本案不享有属事管辖权,因为卡塔尔申请书中起诉的事由不属于《消歧公约》规范的范畴;(2)双方尚未满足《消歧公约》第22条规定的将争端提交国际法院的前置程序。

国际法院于2021年2月4日作出判决,认定对本案缺乏属事管辖权,驳回了卡塔尔的申请。下文分析该判决。[54]

(二)国际法院是否享有属事管辖权

依据《规约》第40条第1款以及《法院规则》第38条第1款,申请方在启动诉讼程序时须陈述争端的主旨事项。国际法院判断争端的主旨事项通常考虑下列因素:第一,争端的主旨事项应以客观的方式判定;第二,判断争端的主旨事项需要界定案件的真正问题(real issue)并明确申请方请求的目的;第三,判断争端主旨事项的过程需要考察双方的书面与口头陈述,并特别需要注意申请方对争端的定性(formulation)。

基于这些司法实践中确立的分析要素,国际法院认定,争端的主旨事项

---

[53] 卡塔尔在本案程序中不加区分地使用"卡塔尔国民(Qatari nationals)""卡塔尔人(Qataris)""卡塔尔公民(Qatari citizens)",本书使用"卡塔尔人"这一表述时不区分这一术语背后具体指向的法律概念。下文在必要时明确相关法律概念所对应的中文术语。实际上,国际法院在说理时也未辨析"卡塔尔人"与"卡塔尔国民"等概念,这正是判决说理受批评之处。

[54] *Application of the International Convention on the Elimination of All Forms of Racial Discrimination (Qatar v United Arab Emirates)*, Preliminary Objections, [2021] ICJ Rep 71.

涉及卡塔尔提出的三项请求：(1) 阿联酋颁布的驱逐令和旅行禁令构成针对卡塔尔国民（Qatari nationals）的歧视性措施；(2) 阿联酋限制部分卡塔尔媒体的措施违反《消歧公约》规定；(3) 在上述两项请求以外，阿联酋自2017年6月5日以来采取的措施构成对卡塔尔人的"间接歧视（indirect discrimination）"，违反《消歧公约》规定。

在界定了本案的主旨事项后，国际法院进一步考察这些事项是否与《消歧公约》的解释与适用有关。判决将重心放在了卡塔尔的第一项诉讼请求上。双方争议主要在于《消歧公约》第1条第1款中"民族"（national origin）一词的解释。该条款规定："本公约称'种族歧视'者，谓基于种族、肤色、世系或民族或人种的任何区别、排斥、限制或优惠，其目的或效果为取消或损害政治、经济、社会、文化或公共生活任何其他方面人权及基本自由在平等地位上的承认、享受或行使。"阿联酋认为，《消歧公约》所称基于"民族"并不包含"个人当前所拥有的国籍"这一意涵，因为国籍描述的是个人与国家的关系，即个人的公民身份，而前者则指向个人与一个民族而非国家的联系。阿联酋还指出，《消歧公约》的目的与宗旨并不禁止国家基于不同的国籍采取区别对待措施。卡塔尔则认为，"民族"包含个人当前所拥有的国籍，即一国不得基于国籍而采取歧视性的措施。

国际法院在解释《消歧公约》第1条第1款所指"民族"一词时，援引《维也纳条约法公约》条约解释通则，并特别强调条约解释必须首要考察约文的文本。法院认为，《消歧公约》所称"民族"指个人出生时所获得的与一个民族的联结，而国籍（nationality）的取得则属于一国裁量范围内的事项，且个人一生当中国籍可能变化。但是，《消歧公约》第1条第1款中"种族歧视"定义中所涉的其他要素（种族、肤色、世系等）也均属于个人出生即获得的固有特征。

法院同时考察了《消歧公约》第1条的上下文，认为《消歧公约》第1条第2款和第3款可以确认《消歧公约》第1条第1款中的"民族"一词不包括国籍。原因在于，《消歧公约》第1条第2款称"公约不适用于缔约国对公民与非公民间所作的区别、排斥、限制或优惠"，而第3款规定"本公约不得解释为对缔约国关于国籍、公民身份或归化的法律规定有任何影响，但以此种规定不歧视任一籍民为限"，这意味着《消歧公约》并不妨碍缔约国基于个人的国籍而采取限制非公民进入一国或在一国居留的权利。

法院还指出《消歧公约》的目的与宗旨在于避免国家以社会族群的高低优劣为由施行种族歧视措施，但《消歧公约》并不意欲规范国家基于不同国籍而采取的区别对待可能涉及的各个方面的措施。实际上，因国籍而区别对待的情况在国家实践中普遍存在，并反映在《消歧公约》大部分缔约国的立法之中。

国际法院考察《消歧公约》的缔约文件发现，在《消歧公约》缔约过程中，始终存在反对将“国籍”纳入《消歧公约》规定的声音。美国与法国曾提出一项对缔约文本的修正案，要求约文明确指出“本公约所称‘民族’并不包括‘国籍（nationality or citizenship）’”，后该修正案被撤回。法院认为，两国撤回修正案并不能支持卡塔尔的主张，因为《消歧公约》最终的文本反映了各缔约国之间立场的协调，尤其是《消歧公约》第 1 条第 2 款和第 3 款的内容直接回应了美国、法国以及其他国家反对“民族”一词包含“国籍”意涵的诉求。因此，《消歧公约》的缔约历史确认了《消歧公约》第 1 条第 1 款“民族”一词并不包括个人当前所拥有的国籍。

卡塔尔还援引消除歧视委员会的实践，指出消除歧视委员会的长期实践反映了一国基于国籍而采取的区别对待有可能构成《消歧公约》所指的种族歧视，而阿联酋则认为消除歧视委员会对《消歧公约》的解释不应被法院所采纳。消除歧视委员会通过的第 30 号一般性建议规定：“当一国基于国籍或移民地位采取的区别对待措施并非出于正当目的，且该措施不符合比例原则时，可能构成歧视。”消除歧视委员会正是依据这一规定确认了对卡塔尔申请的管辖权。(55)

然而，国际法院并未采纳消除歧视委员会的解释。法院指出：“虽然在 2010 年‘迪亚洛案’判决中法院认定，在解释《公民与政治权利公约》时应给予人权事务委员会的解释以‘极大的效力（abscribe great weight）’，但该案中法院也同时强调‘法院履行司法职能时没有义务遵循人权事务委员会的解释’”。(56) 国际法院并未给出不采纳消除歧视委员会解释的理由，而只是提

---

(55) Decision on the admissibility of the inter-State communication submitted by Qatar against the UAE dated 27 August 2019, United Nations, doc. CERD/C/99/4, paras. 53-63.

(56) *Application of CERD case (Qatar v UAE)*, *supra* note 54 at 104, para. 101.

及已考虑过该委员会的解释。

在确认了《消歧公约》第1条第1款"民族"一词不包含"国籍"意涵后，法院简略地指出卡塔尔第二项和第三项请求均不属于《消歧公约》规范的事项。法院认为，《消歧公约》仅适用于自然人或自然人的集合，而不适用于法人，因此阿联酋对卡塔尔媒体采取的限制措施不属于《消歧公约》调整的对象。至于卡塔尔提出的"间接歧视"主张——区别对待措施虽然不直接标榜针对特定的种族或人种等社会族群，但措施实施的效果对特定族群而言是歧视性的，法院承认"间接歧视"属于《消歧公约》禁止的事项，且阿联酋采取的措施可能对居留于阿联酋的卡塔尔人产生相关的效果，但这些措施并不属于《消歧公约》意义上的"种族歧视"，因为这些措施，不管就其目的而言还是效果而言，并不对作为特定社会族群的"卡塔尔人"造成歧视。

基于这些分析，国际法院接纳了阿联酋提出的第一项初步反对意见，认定对本案不享有属事管辖权。因此，法院认为不必要再考察阿联酋提出的第二项初步反对意见。

（三）评价

本案是2017年外交危机后卡塔尔针对周边国家提出的一系列诉讼程序之一。国际法院对争端主旨事项的认定和属事管辖权的判定存在较大争议：国际法院以11票对6票通过了驳回管辖权的决定，其中有3位法官发表了反对意见，另有3位法官以声明或个别意见的形式阐述了对法院说理的意见。可以从以下几方面评价本案判决。

第一，在判断卡塔尔的诉讼请求是否关乎《消歧公约》的解释和适用时，国际法院并未区分卡塔尔界定争端所依据的事实，而是一概地将卡塔尔的第一项诉讼请求视为"针对卡塔尔国民采取的措施"的争端。实际上，阿联酋颁布的驱逐令和旅行禁令并不仅针对拥有卡塔尔国籍的个人，也包括长期在阿联酋居住的、与卡塔尔仅拥有文化与习俗联结的个人。因此，优素富法官认为国际法院在界定争端主旨事项时，过于"简单粗暴"，而未充分考虑卡塔尔自身对争端的界定，这与法院所一贯坚持的标准相违背。[57]

---

[57] Declaration of Judge Yusuf, *supra* note 54 at 112-114.

第二，判决未就驳回卡塔尔第 3 项诉讼请求进行充分说理。该项诉求独立于前两项诉求，卡塔尔也明确提出第 3 项诉求以基于“民族”的歧视性措施为请求权基础，但法院并未着墨于第 3 项诉求与前两项诉求的区别。甚至可以认为，国际法院的处理方式有在程序问题阶段处理实质问题的嫌疑。法院的措辞，如“（限制性措施）不构成《消歧公约》意义上的种族歧视”已经超出了程序问题阶段界定争端主旨事项的范畴，而涉及对事实的实质性判断。这与国际法院在先前案例中的论断截然相反：同样是涉及《消歧公约》，国际法院在 2019 年乌克兰诉俄罗斯“《制止资助恐怖主义公约》和《消歧公约》适用案”的初步反对意见判决中指出：“为了确认法院基于《消歧公约》享有属事管辖权，法院不需要确认乌克兰起诉的事项实际上构成《消歧公约》第 1 条第 1 款所称‘种族歧视’，也不需要确认这些行为是否以及在何种程度上属于《消歧公约》第 1 条第 2 款和第 3 款调整的内容。”(58)因此，岩泽法官（Judge Iwasawa）提出对于卡塔尔的第 3 项诉求，国际法院应宣告该请求并不全然具有先决性（not exclusively preliminary character），将该请求的管辖权问题留待实体阶段一同处理。(59)

第三，消除歧视委员会对基于国籍采取的区别对待能否构成《消歧公约》所谓“种族歧视”持开放态度，与本案中国际法院的解释相反。国际法院在未提供任何说理的情况下不采纳消除歧视委员会的解释，削弱了法院判断争端主旨事项的说服力，长远来看，也可能对理解人权条约机构的实践对人权条约的解释力造成负面影响。

2021 年 1 月 5 日（国际法院作出初步反对意见判决前一个月），海合会国家代表决定结束长达三年半的封锁卡塔尔的行为，沙特、阿联酋、巴林与埃及也在同一天恢复与卡塔尔的外交关系。2017 年卡塔尔外交危机告一段落。

---

(58) *Application of the International Convention for the Suppression of the Financing of Terrorism and of the International Convention on the Elimination of All Forms of Racial Discrimination (Ukraine v Russian Federation)*, Preliminary Objections, Judgment, [2019] ICJ Rep 558, at 595, para. 94

(59) Separate Opinion of Judge Iwasawa, *supra* note 54 at 179–180.

六、指控违反 1955 年《友好、经济关系和领事权利条约》案（伊朗诉美国）

（一）事实与程序背景

美国与伊朗均为 1968 年《不扩散核武器条约》的缔约国。依据该条约第 3 条，伊朗作为无核武器的国家有义务接受某些保障措施，这些措施由该国与国际原子能机构缔结的协定所规定，其目的专为核查该国履行条约义务的情况，以防止将核能从和平用途转用于核武器或其他核爆炸装置。伊朗与国际原子能机构缔结的保障措施协定于 1974 年生效。2006 年国际原子能机构理事会决议指出伊朗违反了多项保障措施。2006 年 7 月 31 日，联合国安理会依据《宪章》第七章通过决议，要求伊朗中止所有铀浓缩相关和再处理活动，若伊朗拒不履行，安理会之后将依据《宪章》第 41 条采取合适的措施以督促伊朗履行决议及国际原子能机构的要求。2006 年 12 月 23 日，安理会依据《宪章》第 41 条通过了第 1737 号决议，指出伊朗尚未中止上述决议所要求的活动，因此决定采取措施以阻止伊朗进一步开发用于核武器的敏感技术，并要求所有国家采取必要措施防止向伊朗提供、出售或转让帮助伊朗核相关活动的设备、材料、货物等。之后，欧盟、美国都对伊朗采取了一些核相关的制裁措施。

2015 年 7 月 14 日，中国、法国、德国、俄罗斯、英国和美国与伊朗缔结《联合全面行动计划》（Joint Comprehensive Plan of Action，以下简称《全面协议》），就限制伊朗发展核武器与解除对伊朗的制裁措施达成协议。2016 年 1 月 16 日，美国总统签署行政令，撤销并修正了部分之前施加于伊朗及伊朗国民的核相关制裁措施。然而，2018 年 5 月 8 日，美国总统宣布美国退出《全面协议》，并恢复已经依据《全面协议》所取消的制裁（以下简称"5 月 8 日制裁"）。

2018 年 7 月 16 日，伊朗依据 1955 年《友好条约》向国际法院提出申请，要求法院裁决美国 5 月 8 日制裁违反了 1955 年《友好条约》的各项规定，应予以取消，并赔偿伊朗损失。同时伊朗也提出临时措施请求。国际法院于 2018 年 10 月 3 日指示临时措施，要求美国消除因 5 月 8 日制裁措施限制药物、医疗设备、食品及农产品、与民用航空相关的各项设备与服务出口所导致的损害。⑥⓪ 美国于 2019 年 8 月 23 日提出管辖权异议，国际法院于 2021 年 2 月 3 日作出初步反对意见判决，驳回了美国的各项初步反对意见，本案因此进入实体阶段的审理。下文分析初步反对意见判决。⑥①

（二）国际法院是否享有属事管辖权

美国共提出了四项初步反对意见，其中前两项为管辖权异议。美国主张：（1）伊朗向法院提交的争端本质上是与《全面协议》的适用有关的争端，与 1955 年《友好条约》无关；（2）伊朗诉求所涉的大多数制裁措施为"第三国措施"，即主要针对伊朗与第三国及其国民和公司的贸易和交易，而非美国与伊朗之间的贸易与交易。

对于第一项初步反对意见，国际法院援引了实践中确立的界定争端主旨事项的相关标准。⑥② 国际法院以双方在本案程序中的主张为依据，指出双方存在与 1955 年《友好条约》有关的争端。法院强调，双方的争端产生于美国退出《全面协议》的大背景这一事实并不妨碍双方之间就 1955 年《友好条约》产生争端，这是因为："某些行为可能属于多个国际文件调整的范畴，因此与这些行为有关的争端可能涉及多个条约或国际法文件的解释与适用。"⑥③ 针对美国主张的本案争端仅与《全面协议》有关，国际法院认为这与伊朗的主张不符。法院强调其职责是识别案件的真正问题（real issue）及当事方诉求的目的，而不能修改申请方的诉求。因此，国际法院驳回了美国的第一项初步反对意见。

对于美国的第二项初步反对意见，国际法院首先指出，在识别争端的主旨事项时，法院必须确认申请方所控告的行为属于赋予国际法院管辖权的条

---

⑥⓪ *Alleged Violations of the 1955 Treaty of Amity, Economic Relations, and Consular Rights (Islamic Republic of Iran v United States of America)*, Provisional Measures, Order of 3 October 2018, [2018] ICJ Rep 623, para. 102.

⑥① *Alleged Violations of the 1955 Treaty of Amity, Economic Relations, and Consular Rights (Islamic Republic of Iran v United States of America)*, Preliminary Objections, [2021] ICJ Rep 9.

⑥② 见本章"《制止向恐怖主义提供资助国际公约》和《消除一切形式种族歧视国际公约》适用案"述评。

⑥③ *Alleged Violations of the 1955 Treaty of Amity, Economic Relations, and Consular Rights (Islamic Republic of Iran v United States of America)*, Preliminary Objections, [2021] ICJ Rep 9, at 27, para. 56.

约所调整的事项。这意味着必要时法院应当解释条约以明确条约适用的范围。国际法院认为，美国所说的"第三国措施"虽然是5月8日制裁措施的主体，但并非全部，因为四类制裁措施中的一类（取消伊朗执行《全面协议》期间允许美国实体与伊朗进行商业与金融交易的措施）并不涉及第三国。另外，伊朗所控告的所有制裁措施的目的都是削弱伊朗的经济——这一点也被美国当局的发言所确认。因此，法院认为真正具有决定性的，是考虑5月8日制裁措施是否侵害伊朗依据1955年《友好条约》享有的权利。法院只能通过详细分析5月8日措施的适用范围和实际效果，才能判断这些措施是否影响美国承担其在1955年《友好条约》下的义务，而这涉及应当在实体阶段考虑的事实与法律问题。法院据此驳回了美国的第二项初步反对意见。

（三）伊朗是否滥用程序

美国第三项初步反对意见是可受理性异议。美国主张伊朗通过1955年《友好条约》向国际法院提交与《全面协议》适用有关的争端属于滥用程序。国际法院重申"豁免与刑事程序案"中确认的标准，即"只有在极为例外的情况下国际法院才会以程序滥用为由拒绝管辖一个其拥有有效管辖权来源的主张"。[64] 既然法院已经确认伊朗提交的争端为控告违反1955年《友好条约》，而非《全面协议》的适用，并且1955年《友好条约》构成伊朗起诉的管辖权来源，因此，本案中并不存在导致伊朗申请丧失可受理性的例外情况。尽管伊朗所控告的行为不包括那些在《全面协议》签署前就已经存在的制裁措施——这反映了伊朗的政策选择，但国际法院"并不考虑促使一国在特定时间、特定情形下选择司法解决的政治动机"。[65]国际法院因而驳回了美国的可受理性异议。

（四）基于1955年《友好条约》第20条的异议

美国认为《法院规则》第79条确立了三类初步反对意见：管辖权异议、

---

[64] *Immunities and Criminal Proceedings (Equatorial Guinea v France)*, Preliminary Objections, [2018] ICJ Rep 292, at 336, para. 150.

[65] *Alleged Violations of the 1955 Treaty of Amity, Economic Relations, and Consular Rights (Islamic Republic of Iran v United States of America)*, Preliminary Objections, [2021] ICJ Rep 9, at 37, para. 95.

可受理性异议以及其他应当在实体问题之前裁决的异议。美国主张基于 1955 年《友好条约》第 20 条提出的管辖权异议就属于第三类。1955 年《友好条约》第 20 条第 1 款（b）项和（d）项分别规定该条约不适用于缔约国就涉及可裂变材料及其放射性副产品所采取的措施，以及出于保护核心安全利益的必要而采取的措施。

国际法院延续了 2019 年“某些伊朗资产案”中的思路，指出 1955 年《友好条约》第 20 条第 1 款的目的并非限制国际法院的管辖权，而是为当事方在实体问题上提供一项抗辩理由。伊朗与美国争议 1955 年《友好条约》第 20 条第 1 款（b）项所说的与“可裂变材料有关的措施”究竟仅限于相关材料的进出口措施还是任何与该材料有关的措施，反映了有关该条款的确切意义及其对本案的影响并不具有先决性，而是需要作为实体问题的一部分予以考察。同样，第 20 条第 1 款（d）项所称的“核心安全利益”需要解释，并判断有关措施的合理性和必要性，因此这两个条款不能作为美国的初步反对意见，而应在实体阶段提出。法院因此驳回了美国的第四项初步反对意见。

最终，国际法院以全票驳回了美国前两项初步反对意见，以 15∶1 票驳回了可受理性异议和第四项反对意见，以 15∶1 票认定对本案享有管辖权且伊朗的申请具有可受理性。

（五）评价

虽然涉及美国制裁伊朗的不同面向，但本案与“某些伊朗资产案”在争议事项上存在相似之处，可以将两个案件的初步反对意见判决对照研读。(66) 尤为重要的是两个案件的管辖权核心争议均为属事管辖权争议。“某些伊朗资产案”中国际法院考察并否认了 1955 年《友好条约》纳入了习惯国际法上管辖豁免的内容，因而接受了美国的此项管辖权异议。本案中，国际法院则以同一争端可触及不同条约或国际法文件为由，未接受美国所主张的争端实质为《全面协议》的适用争端。应当指出，国际法院在本案中的说理稍显简略，与“某些伊朗资产案”判决细致并深入地解释 1955 年《友好条约》形成对比。通卡法官据此认为，本案偏离了“石油平台案”初步反对意见判决和“某些

(66) 见第十章“某些伊朗资产案”述评。

伊朗资产案”中国际法院的分析方式。(67)即便如此，如果将本案和“某些伊朗资产案”与格鲁吉亚诉俄罗斯“《消歧公约》适用案”对比，则会发现，国际法院在伊朗诉美国的两个案件中降低了界定争端主旨事项的门槛，采取了更为宽松而灵活的确定属事管辖权的方式。

此外，本案与“某些伊朗资产案”中美国都以 1955 年《友好条约》第 20 条第 1 款提出初步反对意见，而两次都被国际法院所驳回。这一决定延续了“石油平台案”初步反对意见中国际法院的思路，体现了“石油平台案”对于美国和伊朗之间以 1955 年《友好条约》为基础的争端解决具有一定的先例效力。同样，国际法院也两次驳回美国提出的滥用程序的可受理性异议。提出部分反对意见的专案法官鲍尔（Judge *ad hoc* Bower）则认为(68)，法院应当接受美国的可受理性异议，因为伊朗试图通过法院作出有拘束力的判决使美国执行《全面协议》框架内本无拘束力的义务。(69)鲍尔法官认为国际法院的实践（包括常设国际法院的实践）始终回避澄清程序滥用的含义、内容和适用条件，使这一规则空有概念躯壳但从未被法院所适用和发展。

2018 年 10 月 3 日，美国向伊朗发出终止 1955 年《友好条约》的通知。依据 1955 年《友好条约》第 23 条，终止将在通知一年期满后生效。这一终止通知并不影响法院管辖本案和“某些伊朗资产案”。但随着 1955 年《友好条约》的终止，伊朗通过国际法院对抗美国打压的策略将大为削弱。

七、《防止及惩治灭绝种族罪公约》适用案（冈比亚诉缅甸）

（一）事实和程序背景

本案起源于缅甸境内罗兴亚人危机。缅甸是一个多民族国家，绝大多数缅甸人信奉佛教，而主要居住在若开邦等地的罗兴亚人则信奉伊斯兰教。2016 年以来，若开邦等地爆发严重民族冲突，导致大量的罗兴亚人成为难民，

---

(67) Declaration of Judge Tomka, *supra* note 62 at 45–47.

(68) 本案提交国际法院时，法官席位中的多诺霍法官（Judge Donoghue）是美国籍的法官。多诺霍法官依据《规约》第 24 条表明不参加本案程序。因此，依据《规约》第 31 条和《法院规则》第 37 条第一款，美国选派了专案法官。

(69) Separate, partly concurring and partly dissenting, Opinion of Judge ad hoc Bower, *supra* note 62 at 57–58.

流亡至孟加拉国等地。2017 年 3 月，联合国人权理事会设立缅甸问题国际独立实况调查团（以下简称“调查团”），负责查证缅甸境内的军队和安全部队据称侵犯和践踏罗兴亚人人权的事实。2018 年 9 月 12 日，调查团发布报告称缅甸境内的若开邦地区发生了足以构成灭绝种族罪的暴行，并建议进一步调查和起诉缅甸军队高级指挥官的罪行；2019 年 9 月 16 日调查团又发布报告，公布了更为详尽的事实调查，并指出缅甸未能履行其预防、调查和惩治种族灭绝罪的国际义务。在 2018 年和 2019 年报告发布后进行的两次联合国大会一般辩论上，缅甸代表称调查团的报告不实，否认灭种罪行的指控。在 2018 年联大一般辩论中，冈比亚总统称，冈比亚作为将要举办伊斯兰合作组织峰会的轮值主席，将决议启动针对缅甸迫害罗兴亚穆斯林群体的罪行的调查机制。2019 年 9 月的联大一般辩论中，冈比亚副总统称将领导各国协调行动，并代表伊斯兰合作组织将罗兴亚人问题提交国际法院。

2019 年 11 月 11 日，冈比亚向国际法院提交申请书，指控缅甸军队和安全部队自 2016 年 10 月起对罗兴亚人采取了系统性和大规模的“清洗行动”，包括谋杀、强奸和其他性犯罪，以及系统性破坏罗兴亚人的居住地。冈比亚控告缅甸采取和纵容对罗兴亚人的暴行，违反了《灭种公约》项下预防和惩治灭绝种族罪行的义务。冈比亚起诉的管辖权来源为《灭种公约》第 9 条。起诉时冈比亚同时提出了临时措施申请，国际法院于 2020 年 1 月 23 日发布命令，指示了部分临时措施，包括要求缅甸采取一切必要措施预防灭种罪行，确保其军队和安全部队等不从事灭种罪行，并采取有效措施保护证据免受灭失，并定期向国际法院提交临时措施命令的履行报告。(70) 之后，缅甸提出了四项管辖权和可受理性异议，国际法院于 2022 年 7 月 22 日作出初步反对意见判决，驳回了缅甸所有管辖权和可受理性异议。下文将评析这一判决。(71)

（二）冈比亚是否为“真正的申请方”

缅甸提出的第一项管辖权异议是，伊斯兰合作组织才是本案真正的申请

(70) *Application of the Convention on the Prevention and Punishment of the Crime of Genocide (The Gambia v Myanmar)*, Provisional Measures, Order of 23 January 2020, [2020] ICJ Rep 3, at 30, para. 86.

(71) *Application of the Convention on the Prevention and Punishment of the Crime of Genocide (The Gambia v Myanmar)*, Preliminary Objections, [2022] ICJ Rep 477.

方，冈比亚从未讳言其作为伊斯兰合作组织代理人起诉缅甸。伊斯兰合作组织通过这一安排，规避了《规约》第 34 条关于诉诸国际法院诉讼程序主体资格的限制。缅甸还称这一事实也导致了冈比亚的申请不具有可受理性。

国际法院没有接受缅甸的异议，而是采用了形式审查的方式界定本案的申请方。国际法院指出，冈比亚是用自己的名义以及其作为《规约》和《灭种公约》当事国的身份启动诉讼程序的，且冈比亚声称与缅甸之间就《灭种公约》存在争端。国际法院认为："虽然一国可能接受了其作为成员的政府间组织向法院提起诉讼的提议，或者该国可能在提起诉讼时寻求并获得了该组织或其成员的财政和政治支持，但这并不影响该国作为申请方的地位。此外，可能促使冈比亚这样的国家提起诉讼的动机问题与确定法院的管辖权无关。"[72] 国际法院同样否定了基于"真正申请方"提出的可受理性异议。法院重申，只有在极为例外的情况下法院才会依据程序滥用原则拒绝管辖一个其享有有效管辖权来源的案件，而本案中没有证据证明冈比亚的行为构成程序滥用，也不存在其他的情形导致冈比亚的申请不具有可受理性。

（三）当事方之间是否存在争端

缅甸否认在冈比亚起诉时，两国之间存在《灭种公约》的解释或适用有关的争端。缅甸不认为 2018 年和 2019 年联大一般性辩论上两国的发言足以证明争端的存在，且冈比亚从未以足够确切的方式表明对缅甸的指控，因此未满足证明争端存在的相互知悉（mutual awareness）标准。

国际法院援引了司法实践中确立的查明争端存在的一般原则来评价缅甸提出的相互知悉标准。国际法院认为，证明争端存在的原则之一——当事方之间就一方是否履行其国际义务持有相互对立的观点——并不要求被申请方必须明确否认申请方的主张，否则被申请方可以通过对申请方的法律主张保持沉默的方式来阻碍争端的形成，而这无疑是荒谬的。也正因如此，国际法院认为当一方应当回应而未予回应时，可推论出争端的存在。据此，国际法院认为缅甸提出的相互知悉标准缺乏法律依据。

国际法院着重分析了当事方在 2018 年和 2019 年联大一般性辩论上的

---

[72] *Ibid* at 495, para. 44.

发言并指出，虽然这些发言都没有直接援引《灭种公约》，但考虑到两次发言都发生在调查团发布报告之后，而调查报告中明确指出缅甸涉嫌灭种罪行，且 2019 年报告还提及了冈比亚将领导各国把罗兴亚人问题提交国际法院这一事实，对此事实缅甸不可能不知悉。据此，国际法院认为 2018 年和 2019 年联大一般性辩论上的发言反映了当事方之间对于缅甸是否履行了《灭种公约》项下义务存在对立的法律主张。此外，法院还提及了冈比亚于 2019 年 10 月 11 日向缅甸发出的照会，该照会表明了冈比亚追究缅甸对罗兴亚人灭种行为的法律立场。虽然缅甸没有回复该照会，但法院认定可从该沉默中推断出争端的存在。

国际法院因而驳回了缅甸第二项初步反对意见。

(四) 缅甸对《灭种公约》第 8 条的保留

《灭种公约》第 8 条规定："任何缔约国得提请联合国的主管机关遵照联合国宪章，采取其认为适当的行动，以防止及惩治灭绝种族的行为或第三条所列任何其他行为。"缅甸对该条款提出了保留。缅甸认为，该条所称"联合国的主管机关"包括国际法院，因此缅甸的保留具有排除其他国家将争端诉诸国际法院的效果。

国际法院没有采纳这一解释。法院认为，若孤立地看，国际法院的确属于第 8 条所称"联合国的主管机关"，但由于该条后半段规定该机关"采取其认为适当的行动"，这表明这些机关对于何为防止和惩治灭绝种族行为的适当行动享有裁量权，这本质上属于政治权力，与国际法院只能裁决争端的司法职能不符。同时，结合上下文，国际法院认为第 9 条与第 8 条具有不同的适用范围：第 9 条规定了将争端诉诸国际法院的情形，而第 8 条则允许缔约国在没有争端的情况下也能诉诸联合国的有权机关。

因此，国际法院认为缅甸对第 8 条的保留与国际法院的管辖权无关，因而驳回了缅甸的这项管辖权异议。

(五) 冈比亚是否享有诉权

缅甸主张只有受害国（injured State），或受特别影响的国家（specially affected State）才能在国际法院起诉违反《灭种公约》。此外，非受害国依据

"对国际社会整体的义务（obligations *erga omnes*）"提起诉讼的权利从属于受害国的权利，孟加拉国因大量罗兴亚人难民涌入，属于受特别影响的国家，但孟加拉国对《灭种公约》第 9 条提出了保留，因而阻却了非受害国起诉缅甸的权利。

国际法院没有接受缅甸的主张。国际法院援引了"对《灭种公约》保留咨询意见"，认为所有《灭种公约》缔约国都对灭种罪行的防止和惩治享有共同利益，这一共同利益意味着公约义务是缔约国对其他全体缔约国承担的义务（obligations *erga omnes partes*），即每个缔约国对于义务的履行都享有权利。同时，法院还延续了"或起诉或引渡案"的判断，指出："对于遵守《灭种公约》相关义务享有共同利益意味着，任何缔约国（无须对缔约国加以区分）享有主张另一缔约国就违反对全体缔约国义务的行为承担责任的权利。无论一国能否证明享有特殊利益，都可以主张他国违反《灭种公约》规定的对全体缔约国义务的责任，包括通过向法院起诉的方式提出主张。如果为此目的需要特殊利益，在许多情况下没有国家能够提出主张。出于这些原因，缅甸区分就《灭种公约》项下义务提出责任主张的权利和为此目的向法院提出诉讼的资格，是没有法律依据的。"[73] 此外，国际法院还指出，在国际法院起诉无须证明违背《灭种公约》规定的对全体缔约国义务的受害者是申请方的国民。法院区分了外交保护和通过诉讼程序实施对全体缔约国的义务，因为后者是来源于缔约国的共同利益，因此这一权利并不限于受害者的国籍国。对于缅甸提出的孟加拉国作为受特别影响的国家的诉权问题，国际法院则认为，孟加拉国无意提起诉讼的事实并不影响其他所有缔约国向缅甸主张履行《灭种公约》项下义务的共同利益，因此孟加拉国对公约第 9 条的保留不妨碍冈比亚的诉权。

基于这些考虑，国际法院驳回了缅甸的可受理性异议。

（六）评价

本案是对国际法上对国际社整体的义务和对全体缔约国义务的重要发展。虽然本案将"或起诉或引渡案"作为先例，但实际上对该案有所突破。原因

---

[73] *Ibid* at 516, para. 108.

在于，与本案不同，"或起诉或引渡案"中比利时依据《禁止酷刑公约》要求塞内加尔向其引渡乍得前总统哈布雷，该引渡请求的基础是比利时1993年通过的就战争罪行使普遍管辖权的国内立法。但是，在比利时向国际法院起诉塞内加尔之前，已于2003年修改了国内法，要求行使普遍管辖权的前提是有关罪行与比利时之间存在联系，因此，在国内法修改后，比利时还能否依据《禁止酷刑公约》要求塞内加尔向其引渡哈布雷，是该案中比利时有无诉权背后真正的法律问题。但无论如何，因比利时在向国际法院起诉之前已经向塞内加尔主张其作为《禁止酷刑公约》缔约国的权利，要求塞内加尔履行引渡义务，这与本案提交国际法院之前冈比亚和缅甸境内行为毫无关联的事实形成了对比。

更重要的是，国际法院认定指控违反《灭种公约》中的对全体缔约国义务无须证明特别利益即可享有诉权，实际上承认了国际法上公益诉讼（public interest litigation）的存在，这使得1966年"西南非洲案"判决所笃定的"国际法上并不存在公益诉讼"的论断成为明日黄花。⁷⁴ 本案裁决表明，当条约义务具有对全体缔约国义务的性质时，只要当事方之间存在有效的管辖权来源（如本案《灭种公约》第9条），申请方无须证明其利益受到特别影响即可享有诉权。对此薛捍勤法官提出了质疑。薛捍勤法官认为，公益诉讼具有集体性，超越了国际法院诉讼案件的双边属性，而国际法院的程序规则并不适应这类公益诉讼。这是因为，当申请方代表国际组织起诉第三国时，被申请方可能在法院处于不利地位，譬如可能出现法官席位中存在多名具有该国际组织会员国国籍的法官的情形，这将有损当事方平等原则。另外，《规约》第59条和第60条规定的既判力原则，也不拘束诉讼案件的第三方，这使得理论上其他国家可能就同样的诉由再次提起诉讼。⁷⁵ 在国际法院判决对冈比亚诉缅甸"《灭种公约》适用案"享有管辖权后，加拿大、丹麦、法国、德国、荷兰、英国和马尔代夫依据《规约》第63条声明介入，本案的集体属性进一步暴露，而当事方平等问题更加突出。

国际法院全体一致驳回了缅甸提出的前三项管辖权和可受理性异议，以

---

⁷⁴ *South West Africa, Second Phase*, Judgment, [1966] ICJ Rep 6, at 47, para. 88.

⁷⁵ Dissenting Opinioin of Judge Xue, *supra* note 71 at 522-523.

14∶1 票驳回了最后一项关于冈比亚诉权的可受理性异议，薛捍勤法官投了反对票。这表明国际法院绝大多数法官对于冈比亚的诉权存在共识。这无疑为基于《灭种公约》提起公益诉讼释放了积极的信号。该案产生了极强的示范效应：2023 年 12 月 29 日，南非在国际法院起诉以色列，称以色列在加沙地带试图毁灭巴勒斯坦人的暴行具有灭种意图，违反了《灭种公约》，并提出了临时措施请求；[76] 2024 年 3 月 1 日，在国际法院就南非诉以色列"在加沙地带适用《灭种公约》案"指示了临时措施后，尼加拉瓜在国际法院起诉德国，指控德国对以色列的政治、经济和军事援助构成对以色列灭种罪行的帮助，违反了德国就《灭种公约》承担的义务，并同时提出临时措施请求。[77] 从这些进展看，冈比亚诉缅甸"《灭种公约》适用案"为国际法院打开了"潘多拉的盒子"：在适用形式化的标准查明争端和真正申请方并且用对缔约国全体的义务作为宽松的诉权理论的情况下，国际法院很难拒绝管辖这类公益诉讼，但这些诉讼能在多大程度上真正解决相关地区的冲突和争端呢？正如薛捍勤法官在反对意见中指出的，缅甸局势是发展危机、人权危机和安全危机。[78] 司法解决对缓解这些危机能否起到促进作用，才是这类公益诉讼面临的深层次问题。

八、1899 年 10 月 3 日仲裁裁决案（圭亚那诉委内瑞拉）

（一）事实与程序背景

圭亚那与委内瑞纳是相邻的南美洲国家，圭亚那位于委内瑞拉西侧。独立之前圭亚那为英国殖民地英属圭亚那。委内瑞拉独立建国后，英国与委内瑞拉就奥里诺科河（Orinoco River）和埃斯奎博河（Essequibo River）之间的

---

[76] Application of the Convention on the Prevention and Punishment of the Crime of Genocide in the Gaza Strip (South Africa v Israel), https://www.icj-cij.org/case/192/institution-proceedings，最后访问时间：2024 年 11 月 1 日。

[77] Alleged Breaches of Certain International Obligations in respect of the Occupied Palestinian Territory (Nicaragua v Germany), https://www.icj-cij.org/case/193/institution-proceedings，最后访问时间：2024 年 11 月 1 日。

[78] Dissenting Opinioin of Judge Xue, supra note 71 at 537.

领土存在争议。1897 年,在美国的斡旋下,英国与委内瑞拉缔结《大不列颠和委内瑞拉合众国关于解决英属圭亚那殖民地和委内瑞拉合众国之间边界问题的条约》(以下简称《华盛顿条约》) 决定将领土争端提交仲裁解决,并规定仲裁将"全面而终局性地解决提交给仲裁员的所有问题"。1899 年 10 月 3 日仲裁庭裁决(以下简称"1899 年仲裁") 奥里诺科河河口及东西两侧的部分领土归属委内瑞拉,而英国的领土则向东延伸至埃斯奎博河。两国于次年设立的联合委员会勘定了 1899 年仲裁划定的边界,并于 1905 年完成了勘界工作,绘制了官方边界定图,并缔结协议确认所有边界坐标的准确性。

自 1962 年起,委内瑞拉主张 1899 年仲裁是一项"政治交易",侵害了委内瑞拉的合法权益,因此不承认该仲裁的效力。英国则主张 1899 年仲裁已经解决了两国的陆地边界争议,但愿意同委内瑞拉共同审查相关历史档案和文件。同年,英国(代表英属圭亚那)与委内瑞拉政府均任命了专家开始审查与 1899 年仲裁有关的档案,但双方专家的结论截然相反。英国与委内瑞拉先后在伦敦和日内瓦进行谈判,并于 1966 年缔结《解决委内瑞拉与大不列颠及北爱尔兰联合王国关于委内瑞拉与英属圭亚那边界争议的协定》(以下简称《日内瓦协定》),为委内瑞拉主张 1899 年仲裁无效而产生的争议寻求解决。《日内瓦协定》第 1 条和第 2 条创设了混合委员会以寻求切实可行的争议解决方案。第 4 条进一步规定了争议解决流程:第一,若《日内瓦协定》缔结 4 年后混合委员会无法取得争议解决结果,缔约国应在 3 个月内从《宪章》第 33 条规定的争端解决方法中合意选择一项;[79] 第二,若缔约国无法就《宪章》第 33 条规定的争议解决方法取得合意,则应交由一个双方均同意的国际组织作出选择,若双方无法合意选择适宜的国际组织,则应交由联合国秘书长决定;第三,如果联合国秘书长所选择的争议解决方法仍无法解决争议,秘书长应从《宪章》第 33 条中选择另一程序,直至争议被解决或直至用尽所有和平解决争议方法。1966 年圭亚那独立后以自己的名义加入了《日内瓦协定》,与英国和委内瑞拉同为缔约国。

1970 年,混合委员会宣告无法解决争议后,圭亚那与委内瑞拉缔结议定

---

[79] 《宪章》第 33 条:"一、任何争端之当事国,于争端之继续存在足以危及国际和平与安全之维持时,应尽先以谈判、调查、调停、和解、公断、司法解决、区域机关或区域办法之利用,或各该国自行选择之其他和平方法,求得解决。二、安全理事会认为必要时,应促请各当事国以此项方法,解决其争端。"

书暂时搁置争议 12 年。1981 年，委内瑞拉宣告终止议定书，双方因此再次按照《日内瓦协定》第 4 条规定寻求争议解决。由于双方无法合意选择争议解决方法，也无法选择适宜的国际组织，双方同意进入下一阶段，由联合国秘书长选择争议解决方法。自 1983 年起，经与委内瑞拉和圭亚那代表多次讨论后，1990 年初秘书长决定以斡旋（good offices）作为争议解决方法。然而，自 1990 年至 2015 年，圭亚那和委内瑞拉在三任秘书长任命的特使的斡旋下，都没能取得实质进展。2015 年底，秘书长潘基文致信双方称若在其任期内都无法解决该争议，他将选择国际法院作为取得有拘束力和终局性的争议解决方法。2016 年底，潘基文决定再进行一年斡旋，若 2017 年底仍无法取得显著进展，除非经双方共同请求，他将选择国际法院作为下一个争议解决方式。2017 年 1 月，新任秘书长古特雷斯根据潘基文的决定继续斡旋程序，因斡旋仍未取得结果，于 2018 年 1 月 30 日通知双方选择国际法院作为争议解决方式。

2018 年 3 月 29 日，圭亚那向国际法院提交申请，委内瑞拉决定不参加程序，但向国际法院提交了一份备忘录，主张国际法院对本案无管辖权。依据《法院规则》第 79 条第 2 款，国际法院认为有必要先行审理管辖权问题，并为双方设定了提交关于管辖权问题的诉状的时限。这一阶段委内瑞拉没有参与，国际法院于 2020 年 12 月 18 日作出管辖权判决，认定对 1899 年仲裁裁决的效力及相应的领土边界的终局性问题有管辖权。(80) 判决作出后，国际法院又为双方设定了提交实体问题诉状的时限。2022 年 6 月 6 日，委内瑞拉任命了代理人，正式参与法院程序，并于次日提出可受理性异议。国际法院于 2023 年 4 月 6 日作出初步反对意见判决。(81) 下文将分别评析两份判决。

（二）2020 年 12 月 18 日管辖权判决的主要内容

1. 日内瓦协定的解释

国际法院首先阐明了委内瑞拉不到案的影响。虽然委内瑞拉不到案，但

(80) *Arbitral Award of 3 October 1899 (Guyana v Venezuela)*, Jurisdiction of the Court, Judgment, [2020] ICJ Rep 455.

(81) *Arbitral Award of 3 October 1899 (Guyana v Venezuela)*, Preliminary Objection, [2023] ICJ Rep 262.

按照《规约》第 53 条的规定，国际法院仍应确保其享有管辖权。[82] 国际法院指出，当事方不到案将对司法职能的行使产生不利影响，因为不到案的一方放弃了向国际法院提交证据和观点，也放弃了反驳他方观点的机会。但是，法院强调，一方不到案不能影响法院判决的有效性。依据《规约》第 59 条和第 60 条，管辖权判决和实体判决一样对当事方具有确定性和拘束力。同时，《规约》第 53 条的意图是任何当事方都不因一方不到案而处于不利地位，虽然法院不能自动地支持参加程序的一方的主张，但不到案的一方也不能因其拒绝参与程序而获益。

国际法院认为本案的关键在于解释《日内瓦协定》第 4 条，也就是确定缔约国是否同意了通过司法解决方法解决两国的争议，以及该同意是否附有条件。国际法院首先界定了本案所涉争议的具体内涵。法院认为，《日内瓦协定》所指"争议（controversy）"与一般意义上的"争端"为同义词。根据协定的上下文，这一争议是指 1899 年仲裁的效力及其对圭亚那和委内瑞拉陆地边界的影响。

接着，国际法院运用《维也纳条约法公约》第 31 条和第 32 条反映的习惯国际法上的条约解释规则，厘清了《日内瓦协定》第 4 条有关内容的含义。首先，国际法院认为，第 4 条采用的"应该（shall）""提交（refer）""决定（decision）"等术语意味着联合国秘书长所选定的争议解决程序对缔约国具有拘束力，而不仅只是建议。其次，《宪章》第 33 条本身将司法解决作为争议解决的一种方式，因此《日内瓦协定》第 4 条表明双方已经接受了争议通过司法解决的可能性。如果双方想排除司法解决，可以明文予以排除或者明文列举司法解决以外的其他争议解决方式。

委内瑞拉主张联合国秘书长的决定并不符合《日内瓦协定》第 4 条的授权，因为秘书长应该按照《宪章》第 33 条列举争议解决方法的顺序逐一选择相应的程序。国际法院指出，《日内瓦协定》的用语"选择（choose）"一词表明秘书长可以在若干选项中选取任何一项，而无须遵循《宪章》第 33 条

---

[82] 《规约》第 53 条规定："一、当事国一造不到法院或不辩护其主张时，他造得请求法院对自己主张为有利之裁判。二、法院于允准前项请求前，应查明不特依第三十六条及第三十七条法院对本案有管辖权，且请求人之主张在事实及法律上均有根据。"

列举的顺序。而且，委内瑞拉的解释也与《日内瓦协定》的目的和宗旨不符，因为逐一选择争议解决方法可能拖延争议解决的时间，不符合该协定寻求实际、有效和确定性的争议解决目标。另外，双方在 1990 年接受了斡旋这一争议解决方式，但斡旋实际上是《宪章》第 33 条最后"自行选择之其他和平方法"之一。缔约国的实践因而证明了联合国秘书长无须按顺序选择。国际法院因此认定，根据《日内瓦协定》第 4 条，双方同意联合国秘书长选择《宪章》第 33 条中的任何争议解决程序，并且这一选择不附带任何条件。

国际法院还需要判定联合国秘书长选择国际法院是否符合《日内瓦协定》第 4 条的规定。虽然《日内瓦协定》和《宪章》都没有明确提及国际法院，但法院认为，作为联合国主要的司法机关，诉诸国际法院属于《宪章》第 33 条所指的"司法解决"中的一种方式。而且，当委内瑞拉批准《日内瓦协定》时，委内瑞拉外交部长在国会发言中指出，英国和英属圭亚那反对在协定中明确提出将争端提交仲裁或国际法院，而委内瑞拉提议可以通过提及包含仲裁与司法解决这两种方式的《宪章》第 33 条来克服这项反对。因此，缔结《日内瓦协定》的相关情况表明缔约国已经考虑到了争议提交国际法院的可能性。故而联合国秘书长选择国际法院符合《日内瓦协定》第 4 条的规定。

最后，针对委内瑞拉主张的联合国秘书长决定选择国际法院之后仍然需要双方特别予以同意的意见，国际法院指出，这会导致《日内瓦协定》无法有效执行，而且也与该协定的目的与宗旨不符，因为这相当于给予任一当事方无限期拖延争议解决的权力。

基于上述解释，国际法院认定圭亚那和委内瑞拉已经同意国际法院管辖两国的争议。

2. 国际法院管辖的范围

圭亚那要求法院裁决两类事项：（1）1899 年仲裁有效且对双方具有拘束力，圭亚那依据该协议享有相应领土的主权；（2）委内瑞拉应停止占领圭亚那领土、不得使用或威胁使用武力，并就其对圭亚那造成的侵害承担国家责任。国际法院从属事管辖权和属时管辖权两方面确定了管辖权的范围。

就属事管辖权而言，委内瑞拉主张 1899 年仲裁的有效性并非《日内瓦协定》所界定的双方争议。相反，两国的争议是领土边界争端。国际法院认为，

《日内瓦协定》第 1 条所指的争端是"因委内瑞拉主张 1899 年仲裁关于英属圭亚那和委内瑞拉边界的裁决无效而产生的争议"。从这一表达方式、《日内瓦协定》的上下文、英国（以及圭亚那）与委内瑞拉的谈判记录可以看出，1899 年仲裁有效性属于法院管辖权的范畴。但是，从属时管辖权的角度，《日内瓦协定》界定的争议是签署该协定时已经存在的争议，而不包括协定签署之后发生的事件。国际法院因此认定有权管辖圭亚那提出的第一类诉求，但无权管辖第二类事项。

（三）2023 年 4 月 6 日判决的主要内容

2020 年管辖权判决宣判后，委内瑞拉参与诉讼程序并提出的初步反对意见是，英国作为《日内瓦协定》的缔约国，构成本案不可或缺的第三方，因为委内瑞拉主张 1899 年裁决无效是由于英国的欺诈和强迫等行为，包括英国与其指派的仲裁员之间的不当行为，而审理委内瑞拉的这些主张势必涉及英国的国家责任。并且，圭亚那加入《日内瓦协定》并未取代英国的缔约国地位。圭亚那则认为，英国在圭亚那独立时已经放弃了所有对争议领土的权利主张，因而当前对争议领土不享有任何法律上的利益，本案的裁决也不会影响英国。

国际法院首先从货币黄金原则和既判力原则出发查明委内瑞拉提出的初步反对意见是否具有可受理性。法院指出，应当区分管辖权的存在（existence of jurisdiction）和管辖权的行使（exercise of jurisdiction），基于不可或缺的第三方提出的管辖权异议属于对后者的挑战。既判力原则不仅适用于实体判决，也适用于管辖权判决，但 2020 年判决的内容仅关于管辖权的存在，而没有涉及管辖权的行使问题，因此 2020 年判决的既判力并不及于委内瑞拉基于不可或缺的第三方提出的可受理性异议。

接着，国际法院从《日内瓦协定》解释的角度出发，查明英国作为该条约的缔约国有何法律上的意义。国际法院指出，虽然《日内瓦协定》第 1 条指出英国与委内瑞拉之间存在争端，但第 2 条并未规定英国在争议解决的初始阶段发挥任何作用，而只提及"英属圭亚那"。因此，《日内瓦协定》的缔约国意图让委内瑞拉和英属圭亚那通过混合委员会实现争议解决，尽管该协议达成时英属圭亚那尚未取得独立，也尚未成为该协议的缔约国。国际法院认为《日内瓦协定》的上下文表明，缔约国强调争议终局性解决具有重要性，而为此目的，并未赋予英国在争议解决过程中任何作用。同时，结合缔约国的嗣后实践，英国从未参与《日内瓦协定》中规定的争议解决的各个阶段，圭亚那或委内瑞拉也从未请求英国参与。因此，国际法院得出结论，货币黄金原则在本案中并不适用。即使在实体问题的审理中法院需要考虑英国的行为，也不会妨碍法院行使管辖权。国际法院因而驳回了委内瑞拉的初步反对意见。

（四）评价

国家同意是国际法院管辖的基础。在存在管辖权异议的案件里，确认国家同意的存在及其范围是确认国际法院有无管辖权的关键。本案也不例外。但是，本案的特殊之处在于，作为管辖权依据的《日内瓦协定》并非常规的将争端提交国际法院的特别协议，《日内瓦协定》第4条也并非常规的管辖权条款。国际法院在解释相关条款时给予了《日内瓦协定》寻求终局性的争议解决这一目的以充分的效力。考虑到自1966年协定签署以来双方寻求争议解决的过程曲折不堪，其间还爆发了武力冲突，与埃斯奎博河地区有关的领土争议至今仍困扰着圭亚那和委内瑞拉的双边关系，国际法院在本案中采取的解释方法和解释结果是有说服力的。

对于2020年判决，仍有少数法官提出了异议。亚伯拉罕法官认为在联合国秘书长选择国际法院之后，仍然需要双方特别地予以同意才能将争议提交法院。亚伯拉罕法官指出，假设联合国秘书长选择了仲裁，那么双方仍需要就仲裁的组成和安排达成协议才能诉诸该程序，且此时仲裁庭的管辖权来源是双方的仲裁协议而非联合国秘书长的决定。[83] 国际法院因而也不应例外。盖亚法官也持同样的立场。[84] 格沃尔吉安法官（Judge Gevorgian）则认为判决降低了确立国家同意的高标准，"史无前例地依据一份都没有提及国际法院、更没有管辖权条款的条约决定行使管辖权"。[85]

需要指出的是，国际法院虽然认可对1899年仲裁协议的有效性享有管辖权，

---

[83] Dissenting Opinion of Judge Abraham, *supra* note 80 at 500.
[84] Declaration of Judge Gaja, *supra* note 80 at 508–509.
[85] Dissenting Opinion of Judge Gevorgian, *supra* note 80 at 515.

但并未预设实体阶段的结果。正如法院自己承认的，有一种可能是法院最终裁决 1899 年仲裁协议无效，而这将意味着圭亚那与委内瑞拉之间的陆地边界争议仍需要解决。通卡法官指出，若出现这种情况，则只有在双方进一步提交相关的证据和主张后法院才能完整地解决双方的争议，否则联合国秘书长将依据《日内瓦协定》第 4 条选择另一项争议解决程序。⑧⑥

2023 年判决驳回委内瑞拉初步反对意见的决定是法院以 14∶1 的投票通过的，委内瑞拉指定的专案法官库弗勒（Judge ad hoc Couvreur）投了反对票。库弗勒法官认为，货币黄金原则应当在本案中适用，且法院当前并未掌握所有裁判委内瑞拉初步反对意见所需的全部事实，因此应当依据《法院规则》第 79 条第 4 款宣布这一反对意见不具有全然的先决性，与实体问题合并审理。⑧⑦

---

⑧⑥　Declaration of Judge Tomka, *supra* note 80 at 497.

⑧⑦　Partially Separate and Partially Dissenting Opinion of Judge ad hoc Couvreur, *supra* note 81 at 328-329, paras. 59-64.

第六章 国际环境法

导 言

至今,国际法院对国际环境法的发展历经了三个阶段。1990年以前,虽然国际法院未直接审理国家间的环境纠纷,但在一些案件中的司法论断为之后处理跨境环境损害争端提供了理论来源。1949年"科孚海峡案"阐述的"任何国家均有义务保证其领土不被用于从事侵害他国权利的行为"被视为国际环境法中"不造成严重跨境损害原则(no-harm principle)"的一般国际法基础。① 1970年"巴塞罗那电车、电灯及电力有限公司案"(以下简称"巴塞罗那电力公司案")有关"对国际社会整体的义务(obligations erga omnes)"的论述也启发了环境保护国际义务的性质界定。② 1974年澳大利亚诉法国、新西兰诉法国的"核试验案"是国际法院历史上第一个涉及环境问题的国家间争端,但因法院宣布无管辖权而未能处理实体问题。

20世纪90年代中后期,国际法院在两个关键案例中深入探讨了国际环境法的基本原则及其在国际法上的地位。在1996年"核武器咨询意见"中,法院阐明,保证国家管辖内或控制下的活动不造成其他国家或国家管辖范围以外的区域受到环境损害是国际环境法中的一般义务。③ 1997年"多瑙河大坝案"与国际河流的利用与保护直接相关,集中反映了环境与发展的内在矛盾。该案中,国际法院特别强调争端双方在协商多瑙河大坝的建造或改造问题时

---

① Corfu Channel case (United Kingdom of Great Britain and Northern Ireland v Albania) [1949] ICJ Rep 4, at 22.

② Barcelona Traction, Light and Power Company, Limited (Belgium v Spain), Judgment, [1970] ICJ Rep 3, at 32, para. 33.

③ Legality of the Threat or Use of Nuclear Weapons, Advisory Opinion, [1996] ICJ Rep 226, at 241, para. 29.

应将可持续发展概念纳入考量。④除此之外，1993 年庭外和解的瑙鲁诉澳大利亚"瑙鲁境内的一些磷酸盐地案"直接促使国际法院设立了专门处理环境问题的特种案件分庭，体现了法院对日益增加的环境问题争端的重视。

然而，进入 21 世纪，国际法院却遭遇了国家提交环境争端的"冷却期"，且环境问题分庭设立至今都未被激活。直到 2006 年阿根廷起诉邻国乌拉圭违反两国协议在乌拉圭河上建立纸浆厂，2008 年厄瓜多尔起诉哥伦比亚使用的有毒除草剂沉降到厄瓜多尔导致空气污染，2010 年澳大利亚起诉日本的捕鲸行为违反《国际捕鲸规制公约》的商业捕鲸禁令，国家间的环境问题争端才再次进入国际法院的视野。上述三个案件中，除厄瓜多尔诉哥伦比亚案庭外和解⑤，另外两个案件的判决反映了 21 世纪以来国际法院面临的环境问题挑战及其对国际环境法发展的贡献。

一、乌拉圭河纸浆厂案（阿根廷诉乌拉圭）

（一）事实与程序背景

阿根廷与乌拉圭为相邻国家，并于 1961 年通过双边条约划定了两国在乌拉圭河上的领土边界。依据该条约中共同利用河流的条款，双方又于 1975 年签署《乌拉圭河规约》，以便在履行各自承担的条约和其他国际协定的权利和义务基础上，设立乌拉圭河共同管理机制以期实现最大程度的合理利用。《乌拉圭河规约》详细规定了双方应如何利用、保护和发展乌拉圭河及其资源，以及在此过程中双方承担的一系列程序和实质义务。同时，该条约还设立了乌拉圭河行政管理委员会（以下简称"乌拉圭河委员会"），并规定该条约执行过程中产生的争端可提交国际法院解决。

本案起源于乌拉圭于 2003 年和 2005 年单方面授权在乌拉圭河沿岸（乌拉圭一侧）建设两个纸浆厂。2003 年，乌拉圭在未知会乌拉圭河委员会和阿根廷的情况下，授权西班牙企业 ENCE 在乌拉圭河沿岸城市 Fray Bentos（弗

---

④ *Gabčíkovo-Nagymaros Project (Hungary/Slovakia)*, Judgment, [1997] ICJ Rep 7, at 78, para. 141.
⑤ *Aerial Herbicide Spraying (Ecuador v Colombia)*, Order of 13 September 2013, [2013] ICJ Rep 278, at 279.

赖本托斯）附近建设纸浆厂（CMB 纸浆厂），该厂选址紧邻河岸对面的阿根廷城市 Gualeguaychu（瓜莱瓜伊丘）。2005 年，乌拉圭又授权芬兰企业 Botnia 在 Fray Bentos 附近建设另一个纸浆厂（Orion 纸浆厂）。2005 年和 2006 年间，居住在 Gualeguaychu 的阿根廷居民以及地方环保组织进行了一系列抗议活动，抵制两个纸浆厂建设项目。激进的居民甚至封锁了连接 Fray Bentos 和 Gualeguaychu 的公路大桥，阻碍人员和货物的流通。这些抗议行为也引发了乌拉圭的不满。乌拉圭和阿根廷在 2005 年至 2006 年就纸浆厂建设问题进行了一系列的磋商和谈判，均未果。

2006 年 2 月 3 日，阿根廷宣布谈判破裂，并于同年 5 月依据《乌拉圭河规约》向国际法院提起诉讼，请求国际法院裁决乌拉圭单方面授权建设两个纸浆厂的行为违反《乌拉圭河规约》，纸浆厂的建设、运营对乌拉圭河的水质可能造成严重污染，乌拉圭应承担国际法上的责任，恢复原状并赔偿阿根廷损失。阿根廷在起诉时同时提起了临时措施请求，请求国际法院发布命令暂停 Orion 纸浆厂的建设并保证 CMB 纸浆厂继续停工。国际法院于 2006 年 7 月 13 日公布临时措施命令，认定阿根廷未能充分地证明建设纸浆厂会对环境造成无可挽回的损害，也未能证明建设纸浆厂将造成无可挽回的经济或社会损害。同时，阿根廷也未能证明乌拉圭违反《乌拉圭河规约》义务（如果在实体阶段能证成的话）所造成的损失是不能被补救的。因此，法院认为本案不符合指示临时措施的条件。⑥ 2006 年 11 月 29 日，乌拉圭向国际法院提起临时措施程序，称阿根廷居民近期封锁乌拉圭河上大桥的抗议行为导致阿根廷和乌拉圭之间的商业和旅游通行受阻，预计持续 3 个月的封锁行动可能导致乌拉圭数以百万美元计的经济损失，因此请求法院指示临时措施，要求阿根廷采取一切必要和合理行动终止封锁。国际法院于 2007 年 1 月 23 日发布临时措施命令，认为 2006 年以来乌拉圭纸浆厂建设工程已有实质性进展，乌拉圭未能证明阿根廷居民封锁大桥的行为可能导致乌拉圭权利遭受无可挽回的侵害，法院据此驳回了乌拉圭的临时措施请求。⑦ 国际法院于 2010 年 4 月 20 日作出

---

⑥ *Pulp Mills on the River Uruguay (Argentina v Uruguay)*, Provisional Measures, [2006] ICJ Rep 113, at 134, para. 84.

⑦ *Pulp Mills on the River Uruguay (Argentina v Uruguay)*, Provisional Measures, Order of 23 January 2007, [2007] ICJ Rep 3, at 16, para. 52.

实体问题裁判,下文将评述这一判决。⑧

(二)乌拉圭是否违反《乌拉圭河规约》

阿根廷主张,乌拉圭单方面授权建造纸浆厂的行为违反了《乌拉圭河规约》中的程序义务与实质义务,前者主要包括通知义务与谈判义务,后者主要包括防止对乌拉圭河水质、环境造成污染的义务和保护乌拉圭河生态多样性平衡的义务等。

国际法院首先讨论了程序义务与实质义务的关系。阿根廷认为违反程序义务必然导致实质义务的违反,乌拉圭则认为两种义务之间并无逻辑联系。法院提及《乌拉圭河规约》第1条规定的"在最大程度内合理利用乌拉圭河"这一条约目的和宗旨,指出"只有通过同时履行程序义务和实质义务,双方才能通力合作,预防一方或他方拟建设的项目可能对环境造成的损害风险"。⑨实质义务往往较为抽象(如"预防水质污染"),而程序义务更为具体(如通知义务)。因此,法院认为,《乌拉圭河规约》中的程序义务和实质义务在实现预防环境损害这一目标上存在功能性联结,但仍是相互独立、需要分别履行的义务。

针对乌拉圭是否违反《乌拉圭河规约》第7条至第12条的程序义务,国际法院指出,通知义务与谈判义务均为实现双方合作、共同预防乌拉圭河污染的题中之义,第7条至第12条实际上为双方创设了一个协商合作机制。因此,乌拉圭未能在授权建设纸浆厂之前通知乌拉圭河委员会和阿根廷违反了《乌拉圭河规约》第7条通知义务。同时,虽然双方曾在2004年签署《谅解备忘录》,乌拉圭同意持续监测乌拉圭河水质,且向乌拉圭河委员会提交环境管理报告,并且双方在2005年设立了一个高级别技术委员会来评估在建工程对乌拉圭河生态系统的影响,但法院不认为2004年《谅解备忘录》或2005年高级别技术委员会的设立克减了双方在《乌拉圭河规约》下的程序义务。相反,因为乌拉圭2005年单方面授权Orion纸浆厂的建设明显是置两者不顾,因此,乌拉圭违反了《乌拉圭河规约》第7条至第12条规定的以通知义务和

---

⑧ *Pulp Mills on the River Uruguay (Argentina v Uruguay)*, Judgment, [2010] ICJ Rep 14.
⑨ *Ibid* at 49, para. 77.

谈判义务为核心的程序义务体系。虽然法院宣告乌拉圭违反了《乌拉圭河规约》的程序义务，但并不认为在双方谈判破裂后，乌拉圭负有不得建设纸浆厂的义务。

在审查乌拉圭是否违反《乌拉圭河规约》中的实质义务之前，国际法院考察了两个先决问题：（1）关于本案的证明责任。阿根廷主张，《乌拉圭河规约》吸纳了审慎概念（precautionary approach），因此，证明自身行为不会造成环境损害的责任在乌拉圭一方。乌拉圭则认为，审慎概念并不意味着举证责任的倒置，仍应由阿根廷证明乌拉圭建设纸浆厂导致了对乌拉圭河的污染和损害。国际法院重申国际司法实践中一贯采取的"谁主张，谁举证"原则（onus probandi incumbit actori），认为该原则同等地适用于双方，审慎概念也许有助于《乌拉圭河规约》的解释和适用，但并不导致诉讼中举证责任的倒置。（2）关于本案中双方提交的专家证据。由于本案涉及复杂的环境问题，双方均聘请了专家证人出具研究报告和证明材料以证明己方观点。面对这些大量、复杂而又彼此冲突的专家证据，国际法院认为"没有必要一般性地讨论双方各自聘请的专家提供的研究报告和证明材料的可信度和权威性，而只需注意国际法院的责任在于充分考虑双方呈交的所有证据，确定有关事实，以及这些事实的证明力，从而最终得出适当的结论"。⑩

随后，国际法院分别考察了乌拉圭是否违反《乌拉圭河规约》第1条（在最大限度内合理利用乌拉圭河的义务）、第35条（确保对土壤和林地的管理不损害乌拉圭河流系统及水质的义务）、第36条（协调措施以避免生态平衡发生变化的义务）和第41条（预防污染和保护水生环境的义务），结论均为阿根廷未能向法院证明乌拉圭违反了上述任何一项条款的义务。在解释和适用这些条款时，国际法院阐述了环境影响评估义务（Environmental Impact Assessment，EIA）和预防原则的内涵。国际法院指出，近年的发展使环境影响评估义务已经成为一般国际法的一部分，如果一方在考虑建造可能给环境带来负面影响的工程之前未能进行环境影响评估，则不能被视为履行了预防义务。一般国际法并未规定环境影响评估的形式或内容，法院认为应当由各国在国内法体系中规定环境影响评估的步骤和内容。至于预防原则，国际

---

⑩ *Ibid* at 72, para. 168.

法院明确了该原则的性质是一项行为义务，即对当事方管辖范围内或控制内的所有活动采取一切必要措施的尽职义务（due diligence），该义务的履行"不仅包括订立适当的规范和措施，还包括在这些规范执行和适用的过程中对有关公私主体施行一定程度的行政控制，例如持续监测这些主体的行为"。⑪换言之，作为行为义务（obligation of conduct）的预防原则所指的行为不仅包括立法行为，还包括保证相关法律规范履行的执法和行政行为。如果一方能证明他方没有履行尽责义务采取必要措施确保其管辖范围内的行为者执行相关法律，则能证成他方违反《乌拉圭河规约》并承担责任。

最终，国际法院认定，宣告乌拉圭违反《乌拉圭河规约》中的程序义务已足以构成对阿根廷的抵偿（satisfaction）。因为乌拉圭没有违反《乌拉圭河规约》中的实质义务，因此阿根廷提出的恢复原状这一损害赔偿方式超越了相称性原则，法院不予支持。

（三）评价

本案是国际法院在国际环境法领域的重要实践，对国际环境法的发展具有承前启后的意义，其关于预防原则的性质、地位和内涵的阐述尤为重要。本案判决立足于1949年"科孚海峡案"、1996年"核武器咨询意见"和1997年"多瑙河大坝案"，指出："预防原则作为一项习惯法规则，起源于国家就其领土内活动的尽职义务，该义务指'每个国家都有义务不允许其领土在其知情的情况下被用来从事侵害他国权利的行为'。因此，一国有义务采取其所能采取的一切措施，避免其领土内或者其管辖范围内的任何活动，对他国环境造成重大损害。法院已经确认，这一义务'现已成为与环境有关的国际法的一部分'。"⑫

此外，通过将程序义务和实质义务与预防原则相联系，本案充实了预防原则的内涵。在讨论《乌拉圭河规约》中一系列程序义务时，国际法院指出，通知义务是实现国家间合作的初始条件，也是履行预防义务不可或缺的一环。通知义务也是双方评判拟建造工程可能产生的环境影响并协商可以采取的减

---

⑪ *Ibid* at 79, para. 197.

⑫ *Ibid* at 56, para. 101.

少或消除风险的措施的核心组成部分。国际法院还强调以发展的眼光看待预防原则的适用方式。在讨论乌拉圭是否违反《乌拉圭河规约》实质义务时,法院援引"多瑙河大坝案"的观点,称保护环境的义务应当根据国际法的发展而更新,纳入环境影响评估这一普遍实践;在考察评价污染的标准时,法院提及预防原则所包含的尽职义务意味着应该充分考虑工业实践中所确立的行业规范和生产标准,并与国际技术机构的建议和指导保持一致。

虽然本案对国际环境法的发展有所贡献,但对审慎概念的国际法地位及其对环境诉讼的影响有所保留。另外,法院在本案中审查科学证据的方式也颇受诟病。提出反对意见的哈苏奈法官(Judge Al-Khasawneh)和西玛法官认为法院用传统的证明责任和推理方式审查科学证据是错误的,法院未能充分利用《规约》中要求双方提供证据和任命科学专家的程序,错失了向国际社会展示法院有充分的准备审理科学事实密集型案件(fact-intensive case)的良机。[13]

二、南极捕鲸案(澳大利亚诉日本;新西兰参与)

(一)事实和程序背景

人类捕鲸的历史可追溯至公元前 2200 年。工业革命催生了对鲸鱼油这一原材料的大量需求,驱动捕鲸业的发展与扩张。远洋捕捞技术突破使捕鲸脱离了以陆地为据点的限制,扩展至远洋地区,尤其是南极附近海域;船舶业的技术革新也使鲸鱼的捕获、处理都可以在加工船(factory ships)上完成。1883 年左右至 20 世纪初,无限制和无管制的捕鲸活动已经严重危及鲸鱼族群的规模。过度捕捞又恰逢世界经济危机,原材料价格下降,导致捕鲸业的崩溃。[14] 因此,在 1931 年和 1937 年,各国分别缔结了《捕鲸管制公约》和《捕鲸管制国际协定》,试图规范捕鲸活动从而保证捕鲸业的长足发展,然而效果不佳。1946 年各国又缔结了《国际捕鲸管制公约》(以下简称《捕鲸公

---

[13] Joint Dissenting Opinion of Judges Al-Khasawneh and Simma, *ibid* at 109-110.
[14] Malgosia Fitzmaurice, "The History of Whaling" in *Whaling and International Law* (Cambridge University Press, 2015) at 6.

约》），进一步规制国际捕鲸业。澳大利亚、日本和新西兰均为《捕鲸公约》的缔约国。

《捕鲸公约》通过《附录》（Schedule）规定了养护鲸鱼和管制捕鲸业的实质性条款。《附录》是《捕鲸公约》的固有组成部分，其内容对缔约国同样具有拘束力。《捕鲸公约》建立了国际捕鲸委员会，由缔约国选派的代表组成。国际捕鲸委员会在《捕鲸公约》的执行过程中发挥着重要作用，尤其是确保公约得以随时代发展而演进。国际捕鲸委员会有权修订《附录》。《附录》修正案经过国际捕鲸委员会四分之三多数通过，但对该修正案提出反对的国家不生效，除非该国撤回反对。[15] 1950年，国际捕鲸委员会又设立了科学委员会，由各国提名的科学家组成。科学委员会的主要职能在于研究与鲸鱼和捕鲸有关的事项。根据1979年修正的《附录》第30段，科学委员会审议缔约国向其国民颁发的出于科学研究目的的捕鲸特许证。科学委员会的审议无拘束力。

《捕鲸公约》最初并未禁止商业捕鲸，而是通过设定每一捕鲸季所允许的捕鲸数量上限、在缔约国之间分配配额的方式，实现对捕鲸业的规制和对鲸鱼族群的保护。商业捕鲸、出于科学研究目的的捕鲸（《捕鲸公约》第8条）和原住民基于生存需要的捕鲸是《捕鲸公约》所允许的三种捕鲸方式。1982年通过的《附录》修正案规定了商业捕鲸禁令（零配额），因此现行的《捕鲸公约》只允许出于科研目的的捕鲸和原住民捕鲸。日本及时对1982《附录》修正案提出了反对，但在其他国家的压力下，于1986年撤回了反对，因此商业捕鲸禁令于1986—1987捕鲸季对日本生效。次年，日本依据《捕鲸公约》第8条开始了"日本南大洋特许捕鲸研究项目"（JARPA），该项目进行到2004—2005捕鲸季。在JARPA运营的18年内，日本共捕杀了6700头南极小须鲸。

2005年，日本向国际捕鲸委员会提交了JARPA II项目，并于同年11月正式施行。澳大利亚认为JARPA和JARPA II都是日本为了规避《捕鲸公约》的商业捕鲸禁令而采取的以"科学研究"为幌子的商业捕鲸行为。2010年5月31日，澳大利亚依据两国接受国际法院任择强制管辖的声明向国际法院起

---

[15] 参见《捕鲸公约》第3条第2款和第5条。

诉日本，请求法院裁决正在进行中的 JARPA II 违反了《附录》的商业捕鲸禁令、南大洋保护区捕鲸禁令和通过加工船捕鲸的禁令等义务，国际法院于 2014 年 3 月 31 日作出判决，下文将评析这一判决。⑯

(二) 管辖权与新西兰的参与

虽然澳大利亚和日本均依据《规约》第 36 条第 2 款声明接受国际法院的强制管辖，但澳大利亚的声明附有一项保留："任何与海洋区域（包括领海、专属经济区和大陆架）划界有关的争端，或因争议海域以内及其周边海域资源开发产生的争端，澳大利亚不接受国际法院的管辖。"日本认为本案争端属于澳大利亚声明保留的范围，因为澳大利亚控诉的 JARPA II 项目的运营范围部分地与澳大利亚主张权利的南大洋区域重叠，因此属于"争议海域以内及其周边海域资源开发产生的争端"。

国际法院认为，澳大利亚声明保留中的前后两部分具有关联，因此属于该保留的争端应为海洋划界争端或与划界争议海域资源开发有关的争端。虽然 JARPA II 运营区域部分属于澳大利亚主张权利的区域，且日本质疑该主张的合法性，但日本在该区域未主张权利，因此日本与澳大利亚不存在海洋权利重叠。另外，澳大利亚并非因为 JARPA II 项目在澳大利亚主张权利的区域进行才控诉该项目的违法性，因此该项目的活动区域的性质和范围与裁决本案争端无关。国际法院驳回了日本的管辖权异议。

2012 年 11 月 20 日，新西兰依据《规约》第 63 条第 2 款向法院提交了参与本案的声明。在声明中，新西兰阐明了对《捕鲸公约》第 8 条的解释，称任何以《捕鲸公约》第 8 条为依据的"出于科学研究目的"的捕鲸行为都不能仅凭缔约国单方认定。国际法院于 2013 年 2 月 6 日作出决定，认为新西兰的参与声明符合《规约》第 63 条规定情形，同意新西兰作为《捕鲸公约》缔约国参与本案。

澳大利亚和日本均未反对新西兰的参与。但是，日本提出若法院同意新西兰参与，则可能对本案争端当事方在程序上的平等权利产生严重影响。

---

⑯ *Whaling in the Antarctic (Australia v Japan: New Zealand intervening)*, Judgment, [2014] ICJ Rep 226.

日本所指的事项为，当澳大利亚起诉时，因国际法院法官席位中无澳大利亚国籍的法官，依据《规约》第 31 条第 2 款，澳大利亚行使了选派专案法官的权利。然而，在任的国际法院法官中有新西兰国籍的奇司法官（Judge Keith）。日本认为，新西兰与澳大利亚在本案中的立场以及双方对《捕鲸公约》的解释都趋于一致，新西兰若与澳大利亚一同起诉日本，则依据《规约》第 31 条第 5 款，应被视为"具有同样利害关系的当事国"，与澳大利亚属于一方当事国，两国都不能再选派专案法官。换言之，新西兰以参与方式介入本案，使澳大利亚获得了选派专案法官的机会。国际法院认为，新西兰的参与限于对《捕鲸公约》的解释提出意见，并未使新西兰成为本案当事方，因此本案中争端当事方的平等权利不会受到影响。日本籍的小和田法官通过声明表达了对新西兰参与请求可受理性的疑虑。⑰

（三）"出于科学研究目的"的解释

本案的核心争议在于 JARPA II 项目是否属于《捕鲸公约》第 8 条规定的"出于科学研究目的"的捕鲸行为，这本质上是一个条约解释问题。国际法院适用《维也纳条约法公约》中的解释规则来解释《捕鲸公约》第 8 条，提出应考虑该公约的目的和宗旨以及上下文（包括《附录》）予以解释。

国际法院首先指出，在解释《捕鲸公约》第 8 条时，既不能像日本所说的采取扩张解释，也不能像澳大利亚所说的采取限缩解释。法院认为，出于科学研究的目的而进行的捕鲸项目当然应促进科学知识的积累，但同时它们也可以具有养护和可持续开发鲸鱼资源以外的目的。另外，法院认为不需要解释何为"科学研究"——《捕鲸公约》本身未定义该术语，双方聘请的科学专家也对什么是"科学研究"提出了不同的理解。国际法院没有接受澳大利亚提出的将国际捕鲸委员会的决议纳入条约解释的解释方法。法院指出，许多决议都是在未获得日本同意的情况下通过的，因此这些决议不能被视为《维也纳条约法公约》第 31 条第 3 款所说的嗣后协议或嗣后实践。

国际法院将解释的重心放在"出于……目的"之上，并提出了解释标准：

---

⑰ Declaration of Judge Owada, *Whaling in the Antarctic (Australia v Japan)*, Order of 6 February 2013, [2013] ICJ Rep 3, at 11-13.

"项目的设计和实施与该项目所陈述的科学研究目标之间是否具有合理关联。"⑱ 法院指出,这一解释标准是客观的,完全立足于项目自身所陈述的目标、方法和实施过程,因此并不需要考察申请该项目的政府官员个人的主观意图。因此,即便政府官员自身拥有超越科学研究的主观目的,也不能据此就认定该项目本身并非《捕鲸公约》第 8 条所说的"出于科学研究的目的"。

在提出解释标准后,国际法院总结了 JARPA II 项目的研究目标和方法。JARPA II 陈述的研究目标包括 4 项:(1) 观测鲸鱼族群的数量变化和生物性指标;(2) 为不同鲸鱼族群之间的竞争模式和未来管理方法建模;(3) 比较鲸鱼族群的内部结构;(4) 在前三者的基础上提出南大洋小须鲸的管理模式。为此,JARPA II 计划每年捕杀 850 头小须鲸、50 头长须鲸和 50 头座头鲸。法院认为,JARPA II 项目所采取的捕杀鲸鱼样本的方法可以被概括性地视为科学研究。

随后,法院考察了下列与 JARPA II 项目的设计和实施有关的要素:(1) JARPA II 项目采取的致死性取样方式。法院认为,采用致死性取样方式本身并不一定不合理,但是,日本并未充分考虑非致死性取样方式的可行性。(2) 在致死性取样样本的规模上,法院比较了 JARPA 项目和 JARPA II 项目,指出 JARPA II 项目在设定取样规模时缺乏透明度。另外,JARPA II 项目运营的前 7 年中仅捕杀了 18 头长须鲸,从未捕杀座头鲸,但每年约捕杀 450 头小须鲸,而日本并未依据项目实施的具体情况来修正其设计方法,这反映了项目研究目标与项目实施过程之间不存在合理关联。(3) 法院还考察了项目运营的年限缺乏确定性、目前为止项目产出的研究成果相当有限等因素,最终认定,JARPA II 并非《捕鲸公约》第 8 条所说"出于科学研究的目的"的捕鲸活动,因此日本违反了《附录》规定的商业捕鲸禁令等义务。

值得注意的是,本案双方均聘请了科学专家提供科学意见并在庭审过程中接受对方律师和法官的质询。这一引入科学意见的方式相较于"纸浆厂案"更具透明度,被认为是"纸浆厂案"后法院审查科学技术证据方式的进步。⑲

---

⑱ *Whaling*, supra note 16 at 258, para. 88.
⑲ See Makane Moïse Mbengue, "Scientific Fact–Finding at the International Court of Justice: An Appraisal in the Aftermath of the Whaling Case" (2016) 29 Leiden Journal of International Law 529, at 539.

（四）评价

本案对《捕鲸公约》第 8 条的解释无疑有利于澄清《捕鲸公约》执行过程中面临的解释疑难，平衡国家捕鲸活动与养护鲸鱼族群之间的关系，促进《捕鲸公约》在适应时代需求的同时不断实现自身的演进。国际法院强调何为"出于科学研究目的"并不取决于一国单方面的评价也有助于避免国家自行解释条约的滥用。虽然本案未采纳国际捕鲸委员会决议作为条约解释依据受到一些批评，但整体上国际社会对"捕鲸案"判决予以了肯定。[20]

然而，"捕鲸案"留下一些模糊地带，对之后国际法的发展有所影响。虽然日本挑战国际法院对本案的管辖权，但并未质疑澳大利亚的诉权（standing），即澳大利亚是否可以作为本案的适格原告。传统上，国家向国际法院起诉往往是因为自身权利受到损害或影响，诉权依据为 2001 年国际法委员会通过的《国家责任条款草案》编纂的第 42 条。尽管 JARPA II 项目运营的海域部分地与澳大利亚主张权利的南大洋海域重叠，但在当前《南极条约》的体系下，澳大利亚是否拥有对该区域的权利本就是有疑问的。因此，澳大利亚是否受日本捕鲸活动侵害并不明确，澳大利亚的诉权依据也因此不甚明朗。这也是为何本案也被视为《国家责任条款草案》第 48 条非受害国以多边条约规定的"对全体缔约国的义务（obligations erga omnes partes）"为依据援引国家责任条款的适用。[21]"捕鲸案"中国际法院未触及这一问题，为后来冈比亚诉缅甸"《灭种公约》适用案"留下了解释空间。

本案的后续发展也引人深思。2015 年日本修改了接受国际法院强制管辖的声明，排除国际法院对所有"与海洋生物资源的研究、养护、管理或开发

---

[20] See Enzo Cannizzaro, "Proportionality and Margin of Appreciation in the Whaling Case: Reconciling Antithetical Doctrines" (2016) 27 European Journal of International Law 1061; See also Jeffrey J. Smith, "Evolving to Conservation: The International Court's Decision in the Australia/Japan Whaling Case" (2014) 45 Ocean Development and International Law 30; See also Michael Johnson, "Consequences of the ICJ Decision in the Whaling Case for Antarctica and the Antarctic Treaty System" (2015) 7 The Yearbook of Polar Law 168.

[21] Yoshifumi Tanaka, "Reflections on Locus Standi in Response to a Breach of Obligations Erga Omnes Partes: A Comparative Analysis of the Whaling in the Antarctic and South China Sea Cases" (2018) 17 The Law & Practice of International Courts and Tribunals 527.

有关的争端"的管辖。㉒ 2018 年，日本宣布退出国际捕鲸委员会，该退出声明于 2019 年 6 月正式生效。2019 年 7 月，日本便恢复了商业捕鲸活动。国际法的规制与国家自由之间的冲突在本案中体现得尤为明显，如何在国际法有限的规制空间内充分实现对国家"温柔的教化"㉓，是所有国际法参与者必修的功课。

㉒ Declarations recognizing the jurisdiction of the Court as compulsory, Japan, 6 October 2015, available at: https://www.icj-cij.org/en/declarations/jp,最后访问时间：2024 年 11 月 1 日。

㉓ George Kennan, *American Diplomacy* (University of Chicago Press, 2012), at 57.

第七章 边界争端

导 言

全球范围内存在大量待决的陆地和海洋边界争端。尽管大部分时候国家可以搁置争端,在不影响各自所持权利主张的情况下维持边界区域的平静和睦邻友好关系,但时有发生因边界摩擦导致的国家关系骤然紧张,严重时甚至出现边境武力冲突等。如何和平解决边界争端并实现国与国之间边境的终局性与安定性,是世界许多国家面临的挑战。仲裁和司法解决边界争端的历史由来已久,19 世纪末和 20 世纪初就出现了仲裁解决边界争端的例子,如 1903 年美国和加拿大设立的仲裁庭裁决了阿拉斯加边界争端。① 边界争端也是国际法院司法活动中最为常见的争端类型。陆地边界与海洋边界争端占据了国际法院案例总表中相当的份额,突出反映了司法解决在和平解决国家间陆地与海洋争端中的作用。

国际法院裁决的边界争端可以大致分为三种类型:(1)陆地领土归属争端;(2)确定陆地领土边界线的争端;(3)因边界相关的权利义务或制度安排产生的争端。按照国际法院在布基纳法索和马里"边界争端案"中的观点,第(1)类和第(2)类争端的区分并非泾渭分明的,有时采用何者来界定一个争端的性质主要取决于法院裁决争端的方式。② 本章收录的案例都属于上述三种类型之一。需要指出,由于划定海洋边界争端通常遵循国际法院司法判例中形成的海洋划界方法论,有其特有的法律逻辑,因此本章不包括海洋划

---

① Sir Hersch Lauterpacht, *The Function of Law in the International Community*, reprinted 2012 edition (Oxford University Press, 2012) at 157.

② *Frontier Dispute (Burkina Faso/Mali)*, Judgment, [1986] ICJ Rep 554, at 563, para. 17.

界争端。③ 然而，国家就已经划定的海洋边界产生的侵害海洋空间或权利的争端属于上述第（3）类争端，因而归入本章。

2010 年至 2024 年间国际法院裁决的边界争端具有几个突出特点：第一，有相当一部分争端起源于西方殖民者为殖民地划定边界的不确定性，且这种不确定性因殖民地独立为两个不同国家而催生了更为尖锐的问题，或者起源于去殖民化运动中产生的边界争端，这些边界争端通常持续了几十年甚至上百年的时间，最终诉诸国际法院解决。布基纳法索与尼日尔"边界争端案"、尼加拉瓜与哥斯达黎加相互提起的"尼加拉瓜在边界地区开展的某些活动案"和"哥斯达黎加沿圣胡安河修建公路案"以及玻利维亚诉智利"通向太平洋过境权的协商义务案"都反映了这一去殖民化运动的遗产。第二，部分争端源自对国际法院先前判决的争议，如柬埔寨诉泰国"对 1962 年 6 月 15 日'柏威夏寺案'判决的解释请求案"和尼加拉瓜诉哥伦比亚"侵害加勒比海主权权利与海洋空间案"。这些争端都以国际法院在先的裁判为基础，涉及一方主张他方违反了国际法院判决确定的权利界限造成权利侵害。第三，因边界共享资源的利用而产生的争端，如智利诉玻利维亚"关于锡拉拉河水域地位和使用问题的争端案"。本章对各个案例的述评将更为详细地呈现这些特点如何反映在具体的法律问题的解决之中。

一、边界争端案（布基纳法索/尼日尔）

（一）事实与程序背景

布基纳法索与尼日尔均为西非国家，两国曾为法国法属西非（French West Africa）殖民地的一部分。1927 年，法属西非临时总督通过命令（以下简称《1927 年命令》）确定了上浮尔特（Upper Volta）和尼日尔殖民地的行政边界，同年又通过一项更正文书（Erratum）纠正了《1927 年命令》中的部分内容。1958 年，上浮尔特与尼日尔殖民地成为上浮尔特与尼日尔共和国。1960 年，尼日尔与上浮尔特分别独立，上浮尔特于 1984 年更名为布基纳

---

③ 见第八章"海洋划界"。一些案件中，海洋划界争端的解决以陆地领土争端的解决为前提，因此国际法院同时裁决了领土争端和海洋划界争端的案例被归入第八章。

法索。

布基纳法索与尼日尔独立后，于1964年签署议定书，将《1927年命令》、更正文书和1960年法国国家地理研究院绘制的边界地图（以下简称"1960年地图"）作为确定两国陆地边界的基本文件。1987年3月28日，两国缔结的协议（以下简称《1987年协议》）第2条规定，两国边界应依据被更正文书修订的《1927年命令》勘定。如果《1927年命令》与更正文书均不足以完成勘界，两国边界将依据1960年地图或任何双方共同接受的相关文件予以确定。《1987年协议》还创设了勘界共同技术委员会。

依据《1927年命令》及更正文书，布基纳法索与尼日尔的边界自北向南包含几个重要的参照点，分别是：恩古尔马高地、天文标记点Tong-Tong、天文标记点Tao、西尔巴河及其右岸Bossébangou村、Botou弯起始点和梅尔克河。两国在勘界过程中已经就北段恩古尔马高地至天文标记点Tong-Tong和南段Botou弯起始点至梅尔克河的边界达成一致。

2009年两国签署协议（以下简称《2009年特别协议》），将双方的边界争端提交国际法院，请求法院确定天文标记点Tong-Tong和Botou弯起始点之间的边界的具体走向，并将两国就勘界共同技术委员会的勘界成果达成一致的意见记录在案。2010年5月12日，双方通过联合通知函将《2009年特别协议》转交法院，国际法院则于2013年4月16日对两国的边境争端案宣判。④

（二）国际法院能否将双方合意记录在案

布基纳法索请求国际法院将两国已经达成协议的边界北段和南段的地理坐标记录在案，使这两段边界在双方之间产生既判力。国际法院指出，当双方以特别协议的方式将争端提交给法院时，任何一方的诉求都不能超越特别协议所界定的管辖权范畴。布基纳法索要求法院将具体地理坐标记录在案的诉求与《2009年特别协议》请求法院将双方就南北两段边界达成协议一事记录在案有所出入，前者已经超越了后者所允许的范畴，因而只能被驳回。那么，国际法院能否将后者记录在案呢？国际法院援引"北喀麦隆案"中的

---

④ *Frontier Dispute (Burkina Faso/Niger)*, Judgment, [2013] ICJ Rep 44.

论断指出，当事方特别协议所约定的管辖权范畴不能超越法院作为一个司法机关的司法职能，这些司法职能由《规约》限定，对当事方和法院而言具有强制性，不因当事方的合意而改变。依据《规约》第38条第1款，国际法院的司法职能是"依据国际法裁决争端"。本案中，由于双方已经就南北两段边界走向达成协议，尽管双方就该协议是否生效存在一定争议，但法院认为，无论如何，双方之间已不再存在与南北两段边界有关的争端。因此，《2009年特别协议》中请求法院将存在协议一事记录在案与法院的司法职能不符，不予支持。

(三) 存在争议的边界的界定

国际法院需要裁决的争端是从天文标记点 Tong-Tong 到 Botou 弯起始点这一段边界的具体界限。国际法院首先阐明了本案的可适用法。

双方在《2009年特别协议》第6条中约定，国际法院应适用《规约》第38条第1款中提及的国际法规则与原则，以及"继承自殖民时期的边界不可动摇原则"和《1987年协议》。国际法院指出，双方在程序中均援引了保持占有原则（*uti possidetis juris*）以说明两国的边界是法国划定的殖民地行政界限。同时，2009年特别协议第6条规定了适用"继承自殖民时期的边界不可动摇原则"具体适用的方式，即要求法院适用《1987年协议》。依据《1987年协议》第2条，国际法院将首先解释和适用《1927年命令》与更正文书，若这两份文件都不足以充分确定边界走向或位置，法院则应诉诸1960地图划定的边界位置。从本质上说，这是一项条约解释工作，因为《1987年协议》已经确认两国边界由《1927年命令》和更正文书划定。

国际法院将存在争议的边界分为四个部分，逐一确定了每一部分边界的走向和准确位置。(1) 从天文标记点 Tong-Tong 至天文标记点 Tao 的界限，国际法院采纳了布基纳法索的主张，否定了尼日尔提出的两条直线连接的主张，认定这一段由一条直线划定。(2) 从天文标记点 Tao 至位于 Bossébangou 村的西尔巴河的界限，国际法院结合法国殖民时期颁布的相关命令的内容和目的，指出《1927年命令》及更正文书不足以清晰地指明这一段界限的准确走向，因此国际法院认定应采纳1960年地图划定的界限。(3) Bossébangou 村附近的界限，法院认为，应结合《1927年命令》的文本并考虑到西尔巴河两岸人民对水资源的需求，第二段界限应一直延续直至西尔巴河中间线上，并沿西尔巴河的走向朝西北方向回溯一定距离，最终依据 1960 年地图确定这一段界限的终点。(4) 从第三段的终点至 Botou 弯起始点的界限，国际法院认为依据《1927 年命令》应用一条直线将两者连接。

（四）评价

本案争端本质上是双方陆地边界协议的解释与适用问题。因此，国际法院并不适用裁决领土争端的规则以确定争议领土的归属，而是运用条约解释的方法确定争议边界的具体位置。判决执行条款的所有条款均由全票通过，反映了本案在国际法院的实践中是一个相对简单的案件。

尽管如此，本案仍有两方面内容具有更为普遍的意义。第一，国际法院以维护法院司法职能为由驳回了将双方协议记录在案的请求，这反映了"争端的存在是法院行使管辖权的首要条件"。⑤ 第二，国际法院并未详细阐释"保持占有原则"在本案中的可适用性，也没有讨论《1987 年协议》与"保持占有原则"的关系。优素福法官在个别意见中阐述了非洲统一组织（非盟前身）在 1964 年开罗决议中通过的"尊重非洲国家之间领土边界原则"与"保持占有原则"的区别，指出国际法院在实践中不严格区分诞生于美洲国家独立实践中的"保持占有原则"与非洲国家所倡导的尊重既有领土边界原则是有问题的。按照优素福法官的观点，本案中"保持占有原则"的适用是多余的，因为双方已经通过《1987 年协议》确认了两国边界的依据。⑥本努那法官则认为，如何处理殖民时代的历史遗留是整个非洲大陆面对的问题，"保持占有原则"并未在所有情形下都实现了国家间的和平，因为按照威斯特伐利亚模式划定的国家边界与非洲自身的文化遗产大相径庭。本努那法官提出了一个引人深思的问题：如何确保 21 世纪的国际司法机构不将那些殖民者用血腥暴力的方式划出的平滑整齐的边界所代表的不公正给正当化呢？⑦

---

⑤ *Nuclear Tests (New Zealand v France)*, Judgment, [1974] ICJ Rep 457, at 476, para. 58.
⑥ Separate Opinion of Judge Yusuf, *Frontier dispute Case*, supra note 4 at 143–144.
⑦ Declaration of Judge Bennouna, *ibid* at 95.

二、对1962年6月15日"柏威夏寺案"判决的解释请求案（柬埔寨诉泰国）

（一）事实与程序背景

柏威夏寺（Temple of Preah Vihear），旧称隆端寺，位于泰国和柬埔寨界山扁担山脉（Dangrek）东侧的柏威夏山角（Promontory of Preah Vihear）悬崖之上。1904年，法国（柬埔寨当时的保护国，主持柬埔寨所属的"印度支那"一切外交事务）与暹罗（泰国当时的称呼）签署条约，确定了两国边界线沿扁担山分水岭划定，并设立法暹混合委员会勘定确切的边界。勘界最后阶段绘制地图的任务交给了一批法国官员，他们1907年绘制的一批地图中的一份地图后来被柬埔寨在1962年程序中作为一号附图提交，该地图将柏威夏寺划在柬埔寨一方。该地图出版后广泛分发，也作为划界成果呈送给暹罗政府，而暹罗政府未对该地图提出异议。1953年柬埔寨独立，泰国于1954年占领了柏威夏寺。1959年，柬埔寨向国际法院起诉，国际法院于1962年作出了著名的"柏威夏寺案"判决（以下简称"1962年判决"）。⑧ 判决包含三个执行条款：（1）柏威夏寺所在地为柬埔寨领土；（2）泰国有义务撤出驻扎在柏威夏寺和柏威夏寺附近柬埔寨领土上的一切部队、警察、守卫和管理人员；（3）泰国有义务将1954年来占领柏威夏寺之日起从柏威夏寺和柏威夏寺所在区域搬走的物品归还给柬埔寨。

1962年判决作出后，泰国撤出了驻扎在柏威夏寺的部队，并依据本国行政院通过的决议划定的界限（以下简称"泰国行政院界限"），在柏威夏寺周围竖起了铁丝网，将寺庙与柏威夏山角的其他区域分隔开来，并将该界限视为1962年判决要求泰国撤军的界限。之后，两国于1997年设立了柬埔寨-泰国陆地边界勘界共同委员会以勘定双方陆地边界。2007年，柬埔寨向联合国教科文组织申请将柏威夏寺列入《世界遗产名录》，为此提交的地图上绘制了柬埔寨所认可的柬埔寨-泰国陆地边界，泰国对此提出异议，称双方的陆地

---

⑧ *Case concerning the Temple of Preah Vihear (Cambodia v Thailand) (Merits),* Judgment, [1962] ICJ Rep 6.

边界为1962年泰国行政院界限。2008年柏威夏寺被列入《世界遗产名录》后，双方在寺庙附近的边界区域数次交火。2011年4月28日，柬埔寨向国际法院提出解释1962年判决的请求，并申请法院指示临时措施。2011年7月18日，国际法院临时措施命令指示双方将各自的部队撤出法院确定的临时去军事化区（provisional demilitarized zone）。⑨ 2013年11月11日，国际法院作出"柏威夏寺案判决解释请求"判决。

（二）解释请求的管辖权及争议事项的界定

解释请求的管辖权依据是《规约》第60条和《法院规则》第98条。⑩ 国际法院首先总结了法院实践中确立的解释请求管辖权的几项基本原则：（1）《规约》第60条规定的解释管辖权独立于当事方之间原先提交争端的管辖权来源，即无论原先争议的管辖权来源是否仍然有效，并不影响法院对解释请求管辖权的判断。（2）确立解释请求管辖权的根据是当事方"对法院判决的含义或范围存在争端"。此处所谓"争端"与法院诉讼程序中界定争端的标准不同，专指与判决执行条款有关的争端，而不包括判决说理的争端——除非说理内容与执行条款不可分割，或说理构成法院裁决的必要条件。（3）当事方对于判决是否裁决了某一事项的争议也可纳入解释程序的范畴。

国际法院适用这些原则判断柬埔寨和泰国是否就1962年判决的含义和范围产生了争议，以及这些争议的主旨事项（subject-matter）。国际法院考察了泰国1962年行政院决议、1962年柬埔寨外交部质疑泰国竖立铁丝网的备忘录、双方在2007年至2008年之间围绕柏威夏寺申请世界遗产的外交照会，以及双方2008年边界武装冲突后向联合国大会及安理会提交的信函，认定双方对1962年判决的含义与范围存在争议。具体而言，这一争议包括三个事项：（1）1962年判决是否裁决了一号附图上绘制的界限为双方在柏威夏寺所

---

⑨ Request for Interpretation of the Judgment of 15 June 1962 in the Case concerning the Temple of Preah Vihear (Cambodia v Thailand) (Cambodia v Thailand), Provisional Measures, Order of 18 July 2011, [2011] ICJ Rep 537, para. 69.

⑩ 《规约》第60条规定："法院之判决系属确定,不得上诉。判词之意义或范围发生争端时,经任何当事国之请求后,法院应予解释。"《法院规则》第98条第1款规定："对判决的意义或范围发生争端时,任何当事国均得请求解释,而不论原来的诉讼是由请求书的提出开始,还是由特别协定的通知开始的。"

在地的领土边界;(2)双方对于 1962 年判决执行条款第二段所言的"柏威夏寺附近(vicinity)柬埔寨领土"的含义存在争议,即"附近区域"的确切地理范围;(3)1962 年判决执行条款第二段要求的泰国撤军义务的性质,即该义务是否因泰国 1962 年撤军而履行完毕,还是如柬埔寨所言是一项持续性的义务。

(三)国际法院对 1962 年判决的解释

国际法院首先阐明了解释判决所适用的解释原则。第一,判决解释与条约解释存在根本不同,因此并不适用《维也纳条约法公约》中确立的条约解释方法。法院强调:"解释程序以既判力原则为主导,澄清判决裁决事项的含义与范围,而不是让国际法院对未裁决的事项给出答案。"⑪ 第二,在解释判决执行条款含义和范围时,法院会借助判决说理从而明确执行条款的具体内涵。第三,当事方在判决作出后可能依自己的理解执行了判决并因此产生了争议,国际法院的任务在于廓清判决的含义,而非认定当事方的主观理解,因此当事方嗣后的行为并不影响法院对判决含义和范围的判断。

国际法院继而总结了 1962 年判决的三个突出特征。第一,1962 年判决处理的是柏威夏寺所在区域的领土主权争端,而非划定柬埔寨和泰国之间的陆地边界。实际上,判决执行条款中也没有提及一号附图或者双方的陆地边界。第二,一号附图在法院的说理中占据了中心地位,因为一号附图的效力是国际法院认定柏威夏寺位于柬埔寨一方最重要的依据之一。第三,1962 年判决处理的争议领土仅限于柏威夏寺区域,且根据柬埔寨律师在庭审程序中的发言,判决所理解的争议领土面积十分有限,因此尽管一号附图绘制的边界长度超过 100 千米,法院仅考虑了该界限在争议领土内的效力。

国际法院接着重点解释了 1962 年判决执行条款第二段中的"附近区域"。双方对此提出了不同的意见:泰国以 1962 年行政院决议划定的界限为基础,提出附近区域仅为 0.25 平方千米;柬埔寨则认为附近区域包括一号附图确定的边界与泰国在 1962 年程序中提出的分水岭之间的区域,包括柏威夏山角以

---

⑪ *Request for Interpretation of the Judgment of 15 June 1962 in the Case concerning the Temple of Preah Vihear (Cambodia v Thailand) (Cambodia v Thailand)*, Judgment,[2013]ICJ Rep 281, para. 55.

及特腊塔山（hill of Phnom Trap），面积约为4.6平方千米。

国际法院则认为，1962年判决执行条款第二段裁决泰国负有撤军义务，意味着附近区域的具体范围必须结合当时泰国部队和警察驻扎的范围予以确定。1962年程序中，与泰国部队和警察驻扎地点有关的证据是阿科尔曼教授（Professor Ackermann）的证言。阿科尔曼教授在1961年7月间对柏威夏寺实地考察发现，柏威夏山角附近的泰国人员包括驻扎在寺庙东北边的警察营地的人员，以及居住在警察营地西面的寺庙守卫。而警察营地位于泰国1962年行政院划定的界限以北，也就是位于泰国所理解的"附近区域"之外。国际法院认为，既然判决要求泰国撤走其驻扎的部队和警察，这一执行条款必然适用于阿科尔曼教授证言中提及的警察营地。这表明泰国1962年行政院决议并不符合1962年判决。

国际法院还指出，柏威夏寺所处的地理环境是一个东面、南面和西南面都是悬崖的山角，抵达寺庙需要从西面和西北面的山谷上山。一号附图中的界限则确定了柏威夏山角北部的界限。法院认为这个山角与周围的地理环境极易区分，因此柏威夏寺的"附近区域"应该包括整个柏威夏山角。国际法院否认了柬埔寨提出的"附近区域"解读，因为特腊塔山与柏威夏山角是一号附图分别标注的两个独立的地物，而且，也没有证据表明1962年泰国在特腊塔山上部署了部队，判决中也未裁决两国边界分水岭的确切位置，因此，1962年判决并未裁决特腊塔山的主权归属。综合考虑执行条款三个段落的关系，法院认为第二段中的"附近区域"、第三段中的"柏威夏寺所在区域"和第一段中"柏威夏寺所在地"所指的地理区域范围是一致的，即柏威夏山角的所有区域：北至一号附图绘制的边界线，东面、南面和西南面是悬崖，西面则沿山谷至特腊塔山山脚为止。

在描述了柏威夏寺"附近区域"后，国际法院认为已无必要进一步考察1962年判决是否就两国的陆地边界作出有拘束力的裁决。同样，也没有必要再考察泰国所负有的撤军义务的性质。法院强调，泰国在解释程序中正式表态，接受其负有尊重柬埔寨领土完整的一般性和持续性的义务。这一义务的来源是《宪章》中的基本原则。国际法院最后指出，两国应依据《世界遗产公约》第6条彼此合作，促进对世界遗产的保护，尤应确保从柬埔寨到柏威夏寺的路径持续畅通。

国际法院以全票通过，1962 年判决确定属于柬埔寨领土的范围包括柏威夏山角的全部区域，泰国有义务撤出部署在这些区域的部队、警察、守卫或看守。

（四）评价

1962 年"柏威夏寺案"是国际法院历史上经典的案例，判决对禁止反言原则的适用以及关于地图在陆地领土争端中效力的论断具有权威性，被学界反复讨论，也被国家频繁援引。本案适用国际法院实践中业已确立的解释判决相关的原则，严格从 1962 年判决的文本和程序中采纳的证据出发，解释结果既澄清了执行条款的模糊之处，也未超越既判力原则的限制。值得一提的是，本案判决并未回应双方提出的更具有一般性的诉求，如柬埔寨请求法院宣告 1962 年判决是否确认了一号附图绘制的边界构成双方陆地边界的效力。这获得了全体法官一致认可。小和田法官、本努那法官和盖亚法官还认为，1962 年判决明确拒绝判定一号附图的整体效力，而仅讨论一号附图涉争议领土的界限的效力。三位法官进一步指出，应严格区分判决的执行条款和法院的说理，不能因说理构成执行条款的必要条件就将说理的内容视为具有拘束力。⑫

三、尼加拉瓜在边界地区开展的某些活动案（哥斯达黎加诉尼加拉瓜）和哥斯达黎加沿圣胡安河修建公路案（尼加拉瓜诉哥斯达黎加）

（一）事实与程序背景

尼加拉瓜与哥斯达黎加为中美洲国家，尼加拉瓜位于哥斯达黎加北侧，两国东侧邻接加勒比海，西侧毗邻太平洋。1858 年，两国签署《边界条约》（以下简称《1858 年条约》），自西向东划定了两国自太平洋一侧至加勒比海一侧的陆地边界。其中，第 2 条规定两国靠近加勒比海的部分陆地边界以圣胡安河为界，这一段陆地边界从尼加拉瓜小镇维耶荷堡（Castillo Viejo）以南

---

⑫ Joint Declaration of Judges Owada, Bennouna and Gaja, *ibid* at 321.

3 英里处的圣胡安河河岸（哥斯达黎加一侧）起，沿河右岸直至圣胡安河汇入加勒比海河口所在之处。尼加拉瓜对圣胡安河享有主权，哥斯达黎加则在圣胡安河上享有以商业为目的的通行权。

《1858 年条约》签署后，尼加拉瓜多次质疑该条约的效力。1886 年，两国协议将有关《1858 年条约》的争议提交给美国总统格罗弗·克利夫兰仲裁，1888 年克利夫兰裁决《1858 年条约》有效。1896 年，尼加拉瓜与哥斯达黎加协议设立了两个勘界委员会，并同意由美国总统选派一位工程师对勘界过程中可能产生的任何争议作出有终局效力的裁决。该工程师由美国将军爱德华·波特·亚历山大担任。在 1897 年及之后的勘界过程中，亚历山大共作出 5 项裁决。

在圣胡安河流经的科罗拉多河三角洲，圣胡安河分为两个支流：作为界河的圣胡安河下游位于北部；科罗拉多河位于南部，全部流经哥斯达黎加境内。两条支流之间的区域被称为卡里洛岛，在卡里洛岛北侧大约 17 平方公里的区域，哥斯达黎加称之为波蒂略岛（尼加拉瓜称之为港头）。卡里洛岛是哥斯达黎加依据《关于特别是作为水禽栖息地的国际重要湿地公约》（以下简称《湿地公约》）列为国际重要湿地的东北加勒比海湿地的一部分。紧邻着卡里洛岛、位于尼加拉瓜领土内的圣胡安河及尼加拉瓜河岸大约 2 千米的地带也被尼加拉瓜申请列入了《湿地公约》保存的《国际重要湿地名录》。

围绕《1858 年条约》确立的陆地边界及圣胡安河上的航行制度，尼加拉瓜与哥斯达黎加产生了诸多争议，两国都向国际法院提交了诉讼申请，按照起诉的时间顺序，这些案件包括：（1）2005 年哥斯达黎加提出申请，2009 年国际法院宣判的"航行及相关权利案"，该案澄清了哥斯达黎加在圣胡安河上享有的航行权范围；[13]（2）2010 年，由于尼加拉瓜在波蒂略岛上从事河流疏浚工程，两国产生了争议。哥斯达黎加将该争端提交至国际法院。此外，针对哥斯达黎加 2010 年 12 月开始的沿圣胡安河修建公路的行为，尼加拉瓜于 2011 年 12 月 22 日向国际法院起诉哥斯达黎加。国际法院通过两项命令，将"尼加拉瓜在边界地区开展的某些活动案"与"哥斯达黎加沿圣胡安河修建公

---

[13] *Dispute regarding Navigational and Related Rights (Costa Rica v Nicaragua)*, Judgment, [2009] ICJ Rep 213, para. 156.

路案"合并审理(以下简称"某些活动与修建公路案");⑭ (3) 2014 年,哥斯达黎加要求国际法院划定两国在加勒比海及太平洋的海洋边界,2017 年,哥斯达黎加又向法院提出申请,要求法院裁判波蒂略岛上尼加拉瓜所属潟湖与哥斯达黎加领土之间的准确边界,国际法院将"加勒比海与太平洋海洋划界案"和"波蒂略岛北部陆地边界案"合并,并于 2018 年 2 月 2 日作出判决。⑮这些案件的管辖权来源均为《波哥大公约》,且双方对管辖权未提出任何异议。

在"某些活动与修建公路案"中,哥斯达黎加要求国际法院裁判尼加拉瓜在波蒂略岛从事疏浚工程、修建三条水道并派驻军事存在的行为侵害了哥斯达黎加的主权和领土完整、违反了《宪章》第 2 条第 4 款禁止使用武力的规定。双方都主张对方的建设工程违反了国际条约和习惯国际法所规定的环境保护义务。哥斯达黎加在提出申请时也同时提出了临时措施请求,国际法院在 2011 年 3 月 8 日作出的临时措施命令中要求双方都不得向争议领土增派人员。⑯ 之后,尼加拉瓜请求国际法院依据情势修改 2011 年 3 月 8 日临时措施命令,未获得国际法院支持。⑰ 哥斯达黎加也请求国际法院修改 2011 年 3 月 8 日临时措施命令,国际法院重申原命令的要求,并指示尼加拉瓜不得在争议领土内进行疏浚和其他工程,并在两周内填平其在争议领土内疏浚的东部运河。⑱而在尼加拉瓜提起的申请中,尼加拉瓜也请求国际法院指示临时措施,要求哥斯达黎加就其修建公路的行为立即提供环境影响评估等必要信息

---

⑭ *Certain Activities Carried Out by Nicaragua in the Border Area (Costa Rica v Nicaragua)*, Joinder of Proceedings, Order of 17 April 2013,[2013] ICJ Rep 166.

⑮ 见第八章"加勒比海与太平洋海洋划界案(哥斯达黎加诉尼加拉瓜)和波蒂略岛北部陆地边界案(哥斯达黎加诉尼加拉瓜)"评述。

⑯ *Certain Activities Carried Out by Nicaragua in the Border Area (Costa Rica v Nicaragua)*, Provisional Measures, Order of 8 March 2011,[2011] ICJ Rep 6, at 27, para. 86.

⑰ *Certain Activities Carried Out by Nicaragua in the Border Area (Costa Rica v Nicaragua); Construction of a Road in Costa Rica along the San Juan River (Nicaragua v Costa Rica)*, Provisional Measures, Order of 16 July 2013,[2013] ICJ Rep 230, at 240, para. 40.

⑱ *Certain Activities Carried Out by Nicaragua in the Border Area (Costa Rica v Nicaragua); Construction of a Road in Costa Rica along the San Juan River (Nicaragua v Costa Rica)*, Provisional Measures, Order of 22 November 2013,[2013] ICJ Rep 354, at 369, para. 59.

并采取措施消除环境影响，未获国际法院支持。⑲ 国际法院于 2015 年 12 月 16 日作出"某些活动与修建公路案"判决。⑳

（二）争议领土的主权归属

哥斯达黎加主张，尼加拉瓜于 2010 年开始在哥斯达黎加的领土上挖掘出了三条人工运河，而尼加拉瓜则辩称这些疏浚工程是在本国领土上清理已有的自然水道。因此，双方争议的实质是究竟哪方对疏浚工程所在的领土享有主权。国际法院将争议领土的范围界定为波蒂略岛北部，即（尼加拉瓜于 2010 年疏浚的）争议运河右岸、圣胡安河右岸直到加勒比海河口一段与波蒂略岛潟湖之间大约 3 平方公里的湿地区域。回答这一问题的关键则是阐明《1858 年条约》确立的领土边界范围。这本质上是条约解释工作。

《1858 年条约》、"1888 年克利夫兰仲裁"和第一份亚历山大裁决均将尼加拉瓜和哥斯达黎加陆地边界起始点定于圣胡安河河口右岸的喀斯特里亚尖端（Punta de Castilla）。亚历山大裁决注意到 1858 年来圣胡安河河口的地貌变化，曾经的喀斯特里亚尖端终点已被加勒比海所吞噬，难以定位。考虑到未来圣胡安河下游支流及河口可能的变化，亚历山大裁决将两国边界线描述为"在通常情况下可供一般船舶航行的河道右岸"。国际法院认为，上述文本必须结合《1858 年条约》赋予哥斯达黎加在圣胡安河上永久通行权的上下文予以解释。亚历山大在勘界时指出圣胡安河的水位在平均状态下是商业水道，因此，法院认为《1858 年条约》第 2 条和第 6 条将圣胡安河作为界河是基于该河流可用于商业通行的假设。因此法院认定哥斯达黎加的航行权与其对圣胡安河右岸直至河口的主权是紧密联系的。

国际法院还进一步讨论了双方争议的尼加拉瓜疏浚的水道是被亚历山大裁决所记载的界河的一部分，还是如哥斯达黎加所言的尼加拉瓜开凿的人工

---

⑲ *Construction of a Road in Costa Rica along the San Juan River (Nicaragua v Costa Rica); Certain Activities Carried Out by Nicaragua in the Border Area (Costa Rica v Nicaragua)*, Provisional Measures, Order of 13 December 2013, [2013] ICJ Rep 398, at 408, para. 39.

⑳ *Certain Activities Carried Out by Nicaragua in the Border Area (Costa Rica v Nicaragua) and Construction of a Road in Costa Rica along the San Juan River (Nicaragua v Costa Rica)*, Judgment, [2015] ICJ Rep 665.

运河。这一问题的核心在于尼加拉瓜提供的证据是否达到了证明标准。国际法院总结了双方提交的数项证据之后指出,尼加拉瓜不能证明其疏浚的水道曾为可供航行的河道。而且,国际法院指出,如果接受尼加拉瓜的主张,会剥夺哥斯达黎加对圣胡安河右岸的主权,而这是与《1858年条约》和"1888年克利夫兰裁决"的文本相违背的。因此,国际法院裁决争议领土属于哥斯达黎加。

鉴于此,国际法院进一步认定,尼加拉瓜在2010年以来疏浚水道、建立军事存在的行为侵害了哥斯达黎加的主权,尼加拉瓜应为此承担国家责任,并对其不法行为造成的损失进行赔偿。然而,国际法院认为没有必要继续认定尼加拉瓜的不法行为是否违反《宪章》第2条第4款和《美洲国家组织宪章》第21条。

(三)尼加拉瓜的行为是否违反国际法

哥斯达黎加认为尼加拉瓜违反了三项国际法义务:国际环境法规则、国际法院指示的临时措施以及哥斯达黎加在圣胡安河上的航行权。

国际法院将相关的国际环境法规则分为程序义务(环境影响评估义务、通知和协商义务)以及实质义务(预防跨境损害的义务)。国际法院重点阐述了环境影响评估义务在国际法上的性质、内容和执行。首先,当一国意图从事的工程或活动可能导致严重的跨境损害风险时,进行环境影响评估是习惯国际法的要求;其次,环境影响评估的具体内容应根据具体情况确定,并且各国可通过国内法制定细则;最后,如果环境影响评估证实一国的计划确有造成严重跨境损害的风险时,该国应履行尽职义务将该事项通知到他国,并与他国善意协商,从而确定采取何种防止或减少损害风险的措施。本案中,由于没有证据证明尼加拉瓜的疏浚行为存在造成严重跨境损害的风险,因此国际法院认定尼加拉瓜并无进行环境影响评估的义务。至于哥斯达黎加所援引的《湿地公约》项下的通知与协商条款,国际法院认为均不适用于本案。在判断实质义务时,国际法院重申哥斯达黎加没有提供充分证据证明疏浚工程导致的泥沙堆积影响了圣胡安河右岸或者属于哥斯达黎加支流的科罗拉多河的水流量,因此法院裁定尼加拉瓜并未违反实质环境保护义务。

国际法院在2011年3月8日的临时措施命令中要求双方都不能向争议

领土派驻人员,并避免激化矛盾,但在此之后尼加拉瓜在争议领土上继续挖掘了两条水道,因此法院认定尼加拉瓜违反了临时措施命令。随后,法院也认定,尼加拉瓜在 2013 年、2014 年两次干预哥斯达黎加国民在圣胡安河上的通行,违反了《1858 年条约》赋予哥斯达黎加的航行权。

在认定上述违法行为后,对哥斯达黎加因尼加拉瓜疏浚工程造成的物质损害,法院要求双方应以协商方式确定赔偿数额。若本判决作出之日起 12 个月内双方不能达成协议,任何一方可向法院启动赔偿程序。2017 年 1 月 16 日,哥斯达黎加代理人致信国际法院,表示双方未能就赔偿问题达成协议,请求国际法院确定赔偿数额。国际法院于 2018 年 2 月 2 日作出赔偿判决,确定了尼加拉瓜应向哥斯达黎加赔偿的数额、利息及支付期限。㉑

(四)哥斯达黎加修建公路是否违反国际环境法

尼加拉瓜认为哥斯达黎加修建公路的行为违反了国际环境法中的程序义务和实质义务。在程序义务方面,法院指出,进行初步的风险评估(preliminary assessment)是评判一国意图从事的工程是否可能导致严重的跨境损害风险的可行方案之一。但是,本案中哥斯达黎加并未提交初步风险评估的证据。同时,哥斯达黎加修建道路工程量大(公路总长 160 千米、沿圣胡安河的部分长达 108.2 千米),工程离圣胡安河距离十分接近,容易影响河流,且该公路将会穿越哥斯达黎加境内重要湿地,并邻接尼加拉瓜境内的重要湿地——这意味着修建公路的生态环境本就十分脆弱。基于这些考虑,法院认为哥斯达黎加修建公路存在跨境损害的风险,因此,哥斯达黎加应该进行环境影响评估。

哥斯达黎加抗辩称其国内的紧急状态豁免了环境影响评估义务。国际法院并未在法律上认定一国进入紧急状态是否豁免该国的环境影响评估义务,而是从事实判断出发,指出哥斯达黎加未能证明紧急状态的存在。而且,哥斯达黎加是在开始修建公路之后才颁布的紧急状态法令。尽管哥斯达黎加在 2012 年、2013 年和 2015 年研究了修建公路的环境影响,但这些事后的调查

㉑ *Certain Activities carried out by Nicaragua in the Border Area (Costa Rica v Nicaragua)*, Compensation, Judgment,[2018]ICJ Rep 15, para. 157.

研究并未评估已经被修建的公路可能造成的环境风险。因此，国际法院认定哥斯达黎加并未履行习惯国际法要求的环境影响评估义务。

在实质义务方面，双方提交了大量的支持各自立场的环境影响事实和科学证据，国际法院整体性地考察了这些材料，共得出三项结论：（1）尼加拉瓜未能证明修建公路导致的沉积物显著增加会直接导致严重的跨境损害；（2）尼加拉瓜也未能证明修建公路的沉积物会对圣胡安河的形态和可供航行的能力造成不利影响，或给尼加拉瓜带来沉重的疏浚圣胡安河的负担；（3）尼加拉瓜未能证明修建公路会对圣胡安河的生态系统和水质造成不利影响。因此，哥斯达黎加并未违反预防跨境损害的实质义务。

最终，国际法院认定哥斯达黎加沿圣胡安河修建公路的行为未能履行环境影响评估义务。

（五）评价

在领土主权争议问题上，本案对《1858年条约》、"1888年克利夫兰裁决"和1897年亚历山大裁决的解释延续了国际法院在处理领土主权争议时的思路：当事国之间存在有效的主权权源时，该权源对判断领土主权归属而言具有决定性。尽管如此，本案反映了地貌变化给识别国家间领土边界准确位置和范围带来的挑战。值得注意的是，尽管国际法院裁决争议领土属于哥斯达黎加的决定以14∶2的绝对高票通过，提出反对意见的格沃尔吉安法官指出，国际法院在认定哥斯达黎加对争议领土享有主权时并未明确两国准确的领土边界，这可能为双方未来产生争议埋下伏笔。[22] 事实证明，格沃尔吉安法官的忧虑是正确的。[23]

在主权争议之外，"某些活动和修建公路案"判决的主要内容是国际环境法中程序义务和实质义务的解释和适用。国际法院大量援引"纸浆厂案"中的论断来阐述国际法上的环境影响评估义务，这无疑进一步加强了相关论断的权威性。部分法官也在个别意见中深入阐述了对尽职义务和环境影响评估义务的理解，如多诺霍法官认为本案判决有可能不当限缩环境影响评估义务

---

[22] Declaration of Judge Gevorgian, *Certain Activities and Construction of a Road Case*, supra note 20 at 832.
[23] 见第八章"加勒比海与太平洋海洋划界案（哥斯达黎加诉尼加拉瓜）和波蒂略岛北部陆地边界案（哥斯达黎加诉尼加拉瓜）"评述。

及相应的通知和协商义务的适用范围;[24] 班达礼法官（Judge Bhandari）则指出国际法对环境影响评估义务的具体内容欠缺详细规定，因此他详细论述了应如何细化相应的国际法标准。[25] 在审查尼加拉瓜与哥斯达黎加的行为是否导致严重的跨境损害时，国际法院也如"纸浆厂案"一样面临双方提交的专家报告相互矛盾的问题，这再度凸显了科学证据的评估对国际法院履行司法职能的挑战。

四、通向太平洋过境权的协商义务案（玻利维亚诉智利）

（一）事实与程序背景

玻利维亚与智利分别于1818年和1825年从西班牙独立，当时玻利维亚尚拥有绵延几百公里的海岸线。1879年，智利向秘鲁和玻利维亚宣战，并占领了玻利维亚的沿海省份。1884年，玻利维亚和智利签署停战协议，并同意智利继续控制其占领的沿海省份。1904年，两国签署《和平与友好条约》（以下简称《1904年条约》），玻利维亚承认智利对其沿海省份的主权。作为交换，智利同意帮助玻利维亚修建一条由智利阿里卡直达玻利维亚拉巴斯的铁路，并给予玻利维亚使用安托法加斯塔港口和阿里卡港口的商业通行权（commercial transit）。玻利维亚因此成为内陆国，但其从未放弃向智利声索通行权，即出入太平洋的主权通道（sovereign access）。双方从1920年代起，多次就玻利维亚出入太平洋的通行问题展开谈判，谈判也数次破裂，双方甚至因此于1962年断绝外交关系。通行权问题成为影响两国外交关系的重大议题。

2013年4月24日，玻利维亚依据《波哥大公约》在国际法院提起诉讼，主张智利负有同玻利维亚善意、有效谈判的义务，以使双方缔结协议，给予玻利维亚出入太平洋的主权通道。智利对国际法院的管辖权提出了异议，国际法院于2015年9月24日判决驳回了智利的初步反对意见。[26] 2018年10月

---

[24] Separate Opinion of Judge Donoghue, *Certain Activities and Construction of a Road Case*, *supra* note 20 at 788-789.

[25] Separate Opinion of Judge Bhandari, *ibid* at 800-801.

[26] *Obligation to Negotiate Access to the Pacific Ocean (Bolivia v Chile)*, Preliminary Objection, [2015] ICJ Rep 592.

1日，国际法院就实体问题作出判决，宣告智利并不负有同玻利维亚谈判出入太平洋通道的义务。[27] 本案管辖权阶段的争议焦点在于玻利维亚起诉的主旨事项是否被《波哥大公约》所排除，而实体阶段的争议焦点则是玻利维亚主张的谈判义务的国际法依据。

（二）属事管辖权争议

依照《波哥大公约》第6条，已经被缔约国解决的事项，或者被国际性法院和司法机构裁决的事项，或者在缔结该公约时已经被缔约方有效的协议或条约所管辖的事项，不得提交国际法院。智利认为玻利维亚的诉求实质上是主权和领土问题，因为玻利维亚所主张的谈判义务已经预设了智利必须给予其出入太平洋的领土通道，而主权和领土问题已被两国《1904年条约》所解决，因而本案争端不属于国际法院的管辖范围。

国际法院援引其司法实践中确立的界定争端的标准——识别争端的真正问题并明确诉求的目的——来判断属事管辖权。国际法院重点考察了申请方的申请书、双方在书面和庭审程序中的陈述，指出：（1）申请方并没有将《1904年条约》作为权利或义务的依据，也没有请求法院评判该条约的地位，申请书中所界定的争端是智利是否负有就出入太平洋的主权通道与玻利维亚谈判的义务，以及该义务是否被违反；（2）申请方并未请求法院裁判玻利维亚有权享有主权通道。在确认了本案争端的主旨事项后，法院进一步考察该争端是否被《波哥大公约》第6条所排除。国际法院认为，《1904年条约》并未明示或暗示智利是否负有谈判义务，因此本案争端不属于"已经被缔约国解决的事项""被国际性法院和司法机构裁决的事项"或者"在缔结该公约时已经被缔约方有效的协议或条约所管辖的事项"。因此，法院驳回了智利的初步反对意见，确立了对本案的管辖权。

（三）谈判义务的性质

在2018年的实体判决中，国际法院的任务在于判断智利是否负有就出入

---

[27] *Obligation to Negotiate Access to the Pacific Ocean (Bolivia v Chile)*, Judgment, [2018] ICJ Rep 507.

太平洋的主权通道与玻利维亚谈判的义务。在考察这一义务的国际法依据之前，国际法院首先一般性地阐释了国际法上谈判义务的性质以及善意谈判的内涵：（1）国家享有是否进行谈判、终止谈判的自由，但当国际法要求国家进行谈判时，即当存在具有拘束力的国际法上的谈判义务时，国家应当进行谈判且应善意展开谈判；（2）根据"北海大陆架案"，所谓"善意谈判"是指"国家有义务展开有意义的谈判，当一方固执于己方立场、不作任何改变时，这样的谈判难以被视为'有意义的'"；㉘（3）谈判义务并不意味着国家有义务达成协议。换言之，谈判义务是一种行为义务（obligation of conduct），谈判未能实现任何结果或者谈判破裂并不必然意味着国家未能履行谈判义务。但是，在特定情形下也存在追求特定结果的谈判义务，如《不扩散核武器条约》第 6 条就对谈判所应达成的结果作出了明确规定。

本案中，玻利维亚主张智利所负有的谈判义务是与玻利维亚谈判从而就玻利维亚的主权通道达成一致的义务，因而在性质上属于追求特定结果的谈判义务。但是，法院强调，即使这一义务存在，也不意味着该义务包含了达成协议的承诺。

（四）智利是否负有谈判义务

玻利维亚为证明智利负有上述谈判义务提出了一系列国际法依据，涉及双边协议、单方宣言、国际组织的决议等。国际法院指出："识别谈判义务的方法与识别任何其他国际法上的义务是一致的。虽然谈判是国家在双边和多边关系中惯常的实践，但谈判涉及某项议题并不足以证明国家围绕该议题存在谈判的义务。为证明基于协议而存在的谈判义务，必须证明国家谈判所采用的术语、所涉的主题以及谈判的条件切实表明了国家具有创设法律拘束力的意图。"㉙ 基于这一法律标准，国际法院分门别类地考察了玻利维亚提出的各项依据，从而判断它们是否为智利创设了具有法律拘束力的谈判义务：

（1）双边协议（bilateral agreements）。玻利维亚提交了 1920 年代至 2000 年代双方外交往来中的多项双边文件和口头的意见交换，国际法院将其统称

㉘ *Ibid* at 538, para. 85.
㉙ *Ibid* at 539, para. 91.

为"双边协议",但这并不意味着这些文件或意见交换构成创设国际法权利义务的条约或协议。在双边协议这一条目下,国际法院逐一甄别了有关材料的性质和内容,考察了两国 1920 年代的外交会议记录(minutes)、1950 年的换文(exchange of notes)、1986 年各自发表的公报(*communiqué*)、2000 年的阿尔加维宣言(declaration)以及 2006 年的"13 点议程(agenda)",并根据这些文件的术语、内容、是否体现了双方的合意等要素判断它们是否具有创设有拘束力的法律义务的效力。根本上,国际法院认为,这些双边交换充其量只能反映智利有意愿与玻利维亚进行谈判,或者反映了双方对话的政治意向,而并非创设法律拘束力的协议。

(2)智利的单方宣言和单方行为。国际法院援引 1974 年"核试验案"确立的识别单方允诺的标准,指出单方宣言可能具有创设法律义务的效力。国际法院指出,"这类单方承诺,一旦公开作出且承诺方具有被拘束的意图,即便不是在国际谈判的背景中作出的,也具有法律拘束力。"[30] 此外,在识别一方是否作出单方允诺时,应当查明声明的具体内容及声明作出的特定场合。因此,法院必须考察单方宣言作出的背景与特定情形。然而,本案中,智利仅表达过谈判的意愿,其所采用的表达不能反映智利具有为自己创设法律义务的意图。

(3)默认(acquiescence)。玻利维亚主张其在签署《联合国海洋法公约》时以宣言的形式提及了与智利谈判从而恢复玻利维亚出海通道的立场,而智利并未提出反对,因而构成默认。国际法院指出,"默认的概念与默示承认(tacit recognition)相同,即一方将他方的行为解读为同意"[31]。按照国际法院的司法实践,"沉默也能反映同意的态度,但这仅在他方的行为要求回应而一方未能回应时才能成立"[32]。本案中,国际法院认为玻利维亚不能确切证明需要智利回应而智利没有回应的情形,因为玻利维亚所说的宣言只提及了谈判,未明示智利负有谈判义务,因此默认不构成谈判义务的国际法依据。

(4)禁止反言(estoppel)。要构成国际法上的禁止反言,核心的要素是

---

[30] *Ibid* at 555, para. 146.

[31] *Ibid* at 556, para. 152.

[32] *Sovereignty over Pedra Branca/Pulau Batu Puteh, Middle Rocks and South Ledge (Malaysia v Singapore)*, Judgment, [2008] ICJ Rep 12, at 51, para. 121.

"一方对他方的表态被他方所采纳,且这一采纳对他方不利,或对作出表态的一方有利"㉝。国际法院援引先例指出,要证成禁止反言还必须证明他方采纳一方表态时转变了立场,因而受损。但本案中,玻利维亚未能证明因智利的表态其转变了立场从而导致了对其不利或对智利有利的后果。

(5) 合理期待(legitimate expectations)。国际法院指出,合理期待是东道国与外国投资者仲裁中出现的法律概念,但一般国际法上并不存在合理期待原则。

(6) 多边条约中的义务和国际组织的决议。玻利维亚援引《宪章》第2条第3款和第33条作为存在谈判义务的依据,但国际法院指出联合国会员国负有和平解决国际争端的义务且谈判是和平解决争端的一种方式并不意味着国家负有谈判义务。这一说理也适用于玻利维亚援引的《美洲国家组织宪章》第3条。另外,虽然美洲国家组织曾作出督促智利与玻利维亚谈判的建议,但这些决议是建议性的,且美洲国家组织大会的决议本身不具有法律拘束力,因此不能构成国际义务的法律渊源。

最后,国际法院也否认了玻利维亚提出的将以上文件、意见或行为综合在一起考察将整体性地具有创设谈判义务的效果。法院认为,玻利维亚所援引的各项依据单个都不具有创设法律义务的基础,将它们结合在一起考察也不能改变这一认定。

基于上述分析,国际法院驳回了玻利维亚的主张,认定智利并不负有与玻利维亚谈判出入太平洋主权通道的义务。法院同时强调,这一裁判结果并不妨碍双方秉着睦邻友好的精神继续商谈玻利维亚作为内陆国面临的境况。

(五) 评价

本案中,国际法院考察智利是否负有谈判义务的过程实际上是识别国际法义务的渊源(source of a legal obligation)的过程。国际法院甄别玻利维亚提出的若干可能的渊源形式,如会议记录、公报、换文、单方允诺等等,均能在国际法院的实践中找到先例,因此本案可谓是对识别国际法渊源的方法的集中总结。根本上说,这一过程的指导规则是考察双方是否具有创设国际

㉝ *Bolivia v Chile*, *supra* note 27 at 558, para. 158.

法上的权利和义务的意图，这是一项实质的判断而非形式的判断。就本案谈判义务的识别而言，国际法院严格区分了政治表达与法律表达，区分了政治意愿与法律义务。

鲁宾逊法官（Judge Robinson）、萨拉姆法官（Judge Salam）和智利选派的专案法官多德法官（Judge *ad hoc* Daudet）提出了反对意见，这些法官的异议主要反映了国际法院内部对于本案谈判义务的性质的不同理解。萨拉姆法官指出，谈判义务本质上是一项有限度的法律义务，因而证成该义务存在的门槛应该更低，且存在谈判义务本就不意味着国家必须达成协议。㉞鲁宾逊法官和多德法官也批评法院对行为义务和结果义务的分类过于僵化，未能准确把握本案中谈判义务的根本性质。㉟

五、侵害加勒比海主权权利与海洋空间案（尼加拉瓜诉哥伦比亚）

（一）事实和程序背景

在2012年11月19日作出的尼加拉瓜诉哥伦比亚"领土与海洋边界案"判决（以下简称"2012年判决"）中，国际法院认定哥伦比亚对阿尔布开克等7个海洋地物享有主权，并划定了两国大陆架和专属经济区的单一边界。㊱哥伦比亚认为国际法院划定的海洋边界严重侵害了哥伦比亚的海洋权利，并于2012年11月27日以外交照会的形式向美洲国家组织秘书长发出了废止（denunciation）《波哥大公约》通知。根据《波哥大公约》第56第1款规定："本公约无限期有效，但可提前一年通知废止（upon one year's notice）……废止应向美洲共和国国际联盟（美洲国家组织的前身）作出，联盟将废止通知转交其他缔约国。" 2013年11月26日，即哥伦比亚废止《波哥大公约》通知一年期的最后一天，尼加拉瓜向国际法院提交申请书，起诉哥伦比亚侵害尼加拉瓜依据2012年判决在加勒比海中享有的主权权利和海洋空间的各项行

㉞ Dissenting Opinion of Judge Salam, *supra* note 27 at 599.
㉟ Dissenting Opinion of Judge Robinson, *ibid* at 594-595; Dissenting Opinion of Judge Daudet, *ibid* at 618-620.
㊱ 见第八章"领土和海洋边界案（尼加拉瓜诉哥伦比亚）"评述。

为，以及哥伦比亚对尼加拉瓜的武力威胁。

哥伦比亚对国际法院的管辖权提出了异议，国际法院于2016年3月17日作出初步反对意见判决，确认了对本案的管辖权。㊲此后，哥伦比亚在2016年11月17日向法院提交的诉状中，依据《法院规则》第80条提出了4项反诉。2017年11月15日，国际法院作出决定，认定哥伦比亚第1项和第2项指控尼加拉瓜违反与海洋环境保护和养护有关的反诉因与尼加拉瓜的主诉不具有直接联系，因而不具有可受理性；而第3项（尼加拉瓜侵害了哥伦比亚圣安德烈斯群岛居民的传统捕鱼权）和第4项（尼加拉瓜划定的直线基线违反习惯国际法）具有可受理性。㊳ 2022年4月21日，国际法院对本案实体问题宣判。㊴

（二）初步反对意见判决的主要内容

哥伦比亚共提出了5项初步反对意见，被国际法院逐一驳回。

第一项异议是，哥伦比亚废止《波哥大公约》的通知即刻生效，国际法院对在此之后提出的申请不享有属时管辖权。这一意见也在"尼加拉瓜200海里以外大陆架划界案"管辖权程序中提出，而国际法院在本案中以同样的说理驳回了该项反对意见。㊵

哥伦比亚的第二项异议是尼加拉瓜起诉时两国之间不存在争端。就哥伦比亚是否侵害尼加拉瓜依据2012年判决享有的主权权利和海洋空间而言，国际法院认为，尼加拉瓜和哥伦比亚两国总统对2012年判决的执行表达了相反的观点，哥伦比亚认为该判决"侵害"了哥伦比亚的海洋权利并提出要"恢复"这些权利，而尼加拉瓜则认为应当执行该判决。同时，围绕哥伦比亚于

㊲ *Alleged Violations of Sovereign Rights and Maritime Spaces in the Caribbean Sea (Nicaragua v Colombia)*, Preliminary Objections, [2016] ICJ Rep 3.

㊳ *Alleged Violations of Sovereign Rights and Maritime Spaces in the Caribbean Sea (Nicaragua v Colombia)*, Counter-Claims, Order of 15 November 2017, [2017] ICJ Rep 289, para. 82.

㊴ *Alleged Violations of Sovereign Rights and Maritime Spaces in the Caribbean Sea (Nicaragua v Colombia)*, Judgment, [2022] ICJ Rep 266.

㊵ "尼加拉瓜200海里以外大陆架划界案"（尼加拉瓜诉哥伦比亚）初步反对意见判决与本案于同一天作出。国际法院就哥伦比亚第一项初步反对意见的说理，见第八章"尼加拉瓜200海里以外大陆架划界案(尼加拉瓜诉哥伦比亚)"评述。

2013 年 9 月 9 日颁布的第 1946 号设立"整体毗连区（Integral Contiguous Zone）"总统令（以下简称《1946 号总统令》），两国对哥伦比亚是否有权主张该法令中罗列的海洋权利，也存在不同看法。此外，哥伦比亚对尼加拉瓜所控诉的海上发生的事件有不同的理解，本质上是管辖权归属的争议。虽然尼加拉瓜在起诉之前并未将其控诉的哥伦比亚违法行为以外交抗议的形式提出，但国际法院援引格鲁吉亚诉俄罗斯"《消歧公约》适用案"指出，外交抗议不是界定争端是否存在的必要条件。

就哥伦比亚是否违反了禁止武力威胁原则这一诉求，国际法院认为双方之间不存在争端，因为双方的行政和海军部门都认为两国之间的海上局势十分平静和稳定，且双方的部队保持着交流且在海上并未发生任何冲突。因此，法院认为两国之间就哥伦比亚是否侵害尼加拉瓜的主权权利和海洋空间存在争端，但不存在与威胁使用武力有关的争端。

哥伦比亚提出的第三项异议是，依据《波哥大公约》两国应先谈判解决争端，而该程序要求在本案中尚未满足。《波哥大公约》第 2 条规定："当两个或多个缔约国之间产生争议，且争端当事国认为这一争议无法通过正常外交途径以直接谈判解决时，缔约国承诺采用本条约确立的各项程序。"国际法院认为，该条款表明法院应当确定双方提交的证据能否证明在尼加拉瓜起诉时，任何一方都可合理地主张两国之间的争端已不能通过正常外交途径以直接谈判解决。虽然尼加拉瓜表达了与哥伦比亚展开谈判的意愿，但法院认为两国对谈判的目的存在不同理解：尼加拉瓜认为谈判的内容应限于如何执行 2012 年判决，而哥伦比亚则认为应当通过条约来划定两国之间的海洋边界以及相关的边界制度。因此，由于双方对于 2012 年判决应否执行、如何执行之间存在对立的观点，没有证据显示双方之间的谈判可以解决尼加拉瓜所控诉的哥伦比亚侵害其主权权利的争端。法院据此驳回了哥伦比亚的第三项反对意见。

哥伦比亚的第四项异议是否认尼加拉瓜主张的国际法院享有固有管辖权。国际法院认为，尼加拉瓜提出的固有管辖权仅是一项替代性主张，而法院已经确立依据《波哥大公约》第 31 条享有管辖权，因此无须回应这一反对意见。哥伦比亚的第五项异议为，尼加拉瓜起诉的真实目的是执行 2012 年判决，而国际法院无权审理这类争端。国际法院认为，尼加拉瓜主张的主权权利与管辖权的法律渊源是习惯国际法，2012 年判决划定两国海洋边界虽然明确了双方行使主权权利与管辖权的范围，但尼加拉瓜在本案中的诉求并非执行 2012 年判决，而是要求哥伦比亚就侵害尼加拉瓜主权权利与管辖权的行为承担国家责任。因此，法院驳回了哥伦比亚的第五项反对意见。

（三）属时管辖权问题

在实体问题判决中，国际法院首先回应了哥伦比亚提出的属时管辖权异议，因为尼加拉瓜在诉讼程序进行中提出的诸多控诉哥伦比亚违法的事实发生在哥伦比亚废止《波哥大公约》之后，即 2013 年 11 月 27 日之后。哥伦比亚认为，依据《波哥大公约》第 31 条，国际法院仅对《波哥大公约》生效期间可能构成违反国际法义务的行为享有管辖权，且尼加拉瓜事后提出的这些事实不能与其起诉时举出的事实构成一个整体。尼加拉瓜则认为，虽然部分事实发生在哥伦比亚废止《波哥大公约》之后，但这些事实直接产生于尼加拉瓜起诉时提出的争端，因而国际法院有属时管辖权。

国际法院承认，哥伦比亚的异议是国际法院在以往实践中从未处理过的一类问题，即国际法院的管辖权（在申请方起诉时有效存在）是否及于那些在管辖权来源于双方之间失效后的争议事实。国际法院认为可以类推适用新诉求可受理性的标准，即一项新诉求是否具有可受理性取决于该诉求与提交法院的争端是否具有直接联系，以及新诉求是否转变争端的性质。法院认为，2013 年 11 月 27 日之后发生的事实主要涉及哥伦比亚被控干扰尼加拉瓜的捕鱼活动和海洋科学研究、哥伦比亚的执法活动干涉尼加拉瓜在本国水域中的活动、哥伦比亚授权其国民或第三国国民在尼加拉瓜专属经济区内的捕鱼和海洋科学研究等。这些事实与 2013 年 11 月 26 日前的被控事实属性相同，因此这些事实与尼加拉瓜的申请直接相关，不会改变当事方之间争端的性质。据此法院认定其属时管辖权包括《波哥大公约》对哥伦比亚失效之后的事实。

（四）哥伦比亚是否侵害尼加拉瓜主权权利与海洋空间

尼加拉瓜指控哥伦比亚的四类违法行为：（1）哥伦比亚海军干涉尼加拉瓜渔船和科考船在尼加拉瓜专属经济区内的活动；（2）哥伦比亚授予本国及第三国渔民在尼加拉瓜专属经济区内捕鱼许可侵害了尼加拉瓜的专属经济区

权利；（3）哥伦比亚在尼加拉瓜专属经济区内授予石油勘探特许权；（4）哥伦比亚《1946号总统令》设立的整体毗连区侵害了尼加拉瓜的专属经济区范围。

国际法院首先明确了适用法。由于哥伦比亚并非《联合国海洋法公约》的缔约国，法院认定两国之间适用习惯国际法。接着，国际法院认定《联合国海洋法公约》第56条（沿海国在专属经济区内的权利、管辖权和义务）、第58条（其他国家在专属经济区内的权利和义务）、第61条和第62条（生物资源的养护和利用）以及第73条（沿海国法律和规章的执行）反映了习惯国际法，适用于本案。由于尼加拉瓜指控哥伦比亚违法的法律依据是2012年判决所确定的两国的海洋管辖权范围，因而本案的关键是证明哥伦比亚从事了侵害事实。国际法院重申了司法判例中确立的"谁主张，谁举证"原则，并且指出："法院将慎重对待专为案件目的准备的证据材料以及二手来源的证据。法院认为来自与事件发生同时期的证据和直接来源的证据更具证明力和可信度。法院还将'特别关注证据提出者提交的不利于其所代表的国家的事实或行为的可靠证据'。最后，虽然报刊文章和类似的具有二手来源性质的文件不能证明事实，但在某些情况下，它们可以佐证其他证据所确定的事实。"[41]

国际法院考察了当事方提交的证据，认定尼加拉瓜提交的大部分证据不能证明哥伦比亚的行为超过了其依据习惯法在尼加拉瓜专属经济区内享有的航行自由等权利，也未能证明哥伦比亚授予的石油特许经营权侵害了尼加拉瓜的专属经济区管辖权。但是，国际法院查明并确认了哥伦比亚的两类违法事实：（1）哥伦比亚海军干涉尼加拉瓜渔民和科学考察船在尼加拉瓜专属经济区的活动；（2）哥伦比亚国内法令授予本国及第三国渔船在尼加拉瓜专属经济区内捕鱼许可。针对第一类事实，哥伦比亚抗辩称其享有在尼加拉瓜专属经济区内的航行自由，且部分执法行为的目的是保护海洋环境。国际法院没有接受这两项抗辩。法院指出，第三国在沿海国专属经济区内的航行自由权利不包括执法权，且海洋环境保护属于沿海国的管辖权，船旗国对海洋环境保护的管辖权是有限度的，并且以尊重沿海国的专属经济区范围和管辖权

---

[41] *Alleged Violations of Sovereign Rights and Maritime Spaces in the Caribbean Sea (Nicaragua v Colombia)*, Judgment, [2022] ICJ Rep 266, at 300, para. 64. 隐去了国际法院所引用的案例信息。

为前提。哥伦比亚的执法活动超越了第三国依据习惯法享有的权利，构成对沿海国尼加拉瓜专属经济区权利的侵害。

对于哥伦比亚《1946号总统令》是否侵害尼加拉瓜的专属经济区空间，国际法院首先指出，《联合国海洋法公约》第33条关于毗连区的界限及沿海国在毗连区内的管辖权范围反映了习惯国际法规则。法院指出，2012年判决划定了两国的大陆架和专属经济区边界，但没有划定两国的毗连区界限，因此2012年判决不妨碍任何一方主张毗连区，但是，一国在毗连区内要顾及他国在同一区域行使专属经济区权利。国际法院强调："毗连区和专属经济区由两种不同的制度规范。法院认为，一般情况下，一国在某一特定区域设立毗连区与另一国在同一区域设立专属经济区并不冲突。原则上，尼加拉瓜和哥伦比亚之间的海洋划界并不阻碍哥伦比亚在圣安德烈斯群岛周围设立毗连区的权利。根据海洋法，一国在毗连区可行使的权力不同于沿海国在专属经济区的权利和义务。这两个区域可能重叠，但可在其中行使的权力和地理范围并不相同。毗连区是沿海国为防止和惩罚某些根据其国内法律法规属于非法的行为而扩大管控范围所产生的区域，而专属经济区的设立则是为了保障沿海国对自然资源的主权权利和对保护海洋环境的管辖权。"[42] 据此国际法院认定，哥伦比亚有权在圣安德烈斯群岛周围设立毗连区，但这一区域的地理范围以及其在该区域内享有的权力和管辖权不能超过习惯国际法所允许的限度。审查了《1946号总统令》的内容之后，国际法院认为该法令设立的毗连区在某些地方超过了24海里的最大界限，并且法令授权的部分权力（基于国家安全的管辖权、对海洋环境保护的执法权以及对水下历史文物保护的执法权）超过了国际法允许的沿海国在毗连区内的管辖权，构成对尼加拉瓜海洋权利的侵害。国际法院认定，哥伦比亚应当采取措施，使《1946号总统令》的内容符合习惯国际法的要求，且与2012年判决确定的两国海洋区域范围保持一致。

最后，国际法院没有支持尼加拉瓜的赔偿主张，因为尼加拉瓜在诉讼过程中未能提供证据证明尼加拉瓜的渔船或渔民遭受了损失或者因哥伦比亚的妨碍不能在专属经济区内捕鱼，也未能证明哥伦比亚授权本国及第三国渔民

---

[42] *Ibid* at 330, paras. 160-161.

在尼加拉瓜专属经济区内捕鱼对尼加拉瓜造成了严重经济损失。

（五）哥伦比亚的反诉

哥伦比亚主张圣安德烈斯群岛的原住民（Raizales）在西南加勒比海享有传统捕鱼权。2012 年判决的结果使大部分原住民捕鱼的区域归属于尼加拉瓜的专属经济区，而其他那些位于哥伦比亚专属经济区的传统捕鱼区域则需要经过尼加拉瓜的专属经济区才能到达。哥伦比亚主张传统捕鱼权的权利来源为一项习惯国际法规则，还主张尼加拉瓜通过单方允诺承认了圣安德烈斯群岛原住民的传统捕鱼权。尼加拉瓜则否认在其专属经济区内他国渔民享有传统捕鱼权。

国际法院裁判的思路是哥伦比亚能否证明其原住民享有传统捕鱼权。法院认为，哥伦比亚提交的证据（主要是若干渔民的书面证词）不能证明圣安德烈斯群岛的原住民在现今位于尼加拉瓜专属经济区的区域从事了长期的传统捕鱼行为，而哥伦比亚高级别官员在公开场合作出的不利于己的证言（2012 年判决不影响哥伦比亚渔民在圣安德烈斯群岛的传统捕鱼活动）进一步削弱了哥伦比亚所主张的在尼加拉瓜专属经济区内的传统捕鱼权。此外，国际法院还认定哥伦比亚未能证明尼加拉瓜对哥伦比亚渔民的传统捕鱼权作出了单方允诺。但是，法院注意到尼加拉瓜对两国协商圣安德烈斯群岛原住民获取尼加拉瓜专属经济区内的渔业资源持有开放态度，并认为谈判缔结双边协议是最适宜的回应哥伦比亚渔民诉求的方式。

哥伦比亚的另一项反诉是尼加拉瓜 2013 年 8 月 27 日划定的直线基线不符合习惯国际法。国际法院首先查明，划定直线基线的习惯国际法来源于国际法院在 1951 年英挪"渔业案"中对挪威直线基线的论断，这些论断先后被 1958 年《领海和毗连区公约》第 4 条和 1982 年《联合国海洋法公约》第 7 条所接纳。法院认定《联合国海洋法公约》第 7 条关于直线基线的划定反映了习惯国际法。㊸ 哥伦比亚主张，尼加拉瓜划定的直线基线不符合第 7 条规定的若干标准，包括"紧邻海岸有一系列岛屿""海岸线极为曲折"以及"直线

㊸ 《联合国海洋法公约》第 7 条规定："1. 在海岸线极为曲折的地方，或者如果紧接海岸有一系列岛屿，测算领海宽度的基线的划定可采用连接各适当点的直线基线法。2. 在因有三角洲和（转下页）

基线的划定不应在任何明显的程度上偏离海岸的一般方向"。

国际法院在审查尼加拉瓜的直线基线时，阐释了第 7 条包含的标准的具体含义。国际法院认为尼加拉瓜海岸不具有极为曲折的属性，尼加拉瓜划定直线基线时所选取的部分基点也不符合第 7 条的要求，尤其是尼加拉瓜未能证明其放置了基点的爱丁堡礁（Edinburgh Cay）为岛屿而非低潮高地。法院指出，所谓"紧邻海岸有一系列岛屿"，结合第 7 条第 3 款来看，意味着"'一系列岛屿'必须与大陆足够相近从而证明这些岛屿构成海岸的外缘或边缘。这些岛礁部分或者一般性地反映沿海国的海岸整体地形不足以满足划定直线基线的条件。这些沿岸岛礁必须属于海岸形状的内在组成部分"㊹。法院认为，尼加拉瓜用作基点的岛屿与尼加拉瓜大陆距离不够接近，且尼加拉瓜未能证明其直线基线囊括的大部分水域附近有足以产生该领海权利的海洋地物。最终，法院认定尼加拉瓜划定的直线基线不符合习惯国际法的要求，这一直线基线系统将本属于尼加拉瓜领海或专属经济区的水域变成了尼加拉瓜的内水，从而侵害了哥伦比亚的船舶在这些水域内本应享有的权利。

（六）评价

本案应当结合尼加拉瓜与哥伦比亚在国际法院的其他几个诉讼程序一起理解。2012 年判决划定了两国大陆架和专属经济区的单一边界，从而界定了两国各自的海洋区域及其管辖范围。本案起源于哥伦比亚对 2012 年判决的不满和不执行的态度，以及通过国内立法反制 2012 年判决的措施（《1946 号总统令》），而"尼加拉瓜 200 海里以外大陆架划界案"则源于 2012 年判决中国际法院没有解决的尼加拉瓜 200 海里以外大陆架权利主张及其与哥伦比亚

(接上页) 其他自然条件以致海岸线非常不稳定之处，可沿低潮线向海最远处选择各适当点，而且，尽管以后低潮线发生后退现象，该直线基线在沿海国按照本公约加以改变以前仍然有效。3. 直线基线的划定不应在任何明显的程度上偏离海岸的一般方向，而且基线内的海域必须充分接近陆地领土，使其受内水制度的支配。4. 除在低潮高地上筑有永久高于海平面的灯塔或类似设施，或以这种高地作为划定基线的起讫点已获得国际一般承认者外，直线基线的划定不应以低潮高地为起讫点。5. 在依据第 1 款可以采用直线基线法之处，确定特定基线时，对于有关地区所特有的并经长期惯例清楚地证明其为实在而重要的经济利益，可予以考虑。6. 一国不得采用直线基线制度，致使另一国的领海同公海或专属经济区隔断。"

㊹ *Alleged Violations of Sovereign Rights and Maritime Spaces in the Caribbean Sea (Nicaragua v Colombia)*, Judgment, [2022] ICJ Rep 266, at 364, para. 255.

200 海里大陆架之间的划界问题。

就本案而言，尼加拉瓜主张的权利虽然来源于习惯国际法上专属经济区权利和管辖权的有关规定，但诉讼得以进行的前提是 2012 年判决中国际法院已经划定了双方专属经济区的界限，从而明确了双方各自在管辖海域内的权利与限度。从这个意义上看，本案虽然不是意在"执行（enforce）"2012 年判决，但本质上要求国际法院重申 2012 年判决的内容，并以此为基础宣告哥伦比亚行为违法并承担国家责任。对尼加拉瓜而言，本案判决强化了 2012 年判决的效力，并否定了 2012 年判决作出后哥伦比亚相关行为的合法性。

本案有两个法律问题较为重要。一是实体判决中关于属时管辖权的认定。正如判决所承认的，本案是国际法院第一次处理这一类型的属时管辖权争议。判决的决定也具有较大争议，共有五位法官反对判决将《波哥大公约》对哥伦比亚失效后的事实行为纳入管辖。诺特法官（Judge Nolte）认为判决将新诉求的可受理性标准类推适用于属时管辖权，缺乏司法判例的支持。诺特法官认为一个更好的法律上的理由是通过解释"争端"一词，将本案争端理解为囊括庭审程序结束前所发生的所有事件。[45] 亚伯拉罕法官认为法院的管辖权不包括《波哥大公约》对哥伦比亚失效后的事实，因为此后发生的事实在性质上与尼加拉瓜起诉时所援引的事实属性并不相同。[46] 本努纳法官不同意判决对属时管辖权的认定也促使其反对国际法院对哥伦比亚侵害尼加拉瓜主权权利和管辖权的决定。[47]

二是国际法院对尼加拉瓜直线基线违反习惯国际法的认定。国际法院解释《联合国海洋法公约》第 7 条时采取了较为严苛的解释方法，对"紧邻海岸有一系列岛屿"和"海岸线极为曲折"都严格遵照文义解释，并且在评价尼加拉瓜划定的直线基线时多次援引 1951 年英挪"渔业案"。以英挪"渔业案"中挪威划定的直线基线作为合法的直线基线参照物，将使国家实践中许多国家划定的直线基线的合法性和正当性都产生疑问。本案对划定直线基线标准的严格解释延续了国际法院在卡塔尔诉巴林"领土与海洋争端案"中的态度，即直线基线方法是确定领海基线通常方法的例外，只有满足海岸线极

---

[45] Dissenting Opinion of Judge Nolte, *supra* note 39 at 431.
[46] Dissenting Opinioin of Judge Abraham, *ibid* at 386-387.
[47] Declaration of Judge Bennouna, *ibid* at 395.

为深陷或者紧邻海岸有一系列岛屿的情况下才能适用。法院强调："这种方法应当限制性地适用（applied restrictively）。"㊽

六、关于锡拉拉河水域地位和使用问题的争端案（智利诉玻利维亚）

（一）事实与程序背景

锡拉拉河发源于玻利维亚境内，因地势走向自东北向西南穿过玻利维亚与智利边界，并汇入智利境内的圣佩罗河。自1906年起，智利与玻利维亚均对锡拉拉河水资源的使用授予了特许权，以增加锡拉拉河供给的饮用水流量或供蒸汽机车运营。为使用锡拉拉河水资源，智利授权的企业在玻利维亚境内靠近两国边界处建造了取水口和引流系统等设施。智利认为锡拉拉河是一条国际水道（international watercourse），因此智利享有习惯国际法赋予沿岸国家（riparian States）对国际水道的各项权利。然而，自20世纪90年代中后期起，玻利维亚否认锡拉拉河的国际水道地位，主张其完全位于玻利维亚境内，如果不是20世纪初期智利授权的企业所建造的引流系统增加了锡拉拉河下游的流量，锡拉拉河的水资源将完全由玻利维亚在其境内予以利用。基于这些主张，玻利维亚授权锡拉拉河水资源的商业化，并对智利企业在智利境内使用锡拉拉河水资源收取费用。智利认为玻利维亚的行为无视了锡拉拉河的国际水道地位并侵害了智利的权利。因两国未能协商解决这一争端，智利于2016年6月6日依据《波哥大公约》向国际法院提交申请书，请求法院裁决锡拉拉河的水域地位及其使用问题的争端。

智利共提出了五项诉求：（1）锡拉拉河及其水域体系属于国际水道，其使用受习惯国际法调整；（2）智利依据习惯国际法享有对锡拉拉河水资源公平与合理利用的权利；（3）智利当前对锡拉拉河水资源的使用符合公平与合理使用标准；（4）玻利维亚有义务采取所有适当措施预防其在锡拉拉河沿岸的行为对智利产生污染或其他形式的损害；（5）玻利维亚对智利负有合作与

㊽ *Maritime Delimitation and Territorial Questions (Qatar v Bahrain) (Merits)*, Judgment, [2001] ICJ Rep 40, at 103, para. 212.

通知义务。玻利维亚要求法院驳回智利的五项诉求，并提出了三项反诉，要求法院宣告：（1）玻利维亚对位于其境内的锡拉拉河人工水道和引流系统享有主权；（2）玻利维亚对在其境内制造、增加或产生的锡拉拉河人工水流享有主权，且智利并未获得人工水流的权利；（3）智利未来向玻利维亚提出的扩大锡拉拉河流量的请求需与玻利维亚协议商定。

玻利维亚并未质疑国际法院对本案争端的管辖权，智利也未否定玻利维亚反诉的可受理性，因此本案不存在管辖权与可受理性争议。然而，玻利维亚对有关事实和法律问题的立场在诉讼过程中经历了重大变化，从一开始否认锡拉拉河的国际水道地位转变为承认其国际水道地位；从认为与国际水道有关的习惯法规则仅适用于锡拉拉河的自然水流而不适用于人工水流，转而认为相关规则适用于锡拉拉河全部水域。正是因为这些转变，国际法院在 2022 年 12 月 1 日的判决中认为，智利第 1 项至第 4 项诉求以及玻利维亚的第 1 项和第 2 项反诉的目的落空（without object），因而失去裁决的必要。同时，法院驳回了玻利维亚的第 3 项反诉，因为该反诉不涉及双方之间现实的争端，而是要求法院就未来的一种假设的情形发表意见。因此，国际法院仅裁决了智利的第 5 项诉求（通知义务）。㊾

（二）目的落空的诉求与反诉

国际法院首先阐明了关于争端的存在及范围的一般立场。法院援引 1974 年"核试验案"指出，争端必须在法院作出决定的时刻仍然存在，否则，当某项诉求的目的已明显消失时，法院不能作出判决。并且，由于争端的范围受当事方提出的诉求的限定，法院不仅要考察争端是否在整体上已经消失，还要确认具体的诉求是否因当事方立场的趋于一致、当事方达成协议或其他原因而目的落空。法院认为有必要仔细探查当事方在庭审程序后提交的最终诉求是否仍然持续反映了彼此之间存在争端。为此，法院会解释当事方的诉求以辨明这些诉求的实质，以及这些诉求是否反映了当事方之间的争端。

㊾ *Dispute over the Status and Use of the Waters of the Silala (Chile v Bolivia)*, Judgment, [2022] ICJ Rep 614.

在这些原则的指引下，法院逐一考察了智利的诉求和玻利维亚的反诉。对于智利的第 1 项至第 3 项诉求，玻利维亚原本均予以否认，但在庭审程序中，玻利维亚承认锡拉拉河的国际水道地位，且不再区分锡拉拉河的自然水流和人工水流。国际法院认为，智利与玻利维亚都不是 1997 年《国际水道非航行使用法公约》（以下简称《1997 年公约》）的缔约国，因此两国有关锡拉拉河非航行使用的权利与义务受习惯国际法的调整。在诉讼过程中，两国对于锡拉拉河的法律地位及所适用的法律规则的立场趋于一致。即便玻利维亚并未承认《1997 年公约》第 2 条对国际水道的定义反映习惯法，并且玻利维亚强调锡拉拉河的特性，这都不影响双方均认可与非航行使用国际水道的习惯国际法规则适用于锡拉拉河。同时，玻利维亚还承认了习惯国际法上的公平与合理利用权利（equitable and reasonable utilization）适用于锡拉拉河的所有水资源，而不仅仅是其最初所认为的自然水流。类似的，智利在庭审程序中澄清，其仅要求法院宣告智利当前对锡拉拉河的利用符合公平与合理利用，且智利的权利不妨碍玻利维亚享有的对锡拉拉河公平与合理利用的权利。玻利维亚在程序中也持同样的立场。因此，法院认为双方的立场趋于一致，并注意到智利声明其不再质疑玻利维亚有权依据国际法拆除其境内的人工水道并重建湿地。因此，国际法院认定智利的第 1 项至第 3 项诉求的目的落空，法院不需要予以裁决。

至于智利的第 4 项诉求，即玻利维亚负有预防跨境损害的义务，玻利维亚原本认为《1997 年公约》第 7 条所反映的习惯国际法上的预防义务仅适用于国际水道的自然水流，但后来转而认为适用于锡拉拉河全域。国际法院认为，虽然双方就预防跨境损害义务的标准是否达成了一致意见有一定的模糊性，即沿岸国家所应预防的是任何损害还是仅限于严重损害（significant harm），但法院认为智利所使用的术语不统一并非否定玻利维亚提出的严重跨境损害标准。因此，法院认为这一诉求的目的也因双方一致的立场而落空。

对于玻利维亚的第 1 项和第 2 项反诉，国际法院认定，双方均承认锡拉拉河的人工水道和引流工程均位于玻利维亚境内，双方也都同意，玻利维亚有权依据国际法处置其领土上的这些设施。同时，智利也明确提出其并不主张对于这些人工设施享有权利，智利承认玻利维亚享有拆除设施的主权权利，且由此而导致的锡拉拉河在智利境内的流量减少本身并不构成玻利维亚对其国际法上义务的违反。因此，法院认为玻利维亚的这两项诉求的目的均已落空。

(三) 玻利维亚是否违反通知义务

智利的第 5 项诉求请求法院宣告，玻利维亚负有合作与通知义务，即应向智利通知任何可能对两国共享的锡拉拉河水资源造成危害后果的措施，但玻利维亚违背了这一通知义务。国际法院认为两国在这一问题上的分歧在于：(1) 习惯国际法上关于国际水道非航行使用的通知义务的具体范围以及该义务适用的前提；(2) 玻利维亚在计划和实施某些行为时是否违背了这一义务。

为裁决这一问题，国际法院首先需要查明锡拉拉河是否确为国际水道。法院认为，对水道进行改造以增加水流的行为并不改变国际水道的性质，且智利和玻利维亚双方委派的专家都认为锡拉拉河为国际水道。法院强调，习惯国际法上关于国际水道的定义不排除沿岸国家在适用相关规则时考虑国际水道本身的特性。国际法院指出，国际水道构成沿岸国享有共同权利的共享资源，而在习惯国际法上，每一个沿岸国家对于国际水道的资源都享有公平与合理利用的基本权利，且每个沿岸国对资源的公平与合理利用权利，应以不剥夺其他沿岸国家同等权利为限。除此之外，法院还强调这些实质义务的履行有赖于更为具体的程序性义务。程序性义务包括合作、通知、协商等，这些义务是每个沿岸国所负有的实质义务的补充。

具体到本案，双方的争议首先在于《1997 年公约》第 11 条是否属于习惯国际法规则，以及第 11 条是否创设了一项一般的通知义务，即无论沿岸国的行为是否可能导致负面后果，该国均需将其行为通知到其他沿岸国。国际法院指出，在国际法委员会的条约草案评注中，并未对第 11 条的内容提出任何国家实践或司法案例以说明其习惯国际法的性质。因此，法院认为《1997 年公约》第 11 条并非习惯国际法规则，不适用于本案。

另外，双方的争议还在于《1997 年公约》第 12 条的解释和适用。国际法院认为，该条在很大程度上与国际法院司法实践中确立的管理共享资源的通知义务一致。法院指出，习惯国际法上的通知义务适用的前提是存在严重跨境损害风险。虽然《1997 年公约》第 12 条并未采取"严重损害"而是采用了"严重负面效果（significant adverse effect）"这一措辞，国际法院注意到国际法委员会的评注只是简单提及该条适用的标准低于第 7 条中的 "严重损害" 标准。国际法院认为，即使措辞不同，"这两种表述都表明，当计划采取或已采取的措施具有造成一定严重程度的危害效果的风险时，就达到了适用通知和磋商义务的门槛。……《1997 年公约》第 12 条所采取的标准并不高于国际法院司法实践中有关通知义务的更为严格的标准"[50]。法院据此认为，当沿岸国计划采取的行为具有对其他沿岸国家造成严重跨境损害的风险时，该国应履行通知和协商义务。法院查明，智利并未提出任何证据证明玻利维亚计划采取或已经采取的行为具有损害风险。玻利维亚提供的证据表明，玻利维亚授权其企业从事的部分措施并未真正实施，玻利维亚在锡拉拉河沿岸建造的十栋房屋实际上从未有人居住，而其建造的军事站点并不会导致对锡拉拉河的污染。因此，国际法院认为玻利维亚并未违反通知义务，驳回了智利的第 5 项诉求。

（四）评价

正如通卡法官所说，本案判决可能让诉讼双方都会感到惊讶，因为判决几乎没有裁决任何事项，也很难预计该判决对智利和玻利维亚的关系会发挥何种作用。[51] 就争端性质而言，本案涉及沿岸国对国际水道的地位及使用的争议，主要包括国际水道的界定、公平与合理利用原则的具体含义、涉及严重跨境损害风险时沿岸国的通知与合作义务等。尽管国际法院围绕智利的第 5 项诉求有限度地阐明了上述争议所涉的部分法律规则，但法院回避了《1997 年公约》的部分条款是否具有习惯法地位这一问题，因而本案中的相关论断将在多大程度上有利于厘清或发展国际水道非航行使用的法律规则，还有待时间检验。

除此之外，本案还有两方面的内容值得商榷。其一，国际法院对于智利的 4 项诉求和玻利维亚的 2 项反诉，均以双方在诉讼程序过程中的立场转向及对法律和事实问题趋于一致的态度认定诉求的目的落空而无须法院裁决，这一做法立足于 1974 年 "核试验案"。然而，正如查尔斯华斯法官（Judge

---

[50] *Ibid* at 652, paras. 116–117.

[51] Declaration of Judge Tomka, *ibid* at 666.

Charlesworth）所言，"核试验案"中法国作出的放弃大气层核试验的单方允诺构成了法院判决的替代物，足以满足当事方起诉的目的，即要求法国停止大气层核试验。而本案中，国际法院是以当事方立场趋于一致为由认定诉求和反诉目的落空，这与"核试验案"所涉事实和法律问题根本不同，反而对如何界定争端的性质和范围引入了新的不确定因素。[52] 其二，国际法院以其职能为裁决争端为由，拒绝在判决执行条款内记录双方已取得一致的意见，并拒绝作出宣告性判决（declaratory judgment），这可能不利于智利与玻利维亚之间有关锡拉拉河的法律关系的确定性与稳定性。诚然如法院所言，当事方在法院程序中的声明应被视为善意作出的，但只有执行条款中的内容才对争端当事方具有拘束力。查尔斯华斯法官和西玛法官都援引常设国际法院"比利时商会案"指出，常设国际法院曾在执行条款中记录当事方之间取得的合意。[53] 因此，法院拒绝将其判决主文中载明的双方立场趋于一致的内容记录在执行条款中，并非全然符合先例。

---

[52] Declaration of Judge Charlesworth, *ibid* at 668, 673–674.

[53] Separate Opinion of Judge Simma, *ibid* at 682; Declaration of Judge Charlesworth, *ibid* at 675.

第八章 海洋划界

导 言

海洋划界指划定海岸相邻或相向的沿海国之间的领海、大陆架或专属经济区的海洋边界。实践中常见国家选择用一条连贯的边界线划定所有海域，这被称为单一海洋划界（single maritime delimitation），如此划定的海洋边界被称为单一海洋边界（single maritime boundary, or all-purpose line）。划定海洋边界与裁决陆地领土争端有本质不同：海洋划界的前提是沿海国对同一海洋区域都享有合法权利来源（entitlement）且彼此重叠，划界的目的是划分这一权利重叠海域。依据《联合国海洋法公约》第 74 条和第 83 条，大陆架和专属经济区划界的目的是寻求公平解决（equitable solution），这两个条款所反映的划界原则也被国际法院视为习惯国际法。[①] 陆地领土主权则具有排他性，不存在权利重叠的可能，裁决陆地领土争端的目标是寻找确切的陆地主权归属者。需要注意，领海虽然在性质上属于国家享有主权的海域，但领海划界仍然以存在海域重叠为前提，并适用《联合国海洋法公约》第 15 条的划界规则。[②]

海洋划界争端，尤其是大陆架和专属经济区（或专属渔区）划界争端是提交国际法院解决的国际争端中最为常见的类型，国际法院对大陆架和专属经济区划界法律的发展自成一脉，在多年的实践中逐步形成了司法解决单一海洋划界争端专门适用的划界方法论（methodology），这也让海洋划界法律经常被称为"法官法（judge-made law）"。国际法院的司法实践大致可分为

[①] *Maritime Delimitation and Territorial Questions (Qatar v Bahrain) (Merits)*, Judgment, [2001] ICJ Rep 40, at 91, para. 167.

[②] 《联合国海洋法公约》第 15 条内容与 1958 年《领海和毗连区公约》第 12 条第 1 款内容相同，被国际法院视为习惯国际法。*Qatar v Bahrain*, supra note 1 at 94, para. 176.

三个阶段：(1) 1969 年"北海大陆架案"到 1984 年美国和加拿大"缅因湾区域海洋边界划界案"的期间内是国际法院探索大陆架划界和大陆架/专属渔区划界的初始阶段，这一阶段的法律适用以公平原则（equitable principles）和公平结果（equitable result）为导向，划界过程具有高度的灵活性，法院裁量权大，而规范性低，但是这一阶段奠定了海洋划界法律的构成要素，包括划界方法、划界原则、有关情况（relevant circumstances）的考量等。(2) 1985 年利比亚和马耳他"大陆架划界案"是国际法院司法实践的转折点，从该案起，国际法院转而强调划界过程的稳定性与可预期性，降低国际法院的裁量空间而提升划界法律的规范性。在这个案件中，国际法院采用了"两步走"方法，即先在沿海国之间划定等距离线，再基于有关情况的考量调整等距离线从而最终确定边界线。此后，国际法院在 1993 年"格陵兰和扬马延之间区域海洋划界案"、2001 年卡塔尔诉巴林"领土与海洋争端案"以及 2002 年喀麦隆诉尼日利亚"陆地和海洋边界案"中都延续了这一划界方法。(3) 2009 年罗马尼亚和乌克兰"黑海海洋划界案"（以下简称"黑海案"）中国际法院正式确立了"三步划界法（three-stage approach）"，并将其视为国际法院从事单一海洋划界通用的划界方法论。三步划界法包括：第一步划定临时等距离线（provisional equidistance line），第二步考虑有关情况从而决定是否调整临时等距离线，第三步进行不合比例检验（disproportionality test），即确认划界后双方各自的海洋区域面积之比与双方各自海岸长度之比之间不存在显著的不合比例的情形。"黑海案"是国际法院法官全体一致通过的，并且没有附带任何个别意见，因此被认为具有很高的权威性。"黑海案"标志着三步划界法成为国际法院司法解决海洋划界争端的既定方法。此后，国际海洋法法庭和《联合国海洋法公约》附件七仲裁庭也实质上采用了三步划界法来划定海洋边界，促进了不同法庭之间划界法律规范的一致性。

但是，三步划界法没有也不能一劳永逸地解决海洋划界中法律的稳定性与公平解决所要求的灵活性之间的矛盾。海岸地理的千差万别决定了划界方法论受制于个案的具体状况而不能不加区分地适用。这也是为何，即使在"黑海案"之后所有的海洋划界案中国际法院坚持采用三步划界法，其适用——尤其在 2012 年尼加拉瓜诉哥伦比亚"领土与海洋争端案"和 2014 年秘鲁诉智利"海洋争端案"中——却颇受诟病。适用三步划界法的难点在于，并非在所有地理环境下划定临时等距离线都是合适的第一步。由于个案的有关情况，临时等距离线可能具有显著的不公平，而第二步调整的过程会从根本上改变临时等距离线的性质，甚至采用其他划界方法，这也就改变了三步划界方法中第二步对第一步的纠正性，使第二步具有超越第一步的构建性。

2010 年至 2024 年间的海洋划界案具有如下特点：(1) 一些案件中，海洋划界争端的解决以领土争端的解决为前提。依据"陆地支配海洋（land dominates the sea）"原则，沿海国的海洋权利源于该国对陆地海岸的主权，因此，只有在确定了陆地主权归属之后才能判定沿海国之间海洋权利的范围和重叠情况。这也是国际法院与《联合国海洋法公约》项下法庭的不同之处，后者依据公约无权管辖领土争端；(2) 在秘鲁诉智利"海洋争端案"中，国际法院首次认定当事方之间存在划定海洋边界的默示协议，这为争端当事方证明通过行为而非条约划定海上边界提供了重要的先例；(3) 国际法院在索马里诉肯尼亚"印度洋海洋划界案"中首次划定了沿海国之间 200 海里以外大陆架，实现了国际法院在这一问题上的实践突破。

一、领土与海洋争端案（尼加拉瓜诉哥伦比亚）

（一）事实与程序背景

尼加拉瓜与哥伦比亚为加勒比海沿岸的国家，两国海岸相对，距离 400 海里以上。两国之间、加勒比海中部分布着圣安德烈斯、普罗维登西亚、桑塔卡特里娜岛屿等一系列大大小小岛屿、沙礁等海洋地物。1928 年，两国签署《尼加拉瓜与哥伦比亚领土问题条约》（以下简称《1928 年条约》），平息了双方自 19 世纪从西班牙独立以来的领土争议。该条约第 1 条第 1 段规定，哥伦比亚承认尼加拉瓜对其海岸及沿岸岛屿享有主权，而尼加拉瓜则承认哥伦比亚对"圣安德烈斯、普罗维登西亚、桑塔卡特里娜以及其他构成圣安德烈斯群岛组成部分的岛屿（islands）、小岛（islets）和环礁（reefs）享有主权"。《1928 年条约》第 1 条第 2 段还规定"本条约不适用于哥伦比亚与美国之间存在主权争议的龙卡多尔、基塔苏里尼奥和塞拉那"。1930 年两国交换了《1928 年条约》的批准文书，并缔结了《批准文书交换之议定书》（以下简称

《1930 年议定书》），强调"《1928 年条约》的目的在于终结两国之间围绕圣安德烈斯和普罗维登西亚群岛以及尼加拉瓜海岸的主权争议"，并进一步宣告："《1928 年条约》第 1 条所称'圣安德烈斯和普罗维登西亚群岛'不得超过西经 82°线的范围。"

自 1969 年起，因尼加拉瓜在基塔苏里尼奥附近海域及西经 82°线以东的水域授权石油勘探活动，哥伦比亚向尼加拉瓜提出抗议。尼加拉瓜认为《1930 年议定书》确定的西经 82°线并非划定两国海洋权利的界限，尼加拉瓜授权石油开采活动的海域为该国大陆架。1972 年哥伦比亚与美国签署条约，美国放弃对基塔苏里尼奥、龙卡多尔以及塞拉那的主权主张。而在 1972 年 10 月 4 日，尼加拉瓜通过国民大会正式提出对上述三个海洋地物的主权主张。1979 年尼加拉瓜新政府上台，并于 1980 年通过白皮书宣告《1928 年条约》无效，哥伦比亚对此表示抗议。自 90 年代以来，尼哥两国在西经 82°线附近海域多次发生海上执法纠纷。

2001 年 12 月 6 日，尼加拉瓜依据《波哥大公约》和尼哥两国接受常设国际法院强制管辖的声明向国际法院提起诉讼③，要求法院裁决两国的领土争端，并要求法院划定两国大陆架和专属经济区的单一海洋边界。哥伦比亚提出了管辖权异议，国际法院于 2007 年 12 月 13 日作出初步反对意见判决，确定了对部分岛礁主权争端的管辖权和海洋划界问题的管辖权。④ 2010 年，哥斯达黎加和洪都拉斯分别依据《国际法院规约》第 62 条向法院申请参与本案诉讼，法院于 2011 年判决驳回了两国的申请。⑤ 2012 年 11 月 19 日，国际法院对尼加拉瓜和哥伦比亚之间的领土和海洋划界争议作出判决（以下简称"2012 年判决"）。⑥

---

③ 尼加拉瓜于 1929 年声明接受常设国际法院管辖权，哥伦比亚则于 1937 年作出声明。依据《国际法院规约》第 36 条第 5 款，作出接受常设国际法院管辖权声明的国家在该声明存续期间被视为接受了国际法院的管辖。哥伦比亚于 2001 年 12 月 5 日（即尼加拉瓜起诉前一日）撤回了该声明。

④ *Territorial and Maritime Dispute (Nicaragua v Colombia)*, Preliminary Objections, [2007] ICJ Rep 832.

⑤ See *Territorial and Maritime Dispute (Nicaragua v Colombia)*, Application for Permission to Intervene, [2011] ICJ Rep 420; *Territorial and Maritime Dispute (Nicaragua v Colombia)*, Application for Permission to Intervene, [2011] ICJ Rep 348.

⑥ *Territorial and Maritime Dispute (Nicaragua v Colombia)*, Judgment, [2012] ICJ Rep 624.

(二) 初步反对意见判决的主要内容

哥伦比亚提出的第一项管辖权异议是,《波哥大公约》第6条规定在缔结该公约时已经被缔约国生效（in force）协议或条约所解决的事项不得被提交到国际法院。⑦尼加拉瓜提出的领土主权争议已经被两国《1928年条约》所解决，因而国际法院无管辖权。尼加拉瓜则认为本案主要的争议是海洋划界问题，有关岛礁的领土归属问题只是前置问题（prerequisite）。同时，尼加拉瓜否定《1928年条约》的效力（validity），因为《1928年条约》的缔结违反了该国1911年宪法，且当时该国正处于美国的军事占领之下，尼加拉瓜没有能力在不考虑美国利益的情况下与他国缔结条约，而哥伦比亚正是利用了这一情势。国际法院将两国有关《波哥大条约》的争议界定为：《1928年条约》及《1930年议定书》是否解决了双方就有关岛屿和海洋地物产生的主权争议以及海洋划界争议。法院认为这一问题具有先决性（preliminary），即国际法院在管辖权阶段应处理的事项，但两国之间争端的主旨事项（subject-matter）则是领土与海洋划界争端。因此，国际法院需要判断在《波哥大公约》缔结时（1948年），尼加拉瓜与哥伦比亚签署的《1928年条约》是否生效。

国际法院首先回顾了两国谈判、签署和批准《1928年条约》和《1930年议定书》的相关背景，并指出双方在这一过程中反复强调了"终结两国领土争议的意愿"。国际法院认为，尼加拉瓜在批准《1928年条约》之后的50多年里，一直将该条约视为有效，并且从未主张不受该条约拘束，即使在美军于1933年初全部撤离之后亦是如此。例如1969年与哥伦比亚的外交通信对《1928年条约》的援引和解读也是基于承认该条约有效的立场。因此，法院认为尼加拉瓜如今不得主张《1928年条约》在1948年是没有生效的。法院因而确认《1928年条约》在《波哥大公约》缔结时已经生效且存在效力。

法院继续讨论《1928年条约》是否解决了尼加拉瓜所提出的争议事项。第一，法院认为《1928年条约》第1条第1段的文义十分明确，确认了圣安德烈斯三岛主权归属于哥伦比亚，因此法院对与之有关的主权争议无管辖权。

---

⑦ 《波哥大公约》第6条规定："已经被缔约国解决的事项，或者被国际性法院和司法机构裁决的事项，或者在缔结该公约时已经被缔约方有效的协议或条约所管辖的事项，不得被提交到国际法院。"有关该条的适用争议也反映在"出入太平洋的谈判义务案"中。

法院强调："创设领土制度的条约享有该条约本身所不具备的永久性，这是国际法上的一项原则，相关领土制度的存续并不取决于该条约本身的存续。"⑧第二，法院认为《1928 年条约》第 1 条并未明确圣安德烈斯群岛究竟由哪些岛屿、小岛或环礁组成，因此国际法院对圣安德烈斯所属岛屿有关的领土争议享有管辖权。第三，法院认为，《1928 年条约》第 1 条第 2 段排除了该条约对龙卡多尔、基塔苏里尼奥和塞拉那的适用，与之相关的争议并不属于《波哥大公约》所言的被缔约国所协议议定的事项，因此法院对此享有管辖权。

最后，关于海洋划界，双方的争议主要集中于《1930 年议定书》约定的西经 82°线是否构成海洋边界线。法院指出，基于文义，西经 82°线应为界定圣安德烈斯群岛范围的界限而非海洋边界线，虽然哥伦比亚主张自 1931 年起该国出版的地图就以西经 82°线作为划分两国海洋边界的界限，但法院认为这些地图具有开放性，不能证实西经 82°线究竟是海洋边界线还是圣安德烈斯群岛的分界线，因此尼加拉瓜未对这些地图提出反对不能被理解为接受了哥伦比亚的海洋边界主张。

对于尼加拉瓜提出的以接受常设国际法院管辖权为依据的管辖权主张，国际法院认为，《波哥大公约》与接受法院管辖的任择性宣言是两项彼此独立的管辖权基础，《波哥大公约》第 6 条对国际法院管辖权的限制并不适用于国家的任择性宣言。然而，由于法院已经确认《1928 年条约》解决了双方就三个岛屿的主权争议，这项事实意味着两国对这三个岛屿的主权归属问题已不存在争端，因而也就不满足援引任择性宣言的前提条件——存在法律争端。

因此，法院的结论是其管辖权包括对圣安德烈斯、普罗维登西亚和桑塔卡特里娜以外的海洋地物的主权争议和两国的海洋边界争议。

部分法官对法院驳回对圣安德烈斯等三个岛屿主权争议的管辖权提出了反对意见。主要的反对意见是，法院应当依据《国际法院规约》第 79 条宣告这一事项并不全然具有先决性（not exclusively preliminary in nature），应留待实体阶段进一步考察。例如，本努那法官认为尼加拉瓜质疑《1928 年条约》效力的主张属于实体问题，这一问题不能在初步反对意见阶段回答。⑨ 也有

---

⑧ *Nicaragua v Colombia I (Preliminary Objections), supra* note 4 at 861, para. 89.
⑨ Dissenting Opinion of Judge Bennouna, *ibid* at 928-929.

法官指出法院混淆了《1928年条约》的生效（in force）与效力（validity），并通过限缩管辖权阶段的主旨事项回避了对后一问题的考察。⑩

（三）实体判决的主要内容

2007年管辖权判决作出后，尼加拉瓜在第二轮诉状中修改了诉求。在领土主权主张方面，尼加拉瓜要求法院裁决其对"不属于圣安德烈斯群岛的所有海洋地物享有主权"；在海洋划界方面，尼加拉瓜要求法院划定尼加拉瓜200海里以外大陆架与哥伦比亚200海里大陆架重叠部分的大陆架边界。后者的修改是由于尼加拉瓜和哥伦比亚大陆之间距离超过400海里，且尼加拉瓜不能依据圣安德烈斯三岛主张海洋权利。哥伦比亚认为，尼加拉瓜提出的200海里以外大陆架主张为一项新诉求（new claim），不具有受理性。2012年判决分为三个主要部分：（1）争议海洋地物的主权归属；（2）200海里以外大陆架划界请求的可受理性与相关裁决；（3）海洋划界。

1. 争议海洋地物的主权归属

本案中存在主权争议的加勒比海海洋地物共有7个，自北向南分别是：塞拉尼那、新巴霍、基塔苏里尼奥、塞拉那、龙卡多尔、东南沙礁和阿尔布开克。国际法院在判断这些海洋地物的主权归属之前，首先讨论了这些海洋地物能否被国家占有取得（appropriation）。

国际法院指出："国际法上已经确立了岛屿（无论其大小）均得被国家占有取得的原则。与之相反，低潮高地（low-tide elevations）不得被占有取得。"⑪ 这是国际法院首次对低潮高地能否被国家占有取得的明确表态。本案中，尼哥双方同意除基塔苏里尼奥外的6个海洋地物均为高潮时高于水面的岛屿，但对基塔苏里尼奥的性质存在争议。基塔苏里尼奥由多个大大小小的海洋地物构成，哥伦比亚提交的专家报告将其标记为 QS 1 至 QS 54。虽然双方对应当使用何种潮汐模型（tidal model）测量基塔苏里尼奥存有争议，但国际法院从双方提交的测量结果中寻找的共同点是，QS 32 在高潮时高于水面，法院因而认定基塔苏里尼奥中的 QS 32 为岛屿，而其他海洋地物均为低潮

---

⑩ Dissenting Opinion of Vice-President Al-Khasawenh, *ibid* at 882.
⑪ *Nicaragua v Colombia I*, *supra* note 6 para. 26.

高地。

在确定了争议海洋地物可被国家占有取得的范围之后，法院接着判断这些岛礁的权源（title），即主权归属。法院首先从《1928 年条约》入手，认定距离圣安德烈斯最近的阿尔布开克和东南沙礁属于条约所称的"圣安德烈斯所属岛屿、小岛和环礁"，而距离较远的塞拉尼那和新巴霍则不太可能属于圣安德烈斯群岛的范畴。无论如何，法院认为圣安德烈斯群岛的范畴难以基于这些海洋地物的地理位置或者相关的历史文件来判定。接着，法院考察了双方提出的保持占有原则（uti possidetis juris）。保持占有原则最早由从西班牙独立的美洲国家运用，指新独立的国家之间仍将西班牙在殖民时期所划定的各个殖民地边界作为独立后的国家的领土边界。⑫ 国际法院重申："当涉及保持占有原则的适用时，该原则中所指的确定领土边界的'法'并非国际法，而是独立前宗主国的宪法或行政法，在本案中是西班牙殖民法。该法本身完全有可能对边远地区或经济意义较弱的人口稀少地区的归属权问题没有给出清晰明确的答案。"⑬本案中，虽然双方都援引了被殖民时期西班牙颁布的各种法令，但法院认为这些证据不足以证明西班牙曾将所涉海洋地物授予任何一方。

法院考察的重点转向有效控制（effectivités），即一国行使主权权力的行为（acts à titre de souverain）。依据法院实践中确立的原则，主权行为包括立法行为、行政行为、执法行为、调节和规范经济活动的行为，以及海军巡航等。法院强调，"对于偏远又狭小的海洋地物来说，相对有限的主权权力的行使即可证明主权的存在。"⑭ 尼加拉瓜并未提出任何在争议海洋地物行使主权行为的证据，但哥伦比亚举出了涉及具体争议海洋地物的各项有效控制证据，包括行政行为和立法行为、规范经济活动、建设公共措施、海洋研究和海上救援等。法院因而认定这些证据对哥伦比亚的主权主张提供了非常有力的支持。随后，法院认为哥伦比亚提出的尼加拉瓜对哥伦比亚主权的承认、第三国的态度、地图资料等，虽不能确切地作为哥伦比亚主权权源的证明，但均为哥伦比亚的主张提供了一定的支持。法院最终认定哥伦比亚对争议的 7 个

---

⑫ *Frontier Dispute (Burkina Faso/Mali),* Judgment, [1986] ICJ Rep 554, para. 19.
⑬ *Nicaragua v Colombia I, supra* note 6 at 651, para. 64.
⑭ *Ibid* at 655, para. 80.

海洋地物享有主权。

2. 200海里以外大陆架划界请求的可受理性与相关裁决

国际法院判断新诉求是否具有可受理性的标准是检视新诉求与申请书中所提诉求之间的联系，即新诉求要么是暗含在申请书中的，要么是直接产生于申请书界定的主旨事项。法院认为尼加拉瓜提出的200海里以外大陆架权利主张属于两国海洋划界争端的组成部分。虽然尼加拉瓜划界请求的权利基础改变了（以自然延伸替代了200海里距离标准）、所请求的划界方案改变了（以大陆架划界替代了单一边界），但争端的主旨事项并未改变，因此具有可受理性。

然而，法院驳回了尼加拉瓜提出的划定尼加拉瓜200海里以外大陆架与哥伦比亚200海里大陆架重叠的请求。国际法院首先将本案与国际海洋法法庭审理的"孟加拉湾划界案"区分开来，指出国际海洋法法庭的划界过程并不涉及确立当事国200海里以外大陆架的外部界限。另外，虽然哥伦比亚并非《联合国海洋法公约》的缔约国，但这不能免除尼加拉瓜依据《联合国海洋法公约》第76条所承担的义务：尼加拉瓜仅向大陆架界限委员会提交了初步信息（preliminary information），尚未依据第76条第8款向委员会提交完整的大陆架划界案（submission）。据此，法院认为："尼加拉瓜在本案中不能证明其拥有能够与哥伦比亚200海里大陆架重叠的大陆架，因此法院不能划定尼加拉瓜与哥伦比亚的大陆架边界。"⑮

3. 划定单一海洋边界

在排除了200海里以外大陆架划界问题后，国际法院指出其划界任务是划定哥伦比亚所属岛屿与尼加拉瓜之间的大陆架和专属经济区的单一边界。国际法院确定，《联合国海洋法公约》第74条、第83条和第121条第3款均为习惯国际法规则，属于本案的适用法。

法院首先确定双方的有关海岸和划界区域。本案的特殊之处在于，哥伦比亚所属的圣安德烈斯等岛屿位于尼加拉瓜大陆海岸的200海里以内，因此两国之间不是简单的海岸相向的关系。哥伦比亚所属岛屿朝东南西北四个方向辐射的海洋权利均与尼加拉瓜的海洋权利所重叠。因此，法院认定哥伦比

---

⑮ *Nicaragua v Colombia I, supra* note 6 para. 129.

亚所属岛屿的所有海岸（而不仅是向西面朝尼加拉瓜的海岸）均为有关海岸。经法院测算，尼加拉瓜与哥伦比亚有关海岸的比例为8.2∶1。划界区域则自尼加拉瓜大陆海岸向东延伸至尼加拉瓜200海里界限，北边被2007年尼加拉瓜诉洪都拉斯"领土与海洋划界案"中国际法院确立的海洋边界所限定，南边则被哥伦比亚与巴拿马、哥斯达黎加条约划定的海洋边界所限定。

法院接着确定了哥伦比亚所属岛屿的海洋权利。法院采纳了双方的共识，即圣安德烈斯、普罗维登西亚和桑塔卡特里娜三岛享有领海、大陆架和专属经济区，以及基塔苏里尼奥仅享有领海。对于双方有争议的其余6个海洋地物——尼加拉瓜认为这些海洋地物为《联合国海洋法公约》第121条第3款所称"岩礁"而哥伦比亚主张这些地物为岛屿，法院回避了这一争议，仅指出这些海洋地物所能产生的海洋权利均被圣安德烈斯三岛所产生的海洋权利所覆盖，法院无须判断它们的性质。

随后，国际法院援引2009年"黑海案"中确立的"三步划界法（three-stage approach）"划定了两国的海洋边界。法院构筑了一条临时等距离线，然后分析了双方提出的各项有关情况，认可了尼加拉瓜提出的双方巨大的海岸线长度差异和哥伦比亚所属岛屿对尼加拉瓜海洋权利的截断效果属于需要考虑的有关情况。法院分步骤对临时等距离线进行了调整：首先，法院给予了尼加拉瓜海岸基点和哥伦比亚海岸基点3∶1的不同效力，使临时等距离线朝哥伦比亚的方向位移；然后，法院减少了临时等距离线的转折点，并将弯曲的线段拉直；接着，法院从被简化的等距离线的最北端与最南端的顶点出发，将最北端顶点所在的纬度线的平行线作为边界线，延伸至尼加拉瓜200海里界限，而在最南端，通过几个弧线划出阿尔布开克和东南沙礁的12海里，再从东南沙礁12海里弧线的最东端的顶点出发延伸出一条纬度线的平行线；最后，法院用圈地法（enclave）将基塔苏里尼奥和塞拉那包围起来。

在第三步不合比例检验中，法院强调只能结合特定案件的所有有关情况予以个别地考察是否存在显著的不合比例的情形。法院认为，综合考虑本案的所有情形，本案划界结果并不存在不合比例的情况。

（四）评价

本案是国际法院自2007年尼加拉瓜诉洪都拉斯"领土与海洋划界案"之

后再次同时处理领土主权和海洋划界争端，也是 2009 年"黑海案"确立"三步划界法"后首个海洋划界案，同时也是国际法院首次受理一国 200 海里以外大陆架划界的权利主张的案件。对于 2012 年实体阶段判决的得失，可从以下几方面评价。

国际法院对主权争议的解决延续了布基纳法索和马里"边界争端案"中确立的权源与有效控制的关系的思路。在争议双方均不能举出有力的权源证据时（本案中的《1928 年条约》和保持占有原则），能够证明对争议岛屿进行了有效控制的国家将被视为主权国。相反，如果一方能提出明确的权源证据，则无论他方行使有效控制的证据多么充分，也不能推翻前者的主权。[16] 认定哥伦比亚享有争议海洋地物主权的裁决也获得了所有法官的一致通过。

国际法院不支持尼加拉瓜 200 海里以外大陆架权利主张的决定，虽然得到了所有法官的一致认可，但部分法官在个别意见中指出，法院应该更清楚地表明，法院驳回该项诉求并非基于尼加拉瓜未能满足向大陆架界限委员会提交划界案的程序性规定，而是由于尼加拉瓜未能举证证实其 200 海里以外大陆架权利存在。多诺霍法官和门萨法官（Judge Mensah）均持这一观点。除此之外，本案真正的特殊之处在于，尼加拉瓜主张其 200 海里以外大陆架与哥伦比亚的 200 海里大陆架重叠。国际法院并未回应两国争论的自然延伸还是距离标准具有优先性这一问题。通常而言，200 海里以外大陆架划界的司法和国家实践是相关沿海国均主张 200 海里以外大陆架且存在权利重叠。目前世界上与尼加拉瓜和哥伦比亚之间的大陆架划界争议有一定相似度的仅有中国与日本东海大陆架争议。[17] 然而，尼加拉瓜与哥伦比亚相距 400 海里以上，而中国和日本相距不足 400 海里。

国际法院划分两国大陆架和专属经济区单一边界的方式遭到了部分法官的批评。原因在于，虽然法院声称适用"三步划界法"，但其适用方式与

---

[16] Burkina Faso/Mali, supra note 12 para. 63.
[17] 澳大利亚曾经在与东帝汶的海洋划界谈判中主张不应适用等距离线划界方法，从而给予其大陆架自然延伸更多的效力。然而，2018 年两国通过《海洋法公约》第 298 条规定的强制调解程序缔结了帝汶海洋划界协议，该协议未反映地质地貌因素在划界过程中的效力。Xuexia Liao, "The Timor Sea Conciliation under Article 298 and Annex V of UNCLOS: A Critique" (2019) 18 Chinese Journal of International Law 281 at 318.

"黑海案"中相比具有显著差异。譬如，法院在尼加拉瓜和哥伦比亚所属岛屿之间构筑临时等距离线，实际上完全忽视了哥伦比亚所属岛屿以东的海洋区域，因而并未实现有关海岸、划界区域与划界方法的完全对应。亚伯拉罕法官认为本案属于构筑等距离线不具有可行性的情况，法院不应坚持采用"三步划界法"。[18] 又如，法院对临时等距离线的"调整"引入了包括圈地法和平行线法在内的其他方法，且"调整"的过程过于复杂。奇司法官因而提出法院应当采用更为直接明了的划界方法，从公平解决的目标出发寻找相应的方法。[19] 需要注意所有法官一致认可划界结果的公平性，尽管他们对划界方法的选择和适用有所保留。这反映了海洋划界中个案的公平解决与追求普遍适用的划界方法论之间的张力。

2012 年判决作出后，哥伦比亚拒绝接受法院对海洋划界的判决结果，并于 2012 年 11 月 27 日通知废止《波哥大公约》。然而，依据《波哥大公约》第 56 条，一国的退出通知提出后经一年期限方可生效。在哥伦比亚退出《波哥大公约》通知即将生效之际，尼加拉瓜向国际法院提出了两项申请：第一，2013 年 9 月 16 日，尼加拉瓜要求法院划定尼加拉瓜 200 海里以外大陆架与哥伦比亚 200 海里大陆架重叠的海洋边界；[20] 第二，2013 年 11 月 26 日，尼加拉瓜要求法院裁决哥伦比亚违反 2012 年判决划定的海洋边界，侵害了尼加拉瓜的主权权利。[21]

二、海洋争端案（秘鲁诉智利）

（一）事实与程序背景

秘鲁与智利同为南美洲西海岸的国家，两国海岸相邻，秘鲁位于智利的北侧。秘鲁的海岸自东南向西北延伸，智利海岸则近于自北向南。两国的海岸均较为平整。秘鲁与智利曾为西班牙的殖民地，智利于 1818 年、秘鲁于

---

[18] Separate Opinion of Judge Abraham, *supra* note 6 at 379.
[19] Declaration of Judge Keith, *supra* note 6 at 743-745.
[20] 见本章"尼加拉瓜 200 海里以外大陆架划界问题案（尼加拉瓜诉哥伦比亚）"述评。
[21] 见第七章"侵害加勒比海主权权利与海洋空间案（尼加拉瓜诉哥伦比亚）"述评。

1821年独立，两国的领土在独立后的历史动荡中历经变动。1929年，两国签署《解决塔可那和阿里卡领土争端的条约》（以下简称《1929年利马条约》），确定了双方陆地领土归属，并设立了一个边界委员会勘定双方的陆地领土界限。1947年，两国各自发表宣言，主张对其沿岸200海里的大陆架及其上海域的主权（以下简称"1947年宣言"）。1952年，秘鲁、智利和厄瓜多尔共同签署《圣地亚哥宣言》，重申三国对200海里海域及底土的领土主权。

2008年1月16日，秘鲁依据《波哥大公约》第31条向国际法院提出申请，要求法院划定秘鲁与智利两国200海里的海洋边界。智利主张，《圣地亚哥宣言》已经确立了两国之间的海洋边界，该边界自秘鲁-智利陆地边界的起点所在之处，以纬度线的平行线自西向东延伸200海里。秘鲁否认两国之间存在议定的海洋边界，要求法院以等距离划界方法划分两国的海洋边界。2014年1月27日，国际法院作出判决，认定两国通过默示协议（tacit agreement）议定了一条长达80海里的海洋边界，并运用三步划界法划分了该边界以外的海洋区域。[22]

（二）海洋边界的存在、性质及范围

为了判定秘鲁与智利之间是否已经存在议定的海洋边界，国际法院首先考察了两国发表的1947年宣言。法院采纳了双方的共识，认可1947年宣言本身并未划定两国的海洋边界。接着，法院指出《圣地亚哥宣言》是一项国际条约。根据反映了习惯国际法的《维也纳条约法公约》第31条和第32条的条约解释规则，法院从《圣地亚哥宣言》的文义、目的和宗旨出发，认定该文件并没有明文确立厄瓜多尔、秘鲁和智利三国的海洋边界。智利主张《圣地亚哥宣言》第4条对一国岛屿和他国大陆海洋区域的界定反映了三国以通过陆地边界起点的纬度线平行线为海洋边界，但国际法院认为，第4条最多只是对岛屿和大陆的海洋边界作出了安排，不能从中推导出一般性的划界安排。

国际法院认为两国于1954年签署的《关于海上边界特区的协定》（以下

---

[22] *Maritime Dispute (Peru v Chile)*, Judgment, [2014] ICJ Rep 3.

简称"1954年《特区协定》")对证实存在议定的海洋边界而言具有决定性,因为该条约第1条规定,"自海岸起12海里的范围内,将构成海上边界(maritime boundary)的平行线的两侧各10海里宽度的区域设立为特别区"。这意味着截至1954年,双方之间业已存在一条议定的海洋边界。由于1954年《特区协定》并未明示两国于何时、通过何种方式划定的海上边界,这只能意味着双方通过默示协议议定了边界。同样,两国1968年至1969年间修筑灯塔的安排指明"在以陆地边界为起点的共同边界两侧各修建一处灯塔",也证实了两国海上边界的存在。国际法院因而断定两国之间以陆地边界起点处的纬度线的平行线为海洋边界,且该边界延伸至少12海里。

国际法院还需要判定该海洋边界的性质和范围。法院指出,综合考虑秘鲁与智利两国1947年宣言和1952年《圣地亚哥宣言》的权利主张,双方并未区分海洋区域的具体性质,因此法院认定业已存在的海洋边界是一条既划分领海、又划分大陆架和专属经济区的单一边界。至于该边界的具体范围,国际法院给予了双方1950年代的捕鱼活动及当时对渔业资源潜力的估算以较大的效力,原因在于,缔结1954年《特区协定》是为了创设缓冲区,从而规范两国小型渔船的捕鱼活动,因此,在确定海洋边界的范围时应当至少以这些渔业活动所能覆盖的距离为限。结合秘鲁与智利当时渔业活动的范围、最重要的鱼种的捕获地及其与两国重要港口的距离以及同时期海洋法的发展,法院得出结论,两国议定的海洋边界不大可能超过80海里。国际法院又进一步考察了双方在1954年之后的各项实践,主要是有关海洋区域的立法、执法以及在第三次海洋法会议中所持的立场等,指出1954年《特区协定》中所指的海洋边界不可能超越两国在当时所具备的资源捕获能力和执法能力所及的范围,尽管两国在1947年以来一直主张200海里海洋区域,但两国明了这一主张并不为当时的国际法所接受,且该主张更多是出于抵制海洋强国远距离捕捞活动而展现团结一致的姿态的需要。法院坦陈双方提交的证据不能完全消解海上边界具体范围的不确定性,但法院裁定两国议定的海上边界自海岸起延伸80海里。

(三) 剩余海洋边界的划定

由于双方议定的海洋边界仅长达80海里,还需要对剩余的海洋区域进行划界。法院首先通过 1968—1969 年修筑灯塔的安排确定了两国海洋边界的起点，即通过陆地边界起点的纬度线平行线与海岸低潮线的交点。从该点延伸 80 海里的尽头即为法院进行新的海洋划界的起点（A 点）。

秘鲁并非《联合国海洋法公约》的缔约国，且在本案起诉前秘鲁一直主张 200 海里"海域主权（maritime domain）"。在本案程序中，秘鲁的代理人向法院正式宣告，秘鲁政府将依据 1982 年《联合国海洋法公约》所确定的海洋区域来适用其"海域主权"的主张。国际法院认为这表明秘鲁正式接受了《联合国海洋法公约》对领海、大陆架和专属经济区等海洋区域界限的规定。

对于划界问题，秘鲁坚持以等距离线划分两国海洋边界，而智利由始至终坚持两国已存在长达 200 海里的议定的海洋边界，因而未提出任何划界方法。国际法院采用三步划界法，从 A 点出发构筑临时等距离线。在从 A 点回溯两国海岸寻找适宜的基点之后，法院构筑的临时等距离线一直延伸至与智利 200 海里外部界限交汇处（B 点），剩余边界从 B 点出发沿自北向南方向延伸一小段距离后，在秘鲁 200 海里外部界限与智利 200 海里外部界限交汇处（C 点）停止。法院接着指出，本案并不存在任何需要调整临时等距离线的有关情况。另外，法院认为本案中不寻常的情况——海洋划界的起点距离海岸 80 海里之遥——使得法院难以精确测量海岸长度和海岸区域。因此，基于"对不合比例与否大致的估算（broad assessment）"，法院认定划界结果不会导致显著的不合比例的结果。[23]

由于国际法院的划界并未给出海洋边界的具体坐标，因此法院指示当事方应根据睦邻友好精神及本案判决确定相关的地理坐标。

（四）评价

本案是国际法院历史上首次裁决当事方通过默示协议议定了海洋边界。国际法院实践的一贯立场是，证明存在划定海洋边界的默示协议标准极高，如法院在 2007 年尼加拉瓜诉洪都拉斯"加勒比海领土与海洋争端案"中所表达的："默示法律协议的证据必须是不容任何疑问的（compelling）。永久海洋

---

[23] *Ibid* para. 194.

边界的确立是一项至关重要的事项，与此有关的协议不应轻易被推定为存在。"㉔ 在该案中一方提出的存在默示的海洋边界协议的主张未获支持。因此，本案对于试图以默示协议为依据的国家的启示是，其证据对于证明默示协议存在的确切程度应达到相当于1954年《特区协定》这样现行有效的条约的标准，才能具有较强的证明力。在海洋划界方面，本案出现了划界起点位于距离海岸80海里之遥的极不寻常的情况，这和国际法院以往因当事方协议而将划界起点定位在海岸一定距离的案例有显著差异。㉕

对于国际法院的这两项裁决，法官之间却不乏争议。就是否存在议定的海洋边界及其范围而言，多诺霍法官认为："本案是任何一方的主张均未能说服法院的案例。"㉖ 塞布廷德法官认为两国之间不存在议定的海洋边界，法院应重新划界;㉗ 5位法官认为两国之间的确存在议定的海洋边界，但这一边界应综合两国1947年宣言和1952年《圣地亚哥宣言》等证据认定为延伸至200海里，即以当时双方各自主张的海洋区域为限。㉘ 即使是给法院这一裁决投了赞同票的法官，也认为法院的说理存在瑕疵，因为法院把1950年代渔业活动的实践作为识别海洋边界范围的依据，这和法院认定该边界具有单一海洋边界的性质之间存在不可调和的矛盾。㉙

法院通过三步划界法划分秘鲁与智利剩余海域的方式也受诟病。在构筑临时等距离线时，从距离海岸80海里的A点反溯寻找秘鲁和智利海岸上适宜基点的方法，使秘鲁海岸上至少120海里的海岸被排除在划界之外，这也使法院所谓的"等距离线"实质性地偏离了秘鲁和智利之间真正的等距离线。㉚ 另外，本案中不合比例检验也流于形式，因为法院并未认定划界区域和两国

㉔ Territorial and Maritime Dispute between Nicaragua and Honduras in the Caribbean Sea (Nicaragua v Honduras) [2007] ICJ Rep 659, para. 253.

㉕ Land and Maritime Boundary between Cameroon and Nigeria (Cameroon v Nigeria: Equatorial Guinea intervening) [2002] ICJ Rep 303, para. 268.

㉖ Declaration of Judge Donoghue, *Peru v Chile*, supra note 22, at 110.

㉗ Dissenting Opinion of Judge Sebutinde, *Peru v Chile*, supra note 22, at 114.

㉘ Joint Dissenting Opinion of Judges Xue, Gaja, Bhandari and Judge ad hoc Orrego Vicuña, *ibid* at 100; Declaration of Judge Tomka, *ibid* at 80–81.

㉙ Declaration of Judge Skotnikov, *ibid* at 99.

㉚ Stephen Fietta & Robin Cleverly, *A Practitioner's Guide to Maritime Boundary Delimitation* (Oxford University Press, 2016) at 544.

的有关海岸。无论如何，即使在这样极不寻常的情况下，国际法院仍坚持适用三步划界法，反映了法院对海洋划界方法可预期性的坚持。当然，划界形式的可预期与划界结果的可预期之间也就出现了裂痕。

三、印度洋海洋划界案（索马里诉肯尼亚）

（一）程序与事实背景

肯尼亚和索马里均为东非国家，两国海岸相邻。两国均为《联合国海洋法公约》的缔约国。2014年8月28日，索马里向国际法院提起诉讼，要求法院划定两国在印度洋的海洋边界。该划界诉求涉及两国领海、专属经济区和大陆架，并包括200海里以外大陆架。索马里提起该诉讼的管辖权依据为双方依《规约》第36条第2款接受国际法院强制管辖的声明。

2015年10月7日，肯尼亚提出初步反对意见。国际法院于2017年2月2日宣判，驳回肯尼亚的初步反对意见。[31] 该案因而进入实体问题审理阶段。在肯尼亚再三请求下，国际法院两次延期庭审时间，最终确定于2021年3月15日召开庭审程序，但肯尼亚在庭审前三天宣布不到案。国际法院于2021年10月12日宣判，划定了两国之间的领海、专属经济区和大陆架（包括200海里以外大陆架）边界。[32]

（二）初步反对意见判决的主要内容

索马里试图通过双方接受国际法院强制管辖的声明确立国际法院对本案的管辖权。肯尼亚的声明中含有一项保留条款：若争端当事方已同意或应当同意采取其他争议解决方法，则肯尼亚不接受国际法院的强制管辖。肯尼亚基于这一保留条款提出两项初步反对意见：（1）索马里和肯尼亚于2009年签署的《关于两国互不反对各自向大陆架界限委员会提交200海里以外大陆架划界案的谅解备忘录》（以下简称《2009备忘录》）构成保留所称"其他争

---

[31] *Maritime Delimitation in the Indian Ocean (Somalia v Kenya)*, Preliminary Objections, [2017] ICJ Rep 3.

[32] *Maritime Delimitation in the Indian Ocean (Somalia v Kenya)*, Judgment, [2021] ICJ Rep 206.

议解决方法",或者《联合国海洋法公约》第 15 部分的强制争端解决机制构成"其他争议解决方法",因此国际法院无权管辖本案;(2)基于《2009 备忘录》以及国际法上的清白原则(clean hands doctrine),索马里的诉求不具有可受理性。

1. 《2009 备忘录》与肯尼亚的保留

双方的主要争议在于《2009 备忘录》是否构成双方约定的解决两国之间海洋划界问题的"争议解决方法"。肯尼亚认为,《2009 备忘录》第 6 段明确提出"两国之间所争议的海洋边界划定问题,包括 200 海里以外大陆架划界问题,应当由两国在国际法基础上、在大陆架界限委员会对两国划界案作出建议之后,由两国协议划定",这意味着双方已选择谈判的方式全面解决两国之间的海洋划界问题。索马里质疑《2009 备忘录》的效力,并且认为《2009 备忘录》也并非争议解决方法,而仅是双方协调 200 海里以外大陆架外部界限的划定(《联合国海洋法公约》第 76 条第 8 款内容)和 200 海里以外大陆架划界两个问题的安排,其根本目的在于使双方顺利履行向大陆架界限委员会提交划界案的义务。

国际法院首先指出《2009 备忘录》属于对双方有拘束力的生效条约。针对索马里提出的其外交代表无权签署该备忘录且依据索马里国内法备忘录须经批准才生效的主张,国际法院指出,《2009 备忘录》文本载有签署即生效的段落,肯尼亚在签署该备忘录后不到 2 个月便在联合国秘书长处履行了登记手续,而索马里直到 2014 年才质疑备忘录的有效性。同时,证据表明代表索马里签字的部长出具了全权证书,属于国际法上能够代表索马里签署该备忘录的人员。接着,国际法院立足于《维也纳条约法公约》的解释方法,从该备忘录的文本、目的和宗旨、双方嗣后的行为、缔约历史出发,指出备忘录的主要目的为确保双方能够履行《联合国海洋法公约》第 76 条第 8 款规定的向大陆架界限委员会提交划界案的义务,而不是为双方确立解决海洋划界问题的争议解决方法。国际法院据此驳回了肯尼亚的初步反对意见。

2. 《联合国海洋法公约》第 15 部分与肯尼亚的保留

肯尼亚指出,由于双方均为《联合国海洋法公约》缔约国,按照《联合国海洋法公约》第 287 条的规定,由于双方均未明确选择《联合国海洋法公约》项下的强制争端解决方式,因此双方之间应适用附件七仲裁。肯尼亚认为通过《联合国海洋法公约》，双方已经同意了"其他争议解决方法"。

国际法院分析了《联合国海洋法公约》第 15 部分的结构和缔约历史，指出虽然《联合国海洋法公约》为缔约国构建了一个争议解决体系（包括强制程序），但在缔约过程中早已意识到需要协调缔约国在《联合国海洋法公约》和在其他公约项下的争议解决义务，后者便包括依据《规约》第 36 条第 2 款接受国际法院强制管辖的义务。《联合国海洋法公约》第 282 条规定如果缔约国已通过一般性、区域性或双边协定或其他方式协议解决争端，则该程序应代替《联合国海洋法公约》规定的程序而适用。法院认为，接受国际法院强制管辖即为第 282 条所称的"其他方式"。

换言之，《联合国海洋法公约》本就赋予了《规约》第 36 条第 2 款声明以优先地位，其效果在于保证缔约国优先利用国际法院强制管辖程序。如果按照肯尼亚的解释，则会排除国际法院的管辖，使《联合国海洋法公约》第 282 条丧失其效果。因此，法院驳回了肯尼亚基于《联合国海洋法公约》第 15 部分的初步反对意见。

3. 清白原则与可受理性

肯尼亚称，索马里在签署《2009 备忘录》后并未履行约定，于 2014 年 2 月 4 日反对大陆架界限委员会审议肯尼亚的划界案，致使肯尼亚大陆架外部界限的划定受阻。因此，依据清白原则，索马里不能在自身违法的情况下寻求国际法院的救济。

国际法院并未接受该主张，因为：（1）索马里已于 2015 年 7 月 7 日撤回对肯尼亚划界案的反对；（2）一国违反条约义务并不直接导致该国基于该条约的诉求不具有可受理性；（3）索马里本就不是依据《2009 备忘录》提起的诉讼，而是依据《规约》第 36 条第 2 款提起的诉讼。

（三）实体判决的主要内容

虽然肯尼亚最后决定不出席庭审程序，但肯尼亚已通过两轮诉状与索马里就实体问题充分地进行了论辩。实体判决内容围绕三个争议点展开：（1）肯尼亚主张索马里已经默认了肯尼亚提出的以南纬 1°39′43.2″纬度线的平行线作为双方之间的海洋边界的主张；（2）若不存在既定边界，应如何划界；（3）肯尼亚在争议海域内的行为是否违反国际法。

1. 索马里是否默认了肯尼亚的划界主张

国际法院认为，《联合国海洋法公约》第 15 条关于领海划界的规则，第 74 条和第 83 条关于专属经济区和大陆架划界的规则都要求海洋边界应通过协议划定。协议（agreement）一词不仅包括书面协议，也可能包括其他形式。要判断索马里是否默认（acquiesce）了肯尼亚的划界主张，需要考虑三个要素：（1）肯尼亚的划界立场是不是一以贯之的；（2）索马里是否在一个足够长的时间内未反对肯尼亚的划界立场，从而构成默认；（3）证明标准，即"划定国家间永久边界是一项极其重大的事项，证明默认或默示协议存在的证据应是不容置疑的"。㉝

法院首先考察了肯尼亚 1972 年颁布的《领海法案》、1979 年主张专属经济区的声明、1989 年《海洋区域法》，发现肯尼亚并未提出一贯的划界主张。2005 年，肯尼亚再次提出以南纬 1°39′34″为界，但在签署《2009 备忘录》以及向大陆架界限委员会提交大陆架划界案时，肯尼亚又表示与索马里的海洋边界尚未划定。因此，国际法院认为肯尼亚并未维持一个从一而终的划界立场，索马里的默认也就无从谈起。

国际法院也考察了索马里的行为是否构成对肯尼亚划界立场的承认。虽然索马里在 2005 年并未立刻否认肯尼亚提出的纬度线平行线划界主张，但《2009 备忘录》表明索马里认为两国之间不存在海洋边界。考虑到 1991 年至 2005 年索马里政府深受内战影响而不能完全行使管理和行政职能，法院认为这些因素综合在一起，不能证明索马里清楚并一贯地接受了肯尼亚的主张。

针对肯尼亚提出的双方在 1979—2014 年之间的行为已表明双方接受了纬度线平行线的主张，国际法院指出，考虑到 2009 年后双方出现了海洋划界争端，这一关键日期之后的行为不具有相关性。肯尼亚提及的海军巡航、双方确定的石油开发特许区块所处位置等，都不能证明双方已经通过行为默认了海洋边界的存在。

因此，法院认定双方之间不存在既定海洋边界。

2. 海洋边界的划定

确认索马里和肯尼亚之间不存在既定海洋边界后，国际法院首先适用

㉝ *Ibid* at 228, para. 52.

《联合国海洋法公约》第 15 条划定了两国之间的领海边界。法院认定本案不存在特殊情况，因此用中间线划定了领海边界。

之后，国际法院又采取三步划界法划分两国的专属经济区和大陆架。法院首先确定了有关海岸长度和划界区域面积，并自行选定了合适的基点，从而构建了一条临时等距离线。在第二步考虑有关情况时，法院主要考察了下列争议点。索马里认为本案不存在任何有关情况，等距离线足以构成公平解决，但肯尼亚提出了 5 项需要考虑的有关情况，分别是：（1）等距离线对肯尼亚海岸产生严重的截断效果（cut-off effect）；（2）东非区域实践倾向于采用纬度线的平行线来划定海洋边界；（3）考虑到恐怖主义、海盗等安全威胁需要调整等距离线；（4）双方长期的油气特许行为应该反映在海洋边界的划定上；（5）等距离线将对肯尼亚人民的生活和经济状态导致灾难性的后果。

国际法院将这 5 类情况区分为海岸地理情况和非海岸地理情况，并一一驳回了后三个海岸地理以外的情况。但国际法院考虑了肯尼亚提出的截断效果。法院认为：“如果孤立地看待肯尼亚和索马里的海岸，则不能适当地评价划界线可能对肯尼亚海洋权利造成的截断效果。将索马里、肯尼亚和坦桑尼亚的大陆海岸作为一个整体来观察，会发现海岸线无疑是凹陷的，甚至比'几内亚/几内亚比绍仲裁案'认定的几内亚比绍、几内亚和塞拉利昂的整体凹陷更为突出。肯尼亚作为位于索马里和坦桑尼亚中间的国家，其海洋权利面临被截断的问题。属于坦桑尼亚的彭巴岛是一个人口众多的大岛，它会对肯尼亚和坦桑尼亚之间的（假设的）等距离线的走向产生影响，从而加剧这种截断效应。"[34] 国际法院认为，通过对更宏观的地理区域的考察，发现肯尼亚海岸体现出凹陷海岸的地理特征，类似于 1969 年"北海大陆架案"中的联邦德国和 2012 年"孟加拉湾划界案"中孟加拉国的凹陷情形，因此，法院决定将临时等距离线向北调整，以减轻划界线对肯尼亚海岸的截断效果。

法院还划分了两国 200 海里以外大陆架。法院强调，尚未划定大陆架外部界限并不构成海岸相邻国家间大陆架划界的阻碍。虽然本案不具备 2012 年"孟加拉湾划界案"中的特殊情况（孟加拉国和缅甸 200 海里大陆架权利存在

---

[34] *Ibid* at 267, para. 168.

无争议），但本案双方均未质疑对方 200 海里以外大陆架权利的存在。国际法院这样理解它在本案中的任务："双方的争端涉及大陆架边界的划定。双方都在其诉求中请求法院划定它们在印度洋中直至 200 海里以外大陆架外部界限的海洋边界——索马里在庭审程序最后提出这一诉求，而肯尼亚则在复辩状中提出。"㉟ 换言之，法院只负责划定双方之间的海洋边界，至于该边界的终点，则应考虑大陆架界限委员会的建议最终确定。国际法院将其划定的 200 海里以内单一边界进行延伸，划分了两国之间 200 海里以外大陆架。法院注意到该边界可能导致出现一个同时位于肯尼亚 200 海里以外和索马里 200 海里以内但又属于肯尼亚一侧的"灰色区域"，但因为两国大陆架外部界限未定，因此法院无须考虑这一可能性所应适用的法律制度。

3. 肯尼亚在争议海域内的行为是否违反国际法

国际法院认为，当沿海国海洋权利主张产生重叠，一方在争议海域内从事的行为并不侵害另一方的主权权利，只要双方均是善意提出的海洋权利主张，且行为发生地水域后来被划为前者所属水域。这一判断标准援引自 2017 年加纳和科特迪瓦"海洋划界案"。国际法院称，本案中没有证据证明肯尼亚的海洋权利主张不是善意的，也不能确认肯尼亚从事海洋活动的海域被归为索马里的海域。

国际法院还考察了肯尼亚的行为是否违反《联合国海洋法公约》第 74 条第 3 款和第 83 条第 3 款的沿海国在海洋划界前、在争议海域内负有不危害达成划界协议的义务（"不危害义务"）。此处国际法院主要参考了 2007 年圭亚那诉苏里南"海洋划界案"中仲裁庭提出的判定"不危害义务"的标准，即一方在争议海域内的行为是否构成对海洋环境永久的物理性改变。在这一标准之下，勘探等不产生永久影响的行为不违反该义务，而钻井等开发行为则会违反。本案中，国际法院认为没有证据证明肯尼亚在 2009 年之后在争议海域内进行了钻井活动，并且双方在 2014 年已然进行了划界谈判（虽然没有成功），因此难以确定肯尼亚的行为违反了《联合国海洋法公约》第 74 条第 3 款和第 83 条第 3 款的义务。

㉟ *Ibid* at 276, para. 194.

（四）评价

本案是国际法院 2010 年至 2024 年间，继圭亚那诉委内瑞拉 "1899 年 10 月 3 日仲裁裁决案"和巴勒斯坦诉美国"搬迁美国大使馆至耶路撒冷案"后，又一个一当事方不到案的案例。肯尼亚并非自始不到案，而是在国际法院驳回其初步反对意见且提交了两轮诉状之后，在最终一刻才决定不出席庭审。这也是国际法院历史上除希腊诉土耳其"爱琴海大陆架案"（国际法院裁定无管辖权）之外，至今第一个海洋划界案中一方不到案的案例。与裁判是否违反国际法的宣告性判决不同，海洋划界案的建构性（constructive）特征决定了一方不出庭可能极大影响判决或裁决的后续履行和实施。实际上，肯尼亚在 2021 年判决作出后，第一时间发表了不接受该判决的声明。

在海洋划界过程中，国际法院维持了司法实践判断默示协议等非书面形式确定海洋边界的严苛标准。只有 2014 年秘鲁诉智利"海洋争端案"中国际法院认可了两国部分海洋边界由默示协议确定。同时，国际法院历来对油气勘探开发行为或油气特许区块所处位置等因素采取谨慎态度，未赋予这些因素过多的证明力。值得注意的是，肯尼亚在管辖权阶段和划界阶段的立场似有冲突。在管辖权阶段，肯尼亚主张《2009 备忘录》构成两国之间全面解决海洋划界争端的争议解决方式，但在划界阶段又主张两国之间已存在默示的海洋边界。

本案对有关情况的考量值得商榷。国际法院将肯尼亚、坦桑尼亚和索马里的海岸视为整体予以考虑的做法类似于承认了"宏观地理"（macrogeography）的相关性。但是，宏观地理这一有关情况自 1985 年"几内亚/几内亚比绍仲裁案"以来便在国际司法实践中销声匿迹。实际上，2017 年加纳和科特迪瓦"海洋划界案"中，国际海洋法法庭特别分庭明确否认宏观地理情况与海洋划界有关。㊱ 另外，也很难认为肯尼亚的海岸存在如联邦德国或孟加拉国一般的凹陷情况，无论是否将三国海岸视为一个整体。还需注意，1969 年"北海大陆架案"中国际法院将丹麦与联邦德国、荷兰与联邦德国两案合并，

㊱ *Delimitation of the Maritime Boundary in the Atlantic Ocean (Ghana/Côte d' Ivoire)* [2017] ITLOS Rep 4, at 87, para. 283.

因此考虑的是关于海岸凹陷的“单一情况”。[37]国际海洋法法庭审理的孟加拉国和缅甸案以及《联合国海洋法公约》附件七仲裁庭审理的孟加拉国诉印度案则是分别基于孟加拉国的海岸凹陷调整了划界线。本案却是将不在场的第三方（坦桑尼亚）的海岸纳入考量，这与国际法院2002年喀麦隆诉尼日利亚“陆地和海洋边界案”中的处理也明显不同。[38]

实际上，肯尼亚与坦桑尼亚于2009年缔结了划界协议，通过纬度线平行线划分了两国之间的所有海洋区域。若国际法院以等距离线划定本案边界，确实会对肯尼亚的海岸造成显著的截断效果。但是，正如国际法院自己所确认的，肯尼亚与坦桑尼亚的划界协议不影响第三国（*res inter alios acta*），因此并非本案有关情况。然而，通过考虑坦桑尼亚的海岸，国际法院事实上缓解了肯尼亚可能因两条划界线遭受的截断效果。

本案是国际法院第一次划定沿海国之间200海里以外大陆架。在管辖权和可受理性问题上，国际法院延续了国际海洋法法庭、《联合国海洋法公约》附件七仲裁庭的思路，即区分大陆架外部界限的划定和200海里以外大陆架划界，前者未定并不妨碍后者。但是，在考察双方是否享有200海里以外大陆架权利这一问题时，国际法院并未实质性审查各自的权利基础及相关地质地貌证据，这使得200海里以外大陆架划界的过程和结果均具有较强的假设性（hypothetical）。多诺霍法官在个别意见中指出，本案双方都未提供太多与200海里以外大陆架有关的证据，在尚未明确200海里以外大陆架权利范围的情况下划界，可能有违公平解决的要求。[39] 国际法院也未特别地回应肯尼亚提出的200海里以外大陆架划界应考虑的有关情况，而是直接将200海里以内划定的单一边界延伸至200海里以外。这也反映了200海里以内划界主导了200海里以外划界的过程和结果。

---

[37] *North Sea Continental Shelf Cases (Federal Republic of Germany/Denmark; Federal Republic of Germany/Netherlands)* [1969] ICJ Rep 3, at 19, para. 11.

[38] Separate Opinion of Judge Yusuf, *supra* note 32, at 300–301.

[39] Separate Opinion of President Donoghue, *ibid*, at 286–287.

四、加勒比海与太平洋海洋划界案（哥斯达黎加诉尼加拉瓜）和波蒂略岛北部陆地边界案（哥斯达黎加诉尼加拉瓜）

（一）事实与程序背景

1858 年，尼加拉瓜与哥斯达黎加《1858 年条约》自西向东划定了两国自太平洋一侧至加勒比海一侧的陆地边界。与两国陆地边界具体范围有关的重要国际法文件还包括"1888 年克利夫兰裁决"和 1897 年亚历山大裁决。亚历山大 1897 年 9 月 30 日裁决基于加勒比海海岸数十年来的地貌变化，确定并描述了两国陆地边界的起始段。两国陆地边界起始段所在边界地区被哥斯达黎加称为波蒂略岛。在海水侵蚀、海岸后撤等一系列自然力的作用下，波蒂略岛北部毗邻圣胡安河入海口的区域发生了重大的地貌改变：波蒂略岛西北端的一处沙嘴使圣胡安河流入加勒比海的河段发生位移，河口也随之向西移动。在波蒂略岛上距离圣胡安河河口约 3.6 公里处有一个潟湖，尼加拉瓜对该潟湖享有主权。目前，这个潟湖由一条狭长的沙坝与加勒比海隔开。

2010 年，由于尼加拉瓜在边界地区波蒂略岛上从事河流疏浚工程，两国产生了争议。在 2015 年"尼加拉瓜在边界地区开展的某些活动案"和"哥斯达黎加沿圣胡安河修建道路"判决中（以下简称"2015 年判决"），国际法院裁决哥斯达黎加对波蒂略岛北部约 3 平方公里的区域享有主权。[40]

2014 年 2 月 25 日，哥斯达黎加依据《波哥大公约》和两国接受国际法院任择强制管辖的声明，要求国际法院划定两国在加勒比海及太平洋的领海、大陆架和专属经济区的单一边界。2016 年，经与双方商议，国际法院依据《规约》第 49 条和第 50 条，委任专家以协助法院确定两国海洋边界的起点。[41] 2017 年 1 月 16 日，哥斯达黎加又向法院提出申请，要求法院裁判波蒂略岛上尼加拉瓜所属潟湖与哥斯达黎加领土之间的准确边界，并要求法院宣告尼加

---

[40] *Certain Activities Carried Out by Nicaragua in the Border Area (Costa Rica v Nicaragua) and Construction of a Road in Costa Rica along the San Juan River (Nicaragua v Costa Rica)* [2015] ICJ Rep 665, para. 229.

[41] *Maritime Delimitation in the Caribbean Sea and the Pacific Ocean (Costa Rica v Nicaragua)*, Order of 31 May 2016, [2016] ICJ 235, para. 10.

拉瓜在潟湖以北的海滩建立军事存在侵害了哥斯达黎加的主权和领土完整。2017 年 2 月 2 日，国际法院发布命令，合并了海洋划界程序与波蒂略岛北部领土边界程序。㊷ 2018 年 2 月 2 日，法院对两个案件作出判决。㊸

（二）波蒂略岛北部的陆地边界

哥斯达黎加要求法院判定尼加拉瓜潟湖与哥斯达黎加领土的准确分界，而尼加拉瓜则要求法院裁决自该潟湖西北顶点直至圣胡安河河口的海滩属于尼加拉瓜，哥斯达黎加认为 2015 年判决已经裁决了这一事项，因而基于既判力原则该请求不具有可受理性。波蒂略岛北部陆地边界问题争议核心在于：（1）2015 年判决是否已经裁决了当前争议；（2）海岸地貌的显著变化对《1858 年条约》及相关文件确定的两国领土边界的影响。

国际法院回顾了 2015 年判决有关哥斯达黎加享有争议领土主权的执行条款。该判决将"争议领土"界定为"波蒂略岛北部，即（尼加拉瓜于 2010 年疏浚的）争议运河右岸、圣胡安河右岸直到加勒比海河口一段与波蒂略岛潟湖之间大约 3 平方公里的湿地区域"。㊹ 同时，2015 年判决还将潟湖与圣胡安河河口之间毗邻加勒比海的这段海岸明确排除在"争议领土"之外，因为"双方并未要求法院界定与这一段海岸有关的陆地边界"。㊺ 因此，法院认为 2015 年判决并未裁决尼加拉瓜此次提出的诉求。

在判断尼加拉瓜所主张的这段海岸的主权归属时，国际法院认为专家报告澄清了该海岸地理地貌的准确信息。国际法院指出，专家观察到圣胡安河与波蒂略岛潟湖之间已无水道联结。曾经在亚历山大裁决中被视为两国部分陆地边界的水道已经因海岸后撤而没入加勒比海。法院认为："既然水道已经

㊷ *Maritime Delimitation in the Caribbean Sea and the Pacific Ocean (Costa Rica v Nicaragua) and Land Boundary in the Northern Part of Isla Portillos (Costa Rica v Nicaragua)*, Order of 2 February 2017, [2017] ICJ Rep 9, para. 17.

㊸ *Maritime Delimitation in the Caribbean Sea and the Pacific Ocean (Costa Rica v Nicaragua) and Land Boundary in the Northern Part of Isla Portillos (Costa Rica v Nicaragua)* [2018] ICJ Rep 139.

㊹ *Certain Activities and Construction of a Road Case*, supra note 40, para. 69.

㊺ Ibid para. 70.

不复存在，以该水道为界限的陆地边界也不再存在。"⑩ 因此，国际法院认定，两国陆地边界起点为圣胡安河右岸与加勒比海海岸低潮线的交界处。同时，由于分隔加勒比海与波蒂略岛潟湖的沙坝在高潮时高于水面，该沙坝与潟湖均属于尼加拉瓜的领土。至于这一块飞地（enclave）与哥斯达黎加陆地领土的准确界限，法院根据专家报告测定的潟湖东西两侧终点的坐标，裁定陆地边界为自这两点横跨沙坝直至加勒比海海岸低潮线的最短线段。

鉴于波蒂略岛潟湖以北至圣胡安河河口的海岸属于哥斯达黎加，国际法院认定尼加拉瓜在这一区域设立军事存在侵害了哥斯达黎加的主权，应该撤离。

（三）海洋划界

接着，国际法院分别划定了两国在加勒比海和太平洋的领海、大陆架和专属经济区单一边界。由于尼加拉瓜和哥斯达黎加均为《联合国海洋法公约》的缔约国，适用法为公约第15条、第74条和第83条。在具体的划界方法上，国际法院在领海划界中采用了等距离/特殊情况划界方法，即先构筑一条等距离线，再考虑是否存在需要调整等距离线的特殊情况；在大陆架和专属经济区划界中，国际法院则适用了三步划界法：构筑临时等距离线、考察有关情况以及不合比例检验。

在加勒比海海域的划界中，一个较为特殊的情形是两国陆地领土边界周围海岸的高度不稳定性，这使得法院不能在圣胡安河河口的沙嘴上选定海洋边界起点。为解决这一问题，法院采纳了哥斯达黎加提出的"移动界限方案"：将位于两国中间线上且距离海岸2海里处的固定点作为海洋边界的起点，并将该固定点与海岸上陆地边界的起点相连。由于陆地边界的起点因圣胡安河河口的变化而持续变化，海洋边界起点的固定点与陆地边界起点之间的连线也将不断移动。这一方案为海岸变化留出空间，同时能保证两国海洋边界起点的确定性。

在明确了海洋边界的起点后，国际法院构筑了划分两国领海的等距离线。

---

⑩ *Maritime Delimitation in the Caribbean Sea and the Pacific Ocean (Costa Rica v Nicaragua) and Land Boundary in the Northern Part of Isla Portillos (Costa Rica v Nicaragua)*［2018］ICJ Rep 139, para. 71.

法院认为，领海划界中有两个特殊情况：（1）圣胡安河河口沙嘴的高度不稳定性导致法院难以在其上确定与海上固定点相连的陆地起点；（2）属于哥斯达黎加领土上尼加拉瓜飞地的沙坝的高度不稳定性。对于第一个特殊情况，法院基于专家报告选定了距离圣胡安河河口最近的 Pv 点作为海岸起点，并将该点与海上的固定点相连。对于第二个特殊情况，国际法院认为"如果给予面积如此之小的一块飞地以海洋权利，不仅于尼加拉瓜毫无用处，还会破坏哥斯达黎加领海的完整性"⑰。因此，国际法院划定的领海边界没有考虑这块飞地所可能享有的任何海洋权利。法院以等距离线划定了两国的领海边界。

在大陆架和专属经济区的划界中，双方的争议焦点主要在于尼加拉瓜所属的大小玉米岛在划界中的效力。在考虑有关情况时，法院指出，大小玉米岛"面积有限，且距离尼加拉瓜海岸约 26 海里，给予它们完整的效力将造成临时等距离线不合比例的扭曲"⑱。因此，国际法院决定给予两个岛屿半效力（half effect），并调整了临时等距离线。

在太平洋海域，双方对海洋划界的起点无争议，且双方在各自海岸上选定的基点也十分一致，法院在此基础上构建了临时等距离线，划定了两国的领海边界。尼加拉瓜提出，给予哥斯达黎加桑塔埃伦娜半岛全效力会导致尼加拉瓜海洋权利被显著截断，国际法院认为该半岛是划界海域内哥斯达黎加海岸的重要组成，因此不能削减其效力。在大陆架和专属经济区划界中，尼加拉瓜再次提出桑塔埃伦娜半岛的效力问题，以及哥斯达黎加所属的尼可亚半岛的效力。法院认为桑塔埃伦娜半岛对大陆架和专属经济区边界会造成扭曲效果，因此决定只给予其半效力，但对于尼可亚半岛，法院则决定给予其全效力。

和以往的海洋划界案一样，在不合比例检验中，国际法院认为经调整后的加勒比海海洋边界和太平洋海洋边界都不会导致显著的不合比例的后果。最终，国际法院简化了两条海洋边界的转折点，确定了哥斯达黎加和尼加拉瓜的海洋边界。

（四）评价

"波蒂略岛北部陆地边界案"解决了 2015 年判决的遗留问题，廓清了尼

---

⑰ *Ibid* para. 105.
⑱ *Ibid* para. 154.

加拉瓜与哥斯达黎加邻接加勒比海的陆地边界起点及两国在圣胡安河周围的陆地领土范围。本案与 2015 年判决的争议焦点一脉相承，即国家划定或勘定领土边界所参照的地理地貌因自然或人力因素发生显著变化后，应如何在现存地貌中界定边界。解决这类边界争端既要考虑边界及边界制度本身所追求的稳定性和永久性，又要顾及边界在国家行使主权过程中的实用价值等现实考量，还要意识到自然条件的持续变化并为边界的长期稳定做打算。绝大多数法官都赞同法院对陆地边界的裁决，但格沃尔吉安法官和哈苏奈法官认为 1897 年亚历山大裁决中提及的陆地边界起点仍然可以辨认，因此自尼加拉瓜潟湖至圣胡安河河口的海岸应属于尼加拉瓜。㊾

"加勒比海与太平洋海洋划界案"是自 1949 年"科孚海峡案"以来国际法院首次主动依据《规约》第 49 条和第 50 条任命专家，也是法院首次在海洋划界案中依职权任命专家。这无疑有助于增进国际法院在海洋划界争端中处理技术性问题（如本案中海岸状况的认定和海洋边界起点的选择等）的透明度，也可以减轻法院在双方各自选任的专家证人提出相反证言时的裁量难题。

本案海洋划界值得注意的是，虽然国际法院区分了领海划界和大陆架、专属经济区划界的法律渊源，但具体划界方法的阐明和适用却趋于一致。这进一步反映了单一海洋划界方法的统一性。判决所划定的海洋边界得到了全体法官的一致通过，对巩固三步划界法的既定方法（established methodology）地位也会有所增益。尽管如此，划界步骤中有关情况的考察则反映了法院仍拥有较大的自由裁量空间。就本案而言，国际法院援引了国际海洋法法庭在"孟加拉湾划界案"中的论断："岛屿在大陆架和专属经济区划界中的效力取决于地理现实和个案的特别情况，因此并无一般性的标准。"㊿ 这一对国际法院裁量权的表达凸显了海洋划界所固有的灵活性。

㊾ Declaration of Judge Gevorgian, *ibid* at 263-264; Dissenting Opinion of Judge Al-Khasawneh, *ibid* at 272.

㊿ *Delimitation of the Maritime Boundary in the Bay of Bengal (Bangladesh/Myanmar)*, Judgment, [2012] ITLOS Rep 4, para. 317.

五、尼加拉瓜 200 海里以外大陆架划界问题案（尼加拉瓜诉哥伦比亚）

（一）事实与程序背景

2012 年"领土与海洋争端案"判决（以下简称"2012 年判决"）作出后，哥伦比亚于 2012 年 11 月 27 日以外交照会的形式向美洲国家组织秘书长发出了废止《波哥大公约》的通知。尼加拉瓜于 2013 年 9 月 16 日向国际法院起诉，要求法院裁决：（1）2012 年判决没有裁决的尼加拉瓜与哥伦比亚的大陆架边界的准确界限；（2）界定双方在划界前大陆架重叠区域权利和义务的国际法原则或规则。哥伦比亚对尼加拉瓜的起诉提出了 5 项管辖权异议，国际法院于 2016 年 3 月 17 日作出了初步反对意见判决，确认了对尼加拉瓜第一项诉求的管辖权和该诉求的可受理性。[51] 案件进入实体问题审理阶段。

在即将进行实体问题的庭审程序前，国际法院于 2022 年 10 月 4 日发布命令，称在"考虑尼加拉瓜和哥伦比亚大陆架划界相关的科学与技术问题之前，法院认为有必要先裁决法律问题"，并要求当事方在庭审程序中仅就两个法律问题展开辩论。[52] 国际法院提出的两个法律问题分别是：（1）习惯国际法下，一国 200 海里以外大陆架权利能否伸入他国 200 海里界限以内？（2）习惯国际法下划定沿海国 200 海里以外大陆架外部界限的标准为何？《联合国海洋法公约》第 76 条第 2 款至第 6 款的内容是否反映了习惯国际法规则？国际法院于 2023 年 7 月 13 日宣判，对上述第一个法律问题作出否定性回答，并驳回了尼加拉瓜申请中的划界请求。[53]

---

[51] *Question of the Delimitation of the Continental Shelf between Nicaragua and Colombia beyond 200 Nautical Miles from the Nicaraguan Coast (Nicaragua v Colombia)*, Preliminary Objections, [2016] ICJ Rep 100.

[52] *Question of the Delimitation of the Continental Shelf between Nicaragua and Colombia beyond 200 Nautical Miles from the Nicaraguan Coast (Nicaragua v Colombia)*, Order of 4 October 2022, [2022] ICJ Rep 563, at 565.

[53] *Question of the Delimitation of the Continental Shelf between Nicaragua and Colombia beyond 200 Nautical Miles from the Nicaraguan Coast*, Judgment, [2023] ICJ Rep 413.

（二）初步反对意见判决的主要内容

哥伦比亚提出了 5 项管辖权和可受理性异议，国际法院裁判了其中 3 项，并认为无必要裁决另外 2 项。这三项异议是：（1）尼加拉瓜起诉时，哥伦比亚废止《波哥大公约》的通知已经生效，因而国际法院不具备属时管辖权；（2）2012 年判决已经驳回了尼加拉瓜的 200 海里以外大陆架划界请求，依据既判力原则国际法院对本案诉求无权管辖；（3）尼加拉瓜的两项诉求不具有可受理性。

1. 哥伦比亚废止通知的效力

哥伦比亚在废止《波哥大公约》的通知中声明依据《波哥大公约》第 56 条第 2 段，废止自今日起对所有在本通知之后提起的程序生效。《波哥大公约》第 56 第 1 段规定"本公约无限期有效，但可提前一年通知废止（upon one year's notice）……废止应向美洲共和国国际联盟（美洲国家组织的前身）作出，联盟将废止通知转交其他缔约国"，第 2 段规定"废止对于通知转交之前已经启动的程序不产生效力"。哥伦比亚主张，根据相反解释（a contrario），既然第 2 段规定废止对通知转交前已启动的程序不产生效力，这意味着废止对通知转交后才启动的程序产生效力。本案中尼加拉瓜的起诉发生在哥伦比亚废止通知之后，因而国际法院不具有管辖权。

国际法院认为，《波哥大公约》第 56 条第 1 段的文义表明缔约国发出废止通知后一年的时间内，该公约在该国及其他缔约国之间仍然有效。因此，检视哥伦比亚此项反对意见的关键在于确定《波哥大公约》第 56 条第 2 款是否具有改变第 1 段文义的效果，因为第 56 条并未明文规定废止通知转交后、一年期限到期前这一时间段内提起的程序应作何安排。哥伦比亚提出的相反解释意在从这一空白推导出国际法院缺乏管辖权的后果。国际法院指出："这一解释方法（相反解释）仅在考虑条约所有条款的文义、上下文以及目的和宗旨后仍然恰当的情况下才能适用。"[54] 换言之，相反解释不能替代《维也纳条约法公约》所确立的条约解释通则，而只能在特定情形下补充适用。

国际法院首先从文义出发，指出第 56 条第 1 段确定了废止的效果，第 2 段

---

[54] *Nicaragua v Colombia II (Preliminary Objections)*, supra note 51 para. 35.

的作用在于确保废止通知转交前提起的程序不受第 1 段规定的影响。哥伦比亚所作的相反解释与《波哥大公约》第 31 条规定的"缔约国在公约存续期间承认国际法院的管辖权"相违背,而更符合文义的解释是转交废止通知后提起的程序的效力由第 56 条第 1 段决定。从上下文的角度看,哥伦比亚的解释将使《波哥大公约》规定的绝大部分争议解决程序(如调解)在一国发出废止通知后的一年内都失去效力。结合公约的目的与宗旨,法院强调《波哥大公约》是为促进缔约国运用公约规定的程序和平解决争端而缔结的。最终,法院援引有效解释方法(effectiveness)指出,条约解释应当给予每项术语以效力且解释不应导致任何条款丧失效力的后果。虽然《波哥大公约》第 56 条第 2 段有冗余之嫌,但这反映了国家额外的谨慎态度,不能因此就剥夺公约其他条款的含义——而这正是哥伦比亚提出的解释方法的后果。基于这些考虑,法院驳回了哥伦比亚的反对意见,确认了《波哥大公约》赋予国际法院对尼加拉瓜申请的管辖权。

2. 既判力原则的适用

国际法院阐释了既判力原则的含义与适用,其主要观点为:(1)既判力原则反映在《规约》第 59 条和第 60 条中,是一项一般法律原则,指已经被法院裁决的事项不得再次被裁判,其意义在于保障法院的司法职能,确保法院作出的裁决具有终局性;(2)既判力原则的适用需要满足相同主体、相同诉求和相同法律依据这三项条件,在此基础上,还应明确一方提出的诉求是否在此前已切实被法院所裁决;(3)判决的执行条款具有既判力效果,但有时候有必要借助判决有关部分的说理来确认执行条款的具体含义。

本案中双方的争议集中于 2012 年判决执行条款第 3 段法院"不予支持(cannot uphold)"尼加拉瓜 200 海里以外大陆架划界请求是对该诉求的"驳回(reject)"还是"未予决定(refuse to rule)"。若为前者,则该执行条款具有既判力,法院不得再受理尼加拉瓜 2013 年的申请。为了确认该执行条款的准确内容和范围,国际法院回顾了 2012 年判决相关段落(第 113 段至 131 段),并提炼了这些段落的核心特点:(1)法院没有分析双方提交的有关尼加拉瓜 200 海里以外大陆架存在与否的证据;(2)法院没有确定尼哥之间应适用的确立 200 海里以外大陆架权源的实质性法律标准;(3)法院强调尼加拉瓜尚未履行《联合国海洋法公约》第 76 条第 8 款向大陆架界限委员会提交划界案的义务。法院因此得出结论，2012 年判决并未决定尼加拉瓜是否享有 200 海里以外大陆架，法院不予支持尼加拉瓜的诉求是基于尼加拉瓜未能满足程序性义务。由于尼加拉瓜已于 2013 年 6 月 24 日向大陆架界限委员会提交了划界案，2012 年判决所要求的前提条件已经得到满足，法院因而可以审理尼加拉瓜 2013 年的申请。法院驳回了哥伦比亚基于既判力原则的反对意见。

3. 尼加拉瓜诉求的可受理性

就尼加拉瓜第一项诉求而言，哥伦比亚主张，尼加拉瓜尚未获得大陆架界限委员会的建议，因而尚未依据《联合国海洋法公约》确立大陆架外部界限，法院不能在不明确双方大陆架各自界限的情况下进行划界。国际法院则区分了《联合国海洋法公约》第 76 条大陆架外部界限的划定和第 83 条沿海国大陆架海洋边界的划定，与大陆架界限委员会有关的程序仅关涉大陆架外部界限的划定，这与沿海国之间通过争议解决程序划定大陆架海洋边界具有根本不同。法院指出："既然 200 海里以外大陆架海洋边界可以独立于大陆架界限委员会的建议而划定，那么后者就不是《联合国海洋法公约》缔约国要求本法院裁决海洋划界争端所必须满足的前提条件。"(55) 据此国际法院认为尼加拉瓜的第一项诉求具有可受理性。

针对尼加拉瓜的第二项诉求，法院指出，法院不能基于假设的情况陈述法律，而只能裁决具体的涉及国家间互相冲突的法律利益的案件。由于尼加拉瓜的第二项诉求并不涉及尼哥双方现实存在的争端，因而不具有可受理性。

（三）实体判决的主要内容

尼加拉瓜提出了 3 项划界请求，分别是：（1）尼加拉瓜享有 200 海里以外大陆架，该大陆架与哥伦比亚大陆的 200 海里大陆架发生重叠，应运用平分重叠区域的办法划定两国大陆架边界；（2）哥伦比亚所属的圣安德烈斯和普罗维登西亚岛屿的海洋权利不得超越尼加拉瓜大陆海岸 200 海里的界限；（3）哥伦比亚所属的塞拉尼那、新巴霍和塞拉那是《联合国海洋法公约》第 121 条第 3 款所称岩礁（rocks），只能享有 12 海里领海。哥伦比亚要求国际法院驳回尼加拉瓜的第（1）项诉求，因为尼加拉瓜未能证明其享有 200 海里

(55) *Ibid* para. 114.

以外大陆架，且一国 200 海里以外大陆架不得侵入他国 200 海里界限之内。哥伦比亚还要求国际法院判决驳回第（2）项和第（3）项诉求，并主张这些岛屿都是享有 200 海里大陆架和专属经济区的岛屿。

由于国际法院 2022 年 10 月 4 日命令要求当事方仅就两个法律问题展开辩论，因此 2023 年实体判决中，国际法院先对第 1 个法律问题作出回答，再裁决了尼加拉瓜的诉求。

（四）一国 200 海里以外大陆架能否伸入他国 200 海里界限之内

国际法院首先指出，这一法律问题具有先决性（preliminary character），因为海洋划界的前提是沿海国享有海洋权利且这些权利彼此重叠，划界的任务即划分权利重叠的海域。尼加拉瓜认为两国之间存在大陆架权利重叠，而哥伦比亚则认为尼加拉瓜不得在哥伦比亚享有 200 海里大陆架的区域内主张 200 海里以外的大陆架，换言之哥伦比亚认为国际法不允许此种情形下的权利重叠。

国际法院首先阐述了适用于本案的习惯国际法。在识别习惯国际法时，国际法院着重考虑了《联合国海洋法公约》与习惯国际法的关系。国际法院认为《联合国海洋法公约》缔结时，与专属经济区和大陆架权利有关的部分规范已经成为习惯国际法的一部分，而大量国家批准《联合国海洋法公约》的实践也促进了新的习惯国际法的形成。国际法院注意到《联合国海洋法公约》序言提出的“海洋空间中的各个问题彼此关联，应当视为一个整体解决”，并指出：“会议的谈判方法就是在这一背景下设计的，其目的是通过一系列暂时的、相互依存的文本就各种问题达成共识，最终形成一个全面和综合的文本，即一揽子协议（package deal）。”(56) 国际法院认为大陆架和专属经济区制度即为一揽子协议谈判的成果，且《联合国海洋法公约》第 56 条第 3 款反映了大陆架和专属经济区之间的紧密联系。国际法院援引“侵害加勒比海主权权利与海洋空间案”指出，第 56 条反映了习惯国际法。

立足于第 56 条第 3 款，国际法院认为，在一国的专属经济区内，与海床和底土有关的权利应当参照大陆架制度行使。国际法院还援引了 1985 年

---

(56) *Question of the Delimitation of the Continental Shelf between Nicaragua and Colombia beyond 200 Nautical Miles from the Nicaraguan Coast*, *supra* note 53, at 438, para. 48.

利比亚和马耳他“大陆架划界案”中的论断：“虽然大陆架和专属经济区制度互不相同，彼此独立，但专属经济区内与海底有关的权利由大陆架制度界定。尽管在一个特定海域可以只存在大陆架而不存在专属经济区，但不可能出现只有专属经济区而没有相对应的大陆架的情况。”(57) 此外，国际法院还区分了“孟加拉湾划界案”和本案的事实情形。法院指出，在孟加拉国与缅甸之间、孟加拉国与印度之间的“孟加拉湾划界案”中，国际海洋法法庭和《联合国海洋法公约》附件七仲裁庭是在各国均享有 200 海里以外大陆架的前提下进行的划界，而最终因调整临时等距离线产生的“灰色区域”（位于孟加拉国 200 海里以外大陆架以内但同时又位于印度/缅甸的专属经济区的区域），只是划界过程的附带产物，和本案中尼加拉瓜主张 200 海里以外大陆架与哥伦比亚 200 海里大陆架发生重叠不同。因此“孟加拉湾划界案”不能作为裁决本案的参考。

国际法院进一步分析了《联合国海洋法公约》第 82 条第 1 款，指出如果允许一国 200 海里以外大陆架延伸至他国 200 海里以内，则会导致第 82 条的目的落空，因为第 82 条的目的在于通过国际海底管理局共享一国 200 海里以外非生物资源开发的利益。

最后，国际法院分析了《联合国海洋法公约》缔约国向大陆架界限委员会提交划界案的国家实践，并指出：“实践中绝大多数向大陆架界限委员会提交划界案的缔约国都选择不在划界案中主张外大陆架的外部界限伸入他国 200 海里界限内。法院认为，各国在大陆架界限委员会的实践反映了法律确信，即使这种实践部分地源自履行法律义务以外的其他动机。此外，据法院所知，只有少数国家的划界案主张的区域侵入了他国 200 海里以内，并且在这些情况下，有关国家提出了反对。在少数几个非缔约国的实践中，法院不知道有任何国家主张其大陆架伸入他国 200 海里界限以内。总体而言，各国的实践可被视为足够广泛和统一，足以满足识别习惯国际法的要求。另外，鉴于这些实践已经延续了很长一段时间，可被视为法律确信的表达，而法律确信是

(57) *Ibid* para. 70, citing *Continental Shelf (Libyan Arab Jamahiriya/Malta)* [1985] ICJ Rep 13, at 33, para. 34.

习惯国际法的一个构成要素。”(58)

基于上述分析，国际法院认定，依据习惯国际法一国 200 海里以外大陆架不得伸入他国 200 海里界限之内。据此，国际法院驳回了尼加拉瓜第 1 项划界诉求。对于尼加拉瓜的第 2 项诉求，国际法院认为，2012 年判决已经明确了圣安德烈斯和普罗维登西亚岛屿的海洋权利向东延展至尼加拉瓜 200 海里界限之外，因此，尼加拉瓜主张的 200 海里以外大陆架（无论其是否存在）都不得侵入这些岛屿的 200 海里界限以内。对于尼加拉瓜的第 3 项诉求，国际法院认为，就塞拉尼那和新巴霍而言，无论哥伦比亚的岛屿是否享有 200 海里大陆架和专属经济区，因尼加拉瓜不得主张大陆架伸入哥伦比亚岛屿 200 海里界限以内，因此不可能与哥伦比亚的岛屿形成权利重叠；至于赛拉那，国际法院认为 2012 年判决已经裁决过其在海洋划界中的效力，因此无须在本案中重复。

（五）评价

本案作为尼哥之间 2012 年判决的后续，无论是在管辖权问题还是实体问题上都处理了非常复杂的国际法问题，裁决的部分结果也具有争议性。

就初步反对意见判决而言，判决对既判力原则的解释和适用，使法院分裂为两个人数相等的阵营，凭院长的决定票才通过了有权管辖的决定。这是国际法院历史上第 4 次由院长投出决定票通过一项决定。(59) 耐人寻味的是 2012 年判决不予支持尼加拉瓜 200 海里以外大陆架划界请求的执行条款却是由当时的法院一致通过的，而本案判决的多数法官也参与了 2012 年的判决。对这一问题，7 名法官撰写了联合反对意见，多诺霍法官发表了个别反对意见，另有 6 名法官或是撰写单独意见，或是发表声明，这反映了法院对此问题的争议之大。联合反对意见最为系统地反驳了判决关于既判力原则在本案的适用，并提出 2012 年判决是对尼加拉瓜诉求的驳回，而不是未予决定，且驳回的原因是尼加拉瓜未能提供充分的证据证明其 200 海里以外大陆架确实存在，

---

(58) *Question of the Delimitation of the Continental Shelf between Nicaragua and Colombia beyond 200 Nautical Miles from the Nicaraguan Coast*, *supra* note 53, at 446, para. 77.

(59) 另外三次发生在 1966 年“西南非洲案(第二阶段)”,1996 年“核武器咨询意见”和 2016 年“马绍尔群岛案”中。

而这是对实体问题的决定。(60) 联合反对意见还指出，判决将向大陆架界限委员会提交划界案视为司法解决的前置条件是对《联合国海洋法公约》的错误解读。(61)

不得不承认，联合反对意见十分中肯地指出了判决逻辑的矛盾和缺陷，然而，这并不意味着判决的根本观点——2012 年判决没有对尼加拉瓜 200 海里以外大陆架请求作出决定——是错误的。根本原因在于，2012 年判决仅宣告《联合国海洋法公约》第 76 条第 1 款大陆架定义为习惯法，而没有宣告第 76 条的其他条款（尤其是有关大陆架外部界限划定的条款）具有习惯国际法的地位。换言之，法院并没有裁决在尼加拉瓜和哥伦比亚之间（哥伦比亚并非《联合国海洋法公约》的缔约国）判断 200 海里以外大陆架存在与否的实质性法律规则为何。既然连大陆架权源存在与否的适用法都未确定，又何谈对尼加拉瓜的大陆架权利或者大陆架划界请求的决定呢？而这一问题，正是审理实体问题阶段国际法院在 2022 年 10 月 4 日的命令中向当事方抛出的问题之一。

就实体判决而言，国际法院将两个所谓的具有先决性的法律问题剥离出来，并让当事方在实体问题庭审阶段仅就这两个问题展开辩论的决定是史无前例的。撰写了联合宣言的通卡法官、薛捍勤法官、鲁宾逊法官、诺特法官和专案法官斯科特尼科夫（Judge *ad hoc* Skotnikov）认为，国际法院历史上从未将实体问题庭审程序分为两个阶段，而在本案中这样处理，不符合司法经济和正义司法原则，因为国际法院行使司法职能不是裁决当事方的法律观点，而是裁决当事方的诉求，国际法院将两个法律问题剥离出来，无疑过于强调了两个问题的重要性，而又忽视了当事方的具体诉求。(62) 国际法院在实体判决中，通过对第 1 个问题的否定回答驳回尼加拉瓜的所有划界诉求，实际上证实了这些法官的忧虑：判决没有结合当事方之间的具体争议，而是试图在抽象的法律层面解决问题。尤其是对尼加拉瓜第 2 项和第 3 项划界诉求的裁决，

---

(60) Joint Dissenting Opinion of Vice-President Yusuf, Judges Cançado Trindade, Xue, Gaja, Bhandari, Robinson and Judge ad hoc Brower, *Nicaragua v Colombia II (Preliminary Objections)*, *supra* note 51 at 152.

(61) *Ibid*, at 159-160.

(62) Joint Declaration of Judge Tomka, Xue, Robinson, Nolte and Judge ad hoc Skotnikov, *supra* note 52, at 568.

国际法院以尼加拉瓜 200 海里以外大陆架不可能和哥伦比亚所属岛屿的海洋权利重叠为由驳回尼加拉瓜诉求，但回避了这两个诉求的关键问题：哥伦比亚岛屿的性质为何？相对于尼加拉瓜，哥伦比亚岛屿海洋权利的边界应当位于何处？诺特法官认为，就塞拉尼那和新巴霍而言，尼哥两国的海洋边界并不因法院对第 1 个问题的回答而终结，国际法院还应听取当事方就这两个海洋地物海洋权利范围的辩论。[63]

此外，国际法院对第 1 个问题的裁决也存在争议，而在此基础上驳回尼加拉瓜的划界请求也遭到了部分法官的反对。国际法院从专属经济区和大陆架制度的关系出发审理第 1 个问题的思路值得商榷。国际法院对 1985 年利比亚和马耳他"大陆架划界案"有关论断不加反思的引用并不恰当，且与"孟加拉湾划界案"中的说理形成冲突。在孟加拉国诉印度案中，《联合国海洋法公约》附件七仲裁庭认可一国 200 海里以外大陆架可以与他国专属经济区共存于同一区域（所谓"灰色区域"），原因就在于依据公约第 56 条第 3 款专属经济区内海底权利依据大陆架制度行使。换言之，就海底而言，《联合国海洋法公约》第 6 部分大陆架制度构成适用法。而国际法院在本案中的解释，则有将大陆架制度视为从属于专属经济区制度的嫌疑，这也不符合司法实践中对大陆架和专属经济区关系的理解。[64]

更具争议的是，国际法院在实体判决中识别习惯国际法的方法违背了司法实践对国家实践和法律确信的识别方式。即使国际法院已经承认，国家在向大陆架界限委员会提交的划界案中避免主张他国 200 海里以内区域的实践并非全然由履行法律义务的动机支配，却仍然认定存在法律确信，这无疑是对法律确信的曲解，因为按照"北海大陆架案"对法律确信的经典论断："（识别习惯国际法的主观要素要求）国家的行为必须出于遵循一项法律义务的信念。国家行为的频次甚至是习惯性的行为性质都不充分。有很多国际行为，例如礼仪和礼宾方面的行为，几乎无一例外地惯常地履行，但其动机只是礼节、方便或传统，而不是出于任何履行法律义务的意识。"[65] 如果国家实

---

[63] Separate Opinion of Judge Nolte, *supra* note 53, para. 9

[64] *Maritime Boundary Arbitration (Barbados v Trinidad and Tobago)* (2006) XXVII RIAA 147, para. 226.

[65] *North Sea*, *supra* note 37 at 44, para. 77.

践并非出于履行法律义务,那又何谈法律确信呢?通卡法官认为:"法院对于习惯国际法的裁决令人严重怀疑。这一结论基于对国家实践的精心挑选,且没有或几乎没有对法律确信的分析。"㊻ 鲁宾逊法官也指出法院没有关于法律确信存在的直接证据,而只是基于对国家实践的推断。但是,在没有明确相反证据的情况下,国际法院根本无法区分国家实践究竟是出于履行法律义务的动机,还是出于其他非法律性质的动机。㊼

㊻ Dissenting Opinion of Judge Tomka, *supra* note 53, para. 64.
㊼ Dissenting Opinion of Judge Robinson, *ibid*, para. 14.

第九章 强行法的适用

导　言

根据《维也纳条约法公约》第53条的定义，强行法（jus cogens，或 peremptory norms）指国际社会全体接受并公认为不许损抑的国际法规范。自20世纪中期以来，强行法作为国际法上的概念逐步得到国际社会的接受，《维也纳条约法公约》第53条即为强行法进入实在国际法的一项证明。2001年国际法委员会二读通过的《国家责任条款草案》第二部分第3章（严重违反一般国际法下强行法的后果）也进一步确认了强行法作为国际社会最高效力等级规范的性质，并明确了严重违反强行法的特殊后果。禁止使用武力原则、禁止种族灭绝、禁止危害人类罪和禁止奴隶贸易为公认的强行法规范。虽然国际社会对强行法的概念和性质存在共识，但强行法的识别——尤其是上述几项公认强行法规范以外的其他国际法规范是否构成强行法——和适用仍然存在较大争议。2016年至2022年间，国际法委员会研究并通过了《一般国际法上强行法规范的识别及其后果结论草案》，提出了识别强行法的具体要素和违反强行法的各项后果，并在附件中非穷尽式地列举了8项具有强行法性质的国际法规则。[1]

国际法院在强行法的识别和适用方面发挥着特殊的作用。从某种程度上看国际法院在司法实践中较为抵制对强行法的泛化，但又不可否认地极大地促进了强行法的实施，尤其是以《灭种公约》为代表的强行法规范的司法实施。国际法院主要从三个方面发展了强行法的适用：

（1）强调强行法规范的实体法性质，拒绝承认强行法的实施对程序性规

---

[1] See Chapter IV of the Report on the work of the seventy-third session (2022) (A/77/10), available at: https://legal.un.org/ilc/reports/2022/，最后访问时间：2024年11月1日。

范的影响。在2002年刚果（金）诉比利时"逮捕令案"中，国际法院拒不认为习惯国际法上在任外交部长享有的刑事管辖豁免权和不可侵犯性存在强行法例外，即当该在任外交部长涉嫌从事战争罪和危害人类罪时不享有豁免权。② 2006年刚果（金）诉卢旺达"刚果领土上的武装活动案"中，国际法院也不认为卢旺达对《灭种公约》第9条提出的保留因其涉嫌违反强行法而失去效力。国际法院指出："当争端关乎具有（强行法性质）的法律规范时——毫无疑问禁止种族灭绝具有此种性质，这一事实本身不足以为国际法院裁决该争端提供管辖权来源。根据《规约》管辖权始终立足于国家同意。"③

（2）强行法与对国际社会整体的义务（obligations erga omnes）的趋同。对国际社会整体的义务是指某些义务基于其所要保护的国际社会的共同利益，所有国家都对该义务的履行享有法律上的利益。这一概念由国际法院在1970年"巴塞罗那电力公司案"中提出，其主要目的是与国家之间具有相对性的义务进行区分，从而认可所有国家都有资格主张他国违反对国际社会整体的义务，而无须证明自身特别利益受到影响。从概念和性质上看，强行法与对国际社会整体的义务显然不同：前者指向国际法规范效力的最高位阶属性，而后者指向国际法规范适用与实施的主体宽度。但是国际法院在司法实践中却逐渐将两者趋同。在"巴塞罗那电力公司案"中，国际法院列举了一系列具有对国际社会整体义务性质的规范，包括：禁止侵略、禁止种族灭绝、保护基本人权的原则与规则（包括禁止奴隶贸易和种族歧视）。④ 这些规范实际上也是公认的强行法规范。⑤ 在2004年"隔离墙咨询意见"中，国际法院指出民族自决原则具有对国际社会整体义务的属性，而在认定违反民族自决原则的法律后果时，法院认为："鉴于所涉权利和义务的性质和重要性，法院认为，各国都有义务不承认在巴勒斯坦被占领土（包括东耶路撒冷及其周围）

---

② *Arrest Warrant of 11 April 2000 (Democratic Republic of the Congo v Belgium)*, Judgment, [2002] ICJ Rep 3, at 24, para. 58.

③ *Armed Activities on the Territory of the Congo (New Application: 2002) (Democratic Republic of the Congo v Rwanda)*, Jurisdiction and Admissibility, [2006] ICJ Rep 6, at 32, para. 64.

④ *Barcelona Traction, Light and Power Company, Limited*, Judgment, [1970] ICJ Rep 3, at 32, para. 34.

⑤ James Crawford, *Brownlie's Principles of Public International Law*, 9th edition (Oxford University Press, 2019) at 582.

修建隔离墙造成的非法局势。各国也有义务不为维持修建隔离墙造成的局势提供援助或协助。各国还必须在尊重《宪章》和国际法的同时，确保因修建隔离墙而对巴勒斯坦人民行使自决权造成的任何阻碍得以终结。"⑥ 国际法院所提及的这些法律后果，均为《国家责任条款草案》第 41 条严重违反强行法的法律后果。可以认为，凡是具有强行法性质的国际法规范，也同时被认为属于对国际社会整体的义务，但对国际社会整体的义务并不必然同时具有强行法性质。

（3）对以《灭种公约》为代表的多边公约缔约国的诉权理论的发展。国际法院接纳强行法和"对国际社会整体义务"的概念，催生了国家在自身未受侵害、利益未受直接影响的情况下向国际法院起诉他国的现象，从而引发诉讼主体是否适格这一可受理性问题。⑦ 国际法院在"巴塞罗那电力公司案"中引入"对国际社会整体义务"的概念，其论断似乎表明，在一国涉嫌违反对国际社会整体的义务时，其他国家均可被认为与该义务的履行有法律上的利益从而具有在国际法院起诉的权利。2012 年比利时诉塞内加尔"关于或起诉或引渡义务的问题案"中，国际法院在"对国际社会整体的义务"之外，又提出"对全体缔约国的义务（obligations *erga omnes partes*）"概念，并认可对于一缔约国违反公约项下"对全体缔约国义务"的行为，其他任何缔约国都可以主张从事该不法行为的缔约国的国家责任，而无须证明自身享有特别利益。该案中，国际法院也承认了禁止酷刑原则具有强行法性质，并将《禁止酷刑公约》的性质与《灭种公约》的性质类比。该案对国际法院之后的实践造成了深远的影响，导致了国家依据《灭种公约》提出公益诉讼的现象增长。⑧ 这些实践表明，国际法院对强行法和对国际社会整体义务的等同，以及对国际社会整体义务扩展争端当事方诉权的理论发展，反过来又促进了国家通过司法程序实施强行法规范的实践。

---

⑥ *Legal Consequences of the Construction of a Wall in the Occupied Palestinian Territory*, Advisory Opinion, [2004] ICJ Rep 136, at 200, para. 159.

⑦ 参见廖雪霞:《"对国际社会整体的义务"与国际法院的管辖——以"冈比亚诉缅甸违反〈防止及惩治灭绝种族罪公约〉案"为切入点》，载《国际法研究》2020 年第 6 期，第 26 页。

⑧ 见第五章"《防止及惩治灭绝种族罪公约》适用案（冈比亚诉缅甸）"述评。

本章收录的 3 个案件，除了克罗地亚诉塞尔维亚"《灭种公约》适用案"是"纯粹的"解释和适用强行法规范的司法实践外，比利时诉塞内加尔"有关或起诉或引渡义务的问题案"反映了强行法/对国际社会整体义务与诉权理论的发展，是该问题上的标志性案件；德国诉意大利"国家管辖豁免案"则体现了国际法院坚持强行法规范的实体法属性与程序性规范区分的态度。

一、有关或起诉或引渡义务的问题案（比利时诉塞内加尔）

（一）事实与程序背景

侯赛因·哈布雷（Hissène Habré）在 1982 年至 1990 年间任乍得总统。在任期间，哈布雷政权犯下大规模的侵害人权的罪行。1990 年，哈布雷政权被推翻，哈布雷获得了塞内加尔的政治庇护，之后一直在塞内加尔首都达喀尔居住。2000 年 1 月，数名乍得人在达喀尔法院控诉哈布雷担任乍得总统期间的犯罪行为，达喀尔法院则以塞内加尔刑事诉讼法并未规定对外国人在外国针对外国国民的犯罪的管辖为由，宣告达喀尔法院无管辖权。2000 年 11 月，一名取得了比利时国籍的乍得人在比利时法院起诉哈布雷，而后又有 20 人提起相同的诉讼。这些人中，仅有两人拥有乍得和比利时双国籍、一人为乍得裔的比利时公民，其余均为乍得国民。这些诉讼的法律依据为《禁止酷刑公约》与 1993 年比利时制定的对一些国际罪行实行普遍管辖的国内法（《万国管辖权法》）。

比利时调查法官于 2005 年 9 月发布哈布雷逮捕令。随后，比利时通过外交照会向塞内加尔提出引渡请求。在塞内加尔未对逮捕令或引渡请求采取行动的情形下，2006 年至 2009 年间比利时几次援引《禁止酷刑公约》第 30 条中的谈判与仲裁程序，均未获塞内加尔回应。实际上，2005 年 11 月，塞内加尔达喀尔上诉法院认定哈布雷作为卸任国家元首享有管辖豁免权，因此塞内加尔法院无权管辖哈布雷所涉诉讼。之后，塞内加尔将哈布雷问题移交给非盟讨论，非盟则建议塞内加尔在国内法体系下确保对哈布雷的起诉和审判。2007 年，塞内加尔修改国内宪法、刑法和刑事诉讼法，将酷刑等罪名纳入国内法并确立了相应的普遍管辖权，并限制法不溯及既往原则对这些罪名的适用。修法之后，塞内加尔一直以缺乏财政支持和资源为由，未对哈布雷一案进行调查或起诉。

2009年2月19日，比利时将塞内加尔诉至国际法院。比利时要求法院宣告塞内加尔违反了《禁止酷刑公约》第5条第2款（采取必要措施确立对酷刑行为的管辖权）、第6条第2款（对领土管辖内的嫌疑人所涉犯罪事实的初步调查）和第7条第1款（对领土管辖内的嫌疑人，如不引渡，则提交主管机关起诉，即"或起诉或引渡"义务），并要求法院判定，若塞内加尔不起诉哈布雷，则应将哈布雷引渡给比利时。比利时起诉时还同时提出临时措施请求，要求塞内加尔在国际法院作出实体裁决之前确保哈布雷在塞内加尔司法机关的掌控之下，未获国际法院支持。⑨ 国际法院于2012年7月20日宣判，认定塞内加尔违反了《禁止酷刑公约》第6条第2款以及第7条第1款的义务，并要求塞内加尔应尽快引渡哈布雷，或者将哈布雷移交有权机关审查起诉。⑩

（二）管辖权与诉权

比利时与塞内加尔均为《禁止酷刑公约》的缔约国，前者于1999年批准公约，后者于1987年批准公约。比利时起诉的管辖权依据为《禁止酷刑公约》第30条以及两国依据《国际法院规约》第36条第2款所作接受法院强制管辖的声明。⑪ 国际法院只考察了本案争端是否符合《禁止酷刑公约》第30条赋予国际法院管辖权的条件。

国际法院首先确认了争端的存在及范围。法院认为塞内加尔2007年修改国内法的行为已经履行了《禁止酷刑公约》第5条第2款的规定，双方在此问题上的争端已经消失。对于第6条第2款和第7条第1款，法院认定两国对塞内加尔是否履行了相关规定存在彼此对立的立场和观点，符合国际法院一

---

⑨ *Questions relating to the Obligation to Prosecute or Extradite (Belgium v Senegal)*, Provisional Measures, Order of 28 May 2009, [2009] ICJ Rep 139, at 156, para. 76.

⑩ *Questions relating to the Obligation to Prosecute or Extradite (Belgium v Senegal)*, Judgment, [2012] ICJ Rep 422.

⑪ 《禁止酷刑公约》第30条第1款规定："两个或两个以上缔约国之间有关本公约的解释或适用的任何争端，如不能通过谈判解决，在其中一方的要求下，应提交仲裁。如果自要求仲裁之日起六个月内各方不能就仲裁之组织达成一致意见，任何一方均可按照国际法院规约要求将此争端提交国际法院。"

贯的认定争端存在的标准。另外，国际法院确认两国争端仅限于《禁止酷刑公约》相关条款的解释与适用，并不涉及塞内加尔是否违反了习惯国际法上危害人类罪、种族灭绝罪相关的"或起诉或引渡"义务。

《禁止酷刑公约》第 30 条还规定了国际法院享有管辖权的前置条件，即谈判和仲裁。国际法院考察了 2005 年至 2009 年间比利时和塞内加尔的外交通信，认定比利时已善意请求塞内加尔谈判，但由于双方基本立场的冲突，谈判未能也不可能实现争端的解决。比利时数次向塞内加尔提出仲裁邀约，塞内加尔未回应，已经满足《禁止酷刑公约》第 30 条所称"自要求仲裁之日起六个月内各方不能就仲裁之组织达成一致意见"的条件。因此，国际法院确认自身享有对本案的管辖权。

塞内加尔对比利时的诉权（standing）提出了异议，主张在比利时国内起诉哈布雷的受害者中，没有一人在被控罪行发生时拥有比利时国籍。比利时则认为，一方面，比利时通过援引《禁止酷刑公约》向塞内加尔提出数次引渡哈布雷的请求，属于对本案具有特别利益的国家；另一方面，每个《禁止酷刑公约》的缔约国都有权要求其他缔约国履行条约义务，或就不履行义务的行为主张后者的国家责任。

国际法院并未回应比利时的第一个主张，而是首先考虑比利时享有《禁止酷刑公约》缔约国的身份是否足以使其有权在国际法院起诉另一缔约国违反公约。国际法院从《禁止酷刑公约》的目的与宗旨出发回答了这一问题。法院指出："正如《禁止酷刑公约》序言所述，公约的目标和宗旨是'在全世界范围内采取更加有效的措施来消除酷刑'。鉴于其共同的价值观，公约缔约国在确保防止酷刑行为以及在发生酷刑行为时确保行为人不会逍遥法外方面有着共同的利益。只要被指控的罪犯在其领土上，缔约国有义务对事实进行初步调查，并将案件提交主管当局起诉，无论罪犯或受害者的国籍如何，也无论被指控的罪行具体发生在何处。被指控嫌疑人所身处的国家履行这些义务符合所有其他缔约国的共同利益。这种共同利益意味着，任何缔约国都对公约所有其他缔约国承担有关义务。"法院接着援引"巴塞罗那电力公司案"中"对国际社会整体的义务"相关论述指出："所有缔约国对于这些权利的保护享有'法律上的利益'。这些义务可以被称为'对全体缔约国的义务'。⑫ 法院还援引了 1951 年"对《灭种公约》保留咨询意见"中对《灭种公约》性质的阐述，指出《禁止酷刑公约》与《灭种公约》具有相似性，即缔约国不享有自身的、个别的利益，而是对公约所要实现的目的和宗旨享有共同利益。法院据此认为："遵守《禁止酷刑公约》相关义务的共同利益意味着公约各缔约国有权向另一被控违反公约的缔约国主张停止违法行为。"⑬ 国际法院还认为，如果要求国家必须享有特别的利益（special interest），则很多时候没有国家能够对违反《禁止酷刑公约》的缔约国提出主张。基于这些理由，国际法院认定比利时享诉权。

（三）塞内加尔是否违反《禁止酷刑公约》的义务

虽然国际法院在考虑管辖权问题时已认定有关《禁止酷刑公约》第 5 条的争端已消失，但在审理实体问题时法院强调，缔约国依据第 5 条在国内法体系中确立对酷刑行为的普遍管辖权是该国履行第 6 条和第 7 条义务的必要条件，因为缔约国履行第 5 条将产生特别的预防和威慑效果，使缔约国国内法体系能够更为有效地执行《禁止酷刑公约》的目标，并避免因国内法的缺憾导致的有罪不罚。塞内加尔直到 2007 年才履行《禁止酷刑公约》第 5 条的规定，延误了该国将哈布雷案移交有权机关调查和起诉。

在建立了《禁止酷刑公约》第 5 条与第 6 条、第 7 条的逻辑联系后，国际法院进一步判断塞内加尔是否违反后两条义务。法院认为，第 6 条规定的尽快对事实进行调查的义务并不必然意味着缔约国的有权机关必须作出予以起诉的决定，该条的目的在于依据一定的证据标准确认事实。然而，塞内加尔没有提供任何的证据资料证明自己调查过哈布雷案。虽然如何调查取证取决于各缔约国自身的规定，但《禁止酷刑公约》第 6 条第 2 款要求缔约国在确认嫌疑人的身份后应当尽快展开对案情的调查，而塞内加尔未尽到这一义务。

同样，国际法院也认定塞内加尔违反了《禁止酷刑公约》第 7 条第 1 款规定的"或起诉或引渡"义务。法院的说理主要包括以下几方面：(1) 关于

---

⑫ *Belgium v Senegal case*, supra note 10 at 449, para. 68.

⑬ *Ibid* at 450, para. 69.

"或起诉或引渡"义务的内涵。法院认为，起诉义务是缔约国必须履行的国际义务，即无论有无他国的引渡请求，缔约国都应对符合管辖条件的嫌疑人展开调查并作出起诉与否的决定。引渡则是国家的可选项。(2) 关于"或起诉或引渡"义务的性质和时间范围。尽管禁止酷刑是习惯国际法规则，且已经成为强行法规则，但《禁止酷刑公约》规定的起诉义务并不适用于该公约对特定缔约国生效之前的犯罪事实。然而，由于哈布雷被控所犯的酷刑行为具有持续性，且持续至1990年，塞内加尔应对1987年公约对其生效后哈布雷的违法行为予以管辖。(3) 关于塞内加尔提出的财政等其他障碍。法院认为，依据《维也纳条约法公约》第27条，一国不得援引国内法作为不履行条约义务的依据。因此，塞内加尔不能以国内法律无规定等原因拒绝管辖哈布雷案。尽管《禁止酷刑公约》第7条第1款没有包含履行该义务的时间限制，但缔约国应当在合理时间内以符合该公约目的与宗旨的方式履行该义务。综合这些考虑，法院认定第7条第1款要求自2000年塞内加尔国内首次出现对哈布雷的控告起，塞内加尔尽快采取所有必要措施完成对哈布雷的起诉决定，但塞内加尔未能履行该义务。

确认塞内加尔违反《禁止酷刑公约》第6条第2款和第7条第1款后，法院宣告了相应的救济措施，包括塞内加尔应承担不履行义务的国家责任，并应尽快将哈布雷移交有权机关作起诉决定，不得再有任何延误，除非塞内加尔决定引渡哈布雷。

(四) 评价

本案是2010年以来国际法院在国际人权法领域的重要实践。国际法院指出禁止酷刑原则已经构成强行法规范，进一步明确了该项原则在国际法上的性质。同时，国际法院也注意区分了该项原则的性质与《禁止酷刑公约》适用范围之间的区别，强调后者适用于对特定缔约国生效之后发生的酷刑行为，除非缔约国基于自身意愿追溯适用。此外，对于《禁止酷刑公约》中缔约国就第5、6和7条承担的国际义务性质及其适用方式，国际法院予以澄清，并阐明这几个条款作为一个整体，创设了"防止嫌疑人逃避罪责的一体化履约机制"。⑭ 尤其是法院对第 7 条第 1 款"或起诉或引渡"义务的解释，为我们理解这一义务的具体含义和实施方式提供了更清晰的指引。

国际法院认定《禁止酷刑公约》第 6 条第 2 款和第 7 条第 1 款属于"对全体缔约国承担的义务"，并以此作为确认比利时诉权的基础，极大地拓展了"对全体缔约国承担的义务"在国际法院诉讼程序中的适用，使这一概念具有促进公益诉讼的能力。⑮ 国际法院这部分说理受到部分法官的质疑。⑯ 实际上，通过将比利时的诉权建立在"对全体缔约国的义务"这一概念上，国际法院回避了本案核心问题，即比利时是否已依据《禁止酷刑公约》确立对哈布雷的管辖权，从而对本案享有特别利益。⑰ 依据该公约第 5 条，除了属地原则与属人原则之外，缔约国也可在"受害人为该国国民，而该国认为应予管辖"的情况下确立管辖权，该条款反映了消极属人原则。然而，在比利时国内起诉哈布雷的受害人在被控行为发生时尚未取得比利时国籍，因此，消极属人原则能否为比利时引渡哈布雷提供法律支撑，本就是存有疑问的。国际法院对此避而不答。有意思的是，国际法院在执行条款中并未像比利时要求那样指示塞内加尔将哈布雷引渡给比利时，而只是概括性地要求"如果塞内加尔决定不引渡则应不加延误地予以起诉"。这表明法院对比利时是否有权管辖哈布雷案持保留态度。本案中有关"对国际社会整体的义务"和诉权的论证深刻影响了后来冈比亚诉缅甸"《灭种公约》适用案"中国际法院对冈比亚诉权的判断。⑱

"或起诉或引渡案"判决后，塞内加尔于 2012 年设立非洲特别法庭，准备审理哈布雷一案。该法庭在性质上属于混合性特别法庭，并且是非洲国家第一次依据普遍管辖权审理他国卸任国家元首的实践。该法庭于 2016 年判决

---

⑭ Ibid at 455, para. 91.

⑮ 参见廖雪霞:《"对国际社会整体的义务"与国际法院的管辖——以"冈比亚诉缅甸违反〈防止及惩治灭绝种族罪公约〉案"为切入点》，载《国际法研究》2020 年第 6 期，第 34-36 页。

⑯ 参见薛捍勤法官、斯科特尼科夫法官、小和田法官以及专案法官肃赫法官(Judge ad hoc Sur)的个别意见。其中，小和田法官赞成判决主文，但认为以"缔约国之间的对国际社会整体的义务"作为诉权的基础是有争议的。Declaration of Judge Owada, Belgium v Senegal case, at 469.

⑰ Dissenting opinion of Judge Xue, Belgium v Senegal case, at 574; Separate opinion of Judge Skotnikov, Belgium v Senegal case, at 481.

⑱ 见第五章"《防止及惩治灭绝种族罪公约》适用案(冈比亚诉缅甸)"述评。

哈布雷犯有酷刑行为、危害人类罪和战争罪，并处以无期徒刑。⑲

二、国家管辖豁免案（德国诉意大利；希腊参与）

（一）事实与程序背景

1940年，意大利作为轴心国之一参与第二次世界大战。1943年，墨索里尼倒台后，意大利向同盟国投降，并向德国宣战。紧跟着，德国的军队占领了意大利的大部分领土，对意大利国民犯下许多惨无人道的罪行，并强迫意大利被俘士兵从事奴隶劳动。许多被俘意大利士兵都未被给予战俘（prisoner of war）地位。德国在1943年至1945年间对意大利国民及士兵的所作所为构成对国际人道法的严重违反。二战后，虽然德国通过一系列联邦法律对纳粹德国的受害者提供了求偿渠道，但由于这些法律要求的限制条件（如申请者在战时应拥有德国的永久居留权），大部分意大利国民及退役军人都未能在德国法律框架内获得赔偿。1961年德国与意大利签署了两份双边协定，德国同意一次性给付意大利4000万德国马克作为两国最终的解决办法。然而，由于意大利将大部分赔偿款用于恢复战后经济生产，仍有大量的意大利退役军人未能获得赔偿。

1998年9月23日，一名名叫路易吉的意大利退伍军人在意大利阿雷佐法院对德国提起民事诉讼。路易吉于1944年被德军俘虏，随后被强行转移至德国从事奴隶劳动直到战争结束。阿雷佐法院以德国享有管辖豁免为由未受理路易吉的起诉。路易吉一路上诉至意大利最高法院，最终最高法院在2004年3月判决，认定意大利法院有权管辖路易吉起诉的赔偿事宜，因为国家豁免原则在被诉事由涉及国际罪行时不适用。该判决作出后，又有十数名意大利国民在意大利各地起诉。

类似的情形也发生在希腊。1944年，德国占领希腊并在Distomo城市屠杀平民。1995年，被害者的亲属在本地法院起诉德国要求人身和财产损害赔偿。希腊初级法院于1997年作出判决，支持了被害者亲属的诉求并判决了相

---

⑲ Ministère Public v Hissène Habré, Extraordinary African Chambers, Judgment of 30 May 2016, available at:http://www.chambresafricaines.org/pdf/Jugement_complet.pdf,最后访问时间:2024年11月1日。

应的赔偿金额（以下简称"Distomo 案"）。依据希腊国内法，针对外国国家的诉讼在希腊国内执行前须先获得希腊司法部部长的特许，而 Distomo 案原告一直未获司法部部长特许。2004 年后，Distomo 案原告前往意大利请求在意大利执行该判决，佛罗伦萨上诉法院于 2005 年宣布该判决可在意大利执行。2007 年，意大利对境内一处德国文化交流中心的建筑物采取了限制措施。

2008 年 12 月 23 日，德国向国际法院起诉意大利，要求法院裁决意大利允许国民在意大利法院对德国提起民事诉讼、对德国财产采取限制措施、宣告希腊 Distomo 案判决可在意大利执行侵害了德国享有的管辖豁免权利。德国起诉所援引的管辖权来源为 1957 年《欧洲和平解决国际争端公约》，德国和意大利均为该公约缔约国。意大利在向国际法院提交的辩诉状中提出了反诉，要求法院裁决德国应就二战中严重违反国际人道法的行为向意大利受害者赔偿。国际法院在 2010 年 7 月 6 日作出的命令中裁决意大利的反诉不具有可受理性。[20] 2011 年 1 月 13 日，希腊依据《规约》第 62 条，请求作为非当事方参与本案。意大利与德国均未反对希腊的参与。国际法院认为，在审理本案过程中法院将可能考察希腊法院在 Distomo 案中的判决从而审理德国提出的第 3 项诉求，因此希腊对本案拥有"法律性质的利益"，同意希腊参与本案。[21] 国际法院于 2012 年 2 月 3 日宣判，认定意大利违反了德国依据习惯国际法享有的管辖豁免权。[22]

（二）适用法与国家豁免理论的变迁

本案争议核心在于意大利法院褫夺德国豁免权的行为是否违反国际法。意大利与德国之间并无可适用的国际公约。德国签署了 1972 年《管辖豁免欧洲公约》，但意大利并未加入该公约。两国也未签署 2004 年《联合国管辖豁免公约》。因此，国际法院只能适用习惯国际法规则来裁判本案。

德国与意大利就适用于本案的习惯国际法规则的内容有所争议。德国

---

[20] *Jurisdictional Immunities of the State (Germany v Italy)*, Counter‐Claim, Order of 6 July 2010, [2010] ICJ Rep 310, at 321, para. 35.

[21] *Jurisdictional Immunities of the State (Germany v Italy)*, Application for Permission to Intervene, Order of 4 July 2011, [2011] ICJ Rep 494, at 503, para. 34.

[22] *Jurisdictional Immunities of the State (Germany v Italy: Greece intervening)* [2012] ICJ Rep 99.

认为，由于意大利法院拒不承认德国豁免权所基于的事实发生于1943—1945第二次世界大战期间，因此应适用那一时期的国家豁免规则，即绝对豁免理论。意大利则认为应适用意大利法院管辖德国的行为发生时的法律，即2004年及之后的国际法。按照意大利的理解，这一时期的国家豁免理论已经发生重大变化，由绝对豁免理论转向了限制豁免理论，即区分一国的主权行为（*acta jure imperii*）与非主权行为（*acta jure gestionis*），只有前者才享有管辖豁免。并且，在限制豁免理论下，即便是主权行为——本案中德国武装部队从事的行为——也不及于造成一国领土上人身财产损害的侵权行为（"侵权行为例外"，territorial tort principle）。

国际法院认定，本案争议是意大利法院宣告管辖针对德国的民事诉讼是否违反国际法，那么，按照2001年国际法委员会通过的《国家责任条款草案》第13条，应适用被诉违法行为发生时的国际法。至于当前习惯国际法是否已采纳了限制豁免理论以及其中的侵权行为例外，应当由国际法院考察习惯国际法的构成要素——国家实践和法律确信——予以查明。

（三）国家豁免是否及于造成人身财产损害的侵权行为

国际法院认为判断意大利第一个抗辩是否成立，并非要求法院一般性地查明国家主权行为的管辖豁免权存在侵权行为例外。相反，法院的工作在于查明发生于一国领土之上的他国武装部队的行为是否存在侵权行为例外。国际法院考察了《管辖豁免欧洲公约》和《联合国管辖豁免公约》，指出前者明确将武装部队的行为排除在公约规范的范围外，而后者缔约过程中国际法委员会评注指出该公约不适用于武装部队的行为。因此，法院认定这两个公约与习惯法规则的查明无关。随后，国际法院考察了包括国内立法和国内法院判决在内的国家实践，指出许多国家在审理以德国为被告的案件时，均认可德国就其武装部队在武装冲突中的行为享有豁免权。法院确认，当前习惯国际法仍然要求一国给予他国武装部队在前者领土上的侵权行为以豁免。国际法院由此驳回了意大利的第一项抗辩。

（四）严重违反国际人道法与国家豁免的关系

意大利的第二项抗辩称德国的行为严重违反国际人道法以及强行法，

在此两种情形下国家豁免原则不适用，并且意大利国民除了司法救济程序外已无其他任何求偿渠道。国际法院首先指出，将给予豁免与否建立在一国违法行为的严重性之上将导致逻辑上的困境。法院认为："管辖豁免不是免受不利判决的豁免，而是一种免受审判程序的豁免。因此它必然具有初步性质。这意味着国内法院在审理提交给它的案件的实体问题之前以及在确定事实之前，必须根据国际法先行决定外国是否享有豁免权。如果豁免取决于该国是否确实严重违反了国际人权法或武装冲突法，那么国内法院就有必要先对案情进行调查，以确定其是否拥有管辖权。另一方面，如果仅仅指控一国实施了此类不法行为就足以剥夺该国享有的豁免权，那么实际上只需通过巧妙地界定诉求就可以褫夺豁免。"㉓ 换言之，如果要先判断一国违法行为的严重程度再决定是否给予豁免，则无疑是将实体问题的判断置于程序问题的判断之前。

更重要的是，国际法院通过考察国家实践，发现除了意大利法院外，几乎没有任何其他国家的实践可以支持意大利的这一抗辩。国际法院着重研究了加拿大、法国、斯洛文尼亚、新西兰、波兰、英国等国的国内法院的判决，认为即使在一国涉嫌严重违反国际人道法的情况下，这些国家的法院仍然认可国家的豁免权。另外，各国国内立法、欧洲人权法院的实践以及《联合国管辖豁免公约》的条款也不能支持意大利的主张。因此，国际法院认定当前习惯法下，一国并不因被控严重违反国际人道法而丧失管辖豁免权。

（五）违反强行法与国家豁免原则的关系

意大利指出，德国违反的国际法具有强行法的性质，而强行法作为国际法中最高效力等级的法律规范，在位阶上优于管辖豁免原则；当管辖豁免原则的适用会导致强行法无法发挥效力时，应让位于强行法。

国际法院驳回了意大利的这一主张。国际法院认为："（意大利的）这一论点取决于强行法规范与承认他国豁免权的习惯法规范之间是否存在冲突。法院认为，不存在这种冲突。……这两套规则涉及不同的问题：国家豁免

㉓ *Ibid* at 136, para. 82.

规则是程序性的，仅限于确定一国法院是否可以对他国行使管辖权，它们不涉及与诉讼有关的行为是合法还是非法的问题。"[24] 易言之，强行法属于实体法规范，管辖豁免原则属于程序法规范，管辖豁免原则的适用并不意味着对被诉行为的合法性或违法性作出评价。因此，两者之间并不产生冲突。国际法院还指出，各国长达一个世纪的实践表明，战后赔偿往往采取一次性给付的方式而不要求对每一个受害个体进行单独的、完全的赔偿。因此，不能认为德国未能充分赔偿意大利的每个受害国民违反了一项不得被克减的强行法规范。国际法院还援引了2006年刚果（金）诉卢旺达"刚果领土上的武装活动案"和2002年刚果（金）诉比利时"逮捕令案"，强调一国被诉行为涉嫌触犯强行法与国际法院的管辖权或者国家豁免规则这类程序性规则之间并无直接联系，不能因所涉法律的强行法规范性质而否定程序性规则的适用。另外，国际法院还考察了部分国家国内法院的实践并指出，国家实践并未将一国行为触犯强行法与该国的管辖豁免问题挂钩。

最后，国际法院也以国际法未将赔偿问题与管辖豁免问题挂钩为由，否定了意大利提出的国内民事诉讼是其国民向德国求偿的最后途径的抗辩。

至于德国的第2项诉求（意大利对德国财产采取强制措施），意大利未提出任何抗辩，并告知法院不反对法院作出决定要求意大利撤销对该建筑物的强制措施。国际法院指出，免于执行的豁免规则相较于免于管辖的豁免规则更为严苛，且涉案建筑物并不符合可被执行的条件，因此意大利行为的违法性毋庸置疑。至于德国的第3项诉求（意大利宣告希腊判决可在意大利执行），法院强调其考察的并非希腊判决本身是否违反国际法，而是意大利的宣告行为是否违反国际法。国际法院认为，意大利法院宣告希腊判决可在意大利执行已经意味着意大利未能尊重德国的管辖豁免权，属于违反国际法的行为。

（六）评价

本案是近20年来有关国家管辖豁免原则最重要的司法案例，其重要性不仅体现在澄清了一国武装部队在他国领土上的行为仍属于管辖豁免的范畴，

---

[24] *Ibid* at 140, para. 93.

更在于触及了当前国际法发展中的前沿问题：强行法的实施是否意味着国家管辖豁免权利的进一步限缩，乃至在一国涉嫌违反强行法时丧失在他国法院中的管辖豁免权？认可强行法为国际法体系中最高效力等级的法律规范与承认一国违反强行法的行为仍享有管辖豁免之间是否存在冲突？国际法院在本案中立足于程序规则与实体规则的区分，否认强行法规范与管辖豁免规范存在冲突，并强调当前习惯法尚未发展到如此境地。本案判决固然在相关习惯法规范的识别和澄清上提供了最具权威的论述，但仍需意识到国际法的发展是一个动态的过程，应更深刻地反思本案折射的国家主权与人权保护之间的张力。

为执行法院判决，意大利通过第 5/2013 号条例，要求所有意大利法院对涉及针对外国国家的民事诉讼，须宣布其缺乏管辖权。2014 年 10 月 22 日，意大利宪法法院以第 5/2013 号条例违反了意大利宪法对根本人权的保护为由，宣布该条例违宪。意大利国内法院因而再次受理了大量意大利国民针对德国的民事诉讼。这一后续发展可以从两个视角去理解。一方面，意大利宪法法院的决定反映了国际法与国内法关系中的二元论视角，即国际法与国内法为两个不同的法律体系，国际法在国内的适用本质上取决于国内法（尤其是国内宪法）的规定。另一方面，在国际层面，意大利的行为违反了国际法院"管辖豁免案"判决，违背了《宪章》第 94 条规定，也违反了法院在本案中宣告的与管辖豁免有关的习惯法原则，属于国际不法行为，应承担国家责任。

2022 年 4 月 29 日，德国向国际法院提出申请起诉意大利国内法院的上述行为。德国主张，2014 年意大利宪法法院判决后，有至少 25 个针对德国的新的起诉，而在其中至少 15 个程序中意大利国内法院裁决了针对德国在二战中违法行为的控告。并且，为了执行其中 2 个判决，意大利法院已经或正在试图对德国位于罗马的国有资产采取强制措施。[25]

---

[25] Application instituting proceedings (29 April 2022), *Questions of jurisdictional immunities of the State and measures of constraint against State-owned property (Germany v Italy)*, available at: https://www.icj-cij.org/case/183/institution-proceedings，最后访问时间：2024 年 11 月 1 日。

三、《防止及惩治灭绝种族罪公约》适用案（克罗地亚诉塞尔维亚）

（一）事实与程序背景

南斯拉夫社会主义联邦共和国（以下简称"前南"）由塞尔维亚、克罗地亚、斯洛文尼亚、波斯尼亚和黑塞哥维那（以下简称"波黑"）、黑山和马其顿组成。1980年末期到1990年初期，前南逐步走向瓦解。1991年至1992年间，克罗地亚、斯洛文尼亚、马其顿、波黑先后独立，之后这些国家作为新成员成为联合国的会员国。㉖ 1992年4月27日，"南斯拉夫社会主义联邦共和国议会、塞尔维亚共和国国民议会和黑山共和国议会联席会议的与会者"通过声明（以下简称"1992年南联盟声明"），称南斯拉夫联盟共和国（以下简称"南联盟"）继承前南的国家、国际法律和政治人格，并将严格遵守南斯拉夫社会主义联邦共和国在国际上承担的一切承诺。同一天，南斯拉夫常驻联合国代表团向联合国秘书长发出照会，称南联盟将严格遵循南斯拉夫国际法律人格的连续性，南联盟将继续行使和履行前南在国际关系中所享有和承担的一切权利和义务，包括其在国际组织中获得的成员资格。然而，1992年9月19日，安理会通过决议，称南联盟不能自动获得前南在联合国的成员资格，而应重新申请加入联合国。直到2000年11月1日，经南联盟申请，联合国大会通过决议，南联盟正式成为联合国的会员国。2003年2月，南联盟更名为"塞尔维亚和黑山"（以下简称"塞黑"）。2006年6月，黑山独立后，由塞尔维亚继承塞黑的国际法主体地位，黑山则作为新成员加入了联合国。

在前南瓦解过程中，其境内不同民族与各政府之间的矛盾也日益严重。本案即起源于克罗地亚独立战争中发生的针对克罗地亚人、塞族人的屠杀等暴行。按照克罗地亚官方的人口普查数据，1991年克罗地亚境内居住着约占总人口12%的塞族人。作为少数群体的塞族人反对克罗地亚独立，并在1990年前后选举产生了代表塞族人的政党、议会、理事会等，遭到克罗地亚政府

㉖ 由于其国名争议，马其顿以"南斯拉夫马其顿共和国"临时国名成为联合国的成员国。

的反对。1990 年末，塞族人主张设立了几个塞族自治区。1991 年春，塞族人武装力量与克罗地亚之间出现摩擦后，南斯拉夫国民军介入。1991 年 6 月 25 日，克罗地亚宣布独立，随后在克罗地亚境内爆发了武装冲突。截至当年年底，南斯拉夫国民军与当地的塞族部队控制了克罗地亚大约三分之一的领土（主要是靠近塞尔维亚的克罗地亚东部地区）。1991 年末至 1992 年，在国际社会的介入下冲突各方展开了谈判，最终同意了包括停火协议、去军事化等内容在内的《万斯计划》（Vance Plan），并同意部署联合国保护部队。然而，《万斯计划》和联合国保护部队的目标最终以失败告终。1995 年春夏，在一系列军事行动之后，克罗地亚成功夺回了先前失去的大部分领土控制权。

1993 年，联合国安理会通过了第 808 号决议，表明应成立一个国际法庭以便将严重违反国际人道法的犯罪人绳之以法。1993 年 5 月 25 日，安理会通过了第 827 号决议，成立了前南刑庭，专门负责审判自 1991 年以来在前南联盟境内违反国际人道法的犯罪嫌疑人，包括发生在克罗地亚和南联盟武装冲突中的犯罪行为。

1999 年 7 月 2 日，克罗地亚依据《灭种公约》向国际法院起诉南联盟，主张南联盟在 1991 年至 1995 年之间在克罗地亚的领土上犯下了《灭种公约》所禁止的罪行，其起诉的管辖权依据为《灭种公约》第 9 条。南联盟于 2002 年提出了初步反对意见，国际法院于 2008 年 11 月 18 日作出初步反对意见判决。㉗ 之后，塞尔维亚在其辩诉状中提出了反诉，称克罗地亚在 1995 年反攻收回其被控制领土时对这些领土上的塞族人从事了灭种暴行。克罗地亚没有质疑该反诉的可受理性，而是提出了实体性的抗辩。国际法院于 2015 年 2 月 3 日宣判裁决了实体问题（包括塞尔维亚的反诉）。㉘ 下文将分别评析初步反对意见判决和实体问题判决。

（二）初步反对意见判决的主要内容

由于本案程序进行过程中黑山从塞黑独立，国际法院认定只有塞尔维亚

㉗ *Application of the Convention on the Prevention and Punishment of the Crime of Genocide (Croatia v Serbia)*, Preliminary Objections, [2008] ICJ Rep 412.

㉘ *Application of the Convention on the Prevention and Punishment of the Crime of Genocide (Croatia v Serbia)*, Judgment, [2015] ICJ Rep 3.

才是本案的唯一被申请方，黑山因与塞黑的法律人格之间并无连续性，因此不能被视为本案的被申请方。

本案的管辖权与可受理性争议与前南解体后塞尔维亚在国际法上的主体地位密切相关，这些争议的关键问题是南联盟试图继承前南国际法主体地位的立场未获联合国承认，直到2000年11月1日才作为新成员加入联合国。鉴于这些事实，被申请方提出了3项管辖权与可受理性异议。

1. 被申请方是否具有参与国际法院诉讼的主体资格

被申请方指出，克罗地亚起诉时，当时的被申请方南联盟并非联合国的成员国，因此也并非《规约》的当事国。依据《规约》第35条，南联盟不具有参与国际法院诉讼的资格。

该项反对意见需要联系国际法院之前审理的其他涉及南联盟的案件来理解。1999年，科索沃战争中，因北约轰炸南联盟，南联盟在国际法院起诉包括加拿大、比利时、法国、英国等在内的8个北约国家，称这些国家使用武力的行为违反《灭种公约》。国际法院在2004年的判决中基于《规约》第35条的适用驳回了南联盟的申请，认定对该争端无管辖权：（1）依据《规约》第35条第1款，南联盟在起诉时并非联合国的成员国，因此无权参与国际法院的诉讼；（2）虽然《规约》第35条第2款允许国际法院基于"现行条约（treaties in force）另有特别规定"的情形受理非规约当事国的案件，但国际法院认为所谓的"现行条约"必须是规约生效时（1945年10月24日）就已经生效的条约，而《灭种公约》是1951年1月12日才生效的，因此不属于第35条第2款的范畴。㉙

本案中，国际法院在考察第1项反对意见时首先指出，虽然国际法院过往的判决对其并无拘束力，但原则上国际法院不应偏离其已经确立的实践，除非在个案中存在需要采取不同结论的特别理由。接着，国际法院从两方面回应了第1项反对意见：其一，国际法院立足于《规约》第35条第1款而不是第2款判定被申请方参与国际法院程序的资格，即被申请方是否为《规约》的当事国。法院强调，虽然原则上应以申请方提出申请的时刻作为判断管辖

㉙ *Legality of Use of Force (Serbia and Montenegro v Belgium)*, Preliminary Objections, [2004] ICJ Rep 279, at 327, para. 127.

权有无的时间点,但法院在实践中也基于现实和灵活的考虑,在某些情形下允许起诉时尚未满足的条件在之后补足。法院认为:"真正关键的是,最迟在法院就其管辖权作出裁决之日,只要申请方愿意即有权提起新的诉讼,以满足最初未满足的条件。在这种情况下,强迫申请方重新开始诉讼程序——或提起新的诉讼程序——不符合正义司法原则,因此更优的结论应当是,除非存在特别情况,应认定在国际法院作出裁决之日起诉所需要的条件已获满足。"㉚ 换言之,假设克罗地亚在 2000 年 11 月 1 日之后起诉,而非 1999 年 7 月 2 日起诉,则南联盟参加本程序的资格是毋庸置疑的。据此法院认定,南联盟自 2000 年 11 月 1 日起有权参与国际法院程序。

其二,国际法院进一步考虑,南联盟在 1999 年 7 月 2 日至 2000 年 11 月 1 日之间是否受《灭种公约》第 9 条拘束。塞尔维亚认为,其于 2001 年 6 月才正式成为《灭种公约》的当事国,因此在克罗地亚起诉时并非《灭种公约》的当事国。并且,塞尔维亚在加入《灭种公约》时还对第 9 条提出了保留。国际法院则从 1992 年南联盟声明出发,指出该声明十分确切地表明了南联盟将遵守前南在国际关系中承担的一切承诺,这些承诺显然包括《灭种公约》(前南于 1948 年 12 月 11 日签署《灭种公约》且未保留第 9 条)。国际法院援引 1978 年《关于国家在条约方面的继承的维也纳公约》第 2 条第 7 款指出,一国继承条约的通知可以以任何形式作出,因此,1992 年南联盟声明表达了受《灭种公约》拘束的意图,该声明因此具有继承条约的通知效力。换言之,南联盟(之后的塞尔维亚)自 1992 年声明作出之日起就成了《灭种公约》的缔约国。而且,法院还指出在以往涉及南联盟的案件中(1993 年波黑提起的"《灭种公约》适用案")南联盟也未否认自己是《灭种公约》的当事国。国际法院因而得出结论,被申请方自本案程序开始至 2000 年 11 月 1 日,受《灭种公约》(包括第 9 条)的拘束,因此法院驳回了第 1 项反对意见。

2. 属时管辖权和可受理性

被申请方提出的第 2 项异议是,因南联盟直到 1992 年 4 月 27 日才独立为一个国家,克罗地亚起诉的事项中涉及这一日期之前的行为不能归责于南联盟,因此 1992 年 4 月 27 日之前的有关诉求不属于国际法院的管辖范围,也不

㉚ *Croatia v Serbia (Preliminary Objections)*, supra note 27 at 441, para. 85.

具有可受理性。国际法院认为这一异议不具有全然的先决性。原因在于：一方面，这一反对意见要求国际法院判断其管辖权是否包括南联盟作为独立且有能力加入《灭种公约》的国家之前的行为是否构成对《灭种公约》的违反，这涉及《灭种公约》相关义务能否在 1992 年 4 月 27 日之前适用于南联盟的问题；另一方面，这一反对意见提出的可受理性问题与有关事实能否归责于南联盟密切相关。因此，国际法院依据《法院规则》第 79 条宣告这一初步反对意见不具有全然的先决性，应在审理实体问题阶段裁决。

3. 部分诉求是否无实际意义

塞尔维亚主张克罗地亚提出的部分诉求因形势变化已无实际意义，因此不具有可受理性。这些诉求包括：（1）将包括米洛舍维奇（Milošević）在内的涉嫌从事灭种罪行的嫌疑人提交司法审判（米洛舍维奇此前已被移交前南刑庭且已经不在人世）；（2）向克罗地亚提供失踪的克罗地亚人的信息；（3）归还克罗地亚的文化财产。国际法院认为这些意见虽然作为可受理性异议提出，但实际上都与《灭种公约》的解释和适用有关，都是国际法院必须在实体问题阶段审理从而裁决的事项。换言之，塞尔维亚的此项反对意见在性质上属于对实体问题的抗辩而非可受理性异议，因此法院驳回了第 3 项异议。

（三）实体判决的主要内容

2015 年 2 月 3 日的实体判决的主要内容包括下列事项：（1）2008 年初步反对意见判决没有裁决的管辖权和可受理性异议；（2）适用法；（3）证据规则；（4）塞尔维亚是否违反《灭种公约》；（5）克罗地亚是否违反《灭种公约》。

1. 管辖权与可受理性

国际法院认为，《灭种公约》中规定的实质性义务不具有溯及力。原因在于，公约中实质性义务具有习惯国际法乃至强行法的性质，并不意味着第 9 条允许当事国将《灭种公约》生效前的争端提交国际法院。基于逻辑上的原因，《灭种公约》中的预防义务显然不能适用于发生在一国成为《灭种公约》当事国之前的行为；尽管惩治义务不受这一逻辑约束，但公约并未要求缔约国制定具有溯及力的国内法惩治该公约对其生效之前的灭种罪行。然而，国际法院认为判断管辖权与可受理性的关键在于确认争端是否与《灭种公约》

的解释、适用和实现有关。因此，法院需要考虑的是双方在1992年4月27日（南联盟成为独立国家）之前是否就公约的解释、适用和实现存在争端。

法院查明双方之间有三项逻辑上存在联系的争议，包括：（1）克罗地亚控诉的行为是否发生，如果确实发生，是否违反《灭种公约》；（2）这些事实能否在当时被归责于前南及前南是否应承担责任；（3）如果前南确有责任，南联盟是否应继承该责任。法院认为这些问题都与《灭种公约》的解释、适用和实现有关。由于双方都同意在被控事实发生时前南受《灭种公约》拘束，因此这些被控事实是否构成对《灭种公约》的违反以及前南是否就此承担责任属于《灭种公约》第9条管辖权条款赋予国际法院属事管辖权的范畴。至于南联盟是否继承该责任，虽然并非《灭种公约》第9条管辖权条款调整的事项而是由习惯国际法的相关规范调整，但这并不使其被排除在《灭种公约》第9条赋予国际法院的管辖权之外。因此，国际法院认为对于克罗地亚指控的发生于1992年4月27日之前的事实，法院也享有管辖权。国际法院驳回了被申请方第2项反对意见。

2. 适用法

《灭种公约》是本案的适用法。国际法院指出，裁决本案还应适用习惯国际法上的条约解释规则与国家责任相关原则与规则。当事方之间对于《灭种公约》部分条款的解释和适用存在争议，对于国际法院应在多大程度上遵循2007年波黑诉塞黑"《灭种公约》适用案"中的相关论断以及在多大程度上采纳前南刑庭的裁决也存在争议，因此国际法院先阐明了适用法及其具体含义。

国际法院首先区分了国家责任与个人刑事责任。国际法院指出："国家责任和个人刑事责任由不同的法律制度规范，各自寻求不同的目标。前者关乎一国违反国际法上的义务导致的后果，而后者关乎个人基于国际或国内刑法规范承担的责任以及刑罚。"[31] 对于国际法院而言，裁决本案不是为了确定相关个人的刑事责任，而是确定国家责任。因此，对于前南刑庭等国际刑事法庭的裁决，国际法院会适当地考虑其对于是否发生了灭种行为的事实认定，

---

[31] *Application of the Convention on the Prevention and Punishment of the Crime of Genocide (Croatia v Serbia), supra* note 28 at 61, para. 129.

在此基础上依据一般国际法明确国家责任。

接着，国际法院分析了《灭种公约》第 2 条定义灭种罪行的主观要件和客观要件。国际法院认为："根据该条款，灭种行为包含两个构成要件：一是客观要件，即行为要件（actus reus），二是主观要件（mens rea）。虽然在分析时两者相互区分，但这两个要件是相互关联的。确定灭种罪行需要同时考察主观意图。此外，对于行为的定性以及行为之间的相互关系也有助于对主观意图的推断。"㉜ 在这一基本原则下，国际法院进一步分析主观要件。国际法院援引 2007 年波黑诉塞黑"《灭种公约》适用案"指出，《灭种公约》第 2 条要求的"蓄意全部或局部消灭某一民族、人种、种族或宗教团体"反映了一项特别意图（dolus specialis），即为了证成灭种罪行，每项灭种行为都必须伴有这一主观意图。

当事方之间对主观要件的解释和适用存在三项争议：（1）"消灭（destruction）"的含义。国际法院指出，根据《灭种公约》的缔约历史，公约所指"消灭"是物理和生物意义上的消灭，因此，在解释"致使该团体的成员在身体上或精神上遭受严重伤害"等客观要件时，需要证明这些客观行为具有致使团体在物理或生物意义上消灭的意图。此外，就消灭所要达到的程度而言，国际法院认为："灭种意图的目标对象是团体的全部或部分，因此很难从孤立的案件中推断出消灭意图的存在。在缺乏直接证据的情况下，必须有证据证明灭种行为的程度达到了该行为不仅针对属于特定团体的个人，而且还具有全部或部分消灭该团体的意图。"㉝ （2）"局部（in part）"的含义。国际法院援引 2007 年波黑诉塞黑"《灭种公约》适用案"指出，"局部"的含义必须结合一系列标准予以界定，包括数量标准，即消灭的是对团体生存有实质性影响的部分；在有限度的地理范围内集中发生的行为也可能构成灭种罪行，并需要考虑犯罪者对该区域的控制和活动。依据前南刑庭的判决，如果一部分团体对于整个团体而言具有代表性，那么对这一小部分团体的消灭也构成对团体实质性的消灭。（3）证明特别意图的证据。克罗地亚和塞尔维亚都同意，特别意图最重要的证据是一国的政策，但国家通常不会颁布政

㉜ *Ibid* at 62, para. 130.

㉝ *Ibid* at 64, para. 139.

策明示灭种意图。国际法院认为，在没有明确的政策示意的情况下，必须结合个案的具体事实推断是否存在灭种意图。至于推断所要依据的标准，国际法院认为前南刑庭在"Tolimir 案"中提出的标准和 2007 年"《灭种公约》适用案"是完全一致的，即"从一种行为模式中推断特别意图的充分和必要条件是：存在特别意图是从有关行为中可以合理得出的唯一推论"[34]。

国际法院继续分析了当事方对客观要件解释和适用的争议。对于双方争议的《灭种公约》与国际人道法之间的关系，即符合国际人道法的行为是否可能构成《灭种公约》禁止的灭种罪行，国际法院认为两者是不同的法律规范体系，并且重申在该案中法院只能基于《灭种公约》享有并行使管辖权，而无权裁决当事方之间违反国际人道法的指控。法院认为也没有必要在一般意义上裁决《灭种公约》和国际人道法的关系。此后，国际法院解释了下列灭种罪行的客观构成要件：（1）"杀害（killing）"。当事方对于这一行为没有争议，法院强调"杀害"指有意识地杀害团体的成员。（2）"致使该团体的成员在身体上或精神上遭受严重伤害（causing serious bodily or mental harm to members of the group）"。法院认为"严重"一词意味着该条款中的身体或精神上的损害必须达到构成团体（全部或局部地）物理上或生物上消灭的程度。国际法院还援引 2007 年"《灭种公约》适用案"指出强奸和其他性暴力犯罪也属于该条所包括的灭种行为。法院还认为有权机关刻意向强迫失踪受害人的亲属隐瞒受害人的信息，使亲属无法确知受害人是否身故等，也可构成本条所说精神伤害，但伤害的程度必须足以构成团体（全部或局部地）消灭。（3）"故意使该团体处于某种生活状况下，以毁灭其全部或局部的生命（deliberately inflicting on the group conditions of life calculated to bring about its physical destruction）"。国际法院认为该行为是犯罪者采用的杀害行为之外意图导致团体成员死亡的办法，包括剥夺食物、医疗救护、住所、衣物、卫生条件，以及系统性地驱逐导致流离失所，或者通过过度劳动或体力消耗导致成员力竭等。当事方之间对于强迫转移是否属于该客观要件描述的行为存在争议。国际法院认为种族清洗（ethnic cleansing）——意图使某一族群成员在特定地理范围内全部消失——的政策或其执行本身不构成种族灭绝，但执行

---

[34] *Ibid* at 67, para. 148.

种族清洗的行为可能构成本条所说的灭种行为，关键在于界定强迫转移是否意图致使该团体处于足以被毁灭的生存条件之下。(4)"强制阻止团体内生育的措施（measures intended to prevent births within the group）"。法院认为强奸和其他性暴力犯罪行为都属于本条所指灭种行为。

3. 证据规则

本案中，当事方都提供了大量的证明资料以证明各自的诉求和反诉。国际法院指出，对于各自的主要诉求，双方的争议点并非有关事实是否发生，而是在《灭种公约》下如何界定这些事实的性质以及能否从中推断出灭种意图的存在。为此，国际法院首先阐明了与证据和证明有关的规则，包括：(1) 举证责任；(2) 证明标准；(3) 证据的证明力。

就举证责任而言，克罗地亚接受"谁主张，谁举证"的一般原则，但认为塞尔维亚应当采取合作态度，向法院提供其控制下的证据，并对克罗地亚指控的事实提出解释。塞尔维亚认为这实际上是在要求举证责任倒置。国际法院重申了"谁主张，谁举证"原则并援引了2010年"迪亚洛案"指出，该原则并非绝对，而是要结合争端的主旨事项和待证事实的类型予以灵活适用。法院认为："虽然举证责任原则上由指控事实的一方承担，但这并不免除另一方'提供其可能掌握的、有助于法院解决争端的证据'的合作义务。"㉟塞尔维亚在诉讼程序过程中，经克罗地亚向法院请求后，已经向克罗地亚提供了约200份文件资料。法院认为，在本案中不存在举证责任减轻或举证责任倒置的情形，双方应提供证明其主张的证据资料，并且法院不能要求他方对一方提出的事实指控作出解释。

就证明标准而言，双方均同意国际法院在2007年"《灭种公约》适用案"中提出的证明标准，即"对一个国家提出的严重违法行为指控，必须有完全确凿（fully conclusive）的证据来证明"㊱。国际法院认为，由于本案中双方互相指控的罪行与2007年判决裁决的事项相似，因此适用同样的证明标准。

双方对各自提交的证据及其证明力存在较大的争议，主要集中在前南刑庭相关决定的证明力和证人证言的证明力。虽然双方同意国际法院在2007年

㉟ *Ibid* at 73, para. 173.

㊱ *Ibid* at 74, para. 178.

"《灭种公约》适用案"中给予前南刑庭判决以较高证明力的思路,但克罗地亚不同意法院在该案判决对检察官决定证明力的论断:"一般而言,检察官在起诉书中列入的指控并不重要。重要的是检察官最初或在修正起诉书时决定不列入或排除灭绝种族罪指控的事实。"㊧ 克罗地亚认为检察官对于是否起诉拥有一定的裁量权,且检察官决定不予起诉不一定是由于检察官认定不存在灭种事实。国际法院则认为,检察官拥有裁量权不足以否定法院在2007年判决中的论断,且本案没有理由偏离2007年的论断,虽然检察官不予起诉的决定不一定否定灭种行为发生的事实,但对证明而言具有重要性。此外,双方对于前南刑庭在"Gotovina案"中的判决所能证明的事实存在争议。该案与塞尔维亚的反诉有关,是对三名克罗地亚军官灭种行为的指控。前南刑庭的审判分庭认为其中一名军官无罪,另外两名军官犯罪事实成立,但有罪判决被上诉分庭推翻:上诉分庭认为审判分庭审理另外两名军官被控罪行时适用法律错误,最终认定这两名军官无罪。塞尔维亚主张国际法院不应对上诉分庭的裁决给予更高的证明力。国际法院认为:"当事方选择对审判分庭的判决提出上诉时,上诉分庭的裁决是前南刑庭审理案件的最终意见。因此,法院不能将审判分庭的裁决和上诉分庭的裁决等而视之。在两者存在分歧的情况下,法院必须更加重视上诉分庭判决的内容,同时也要保留根据事实和法律裁决本案的最终权力。"㊨

克罗地亚和塞尔维亚都在各自的诉状后附上了多名个人的书面陈述,其中部分陈述未经签署,不能确认书面证词的内容符合证人的陈述,且部分证人没有出庭作证。因此当事方的争议集中在未经签署或者未经证实确为相关证人证词的书面内容是否具有证明力。国际法院指出,《规约》《法院规则》都没有规定个人陈述的可采性,未经签署这一事实本身并不排除这些证言的可采性,但国际法院应确保这些个人陈述属于真实准确的证据。国际法院认为应当从形式和获取证言的具体情况判断这些陈述的证明力。具体而言法院考虑三种因素:(1)证言的来源,即陈述由当事国的官员还是对本案无利害

㊧ *Application of the Convention on the Prevention and Punishment of the Crime of Genocide (Bosnia and Herzegovina v Serbia and Montenegro)* [2007] ICJ Rep 43, at 132, para. 217.

㊨ *Application of the Convention on the Prevention and Punishment of the Crime of Genocide (Croatia v Serbia)*, Judgment, [2015] ICJ Rep 3, at 137, para. 471.

关系的个人作出；（2）证言的内容是个人直接知悉的事项还是仅为道听途说；（3）证言是事发时即取得的还是事后取得的。国际法院认为：在双方提交的个人陈述中，有一部分既没有个人签名也没有被确认的陈述，不具有证明力；有些陈述来源于克罗地亚警察对个人的询问，但没有个人的签名，也不能确定个人是否知悉被记录的陈述内容；有些证言当时没有签名但事后获得了签署，有一定的证据效力；另外一些陈述来源于在前南刑庭出庭作证的证人，且证言具有一致性，有较高的证明力。

4. 塞尔维亚是否违反《灭种公约》

在确定了本案的适用法和证据规则后，国际法院开始查明塞尔维亚被控的事实并适用法律。克罗地亚指控在 1991 年至 1995 年间，在 Eastern Slavonia, Western Slavonia, Banovina/Banija, Kordun, Lika, Dalmatia 这些地区发生了灭种罪行。国际法院在查明事实时大量援引了前南刑庭在相关判决中的事实认定，基于法院提出的证据规则，国际法院认定：（1）在这些地区发生了符合《灭种公约》第 2 条第 1 款（杀害）和第 2 款（造成严重精神和身体损害）客观要件的行为；（2）居住在这些地区的克罗地亚人构成受《灭种公约》保护的团体的实质部分；（3）南斯拉夫国民军和塞尔维亚部队在这些地区的攻击行为具有特定模式，即攻击并占领这些地区并通过犯下《灭种公约》第 2 条第 1 款和第 2 款的行为创造恐怖和强制的环境。但是，国际法院并未认定灭种意图是从这些行为中能够合理推断出的唯一意图。法院认为，从当时的政治和历史情境看，这些行为可能是出于军事考虑，即惩罚属于敌军阵营的居民。国际法院最终认定，克罗地亚未能证明上述行为具有灭种意图，即未能证实发生了灭种罪行。因此，克罗地亚指控的塞尔维亚违反了禁止灭种罪行义务、预防或惩治灭种罪行义务以及禁止预谋或共谋灭种罪等义务，也就不能成立。国际法院驳回了克罗地亚的所有诉求。

5. 克罗地亚是否违反《灭种公约》

塞尔维亚在反诉中要求法院裁决克罗地亚 1995 年"风暴行动（Operation Storm）"中对克罗地亚领土上的塞族人从事了灭种罪行，要求克罗地亚就违反《灭种公约》第 2 条所禁止的罪行承担责任。国际法院查明事实后认定，克罗地亚部队和警察在风暴行动之中和之后对塞族人犯下了《灭种公约》第 2 条第 1 款和第 2 款的行为，这些行为符合灭种罪行的客观要件。但是，国际法院认定塞尔维亚未能证明上述行为伴有灭种意图，因此不能证明发生了灭种罪行，也就不能证实克罗地亚违反了《灭种公约》。国际法院驳回了塞尔维亚的所有反诉。

最后，国际法院强调："法院对本案的管辖权以《灭种公约》第9条为依据，因此，法院只能在该公约规定的范围内作出裁决。因此，法院的裁决不妨碍有关各方对于违反《公约》以外的其他国际义务承担责任。只要违反其他国际法义务的行为发生，双方仍应对其后果负责。法院鼓励双方继续合作，以便向此类违法行为的受害者提供适当赔偿，从而巩固该地区的和平与稳定。"[39] 易言之，国际法院只能解释和适用《灭种公约》并认定当事方未违反该公约，不意味着当事方没有违反其他国际法（主要是国际人道法）规则或没有犯下其他国际罪行（如战争罪、危害人类罪等）。

（四）评价

本案无疑是对国际法院履行司法职能的重大考验。一方面，案件触及十分复杂的程序和实体问题，如被申请方参与国际法院诉讼的资格、国际法上的继承问题、灭绝种族罪的主客观要件的证明以及证据规则及其适用等。另一方面，前南解体过程中发生的针对各民族和平民的屠杀等暴行广受国际社会关注，国际法院的程序能否回应受害者对正义的诉求也使本案蒙上了浓厚的政治色彩。国际法院在本案中的司法推理，包括对前南刑庭有关决定的引用和采纳，在很大程度上都延续了2007年波黑诉塞黑"《灭种公约》适用案"。

初步反对意见判决中，国际法院以10票比7票决定驳回塞尔维亚提出的第1项反对意见，即被申请方在起诉时不具有参与国际法院诉讼程序的资格，导致了较大争议。史久镛法官、兰杰瓦法官（Judge Ranjeva）、科罗马法官（Judge Koroma）和帕拉-阿朗古伦法官（Judge Parra-Aranguren）在联合声明中指出，既然在2004年"使用武力合法性案"中认定2000年11月1日之前南联盟不具有参与国际法院诉讼的资格，那么在本案中也应适用这一结论，法院用以区分本案和2004年判决的事实和法律依据并不成立。反对声明还提

---

[39] *Ibid* at 153, para. 523.

出，当南联盟为申请方时，国际法院认定其不能参与法院程序，但当其作为被申请方时国际法院认为这一缺陷可以被弥补，这严重违反了当事方平等原则。[40]

2015 年实体判决中驳回塞尔维亚第 2 项初步反对意见的决定也遭到了 6 名法官的决定。通卡院长（President Tomka）认为法院在属时管辖权的判断上陷入了前后矛盾：一方面，判决承认塞尔维亚基于对南联盟的继承自 1992 年 4 月 27 日起受《灭种公约》的拘束，并且指出即使发生在这一时刻之前的行为可以归责于南联盟，南联盟（以及塞尔维亚）在 1992 年 4 月 27 日之前都不受公约约束，因为在此时刻之前的行为并非对该公约的违反；另一方面，判决又基于塞尔维亚可以通过继承南联盟的国家责任这一论点认定国际法院的管辖权包括这一时刻之前的行为。通卡法官认为判决的解释没有立足于《灭种公约》的文本和缔约历史，是对第 9 条的错误适用。[41]

然而，实体判决驳回克罗地亚全部诉求和塞尔维亚的反诉获得了绝对多数的支持，前者以 15∶2 票通过，后者全票通过。本案反映了作为强行法规范的禁止灭绝种族在司法解决的情景下实施要满足极为严苛的条件，国际法院对灭种罪行主客观要件都采取了严格的解释，尤其是证明存在灭种意图极为困难，不仅灭种意图必须是从相关行为中可能合理推论出的唯一意图，而且基于灭种罪的严重违法性，当事方要达到近乎刑事审判中的排除合理怀疑的极高证明标准。这也是为何有学者认为，《灭种公约》"与其说是处理当今侵害人权行为的有效工具，不如说是为过去的暴行立下的法律纪念碑"。[42]

此外，本案还反映了国际法院基于多边条约的管辖权条款行使管辖权的局限性。本案所涉事实在本质上是武装冲突中发生的严重违反国际人道法的行为，克罗地亚和塞尔维亚的人民都在前南解体的武装冲突中蒙受了深重的灾难。这一历史时期发生的惨绝人寰的暴行也震撼了国际社会的良知，催生了前南刑庭的诞生。但是，由于国际法院不享有普遍管辖权而只能依据《灭

---

[40] Joint Declaration of Judges Ranjeva, Shi, Koroma and Parra-Aranguren, supra note 27, at 478.

[41] Separate Opinion of President Tomka, supra note 27, at 517-518.

[42] William Schabas, 'Genocide', Max Planck Encyclopedias of International Law, para. 42, available at: https://opil-ouplaw-com.peacepalace.idm.oclc.org/display/10.1093/law:epil/9780199231690/law-9780199231690-e804?rskey=mRErD0&result=1&prd=MPIL, 最后访问时间：2024 年 11 月 1 日。

种公约》享有管辖权，国际法院在裁决争端时也不能突破该公约的限制。正如通卡院长所言："本案反映了国际法院源于国家同意的司法权力的有限性。当很多国家仍然拒绝一般性地接受国际法院管辖而只接受多边条约中的管辖权条款时，就会出现像本案一样的情况，即塑造权利主张使其符合公约调整的事项。"㊸ 奇司法官指出："与波黑诉塞黑案以及前南刑庭和各国国内法院的诸多裁决一样，本案记录表明，1990 年代初在前南斯拉夫地区发生了可怕的罪行和暴行。法院驳回当事方的诉求和反诉的决定不应用来掩盖这些事实。法院的驳回裁决应该以《灭种公约》规定的有限度的管辖权来解释。"㊹

㊸ Separate Opinion of President Tomka, *supra* note 28, at 167.
㊹ Separate Opinion of Judge Keith, *supra* note 28, at 191-192.

第十章　双边条约的解释与适用

导　言

条约的管辖权条款是国际法院管辖权来源的重要组成,以缔约国的多寡,可以分为双边条约中的管辖权条款和多边条约中的管辖权条款,后者以《灭种公约》《消歧公约》为代表。1946年至1970年之间,国家间在双边条约中纳入赋予国际法院管辖权的争议解决条款屡见不鲜,其中最为突出的例子是美国作为双边条约缔约国一方的一系列条约,包括美国在1948年与意大利、法国、丹麦等14个欧洲国家签署的《经济合作条约》以及美国在20世纪50年代和60年代与伊朗、以色列、埃塞俄比亚、日本等国签署的一系列关于商业、航行和领事关系的《友好条约》。进入20世纪70年代之后,在双边条约中约定国际法院管辖权的实践有所减少,相应的是多边条约纳入国际法院管辖权的实践呈上升趋势。20世纪最后一个赋予国际法院管辖权的双边条约是1995年9月13日前南斯拉夫马其顿共和国与希腊签署的《临时协议》。① 21世纪以来尚无任何国家间双边协议赋予国际法院管辖权。

与多边条约中的管辖权条款类似,双边条约中的管辖权条款允许国际法院管辖就条约的解释和适用产生的争议,这决定了基于双边条约管辖权条款提交国际法院的争端事项的有限性。也正因这一根本特征,国际法院司法实践中双边条约解释和适用的争议点和难点主要体现在两方面:(1)国际法院的属事管辖权,即一方向国际法院提交的争端是否属于该双边条约调整的事项。这一管辖权问题在伊朗依据美伊1955年《友好条约》向国际法院提交的

---

① 参见国际法院整理的赋予国际法院管辖权的条约及其条款总表:https://www.icj-cij.org/treaties,最后访问时间:2024年11月1日。

几个争端中都是管辖权问题的核心，包括 2003 年"石油平台案"、2016 年提起的"某些伊朗资产案"和 2018 年提起的"指控违反 1955 年《友好条约》案"。（2）一般国际法在解释和适用双边条约中的作用。尽管国际法院在以双边条约为管辖权来源的争端中的主要任务是解释和适用该双边条约，但这并未排除双边条约以外的一般国际法原则或规则的作用。

从国际法院的实践看来，在裁决双边条约争议时运用一般国际法的原则与规则主要有三种方式：（1）适用条约法规范以及国家责任规范等一般国际法上的次级规范，这些次级规范适用于双边条约的解释和适用并无争议，国际法院经常直接适用《维也纳条约法公约》或者其中具有习惯法性质的规范，以及 2001 年国际法委员会二读通过的《国家责任条款草案》中所反映的习惯国际法规范。（2）通过运用《维也纳条约法公约》第 31 条第 3 款 c 项解释方法，将当事方之间适用的一般国际法规则作为解释要素应用到双边条约的解释和适用当中。② 国际法院在 2003 年"石油平台案"中采用了这一方法。国际法院指出："不容忽视 1955 年《友好条约》第 1 条规定'美国与伊朗之间应有持久的和平与真诚的友好关系'……在解释 1955 年《友好条约》第 20 条第 1 款 d 项所称的'措施'时，如果认为该'措施'甚至包括一方对另一方非法使用武力这样的措施，这显然不符合第 1 条的规定。此外，根据 1969 年《维也纳条约法公约》的条约解释通则，解释必须考虑'适用于当事国间关系之任何有关国际法规则'。法院并不认为，1955 年《友好条约》第 20 条第 1 款 d 项旨在完全独立于使用武力相关国际法规则而适用，以至于可以用来正当化非法使用武力的措施——即使只在考虑是否违反 1955 年《友好条约》这一有限的语境下适用。"③ 因此，在该案中国际法院在解释美国炸毁伊朗石油平台是否违反 1955 年《友好条约》时，将一般国际法上与禁止使用武力原则相关的内容作为条约解释要素予以适用。这一运用方式也招致了批评。希金斯法官认为法院实际上是用条约解释取代了适用法，把一般国际法上禁止使用武力原则的内容整体

---

② 《维也纳条约法公约》第 31 条第 3 款 c 项的内容是："应于上下文一并考虑者尚有:(c) 适用于当事国间关系之任何有关国际法规则。"

③ Oil Platforms (Islamic Republic of Iran v United States of America)［2003］ICJ Rep 161, at 182, para. 41.

纳入了 1955 年《友好条约》以使其得以适用。④（3）认定双边条约吸纳了一般国际法上的规则从而使后者直接适用于裁决双边条约的解释争议。国际法院在 2010 年"纸浆厂案"中运用了这一方式。该案中阿根廷提起诉讼的管辖权依据为两国 1975 年签署的《乌拉圭河规约》。阿根廷指控的一项内容是乌拉圭修建纸浆厂违反了《乌拉圭河规约》第 41 条第 1 款和第 2 款保护与养护水生环境的义务。双方的争议在于环境影响评估（environmental impact assessment）是否属于第 41 条义务的范畴以及应以何种方式进行环境影响评估。国际法院认为有时缔约国在缔结条约时有意让其使用的措辞和术语跟随国际法的发展而不断演进。国际法院指出："在这个意义上，《乌拉圭河规约》第 41 条第 1 款规定的保护与保全义务必须按照一种做法来解释——这种做法近年来已得到各国的广泛接受，以至于现在可以认为是一般国际法的要求，即在拟从事的工业活动有可能造成跨境重大不利影响时，特别是对共有资源可能产生重大不利影响的风险时，必须进行环境影响评估。"⑤ 通过识别双边条约吸纳了一般国际法上的规范，后者得以直接作为双边条约的组成部分适用于裁决。

2010 年至 2024 年间，国际法院共裁决了 4 个以双边条约为管辖权来源的争端：（1）2010 年阿根廷诉乌拉圭"纸浆厂案"；⑥（2）2011 年前南斯拉夫马其顿共和国诉希腊"1995 年 9 月 13 日《临时协议》的适用案"；（3）2023 年伊朗诉美国"某些伊朗资产案"；（4）2018 年提起，2021 年作出初步反对意见判决的伊朗诉美国"指控违反 1955 年《友好条约》案"。⑦ 本章将讨论第（2）个和第（3）个案例。

---

④ Separate Opinioin of Judge Higgins, *ibid* at 238.
⑤ *Pulp Mills on the River Uruguay (Argentina v Uruguay)* [2010] ICJ Rep 14, at 83, para. 204.
⑥ 见第六章"纸浆厂案"评述。
⑦ 见第五章"指控违反 1955 年《友好条约》案"评述。截至 2024 年 11 月 1 日，该案尚未作出实体问题裁决。

一、1995 年 9 月 13 日《临时协议》的适用案（前南斯拉夫马其顿共和国诉希腊）

（一）事实与程序背景

南斯拉夫社会主义联邦共和国解体前，马其顿社会主义共和国是其组成之一。1991 年 11 月 20 日，马其顿宣布独立，定宪法国名为"马其顿共和国"。1992 年马其顿申请加入联合国时，希腊反对马其顿使用该宪法国名，因为希腊认为"马其顿"所指的地理范围包括希腊领土的一部分以及欧洲东南部其他国家的部分领土。1993 年 4 月 7 日，安理会通过的第 817 号决议第 2 段建议联合国大会接纳马其顿为会员国，"在该国国名所引起的分歧得到解决之前，为联合国内部的一切目的，暂时称该国为'前南斯拉夫马其顿共和国'"。

然而，由于希腊对马其顿宪法国名的反对，马其顿申请加入非联合国体系内的国际组织和机构受阻。1995 年 9 月 13 日，两国签署《临时协议》，该协议第 5 条约定"缔约国继续在联合国秘书长的主导下依据安理会 1993 年第 845 号决议谈判，从而就安理会第 817 号决议中提及的争议达成协议"。第 11 条第 1 款还规定："本临时协议一经生效，第一当事国（希腊）同意不反对第二当事国申请加入第一当事国作为成员的国际、多边和区域组织及机构或成为其成员；不过，若在这种组织或机构里对第二当事国的称呼与安理会第 817 (1993) 号决议第 2 段的规定不符，第一当事国保留反对第二当事国（马其顿）成为上述成员的权利。"

《临时协议》生效后，马其顿成功加入了一些国际组织。1995 年，应北大西洋公约组织（以下简称"北约"）邀请，马其顿加入了北约和平伙伴关系计划，后又于 1999 年参与北约会籍行动计划。2008 年 4 月北约在布加勒斯特峰会上审议了马其顿的北约候选资格，但并未邀请马其顿谈判加入北约的问题。在布加勒斯特峰会结束时发表的公报上，北约称一旦就国名问题达成双方认可的解决协议，就会向马其顿发出邀请。

2008 年 11 月 17 日，马其顿依据《临时协议》向国际法院提出申请，要求法院裁决希腊违反了《临时协议》第 11 条第 1 款规定的义务。马其顿提起申请的管辖权依据是《临时协议》第 21 条第 2 款，该条款允许任一缔约国将《临时协议》第 5 条第 1 款所界定的争议之外的其他条款的解释和执行争端提交国际法院。2011 年 12 月 5 日，国际法院判决对本案享有管辖权且申请具有可受理性，希腊反对马其顿加入北约违反了《临时协议》第 11 条第 1 款。⑧

（二）管辖权问题

希腊提出了 4 项管辖权异议。

第一，申请方提交的争端属于《临时协议》第 5 条第 1 款所指的与马其顿国名有关的争议，因此被第 21 条第 2 款所排除。国际法院结合安理会第 817 号决议解释了《临时协议》第 5 条第 1 款所称"争议（difference）"，即关于马其顿确切国名的争议，而《临时协议》第 11 条第 1 款要求希腊不得反对马其顿申请加入国际组织或成为其会员，除非该国际组织用安理会第 817 号决议中的临时称谓以外的国名称呼马其顿。同时，考虑到《临时协议》稳定双方关系的目的，不得扩大解释第 5 条第 1 款所称争议。最后，国际法院认为，即使本案所涉争端与马其顿国名争议有关联，也不足以剥夺法院的管辖权，因为本案涉及希腊在《临时协议》第 11 条第 1 款项下的义务，这与第 5 条第 1 款定义的争议有所区别。

第二，希腊认为争端涉及北约及其会员国的集体行为，因此不属于国际法院管辖范围。国际法院指出，马其顿起诉的是希腊在北约布加勒斯特峰会之前的行为，而不是北约的决定本身。而且，法院也驳回了希腊援引货币黄金原则，指出北约及其会员国的权利义务并非本案的主旨事项。

第三，法院的判决无法改变北约的决定，因此不会产生实际效力。国际法院则从申请方的诉求出发界定本案的效力："申请方请求法院宣告被申请方违反了《临时协议》第 11 条第 1 款规定的义务。法院及其前身（常设国际法院）的判例明确指出：'法院可在适当情况下作出宣告性判决（declaratory judgment）。这种宣告判决的目的是'确保以具有拘束力的判决一劳永逸地确定当事方之间的法律关系，从而使相关法律立场及其法律后果得以确定'。"⑨

---

⑧ *Application of the Interim Accord of 13 September 1995 (the former Yugoslav Republic of Macedonia v Greece)* [2011] ICJ Rep 644.

⑨ *Ibid* at 662, para. 49. 隐去了引文中国际法院援引的案例。

换言之，作出宣告性判决属于国际法院的司法职能，法院对本案作出的判决将会影响当事方在《临时协议》项下的权利义务的执行，因此并非毫无意义。

第四，法院管辖本案将不当干涉两国正在进行的外交谈判。国际法院指出，如果当事方认为司法解决会干涉两国的外交谈判，在缔结《临时协议》时就不会约定管辖权条款。

国际法院据此驳回了希腊的管辖权异议，认定其享有管辖权，且申请具有可受理性。

（三）希腊是否违反《临时协议》第11条第1款

国际法院分三步回答了这一问题。首先，国际法院讨论了《临时协议》第11条第1款规定的不反对（not to object）义务的具体范围。双方同意，不反对不意味着希腊必须支持马其顿加入国际组织的申请，但希腊认为不反对专指"投反对票"，而不包括弃权或者不发表支持态度的行为。马其顿则认为，由于北约的议事规则是会员国一致同意，希腊阻止合意的形成，也构成对第11条第1款的违反。国际法院未接受希腊的主张，因为《临时协议》并未将像北约这样不采用投票议事规则的国际组织排除在协议之外。国际法院进而讨论了希腊是否反对马其顿加入北约。申请方向法院提交了若干北约布加勒斯特峰会前后双方的外交通信、希腊的官方声明等文件资料。国际法院认为，这些资料表明希腊在布加勒斯特峰会前后始终将解决马其顿国名问题视为希腊同意加入北约的关键指标，因此希腊的行为构成了《临时协议》第11条第1款所称"反对"。

接着，国际法院讨论了希腊的反对是否属于《临时协议》第11条第1款的例外情形，即"在这种组织或机构里对第二当事国的称呼与安理会第817(1993)号决议第2段的规定不符"。双方争议的焦点在于马其顿申请加入北约时使用其宪法国名是否属于这项例外。马其顿认为该条款只要求相关国际组织使用临时称谓称呼马其顿，而不禁止马其顿自己使用其宪法国名。国际法院运用条约解释规则考察了第11条第1款的含义。法院认为，双方在签署《临时协议》的同时签署的《与〈临时协议〉具体措施有关的备忘录》明确了马其顿在和希腊的交往中可以使用宪法国名。同时，双方的嗣后实践表明，在签署《临时协议》之后到布加勒斯特峰会前，马其顿已经加入了至少15个希腊也属于成员的国际组织,且在每次申请中马其顿都用宪法国名称呼自己。国际法院因此认定,《临时协议》第 11 条第 1 款规定的例外并不允许希腊反对马其顿用宪法国名称呼自己。

最后,国际法院考察了本案是否属于《临时协议》第 22 条规定的情形。该条款是:"本协议不针对任何其他国家与实体,不妨碍当事双方与其他国家或国际组织缔结的已经生效的双边或多边协定所导致的权利和义务。"希腊主张即使其反对属于违反第 11 条第 1 款的情形,该反对也因为第 22 条的规定而不违反《临时协议》。国际法院认为,双方并不打算通过第 22 条使第 11 条失去意义,且希腊并未提出证据表明《北大西洋公约》中有任何条款要求希腊反对马其顿加入北约。

因此,国际法院认定希腊违反了《临时协议》第 11 条第 1 款规定的义务。

(四)希腊提出的其他抗辩

希腊还提出了其他三项抗辩,分别是:(1)希腊的反对是基于马其顿先违反了《临时协议》项下的对等义务;(2)马其顿的行为构成对《临时协议》的实质违约;(3)希腊的反对属于反措施。国际法院认为这三项抗辩具有共同的特点:(1)希腊的反对是因为马其顿先违反了《临时协议》;(2)希腊的反对是对马其顿违约行为的反应措施。

国际法院接着考察了希腊提出的马其顿涉嫌违反的《临时协议》具体条款,主要包括第 11 条第 1 款、第 5 条第 1 款(谈判义务)、第 6 条第 2 款(马其顿不得代表非马其顿国民干涉希腊内政)、第 7 条第 1 款(双方避免敌对行动的义务)、第 7 条第 2 款(马其顿停止使用先前国旗上的任何符号)以及第 7 条第 3 款(关于历史或文化遗产符号的使用)。国际法院认为,除了涉及第 7 条第 2 款的一件事例外,希腊未能证明马其顿违反了《临时协议》的任何条款。另外,希腊也未能证明其反对马其顿加入北约与马其顿在先的违约情形有任何关系——马其顿涉嫌违约使用先前国旗上的符号发生在 2004 年,而希腊反对马其顿加入北约发生在 2008 年。因此,国际法院认定希腊的反对行为并非对马其顿在先违约行为的反应,马其顿也并未实质违反《临时协议》,希腊的反对行为也不构成反措施。

最后，国际法院认定，法院宣告希腊违反《临时协议》第 11 条第 1 款足以构成适当的救济措施。

（五）评价

本案的核心争议是双边条约的解释和适用。在考察希腊是否违反《临时协议》第 11 条第 1 款的过程中，国际法院综合运用了《维也纳条约法公约》第 31 条和第 32 条条约解释规则，并予以《临时协议》的目的和宗旨以及双方的嗣后实践充分的考虑；在考察希腊的其他三项抗辩时，则主要是结合事实与证据，判断马其顿是否违反了《临时协议》的规定以及希腊反对马其顿加入北约的行为和马其顿在先行为的联系。

2018 年 6 月，希腊与马其顿就马其顿国名问题达成协议，马其顿将国名更改为"北马其顿共和国"。2019 年 2 月 12 日，北马其顿政府宣布正式更改国名。自 2018 年 10 月起，北马其顿与北约谈判加入北约事宜，并于 2020 年 3 月 27 日正式加入北约。

二、某些伊朗资产案（伊朗诉美国）

（一）事实与程序背景

1979 年"德黑兰人质"事件后[⑩]，伊朗与美国于 1980 年断绝了外交关系，且两国之间冲突不断。1983 年，美国驻黎巴嫩贝鲁特的兵营被炸，共有 241 名美国人员死亡。美国指控伊朗策划并实施了爆炸。自 1984 年起，美国将伊朗称为"支持恐怖主义的国家（State sponsor of terrorism）"。1996 年，美国修改了《外国主权豁免法》，剥夺了支持恐怖主义的国家在涉及酷刑、危害航空安全、劫持人质等案件中的豁免权。此后在美国法院便陆续出现向伊朗追责求偿的案件。伊朗以美国违反了国际法上国家豁免原则为由拒绝参加

[⑩] 1979 年伊朗伊斯兰革命后，伊朗学生武装分子占领了美国驻伊朗大使馆，并挟持了 52 名外交官及大使馆工作人员，这一事件是伊朗与美国关系的转折点。"德黑兰人质"事件发生后，美国向国际法院起诉伊朗违反《维也纳外交关系公约》，国际法院判决伊朗未采取必要措施确保美国大使馆不受侵犯、追认占领美国大使馆、劫持外交官等行为违反了《维也纳外交关系公约》。See *United States Diplomatic and Consular Staff in Tehran (United States of America v Islamic Republic of Iran)* [1980] ICJ Rep 3, para. 95.

这些案件的程序。2002 年至 2008 年，美国为执行上述案件的判决，进一步修改国内法并通过新的法案，允许执行被美国政府冻结或位于美国境内的伊朗财产。

2012 年，美国总统签署第 13599 号行政令，冻结所有伊朗政府在美国以及被美国法人（包括海外分支机构）控制的财产，包括伊朗中央银行及其他伊朗控制的金融机构的财产。同时，美国还通过了《消减伊朗威胁及保障叙利亚人权法案》（Iran Threat Reduction and Syria Human Rights Act），允许将伊朗中央银行的财产用于执行美国法院作出的向伊朗索赔的判决。美国这些立法和司法措施使伊朗以及伊朗某些实体的财产在美国或美国境外成为执行诉讼的标的。

2016 年 6 月 14 日，伊朗向国际法院起诉美国，称美国冻结伊朗在美财产、剥夺伊朗中央银行及其他伊朗国家实体豁免权的行为违反了 1955 年《友好条约》。1955 年《友好条约》第 21 条规定双方就该条约的解释或适用产生的争端，若不能通过外交途径得到圆满解决，应提交国际法院。伊朗曾依据该条约将两伊战争中美国炸毁伊朗石油平台的争端提交国际法院。⑪ 2017 年 5 月 1 日，美国提出初步反对意见。美国主张伊朗的起诉与 1955 年《友好条约》规范的事项无关，而是伊朗刻意塑造的"策略性争端（strategic dispute）"。国际法院于 2019 年 2 月 13 日作出初步反对意见判决⑫，后于 2023 年 3 月 30 日作出实体判决。⑬ 下文分别评析两个判决的主要内容。

（二）初步反对意见判决的主要内容

美国对国际法院的管辖权共提出三项异议：（1）美国依据第 13599 号行政令及执行该行政令冻结伊朗金融机构财产的行为不属于国际法院管辖的范围；（2）所有关于美国违反伊朗中央银行和其他国家实体豁免权的诉求不属于法院管辖的范围；（3）所有与伊朗中央银行待遇有关的诉求不属于法院管辖的范围。本案管辖权争议焦点为伊朗起诉的事由是否关乎 1955 年《友好条约》的解释与适用，即国际法院对本案是否拥有属事管辖权。除此之外，

---

⑪ See *Oil Platforms*, supra note 3.
⑫ *Certain Iranian Assets (Iran v United States of America)*, Preliminary Objections, [2019] ICJ Rep 7.
⑬ *Certain Iranian Assets (Iran v United States of America)*, Judgment, [2023] ICJ Rep 51.

美国还提出了两项可受理性异议：（1）伊朗的起诉属于滥用程序（abuse of process）；（2）伊朗的起诉违背了"清白原则（clean hands doctrine）"。

1. 管辖权异议

美国提出第一项管辖权异议的主要依据是 1955 年《友好条约》第 20 条第 1 款 c 项和 d 项。这两条分别规定本条约不适用于"对武器、弹药和战争工具的生产或贩运进行管制，或为供应军事机构而直接或间接进行的其他材料的贩运进行管制的相关措施"，也不适用于"为履行缔约国维护或恢复国际和平与安全的义务所必需的措施，或为保护其基本安全利益所必需的措施"。国际法院认为，1955 年《友好条约》本身并未限制国际法院管辖权的范围，上述第 20 条的作用仅限为双方可能的违约行为提供抗辩理由，而不是限制国际法院的管辖权，因此驳回了美国的第一项管辖权异议。

美国第二项初步反对意见为：1955 年《友好条约》并未规范任何与国家豁免有关的事项，且该条约的目的与宗旨仅限于调整双方的商业往来和领事关系。伊朗则认为，1955 年《友好条约》的部分条款明确指向国家豁免法的原则与规则，因此，与国家豁免有关的规则构成 1955 年《友好条约》的组成部分。国际法院并未接受伊朗的观点。国际法院运用条约解释方法，逐一分析了 1955 年《友好条约》的部分条款是否纳入了国家豁免的有关规则。国际法院认为，首先，虽然 1955 年《友好条约》第 4 条存在"不低于国际法要求的标准"的表达，但 1955 年《友好条约》的目的在于促进和鼓励双方的贸易、投资和其他经济商贸往来，并规范双方的领事关系，因此该条所指的"国际法"应当理解为调整双方经贸往来中最低的财产保护标准，而不是国家豁免原则与规则。其次，对于 1955 年《友好条约》第 11 条第 4 款规定的"缔约国的国有企业或机构如果在他方领土内从事商业、工业、船运或其他经济活动，则不享有税收、诉讼或执行等方面的豁免"，国际法院认为该条款并未创设积极保障国家豁免的义务。再次，法院也驳回了伊朗提出的 1955 年《友好条约》要求缔约国保证他方国民或企业在其境内的司法救济和行政救济这些条款容纳了国家豁免原则的观点。在法院看来，要建立该条款与国家豁免原则的联结，必须证明缔约国违反国家豁免的行为将会影响该国履行该条款。但是，有关司法救济的条款只要求确保缔约国享有司法救济的可能性，而并未从实体或程序上承诺缔约国在另一缔约国司法程序内的权利。因此，法院认为该条款与国家豁免无关。最后，法院也否定了 1955 年《友好条约》第 10 条确立的缔约国之间商业与航行自由的条款与国家豁免有关的观点。总而言之，法院认为 1955 年《友好条约》是双方出于特定目的签订的双边条约，该条约的解释应结合约文的目的与宗旨以及上下文，而不能将习惯国际法上的国家豁免原则与规则视为该条约的组成部分。国际法院因而支持了美国的第二项管辖权异议。

至于美国提出的第三项反对意见，即与伊朗中央银行的待遇有关的诉求与 1955 年《友好条约》无关，法院认为双方的争议点集中在伊朗中央银行是否属于 1955 年《友好条约》所指的"企业（company）"。美国认为伊朗中央银行是传统意义上的央行，行使主权功能，不是商业机构，因此不属于 1955 年《友好条约》调整的对象。伊朗则认为 1955 年《友好条约》所称"企业"应从广义理解，包括任何拥有独立法律人格的实体，而无论其活动是否具有商业属性。国际法院认为，1955 年《友好条约》所指的"企业"必须是依据缔约国法律创设的具有独立法律人格的实体，而无论该实体是国有还是私有。但是，考虑到 1955 年《友好条约》促进两国经贸往来的目的与宗旨，完全从事主权行为的实体不能被认为是该条约所指的"企业"。伊朗中央银行是否属于 1955 年《友好条约》所指"企业"是一项事实问题，由于双方尚未就该机构活动的性质进行充分的质证和陈述，法院缺乏得出结论所必需的事实依据。因此，依据《法院规则》第 79 条，法院宣布美国第三项管辖权并不全然具有先决性，应留待实体阶段裁决。

故而，国际法院驳回了美国第一项反对意见，支持了第二项反对意见，未就第三项反对意见得出结论，这意味着国际法院有权裁判伊朗的部分诉求，但排除了美国被控违反国家豁免行为的管辖。

2. 可受理性异议

美国指出，伊朗和美国签署 1955 年《友好条约》所依赖的友好的商业关系和领事关系已经消失，伊朗的起诉不是为了保护其依据该条约享有的权利，而是通过刻意塑造争端使国际法院得以介入双方的冲突。国际法院依据司法实践中确立的判断滥用程序的严苛标准，认定本案不存在认定程序滥用的例外情形，因为伊朗起诉时 1955 年《友好条约》对双方均有效，且该条约赋予了国际法院裁判与该条约有关争端的管辖权。同样，国际法院从未在任何案例中支持过以"清白原则"为根据的可受理性异议。美国以"清白原则"提出的异议是指,即使美国冻结伊朗财产的行为违反了1955年《友好条约》,也是由于伊朗在先的违法行为,伊朗不能在自身违反国际法的情况下起诉美国。本案中,国际法院只是简单提及伊朗在先行为的违法性可以作为美国在实体阶段的抗辩,而不影响本案的可受理性。

国际法院驳回了美国的两项可受理性异议。

(三) 实体判决的主要内容

由于国际法院支持了美国的第2项初步反对意见,伊朗修改了诉状以排除那些与国家豁免有关的诉求。伊朗要求国际法院认定美国的立法、行政和司法措施违反了1955年《友好条约》第3条第1款和第2款、第4条第1款和第2款、第5条第1款、第7条第1款和第10条第1款,美国则要求法院驳回伊朗的所有诉求。2023年的实体判决裁决了下列事项:(1) 美国的第三项初步反对意见和美国新提出的可受理性异议;(2) 美国的实体抗辩是否确有依据;(3) 美国是否违反1955年《友好条约》;(4) 赔偿问题。

1. 管辖权与可受理性异议

国际法院首先审理伊朗中央银行是否属于1955年《友好条约》所称"企业"。国际法院重申了2019年初步反对意见判决中的几点论断:(1) 根据1955年《友好条约》,一个实体只要根据缔约国法律创设具有独立法律人格,即构成"企业",而该实体全部或部分属于国家并不影响它是不是"企业",因为条约第3条第1款并未区分私有企业和国有企业;(2) 1955年《友好条约》的目的和宗旨是确保缔约国的自然人和法人在从事商业行为时享有充分的权利保障,因此完全行使主权职能的实体不能被视为"企业";(3) 一个实体可以同时从事主权性质的活动和商业性质的活动,该实体是否构成"企业"取决于其实际从事的活动性质,只要该企业实际从事了商业性质的活动,即使这些活动不是其主要活动,也可以构成1955年《友好条约》所称"企业"。

从这些论断出发,国际法院认为判断伊朗中央银行是否属于"企业"取决于伊朗中央银行是否从事了商业性质的活动。为了证明这点,伊朗提出的相关证据是2002年至2007年间伊朗中央银行在美国金融市场上购买证券的22笔交易。法院认为,这些活动都是伊朗中央银行在行使其主要职能的框架下进行的,这些交易与伊朗中央银行的主权职能不可分割,因此不能被视为商业性质的活动。国际法院指出,在查明实体从事的活动是否具有商业属性时,不仅要看该活动自身的性质,也要看这些活动与主权职能之间的关系。据此,国际法院认为伊朗中央银行不是 1955 年《友好条约》所称"企业",支持了美国的第 3 项管辖权异议。

美国在初步反对意见判决作出后还提出了一项新的管辖权异议,即伊朗基于 1955 年《友好条约》第 3 条,第 4 条和第 5 条的诉求没有穷尽当地救济(exhaustion of local remedies),因此不属于法院管辖的范围。国际法院认为,这是一项可受理性异议。法院进一步指出,当国家基于外交保护代表其国民向另一国提出权利主张时,国际法院必须确定这些权利主张在提出前已经穷尽了当地救济。国际法院援引 2004 年墨西哥诉美国"阿韦纳案和其他墨西哥国民案"(以下简称"阿韦纳案")以说明在什么情况下无须穷尽当地救济:"当存在'国家权利和个人权利相互依存的特殊情况'时,用尽当地救济的义务不适用于一国同时主张其自身权利受到侵害和其国民的个人权利受到侵害的情况。(在"阿韦纳案"中)法院指出'相互依存'的情况存在,是由于该案涉及的权利是被逮捕者要求将逮捕一事通知其国籍国领事的权利以及被告知可以提出这种要求的权利,这些权利受 1963 年 4 月 24 日《维也纳领事关系公约》第 36 条第 1 款 (b) 项的保护。"⑭ 但国际法院认为本案中伊朗主张的权利与其国民受美国影响的权利不存在"阿韦纳案"中国家权利与个人权利相互依存的情况,因此,穷尽当地救济原则不适用于本案。但是,国际法院认为无须判断伊朗所主张的权利主要是属于国家还是属于其国民,原因在于法院认为伊朗企业在美国的法律体系下没有可以利用的有效的救济措施。法院指出:"根据习惯国际法,如果当地没有可利用的救济措施为受害者提供(有合理可能性获取的)补救,穷尽当地救济义务应被视为满足。"⑮ 国际法院认为,由于美国对伊朗企业实施的措施是立法措施,且美国国内法院实践确立了一项先例,即条约与国内法冲突之时适用新法优于旧法原则,伊朗企业在美国国内诉讼程序中难以主张 1955 年《友好条约》赋予其的权利,因为

---

⑭ *Ibid* para. 63.
⑮ *Ibid* para. 68.

美国冻结伊朗企业资产的法案相较于 1955 年《友好条约》属于新法。因此，法院驳回了美国提出的可受理性异议。

2. 美国的实体抗辩是否确有依据

国际法院在审理伊朗的诉求之前先审理了美国提出的实体抗辩是否确有依据。美国提出了 3 项实体抗辩，均被法院驳回。

美国提出的第 1 项抗辩是"清白原则"，即伊朗出于政治目的从事了一系列针对美国的破坏活动，包括以美国国民为目标的恐怖袭击。国际法院认为，当事方有权在实体问题审理中提出与其管辖权和可受理性异议一样的抗辩。但是，国际法院从未宣告"清白原则"属于习惯国际法或者一般法律原则，并且，对于作为实体抗辩提出的"清白原则"，法院要采取"极为谨慎（utmost caution）"的态度。⑯ 国际法院认为，无论如何，美国没有主张伊朗的行为违反了 1955 年《友好条约》，因此未能证明美国指控的伊朗的不法行为与伊朗指控美国违反该条约存在充分的联系，故而法院不予支持以"清白原则"为依据的实体抗辩。

美国提出的第 2 项抗辩是权利滥用（abuse of rights），即伊朗依据 1955 年《友好条约》在国际法院起诉美国是为了规避对受害者进行赔偿。国际法院指出，不能推定一方存在滥用权利或者违反善意原则的情形，必须由主张违反这些原则的一方予以证明。法院认为只有存在不容置疑的证据（compelling evidence）证明申请方滥用 1955 年《友好条约》赋予其的权利并对被申请方造成损害的情况下，才能接受权利滥用这一抗辩。但本案中美国未能成功证明，因此法院没有支持美国的抗辩。

美国提出的第 3 项抗辩基于 1955 年《友好条约》第 20 条第 1 款 c 项和 d 项所规定的例外，即美国国内的措施属于"对武器、弹药和战争工具的生产或贩运进行管制，或为供应军事机构而直接或间接进行的其他材料的贩运进行管制的相关措施"或者"为保护其基本安全利益所必需的措施"。就第 20 条第 1 款 c 项而言，国际法院没有接受美国的解释。法院认为，该条款的文义以及目的和宗旨表明该条仅适用于缔约国规制其自身的武器、弹药和战争工具的生产和贩运的措施，或者规制另一缔约国向其出口或进口武器的措施。

---

⑯ *Ibid* para. 81.

该条不能用于合理化那些仅仅对武器贩运产生间接影响的措施。就第 20 条第 1 款 d 项而言，法院认为关键在于这些措施是不是必要的，而美国没能证明第 13599 号行政令是保护其核心安全利益的必要措施，因为该行政令并未把安全因素作为该行政令所考虑的因素。

3. 美国是否违反 1955 年《友好条约》

伊朗指控美国违反 1955 年《友好条约》的行为有三类：（1）2002 年以来美国冻结伊朗企业资产的法案；（2）美国法院出于执行这些法案目的要求处置伊朗企业财产的司法判决；（3）第 13599 号行政令。由于第 13599 号行政令的主要效果在于冻结伊朗中央银行的资产，而国际法院已经认定伊朗中央银行不属于 1955 年《友好条约》所称"企业"，因此法院不能管辖第 13599 号行政令与伊朗中央银行有关的内容。

国际法院逐一审理了这些行为是否违反伊朗援引的 1955 年《友好条约》各条款。

（1）第 3 条第 1 款（在自身领土内承认依据缔约国法律创设的企业的法律地位）和第 4 条第 1 款（对缔约国国民和企业的合理和公平的待遇，以及不得对缔约国国民和企业合法所得的权利和利益采取不合理或歧视性措施）。国际法院认为第 3 条第 1 款所说"法律地位"指企业的独立法律人格，承认其法律地位意味着承认该企业独立于其他自然人和法人（包括国家）。国际法院认为应当联系第 4 条第 1 款来判定第 3 条第 1 款的适用。为此，国际法院解释了第 4 条第 1 款的"不合理措施"。法院认为，如果一项措施不以正当的公共目的为目标，或者措施与该目的之间没有适当关联，或者措施造成的影响就其目的而言是过度的，那么该项措施即为不合理措施。国际法院认为，美国冻结伊朗企业资产的立法没有区分伊朗企业的性质，也没有考虑伊朗对这些企业的控制程度，完全无视了伊朗企业的独立法律人格，一概地将伊朗企业的资产用以赔偿针对伊朗国家的诉求。即使认可这些立法和司法措施的目的是正当的、目的和措施之间存在适当联系，这些措施对于目的的实现而言是过度的，因此法院认定美国的立法措施、司法措施以及 13599 号行政令都属于不合理措施，美国违反了第 4 条第 1 款。同时，由于法院得出这一结论是基于美国无视伊朗企业的独立法律人格，因此法院认定美国也违反了第 3 条第 1 款。

（2）第 3 条第 2 款（诉诸缔约国法律和行政机关救济的权利）。伊朗主张美国的各项措施剥夺了伊朗企业诉诸司法救济的权利。国际法院则认为，诉诸法院以主张权利的程序性权利和获得这些法院对实体或程序权利的保护是两回事。国际法院认为，伊朗企业在美国法院诉讼的权利、在法院提出法律诉求以及上诉的权利都没有受到影响，因此美国并未违反第 3 条第 2 款。

（3）第 4 条第 2 款（缔约国国民和企业的财产受到保护，非出于公共目的和获得公平赔偿不得被征收）。国际法院认为美国国内法案本就构成对伊朗企业采取的不合理措施，而这些措施属于应获赔偿的征收，因此美国的立法措施构成对第 4 条第 2 款的违反。但是，法院认为伊朗没有明确哪些企业的财产受到 13599 号行政令的影响，因此没有认定 13599 号行政令违反第 4 条第 2 款。

（4）第 5 条第 1 款（缔约国国民和企业有权以任何形式处置其财产）。国际法院认为，伊朗在该条款下主张美国违法的行为与其在第 4 条第 2 款下的指控是一样的，但第 5 条第 1 款和第 4 条第 2 款的适用范围并不相同，因此法院没有支持伊朗在这一条款下的指控。

（5）第 7 条第 1 款（不得限制缔约国之间的汇兑）。国际法院解释这一条款的内容指出，虽然第 7 条第 1 款"对付款、汇款和其他资金转移的限制"表面上看相当宽泛，但不应脱离语境解释。国际法院依据该条款的上下文——主要是该条规定的两则例外，即"有必要确保外汇供应的情形"和"（国际货币基金组织）特别批准的限制"以及该条第 2 款和第 3 款对实施限制时满足的条件，法院指出，第 7 条第 1 款的"限制"仅限于汇兑限制。由于伊朗的主张都不涉及汇兑限制问题，法院认定伊朗未证明美国违反第 7 条第 1 款。

（6）第 10 条第 1 款（缔约国之间的商业自由和航行自由）。国际法院指出，该条所指"商业"不仅指海上贸易，也包括一般的商业交换以及一系列附属于商业行为的事项。双方的主要争议在于"商业自由"是否将商业及其附属活动限定于货物贸易。国际法院结合 1955 年《友好条约》的目的和宗旨指出金融交易属于商业有关的活动，纯粹的金融行为也属于第 10 条第 1 款保护的商业行为。法院援引 2003 年"石油平台案"中的论述指出，要构成第 10 条第 1 款的违反，必须证明一方的行为对缔约国之间的商业造成了实际的损害。法院据此认定，第 13599 号行政令完全冻结了伊朗及其金融机构的财产和利益，该行政令对伊朗及伊朗金融机构在美国领土上的金融交易和活动造成了实际损害；美国其他几项执行伊朗未被冻结的财产的相关立法以及为执行这些立法的司法措施也都对商业活动造成了实际的干扰。因此，法院认定美国违反了第 10 条第 1 款。

综上，国际法院认定美国违反了 1955 年《友好条约》第 3 条第 1 款，第 4 条第 1 款和第 2 款以及第 10 条第 1 款，没有支持伊朗依据 1955 年《友好条约》第 3 条第 2 款，第 5 条第 1 款和第 7 条第 1 款的主张。

4. 赔偿问题

伊朗要求美国停止不法行为并对其不法行为造成的损害进行完全的赔偿，并就不法行为和损害向伊朗道歉。

国际法院指出，2001 年国际法委员会二读通过的《国家责任条款草案》第 30 条"对国际不法行为承担责任的国家有义务终止持续性的不法行为"属于习惯国际法。但是，国际法院强调，只有在该义务仍然存在的前提下国家才应停止不法行为。2018 年 10 月 3 日，美国向伊朗发出照会，依据 1955 年《友好条约》第 23 条通知终止条约。根据该条款，条约将于终止通知 1 年后生效。因此，在法院作出实体判决时，1955 年《友好条约》已经终止。换言之，要求美国停止不法行为的前提（存在有效的国际法上的义务）已经消失。国际法院据此驳回了伊朗要求美国停止不法行为的诉求。

接着，国际法院认定，伊朗有权就国际法院认定的美国不法行为造成的损失对伊朗承担赔偿责任。双方应先就赔偿数额谈判，若在判决作出之日起 24 个月内不能就赔偿数额达成协议，则经任何一方请求，国际法院将决定赔偿数额。

国际法院没有支持伊朗要求美国道歉的诉求。法院指出，从事了国际不法行为的国家正式道歉在适当的时候可以构成对被害国的抵偿措施。在本案情形下，国际法院认为判决宣告美国违反国际法已经构成充分的抵偿。

（四）评价

本案是伊朗继 2003 年"石油平台案"之后再次以 1955 年《友好条约》向国际法院起诉美国的案件。这两个案件共同的关键问题在于，伊朗提交的争端是否属于 1955 年《友好条约》调整的事项：前者涉及禁止使用武力原则以及自卫权相关规则是否属于 1955 年《友好条约》纳入的国际法内容，后者则涉及国家豁免原则。在"石油平台案"中，国际法院通过运用《维也纳条约法公约》第 31 条第 3 款 c 项规定的解释方法，将禁止使用武力原则以及自卫权相关规则以条约解释的方式运用到 1955 年《友好条约》的适用当中，但在本案中，国际法院明确排除了国家豁免相关规则的适用——无论是作为 1955 年《友好条约》的内在组成还是作为解释要素。

在管辖权问题上，国际法院在处理美伊两国的管辖权争议时与"石油平台案"存在一定的连续性。这集中体现在法院驳回美国以 1955 年《友好条约》第 20 条为依据的管辖权异议上。实际上，国际法院在"石油平台案"管辖权判决以及涉及美国和其他国家缔结的类似的《友好条约》的案例（如"尼加拉瓜案"判决）中，已就 1955 年《友好条约》赋予国际法院管辖权的范围有过阐释，并将该条约第 20 条视为被申请方在实体阶段提出的抗辩。⑰ 初步反对意见判决以 10∶4 票接受了美国的第二项初步反对意见、以 10∶4 票认定第三项初步反对意见不具有全然的先决性，这体现了法院内部对 1955 年《友好条约》的内容和适用范围存在异议以及条约解释在识别和界定条约主旨事项上的弹性。一方面，部分法官旗帜鲜明地认为与国家豁免有关的内容暗含于 1955 年《友好条约》之中。格沃尔吉安法官从 1955 年《友好条约》第 3 条和第 10 条的解释出发，得出了与法院截然相反的结论；⑱ 专案法官孟塔滋（Judge ad hoc Momtaz）质疑判决对 1955 年《友好条约》目的与宗旨的解读，指出应当运用《维也纳条约法公约》第 31 条第 3 款 c 项规定的解释方法，即联系当事方之间适用的其他国际法规则——本案所涉的国家豁免相关规则——来解释 1955 年《友好条约》的相关条款。⑲ 这些争议集中反映了当条约欠缺明文规定时，运用不同解释方法可能对条约适用范围得出迥异的结果。假设 1955 年《友好条约》包含了习惯法上的国家豁免规则从而管辖相关的

---

⑰ *Oil Platforms (Islamic Republic of Iran v United States of America)*, Preliminary Objections, [1996] ICJ Rep 803 para. 20; *Military and Paramilitary Activities in and against Nicaragua (Nicaragua v United States of America)*, Merits, [1986] ICJ Rep 14, para. 271.

⑱ Separate Opinion of Judge Gevorgian, *supra* note 12, at 62-64.

⑲ Separate Opinion of Judge *ad hoc* Momtaz, *ibid* at 85.

争议，在实体阶段，国际法院能否直接适用1955年《友好条约》来裁判这些争议呢？显然，更有可能的结果是法院适用习惯国际法上的豁免规则来裁判争端。因此，提出异议的法官的意见可能导致1955年《友好条约》适用范围的扩大以及国际法院属事管辖权的扩大。

在实体问题的裁决结果上，本案也反映了与"石油平台案"类似的平衡的艺术。"石油平台案"中，虽然国际法院认定美国炸毁伊朗石油平台案的行为违反了禁止使用武力原则，但通过对1955年《友好条约》第10条第1款的解释和适用，又认定伊朗没能证明美国炸毁石油平台案的行为对两国之间的商业自由造成了实质损害，因而没有支持伊朗的诉求。从执行条款来看，国际法院没有支持伊朗所主张的美国违反1955年《友好条约》（赔偿问题也就无从谈起），但又宣告了美国炸毁石油平台本身在禁止使用武力原则下的违法性，因此美伊双方都可以主张在诉讼中取得胜利；本案中，国际法院认定了一系列美国违反1955年《友好条约》的不法行为并裁决美国就这些行为造成的损害向伊朗承担赔偿义务，但将美国冻结伊朗中央银行资产的行为排除在管辖之外，这实际上允许或者说容忍美国将冻结的伊朗中央银行的资产用于国内法院诉讼程序中的执行判决，而这在很大程度上实现了美国的诉讼目标。[20] 这也反映了基于双边条约提起的国际法院诉讼的限度：虽然双边条约本身赋予了国际法院管辖权，但这一属事管辖权的范围难以突破双边条约本身所调整和规范的具体事项的范畴。

---

[20] See Julia Sochacka, "Shaping the Immunity of Central Banks: The ICJ's Merits Decision in Certain Iranian Assets", American Society of International Law Insights, Volume 28, Issue 3, available at: https://www.asil.org/insights/volume/28/issue/3，最后访问时间：2024年11月1日。

第十一章 外交与领事关系

导 言

外交关系指国家之间通过协议相互在对方的首都建立使馆并且派遣常驻使节而形成的官方双边关系，而领事关系是指国家之间根据协议在对方设立领事馆并派遣执行领事职务的常驻官员而形成的官方双边关系。两者具有密切联系，但不同之处在于外交关系具有全面性，包括国家之间的政治、经济与文化等各方面，而领事关系则主要涉及领事辖区内贸易、商业、派遣国国民或侨民的利益保护等更为具体的事项。[①] 外交关系的建立表明双方互相承认，且两国建立外交关系时通常也意味着同时建立领事关系，但国家间可以在没有正式外交关系的前提下发展领事关系。外交和领事关系法是国际法最为源远流长的分支，在20世纪60年代以前主要以习惯国际法为渊源。1961年《维也纳外交关系公约》和1963年《维也纳领事关系公约》在很大程度上编纂了这些习惯法规范，同时也发展了相关规范，成为外交和领事关系法的主要国际法渊源。此外，这两个公约缔结时，缔约国还分别缔结了1961年《维也纳外交关系公约关于强制解决争端之任择议定书》（以下简称《外交关系公约任择议定书》）和1963年《关于强制解决争端之任择议定书》（以下简称《领事关系公约任择议定书》）。缔约国可选择是否签署和批准任择议定书，从而决定是否同意国际法院管辖与公约解释和适用有关的争端。

国际法院司法实践中与外交关系法相关的重要案例包括1950年哥伦比亚与秘鲁"庇护权案"和1980年美国诉伊朗"德黑兰人质案"。前者裁决了两国间因哥伦比亚驻利马大使馆予以秘鲁人阿亚·德拉托雷（Haya de la Torre）外交庇护产生的争端。国际法院在该案中对外交庇护的合法性作出了重要

---

① 白桂梅：《国际法》（第3版），北京大学出版社2015年版，第464页。

论断:"在外交庇护这一情形下,寻求庇护者处在其涉嫌犯罪的国家领土境内。给予外交庇护的决定将减损该国主权,因为它使犯罪者逃避属地管辖,并构成对完全属于该国权限范围内的事项的干预。除非在个案中有确切的法律依据,否则不能承认这种对领土主权的减损。"② 这意味着除非争端当事国之间确有准许给予外交庇护的法律依据,否则派遣国领馆给予接受国领土上涉嫌犯罪者的外交庇护构成对接受国领土主权的侵犯。后者则裁决了伊朗伊斯兰革命后发生的占领美国驻德黑兰大使馆、拘禁美国外交官的争端。伊朗未参与国际法院诉讼,并且认为这一事件不能脱离美国对伊朗内政长达20多年的背景去考察。国际法院没有接受伊朗的抗辩,不仅认定伊朗的行为构成对《维也纳外交关系公约》的违反,而且指出了外交和领事关系法中派遣国和接受国利益的平衡,以及外交人员和外交使馆不容侵犯这一根本原则:"简而言之,外交法的规则构成了自成一体的制度,它一方面规定了接受国在给予外交使团便利、特权和豁免方面的义务,另一方面预见了使团成员可能滥用这些便利、特权和豁免的情况,并具体规定了接受国可以用来对付任何此类滥用的手段……但外交代表人身和外交使馆馆舍不可侵犯的原则是这一历史悠久的制度的基础之一,伊斯兰教传统对这一制度的演变本就作出了重大贡献。此外,《维也纳外交关系公约》第44条和第45条(以及《维也纳领事关系公约》第26条和第27条)有力地强调了不可侵犯原则的根本性质。即使在武装冲突或外交关系被破坏的情况下,这些条款也要求外交使团成员以及使团馆舍、财产和档案的不可侵犯性必须得到接受国的尊重。"③

国际法院的司法实践也极大地发展了《维也纳领事关系公约》的解释和适用,尤其是对该公约第36条(通常称为领事通讯权)的解释和适用。该条赋予了派遣国国民在遭到接受国逮捕、监禁或拘禁等情事时,有权与派遣国领事通讯、会见的权利,而领事官员也有探访受监禁、羁押或拘禁的派遣国国民并为其提供协助的权利。为了这些权利的实现,该条要求接受国在逮捕、监禁或拘禁派遣国国民时应迅即告知其这些权利,并确保其国内法充分实现该条目的。该条是领事保护的重要体现。2010年以前,巴拉圭、德国和墨西哥

---

② *Asylum case (Colombia/Peru)* [1950] ICJ Rep 266, at 275.
③ *United States Diplomatic and Consular Staff in Tehran (United States of America v Islamic Republic of Iran)* [1980] ICJ Rep 3, at 40, para. 86.

先后起诉美国,指控美国当局逮捕、羁押或起诉申请方国民时未告知其依据第 36 条享有的领事通讯权,构成对公约的违反。④ 2001 年德国诉美国"拉格朗案"对《维也纳领事关系公约》第 36 条的解释和适用发表了重要论断,影响了此后国际法院的司法实践,这些论断主要包括:(1) 第 36 条第 1 款创立了旨在实现领事保护的相互依存的一套规则体系,这一体系包括领事通讯与会见权、领事通知的具体方式以及领事官员可向派遣国国民提供的协助。因此,"当派遣国由于接受国未能及时提供必要的领事通知而未知悉其国民被拘禁时……派遣国实际上已被阻止行使其根据第 36 条第 1 款所享有的权利。"⑤这一论断表明接受国告知派遣国国民领事通讯权是履行《维也纳领事关系公约》第 36 条第 1 款的关键步骤。(2) 第 36 条第 1 款创设了个人权利。国际法院通过解释该条款的上下文得出了这一结论。这一结论的重要性在于,不仅被拘禁人员的国籍国可以在国际法院援引其他缔约国侵害其国民享有的权利,在《维也纳领事关系公约》依据本国法可直接适用的国内法体系中,个人可以在国内法院援引第 36 条第 1 款赋予其的权利。(3) 第 36 条第 2 款也创设了个人权利,且当国内法实施的效果是阻碍第 36 条赋予派遣国及其国民权利实现时,接受国也构成对该条的违反。"拉格朗案"中,德国和美国的争议之一是美国联邦刑事诉讼法上的一项规则是否构成对第 36 条第 2 款的违反。国际法院认为:"应当区分国内法规则本身和规则的适用。该项规则本身并不违反《维也纳领事关系公约》第 36 条,但是当该规则的适用将阻碍被拘禁人员援引第 36 条第 1 款的权利以挑战接受国对其的指控和定罪时,该项规则的适用导致了问题。"⑥ 国际法院并未认定美国国内法本身构成对公约第 36 条的违反,而是聚焦在国内法实施的效果之上。因此,接受国对于采取何种具体方式履行第 36 条第 2 款有选择权,国际法院认为一项重要的措施是接受国复核和重新审查定罪和量刑的决定,并考虑到其此前违反《维也纳领事关系公约》的情况,即采取措施消减其国内法阻碍第 36 条所规定权利实现的效果。国际法院在 2004 年墨西哥诉美国"阿韦纳案"中也重申了这些论断,

---

④ 1998 年巴拉圭诉美国"维也纳领事关系公约案"以巴拉圭终止诉讼告终,国际法院未审理实体问题。

⑤ *LaGrand (Germany v United States of America)*, Judgment,[2001] ICJ Rep 466, at 492, para. 74.

⑥ *Ibid* at 497, para. 90.

并发展了对36条第1款中"迅即（without delay）告知"的解释。⑦ 美国在之后逮捕起诉外国国民的国内法诉讼中，并未遵循国际法院的判决，并且认为国际法院判决内容构成对美国国内法的干涉和对普通法法院对抗主义模式的误解。⑧ 此外，美国于2005年3月7日通知退出《领事关系公约任择议定书》，不再接受国际法院的管辖。⑨

2010年至2024年间，国际法院裁决了两个与外交和领事关系有关的案件，分别是：（1）印度诉巴基斯坦"贾达夫案"，该案涉及《维也纳领事关系公约》第36条在接受国拘禁的外国国民涉嫌从事间谍活动时的适用；（2）赤道几内亚诉法国"豁免与刑事程序案"，该案涉及《维也纳外交关系公约》中所称"外交馆舍"的界定、对外交馆舍不容侵犯原则的违反以及该公约项下派遣国与接受国利益平衡的问题。在这一时间段内，巴勒斯坦国于2018年9月28日向国际法院提出申请，指控美国将驻以色列大使馆从特拉维夫搬迁至耶路撒冷违反了《维也纳外交关系公约》。美国未参与该程序，并且于2018年10月12日通知退出《外交关系公约任择议定书》。⑩ 2024年4月11日，墨西哥在国际法院起诉厄瓜多尔强闯墨西哥大使馆逮捕厄瓜多尔前副总统的行为违反《维也纳外交关系公约》⑪，而厄瓜多尔也于2024年4月29日提交申请书，控告墨西哥对厄瓜多尔前副总统的外交庇护违反国际法。⑫ 这些司法实践表明，虽然《维也纳外交关系公约》和《维也纳领事关系公约》在规则层面明确了外交和领事法的主体内容，但国与国之间的外交和领事关

---

⑦ *Avena and Other Mexican Nationals (Mexico v United States of America)*, Judgment, [2004] ICJ Rep 12, at 48-49, paras. 84-88.

⑧ Andreas Paulus and Anne Dienelt, "Vienna Convention on Consular Relations (1963)", Max Planck Encyclopedias of International Law (2011), para. 47.

⑨ Communication of the United States of America dated 7 March 2005, available at: https://treaties.un.org/pages/ViewDetails.aspx?src=TREATY&mtdsg_no=III-8&chapter=3#1，最后访问时间：2024年11月1日。

⑩ Communication of the United States of America dated 12 October 2018, available at: https://treaties.un.org/Pages/ViewDetails.aspx?src=IND&mtdsg_no=III-5&chapter=3&clang=_en#10，最后访问时间：2024年11月1日。

⑪ Embassy of Mexico in Quito (Mexico v Ecuador), available at: https://www.icj-cij.org/case/194/institution-proceedings，最后访问时间：2024年11月1日。

⑫ Proceedings instituted by Ecuador against Mexico, available at: https://www.icj-cij.org/case/195/institution-proceedings，最后访问时间：2024年11月1日。

系仍充斥着摩擦、争端乃至冲突，国际法规则的相对明确性及其在现实层面的平稳实施之间仍有较大的鸿沟。

一、贾达夫案（印度诉巴基斯坦）

（一）事实与程序背景

自 2016 年 3 月 3 日起，巴基斯坦逮捕并拘禁了印度人 Kulbhushan Subdir Jadhav（以下简称"贾达夫"），后于 2016 年 3 月 25 日告知印度驻伊斯兰堡高级专员，同时公开了一段贾达夫供述受印度情报部门委派在巴基斯坦境内从事间谍与恐怖活动的录像。同一天及之后，印度驻伊斯兰堡高级专员多次致信巴基斯坦外交部要求向该名印度国民提供领事协助，而巴基斯坦对此始终不置可否。2016 年 9 月 21 日，巴基斯坦在国内军事法庭对贾达夫进行了刑事审判，并于 2017 年 4 月 10 日判处其死刑。

印度于 2017 年 5 月 8 日向国际法院起诉巴基斯坦违反了《维也纳领事关系公约》，并同时提出临时措施请求。国际法院于 2017 年 5 月 18 日指示临时措施，要求巴基斯坦在国际法院判决前采取一切必要措施保证不对贾达夫执行死刑。[13] 巴基斯坦遵守了临时措施命令，暂缓执行死刑。印度与巴基斯坦均为《维也纳领事关系公约》缔约国，且双方都是《领事关系公约任择议定书》的缔约国。2019 年 7 月 17 日，国际法院判决巴基斯坦违反了《维也纳领事关系公约》，并宣告了相应的救济措施。[14]

（二）管辖权与可受理性问题

本案中，巴基斯坦并未质疑国际法院对本案的管辖权，国际法院依据《领事关系公约任择议定书》确立了对本案的管辖权，但巴基斯坦对案件的可受理性提出了三项反对意见。

第一，巴基斯坦主张印度滥用程序，包括印度向国际法院提起诉讼时未

---

[13] *Jadhav (India v Pakistan)*, Provisional Measures, Order of 18 May 2017, [2017] ICJ Rep 231, para. 58.
[14] *Jadhav (India v Pakistan)* [2019] ICJ Rep 418.

曾考虑《领事关系公约任择议定书》第 2 条和第 3 条中规定的其他争议解决程序。国际法院指出，《领事关系公约任择议定书》中规定的调解程序与仲裁程序并非向国际法院起诉的前置条件，而是替代性的争端解决方案。这一判断延续了国际法院以往司法实践中确立的标准，即国际法院仅在极为例外的情形下才会以滥用程序为由驳回一国的起诉，且国际法院至今从未以滥用程序为由拒绝管辖诉讼案件。

第二，巴基斯坦主张印度滥用权利。国际法院首先明确，虽然巴基斯坦主张贾达夫被捕时携带了假护照，且印度拒绝向巴基斯坦提供真实的护照信息，但双方对贾达夫是印度国民并无争议，因此印度享有依据《维也纳领事关系》提出权利主张的根据。至于巴基斯坦其他的滥用权利主张，法院认为属于实体问题的范畴，而非可受理性问题。

第三，巴基斯坦主张印度违反了"清白原则"和"违法行为不生诉权原则（*ex turpi causa non oritur actio*）"。国际法院按照其一贯的司法实践，不接受"清白原则"作为挑战可受理性的基础。对于"违法行为不生诉权原则"，法院援引常设国际法院的"霍茹夫工厂案"判决，认为该案确立的原则是当一方在先的不法行为导致他方不能履行国际法义务时，一方不得主张他方违反国际法。国际法院认为本案中巴基斯坦未能证明印度存在阻碍巴基斯坦履行《维也纳领事关系公约》项下义务的不法行为，因而驳回了巴基斯坦的主张。

（三）《维也纳领事关系公约》在本案中的可适用性

《维也纳领事关系公约》第 36 条第 1 款分别确立了三项接受国和派遣国的权利义务：（1）领事与派遣国国民通讯及会见自由；（2）接受国逮捕、监禁、羁押或拘禁派遣国国民时将该项权利迅即告知当事人的义务；（3）领事"探访受监禁、羁押或拘禁之派遣国国民、与之交谈或通讯、并代聘其法律代表"的权利。巴基斯坦认为《维也纳领事关系公约》第 36 条在本案中不能适用，并提出了三项主张：（1）第 36 条不适用于派遣国国民从事间谍活动的情形；（2）习惯国际法并不要求接受国在派遣国国民从事间谍活动时允许领事探访；（3）印度与巴基斯坦于 2008 年签署的《领事探访协议》（以下简称《2008 年协议》）构成特别法（*lex specialis*）适用。

国际法院运用习惯国际法上的条约解释方法——《维也纳条约法公约》第 31 条和第 32 条中确立的条约解释规则——阐明了《维也纳领事关系公约》能否适用的问题。首先，法院从文本、《维也纳领事关系公约》的目的与宗旨出发，指出该公约并没有任何条款规定第 36 条存在间谍活动例外。相反，由于公约的目的是促进国家间友好关系，第 36 条的目的是便于领馆执行其对派遣国国民之职务，因此，领事在所有情形下均应为派遣国国民行使第 36 条赋予的各项权利。法院还考察了《维也纳领事关系公约》的缔约历史，指出国际法委员会在讨论约文草案时，与间谍活动有关的讨论仅限于确定告知义务是否"迅即"履行的时间范围，而非作为《维也纳领事关系公约》适用的例外。

其次，国际法院指出，虽然《维也纳领事关系公约》序言"确认凡未经本公约明文规定之事项应继续适用国际习惯法之规例"，但第 36 条明确规定了领事与派遣国国民通讯、会见的权利，因此第 36 条而不是习惯国际法适用于本案。

最后，国际法院考察了《2008 年协议》第 6 段的内容："当逮捕、羁押或刑罚是基于政治或安全原因作出时，各方可以基于案情审查（examine the case on its merits）"。巴基斯坦认为该条款赋予其在本案中拒绝领事探访的权利。国际法院运用目的解释，指出该协议的缔结是为了促进缔约国国民遭对方逮捕、羁押或监禁时获得人道对待，因此该条款不能被解释为缔约国可基于安全或政治考虑拒绝领事探访。同时，法院还援引《维也纳领事关系公约》第 73 条第 2 款的规定来明确《2008 年协议》第 6 段的解释限度。国际法院指出："双方在谈判《2008 年协议》时充分知晓《维也纳领事关系公约》第 73 条第 2 款的规定。审查该协议并根据第 73 条第 2 款规定的条件，法院认为《2008 年协议》是一项嗣后协定，其意图在于'确认，补充，延伸或扩展'《维也纳领事关系公约》。因此，法院认为，《2008 年协议》并非如巴基斯坦主张的取消（displace）了《维也纳领事关系公约》第 36 条的内容。"[15]

因此，国际法院确认了《维也纳领事关系公约》在本案中可以适用。

---

[15] *Ibid* at 445, para. 97.

（四）巴基斯坦是否违反《维也纳领事关系公约》第 36 条

国际法院认定巴基斯坦在三个方面违反了《维也纳领事关系公约》第 36 条的规定：（1）巴基斯坦未告知贾达夫在第 36 条下享有的领事探访权；（2）巴基斯坦未依规定迅即告知印度贾达夫被监禁的事实；（3）巴基斯坦未履行允许领事探访的义务。

由于巴基斯坦自始至终主张《维也纳领事关系公约》不适用，且未抗辩其已告知贾达夫依据《维也纳领事关系公约》享有的权利，因此法院推定巴基斯坦并未告知贾达夫享有的权利。这一结论成了国际法院认定巴基斯坦违反了向印度告知义务的基础。虽然《维也纳领事关系公约》第 36 条第 2 款（b）项规定"经其本人请求，接受国主管当局应迅即通知派遣国领馆"，但法院认为"经其本人请求"和"该当局应将本款规定之权利迅即告知当事人"是存在内在联系的。因此，在巴基斯坦未告知贾达夫其权利时，巴基斯坦有义务将贾达夫被逮捕的事实告知印度。事实表明，在 2016 年 3 月 3 日前后巴基斯坦已经能够确定被逮捕者是印度国民，巴基斯坦在 3 周以后才告知印度驻伊斯兰堡高级专员的行为违反了迅即告知义务。另外，对于法院已经查明的巴基斯坦未曾允许领事探访的事实，法院指出印度未在调查阶段向巴基斯坦提供协助的事实不能免除巴基斯坦保证领事探访的义务。

法院还驳回了巴基斯坦提出的权利滥用主张。国际法院同样是从《维也纳领事关系公约》的目的与宗旨出发，并援引"阿韦纳案"和"拉格朗案"的相关论述，指出："法院重申'《维也纳领事关系公约》规定了所有缔约国应遵守的某些标准，以期领事关系畅通无阻'，以及'第 36 条关于向正在刑事诉讼程序中的国民提供领事协助并与之联络的规范同时规定了国家和个人的权利，而这些权利是相互依存（interdependent）的。《维也纳领事关系公约》不允许缔约国对其履行第 36 条规定的义务附加条件。否则，整个领事协助系统都将遭到严重破坏。"⑯

---

⑯ *Ibid* at 451, para. 123.

（五）救济问题

印度要求法院宣告巴基斯坦军事法庭对贾达夫的裁决无效。巴基斯坦则认为，若接受印度的主张，则会从实质上将国际法院转变为一个刑事程序的上诉法院。国际法院认为，巴基斯坦应当停止不法行为，并恢复履行《维也纳领事关系公约》第36条项下的义务，包括告知贾达夫其享有的权利以及允许印度领事探访。但是，国际法院认为本案的救济不包括纠正巴基斯坦国内法院的裁决，因为"并不是巴基斯坦对贾达夫的定罪、量刑违反了《维也纳领事关系公约》的规定"。[17] 因此，适当的救济措施应该是对贾达夫定罪量刑的有效复核（effective review and reconsideration）。法院特别强调了复核的有效性，要求巴基斯坦在复核时充分考虑到其对《维也纳领事关系公约》第36条第1款的违反以及违法行为造成的后果。法院指出，"巴基斯坦可以自行选择提供有效复核的方式，但提供有效复核是必须被无条件满足的'结果义务'"。[18]

（六）评价

本案在很大程度上是对"拉格朗案"以及"阿韦纳案"所明确的《维也纳领事关系公约》第36条解释和适用方式的延续。本案所涉国际法问题及法律适用十分简明清晰，这从判决的执行条款以绝对多数票通过这一事实可以看出。[19] 站在"拉格朗案"和"阿韦纳案"的延长线上，本案的意义主要体现在两方面。

其一，国际法院进一步澄清了《维也纳领事关系公约》第36条的适用不存在例外，哪怕派遣国国民涉嫌在接受国从事间谍活动。国际法院还发展了对第36条第1款（b）项"经当事人请求"的解释，将"迅即告知当事人"和"迅即告知派遣国"的义务结合起来，阐明当接受国未告知当事人其权利时，接受国有义务迅即告知派遣国。这意味着缔约国对《维也纳领事关系

---

[17] *Ibid* at 455, para. 136.
[18] *Ibid* at 458, para. 146.
[19] 只有巴基斯坦指派的专案法官提出了反对意见，国际法院的全体法官均同意判决的所有执行条款。

公约》第 36 条的告知义务负有最严格的履行义务。另外，法院还否认了接受国为第 36 条相关义务的履行设置附加条件。从根本上看，这也体现了国际法院在"拉格朗案"中提出《维也纳领事关系公约》第 36 条创设了个人权利之后，对该个人权利的高度保护。

其二，国际法院在救济问题中的论述充分反映了国际法与国内法关系的二元区分。国际法院将救济措施限制在有效复核的框架内，并将执行有效复核的方式交由巴基斯坦自主决定，表明了国际法院仅裁判与《维也纳领事关系公约》有关的争端（国际法问题），而不对巴基斯坦的国内审判程序或巴基斯坦法律体系是否完备作出评价（国内法问题）。换言之，就像一国不能援引国内法规则拒不履行国际义务一样[20]，当一国违反国际法义务时，仅在国际层面依据国家责任相关规范承担国家责任（如本案中法院宣告的停止不法行为、恢复履行国际义务），其国内法上的行为（例如审判、定罪、量刑等）并不因违反国际法而自动丧失国内法体系中的效力。[21]

2021 年 11 月，巴基斯坦议会通过法案允许贾达夫对死刑判决进行上诉。[22]

二、豁免与刑事程序案（赤道几内亚诉法国）

（一）事实与程序背景

2008 年，法国法院着手调查某些非洲国家首脑及其家庭成员在法国的洗钱犯罪。根据控告，这些人员将本国非法挪用的公共基金及其犯罪所得在法国进行投资。自 2010 年起，法国的调查集中在赤道几内亚总统之子特奥多罗·奥比昂·恩圭马·姆巴索戈（Mr. Teodoro Nguema Obiang Mangue，下文称"嫌疑人"）身上。2011 年 9 月至 2012 年 2 月间，法国调查人员数次搜查了嫌疑人

---

[20] 《维也纳条约法公约》第 26 条。

[21] See Sir Gerald G Fitzmaurice, *The General Principles of International Law considered from the Standpoint of the Rule of Law*, Collected Courses of the Hague Academy of International Law (Volume 92) at 80.

[22] See "Pakistan Passes Bill to Help Kulbhushan Jadhav Appeal Against Death Sentence", available at: https://www.hindustantimes.com/world-news/pakistan-passes-bill-to-help-kulbhushan-jadhav-appeal-against-death-sentence-101637162336675.html，最后访问时间：2024 年 11 月 1 日。

位于巴黎福煦大街 42 号的房产（以下简称"巴黎房产"），并扣押了嫌疑人名下的若干豪车和物品。2011 年 10 月 4 日，赤道几内亚驻法国领事馆致信法国外交部，称被搜查的巴黎房产是赤道几内亚外交使馆馆舍的一部分，而法国外交部则表示该处房产从未取得使馆馆舍的地位。另一方面，法国先后签发逮捕令、扣押巴黎房产并于 2016 年以洗钱犯罪对嫌疑人提起公诉。然而，嫌疑人以外国官员的豁免权为由拒绝配合（赤道几内亚于 2012 年 5 月 21 日将嫌疑人任命为主管国防和安全的第二副总统，后又于 2016 年 6 月 21 日将其任命为副总统）。2017 年 10 月 27 日，法国法院判决嫌疑人洗钱罪行成立，判处 3 年有期徒刑、罚金、没收所有被扣押的资产（包括巴黎房产）。

2016 年 6 月 13 日，赤道几内亚依据《联合国打击跨国有组织犯罪公约》（以下简称《跨国有组织犯罪公约》）和《外交关系公约任择议定书》在国际法院起诉法国，并提出临时措施请求。国际法院于 2016 年 12 月 7 日指示临时措施，要求法国确保在法院最终判决前给予嫌疑人在巴黎的房产相当于《维也纳外交关系公约》项下外交使馆馆舍的地位。㉓ 法国于 2017 年 3 月 31 日提出初步反对意见。2018 年 6 月 6 日，国际法院作出初步反对意见判决，确立对部分争端的管辖权。㉔ 国际法院后于 2020 年 12 月 11 日作出实体阶段判决。㉕

（二）属事管辖权争议

本案管辖权争议的核心是属事管辖权问题。赤道几内亚认为，法国对嫌疑人的调查起诉、对巴黎房产的搜查和扣押侵害了外国官员的豁免、国家财产的豁免和外交豁免，这违反了《跨国有组织犯罪公约》和《维也纳外交关系公约》的有关规定。法国则认为，本案争端与这两个公约的解释和适用无关，因此国际法院不享有属事管辖权。另外，法国还以赤道几内亚滥用程序和滥用权利为由主张本案争端不具有可受理性。

《跨国有组织犯罪公约》第 35 条第 2 款赋予国际法院管辖权以解决与该

㉓ *Immunities and Criminal Proceedings (Equatorial Guinea v France)*, Provisional Measures, [2016] ICJ Rep 1148, para. 99.

㉔ *Immunities and Criminal Proceedings (Equatorial Guinea v France)*, Preliminary Objections, [2018] ICJ Rep 292.

㉕ *Immunities and Criminal Proceedings (Equatorial Guinea v France)*, Judgment, [2020] ICJ Rep 300.

公约解释和适用有关的争端。㉖ 赤道几内亚的主要观点是，该公约第 4 条 "保护主权" 条款规定 "在履行其根据本公约所承担的义务时，缔约国应恪守各国主权平等和领土完整原则和不干涉别国内政原则"，其中主权平等原则作为豁免规则的理论渊源，构成第 4 条纳入习惯国际法上与国家豁免和外国官员豁免规则的依据。因此，与外国官员豁免和国家豁免有关的争端也属于与《跨国有组织犯罪公约》解释和适用有关的争端。法国则对此予以反对，认为与豁免有关的争端和该公约无关。

为判断本案与《跨国有组织犯罪公约》是否有关，国际法院需要判断赤道几内亚的主张是否属于该条约调整的事项范围。法院适用了《维也纳条约法公约》第 31 条和第 32 条的条约解释规则——也是习惯国际法上的条约解释规则——予以解释《跨国有组织犯罪公约》第 4 条是否纳入了习惯国际法上与豁免相关的具体规范。国际法院的结论主要包括：（1）国际法院从文义角度出发，指出第 4 条并未明确指向与豁免有关的规则，而仅指向与主权平等有关的一般性国际法规范；（2）法院考察上下文发现，《跨国有组织犯罪公约》中没有任何条款明确提及了国家豁免和官员豁免；（3）基于该公约加强国际合作以防止和打击跨国有组织犯罪的目的与宗旨，法院认为与豁免相关的习惯法规则与该公约目的和宗旨无关；（4）法院还考察了公约的缔约历史，并考察了与第 4 条措辞类似的 1988 年《联合国禁止非法贩运麻醉药品和精神药物公约》，指出 "保护主权" 条款指向的是国家间的执法和法律互助，这与豁免无关。基于这些解释，法院认为本案争端中与嫌疑人和巴黎房产的豁免有关的部分和《跨国有组织犯罪公约》的解释和适用无关，因而法院对此缺乏管辖权。

赤道几内亚和法国就《外交关系公约任择议定书》是否赋予国际法院管辖权也存在争议。法国认为，虽然《维也纳外交关系公约》第 22 条确认了外交使馆馆舍不受侵犯，但本案中双方的争议在于被搜查和扣押的房产是否具有外交使馆馆舍的地位，而这一问题不能在《维也纳外交关系公约》中找到

㉖ 《跨国有组织犯罪公约》第 35 条第 2 款规定："两个或两个以上缔约国对于本公约的解释或适用发生任何争端，在合理时间内不能通过谈判解决的，应按其中一方请求交付仲裁。如果自请求交付仲裁之日起六个月后这些缔约国不能就仲裁安排达成协议，则其中任何一方均可根据《国际法院规约》请求将争端提交国际法院。"

答案，因此本案不属于国际法院属事管辖权所能管辖的范畴。国际法院否定了这一观点。法院认为，双方对巴黎房产是否属于外交使馆馆舍存在争议，因此也对于法国是否违反了《维也纳外交关系公约》第 22 条存在争议，因此法院对这一问题享有管辖权。

最后，国际法院阐明了滥用程序与滥用权利这两个概念，指出滥用程序是初步反对意见阶段考虑的程序问题，而滥用权利是实体阶段才需要考虑的问题。法院仅在极为例外的情形下才会基于滥用程序而宣告不可受理，而本案并不存在这些情况。

因此，法院仅能依据《外交关系公约任择议定书》对巴黎房产是否具有外交使馆馆舍的地位享有管辖权。

（三）实体判决的主要内容

基于初步反对意见判决中对属事管辖权的限定，国际法院 2020 年实体阶段判决主要围绕以下三个方面：（1）依据《维也纳外交关系公约》如何认定外交使馆馆舍地位；（2）本案争议的对象是否具有外交使馆馆舍的地位；（3）法国是否违反了《维也纳外交关系公约》第 22 条的规定。

国际法院指出，虽然《维也纳外交关系公约》并未直接规定如何认定外交使馆馆舍地位，但通过对公约第 2 条的文义、上下文以及公约目的和宗旨的解释，法院认定派遣国无权在接受国反对的情况下单方面指定外交使馆馆舍。其中，尤为值得注意的是法院对派遣国和接受国利益平衡的说理。法院指出："派遣国单方面指定外交使馆馆舍将与公约发展国家间友好关系的目的相违背。更为重要的是，这会使接受国处于派遣国滥用外交特权和豁免的不利地位。"[20] 法院进一步指出，接受国反对派遣国指定外交使馆馆舍的权利并非无限的，而应满足两个条件：（1）接受国的反对必须是及时提出；（2）反对不得具有任意性或歧视性。

围绕这两个条件，国际法院进一步考察第二个问题，即本案争议对象是否具有外交使馆馆舍的地位。通过回溯相关事实，法院指出法国对赤道几内亚

---

[20] *Immunities and Criminal Proceedings (Equatorial Guinea v France)*, Judgment, [2020] ICJ Rep 300, at 321, para. 67.

指定巴黎房产作为外交使馆馆舍的反对是及时的、一贯的，该反对也并非具有歧视性或任意性的措施。因此法院认定巴黎房产从未取得外交使馆馆舍的地位。鉴于此，国际法院认定法国并未违反《维也纳外交关系公约》第 22 条的规定。

（四）评价

本案判决在属事管辖权的确立以及《维也纳外交关系公约》项下接受国与派遣国利益平衡这两个问题上具有启发意义。

就属事管辖权而言，赤道几内亚将与豁免有关的争端依据《跨国有组织犯罪公约》的管辖权条款起诉，反映了近年来日益显著的构建争端与多边条约联结以便将争端提交国际法院的国家实践。国际法院对《跨国有组织犯罪公约》第 4 条所作的条约解释，尤其是该条款未纳入豁免规则的结论，体现了国际法院在处理条约和条约外部规范关系问题上的谨慎，以及确立管辖权的克制。这一思路在 2019 年"某些伊朗资产案"中也得到了延续。㉘ 然而，4 名法官提出了联合反对意见，指出《跨国有组织犯罪》公约第 4 条中对主权平等、领土完整和不干涉原则的重申具有为缔约国创设国际法义务的意义，该条款也具有引入豁免相关的规则的效果。㉙这些反对意见表明，属事管辖权的判定往往具有一定程度的主观性，难以真正地"以客观的方法予以判断"。

在实体问题上，本案并非简单的《维也纳外交关系公约》解释和适用有关的争端，而更为深入地涉及了在《维也纳外交关系公约》可能遭到滥用时如何平衡接受国与派遣国的利益这一问题。在巴黎房产是否获得了外交使馆馆舍地位这一核心争议上，共有 7 名法官反对国际法院作出的否定性结论。例如，薛捍勤法官虽然认可应当平衡《维也纳外交关系公约》项下接受国与派遣国之间的利益，但她认为国际法院在本案中将馆舍地位的认定最终落实到接受国的反对上，未能实现理想的平衡，而是不当地扩展了接受国的利益。㉚盖亚法官也质疑法院将接受国的同意作为确定使馆馆舍地位的关键指标

㉘ 见第十章"某些伊朗资产案"评述。

㉙ Joint Dissenting Opinion of Vice-President Xue, Judges Sebutinde and Robinson and Judge ad hoc Kateka, *supra* note 24, at 41.

㉚ Dissenting Opinion of Vice-President Xue, *supra* note 25, at 365.

超越了《维也纳外交关系公约》。㉛ 时任院长的优素福法官则指出国际法院忽略了自 2012 年 7 月 27 日以来赤道几内亚将巴黎房产作为领事馆馆舍使用的事实，而该事实对认定该处房产是否具有使馆馆舍地位至关重要。㉜ 这些反对意见表明，如何理解《维也纳外交关系公约》项下派遣国与接受国之间的利益平衡也充分反映了国际法规则具有某种程度的开放性，其解释和适用往往具有弹性空间。然而，如果回到本案已经查明的事实，巴黎房产的购买本身涉嫌洗钱犯罪，而赤道几内亚在嫌疑人的巴黎房产被搜查之后才主张该房产具有外交使馆馆舍的地位㉝，且经嫌疑人转让将巴黎房产收归国有㉞，并在嫌疑人被调查的过程中将嫌疑人从农林部部长逐步提升为该国副总统。即便这些行为属于赤道几内亚的内政（实际上国际法院也未对这些行为作任何评价），但却较为鲜明地体现了试图以此获取《维也纳外交关系公约》项下的豁免与特权。基于这些事实，如果国际法院宣告巴黎房产具有外交使馆馆舍的地位、宣告法国的相应行为违反《维也纳外交关系公约》的规定，恐怕更加有违接受国与派遣国利益平衡的考虑。

㉛ Declaration of Judge Gaja, *ibid* at 372.
㉜ Separate Opinion of President Yusuf, *ibid* at 360.
㉝ 实际上，在法国当局对巴黎房产第一次搜查的当天，赤道几内亚驻法国大使馆到现场对该行为予以抗议，但当时并未提出该房产是外交使馆馆舍的一部分。*Immunities and Criminal Proceedings (Equatorial Guinea v France)*, Judgment, [2020] ICJ Rep 300, at 333, para. 107.
㉞ See Separate Opinion of Judge Donoghue, *supra* note 25, at 384-385.

第十二章　外交保护

导　言

外交保护是国家对于因外国的国际不法行为而受到权利侵害的自然人或法人通过外交或司法途径向外国国家要求适当救济的方式。① 外交保护在19世纪和20世纪具有较强的殖民主义色彩，因为通常被列强用来保护其国民在其他国家的经济和殖民利益。② 但是，作为国家保护其国民在海外的利益、督促外国向外国人提供最低标准待遇的方式，外交保护有大量的国家实践，属于习惯国际法的一部分。2006年国际法委员会二读通过的《外交保护条款草案》在很大程度上编纂了习惯国际法。

通说认为行使外交保护是国家的权利而非义务，且国家对于是否代表国民向其他国家提出外交或司法交涉具有裁量权。例如，1924年常设国际法院在"马弗若麦迪斯案"中指出："当国家就其国民的诉求代表该国民诉诸外交手段或国际司法程序时，国家实际上是在主张自己的权利，即确保本国国民获得国际法要求的地位的权利。"③ 国际法院在1955年"诺特鲍姆案"中也重申了这一论断。④

国家行使外交保护一般要满足三项要件：（1）国际不法行为造成本国国民（包括自然人和法人）侵害。20世纪中期以前，国际法要求各国给予外国人以最低程度的待遇保障。随着国际法的发展，尤其是国际人权法的发展，就自然人而言，最低程度的待遇保障也逐步囊括了个人基于国际人权法所享

---

① 白桂梅：《国际法》（第3版），北京大学出版社2015年版，第275页。
② John Dugard, "Diplomatic Protection", Max Planck Encyclopedias of International Law (2021), para. 3.
③ *Mavrommatis Palestine Concessions*, PCIJ Series A, No. 2, Judgment of 30 August 1924, at 12.
④ *Nottebohm Case*, Second Phase, [1955] ICJ Rep 4, at 24.

有的基本人权。（2）受害者具有本国国籍。国籍的取得或丧失属于一国国内法的事项，由各国国内法调整。就自然人的外交保护而言，1955年"诺特鲍姆案"认为，不仅受害人要拥有行使外交保护的国家的国籍，而且该国籍必须是真实有效的，因为"国籍是一种法律纽带，其以社会连结为基础，包括了个体存在、利益、情感、权利与义务的真实的连结"。⑤ 但是，《外交保护条款草案》并不要求国籍符合真实有效的标准，因为国际法委员会认为在当前经济全球化的时代，如果作此要求会导致数以百万计的个人难以获得外交保护。⑥（3）受害者已穷尽当地救济。穷尽当地救济指国家代表个人在国际上提出求偿请求之前，个人必须事先穷尽使其利益受到侵害的国家国内的一切司法或行政措施。这一条件是为避免外交保护的滥用。同时，国际法要求被控从事了国际不法行为的国家内部存在可供受害者运用的、有效的救济措施。换言之，当一国提出外交保护时，该国要证明受害者已穷尽当地救济措施，而被控国要证明其国内存在可供利用的有效的救济措施。

　　随着国际人权法的发展，国际法院实践中当事国就自然人行使外交保护的情形有所减少。同时，允许外国投资者将与东道国之间的争端诉诸仲裁的双边投资协议的盛行也弱化了国家对法人（主要是公司）行使外交保护的必要性。1970年"巴塞罗那电力公司案"基于公司的独立法律人格否认了公司股东的国籍国对股东行使外交保护的权利。国际法院认为："虽然公司具有独立的法律人格，但不法行为对公司造成的损害往往会对其股东也造成损害。但是，公司和股东都受到损害这一事实并不意味着两者都有权要求赔偿……因此，当股东的利益因公司遭受的不法行为而受到损害时，必须由公司采取适当措施寻求救济。"⑦ 这些实践与发展或许解释了为何近年来国际法院受理的外交保护诉讼案件较少。2010年至2023年间，几内亚诉刚果（金）"艾哈迈杜·萨迪奥·迪亚洛案"是唯一一个当事方基于外交保护提出的诉讼案件。该案涉及个人人权遭受侵害以及个人作为公司股东享有的权利遭受侵害情形下外交保护的适用，国际法院在该案中的有关论断立足于司法实践以及国际

---

⑤ *Ibid* at 23.

⑥ John Dugard, "Diplomatic Protection", Max Planck Encyclopedias of International Law (2021), para. 22.

⑦ *Barcelona Traction, Light and Power Company, Limited*, Judgment, [1970] ICJ Rep 3, at 35, para. 44.

法的发展，具有较高的权威性。

艾哈迈杜·萨迪奥·迪亚洛案［几内亚诉刚果（金）］

（一）事实与程序背景

艾哈迈杜·萨迪奥·迪亚洛（以下简称"迪亚洛"）是几内亚国民，他从1964年起在刚果（金）居住，并于1974年成立了一家进出口公司Africom-Zaire，该公司为刚果（金）国内法下的私营有限责任公司，并在刚果（金）首都金萨沙贸易登记处注册。1979年，迪亚洛扩大了业务活动范围，作为Africom-Zaire的经理与另外两名私人合作伙伴共同设立了专营货物集装箱运输的私营有限责任公司Africontainers-Zaire，Africom-Zaire持股30%。后来，由于两名合作伙伴撤资，Africom-Zaire持有Africontainers-Zaire 60%的股份，剩余40%的股份由迪亚洛持有，迪亚洛还担任该公司的经理。1980年代末期，迪亚洛作为两家公司的经理，采取了包括司法程序在内的措施，试图收回其他企业对Africom-Zaire和Africontainers-Zaire的欠款，其中包括刚果（金）政府欠款以及刚果（金）国有企业或国有控股企业债务。1995年10月31日，刚果（金）首相以"迪亚洛的行为违反刚果（金）公共秩序，尤其是经济、金融和货币领域的秩序"为由发布了驱逐令，并于1996年1月31日将已被逮捕的迪亚洛驱逐出境。1月31日当天，刚果（金）当局以非法居留为由给予迪亚洛禁止入境的通知，作为驱逐出境的正式文书。

1998年12月28日，几内亚行使外交保护，依据两国就《规约》第36条第2款接受国际法院管辖的声明，向国际法院起诉刚果（金）对迪亚洛的非法逮捕、拘禁和驱逐侵害了迪亚洛的人权等权利。刚果（金）提出了初步反对意见，主张几内亚的诉求不具有可受理性。国际法院于2007年5月24日作出初步反对意见判决[⑧]，后于2010年11月30日作出实体问题判决[⑨]。

[⑧] *Ahmadou Sadio Diallo (Republic of Guinea v Democratic Republic of the Congo)*, Preliminary Objections, [2007] ICJ Rep 582.

[⑨] *Ahmadou Sadio Diallo (Republic of Guinea v Democratic Republic of the Congo)* [2010] ICJ Rep 639.

(二) 初步反对意见判决的主要内容

几内亚主张，刚果（金）对迪亚洛的逮捕、拘禁和驱逐侵害了三类权利：（1）迪亚洛的个人权利；（2）迪亚洛作为 Africom-Zaire 和 Africontainers 的股东对公司享有的直接权利；（3）公司的权利。刚果（金）认为几内亚的诉求不具有可受理性，因为几内亚不能对在刚果（金）境内设立的两家公司行使外交保护，另外，迪亚洛和这两家公司都尚未穷尽当地救济。国际法院分别讨论了几内亚三类诉求的可受理性。

首先，对于迪亚洛的个人权利，国际法院援引国际法委员会《外交保护条款草案》第 1 条说明了国际法上外交保护的含义，即一个国家通过外交行动或其他和平解决方式，就另一个国家针对自己国家自然人或法人造成损害的国际不法行为主张责任。国际法院指出："随着国际法近几十年来的发展，国家行使外交保护的范围不再局限于最初的违反外国人待遇最低标准，而是扩大到违反国际法上人权保护的行为。"[10] 由于本案双方对迪亚洛为几内亚国民无争议，国际法院主要考察了迪亚洛是否已穷尽当地救济。关于这一问题的查明，至关重要的是举证责任的分配。国际法院认定："在外交保护问题上，申请方有责任证明确实用尽了当地救济措施，或证明特殊情况免除了申请方保护的受害人用尽现有当地措施的义务；应由被申请方说服法院，在其国内法律制度中仍然还有未用尽的有效的救济措施。"[11] 国际法院认为，对迪亚洛的驱逐令是以拒绝入境的文书颁发的，而刚果（金）国内法规定拒绝入境命令不得上诉。即使刚果（金）行政机关当时作出拒绝入境文书是错误的，迪亚洛作为拒绝入境命令的对象，有权以该行政机关给出的法律定性为依据，包括相应的当地救济措施。另外，即使本案应为驱逐而非拒绝入境，国际法院认为刚果（金）国内法上也不存在有效的救济措施，因为国际法上所言的当地救济应为法律途径，司法或行政补救措施只有在维护权利而非获得恩惠时才能被考虑。因此，向刚果（金）首相提出重新考虑驱逐决定这一途径不是应当被穷尽的当地措施。

---

[10] Ahmadou Sadio Diallo case (preliminary objections), supra note 8 at 599, para. 39.
[11] Ibid at 600, para. 44.

其次，对于迪亚洛作为公司股东所享有的直接权利，国际法院援引"巴塞罗那电力公司案"指出，国际法院没有必要考察国家国内法上设立法人的各种不同形式。法院认为："从国际法的角度来看，真正关键的问题是确定这些实体是否具有独立于其成员的法律人格。公司独立法律人格意味着公司对其自身财产享有权利，且只有公司才能保护这些权利。因此，当公司的权利受到另一国不法行为的损害时，只有国籍国可以代表公司行使外交保护。在确定公司是否拥有独立法律人格时，国际法院适用国际法需要先查明相应的国内法规则。"⑫ 就本案而言，依据刚果（金）国内法，私营有限责任公司具有独立于其股东的法律人格，特别是股东的财产与公司的财产是彼此区分的，因此股东只就自己投入公司的资源承担相应的责任。那么，若国籍国几内亚要对股东行使外交保护，这仍属于《外交保护条款草案》第 1 条所定义的外交保护范围，只是就该股东而论，可以构成国际不法行为的侵害是被申请方侵犯了该股东相对于一个法人的直接权利，而这些直接权利由被申请方国内法予以确定。据此，对私营有限责任公司或上市公司的股东的直接权利实施外交保护，不能被视为习惯国际法上外交保护的例外。国际法院因此认定几内亚有资格就迪亚洛作为股东的直接权利受损害的事项提起外交保护。至于这些直接权利的性质和范围，应留待实体阶段确定。针对刚果（金）提出的尚未穷尽当地救济的主张，国际法院认为，迪亚洛作为股东直接权利受损是因驱逐导致的，而对此刚果（金）国内法上不存在有效救济措施。由于刚果（金）未提出迪亚洛可以采取何种途径救济其作为股东的直接权利，法院认为不需要再考虑这一问题。

最后，对于公司的权利，国际法院援引"巴塞罗那电力公司案"指出："只有权利受到侵害才导致责任问题，而不仅仅是利益受到影响。因此，侵害公司权利并不必然意味着应向公司股东承担责任，即使他们的利益受到影响。"⑬ 国际法院认为本案争议焦点在于"巴塞罗那电力公司案"以来，习惯国际法上是否发展出了由国籍国行使外交保护的原则的例外，即由公司股东的国籍国替代公司向侵害了公司权利的国家求偿。国际法院认为当前国际法

---

⑫ *Ibid* at 601, para. 67.
⑬ *Ibid* at 614, para. 86.

上，公司及其股东权利保护以及相关的争议解决主要由双边或多边的保护外国投资的条约所规定，外交保护仅在不存在相关条约机制的情况下，或相关条约机制不能适用的情况下才发挥作用。换言之，通过外交保护替代公司求偿从而为外国股东提供保护的方法是保护外国投资的最后手段（last resort）。国际法院仔细考察了相关国家实践、国际性法院和法庭的裁决后认为，目前尚不存在这样一种替代求偿的例外。同时，本案也不属于《外交保护条款草案》第 11 条 b 项规定的股东保护的情形。因此，国际法院认为几内亚就 Africom-Zaire 和 Africontainers-Zaire 公司权利行使外交保护的主张不具有可受理性。

因此，国际法院认定几内亚为迪亚洛的个人权利和迪亚洛作为 Africom-Zaire 和 Africontainers 的股东对公司享有的直接权利提出的诉求具有可受理性。

（三）实体判决的主要内容

在国际法院作出初步反对意见判决后，几内亚在 2008 年提交的诉状中提出要求刚果（金）就 1988—1989 年间逮捕和拘禁迪亚洛的行为承担责任。刚果（金）指出这是一项新诉求，不具有可受理性，而且即使具有可受理性，对于这些控诉迪亚洛尚未穷尽当地救济。国际法院在实体判决中主要裁决了下列事项：（1）新诉求的可受理性；（2）刚果（金）是否侵害迪亚洛的个人权利；（3）刚果（金）是否侵害迪亚洛作为股东享有的直接权利。

1. 新诉求的可受理性

国际法院认为这一诉求构成一项新诉求，因为无论是在几内亚的申请书还是在几内亚提交的诉状中都没有提及 1988—1989 年间的事实，而只在回应刚果（金）的初步反对意见的书面意见中提及了部分 1988—1989 年间涉及迪亚洛被逮捕的事实，但法院认为，由于这些书面意见的目的仅在于驳斥刚果（金）的初步反对意见，且实体问题的审理已经因初步反对意见的提出而中止，因此书面意见不能被视为几内亚提出实体诉求的载体。此外，国际法院认为 2007 年初步反对意见判决在总结几内亚诉状内容时称"迪亚洛分别在 1988 年和 1995 年两次遭到任意逮捕和拘禁"属于错误，不影响 2007 年判决的结论，也对实体阶段国际法院的裁判没有拘束力。

依据法院实践中确立的原则，国际法院指出："当事方在诉讼程序中提出额外诉求时，如果受理这些诉求将转变申请书中最初提交法院的争端主旨事项的性质，则不具有可受理性。因此，真正重要的是申请书和诉状的内容，因为后者'虽然可以澄清申请书的内容，但不得超出申请书所载的诉求范围'。故而，在提交诉状之后才提出的诉求——如本案的情况——不能转变申请书所载明的争端的主旨事项。"⑭ 法院进一步指出，一项诉求构成新诉求并不必然导致其不具有可受理性。判断新诉求可受理性的标准是："虽然是新诉求，但诉求所涉问题已经隐含在原诉求的实质内容之中……换言之，新诉求是否具有可受理性的关键标准是新诉求与启动诉讼程序的申请书中的原始诉求之间的联系。"在解释新诉求与原始诉求之间的联系时，国际法院援引此前的司法实践提出了两项标准："要么新诉求已经暗含在申请书之中……要么新诉求直接源于申请书所载主旨事项。"⑮ 国际法院认为几内亚的新诉求并不满足任何一项标准，因为刚果（金）在1988—1989年间逮捕和拘禁迪亚洛的依据（刑事调查和起诉）与1995—1996年间逮捕和拘禁迪亚洛的依据（执行驱逐令）完全不同。因此这项新诉求不具有可受理性，法院只需要考虑刚果（金）1995—1996年间逮捕和拘禁迪亚洛是否侵害了他的个人权利和作为公司股东的直接权利。

2. 刚果（金）是否侵害了迪亚洛的个人权利

就迪亚洛个人权利而言，国际法院主要考察了三项权利：（1）《公民权利及政治权利国际公约》第13条和《非洲宪章》第12条规定的对外国人的驱逐应依法实施。国际法院强调，此处"依法实施"所指的"法"为一国国内法，但该国内法本身也应符合国际法的相应要求。国际法院认为刚果（金）对迪亚洛的驱逐并未依法实施，因为没有按照其国内法规定提前与移民署咨商，也没有按照《公民权利及政治权利国际公约》第13条规定向受害人陈述理由。同时，刚果（金）也未能证明存在援引第13条国家安全例外的情形。（2）《公民权利及政治权利国际公约》第9条与《非洲宪章》第6条规定的任何人不得被任意逮捕和拘禁的权利。国际法院查明，迪亚洛于1995年

---

⑭ *Ahmadou Sadio Diallo case (merits)*, *supra* note 9 at 656, para. 39.

⑮ *Ibid* at 657, paras. 40–41.

11月5日遭逮捕，直到66天后于1996年1月10日释放，后又于1月25日被逮捕，直到于1月31日被驱逐。国际法院认为刚果（金）执行逮捕并不符合国内法的规定，并且过程中也存在诸多不规范之处，包括未曾告知迪亚洛其被逮捕和拘禁的原因。因此法院认定刚果（金）侵害了迪亚洛的这项权利。（3）刚果（金）未能提交任何证据证明其依据《维也纳领事关系公约》第36条第1款b项迅即告知迪亚洛其享有的领事通讯权，法院认为刚果（金）违反了这项规定。

3. 刚果（金）是否侵害了迪亚洛作为股东享有的直接权利

就迪亚洛作为股东享有的直接权利而言，国际法院认为这主要包括四项权利：（1）参加公司股东大会及参加表决的权利。国际法院认为只有在迪亚洛被驱逐后 Africom-Zaire 和 Africontainers-Zaire 实际召开了股东大会和进行了表决，这项权利才受到侵害。但没有证据表明迪亚洛曾在刚果（金）居住期间召开过股东大会。同时，根据刚果（金）法律，股东可以选择代理人代替其行使参加股东大会和投票的权利。因此法院认为驱逐迪亚洛可能阻碍了他本人参与股东大会，但并不构成对其权利的剥夺。（2）与管理有关的权利，主要涉及迪亚洛能否指定法定代表人、能否被指定为法定代表人等。国际法院考察了刚果（金）国内立法以及迪亚洛被驱逐后两家公司代理人管理经营的实践，认定刚果（金）并未侵害迪亚洛的这项权利。（3）监督与监管权力。同样，国际法院认为驱逐迪亚洛可能使其对公司行使监督与监管更为困难，但并不构成对这项权利的干涉。（4）迪亚洛拥有公司股份的权利。国际法院依据公司与股东财产的彼此独立原则驳回了几内亚所主张的迪亚洛及其公司财产混同。法院认定，与公司财产有关的直接权利仅限于获得股息和公司解散时应获得的货币补偿权利。但是，本案中没有证据证实存在与这项权利或其行使有关的损害。

综上所述，国际法院认定刚果（金）侵害了迪亚洛依据《公民权利及政治权利国际公约》《非洲宪章》和《维也纳领事关系公约》享有的人权，但驳回了与迪亚洛作为公司股东享有的直接权利有关的主张。最后，法院认定刚果（金）应就对迪亚洛造成的损害向几内亚赔偿。国际法院要求双方就赔偿问题进行谈判，若判决作出6个月内不能达成协议，则赔偿问题应由法院赔偿程序解决。

（四）评价

本案作为国际法院外交保护领域的司法实践，具有较为重要的意义。一方面，国际法院重申了外交保护在国际法上的地位及国家行使外交保护所应满足的条件，这些论述或是立足于国际法委员会《外交保护条款草案》具有习惯国际法性质，或是立足于国际法院之前的司法实践，反映了国际法院关于外交保护司法实践的一致性和统一性，因而具有高度的权威性；另一方面，本案是自"巴塞罗那电力公司案"之后国际法院首次涉及股东权利的外交保护问题，判决对"巴塞罗那电力公司案"中有关论述的重申以及对习惯国际法发展的考察，都对这一问题有启发意义。

此外，本案实体阶段在解释和适用《公民权利及政治权利国际公约》第13条和第9条时，给予了人权事务委员会（Human Rights Committee）对相关条款的解释以充分的效力，这体现了人权条约机构实践对条约解释的作用。国际法院指出："虽然法院在履行其司法职能解释《公民权利及政治权利国际公约》时没有义务遵照人权事务委员会的解释，但对于这一专门设立以监督条约执行的独立机构的解释，国际法院应予以重视（ascribe great weight）。这里的关键问题是应尽量实现国际法必要的明晰度、一致性以及法律的安定性，而这些也是拥有权利的个人和应当履行义务的国家所应有的保障。"⑯

几内亚和刚果（金）未能在判决作出后6个月内就赔偿问题达成一致，经几内亚提出申请，国际法院于2012年6月19日判决刚果（金）应就迪亚洛遭受的物质损害和非物质损害赔偿几内亚共计9万5千美元。

---

⑯ *Ahmadou Sadio Diallo case (merits), supra* note 9 para. 66.

第十三章 咨询意见

导 言

关于国际法院发表咨询意见的管辖权、司法适当性、咨询意见的效力和功能以及咨询程序等问题，第三章和第四章已经述及，在此不再赘述。2010年至2024年间国际法院共发表了4份咨询意见：（1）"科索沃单方面宣布独立是否符合国际法咨询意见"，该案涉及科索沃宣布独立是否违反安理会决议以及一般国际法等问题；（2）"国际劳工组织行政法庭就针对国际农业发展基金案的指控作出的第2867号判决咨询意见"，这是国际法院继1956年"国际劳工组织行政法庭就针对教科文组织的指控所作的判决咨询意见"之后首次——基于《国际劳工组织行政法庭规约》的修改，也是最后一次——出于复核国际劳工组织行政法庭判决目的发表的咨询意见；（3）"1965年查戈斯群岛从毛里求斯分裂的法律后果咨询意见"，该案中国际法院适用民族自决原则处理非殖民化问题；（4）"以色列在包括东耶路撒冷在内的巴勒斯坦被占领土的政策和做法的法律后果咨询意见"，该案是继2004年"隔离墙咨询意见"后国际法院再次就以色列在巴勒斯坦被占领土上的政策和做法的合法性和法律后果发表意见。除第（2）个咨询意见外，其他三份咨询意见所涉国际法问题都具有高度政治性，且发表咨询意见是否具有司法适当性也是这些咨询意见程序中共同的关键性争议问题。

截至2024年底，国际法院共发表28份咨询意见。通常认为国际法院的咨询意见实践相较于常设国际法院时期活跃度有所下降，因为后者在1920年至1946年期间共发表了27份咨询意见。[①] 然而，2010年至2024年间，除了

[①] 常设国际法院发表的最后一份咨询意见为1935年"但泽市某些立法与《自由市宪法》的相符性问题"。

上述4份咨询意见外，国际法院还收到了3份咨询请求：（1）2023年3月29日，联大通过第77/276号决议，请求国际法院就国家关于气候变化的法律义务发表咨询意见；（2）国际劳工组织于2023年11月13日依据《宪章》第96条第2款向国际法院提出咨询请求，要求法院答复工人及其组织的罢工权是否受1948年《结社自由和保护组织权利公约（第87号）》的保护；（3）2024年12月19日，联大通过第79/232号决议，请求国际法院就以色列对联合国、其他国际组织和第三国的存在和活动所承担的义务发表咨询意见。这些新实践反映了国际法院咨询意见实践的再度活跃，咨询意见仍属于国际法院司法活动中不可忽视的重要组成。

一、科索沃单方面宣布独立是否符合国际法咨询意见

（一）事实与程序背景

1999年科索沃战争结束后，安理会依据《宪章》第7章通过了第1244号决议，在科索沃建立了一个过渡性国际机制，即联合国驻科索沃临时行政当局特派团（UNMIK，以下简称"联合国特派团"）。依据该决议，科索沃过渡机制除了承担科索沃地区的所有立法与行政职能外，还负有协助确立科索沃未来地位的政治进程的职责。随后，依据第1244号决议，联合国特派团又制定了《科索沃临时自治政府宪政框架》（以下简称《宪政框架》），设立了科索沃临时自治政府，并详细规定了联合国大会特使及科索沃临时政府在过渡期间的职能和职责。自2005年底开始，联合国秘书长任命的特使组织了塞尔维亚和科索沃双方就科索沃未来地位的几轮谈判，均未能取得任何成果。2007年11月17日，科索沃选举并组建了科索沃议会。2008年2月17日，科索沃议会中绝大部分议员签署宣布科索沃独立的宣言。塞尔维亚认为这一单方行为违反了安理会第1244号决议所要求的政治解决，侵害了塞尔维亚的领土完整，而以美国和欧洲国家为代表的部分西方国家则很快承认了科索沃的独立。

科索沃宣布独立及其后果引发了国际社会的广泛关注和激烈争论。2008年10月8日，联大通过第63/3号决议请求国际法院回答下列问题："科索沃临时自治政府单方面宣布独立是否符合国际法？"国际法院于2010年7月

22 日发表咨询意见。②

(二) 国际法院的管辖权和裁量权

依据《宪章》第 96 条和《规约》第 65 条，联大就任何法律问题得向国际法院提出咨询请求。部分国家提出，鉴于《宪章》第 12 条第 1 款的规定③以及安理会对科索沃局势的积极介入，联大向国际法院提出咨询请求僭越了联大的职权，不符合《宪章》第 96 条的规定。国际法院指出："虽然第 12 条可能会限制大会在收到法院意见后可能采取的行动的范围（法院没有必要在本案中决定这一问题），但它本身并不限制第 96 条第 1 款赋予大会的请求咨询意见的权力。"④ 另外，国际法院也认定本案咨询请求提出的是法律问题，因为该问题的政治面向——无论是政治动机，政治目的或政治影响——并不足以使其丧失法律问题的性质。

国际法院接着讨论了是否应当行使咨询管辖权。国际法院立足于以往咨询意见实践，从以下几方面阐述了其意见：（1）作为联合国的主要司法机构，发表咨询意见是国际法院参与联合国工作的形式之一，因此，原则上不能拒绝咨询请求，除非存在阻碍法院行使咨询管辖的不容置疑的事由；（2）在考虑裁量权时，法院不考虑咨询请求背后个别国家的动机或意图，也不问咨询意见是否有益于解决科索沃问题或咨询意见是否会造成负面的政治后果等问题；（3）法院从联大和安理会的职能分工入手，指出联大和安理会在实践中往往会平行处理同一局势的不同面向，如安理会聚焦和平与安全，联大更关注人道、社会或经济等更广泛的领域，因此科索沃问题（包括宣布独立）由安理会主导并不阻碍联大提出咨询请求，本案需要解释安理会第 1244 号决议也并非阻碍法院行使咨询管辖的事由。

---

② *Accordance with International Law of the Unilateral Declaration of Independence in Respect of Kosovo*, Advisory Opinion, [2010] ICJ Rep 403.

③ 《宪章》第 12 条规定："当安全理事会对于任何争端或情势，正在执行本宪章所授予该会之职务时，大会非经安全理事会请求，对于该项争端或情势，不得提出任何建议。"

④ *Kosovo Advisory Opinion, supra* note 2 at 414, para.24.

(三) 国际法院对咨询问题的界定

虽然国际法院确认了对咨询请求的管辖且发表意见具有司法适当性，但法院通过界定联大所提问题的内涵和外延，极大地限制了咨询意见的范围。法院指出，联大提出的问题是极为具体和狭窄的，即只让法院回答宣布独立是否符合国际法，而未让法院讨论宣布独立的后果。因此，法院无须回答以下问题：科索沃是否已经取得国家资格；某些国家承认科索沃独立的行为是否有效，或者承认是否产生法律后果；独立宣言是否已经创造了一个独立国家。换言之，法院将咨询请求所涉问题限定在宣布独立这一行为上，而无意涉足宣布独立的法律后果或其效力。

同时，法院还在"是否符合国际法"这一措辞上做文章，认为"符合"一词应理解为"国际法是否禁止"某项行为。法院指出："联大向法院提出的问题是独立是否'符合'国际法。这个问题的答案取决于适用的国际法是否禁止宣布独立。如果法院的结论是国际法禁止宣布独立，那么它就必须认定宣布独立不符合国际法。……法院被问及的问题并不要求法院决定国际法是否赋予科索沃单方面宣布独立——或者更进一步，国际法是否一般性地赋予一国境内的实体单方面脱离该国的权利。实际上，某一特定行为——诸如单方面宣布独立——可能不违反国际法，但也同时并非行使一项国际法上的权利。"⑤

(四) 相关国际法规范及其适用

在界定并限缩了联大提出的咨询问题后，国际法院分别从一般国际法和安理会第1244号决议两方面入手，判断科索沃宣布独立是否违反国际法。

法院认为，一般国际法并不禁止独立宣言。18世纪至20世纪初出现众多宣布独立的先例，而20世纪中叶以来国际法中民族自决原则的发展，赋予了受外族压迫和剥削的非自治领土人民追求独立的权利。另外，领土完整原则并不适用于本案，因为依据联大第2625号决议等国际法文件，领土完整原则的适用以国家之间的关系为限。虽然安理会曾谴责过一些宣布独立的行为，

---

⑤ *Kosovo Advisory Opinion, supra* note 2 at 426, para.56.

这些行为的违法性在于宣布独立所伴随的非法使用武力或其他违反一般国际法乃至强行法的行为，而非宣布独立的单方属性。至于许多国家所争论的民族自决原则能否超越非殖民化这一背景而适用于一个已独立国家内部部分群体的"救济性分离权"，法院认为这一问题与本案无关，因为法院已将回答思路限定在宣布独立是否违反国际法的层面，因此无须回答宣布独立是否基于国际法上的权利。

接着，国际法院转而回答宣布独立是否违反安理会第 1244 号决议以及联合国特派团确立的《宪政框架》。法院首先认可 1244 号决议及《宪政框架》是适用于科索沃地区的生效法律，且属于本案可适用法的一部分，并且具有取代科索沃地区之前法律秩序、确立一项国际领土管理制度的性质。但是，在回答宣布独立是否违反 1244 号决议及《宪政框架》之前，法院还识别了宣布独立者的身份。在法院看来，宣布独立的主体是谁对回答联大的提问至关重要。虽然联大的问题将科索沃临时自治政府视为宣布独立的主体，法院却并不认可这一身份界定。法院认为，宣布独立者作出该宣言是源于塞尔维亚和科索沃双边协商的失败，并且，宣言文本表明其意图是创设一个独立的主权国家，而这超越了临时过渡机制所意图构建的法律秩序。因此，法院认为宣布独立者并未以临时自治政府的身份行事，而是以科索沃人民的名义，试图在临时过渡机制之外行事。进而，国际法院通过解释 1244 号决议的文本，指出 1244 号决议并未对实现科索沃最终地位的条件作出限制，因此不能被理解为禁止宣布独立。法院的逻辑是，宣布独立者是科索沃人民的代表，而非临时自治政府本身，而《宪政框架》是规范临时自治政府的行为的文件，因此前者的行为不由后者评判。

基于上述论证，法院得出 2008 年 2 月 17 日的独立宣言并不违反国际法的结论。

（五）评价

毫无疑问，科索沃宣布独立引发了激烈的政治冲突，且各方都以国际法为依据展开了辩论，联大提出咨询请求使国际法院被迫置身于这一政治与法律的漩涡之中。然而，也许正是因为对本案高度政治敏感性的觉悟，国际法院通过限缩问题的范围，选择了回避核心争议这一更为稳妥的进路。因此，在评价本案时，既不能过于夸大其在国际法上的影响力，也不能过分批判国际法院面对两难境地时的选择。

首先,"科索沃咨询意见"对国际法的规范性影响十分有限,这是国际法院限缩回答的直接后果。国际法院仅讨论了宣布独立这一孤立行为,而回避了与宣布独立有关的一切后果;只讨论了宣布独立是否违反国际法,而对国际法是否赋予一国境内实体以独立的权利避而不谈。更重要的是,法院并未评价部分国家承认科索沃独立这一行为,因而未讨论这些国家是否违反安理会 1244 号决议这一更具政治争议性的问题。因此,不能认为该咨询意见为民族分离运动背书。相反,国际法院通过有限度的回答,实际上将所有棘手的问题都返回给国家,留给各国一个开放的选项。

其次,在管辖权和裁量权问题上,国际法院未能更为深入地考虑安理会在提出咨询请求中的缺位对咨询管辖的影响。虽然法院认为《宪章》第 12 条并不妨碍联大提出咨询请求,但由于安理会在科索沃局势的主导地位,该条对国际法院发表咨询意见后联大在咨询意见基础上所能采取的行为却有极大的限制。正如本努那法官指出的,咨询请求由联大提出是因为安理会内部未能就科索沃宣布独立一事得出一致意见,因此,回答该问题可能有碍国际法院司法职能的完整性。⑥

最后,法院积极行使管辖权而又极力限缩回答的实质影响,也反映了国际法院在涉及高度政治敏感性问题时对司法能动与司法节制的平衡。作为联合国的主要司法机构,若直接拒绝回答咨询请求无异于表明国际法院在联合国重大关切事项中的缺席,使部分国家怀疑国际法院处理国际法问题的能力;若对各国争议的事项一一给予国际法上的回答,则可能引发部分国家对法院实质意见的不满而对法院失去信心。

二、国际劳工组织行政法庭就针对国际农业发展基金案的指控作出的第 2867 号判决咨询意见

(一)事实与程序背景

国际农业发展基金(以下简称"农发基金")是联合国的专门机关。

---

⑥ Dissenting Opinion of Judge Bennouna, *supra* note 2, at 500-501.

1999年,《联合国关于在发生严重干旱和/或荒漠化的国家特别是在非洲防治荒漠化的公约》缔约国大会与农发基金签署备忘录,由农发基金担任公约设立的全球机制(Global Mechanism)的东道机构。备忘录规定全球机制在农发基金内将享有独立身份,且为农发基金总裁直接领导的架构中的有机组成。

2000年3月,农发基金与委内瑞拉国民萨伊滋·加尔西亚女士(Ms Saez García)签署了为期两年的合同,由加尔西亚担任全球机制的项目官员。2005年12月,全球机制的主管在备忘录中通知加尔西亚,由于2006年至2007年全球机制预算裁减15%,她的员额将被裁撤,合同2006年3月到期后将不再延长。2006年5月,加尔西亚要求启动内部协调程序,但该程序没有解决争议。之后,她根据农发基金《人力资源程序手册》(以下简称《程序手册》)向农发基金联合申诉委员会提出上诉,委员会于2007年12月一致建议恢复加尔西亚原职并补偿她自2006年3月起损失的薪金、津贴和其他权利。但是,这一建议被农发基金总裁驳回。加尔西亚随后于2008年7月向国际劳工组织行政法庭(以下简称"行政法庭")起诉。行政法庭在2010年2月3日作出的第2867号判决中裁定撤销总裁决定,并命令赔偿加尔西亚的损失和其他费用。2010年4月22日,农发基金执行局依据《国际劳工组织行政法庭规约》(以下简称《行政法庭规约》)附件第12条通过决议⑦,请求国际法院发表咨询意见。农发基金认为行政法庭无权管辖加尔西亚的起诉,因为她所属的全球机制与农发基金是两个彼此独立的法律实体。因此,行政法庭超出其管辖权范围作出的决定应属无效。国际法院于2012年2月1日发表了咨询意见。⑧

(二)国际法院的管辖权与裁量权

国际法院首先阐明了咨询意见管辖权的依据,指出农发基金请求咨询意

---

⑦ 2008年6月11日修订的(也是农发基金提出咨询请求时所依据的)《国际劳工组织行政法庭规约》附件第12条规定:"1. 当作出《法庭规约》第2条第5款规定声明的国际组织执行局对行政法庭确认享有管辖权的决定提出质疑,或认为行政法庭的决定因其遵循的程序存在根本错误而无效时,行政法庭作出的决定的有效性问题应由有关执行局提交国际法院征求咨询意见。2. 国际法院发表的咨询意见应具有拘束力。"

⑧ *Judgment No.2867 of the Administrative Tribunal of the International Labour Organization upon a Complaint Filed against the International Fund for Agricultural Development*, Advisory Opinion, [2012] ICJ Rep 10.

见的法律依据是《宪章》和《规约》，而不仅是《行政法庭规约》附件第12条。因为《宪章》第96条第2款明确了只有经联合国大会授权，联合国的专门机关才能向国际法院请求发表咨询意见。法院指出，1977年联合国大会第32/107号决议承认了联合国与农发基金签署的《关系协定》，并授权农发基金就其活动中产生的法律问题向国际法院提出咨询请求。国际法院依据上述文件认定其有权就行政法庭第2867号判决的有效性发表咨询意见。

国际法院进一步阐明了咨询管辖权的性质和范围。《行政法庭规约》及其附件第12条允许接受行政法庭管辖权的国际组织质疑行政法庭决定的效力，且国际法院据此发表的咨询意见具有拘束力。国际法院审查行政法庭决定的职能仅限于两方面：（1）行政法庭享有管辖权的决定是否错误；（2）行政法庭遵循的程序是否存在根本错误。国际法院援引1956年"国际劳工组织行政法庭就针对教科文组织的指控所作的判决咨询意见"的相关论述并且强调："法院在此类情形下发表的咨询意见并非对行政法庭决定的实体问题的上诉，咨询程序不得被用于质疑行政法庭行使管辖权的方式或质疑行政法庭判决的实质内容。"⑨

接着，国际法院还论证了是否应行使裁量权拒绝发表咨询意见。国际法院认为关键在于考虑农发基金与加尔西亚在咨询程序中的不平等是否构成不行使管辖权的理由。双方的不平等体现在：（1）只有国际组织才能通过国际法院质疑行政法庭判决的有效性，雇员无此权利；（2）只有国际组织才能参加咨询程序，而个人不能直接参与咨询程序，只能通过国际组织向法院递交证据、声明等相关材料。国际法院强调主体平等原则直接来源于正义司法原则，并指出："现在必须将这一原则理解为在平等的基础上诉诸上诉或类似救济措施，除非有客观和合理的理由能够构成这一原则的例外。基于上述理由，现在提出这一问题是恰当的：1946年建立的制度（指行政法庭制度）是否符合当今平等诉诸法院和法庭权利的要求？虽然法院无法改革这一制度，但可以尝试尽可能确保在国际法院程序上的平等。"⑩法院认为在当前程序中已经采取了一些措施减轻主体之间在程序上的不平等，例如：法院要求农发基金总

---

⑨ *Ibid* at 23, para.29.

⑩ *Ibid* at 29, para.44.

裁转交所有加尔西亚希望提交给国际法院的书面材料,并且给双方确定了同样的提交期限;考虑到个人无权参加庭审程序,国际法院决定不举行庭审程序。另外,国际法院还点明了农发基金不配合上述措施的若干行为,如农发基金最初未向法院转交加尔西亚希望提交法院的部分材料。国际法院认定,尽管存在这些困难,但已尽量实现程序中的主体平等要求,因此法院可以发表咨询意见。

(三) 行政法庭的判决是否超出其管辖权范围

虽然农发基金向国际法院提出了九个问题,但其主要意见体现在第一个问题上,即行政法庭是否有权管辖加尔西亚的申请。国际法院认为回答这一问题的关键在于判定加尔西亚是不是接受行政法庭管辖的国际组织的雇员。为此,国际法院主要考察了两个事项:(1) 行政法庭对加尔西亚是否享有属人管辖权(加尔西亚是否为农发基金的雇员);(2) 行政法庭对加尔西亚提出的主张是否享有属事管辖权。

在属人管辖权问题上,国际法院首先指出全球机制并不具有独立的法律人格,在实践中也从未行使过缔结合同、协议或具有法律性质的安排的权力。接着,国际法院考察了加尔西亚与农发基金之间是否签署合同。国际法院发现,2000 年加尔西亚收到的聘书是农发基金发出的,且聘书载明"农发基金为期两年固定期限的聘书",且之后两次延长该合同时也都载明"延长农发基金的聘用期"。另外,2000 年聘书及之后延长聘期的合同均是由农发基金人事主管签发的,并遵循《程序手册》的一般规定。国际法院认定,加尔西亚在全球机制中履行工作职责并不妨碍她具有农发基金雇员的身份。其次,当加尔西亚依据农发基金内部程序申诉裁撤其员额的决定时,农发基金也未反对她启动这些程序。在农发基金总裁驳回申诉委员会建议时,总裁备忘录也没有表示她不是农发基金的雇员。国际法院因此认定行政法庭对加尔西亚的申请享有属人管辖权。

在属事管辖权问题上,农发基金认为行政法庭的管辖权仅限于不履行聘书事项的控诉以及不履行雇员规范的控诉,而加尔西亚在行政法庭的主张不属于上述任一事项。国际法院认为加尔西亚主要提出了两项主张:(1) 全球机制主管无权决定加尔西亚的合同延长与否;(2) 不予延长加尔西亚合同的决定缺乏有效依据。国际法院认为这些主张属于"不履行聘书事项"相关的控诉,因此行政法庭有权管辖。

(四)评价

"农发基金案咨询意见"属于以复核行政法庭判决为目的的咨询意见,即在一定限度内复核行政法庭裁决的雇员与国际组织之间的纠纷。[11] 国际法院在本案中强调,行使咨询管辖权的基础是《宪章》《规约》关于国际法院咨询意见的一般规定以及相关国际组织行政法庭规约的特别规定,并罕见地向联合国和所有国家提出了问题:行政法庭制度在当下是否符合几十年来国际人权法对司法程序平等原则的发展?自20世纪90年代起,国际组织内部解决雇员与国际组织争议的程序(包括正式程序和非正式程序)颇受诟病,不仅效率低下,还存在缺乏中立性、不能向雇员提供充分的法律援助等问题。[12] 其中最重要的批评则是争议双方在争议解决程序中的不平等。这种不平等在国际法院咨询意见程序中体现得尤为突出。本案中,国际法院也遵循了以往复核行政法庭判决的咨询意见中采取的办法,通过各种方式(包括不举行庭审程序)来缓解国际组织与其雇员之间参与法律程序的不平等。随着联合国大会对《联合国行政法庭规约》的修订以及联合国争议法庭和上诉法庭的设立,以及国际劳工组织对《行政法庭规约》的修订,通过国际法院咨询意见复核行政法庭决定的程序逐渐成为历史。

三、1965年查戈斯群岛从毛里求斯分裂的法律后果咨询意见

(一)事实与程序背景

位于印度洋西南部的毛里求斯诸岛屿,以及位于印度洋中部的查戈斯群岛,于1814年成为英国的殖民地。联合国建立后,毛里求斯及其附属岛屿成

---

[11] 见第三章"以复核行政法庭判决为目的的咨询意见"一节。

[12] See August Reinisch and Christina Knahr, "From the United Nations Administrative Tribunal to the United Nations Appeals Tribunal—Reform of the Administration of Justice System within the United Nations", (2008) 12 Max Planck Yearbook of United Nations Law, at 449-453.

为托管制度下的非自治领土，英国依据《宪章》第 73 条向联合国大会报送相关信息。1950 年代起毛里求斯开始谋求独立。1964 年，美国与英国达成协议，英国负责将查戈斯群岛从毛里求斯剥离以将其作为美国在印度洋的军事基地。1965 年，英国与毛里求斯人民代表达成《兰卡斯特宫协议》（Lancaster House undertakings），毛里求斯代表同意查戈斯群岛剥离出去，英国则赔偿毛里求斯 300 万英镑作为搬迁和安置查戈斯群岛居民的款项，并承诺当查戈斯群岛不再被用于防务需要时将归还毛里求斯。随后，查戈斯群岛被纳入英属印度洋领地（BIOT），成为英国在印度洋新的殖民地，而毛里求斯于 1968 年正式独立。

1967 年至 1973 年之间，为了将查戈斯群岛作为美国的军事基地，英国将查戈斯群岛上的居住人口强制迁移，并禁止任何人进入查戈斯群岛。1975 年，一位查戈斯群岛的原住民在英国起诉英国政府并要求赔偿。英国和毛里求斯政府于 1982 年签订协议，英国同意支付 400 万英镑用于赔偿查戈斯群岛的原住民，而毛里求斯则放弃代表查戈斯群岛的原住民群体向英国追责。然而，之后查戈斯群岛的原住民仍然陆续在英国起诉英国政府，甚至在欧洲人权法院提出了诉讼。查戈斯群岛原住民的悲惨状况获得了国际社会的关注与同情。

毛里求斯自 20 世纪 80 年代起积极声索对查戈斯群岛的主权。毛里求斯在国内通过修改宪法、公布专属经济区坐标等措施将查戈斯群岛纳入其领土范围。2010 年，毛里求斯针对英国在查戈斯群岛建立海洋保护区的行为，依据《联合国海洋法公约》附件七提起仲裁，请求仲裁庭判定究竟英国还是毛里求斯是查戈斯群岛的"沿海国"。仲裁庭于 2015 年作出裁决，认定判断"沿海国"等同于裁判两国之间的领土主权争端，因而不属于其管辖权的范畴。[13] 但是，仲裁庭同时认定，《兰卡斯特宫协议》属于一项具有法律拘束力的国际协定，英国所承诺的在查戈斯群岛不再用于防务需要时归还毛里求斯对英国具有法律拘束力。[14] 仲裁程序没有奏效，毛里求斯转而寻求将查戈斯群岛问题作为咨询请求提交国际法院。在非盟的支持下，2017 年 6 月 22 日，通过第 71/292 号决议，联合国大会向国际法院提出咨询请求，要求法院回答下

---

[13] *Chagos Marine Protected Area Arbitration (Mauritius v United Kingdom)*, (2015) XXXI RIAA 359.
[14] *Ibid*, para. 448.

列两个问题：(1) 在查戈斯群岛从毛里求斯剥离后，毛里求斯于1968年独立时其非殖民化进程是否合法完成；(2) 英国持续管理查戈斯群岛的法律后果。国际法院于2019年2月25日发表了咨询意见。⑮

（二）咨询管辖权及其行使的适当性

依据《规约》第65条第1款以及《宪章》第96条，国际法院认定联合国大会提出的咨询请求符合咨询管辖权的规定。然而，部分国家对于国际法院发表咨询意见的司法适当性提出了质疑。围绕这些质疑，国际法院重点讨论了本案是否存在阻碍法院发表咨询意见的不容置疑的理由，主要结论包括：(1) 本案所涉问题的复杂性和利益相关方对相关事实的争议不足以构成拒绝管辖的事由，且联大、非盟以及参与本案书面和听证程序的国家提供了充分的信息；(2) 针对部分国家指出的联大几十年来未曾审议过毛里求斯的非殖民化问题，国际法院强调其不能代替联大判断咨询意见是否具有实际意义；(3) 部分国家主张依据既判力原则，法院不能再重新审查《联合国海洋法公约》附件七仲裁庭已审议过的事项。国际法院则认为，发表咨询意见的对象是联大而不是国家，既判力原则不能妨碍法院发表咨询意见，而且法院要考察的问题与该仲裁案并不相同；(4) 法院重点讨论了英国与毛里求斯之间的双边争端是否足以排除国际法院的咨询管辖。法院承认，当咨询意见程序可能导致规避国家同意原则的效果时，应拒绝咨询管辖。但法院并不认为本案存在这一情况，原因在于：联大提出咨询请求的目的在于保证联大顺利履行与毛里求斯非殖民化有关的职能，且联大长久以来一直致力于终结全球的殖民主义；联大提出的咨询问题根植于非殖民化这一大背景；虽然发表咨询意见需要法院评判英国和毛里求斯提出的不同的法律意见，但这并不意味着法院在处理一个双边争端。因此，法院认定本案不存在需要拒绝发表意见的理由。

（三）民族自决原则及其适用

为回答第一个问题（毛里求斯的非殖民化进程是否合法完成），国际法院

---

⑮ *Legal Consequences of the Separation of the Chagos Archipelago from Mauritius in 1965*, Advisory Opinion, [2019] ICJ Rep 95.

认为应适用1965—1968年期间的国际法。为此，法院需要查明这一时间段内民族自决原则是否已经获得了习惯国际法地位，以及该原则的性质、内容和具体范围。

国际法院主要通过考察联大1514号决议的规范性质和内容来查明与民族自决原则相关的习惯法内容。法院指出："联大1514号决议的通过代表了非殖民化国家实践固化为习惯国际法的决定性时刻。"⑯ 联大1514号决议通过前已有一些联大决议确认民族自决权的存在，而1514号决议通过后非殖民化运动明显加速，因此该决议对民族自决权的习惯法性质具有宣告作用。法院又援引1966年通过的《公民权利及政治权利国际公约》《经济、社会及文化权利国际公约》和1970年联大第2625号决议，称这些国际法文件重申民族自决权的内容证实了该权利已具有国际法上的规范性地位。

国际法院指出，依据联大1514号决议，民族自决权的主体是非自治领土上的全体人民，且民族自决权的实现方式多样，习惯国际法上不存在某种唯一的、适用于所有情形的实施民族自决权的机制。⑰ 同时，国际法院认为："正如第1514号决议第6段所明确的，民族自决权适用于非自治领土的全部地理范围。当时的国家实践和法律确信都表明非自治领土的统一和领土完整是民族自决权不可或缺的一项原则。"⑱ 换言之，非自治领土的统一和完整是民族自决权的逻辑推论，也是实现民族自决权的核心环节。因此，非自治领土的完整性不容破坏，除非出自非自治领土全体人民自由且真实的意思表达。1965年查戈斯群岛本属于毛里求斯这一非自治领土的固有组成部分。虽然查戈斯群岛的剥离经过了毛里求斯人民代表的同意，但考虑到当时毛里求斯仍为英国的殖民地，且毛里求斯宪法并未真正赋予毛里求斯人民代表立法或执法权——因为权力仍集中在英国总督和他的代表们身上，因而不能认为英国与毛里求斯之间存在国际协定，也不能认为查戈斯群岛的剥离反映了毛里求斯

---

⑯ *Ibid* at 132, para.150.
⑰ 联大1541号决议指出，非自治领土可以通过三种方式实现自治：(a) 成为独立自主国；(b) 与一独立国自由结合；或 (c) 与一独立国合并。See UNGA, "Principles Which Should Guide Members in Determining Whether or Not an Obligation Exists to Transmit the Information Called for Under Article 73e of the Charter"［A/RES/1541 (XV)］, 15 December 1960.
⑱ *Chagos Advisory Opinion*, *supra* note 15, para.160.

全体人民自由且真实的意思表示。国际法院认为查戈斯群岛的剥离违反了国际法尊重非自治领土完整性的要求，毛里求斯的非殖民化进程并未合法完成。

随后，对第二个问题（英国持续管理查戈斯群岛的法律后果），法院指出，英国持续占领查戈斯群岛属于导致国家责任的持续性国际不法行为，英国有义务尽快结束对查戈斯群岛的管理，从而使毛里求斯非殖民化进程得以合法完成。完成毛里求斯非殖民化进程的具体方式属于联合国大会履行职能的范围。法院强调："由于尊重民族自决权构成对国际社会整体的义务，所有国家对于该权利的保护都享有法律利益。法院认为，应由联大确定完成毛里求斯非殖民化的具体措施，所有联合国会员国都必须与联合国合作以执行这些措施。"[19]

（四）评价

"查戈斯咨询意见"的发表对国际法具有积极影响。该咨询意见在以往咨询意见的基础上进一步阐明了民族自决原则的内涵和适用。法院重申了1971年"纳米比亚咨询意见"奠定的非殖民化背景下民族自决原则的适用方式，即由非自治领土内部的全体人民行使民族自决。此外，本案延续了2004年"隔离墙咨询意见"对民族自决原则法律性质的判断，即该原则具有对国际社会整体义务的性质，以及在此基础上联合国成员国所负有的与联合国合作的义务。同时，法院也明确了民族自决原则适用所需满足的条件：（1）民族自决权的实施取决于非自治领土上全体人民自由且真实的意思表示；（2）非自治领土的领土完整和统一是民族自决权的题中之义。此外，国际法院对民族自决权的法律渊源的识别反映了联大决议在发展习惯国际法上的重要作用。联大的决议可作为习惯国际法的构成要素之一——法律确信（opinio juris）——的证据是国际法上的通识。国际法院将联大1514号决议视为民族自决原则获得习惯法地位的"立法时刻"，深刻体现了联大决议的规范性特质。[20]

虽然"查戈斯咨询意见"是以绝大多数的票数通过的，但几乎每个法官

---

[19] Ibid at 139, para.180.
[20] Hugh Thirlway, *International Customary Law and Codification* (A. W. Sijthoff, 1972), at 62.

都发表了个别意见或声明,反映了本案背后复杂的利益衡量与妥协。时任副院长的薛捍勤法官提出,查戈斯群岛的剥离应放在非殖民化的特定历史背景下考察,这一问题自始至终都是非殖民化问题而不是双边领土争端,毛里求斯积极主张查戈斯群岛主权的行为并未改变这一问题的本质。㉑通卡法官指出,虽然他同意法院的结论,但他对咨询意见程序日益成为向法院提交国家间争端的渠道感到忧虑,尤其是考虑到联大在将近半个世纪的时间内都没有审议过查戈斯群岛的问题。通卡法官认为毛里求斯的非殖民化需要在联合国的框架下、通过各利益攸关方之间的谈判完成。㉒ 其他部分法官则批评法院没有进一步发展民族自决原则(尤其是该原则是否已具有强行法的性质)。㉓多诺霍法官提出了反对意见,认为法院过度弱化了双边争端对本案管辖权的影响,偏离了以往确立的咨询意见不得规避国家同意原则的实践。多诺霍法官指出:"法院的宣告只可能意味着英国必须放弃查戈斯群岛的主权并将其转交给毛里求斯,而这正是毛里求斯寻求的诉讼的核心(也恰恰是被英国拒绝的)"。㉔

本案的后续发展则出人意料。2019年6月,"查戈斯咨询意见"发表后不足4个月,毛里求斯便将查戈斯群岛与马尔代夫之间的海洋划界问题诉至国际海洋法法庭特别分庭。马尔代夫主张,由于英国仍坚持对查戈斯群岛的主权,因此是本案不可或缺的第三方(indispensable party),特别分庭对本案无管辖权。2021年1月28日,特别分庭作出管辖权判决并指出:"'查戈斯咨询意见'拥有法律效力,并且对查戈斯群岛目前的地位有所影响,英国持续主张对查戈斯群岛的主权有违咨询意见。虽然毛里求斯的非殖民化进程尚未结束,但可以从国际法院的意见中推断出毛里求斯对查戈斯群岛的主权"。㉕这些论证引发了诸多争议,尤其引人深思的是:当国际法院在咨询意见中明示不处理英国和毛里求斯的双边争端时,他者能否通过解读咨询意见的内容得出该咨询意见已解决了这一争端的意涵呢?从某种意义上说,咨询意见一经

㉑ Declaration of Vice-president Xue, *supra* note 15 at 147.
㉒ Declaration of Judge Tomka, *ibid* at 148-150.
㉓ See Separate Opinion of Judge Sebutinde, *ibid* at 277-283.
㉔ Dissenting Opinion of Judge Donoghue, *ibid* at 265.
㉕ *Delimitation of the Maritime Boundary in the Indian Ocean (Mauritius/Maldives)*, Preliminary Objections, 28 January 2021, para. 246

作出便成为国际社会的公共产品，也正因如此，法院在行使咨询管辖权时更应节制与审慎。

自 2022 年 11 月起，毛里求斯和英国就归还查戈斯群岛主权等问题展开了谈判。2024 年 10 月，毛里求斯与英国达成初步协议，英国承认查戈斯群岛的主权属于毛里求斯，但英国将在 99 年的初始期内继续就查戈斯群岛行使毛里求斯的主权权利，且该期限可延长，以保证美军驻扎的军事基地的持续管理。双方也就环境保护、海洋安全和捕鱼等事项的合作问题达成了协议，并对查戈斯群岛居民返回查戈斯群岛作了特别安排。㉖ 虽然达成上述协议意味着毛里求斯就查戈斯群岛问题而诉诸的各项法律程序取得了成效，但双方还需要将协议内容写入国际条约并经各自立法机关批准才能生效。

四、以色列在包括东耶路撒冷在内的巴勒斯坦被占领土的政策和做法的法律后果咨询意见

（一）事实和程序背景

第一次世界大战后，曾为奥斯曼土耳其帝国一部分的巴勒斯坦地区被列入国联的委任统治，由英国担任委任统治国。1947 年英国宣布结束巴勒斯坦委任统治，同年 11 月，联大通过第 181 号决议，提出巴勒斯坦分治计划，即在巴勒斯坦地区建立一个阿拉伯国和一个犹太国，划分了两个国家各自的领土范围，同时给予耶路撒冷特殊的国际地位。该决议遭到了广大阿拉伯国家的反对，该阿拉伯国未能建立。1948 年以色列宣布独立，随后和周边的阿拉伯国家发生武装冲突，并占领了第 181 号决议中规定的大部分阿拉伯国领土。1967 年第三次中东战争期间，以色列占领了第 181 号决议规定的全部阿拉伯国领土。1964 年巴勒斯坦解放组织（以下简称"巴解组织"）成立，1974 年联大第 3210 号决议承认该组织作为巴勒斯坦人民代表的地位。1988 年，巴勒斯坦宣布接受联大第 181 号决议并建立巴勒斯坦国。2012 年，巴勒斯坦国取得联合国观察员国地位。

㉖ "British Indian Ocean Territory: 2024 UK and Mauritius agreement", available at: https://commonslibrary.parliament.uk/research-briefings/cbp-10115/，最后访问时间：2024 年 11 月 1 日。

虽然联合国等多边机构和机制积极介入巴以问题的解决，但巴以冲突持续延宕，并在2023年10月7日以来进一步加剧。在旷日持久的政治进程中，1993年和1995年以色列和巴解组织签署《奥斯陆协议》为两国通过和谈走向和平共存带来了曙光。根据该协议，巴解组织承认以色列享有和平与安全的生存权，而以色列承认巴解组织为巴勒斯坦人民的合法代表。此后，巴勒斯坦陆续收回了部分领土，并在约旦河西岸的部分地区和加沙地带全境实现有限自治。但由于各方极端势力的阻碍和国际、地区政治变换等因素，巴以分歧难以弥合，20世纪90年代以后巴以和谈未能再取得实质进展，2014年以来更是陷入僵局。

1967年以来，以色列在巴勒斯坦被占领土上推行了诸多政策和措施，大量建造犹太人定居点。2000年初，以色列以建造"安全围栏"为由，在约旦河西岸和东耶路撒冷地区修建了绵延几百公里的隔离墙，将巴勒斯坦人聚居区隔离并在这些区域施行新的管理政策。2004年国际法院"隔离墙咨询意见"认定以色列在巴勒斯坦被占领土上修筑隔离墙及相应措施违反国际人道法和国际人权法，并侵害了巴勒斯坦人民的民族自决权。[27] 然而，"隔离墙咨询意见"发表后，以色列不仅未停止修筑隔离墙的行为，还在巴勒斯坦被占领土上扩建犹太人定居点。截至2023年，约旦河西岸已有300多个犹太人定居点，超过46万犹太人在此居住，而在东耶路撒冷有2万多名犹太人定居。这些定居政策伴随着对巴勒斯坦人的压迫和驱逐以及对土地、财产和资源的侵占和掠夺。

在此背景下，联大于2022年12月30日通过第77/247号决议，请求国际法院就两项问题发表咨询意见：（1）以色列持续侵犯巴勒斯坦人的民族自决权，长期占领、定居和吞并自1967年以来占领的巴勒斯坦领土，包括旨在改变耶路撒冷圣城的人口组成、性质和地位的措施，并通过相关的歧视性立法和措施的法律后果；（2）以色列施行的这些政策和措施如何影响占领的法律性质，以及这种法律性质对所有国家和联合国产生何种法律后果。国际法院

---

[27] *Legal Consequences of the Construction of a Wall in the Occupied Palestinian Territory*, Advisory Opinion, [2004] ICJ Rep 136 at 201, para.163.

于 2024 年 7 月 19 日发表咨询意见。[28]

(二) 咨询管辖权与咨询请求的范围

依据《宪章》第 96 条第 1 款和《规约》第 65 条第 1 款，国际法院认定对该咨询请求享有管辖权，并论述了为何本案不存在拒绝发表咨询意见的不容置疑的理由：(1) 有国家认为本案涉及两个国家的争端，法院发表咨询意见将导致规避国家同意的效果，但国际法院指出联合国始终积极介入巴勒斯坦问题，联大提出的问题是巴勒斯坦问题的一部分，而非巴以双边争端；(2) 部分国家提出发表该咨询意见并不能协助联大履行其职能，但法院认为其不能代替提出咨询请求的机关评估发表咨询意见的必要性；(3) 国际法院并不认同发表该咨询意见将干预巴以和谈进程；(4) 法院也不认为发表咨询意见将对安理会行使其职能产生不利影响，因为《宪章》赋予了联大广泛的议事权和建议权；(5) 由于超过 50 个国家和国际组织向法院提交了与本案相关的信息，法院认为其掌握了发表咨询意见的充分信息；(6) 有国家认为联大提出的问题具有偏见，因其措辞已表明以色列的行为违反国际法，法院表明其将独立认定以色列的各项政策和措施是否违反国际法，而不受联大决议表述的约束，再考虑违法行为的法律后果。因此，本案不存在影响发表咨询意见适当性的因素。

在确定了管辖权相关问题后，法院还界定了联大所提问题的范围。其中较为重要的是，在属地范围上，法院认为巴勒斯坦被占领土为统一的地理单位，其组成包括约旦河西岸、东耶路撒冷和加沙地带。对于联大决议中所称"圣城耶路撒冷（the Holy City of Jerusalem）"，法院认为应限定于东耶路撒冷。在属时范围上，虽然联大决议中有"持续性（ongoing）"等表述，但考虑到联大提出咨询请求的时间，法院认为咨询请求不包括 2023 年 10 月 7 日之后以色列在加沙地带针对哈马斯和其他武装团体的袭击所采取的行为。

---

[28] *Legal Consequences arising from the Policies and Practices of Israel in the Occupied Palestinian Territory, including East Jerusalem*, Advisory Opinion of 19 July 2024.

（三）以色列在巴勒斯坦被占领土上的政策和做法的违法性

国际法院首先阐明了巴勒斯坦被占领土（Palestinian Occupied Territory）的范围。在 2004 年"隔离墙咨询意见"中法院指出，当领土被实际置于敌军的权威控制时，该领土即为被占领土。㉙ 根据这一习惯国际法原则，约旦河西岸和东耶路撒冷构成被以色列占领的领土。但法院当时并未讨论加沙地带的法律地位。加沙地带于 1967 年被以色列占领，但自 2005 年以来，以色列完成了从加沙地带的撤军。国际法院在本案中指出："当一国对不属于本国的领土实施有效控制时，即为占领该领土……只要一国有能力在合理时间内维持在该领土上的权威，实际的军事存在对于判定一国是否对该领土实现了有效控制并非不可或缺。"㉚ 据此，法院认定以色列从加沙地带撤军并不解除其承担的国际法上因占领产生的义务。以色列所负担的义务与其对加沙地带实施的控制程度相适应。

国际法院认为，适用于决定以色列在巴勒斯坦被占领土上实施的政策和做法合法性的国际法规范包括：（1）国际人道法，主要为 1949 年《关于战时保护平民之日内瓦公约》（以下简称《日内瓦第四公约》）和《海牙陆战法规与惯例公约》附则第二编和第三编以及相应的习惯国际法；（2）包括《公民权利及政治权利国际公约》《经济、社会及文化权利国际公约》《消歧公约》在内的国际人权法规范，这些人权公约因巴勒斯坦被占领土由以色列实际控制得以适用；（3）对于《奥斯陆协议》的适用性，法院认为基于《日内瓦第四公约》第 47 条规定，《奥斯陆协议》不得被理解为免除以色列在上述国际人道法和国际人权法下对巴勒斯坦被占领土承担的义务。

接着，国际法院分析了以色列各项政策和做法的违法性，主要结论包括：（1）以色列在约旦河西岸和东耶路撒冷的定居政策，包括扩建定居点和建造相应设施、没收巴勒斯坦人的土地用于定居点安置、以牺牲巴勒斯坦人获取必要生存资料的方式开发自然资源、将以色列国内法律适用于被占领土、强制驱离巴勒斯坦人、容忍犹太人对巴勒斯坦人的暴力等，违反了《日内瓦第

㉙ The Construction of Wall Opinion, supra note 27, para.78.
㉚ Legal Consequences arising from the Policies and Practices of Israel in the Occupied Palestinian Territory, including East Jerusalem, Advisory Opinion of 19 July 2024, paras.90-91.

四公约》等国际人道法规范。(2) 以色列通过立法、基础设施建设、创造敌视巴勒斯坦人的环境等措施，将东耶路撒冷和约旦河西岸并入以色列国土，构成对大部分巴勒斯坦被占领土的吞并。法院将吞并（annexation）定义为"占领国武力攫取其占领的领土，即把该领土并入占领国的领土。因此，吞并的前提是占领国打算对被占领土行使永久控制。"[31]法院认为，以色列对巴勒斯坦被占领土的吞并违反禁止通过武力或武力威胁攫取领土的规则，这一规则隶属于禁止使用武力原则。(3) 以色列的多项立法和措施具有歧视性，包括格外严苛的居留权政策、限制巴勒斯坦人在加沙地带的行动、限制巴勒斯坦人前往耶路撒冷参加宗教活动、破坏公路和设施阻碍巴勒斯坦人在约旦河西岸的通行以及拆毁巴勒斯坦人的居所等，这些歧视性政策违反了《公民权利及政治权利国际公约》《经济、社会及文化权利国际公约》和《消歧公约》中禁止歧视和保障平等权利等规范。

国际法院还考察了这些政策和措施对民族自决原则的违反。法院指出，巴勒斯坦人民享有自决权。自决权是当代国际法上的一项核心原则，具有对世性，并构成一项根本人权。并且，在本案所涉外族占领情况下，民族自决权属于强行法规范。以色列对巴勒斯坦人民自决权的侵害体现在以下方面：(1) 作为占领国，以色列的吞并行为侵害了巴勒斯坦人民行使自决权，包括成为独立主权国家的权利；(2) 以色列定居政策严重阻碍了巴勒斯坦人民实现自决权；(3) 对自然资源的永久主权是民族自决权的题中之义，而以色列对被占领土上资源的开发和掠夺违背了这一原则；(4) 民族自决权的要旨为人民有权自由决定其政治体制并追求经济、社会、文化发展，而以色列的各项政策阻碍了巴勒斯坦人民的这项自由。

（四）以色列各项政策和做法对占领合法性的影响

在回答了以色列在巴勒斯坦被占领土上的政策和做法的违法性之后，国际法院转向回答联大提出的第二个问题，即这些政策和做法如何影响占领的法律性质。法院认为，这一问题意在法院讨论以色列的政策、做法及其所导致的事实如何改变了占领的法律性质，也就是以色列持续占领巴勒斯坦的合

---

[31] *Ibid* para.158.

法性。为此，所适用的法律为《宪章》及一般国际法上的使用武力相关原则（jus ad bellum），这些法律规范与适用于评判占领国行为的国际人道法（jus in bello）和国际人权法相区分。法院指出："占领在本质上涉及持续在外国领土上使用武力。这一使用武力的行为受国际法上使用武力相关规范的调整。"㉜以色列对被占领土的吞并违反了禁止通过武力攫取领土规则，而这一违反直接影响了以色列作为占领国在巴勒斯坦被占领土上持续存在（continued presence）的合法性。以色列无权基于其占领对巴勒斯坦被占领土的任何部分主张主权或行使主权权利，以色列的安全关切也不能凌驾于禁止武力攫取领土的规则之上。法院还认为以色列政策和做法的效果是长久剥夺巴勒斯坦人民的自决权，这一违法行为也直接影响了以色列占领的合法性，因为占领不能使自决权无限期地处于停滞和不确定状态，也不能将被占领土并入占领国自己的领土。

国际法院据此认定，以色列持续滥用其占领国地位，吞并巴勒斯坦被占领土并对其实行永久控制，长期阻挠巴勒斯坦人民的自决权，这违反了国际法的根本原则，使以色列在巴勒斯坦被占领土上的存在为非法。这一非法性及于以色列1967年以来占领的全部巴勒斯坦领土。

（五）以色列违法行为的法律后果

国际法院认为，以色列的政策和做法是导致国际责任的不法行为。据此，法院分别讨论了该不法行为对以色列自身、其他国家和联合国产生的法律后果。对以色列而言，法院认定以色列必须立刻停止所有的不法行为，包括停止新建定居点、废除导致不法行为的法律和措施等。同时，以色列有义务对于其不法行为对所有相关自然人和法人造成的损害提供完全赔偿，赔偿形式包括恢复原状（如返还其侵占的土地和其他不动产、动产等）、补偿相关居民的物质损失。此外，以色列仍应继续履行相应义务，包括尊重巴勒斯坦人民自决权的义务和国际人道法、国际人权法项下的义务。

对其他国家而言，由于以色列违反的部分义务具有对世性（如民族自决权、禁止武力攫取领土以及一些国际人道法和国际人权法下的义务），所有国

㉜ *Ibid* para.253.

家必须与联合国合作从而结束以色列对巴勒斯坦被占领土的占领、实现巴勒斯坦人民的自决权。所有联合国会员国有义务不承认1967年以来被以色列占领领土在地理特征、人口组成或体制等方面发生的任何变化，除非巴以双方经和谈对相关问题达成一致。此外，法院认为联合国会员国在与以色列交往时应区分以色列本国领土和巴勒斯坦被占领土，当以色列是在就巴勒斯坦被占领土的事项采取行动时，不与以色列建立条约关系。另外，所有国家有义务不承认以色列在巴勒斯坦被占领土上的非法存在所导致的情势为合法，也不能对维持这一非法存在提供帮助或协助，并应在尊重《宪章》和习惯法的前提下，终结以色列非法占领对巴勒斯坦人民实现自决权的阻碍。法院还指出，所有《日内瓦第四公约》当事国都有义务确保以色列遵循该公约所规定国际人道法义务。

国际法院认为，基于以色列所违反义务的对世性，上述不承认义务也适用于包括联合国在内的国际组织。最后，法院指出，结束以色列在巴勒斯坦被占领土上非法存在的确切方式应由联大和安理会决定。因此，联大和安理会应在考虑到本咨询意见的情况下，审议需要采取哪些行动来结束以色列的非法存在。

（六）评价

"以色列在巴勒斯坦被占领土上的政策和做法咨询意见"相较于2004年"隔离墙咨询意见"，所涉法律问题的范围更加广泛。"隔离墙咨询意见"中国际法院仅就以色列在约旦河西岸和东耶路撒冷修建隔离墙的行为发表意见，而前者则考察了以色列在巴勒斯坦被占领土全境内实施的政策、做法和措施，还对以色列占领的违法性发表了意见。在部分法律的适用上，"以色列在巴勒斯坦被占领土上的政策和做法咨询意见"延续并引用了"隔离墙咨询意见"中的多项结论，主要包括《日内瓦第四公约》的适用性及其习惯国际法地位、国际人权法在被占领土上的适用以及以色列定居政策的违法性等。

本案有三方面的法律问题值得注意。第一，法院发表咨询意见的适当性。尽管14名法官都赞成法院发表咨询意见，塞布廷德副院长则对此提出了反对。她认为，无论是联大提出的问题还是法院所获取的信息都是片面的，严重忽略了巴以冲突的历史根源及其多面性，也未能充分考虑以色列政策和做

法的安全诉求及其正当性。因此，法院的咨询意见未能对相关法律和事实问题作出全面、均衡、中立且深入的审查。㉝

第二，法院认定以色列在巴勒斯坦被占领土上的持续存在为非法。部分法官对此提出了异议。通卡法官、亚伯拉罕法官和奥雷斯库法官（Judge Aurescu）在共同意见中指出，法院未经充分说理，就得出了以色列占领行为本身非法的结论。然而，以色列占领行为的合法性应从诉诸武力使用的国际法予以考察，法院不能在未考虑1967年以色列使用武力（导致占领发生的行为）合法与否的情况下直接得出占领本身非法的结论。㉞ 这一争议源于国际法上对诉诸使用武力的国际法和国际人道法的二分法。根据此二分法，国家诉诸武力或诉诸战争合法与否由《宪章》和习惯国际法上关于使用武力的相关原则予以评价，这包括禁止使用武力原则及自卫权相关规范；而国际人道法则是调整武装冲突中各方行为的法律规范，一方是否违反国际人道法并不取决于诉诸武力本身是否合法。换言之，一方诉诸武力为合法并不解除其在国际人道法下负有的义务，而一方违反国际人道法也不必然意味着其诉诸武力为非法。在本咨询意见中，国际法院认定以色列在巴勒斯坦被占领土上的政策和做法违反国际人道法、国际人道法和民族自决原则，这并无争议。然而，法院在此基础上，还进一步宣告了以色列占领行为的非法性，即法院所谓的"以色列持续存在于巴勒斯坦被占领土为非法"。提出异议的法官认为占领的长期性并不改变占领本身的合法性，因为这一问题最终取决于禁止使用武力相关规则的适用。但也有法官认为以色列的长期占领构成对禁止使用武力原则本身的违反。查尔斯沃斯法官指出，长期占领不符合必要性和比例原则，因此不可能构成合法的自卫权行使；㉟ 诺特法官和克利夫兰法官（Judge Cleveland）则认为，即使以色列1967年使用武力是合法的，但因长期占领中出现了吞并，这就违反了禁止通过武力攫取领土原则，也就出现了对禁止使

㉝ Dissenting Opinion of Vice-President Sebutinde, *Legal Consequences arising from the Policies and Practices of Israel in the Occupied Palestinian Territory, including East Jerusalem*, Advisory Opinion of 19 July 2024, paras.1-2.

㉞ Joint Opinion of Judges Tomka, Abraham and Aurescu, *ibid* para.33.

㉟ Declaration of Judge Charlesworth, *ibid* paras.25-28.

用武力原则的违反。㊱

第三，法院的最终结论是以色列应立刻结束对巴勒斯坦被占领土的占领，且各国应与联合国合作从而终结以色列的占领。塞布廷德副院长认为这一意见不仅忽略了以色列自身正当的安全诉求，也未能充分考虑现有的和谈机制所应发挥的作用，因而不具有可行性。㊲通卡法官、亚伯拉罕法官和奥雷斯库法官也批评法院未能指出以色列和巴勒斯坦都有义务根据《奥斯陆协定》和安理会相关决议确定的谈判框架恢复直接谈判。㊳ 这些意见反映了咨询意见在解决巴以冲突问题上的局限性。切实解决巴以冲突需要双方的努力和对彼此正当诉求的承认。正如中国向国际法院提交的书面意见中指出的："全面、公正、持久地解决巴勒斯坦问题，事关地区和平与稳定、国际公平与正义、国际法的统一解释和平等适用，以及巴勒斯坦和以色列的共同安全与发展。"㊴

㊱ Joint Declaration of Judges Nolte and Cleveland, *ibid* para.8.
㊲ Dissenting Opinion of Vice-President Sebutinde, *ibid* paras.54-55.
㊳ Joint Opinion of Judges Tomka, Abraham and Aurecsu, *ibid* para.63.
㊴ Written Statement of China (25 July 2023), para.55, available at: https://www.icj-cij.org/sites/default/files/case-related/186/186-20230725-wri-21-00-en.pdf,最后访问时间：2024 年 11 月 1 日。

参考文献

一、著作

1. Henry Sumner Maine, *International Law—A Series of Lectures delivered before the University of Cambridge* (Henry Holt and Company, 1888).

2. Christina Phelps, *The Anglo-American Peace Movement in the Mid-Nineteenth Century* (Columbia University Press, 1930).

3. John H. Latané, ed. *Development of the League of Nations Idea: Documents and Correspondence of Theodore Marburg* (The Macmillan Company, 1932).

4. L. Oppenheim, *International Law: A Treatise, Vol. I, Peace*, 5th edition, (Longmans, Green and Co., 1937).

5. Shabtai Rosenne, *The Law and Practice of the International Court, 1920-1996*, 3rd edition (Martinus Nijhoff Publishers, 1997).

6. Ole Spiermann, *International Legal Argument in the Permanent Court of International Justice: The Rise of the International Judiciary* (Cambridge University Press, 2005).

7. Robert Kolb, *The International Court of Justice* (Hart, 2013).

8. Hugh Thirlway, *The International Court of Justice* (Oxford University Press, 2016).

9. Hanqin Xue, *Jurisdiction of the International Court of Justice* (Brill Nijhoff, 2017).

10. Andreas Zimmermann & Christian J. Tams, eds. *The Statute of the International Court of Justice: A Commentary*, 3rd edition (Oxford University Press, 2019).

11. James Crawford, *Brownlie's Principles of Public International Law*, 9th edition (Oxford University Press, 2019).

二、论文

1. Wolfgang Friedmann & Arghyrios A. Fatouros, "The United Nations Administrative Tribunal" (1957) 11 International Organization 13.

2. Humphrey M. Waldock, "The International Court of Justice as Seen from the Bar and Bench" (1983) 54 British Yearbook of International Law 1.

3. Shigeru Oda, "Further Thoughts on the Chambers Procedure of the International Court of Justice" (1988) 82 American Journal of International Law 556.

4. "Soviet Union Accepts Compulsory Jurisdiction of ICJ for Six Human Rights Conventions" (1989) 83 American Journal of International Law 457.

5. Ian Brownlie, "Remedies in the International Court of Justice" in Malgosia Fitzmaurice & Vaughan Lowe, eds, *Fifty Years of the International Court of Justice* (Cambridge University Press, 1996) 557.

6. Maurice Mendelson, "The International Court of Justice and the Sources of International Law" in Malgosia Fitzmaurice & Vaughan Lowe, eds, *Fifty Years of the International Court of Justice* (Cambridge University Press, 1996) 63.

7. Benedict Kingsbury, "International Courts: Uneven Judicialisation in Global Order" in James Crawford & Martti Koskenniemi, eds, *The Cambridge Companion to International Law* (Cambridge University Press, 2012) 203.

8. Victor Kattan, "Decolonizing the International Court of Justice: The Experience of Judge Sir Muhammad Zafrulla Khan in the South West Africa Cases" (2015) 5 Asian Journal of International Law 310.

9. Ole Spiermann, "The History of Article 38 of the Statute of the International Court of Justice: 'A Purely Platonic Discussion'?" in Jean D'Aspremont & Samantha Besson, eds, *The Oxford Handbook of the Sources of International Law* (Oxford University Press, 2017) 165.

10. Hugh Thirlway, "Territorial Disputes and Their Resolution in the Recent Jurisprudence of the International Court of Justice" (2018) 31 Leiden Journal of International Law 117.

11. Marie Lemey, "IncidentalProceedings before the International Court of Justice: The Fine Line between 'Litigation Strategy' and 'Abuse of Process'" (2021) 20 The Law & Practice of International Courts and Tribunals 5.

12. Xiaohang Chen, "The Institutionalization of International Law at a Crossroads: Pacifists, Jurists, and the Creation of the ILA and the IDI" (2023) 117 American Journal of International Law Unbound 204.

13. Massimo Lando, "Advisory Opinions of the International Court of Justice in Respect of Disputes" (2023) 61 Columbia Journal of Transnational Law 67.

14. Haakon A. Ikonomou, Karin van Leeuwen & Morten Rasmussen, "'Calculate the Limits of the Possible': Scandinavian Legal Diplomacy, Diplomatic Arenas and the Establishment of the Permanent Court of International Justice" (2023) 5 Diplomatica 225.

三、常设国际法院案例

1. *Polish Postal Service in Danzig*, PCIJ Series B, No.11, Advisory Opinion of 16th May 1925.

2. *Case concerning certain German Interests in Polish Upper Silesia (The Merits)*, PCIJ Series A, No.7, Judgment of 25 May 1926.

3. *The Factory at Chorzów (Claim for Indemnity)(Jurisdiction)*, PCIJ Series A, No.9, Judgment of 26th July 1927.

4. *The Case of the SS "Lotus" (France/Turkey)*, PCIJ Series A No.10, Judgment of 7 September 1927.

5. *Interpretation of Judgments Nos. 7 and 8 (The Chorzów Factory)*, PCIJ Series A No.13, Judgment of December 16th 1927.

6. *The Electricity Company of Sofia and Bulgaria*, PCIJ Series A/B, No.79, Order of 5 December 1939.

四、国际法院案例

1. *Corfu Channel case*, Preliminary Objections, [1948] ICJ Rep 15, 1948.

2. *Corfu Channel case*, Assessment of the amount of compensation, [1949] ICJ Rep 244, 1949.

3. *Corfu Channel case*, Judgment on Compensation, [1949] ICJ Rep 244, 1949.

4. *Reparation for injuries in the service of the United Nations*, Advisory Opinion, [1949] ICJ Rep 174, 1949.

5. *Interpretation of Peace Treaties with Bulgaria, Hungary and Romania*, Advisory Opinion (First Phase), [1950] ICJ Rep 65, 1950.

6. *Request for interpretation of the Judgment of November 20th, 1950*, in the Asylum case, [1950] ICJ Rep 395, 1950.

7. *Haya de la Torre Case* [1951] ICJ Rep 71, 1951.

8. *Anglo-Iranian Oil Co. case*, Jurisdiction, [1952] ICJ Rep 93, 1952.

9. *Ambatielos case*, Merits, [1953] ICJ Rep 10, 1953.

10. *Nottebohm case*, Preliminary Objections, [1953] ICJ Rep 111, 1953.

11. *Nottebohm Case (Second Phase)* [1955] ICJ Rep 4, 1955.

12. *Judgments of the Administrative Tribunal of the ILO upon Complaints Made against the UNESCO*, Advisory Opinion, [1956] ICJ Rep 77, 1956.

13. *Case concerning Right of Passage over Indian Territory (Portugal v India)*, Preliminary Objections [1957] ICJRep 125, 1957.

14. *Case of Certain Norwegian Loans (France v Norway)* [1957] ICJ Rep 9, 1957.

15. *Case concerning the Temple of Preah Vihear (Cambodia v Thailand)*, Preliminary Objections, [1961] ICJ Rep 17, 1961.

16. *Barcelona Traction, Light and Power Company, Limited*, Preliminary Objections, Judgment, [1964] ICJ Rep 6, 1964.

17. *Fisheries Jurisdiction (Federal Republic of Germany v Iceland)*, Interim

Protection, [1972] ICJ Rep 30, 1972.

18. *Application for Review of Judgment No. 158 of the United Nations Administrative Tribunal*, Advisory Opinion, [1973] ICJ Rep 166, 1973.

19. *Fisheries Jurisdiction (Federal Republic of Germany v Iceland)*, Jurisdiction, Judgment, [1973] ICJ Rep 49, 1973.

20. *Nuclear Tests (Australia v France)* [1974] ICJ Rep 253, 1974.

21. *Nuclear Tests (New Zealand v France)* [1974] ICJ Rep 457, 1974.

22. *Western Sahara*, Advisory Opinion, [1975] ICJ Rep 12, 1975.

23. *Aegean Sea Continental Shelf, Interim Protection*, Order of 11 September 1976, [1976] ICJ Rep3, 1976.

24. *United States Diplomatic and Consular Staff in Tehran*, Order of 12 May 1981, [1981] ICJ Rep 45, 1981.

25. *Continental Shelf (Libyan Arab Jamahiriya/Malta)*, Application to Intervene, Judgment, [1984] ICJ Rep 3, 1984.

26. *Military and Paramilitary Activities in and against Nicaragua (Nicaragua v United States of America)*, Declaration of Intervention, Order of 4 October 1984, [1984] ICJ Rep 215, 1984.

27. *Military and Paramilitary Activities in and against Nicaragua (Nicaragua v United States of America)*, Jurisdiction and Admissibility, [1984] ICJ Rep 392, 1984.

28. *Application for Revision and Interpretation of the Judgment of 24 February 1982 in the Case concerning the Continental Shelf (Tunisia v Libyan Arab Jamahiriya)*, [1985] ICJ Rep 192, 1985.

29. *Border and Transborder Armed Actions (Nicaragua v Honduras)*, Jurisdiction and Admissibility, [1988] ICJ Rep 69, 1988.

30. *Land, Island and Maritime Frontier Dispute (El Salvador/Honduras)*, Application to Intervene, Judgment, [1990] ICJ Rep 92, 1990.

31. *Land, Island and Maritime Frontier Dispute (El Salvador/Honduras)*, Application to Intervene, Order of 28 February 1990, [1990] ICJ Rep 3, 1990.

32. *Land, Island and Maritime Frontier Dispute (El Salvador/Honduras:*

Nicaragua intervening) [1992] ICJ Rep 351, 1992.

33. *Application of the Convention on the Prevention and Punishment of the Crime of Genocide*, Provisional Measures, Order of 13 September 1993, [1993] ICJ Rep 325, 1993.

34. *Maritime Delimitation and Territorial Questions between Qatar and Bahrain*, Jurisdiction and Admissibility, [1994] ICJ Rep 112, 1994.

35. *Legality of the Use by a State of Nuclear Weapons in Armed Conflict*, Advisory Opinion, [1996] ICJ Rep 66, 1996.

36. *Application of the Convention on the Prevention and Punishment of the Crime of Genocide*, Counter-Claims, Order of 17 December 1997, [1997] ICJ Rep 243, 1997.

37. *Land and Maritime Boundary between Cameroon and Nigeria (Cameroon v Nigeria)*, Preliminary Objections, [1998] ICJ Rep 275, 1998.

38. *Oil Platforms (Islamic Republic of Iran v United States of America)*, Counter-Claim, Order of IO Marck 1998, [1998] ICJ Rep 190, 1998.

39. *Questions of Interpretation and Application of the 1971 Montreal Convention arising from the Aerial Incident at Lockerbie (Libyan Arab Jamahiriya v United Kingdom)*, Preliminary Objections, [1998] ICJ Rep 9, 1998.

40. Legality of *Use of Force (Yugoslavia v Italy)*, Provisional Measures, Order of 2 June 1999, [1999] ICJ Rep 481, 1999.

41. Request for *Interpretation of the Judgment of 11 June 1998 in the Case concerning the Land and Maritime Boundary between Cameroon and Nigeria (Cameroon v Nigeria)*, Preliminary Objections (Nigeria v Cameroon), Judgment, [1999] ICJ Rep 31, 1999.

42. *Armed Activities on the Territory of the Congo (Democratic Republic of the Congo v Uganda)*, Order of 29 November 2001, [2001] ICJ Rep 660, 2001.

43. *Sovereignty over Pulau Ligitan and Pulau Sipadan (Indonesia/Malaysia)*, Application for Permission to Intervene, Judgment, [2001] ICJ Rep 575, 2001.

44. *Sovereignty over Pulau Ligitan and Pulau Sipadan (Indonesia/Malaysia)*, [2002] ICJ Rep 625, 2002.

45. *Application for Revision of the Judgment of 11 July 1996 in the Case concerning Application of the Convention on the Prevention and Punishment of the Crime of Genocide (Bosnia and Herzegovina v Yugoslavia)*, Preliminary Objections Judgment, [2003] ICJ Rep 7, 2003.

46. *Application for Revision of the Judgment of 11 September 1992 in the Case concerning the Land, Island and Maritime Frontier Dispute (El Salvador/Honduras: Nicaragua intervening) (El Salvador v Honduras)* [2003] ICJ Rep 392, 2003.

47. *Legal Consequences of the Construction of a Wall in the Occupied Palestine Territory*, Order of 30 January 2004, [2004] ICJ Rep 3, 2004.

48. *Legality of Use of Force (Serbia and Montenegro v Belgium)*, Preliminary Objections, [2004] ICJ Rep 279, 2004.

49. *Armed Activities on the Territory of the Congo* (New Application: 2002) (*Democratic Republic of the Congo v Rwanda*), Jurisdiction and Admissibility, [2006] ICJ Rep 6, 2006.

50. *Pulp Mills on the River Uruguay (Argentina v Uruguay)*, Provisional Measures, Order of 13 July 2006, [2006] ICJ 113, 2006.

51. *Pulp Mills on the River Uruguay (Argentina v Uruguay)*, Provisional Measures, Order of 23 January 2007, [2007] ICJ Rep 3, 2007.

52. Application of the Convention on the Prevention and Punishment of the *Crime of Genocide (Croatia v Serbia)*, Preliminary Objections, [2008] ICJ Rep 412, 2008.

53. *Certain Questions of Mutual Assistance in Criminal Matters (Djibouti v France)*, [2008] ICJ Rep 177, 2008.

54. *Request for Interpretation of the Judgment of 31 March 2004 in the Case concerning Avena and Other Mexican Nationals (Mexico v United States of America)*, Provisional Measures, Order of 16 July 2008, [2008] ICJ Rep 311, 2008.

55. *Sovereignty over Pedra Branca/Pulau Batu Puteh, Middle Rocks and South Ledge (Malaysia/Singapore)*, [2008] ICJ Rep 12, 2008.

56. *Questions relating to the Obligation to Prosecute or Extradite (Belgium v Senegal)*, Provisional Measures, Order of 28 May 2009, [2009] ICJ Rep 139, 2009.

57. *Request for Interpretation of the Judgment of 31 March 2004 in the Case concerning Avena and Other Mexican Nationals (Mexico v United States of America)* [2009] ICJ Rep 3, 2009.

58. *Accordance with International Law of the Unilateral Declaration of Independence in Respect of Kosovo*, Advisory Opinion, [2010] ICJ Rep 403, 2010.

59. *Jurisdictional Immunities of the State (Germany v Italy)*, Counter-Claim, Order of 6 July 2010, [2010] ICJ Rep 310, 2010.

60. *Jurisdictional Immunities of the State (Germany v Italy)*, Application for Permission to Intervene, Order of 4 July 2011, [2011] ICJ Rep 494, 2011.

61. *Territorial and Maritime Dispute (Nicaragua v Colombia)*, Application for Permission to Intervene, Judgment, [2011] ICJ Rep 348, 2011.

62. *Territorial and Maritime Dispute (Nicaragua v Colombia)*, Application for Permission to Intervene, Judgment, [2011] ICJ Rep 420, 2011.

63. *Ahmadou Sadio Diallo (Republic of Guinea v Democratic Republic of the Congo)*, Compensation, Judgment, [2012] ICJ Rep 324, 2012.

64. *Questions relating to the Obligation to Prosecute or Extradite (Belgium v Senegal)*, Judgment, [2012] ICJ Rep 422, 2012.

65. *Certain Activities Carried Out by Nicaragua in the Border Area (Costa Rica v Nicaragua) and Construction of a Road in Costa Rica along the San Juan River (Nicaragua v Costa Rica)*, Counter-Claims, Order of 18 April 2013, [2013] ICJ Rep 200, 2013.

66. *Certain Activities Carried Out by Nicaragua in the Border Area (Costa Rica v Nicaragua) and Construction of a Road in Costa Rica along the San Juan River (Nicaragua v Costa Rica)*, Order of 13 December 2013, 2013.

67. *Construction of a Road in Costa Rica along the San Juan River (Nicaragua v Costa Rica)*, Joinder of Proceedings, Order of 17 April 2013, [2013] ICJ Rep 184, 2013.

68. *Frontier Dispute (Burkina Faso/Niger)*, Judgment, [2013] ICJ Rep 44, 2013.

69. *Questions relating to the Seizure and Detention of Certain Documents and*

Data (TimorLeste v Australia), Provisional Measures, Order of 3 March 2014, [2014] ICJ Rep 147, 2014.

70. *Whaling in the Antarctica (Australia v Japan)*, Declaration of Intervention of New Zealand, Order of 6 February 2013, [2013] ICJ Rep 3, 2014.

71. *Application of the Convention on the Prevention and Punishment of the Crime of Genocide (Croatia v Serbia)*, Judgment, [2015] ICJ Rep 3, 2015.

72. *Obligation to Negotiate Access to the Pacific Ocean (Bolivia v Chile)*, Preliminary Objection, [2015] ICJ Rep 592, 2015.

73. *Questions relating to the Seizure and Detention of Certain Documents and Data (Timor-Leste v Australia)*, Discontinuance, Order of 11 June 2015, [2015] ICJ Rep 572, 2015.

74. *Immunities and Criminal Proceedings (Equatorial Guinea v France)*, Provisional Measures, Order of 7 December 2016, [2016] ICJ Rep 1148, 2016.

75. *Maritime Delimitation in the Caribbean Sea and the Pacific Ocean (Costa Rica v Nicaragua)*, Decision to Obtain Expert Opinion, Order of 31 May 2016, [2016] ICJ Rep 235, 2016.

76. *Obligations concerning Negotiations relating to Cessation of the Nuclear Arms Race and to Nuclear Disarmament (Marshall Islands v India)*, Jurisdiction and Admissibility, [2016] ICJ Rep 255, 2016.

77. *Obligations concerning Negotiations relating to Cessation of the Nuclear Arms Race and to Nuclear Disarmament (Marshall Islands v Pakistan)*, Jurisdiction and Admissibility, Judgment, [2016] ICJ Rep 552, 2016.

78. *Alleged Violations of Sovereign Rights and Maritime Spaces in the Caribbean Sea (Nicaragua v Colombia)*, Counter-Claims, Order of 15 November 2017, [2017] ICJ Rep 289, 2017.

79. *Application of the International Convention for the Suppression of the Financing of Terrorism and of the International Convention on the Elimination of All Forms of Racial Discrimination (Ukraine v Russian Federation)*, Provisional Measures, Order of 19 April 2017, [2017] ICJ Rep 104, 2017.

80. *Maritime Delimitation in the Caribbean Sea and the Pacific Ocean (Costa*

Rica v Nicaragua) — *Land Boundary in the Northern Part of Isla Portillos (Costa Rica v Nicaragua)*, Order of 2 February 2017, [2017] ICJ Rep 91, 2017.

81. *Request for Interpretation of the Judgment of 23 May 2008 in the Case concerning Sovereignty over Pedra Branca/Pulau Batu Puteh, Middle Rocks and South Ledge (Malaysia v Singapore)*, Discountinuance, Order of 29 May 2018, [2018] ICJ Rep 288, 2018.

82. *Alleged Violations of the 1955 Treaty of Amity, Economic Relations, and Consular Rights (Islamic Republic of Iran v United States of America)*, Provisional Measures, Order of 3 October 2018, [2018] ICJ Rep 623, 2018.

83. *Certain Activities Carried Out by Nicaragua in the Border Area (Costa Rica v Nicaragua)*, Compensation, [2018] ICJ Rep 15, 2018.

84. *Relocation of the United States Embassy to Jerusalem (Palestine v United States of America)*, Order of 15 November 2018, [2018] ICJ Rep 708, 2018.

85. *Application of the International Convention for the Suppression of the Financing of Terrorism and of the International Convention on the Elimination of All Forms of Racial Discrimination (Ukraine v Russian Federation)*, Preliminary Objections, Judgment [2019] ICJ Rep 558, 2019.

86. *Immunities and Criminal Proceedings (Equatorial Guinea v France)*, Judgment, [2020] ICJ Rep 300, 2020.

87. *Arbitral Award of 3 October 1899 (Guyana v Venezuela)*, Jurisdiction of the Court, Judgment [2020] ICJ Rep 455, 2020.

88. *Application of the Convention on the Prevention and Punishment of the Crime of Genocide (The Gambia v Myanmar)*, Provisional Measures, Order of 23 January 2020, [2020] ICJ Rep 3, 2020.

89. *Application of the International Convention on the Elimination of All Forms of Racial Discrimination (Qatar v United Arab Emirates)*, Preliminary Objections, [2021] ICJ Rep 71, 2021.

90. *Alleged Violations of the 1955 Treaty of Amity, Economic Relations, and Consular Rights (Islamic Republic of Iran v United States of America)*, Preliminary Objections, [2021] ICJ Rep 9, 2021.

91. *Armed Activities on the Territory of the Congo (Democratic Republic of the Congo v Uganda)*, Reparations, [2022] ICJ Rpe 13, 2022.

92. *Application of the Convention on the Prevention and Punishment of the Crime of Genocide (The Gambia v Myanmar)*, Preliminary Objections, [2022] ICJ Rep 477, 2022.

93. *Alleged Violations of Sovereign Rights and Maritime Spaces in the Caribbean Sea (Nicaragua v Colombia)*, Judgment, [2022] ICJ Rep 266, 2022.

94. *Allegations of Genocide under the Convention on the Prevention and Punishment of the Crime of Genocide (Ukraine v Russian Federation)*, Provisional Measures, Order of 16 March 2022, [2022] ICJ Rep 211, 2022.

95. *Question of the Delimitation of the Continental Shelf between Nicaragua and Colombia beyond 200 Nautical Miles from the Nicaraguan Coast*, Judgment of 13 July 2023, 2023.

96. *Certain Iranian Assets (Iran v United States of America)*, Judgment of 30 March 2023, 2023.

97. *Arbitral Award of 3 October 1899 (Guyana v Venezuela)*, Preliminary Objection, Judgment of 6 April 2023, 2023.

98. *Allegations of Genocide under the Convention on the Prevention and Punishment of the Crime of Genocide (Ukraine v Russia)*, Admissibility of the Declarations of Intervention, Order of 5 June 2023, 2023.

99. *Application of the Convention on the Prevention and Punishment of the Crime of Genocide in the Gaza Strip (South Africa v Israel)*, Provisional Measures, Order of 26 January 2024, 2024.

100. *Application of the Convention against Torture and other Cruel, Inhuman or Degrading Treatment or Punishment (Canada and The Netherlands v Syria)*, Order of 1 February 2024, 2024.

101. *Allegations of Genocide Under the Convention on the Prevention and Punishment of the Crime of Genocide (Ukraine v Russia)*, Preliminary Objections, Judgment of 2 February 2024, 2024.

五、国际海洋法法庭案例

1. *Delimitation of the Maritime Boundary in the Bay of Bengal (Bangladesh/Myanmar)*, Judgment, [2012] ITLOS Rep 4.

2. *Delimitation of the Maritime Boundary in the Atlantic Ocean (Ghana/Côte d'Ivoire)*, [2017] ITLOS Rep 4.

3. *Dispute Concerning Delimitation of the Maritime Boundary between Mauritius and Maldives in the Indian Ocean (Mauritius/Maldives)*, ITLOS, Judgment of 28 April 2023.